ARIZ
GRAND CANYON

2e édition

Stephen Dolainski

ÉDITIONS
ULYSSE

Le plaisir... de mieux voyager

Direction de collection
Claude Morneau

Direction de projet
Pascale Couture

Recherche et rédaction
Stephen Dolainski

Traduction
Pierre Corbeil

Correction
Pierre Daveluy

Cartographie et infographie
André Duchesne
Assistants
Patrick Thivierge
Steve Rioux

Illustrations
Lorette Pierson

Mise en pages
Christian Roy

Photographies
Page couverture
Wukoki Ruins
Chuck Place
En-têtes
Jennifer McMorran

Direction artistique
Patrick Farei
Atoll Direction

Édition originale : *Hidden Arizona* (1997), Ulysses Press, CA, USA.

Remerciements : Les Éditions Ulysse remercient la SODEC ainsi que le ministère du Patrimoine canadien pour leur soutien financier.

Distribution

Canada : Distribution Ulysse, 4176, rue Saint-Denis, Montréal (Québec), H2W 2M5
☎ (514) 843-9882, poste 2232, ☎ (800) 748-9171, fax : (514) 843-9448, www.ulysse.ca
guiduly@ulysse.ca

États-Unis : Distribooks, 820 N. Ridgeway, Skokie, IL 60076-2911
☎ (847) 676-1596, fax : (847) 676-1195

Belgique-Luxembourg : Vander, 321, avenue des Volontaires, B-1150 Bruxelles
☎ (02) 762 98 04, fax : (02) 762 06 62

France : Vilo, 25, rue Ginoux, 75737 Paris, cedex 15
☎ 01 45 77 08 05, fax : 01 45 79 97 15

Espagne : Altaïr, Balmes 69, E-08007 Barcelona
☎ (3) 323-3062, fax : (3) 451-2559

Italie : Centro cartografico Del Riccio, Via di Soffiano 164/A, 50143 Firenze
☎ (055) 71 33 33, fax : (055) 71 63 50

Suisse : Diffusion Payot SA, p.a. OLF S.A., Case postale 1061, CH-1701 Fribourg, ☎ (26) 467 51 11
fax : (26) 467 54 66

Pour tout autre pays, contactez Distribution Ulysse (Montréal).

Données de catalogage avant publication

Vedette principale au titre
Arizona et Grand Canyon
2e éd.
(Guide de voyage Ulysse)
Traduction de : *Hidden Arizona*
Comprend un index.

ISBN 2-89464-076-5

1. Arizona - Guides. 2. Grand Canyon (Ariz.) - Guides. I. Dolainski, Stephen. II. Collection.

G809.3.H5314 1997 917.9104'53 C97-941447-4

Bibliothèque nationale du Québec
Dépôt légal - Premier trimestre 1998

«When you come to the Grand Canyon it's as though Nature were breaking out in supplication. It's mad, completely mad, and at the same time so grandiose, so sublime, so illusory that when you come upon it for the first time, you break down and weep with joy.»

Henry Miller (1891-1980)
The Air-conditioned Nightmare, 1945

Qand vous arrivez au Grand Canyon, c'est comme si la nature s'abandonnait en se jetant à vos pieds. C'est insensé, tout à fait insensé, mais, en même temps, si grandiose, si sublime, si illusoire que, dès que vous l'embrassez du regard pour la première fois, vous vous effondrez et pleurez de joie.

SOMMAIRE

LISTE DES CARTES

TABLEAU DES SYMBOLES

≡	Air conditionné
⊘	Centre de conditionnement physique
ℂ	Cuisinette
pc	Pension complète
pdj	Petit déjeuner inclus dans le prix de la chambre
≈	Piscine
ℝ	Réfrigérateur
ℜ	Restaurant
bc	Salle de bain commune
bp	Salle de bain privée (installations sanitaires complètes dans la chambre)
⌂	Sauna
☎	Téléphone
⇄	Télécopieur
tv	Téléviseur
tvc	Téléviseur par câble
tlj	Tous les jours

CLASSIFICATION DES ATTRAITS

★	Intéressant
★★	Vaut le détour
★★★	À ne pas manquer

CLASSIFICATION DES HÔTELS

Les tarifs mentionnés dans ce guide s'appliquent, sauf indication contraire, à une chambre pour deux personnes en haute saison.

$	moins de 50 $
$$	de 50 $ à 90 $
$$$	de 90 $ à 130 $
$$$$	plus de 130 $

CLASSIFICATION DES RESTAURANTS

Les tarifs mentionnés dans ce guide s'appliquent, sauf indication contraire, à un repas pour une personne, excluant le service et les boissons.

$	moins de 8 $
$$	de 8 $ à 16 $
$$$	de 16 $ à 24 $
$$$$	plus de 24 $

Tous les prix mentionnés dans ce guide sont en dollars américains.

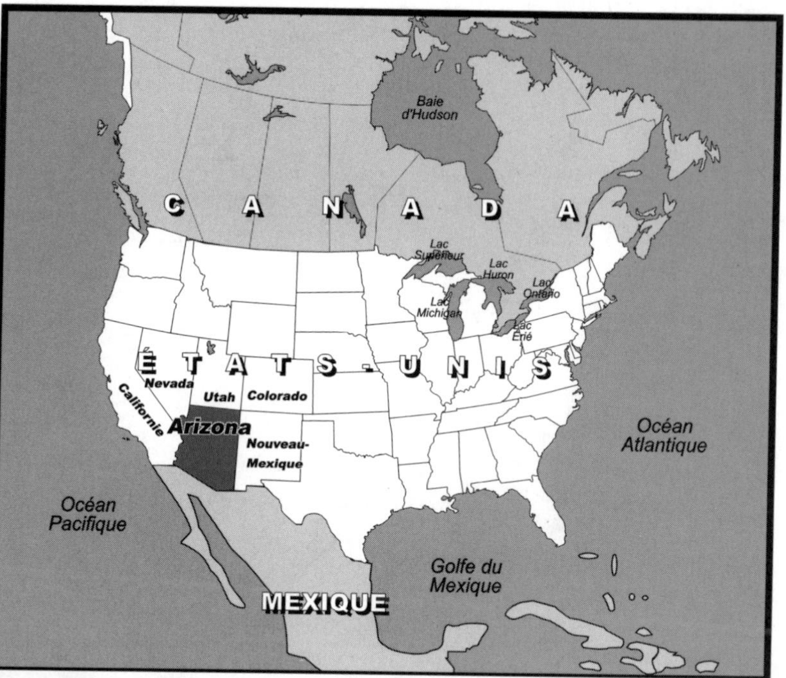

Baie d'Hudson
CANADA
Lac Supérieur
Lac Huron
Lac Ontario
Lac Michigan
Lac Érié
ÉTATS-UNIS
Nevada
Utah
Colorado
Californie
Arizona
Nouveau-Mexique
Océan Atlantique
Océan Pacifique
Golfe du Mexique
MEXIQUE

Situation géographique dans le monde

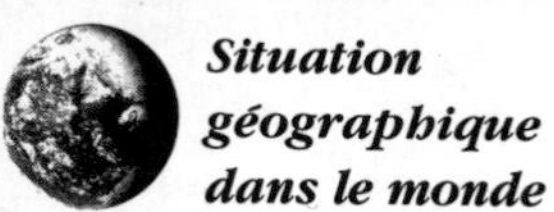

L'Arizona
Capitale : Phoenix
Population : 4 428 900 hab.
Monnaie : dollar américain
Superficie : 295 014 km²

Longitude 0°
(méridien Greenwich)
ARIZONA
Latitude 0°
(équateur)
© ULYSSE

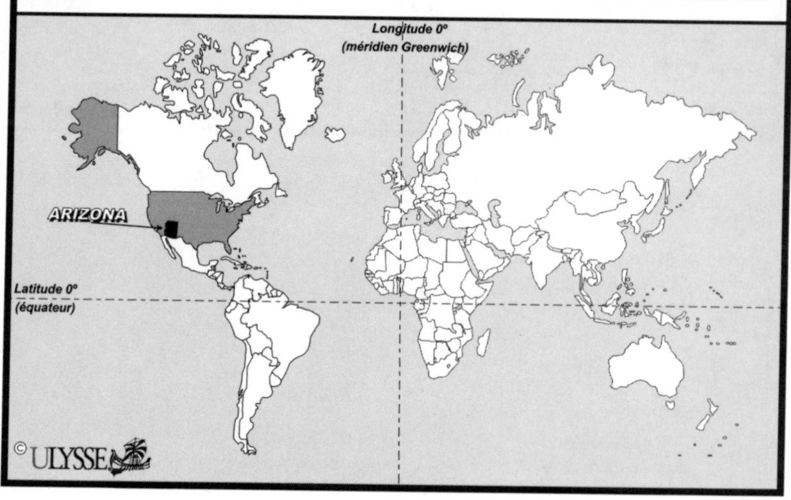

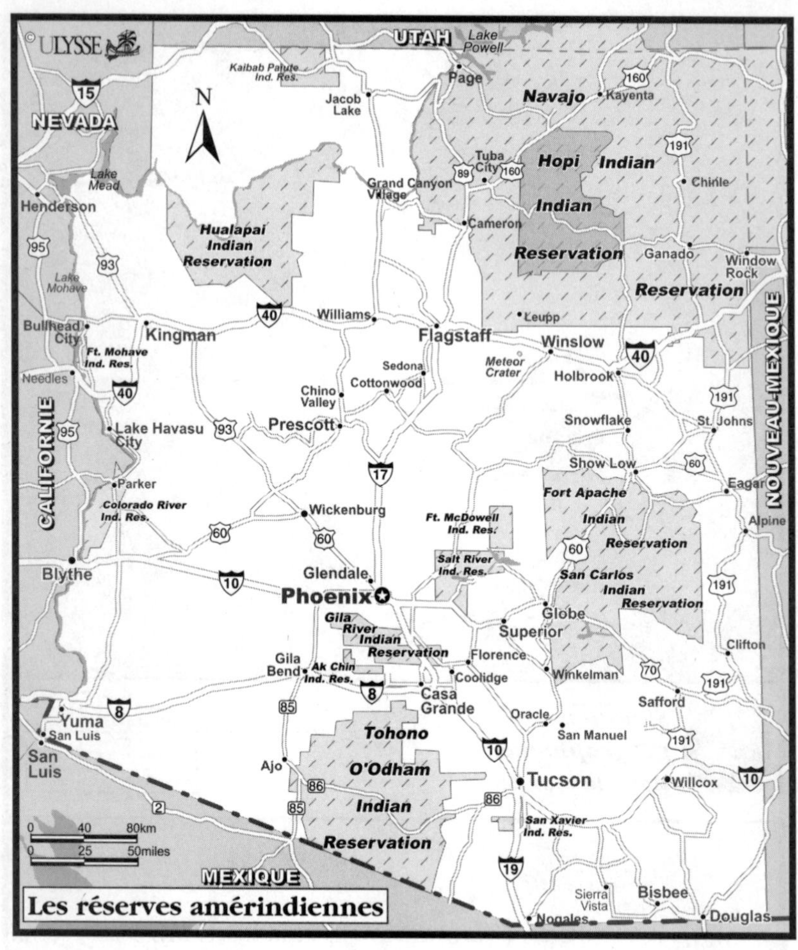

Les réserves amérindiennes

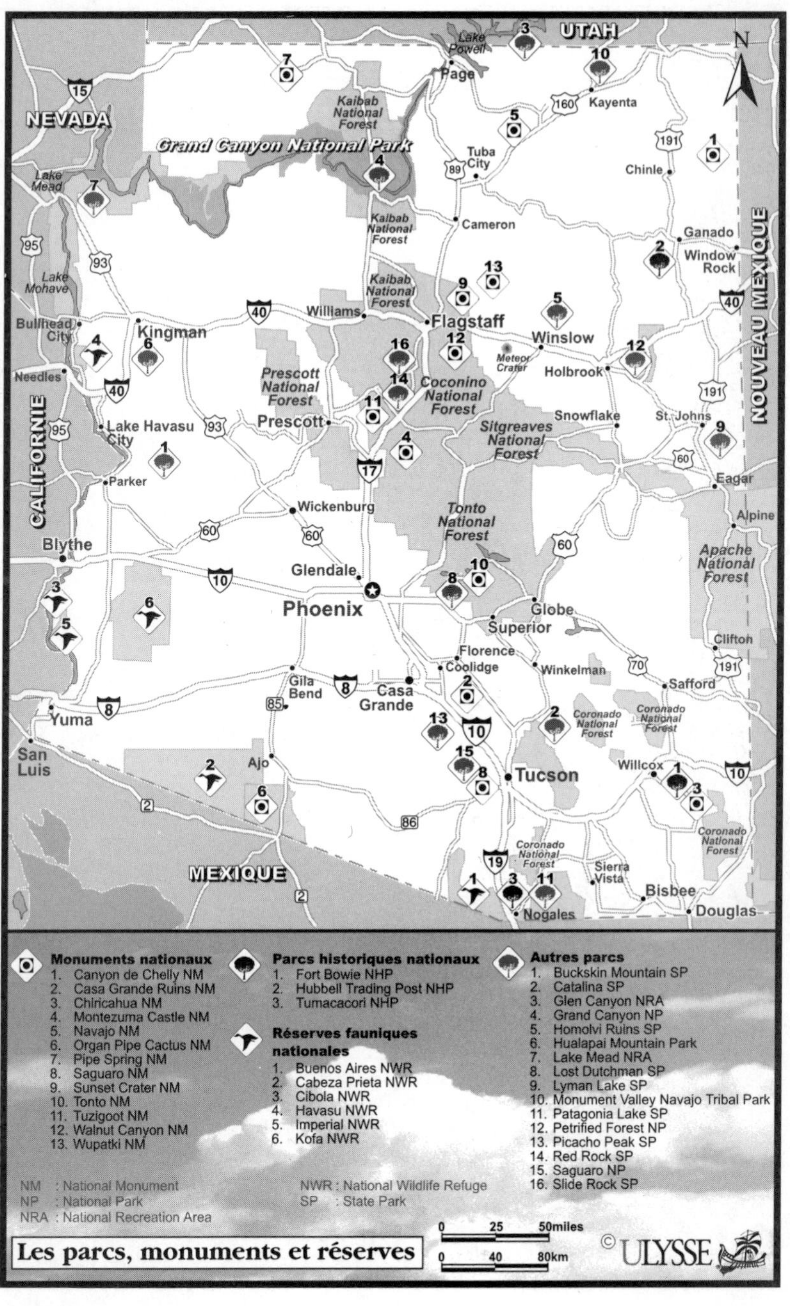

UTAH
NEVADA
CALIFORNIE
NOUVEAU MEXIQUE
MEXIQUE
Lake Powell
Page
Kayenta
Kaibab National Forest
Grand Canyon National Park
Tuba City
Chinle
Lake Mead
Cameron
Ganado
Window Rock
Lake Mohave
Williams
Flagstaff
Bullhead City
Kingman
Winslow
Meteor Crater
Holbrook
Needles
Prescott National Forest
Coconino National Forest
Lake Havasu City
Prescott
Sitgreaves National Forest
Snowflake
St. Johns
Parker
Eagar
Wickenburg
Tonto National Forest
Alpine
Blythe
Apache National Forest
Glendale
Phoenix
Globe
Superior
Clifton
Florence
Coolidge
Winkelman
Safford
Gila Bend
Casa Grande
Yuma
Coronado National Forest
San Luis
Ajo
Tucson
Willcox
Sierra Vista
Bisbee
Nogales
Douglas
N
Monuments nationaux
1. Canyon de Chelly NM
2. Casa Grande Ruins NM
3. Chiricahua NM
4. Montezuma Castle NM
5. Navajo NM
6. Organ Pipe Cactus NM
7. Pipe Spring NM
8. Saguaro NM
9. Sunset Crater NM
10. Tonto NM
11. Tuzigoot NM
12. Walnut Canyon NM
13. Wupatki NM
Parcs historiques nationaux
1. Fort Bowie NHP
2. Hubbell Trading Post NHP
3. Tumacacori NHP
Réserves fauniques nationales
1. Buenos Aires NWR
2. Cabeza Prieta NWR
3. Cibola NWR
4. Havasu NWR
5. Imperial NWR
6. Kofa NWR
Autres parcs
1. Buckskin Mountain SP
2. Catalina SP
3. Glen Canyon NRA
4. Grand Canyon NP
5. Homolvi Ruins SP
6. Hualapai Mountain Park
7. Lake Mead NRA
8. Lost Dutchman SP
9. Lyman Lake SP
10. Monument Valley Navajo Tribal Park
11. Patagonia Lake SP
12. Petrified Forest NP
13. Picacho Peak SP
14. Red Rock SP
15. Saguaro NP
16. Slide Rock SP
NM : National Monument
NP : National Park
NRA : National Recreation Area
NWR : National Wildlife Refuge
SP : State Park
0 25 50miles
0 40 80km
Les parcs, monuments et réserves
© ULYSSE

PORTRAIT

Le Sud-Ouest américain, dont fait partie l'État de l'Arizona, est une terre à nulle autre comparable, toute en falaises calcaires et en plateaux de roches polies, ponctuée de plages isolées en bordure de lacs d'un bleu étincelant, couverte de vastes déserts peuplés de cactus géants et d'animaux peu communs, et dominée par de hauts sommets qui semblent monter la garde sur une région parmi les plus sauvages en Amérique.

D'étranges paysages révèlent des ruines amérindiennes aussi vieilles et envoûtantes que les châteaux médiévaux d'Europe. Contrairement à d'autres régions des États-Unis, les peuples qui vivaient ici à l'arrivée des premiers Blancs y vivent encore aujourd'hui. De plus, bien qu'il s'agisse du premier territoire américain où les colons européens se sont installés de façon permanente, il demeure aujourd'hui un des moins peuplés de tout le pays.

Le Sud-Ouest attire des vacanciers du monde entier à toute époque de l'année. Le climat y est doux en hiver (du moins en certains endroits), frais en été (en d'autres endroits) et plus ensoleillé qu'en Floride. On s'y rend aussi bien pour le climat que pour les grands espaces, la beauté du paysage et l'amalgame unique des cultures qui s'y côtoient. Mais par-dessus tout, on vient y faire de l'exploration, car les sites les plus merveilleux du Sud-Ouest ne sont pas toujours signalés par de grands panneaux vert et blanc ou une entrée clairement identifiée. Sur ce sol d'une diversité bouleversante, vous ferez en effet de nouvelles découvertes à chaque détour de la route.

Lieu de contrastes fièrement provincial, le Sud-Ouest américain ne dément nullement sa réputation romantique.

Des villes perdues et des trésors cachés n'attendent partout qu'à être découverts, et, si la curiosité fait partie de vos attributs, peu d'endroits sur Terre vous donneront de mieux la satisfaire.

Ce guide Ulysse a été conçu pour vous aider à explorer l'Arizona. Il regroupe tous les sites «à ne pas manquer» et vous offre des conseils destinés à profiter au maximum de chacune de ces régions. Il vous met également sur la piste de plusieurs endroits se trouvant hors des sentiers battus, dont vous n'entendriez normalement parler qu'en conversant avec des gens du coin ou avec des personnes ayant passé toute leur vie dans la région. Il présente l'histoire du territoire, ses ressources naturelles et sa population, aussi bien humaine qu'animale. Il vous indique en outre où vous loger, vous restaurer et vous divertir. De plus, quel que soit le style de vacances que vous recherchez, que vos préférences portent sur la randonnée pédestre, le golf, la visite des musées ou le magasinage, vous en trouverez ici pour tous les goûts et toutes les bourses.

Il n'en tient qu'à vous de déterminer ce que vous désirez voir ou faire. Le bon vieux cliché «il y a de tout pour tous» s'applique en effet particulièrement bien au Sud-Ouest américain. Vous trouverez dans ce guide des terrains de camping gratuits, des pistes de randonnée librement accessibles et des paysages à couper le souffle, mais aussi de nombreux lieux récréatifs réservés aux mieux nantis. Vous découvrirez par ailleurs des routes panoramiques un peu partout, de même que des circuits d'exploration en région sauvage qu'on ne peut atteindre en voiture. D'ailleurs, si vous préférez, pourquoi ne pas faire un séjour dans un *bed and breakfast* situé à distance de marche de pittoresques boutiques et galeries?

Il y a tant à voir et à faire dans le Sud-Ouest que même ceux qui y ont vécu toute leur vie y font encore des découvertes à l'occasion. Ceux qui visitent la région pour la première fois doivent pratiquement se limiter à de courtes haltes dans les endroits les mieux connus, alors que ceux qui y reviennent préfèrent souvent se confiner à un secteur bien déterminé pour l'explorer à fond, quitte à revenir plus tard, peut-être à une autre époque de l'année, pour découvrir d'autres merveilles. Quoi qu'il en soit, nombreux sont ceux qui reviennent plus d'une fois dans la région et choisissent même parfois de s'y établir, car le Sud-Ouest offre suffisamment de richesses (nourriture, paysages, coutumes, climats, arts, architecture et langues) pour vous laisser des souvenirs inoubliables.

Pour chaque cow-boy, vous trouverez un citadin; pour chaque bar country, vous trouverez une boîte de rhythm-and-blues; pour chaque pan de désert aride, vous trouverez une montagne enneigée; et pour chaque ranch de tourisme à la dure, vous trouverez un complexe hôtelier au luxe décadent.

LA GÉOGRAPHIE

S'il est un mot qui résume bien la géographie de l'Arizona, c'est «diversifiée». Ses trésors sont en effet des plus variés, des canyons spectaculaires aux hauts sommets montagneux, des déserts arides aux forêts verdoyantes et des champs volcaniques dénudés aux fertiles prés alpins.

Et les richesses de l'Arizona ne résident pas que dans ses grands espaces, mais aussi dans une myriade de détails uniques, qu'il s'agisse d'empreintes de dinosaures, de troncs pétrifiés, de dunes de gypse d'un blanc immaculé, d'immenses grottes souterraines, de dômes de sel, d'arches rocheuses, de ponts naturels, de cheminées de fée ou de silhouettes capricieuses et fantaisistes sculptées par les éléments et le climat.

Certains des plus précieux atouts de cet État sont indubitablement ses montagnes, créativement surnommées «îles célestes» par les biologistes. Entre autres, le Humphrey's Peak, qui fait partie de la chaîne des monts San Francisco au nord de Flagstaff, s'élève à 3 862 m, ce qui en fait le plus haut point de l'État. Mais il ne faudrait pas pour autant négliger les White Mountains à l'est, ou les monts Santa Catalina et Santa Rita aux environs de Tucson.

Bien qu'on puisse difficilement échapper à la majesté des montagnes arizoniennes, il en va tout autrement du désert, dont la beauté est beaucoup plus subtile. Cette partie accidentée et épineuse du territoire n'en offre pas moins des paysages à couper le souffle, ponctués de cactus fleuris et d'une profusion de textures et de couleurs.

On dénombre quatre déserts en Arizona. Leur aïeul à tous est le célèbre désert de Sonora, qui reçoit plus de pluie que tout autre désert nord-américain; les habitants de Phoenix et de Tucson y sont chez eux, tout comme d'ailleurs plus de 300 espèces ailées. Le désert de Chihuaha n'occupe qu'un fragment du sud de l'Arizona, mais révèle néanmoins des phénomènes géologiques peu communs, comme le Texas Canyon, une chaîne montagneuse entièrement formée de rochers géants, et la Wilcox Playa, dont l'aspect lacustre initial cache en fait un mirage, ou plutôt un bassin de sable miroitant et tout à fait sec de 80 km d'envergure. Le désert de Mohave, au nord-ouest, est un endroit sec et désolé où les dunes de sable règnent en maître, quoique le lac Havasu, créé par l'homme, y offre un contraste rafraîchissant. Et enfin, le désert Great Basin du plateau coloradien s'impose comme un pan de nature grandiose parsemé de mesas, de tertres, de flèches, de falaises et de canyons.

Il va sans dire que la formation terrestre la plus réputée de l'Arizona est le Grand Canyon, sculpté par la nature au fil des cinq derniers millions d'années. Des mouvements géologiques ont lentement soulevé le plateau de plus en plus haut tandis que les eaux tumultueuses du fleuve Colorado se sont acharnées sans relâche à le scinder. Les sombres rochers dépourvus de fossiles qu'on retrouve aujourd'hui au niveau du cours d'eau figurent parmi les matières les plus anciennes de toute la surface du globe, et les couches de couleurs et de textures différentes dont se composent les parois stratifiées du canyon témoignent d'époques où la région fut tour à tour fond de mer, forêt et marécage. De minuscules créatures marines fossilisées de l'ère paléozoïque, qui précède de loin celle des dinosaures, permettent en outre de retracer l'évolution de certaines des premières formes de vie sur Terre à travers des couches successives de schiste, de calcaire et de grès.

Une version réduite et moins connue du Grand Canyon suscite également l'émerveillement, à savoir le Salt River Canyon de l'Est arizonien. De somptueux panoramas vous attendent ainsi à chaque virage de la route 60 entre

Show Low et Globe. Et à Salt Banks, où un chapelet de sources salines ont donné naissance à des formations de travertin, les visiteurs peuvent trouver des minéraux et des algues colorés, de même que des pétroglyphes datant du XIIIe siècle.

Vous remonterez aussi le temps en parcourant le Petrified Forest National Park, qui englobe le Painted Desert. Les collines stériles de la forêt pétrifiée renferment en effet des fossiles de plusieurs espèces, dont des poissons, des reptiles et des batraciens, parfois vieux de 225 millions d'années. Quant aux collines voisines, le plus souvent dépourvues de végétation, on les a baptisées du nom de «désert peint» en raison des reflets de rouge, de gris, de blanc et d'orangé que provoque le soleil sur les rochers composés de fer, de manganèse et d'autres minéraux.

On explique de deux façons la transformation en pierre des arbres du Petrified Forest National Park, l'une folklorique et l'autre scientifique. La plus fascinante est celle qui nous vient des légendes amérindiennes, voulant qu'une déesse épuisée et affamée soit un jour venue dans la région; elle voulut allumer un feu pour faire cuire un lapin qu'elle avait tué, mais le bois mouillé refusait de brûler, ce qui l'amena à maudire la forêt et à la changer en pierre. La science soutient par contre que cette forêt vit le jour il y a quelque 170 millions d'années, au fond d'une immense vallée; celle-ci s'étant chargée de sédiments, de gros arbres en vinrent à flotter à la surface des basses terres, puis à être engloutis à une profondeur de plus de 900 m. Mais avant qu'ils ne puissent se décomposer, une eau riche en silice, en fer, en manganèse, en cuivre et en divers autres minéraux s'infiltra dans les troncs et les transforma peu à peu «en pierre».

Au sud de la forêt pétrifiée, vous finirez par atteindre le Mogollon Rim, qui se dresse à travers le centre-est de l'Arizona telle une muraille de 300 km, et par endroits haute de 450 m, séparant cette partie de l'État en deux zones, de mesas au nord et de déserts au sud.

Un autre élément unique du paysage arizonien est le Sunset Crater, un monument national des champs volcaniques San Francisco, à proximité de Flafstaff. Le clou en est un cône volcanique de 300 m qui cracha cendres et roc en fusion lors de sa première éruption à l'hiver de 1064-1065. On peut encore aujourd'hui admirer les scories et les traînées de lave, ainsi que gravir le cratère O'Leary voisin pour y voir de plus près. Le sol de pierre ponce concassée interdit la croissance de toute forme de végétation, mais facilite par contre les randonnées autour de cônes volcaniques dignes de cartes postales.

La morphologie du Sud-Ouest américain est si spectaculaire qu'on peut sans mal apprécier la beauté des paysages qui en résultent même si l'on ignore les secrets de leur formation. Cependant, les voyageurs qui, chemin faisant, prennent la peine d'en apprendre un peu plus sur la géologie des lieux dans les musées d'histoire naturelle ou les centres d'interprétation des parcs nationaux acquièrent une perspective encore plus intéressante. Ils découvrent, entre autres, que les différentes couleurs et textures du roc forment un ensemble complexe qui s'étend sur des centaines de kilomètres à la ronde. À titre d'exemple, le calcaire de Kaibab,

Monument Valley

vieux de 250 millions d'années et formant une couche blanchâtre d'une épaisseur de 100 m au sommet du Grand Canyon, est aussi visible à Lee's Ferry, à une demi-journée de route plus à l'est. En apprenant à scruter le panorama non plus en deux dimensions, mais bien en trois, vous aurez tôt fait d'acquérir une meilleure appréciation des merveilles géologiques qui composent le paysage arizonien.

La flore

Une grande variété de plantes poussent aux multiples altitudes qui caractérisent le relief de l'Arizona. Des déserts arides couvrent près d'un tiers de l'État à moins de 1 400 m, englobant du coup les régions de Phoenix et Tucson, et c'est là que foisonnent le saguaro, le prosopis *(mesquite),* le paloverdi bleu *(paloverde tree)*, le figuier de Barbarie *(prickly pear)*, le cholla, le coussin de belle-mère *(barrel cactus)* et le larréa tridenté *(creosote bush)*. Passez de 1 400 m à 2 000 m, dans le centre de l'Arizona et d'autres régions éparses de l'État, et surgissent les hautes herbes, l'agave d'Amérique, les arbustes à feuillage persistant, le chêne *(oak)*, le pin pignon et le genévrier *(juniper)*. Dans les odorantes forêts de pins ponderosa, de 2 100 m à 2 700 m, soit dans le nord de l'Arizona et aux environs de Payson, les arbres peuvent atteindre une hauteur de 40 m. Enfin, entre 2 300 m et 3 000 m, dans une zone qui englobe le plateau de Kaibab sur le versant nord du Grand Canyon, les monts San Francisco, les White Mountains et d'autres sommets élevés, le Douglas taxifolié, le sapin argenté *(white fir)* et le peuplier faux-tremble *(quaking aspen)* forment de denses forêts. En certains lieux, uniquement accessibles grâce à des pistes de randonnée, les sapins peuvent atteindre 30 m de hauteur, et leur circonférence, une dimension supérieure à la portée des bras d'un adulte. Bref, des cactus du désert aux ifs des sommets montagneux, l'étude de la flore arizonienne ne cesse de fasciner.

Aménagé à des fin éducatives au cours des années vingt, le **Boyce Thompson Southwestern Arboretum** *(droit d'entrée; route 60, aux abords de Superior, ☎ 602-689-2811)* possède un grand jardin de cactus et constitue un bon endroit où percer les secrets des plantes du désert. Un ruisseau et un étang y servent d'habitat à des espèces plus avides d'eau, mais l'arboretum se consacre principalement aux plantes qui résistent à la sécheresse. Voyez, entre autres, les *boojums* de la Basse-Californie, au tronc épais et au feuillage clairsemé, et le complexe d'accueil, inscrit au registre national des lieux historiques. On y vend même des plantes en pot pour ceux qui désirent ramener avec eux un morceau d'Arizona.

S'il est une plante étrange, c'est bien le gomart à petites feuilles *(elephant tree)*, dont le tronc massif, tordu et parcheminé ressemble davantage à un appareil radiculaire inversé. Et que dire du pin pignon, qui ne produit des pignes, un délice au goût de nombreuses fines bouches, qu'une fois tous les sept ans?

Un des plus anciens habitants de la planète a élu domicile dans le désert arizonien, et nous avons nommé le larréa tridenté *(creosote bush)*. Cet humble arbuste vit en effet ici depuis environ 11 000 ans, de quoi faire pâlir d'envie le yucca arborescent, réputé pour sa longévité de 500 ans. Et puis il y a les tuyaux d'orgue *(organ pipe cactus)* et les saguaros; ils ne vivent sans doute pas aussi longtemps que le larréa, mais ils sont si rares et intéressants qu'on leur a érigé des monuments entiers, à savoir l'Organ Pipe Cactus National Monument et le Saguaro National Monument.

Le cactus *senita* ne se trouve pour sa part qu'à l'intérieur de l'Organ Pipe Cactus National Monument. Semblable au tuyau d'orgue, il est aussi connu sous le nom de «cactus à barbe» *(whisker cactus)* en raison de ses longues épines grises et chevelues. Ces deux espèces de cactus fleurissent la nuit, et leurs fleurs se referment peu après le lever du jour. Le fruit du tuyau d'orgue était par ailleurs récolté par les Indiens papagos.

Le plus célèbre représentant de la flore arizonienne est sans conteste le saguaro, ce cactus géant à plusieurs bras qui pose inlassablement devant les appareils photo de milliers de touristes et qui voyage sans cesse d'un bout à l'autre de la planète sur des cartes postales glacées. Le saguaro habite le désert de Sonora, le plus diversifié des quatre déserts de l'État, et ce, en partie parce qu'il y tombe en moyenne de 19 à 25 cm de pluie par année (ce qui est considérable pour un désert) et que les gelées y sont rares. Ce cactus atteint l'âge vénérable de 75 ans avant même de commencer à étendre les bras, et la plupart des spécimens sont percés de trous; or, il ne s'agit pas là de marques d'usure, mais bien de «résidences», puisque le pic à calotte rouge *(gila woodpecker)* perce des orifices dans le tronc des saguaros mûrs pour y faire son nid, jouissant ainsi d'un havre frais et humide à l'abri des prédateurs. Et lorsqu'il abandonne sa demeure, d'autres espèces ailées prennent la relève, aussi bien la chouette *(owl)* que l'hirondelle pourprée *(purple martin)*, cependant que le généreux saguaro continue de prodiguer ses faveurs en nourissant les chauves-souris du nectar de ses fleurs blanches.

De manière à survivre dans le désert, le saguaro doit faire preuve d'une grande inventivité. La masse fraîche d'un saguaro parvenu à maturité se compose de 75 % à 95 % d'eau, si bien que, lorsque le climat devient si sec que les racines ne peuvent plus extraire d'eau du sol, la chair du saguaro contient encore suffisamment d'eau pour lui permettre de rester en vie. Au cours de la saison sèche, le diamètre des saguaros rétrécit, leur peau se plisse et leurs jointures se font plus angulaires; mais même lorsque leur corps a perdu 80 % de son eau, ils parviennent à survivre, surtout lorsqu'ils sont encore jeunes (un être humain ne peut survivre à une déshydratation ne serait-ce que de 12 %). Les racines du saguaro sont peu profondes (généralement moins d'un mètre sous la surface), mais elles s'étendent latéralement jusqu'à 30 m de distance de façon à recueillir la moindre goutte d'humidité que le sol a à offrir.

Il existe un lien biologique fascinant entre le yucca et le minuscule papillon du yucca, chacun dépendant étroitement de l'autre pour perpétuer son espèce. Le papillon femelle recueille en effet le pollen des fleurs du yucca, part en quête des fleurs d'autres plants, y pond ses œufs et les recouvre de pollen fertilisant. Une partie des graines de la plante servent à nourrir les larves au cours de leur croissance, tandis que les autres parviennent à maturité et perpétuent l'espèce. Les larves tombent ensuite au sol, s'y terrent et y demeurent jusqu'au printemps, après quoi elles s'envolent et relancent le cycle.

Lorsque surviennent les pluies printanières, à quelques années d'intervalle, le désert explose et se couvre d'un merveilleux tapis de fleurs sauvages pendant quelques semaines. Mais la flore du désert ne réserve pas que de bonnes surprises, puisque nombre d'espèces végétales dardent une épine agressive à l'endroit de quiconque ose les toucher. Qui plus est, il est interdit par la loi de détruire ou même de cueillir la majorité des cactus et des plantes du désert. Ainsi qu'un habitant de Phoenix a eu l'occasion d'en faire l'expérience, il n'est d'ailleurs guère prudent de s'en prendre aux cactus; après avoir déchargé son arme sur un saguaro, le cactus s'écroula sur lui et le tua.

Il est donc préférable d'admirer à distance les beautés végétales du désert, surtout au printemps lorsqu'elles sont en fleurs. Certaines des plus colorées qu'il puisse vous être donné de voir sont les fleurs jaunes du «cassant» *(brittlebush)*, le pavot *(poppy)* mexicain variant du jaune à l'orangé, les bleus lupins du désert qui abondent le long des routes et sur les flancs des collines, et les fleurs d'un orangé vif de l'ocotillo, aux tiges semblables à des fouets. Si vous avez la chance de visiter la région au bon moment, cet arc-en-ciel sauvage vous laissera à n'en point douter un souvenir inoubliable.

La faune

Beaucoup d'animaux appartenant à la légende de l'Ouest errent encore en toute liberté dans les forêts et les canyons de l'Arizona. C'est ainsi que le puma *(mountain lion)*, qu'on aperçoit rarement du fait qu'il vit dans des régions isolées et chasse dans l'obscurité, s'élance parfois tel un éclair devant les phares des automobilistes nocturnes. Et l'ours noir *(black bear)*, qui vit au plus profond des montagnes, fait parfois, en période de sécheresse, des incursions dans les villages pour en piller les poubelles.

Le coyote, le prédateur du Sud-Ouest qu'on voit le plus fréquemment, en est venu à être surnommé «coyote urbain» par les responsables de la faune, tant est grande sa faculté d'adaptation au milieu urbain. Il mange de tout, ou presque, et se régale aussi bien de rongeurs que de lapins, d'ordures ménagères ou de petits animaux de compagnie, au grand dam de leurs propriétaires. On peut même dire que l'«intelligence» fait partie de ses attributs, puisqu'il regarde des deux côtés de la rue avant de traverser la chaussée. Et même s'il ne vous est pas donné d'en voir, il y a de fortes chances pour que vous entendiez leurs jappements aigus et leurs hurlements dans la nuit du désert ou à l'aube.

Le coyote

Le pécari à collier *(javelina)*, qui broute souvent en groupe, est une autre espèce commune en Arizona. Il ressemble à un porc et affiche une tête disproportionnée, des pattes courtes et musclées, de même qu'une dentition canine.

Parmi les espèces les plus étranges, mentionnons le crapaud fouisseur *(spadefoot toad)*, qui passe la plus grande partie de sa vie seul dans un trou scellé à un mètre sous terre. Il n'en sort en effet que pour se nourrir et se reproduire que lorsqu'il entend le tonnerre des orages d'été.

Quel spectacle que de voir le mouflon *(bighorn sheep)* sauter et grimper le long des arêtes rocheuses qui s'élancent depuis les basses plaines désertiques. Le mâle, au corps massif et trappu, et aux cornes recourbées, pèse en général de 110 à 135 kg. Il se nourrit de chardons, d'herbe et de fleurs, et éventre même à l'occasion de ses cornes un coussin de belle-mère (cactus) pour en extraire la grasse chair.

Un des oiseaux les plus caractéristiques de la région est la pie d'Amérique *(magpie)*, une cousine iridescente à longue queue et d'allure exotique des mainates asiatiques. Un autre fier représentant de cette partie du monde est le coucou terrestre *(roadrunner)*, couronné d'une huppe inclinée et prolongé d'une longue queue. Ainsi nommé en raison de sa propension à sprinter aux abords des routes, vous le verrez sans doute esquiver les voitures tout en chassant les lézards.

Au chapitre des gros oiseaux que les automobilistes ou les randonneurs sont le plus susceptibles d'apercevoir au passage, il faut retenir le vautour à tête rouge *(turkey vulture)*, le corbeau et différentes espèces d'aigles. L'aigle doré *(golden eagle)* et l'aigle à tête blanche *(bald eagle)* vivent tous deux sur l'ensemble du territoire arizonien, et il arrive qu'on les aperçoive haut dans le ciel. Aigles et vautours ont à peu près la même taille, si bien que la meilleure façon de les distinguer consiste à se rappeler que les aigles planent les ailes déployées à l'horizontale tandis que les vautours les relèvent en *V*.

L'aigle à tête blanche

Des douzaines d'espèces d'oiseaux-mouches *(hummingbird)* migrent du Mexique vers le sud-ouest de l'Arizona pour la saison estivale, tandis que les oies du Canada et d'autres oiseaux aquatiques des régions nordiques viennent se réchauffer l'hiver sur les rivières et les lacs des régions désertiques.

Nombre de visiteurs de l'Arizona craignent en outre d'y croiser des espèces moins attrayantes. Y partagent en effet le territoire avec les humains 11 espèces de crotales *(rattlesnake)*, 30 espèces de scorpions et 30 espèces de tarantules, sans oublier le gila monstrueux, un lézard dont la peau jaune et noire est couverte d'excroissances perlées. Il convient toutefois de savoir que toutes ces créatures préfèrent battre en retraite plutôt que d'attaquer, et les habitants de l'Arizona eux-mêmes ne les voient que très rarement. Rappelez-vous seulement de toujours marcher d'un pas ferme, et ne mettez ni vos mains ni vos pieds là où vous ne pouvez les voir. Comme la plupart des insectes et des mammifères, ces hôtes se passent très bien de présentations.

UN PEU D'HISTOIRE

À une certaine époque, quelque 25 000 Amérindiens constituaient les seuls habitants du territoire aujourd'hui connu sous le nom d'Arizona. La première culture structurée fut celle des Hohokams, qui y prospérèrent entre 300 av. J.-C. et 1450 ap. J.-C. environ, et des vestiges de leurs colonies subsistent encore à ce jour. Deux autres tribus importantes leur emboîtèrent le pas, les Anasazis (un terme navajo signifiant «anciens») sur les hautes terres du plateau qui s'élève au nord de l'État, et les Mogollons dans les chaînes montagneuses du nord-est et de l'est.

Le mode de vie des premiers humains à avoir foulé le sol de la région, axé sur la chasse et la cueillette depuis des millénaires, se modifia autour de 300 av. J.-C., en partie parce que de grandes sécheresses avaient fait fuir les antilopes et les mammouths. On commença alors à faire pousser des denrées de base et à se concentrer davantage sur l'agriculture. N'ayant plus à constamment chercher leur nourriture, les peuples d'alors élaborèrent des sociétés complexes et construisirent de grands *pueblos* sur les mesas, dans les vallées et dans les parois abruptes des canyons.

Autour de 200 ap. J.-C., les Anasazis s'installaient dans le canyon de Chelly. Ils y construisaient de spectaculaires habitations à flanc de falaise et vivaient en harmonie avec la nature. Des vesti-

La naissance de la nation navajo

C'est de la révolte des Pueblos qu'est née la nation navajo. Afin de persuader leurs voisins athabascans de les aider à chasser les Espagnols, les chefs des *pueblos* accordèrent le droit à leurs alliés de garder le bétail qui s'échapperait des ranchs attaqués. La tribu de nomades fit ainsi l'acquisition de moutons et de chevaux, ce qui changea consi-dérablement sa culture d'origine. Lorsque les colons espagnols revin-rent sur leurs terres, plusieurs habitants des *pueblos* qui avaient pris part à la révolte s'enfuirent pour échapper à d'éventuelles représailles et partirent vivre avec les nomades, emportant avec eux leurs connais-sances poussées du tissage et de la culture du maïs. Par la suite, les éleveurs et les cultivateurs descendant des Athabascans devinrent connus sous le nom de Navajos, alors que ceux qui restèrent attachés aux voies ancestrales devinrent les Apaches.

ges de leurs ouvrages s'offrent au regard des visiteurs de Keet Seel et de Batatakin, à l'intérieur du Navajo National Monument, de même que dans certaines ruines du canyon de Chelly. Celles-ci révèlent les pièces sombres, exiguës et oppressantes qui leur servaient de demeures, sans le moindre superflu. Sans doute en raison de sécheresses, les habitations à flanc de falaise furent abandonnées vers l'an 1300.

Pendant ce temps, la culture sinagua se développait au nord-est de l'actuelle Flagstaff et plus au sud dans la vallée de la rivière Verde. Le nom de ce peuple, qui signifie «sans eau» en espagnol, leur vient de ce qu'il s'établissait dans des régions arides, et des restes de ses *pueblos* en pierre subsistent sur les terres des monuments nationaux Tuzigoot et Wupatki, tandis que ses habitations de falaise se trouvent plutôt dans le Walnut Canyon et au Montezuma Castle.

En 450 ap. J.-C., les Hohokams avaient déjà entrepris de cultiver les vallées des rivières Gila et Salt entre Phoenix et Casa Grande. Ils finirent par étendre leur empire à plus d'un tiers de l'État, cultivant du maïs, des fèves et des courges, et construisirent un impressionnant réseau de canaux d'irrigation totalisant près de 1 000 km. Puis, en 1450, ils s'évanouirent. Bien que peu d'habitations hohokams aient survécu aux assauts du temps, un bon exemple nous en est offert par le *pueblo* de quatre étages du Casa Grande Ruins National Monument, à une trentaine de kilomètres à l'est de Casa Grande.

Les Pimas, un peuple de cultivateurs du désert qui succéda aux Hohokams dans la région, sont d'ailleurs ceux qui ont ainsi baptisé leurs prédécesseurs, ce mot signifiant «complètement usé». Nul ne peut préciser la cause exacte de la disparition des Hohokams, mais iverses théories font état d'une longue sécheresse, d'une épidémie et de l'avènement de tribus plus agressives.

Il y a maintenant près de 600 ans, au cours du siècle qui a précédé le débarquement de Christophe Colomb sur les côtes d'Amérique, un nouveau peuple fit son apparition dans la région. Il

Anciennes ruines amérindiennes

Certaines des plus belles ruines amérindiennes que vous puissiez voir en Arizona comprennent les ruines anasazis de Betatakin et Keet Steel, à l'intérieur du Navajo National Monument, à 29 km au nord-ouest de Kayenta par la route 160; le Montezuma Castle National Monument, formé d'habitations à flanc de falaise construites par le peuple sinagua à Campe Verde; les ruines hohokams de quatre étages du Casa Grande Ruins National Monument, à 32 km à l'est de Casa Grande par la route 87; les *pueblos* des ancêtres des Hopis au Homolovi Ruins State Park, à 5 km à l'est de Winslow sur la route 87; les ruines des habitations du peuple salado, semblables à des complexes d'appartements, du Tonto National Monument, sur l'Arizona 88 à Roosevelt; les ruines de roche volcanique mogollons du Casa Malpais Pueblo à Springerville; et le Besh-Ba-Gowah Archaeological Park, qui renferme les ruines d'un *pueblo* salado à Globe.

s'agit des Athabascans, des nomades venus de régions nordiques faisant désormais partie du Canada qui ont peu à peu migré par petits groupes le long de la face interne des Rocheuses. Ils étaient appelés à devenir les Apaches et les Navajos, des chasseurs belliqueux qui à leur tour finirent par se transformer en cultivateurs, mais seulement après qu'une autre vague d'étrangers eut déferlé sur le Sud-Ouest américain pour en changer le visage à tout jamais.

Les Espagnols

Au milieu du XVIe siècle, les Espagnols furent les premiers Européens à explorer ce pan de pays qu'on connaît aujourd'hui sous le nom d'Arizona. Attirés par la légende mauresque des sept cités de Cibola, censément gorgées de trésors, le vice-roi de la Nouvelle-Espagne dépêcha des explorateurs dans la région depuis la ville de México. Après avoir vu les *pueblos* scintillant sous le soleil du désert, ils rentrèrent chez eux et y rapportèrent la découverte d'une cité d'or. Francisco Vásquez de Coronado revint sur les lieux un an plus tard, le cœur rempli d'espoir, mais eut tôt fait de constater que le scintillement des demeures n'était dû qu'au mica incrusté dans les murs d'adobe.

Cependant, les conquistadors ne cherchaient pas que de l'or; ils aspiraient également à sauver des âmes. Or, ils trouvèrent ici plus d'âmes que d'or, et en vinrent ainsi à initier les autochtones à l'élevage du bétail et des chevaux, de même qu'à de nouvelles techniques de culture qui eurent pour effet d'ajouter à leurs récoltes de fèves, de courges et de maïs de nouvelles céréales, des fruits et des légumes. Les Franciscains firent ensuite des incursions dans la région, à partir des années 1670, et fondèrent des missions au sein des communautés hopis, en convertissant bon nombre au christianisme. En 1687, le prêtre jésuite Eusebio Francisco Kino entreprit pour sa part d'établir d'autres missions en Arizona. Il enseigna aux Amérindiens des techniques agricoles européennes, planta des arbres fruitiers et leur donna des bêtes à élever. Kino visita le village pima de Tumacacori en 1691, puis, en 1700, posa les fondations de l'église de la mission de San Xavier del Bac.

Bien que les Espagnols aient apporté des améliorations au mode de vie des Amérindiens, leur présence entraîna aussi des malheurs. Ils étaient en effet porteurs de maladies européennes telles que la rougeole et la variole, sans compter qu'ils avaient envahi les terres autochtones. Par voie de conséquence, les Amérindiens engagèrent contre eux plusieurs batailles, y compris la violente révolte de 1680. Puis, en 1751, les Pimas, jusque-là pacifiques, se rebellent à leur tour et tuent plus de 100 Espagnols, pendant que les Apaches poursuivent leurs raids éclairs et continuent de tendre des embuscades et aux Espagnols et aux Pimas.

Devant cette vague belliqueuse, le gouvernement espagnol érige un *presidio* à Tubac. Mais après l'accession du Mexique à l'indépendance face à l'Espagne, en 1821, et le retrait des troupes espagnoles, les Amérindiens relancent leurs attaques, amenant les colons à rechercher la sécurité des villes murées telle Tucson.

Un État est né

En 1848, la plus grande partie de l'Arizona est annexée aux États-Unis à la suite de la guerre mexicano-américaine. Seules sont exclues Tucson et une partie du sud de l'Arizona, une situation qui ne tardera toutefois pas à changer. Le fait que cette tranche de territoire soit aux mains des Mexicains s'avére en effet un inconvénient de taille dès l'année suivante, lors de la Ruée vers l'or californienne, puisque la route de l'ouest passait en terre mexicaine. C'est ainsi que le gouvernement américain en vint à négocier le traité de Gadsden en 1853, en vertu duquel il se portait acquéreur du reste du sud de l'Arizona et de quelques terres additionnelles pour à peine 10 millions de dollars.

Cela dit, les Amérindiens demeuraient un problème, car s'ils acceptèrent les quelques mineurs, négociants et cultivateurs blancs venus s'installer dans la région jusqu'au milieu des années 1860 environ, l'accroissement du nombre des pionniers finit par provoquer des frictions et des affrontements. Les Navajos et les Apaches se montraient par ailleurs particulièrement intolérants à l'égard des colons blancs, de sorte qu'une solution finale fut envisagée par plus d'un.

On fit appel à la cavalerie, et il s'ensuivit un des chapitres les plus sanglants de l'histoire du Sud-Ouest. Les régiments de Noirs de la 10e division de cavalerie, surnommés Buffalo Soldiers (bisons armés) en raison de leur peau foncée et de leurs cheveux noirs et bouclés, arrivèrent en force pour protéger les colons des terres arizoniennes sur lesquelles Geronimo, Cochise, Mangus, Alchise et d'autres chefs avaient déjà fait périr par milliers immigrants et prospecteurs. Nombre de sites encore visibles un peu partout à travers l'État nous rappellent d'ailleurs lourdement cette triste époque : le Cochise Stronghold des Dragon Mountains, au sud de Wilcox, où s'était caché le célèbre chef apache; le Fort Bowie National Historic Site, une ruine d'adobe marquant l'emplacement d'un avant-poste militaire clé durant les guerres amérindiennes; le fort Huachuca, non loin du précédent, un autre avant-poste important aujourd'hui utilisé comme base de communication par l'Armée américaine; et le Fort Verde State Historic Park de Camp Verde, sur la route 17 entre Phoenix et Flagstaff, une autre base militaire qui joua un rôle déterminant dans la soumission finale des Apaches vers 1870.

Quelques années plus tôt, soit en 1864, les Navajos avaient déjà été amenés à se rendre sous le commandement du colonel Kit Carson, après quoi ils avaient été acheminés vers un camp d'internement au Nouveau-Mexique. On leur permit de retourner en Arizona cinq ans plus tard, mais à la condition qu'ils se confinent à des réserves. Somme toute, ce sont les guerres apaches qui ont donné lieu à la plus longue et à la plus violente campagne militaire contre les Amérindiens. Bien qu'ils n'aient jamais été nombreux, les Apaches étaient en effet si féroces et fuyants que les conflits se poursuivirent pendant 19 ans on ne peut plus sanglants. Ils capitulèrent enfin lorsque leur chef Cochise mourut sur les monts Chiricahua et que Geronimo fut contraint de rendre les armes en 1886. Alors seulement les colons américains purent-ils fonder les premières villes de l'Arizona.

Au cours des années 1860 et 1870, le Territoire d'Arizona symbolisait l'Ouest sauvage. Les saloons y faisaient des affaires d'or certes, mais les fusillades et les éclats de toute sorte y étaient monnaie courante. Les hors-la-loi qu'on capturait étaient envoyés à Yuma pour y être jugés, cette ville étant réputé pour sa prison inviolable.

Cela dit, les sources de revenus se transformèrent avec l'essor de l'élevage, de l'agriculture et de l'exploitation des mines. Des éleveurs s'installèrent sur les hautes terres herbeuses et désertiques du sud-est de l'Arizona et dans les prés du centre-nord de l'État. Mais ils ne tardèrent pas à provoquer une véritable catastrophe écologique puisque, de 5 000 têtes environ en 1870, le cheptel passa à 1,5 million de têtes en 1891, bien au-delà de ce que la terre pouvait nourrir. C'est ainsi que de 50 à 75 % des bêtes périrent lors de la sécheresse de 1892-1893, sans compter qu'au moment où les pluies revinrent, des milliers de kilomètres carrés avaient été entièrement ravagés par les troupeaux affamés. Les terres herbeuses disparurent à tout jamais et furent remplacées par un désert stérile.

Les premiers colonisateurs de langue anglaise du Sud-Ouest américain furent les mormons, qui avaient choisi de vivre libres de toute persécution dans l'immense désert. Dès le début des années 1840, ils établirent des colonies dans tout le sud de l'Utah et le nord de l'Arizona, dans des endroits qui aujourd'hui encore demeurent reculés. Leurs objectis étaient de cultiver les terres arables, de convertir les Amérindiens et de s'isoler suffisamment pour décourager le gouvernement de harceler les partisans de la polygamie qu'ils comptaient dans leurs rangs. Ils prirent racine sur les rives de la rivière Little Colorado et autour de Mesa, laissant derrière eux un héritage de terres fertiles et d'écoles publiques exemplaires.

En 1857 débuta une courte ruée vers l'or, puis vers l'argent. Le plus précieux gisement de métal blanc fut découvert en 1877 par Ed Schieffelin, qui baptisa sa première concession du nom de Tombstone. Mais en 1886 ses mines furent inondées et Tombstone s'effondra. Suivit une vague d'exploitation cuprifère qui eu pour effet de marquer le passage d'une économie pionnière à une véritable économie monétaire. D'importants investissements étant requis par cette industrie, une grande partie du règne du cuivre fut financée par des société de la Côte Est, qui en profitèrent pour importer ici l'architecture qui leur était chère. C'est ainsi que les villes champignons de Jerome, Clifton, Globe et Bisbee arborent encore de pittoresques maisons victoriennes perchées à flanc de colline. Mais au bout du compte, ce fut le prospecteur d'or qui devint le symbole par excellence de l'Ouest d'autrefois, un vieillard à barbe blanche flanqué de son fidèle mulet et résolument déterminé à s'enrichir. Il vous suffira d'ailleurs de parcourir une cinquantaine de kilomètres à l'est de Phoenix, vers les monts Superstition, pour constater que le folklore, les légendes et l'appât de l'or sont encore bien vivants.

Lorsque éclata la guerre de Sécession, l'Arizona se rangea du côté des troupes confédérées, entre autres raisons parce que ses citoyens en voulaient au Congrès de ne pas leur avoir accordé le statut de territoire distinct. En 1863, la région fut ainsi proclamée Territoire d'Arizona, et, au cours des années qui suivirent, la capitale en passa de Prescott à Tucson, puis à Phoenix. Enfin, le jour de la Saint-Valentin 1912, l'Arizona devint le 48e État de l'Union.

Les temps modernes

L'Arizona ne connut pas une expansion renversante dès son accession au statut d'État, et la raison en était fort simple : elle manquait d'eau, à plus forte raison pour arroser le désert. Mais tout changea en 1911 lorsqu'on termina la construction du barrage Theodore Roosevelt sur la rivière Salt. Non seulement cet ouvrage mit-il fin aux crues occasionnelles du cours d'eau, mais il permit en outre d'irriguer Phoenix et ses environs. En 1936, le barrage Hoover fut à son tour achevé, et avec lui la création du plus grand lac artificiel en Amérique du Nord, le lac Mead. C'est alors seulement, l'eau étant devenue abondante, que les industries d'envergure et l'agriculture prirent leur essor.

On parlera désormais d'économie des trois *C* : *cattle* (bétail), *cotton* (coton) et *copper* (cuivre). L'industrie minière explosa au cours des années vingt et trente, et le cuivre devint très recherché pendant la Deuxième Guerre mondiale, alors qu'on s'en servait pour fabriquer des munitions. Parmi les villes qui poussèrent dans la foulée cuprifère pour s'éteindre après la guerre, il faut mentionner Jerome et Bisbee, qui ont par la suite ressurgi de leurs cendres en devenant des communautés artistiques.

Dans les années qui ont immédiatement suivi la guerre, l'Arizona s'est peu à peu départie de ses fondations agricoles, et ce sont aujourd'hui les industries de l'électronique, de l'aérospatiale et d'autres secteurs de haute technologie qui sont devenues les grands employeurs. De plus, le tourisme compte désormais pour une part importante de l'économie locale, alors que de plus en plus de gens convergent vers l'Arizona pour en explorer les merveilles naturelles et humaines. Grâce à son climat chaud et sec et à son air sain, favorable aux victimes d'allergies, l'État a servi de retraite hivernale aux gens fortunés dès les années vingt. Mais ces conditions ne valent malheureusement plus, puisque nombre de plantes importées dans la région ont un effet irritant sur les muqueuses sensibles, sans parler du smog qui atteint des niveaux alarmants à certaines périodes de l'année.

Quant aux Amérindiens, ils vivent aujourd'hui sur 23 réserves nationales, soit plus que dans tout autre État, et leur population, chiffrée à 190 091 individus, relève de 17 tribus distinctes vivant dans des conditions qui ne témoignent que trop clairement du fait que les Blancs se sont arrogé la part du lion au moment du partage des terres. Les tribus en question parlent 18 langues et sont éparpillées sur une surface de 80 000 km^2 qui représente environ le quart de la superficie totale de l'Arizona. À quelque 240 km à l'est de Phoenix, dans les White Mountains de l'est de l'État, s'étend la Fort Apache Indian Reservation, d'une superficie de 600 000 ha. Collée sur elle, et couvrant 800 000 ha, c'est la San Carlos Apache Indian Reservation. La plus grande réserve amérindienne d'Amérique du Nord, Navajoland, appartient à 90 942 Navajos, débute à 122 km au nord de Flagstaff et empiète sur le nord-ouest du Nouveau-Mexique de même que sur le sud-est de l'Utah. Presque au centre de la Navajo Indian Reservation, la Hopi Indian Reservation regroupe 10 000 habitants qui vivent sur les mêmes terres, et sans interruption, depuis plus de 1 000 ans, ce qui leur a permis de conserver un plus grande part de leur culture et de leurs traditions que n'importe quel autre groupe d'autochtones.

L'influence hispano-mexicaine est encore bien marquée dans toute la région. Environ 18 % de la population de l'État est d'origine espagnole, et ce chiffre ne cesse de grimper, si bien que la culture hispanique a cours dans une bonne portion de l'Arizona. Vous trouverez par ailleurs des restaurants mexicains dans presque tous les quartiers, offrant à qui mieux mieux d'épaisses *enchiladas* et de savoureux *burritos*. Certains sont même fréquentés par des troupes ambulantes de mariachis dont la musique remonte aux chants et aux danses paillardes de l'Espagne du XVIIIe siècle. Des célébrations tel le Cinco de Mayo réchauffent le climat culturel, et des œuvres espagnoles garnissent les salles des musées de tout l'État. Et ce ne sont là que quelques facettes de l'unique mosaïque qui compose aujourd'hui le paysage culturel de l'Arizona.

LE PORTRAIT SOCIAL

On qualifie souvent la population du Sud-Ouest américain de «triculturelle», à savoir indienne, espagnole et anglo-saxonne. Chacune de ces cultures s'est opposée aux autres au fil des siècles, ce qui ne les empêche pas aujourd'hui de se côtoyer et de vivre en harmonie. Malgré de longues périodes de proximité houleuse, au cours desquelles les Espagnols et les Américains blancs de souche non hispanique, ou «Anglos», ont tous deux tenté d'assimiler les Amérindiens, chacun des trois groupes maintient désormais son identité culturelle tout en respectant celle des autres. Il en résulte dès lors un équilibre triculturel tout à fait unique à cette région.

Les trois groupes partagent librement leurs us et coutumes respectifs. À titre d'exemple, la cuisine du Sud-Ouest allie les mets traditionnels des Anasazis et des peuples des *pueblos* (maïs bleu, haricots et courges) au piment vert et aux techniques culinaires des premiers colons espagnols, empruntées aux Aztèques du Mexique central, pour créer une variété d'alimentation anglo-saxonne unique en son genre. Sous un tout autre registre, l'architecture du désert utilise des briques d'argile (adobe), un matériau d'origine mauresque importé au Nouveau Monde par les Espagnols, alors que les styles proviennent des *pueblos* anasazis et intègrent des raffinements introduits par les «Anglos» venus dans la région grâce au chemin de fer.

Les résidants désignent sous le nom d'«Anglos» toute personne originaire de l'Amérique anglophone. Les «Anglos» sont arrivés dans le Sud-Ouest il y a moins de 150 ans, après la guerre du Mexique, et ils constituent encore une minorité dans plusieurs régions. Les visiteurs sont souvent surpris d'apprendre que les Américains de souche juive, japonaise ou africaine (entre autres) sont tous désignés ici comme des «Anglos». Il faut en outre noter que nombre d'«Anglos» des régions les plus reculées du Sud-Ouest, des traditionnels mormons de l'Utah rural aux habitants des communes hippies et aux colonies d'artistes des montagnes du Nouveau-Mexique, s'accrochent à des modes de vie qui n'ont rien à voir avec la civilisation américaine telle que nous la connaissons aujourd'hui.

Les habitants de souche hispanique du Nouveau-Mexique retracent leurs origines jusqu'à l'époque des pionniers, autour des années 1600, qui est aussi celle de Don Quichotte, de l'Inquisition espagnole et de la conquête du Nouveau Monde par l'armada espagnole. Aujourd'hui, la population hispanique demeure la puissance culturelle et politique dominante dans plusieurs régions du Nouveau-Mexique, et les voyageurs peuvent encore trouver des villages de montagne isolés où plusieurs aspects de la vie quotidienne n'ont guère changé depuis le XVIIe siècle. L'immigration mexicaine depuis le début du XXe siècle a en outre donné naissance à une sous-culture hispanique distincte dans le sud du Nouveau-Mexique et de l'Arizona.

On n'a aujourd'hui que peu d'occasions d'apprécier le caractère unique des civilisations apaches, utes, paiutes ou d'autres tribus nomades, car leur confinement à des réserves les a le plus souvent amenées à adopter le mode de vie conventionnel des autres populations rurales. Mais certains groupes, comme les Navajos et les descendants des peuples des *pueblos*, qui occupent encore leurs territoires ancestraux, ont toutefois su conserver plusieurs de leurs traditions anciennes.

Les *pueblos* plus isolés de l'ouest du Nouveau-Mexique et du nord-est de l'Arizona conservent leur culture propre. Les Acomas, qu'on dit descendre des Anasazis de Mesa Verde (dans le sud-ouest du Colorado), se livrent à des rites secrets auxquels aucun étranger ne peut prendre part. Les Zunis, qui parlent une langue sans lien aucun avec les autres dialectes amérindiens, et qu'on croit descendre des Mimbres ayant vécu dans le sud du Nouveau-Mexique, pratiquent l'ancienne religion kachina, qui les amène à incarner les forces de la nature au cours de cérémonies étranges et colorées. Les Hopis, dont les ancêtres sinaguas occupaient jadis tout le centre de l'Arizona, du Grand Canyon à la vallée de Verde, ont, pour leur part, banni de leurs cérémonies tout visiteur non amérindien à la suite de la publication de certains ouvrages ayant fait état avec trop de sensationnalisme de leurs danses du serpent et de l'aigle, de même que de leur antique tradition de prophéties.

L'amalgame des cultures n'est nulle part plus évident que chez les Navajos, la plus importante tribu amérindienne des États-Unis. Les fondements de leurs traditions religieuses remontent à un passé très lointain, et leurs huttes typiques sont les mêmes que celles de leurs ancêtres nordiques. Depuis leur arrivée dans le Sud-Ouest au XVe - siècle, ils n'ont cessé d'emprunter à leurs voisins pour se créer une culture unique. Ils ont ainsi appris à cultiver le maïs et à tisser différentes fibres de la part des habitants des *pueblos*, de même qu'à élever des moutons et à monter à cheval de la part des Espagnols. Les premiers Anglo-Saxons les ont, pour leur part, aidés à développer leurs arts «traditionnels», à savoir la confection des tapis et des bijoux en argent. Même les aspects plus modernes de la vie navajo, à savoir les camionnettes, les antennes paraboliques et le blue-jean, ne sont pas tant des signes d'assimilation à la culture blanche que des marques d'évolution constante du mode de vie de ce peuple particulier.

SPORTS PROFESSIONNELS

Hockey

Eh oui! même en Arizona, plus précisément à Phoenix, le hockey sur glace gagne de la popularité. C'est en 1995 que Richard T. Burke et son partenaire new-yorkais Steven Gluckstern achètent la franchise des Jets de Winnipeg, une équipe qui n'allait nulle part depuis son entrée dans la ligue nationale de hockey en 1979 (les Oilers d'Edmonton, les Nordiques de Québec et les Whalers de Hartford, toutes issues de la défunte Ligue Mondiale de hockey, ont aussi intégré la Ligue Nationale de hockey en 1979), et déménagent la concession dans le sud des États-Unis. Alors que le hockey est beaucoup plus apprécié au Québec, au Canada et sur la côte est américaine, c'est à Phoenix, une destination soleil américaine que, aussi bizarre que cela puisse paraître, l'équipe de Winnipeg, qui jouissait des températures les plus froides de la ligue, se retrouve parmi les canyons!

Malgré une touchante manifestation des partisans des défunts Jets, l'équipe disputera son dernier match éliminatoire devant une foule partisane frénétique, les pleurs abondant sur les joues de plusieurs spectateurs. Mais qu'à cela ne tienne, *the show must go on*. Le propriétaire Richard T. Burke effectue plusieurs changements tant au niveau administratif que sur la glace et derrière le banc des Coyotes. Alors que le trio Selanne - Zhamnov - Tkachuk avait littéralement électrisé la ligue en 1995, Teemu Selanne est échangé aux Mighty Ducks d'Anaheim et poursuit à une allure terrible sa brillante carrière, tandis que Alexei Zhamnov tente tant bien que mal de se sortir de la léthargie qui l'affecte depuis qu'il endosse le chandail des Black Hawks de Chicago. Le seul survivant de ce trio de rêve est Keith Tkachuk, qui a compté 52 buts en 1996-97, ce qui faisait de lui le premier Américain a dominé la ligue pour les buts comptés en une saison. Le défenseur Oleg Tverdovsky ainsi que Teppo Numinen sont les piliers incontournables des Coyotes. Et la petite perle de l'équipe de Phoenix est Nikolai Khabibulin, un gardien soviétique qui, malgré son style quelque peu échevelé, peu orthodoxe et surtout acrobatique, est voué à une brillante carrière. L'équipe a terminé sa première saison à Phoenix avec une fiche de 38 victoires, 37 défaites et 7 matchs nuls.

Les Coyotes disputent leur matchs locaux au American West Arena situé au 200 E. Jeffereson Street, ☎ 379-7867 ou 379-7800.

Baseball

Chaque année, en février et mars, huit équipes de la Ligue majeure de baseball migrent vers le désert ensoleillé de l'Arizona pour leur saison d'entraînement, formant alors ce qu'il est convenu d'appeler la Ligue des cactus. Et là où vont les équipes, il va sans dire que leurs partisans ne tardent pas à suivre.

C'est même devenu une formule de vacances de plus en plus populaire, puisque les partisans des équipes en question en profitent pour les encourager là où elles jouent tout en ayant la chance de se dorer sous un soleil hautement apprécié et de voir de plus près certaines grandes étoiles du baseball professionnel. Donc, s'il vous tarde d'assister au lancer de la première balle de la saison régulière, en avril, vous savez ce qu'il vous reste à faire : allez voir les matchs «présaison» de la Ligue des cactus de l'Arizona.

Les terrains d'entraînement des équipes de la Ligue nationale sont répartis comme suit : les **Giants de San Francisco** jouent au Scottsdale Stadium *(7408 East Osborn Road, Scottsdale, ☎ 602-990-7972)*, les **Cubs de Chicago** jouent au Hohokam Park *(1238 Center Street, Mesa, ☎ 602-964-4467)*, les **Rockies du Colorado** jouent au Hi Corbett Field du Reid Park *(angle 22nd Street et Randolph Way, Tucson, ☎ 520-327-9467)* et les **Padres de San Diego** jouent au Peoria Municipal Stadium *(10601 North 83rd Drive, Peoria, ☎ 602-486-7000)*.

Et les terrains d'entraînement des équipes de la Ligue américaine sont répartis comme suit : les **Brewers de Milwaukee** jouent au Compadre Stadium *(1425 West Ocotillo Road, Chandler, ☎ 602-895-1200)*, les **A's d'Oakland** jouent au Phoenix Municipal Stadium *(5999 East Van Buren Boulevard, Phoenix, ☎ 602-392-0074)*, les **Mariners de Seattle** jouent au Peoria Municipal Stadium *(10601 North 83rd Drive, Peoria, ☎ 602-486-7000)* et les **Angels de la Californie** jouent au Diablo Stadium *(2200 West Alameda Street, Tempe, ☎ 602-350-5205)*.

Le plaisir des amateurs de baseball se trouve accru par les dimensions réduites des stades locaux, créant une atmosphère intime et informelle, d'autant que les gradins sont beaucoup plus près de l'action et les billets d'entrée, beaucoup moins coûteux que ceux des matchs de la saison régulière. Cela dit, il peut parfois s'avérer très difficile d'obtenir des billets pour certaines rencontres, entre autres celles auxquelles prennent part les Cubs de Chicago.

Pour épargner davantage sur le prix des billets, informez-vous des forfaits offerts par nombre d'hôtels et de voyagistes de la région. **Hands-On Sports Marketing and Management** *(P.O. Box 120009-27, Scottsdale, AZ 85267)* propose ainsi plusieurs forfaits intéressants aux partisans des Giants de San Francisco, tandis que, pour assister aux parties des Cubs de Chicago, vous feriez sans doute mieux de vous adresser au **Mesa Convention and Visitors Bureau** *(120 North Center Street, Mesa, ☎ 800-283-6372)*. Pour les matchs des autres équipes en forfait hébergement, n'hésitez pas à consulter votre agent de voyages.

En avril 1998, les Diamondbacks de l'Arizona feront leur entrée dans les ligues majeures de baseball. Et c'est grâce aux efforts de Richard H. Dozer, président, et de Jerry Colangelo, vice-président, que cette nouvelle franchise s'installera à Phoenix. Certains agents libres ont conclu des ententes avec le club, entre autres Jay Bell, Travis Fryman et Devon White. Vous pourrez voir les Diamondbacks au BankOne Ballpark, bordé de la 4th Street à l'ouest, de la 7th Street à l'est et des voies de chemin de fer de la Southern Pacific au sud; ☎ 602-514-8400.

RENSEIGNEMENTS GÉNÉRAUX

Le présent chapitre a pour objectif d'aider les voyageurs à mieux planifier leur séjour en Arizona.

FORMALITÉS D'ENTRÉE

Généralités

Pour entrer aux États-Unis, les citoyens canadiens n'ont pas besoin de visa. Il en va de même pour la plupart des citoyens des pays de l'Europe de l'Ouest. En effet, seul un passeport valide suffit, et aucun visa n'est requis pour un séjour de moins de trois mois. Un billet de retour ainsi qu'une preuve de fonds suffisants pour couvrir le séjour peuvent être demandés. Au-delà de trois mois, tout voyageur sera tenu d'obtenir un visa (120 $US) à l'ambassade des États-Unis de son pays.

Précaution : Les soins hospitaliers étant extrêmement élevés aux États-Unis, il est conseillé de se munir d'une bonne assurance-maladie. Pour plus de renseignements, voir la section «La santé» (p 38).

DOUANES

Les étrangers peuvent entrer aux États-Unis avec 200 cigarettes (ou 50 cigares), un litre d'alcool (vous devez être âgé d'au moins 21 ans pour avoir droit à l'alcool) et des achats en franchise de douane (*duty-free*) pour une valeur de 100 $US, incluant cadeaux personnels et jusqu'à 100 cigares additionnels. Vous n'êtes soumis à aucune limite en ce qui a trait au montant des devises avec lequel vous voyagez, mais vous devrez remplir un formulaire spécial si vous transportez l'équivalent de plus de 10 000 $US. Les médicaments d'ordonnance devraient être placés dans des contenants clairement identifiés à cet effet (il se peut que vous ayez à produire une ordonnance ou une déclaration écrite de votre médecin à l'intention des officiers de douane). La viande et ses dérivés, les denrées alimentaires de toute nature, les graines, les plantes, les fruits et les narcotiques ne peuvent être introduits aux États-Unis. Pour plus de renseignements, adressez-vous au :

United States Customs Service
1301, Constitution Avenue Northwest
Washington, DC 20229
☎ (202) 566-8195.

L'ENTRÉE AU PAYS

Par avion

Du Québec

La compagnie American Airlines est la seule à relier Montréal et Phoenix sans changement d'avion. Il faut toutefois compter une escale à Chicago. On peut aussi utiliser Air Canada et ses correspondants Continental ou United, mais il faut changer d'avion à Chicago, à Houston ou à New York.

De l'Europe

En provenance de Paris, deux compagnies desservent Phoenix : American Airlines avec escale à Chicago et Delta Airlines en passant par Atlanta. De plus, Rome et Phoenix sont reliées par Delta, avec escale à New York. Ce sont les deux seules villes reliées directement à Phoenix. Il est possible de s'y rendre autrement, mais il faudra changer d'avion.

Aéroport

Le **Sky Harbour International Airport de Phoenix** est situé à moins de 5 km du centre-ville. Cet aéroport est le plus important de l'Arizona. Si vous avez des questions concernant les horaires de départ ou d'arrivée, téléphonez à l'aéroport au ☎ (602) 273-3300. Si vous désirez effectuer des vols à l'intérieur de l'État, consultez l'annuaire du téléphone pour obtenir les coordonnées des compagnies et des agences pouvant vous aider.

Pour vous rendre au centre-ville à partir de l'aéroport, vous pouvez prendre un taxi ou, pour beaucoup moins cher, l'autobus. Ces autobus font la navette à toutes les 30 min environ. Il vous en coûtera entre 7 $ et 12 $ selon la destination.

AMBASSADES ET CONSULATS DES ÉTATS-UNIS À L'ÉTRANGER

En Europe

France
Ambassade des États-Unis
2, avenue Gabriel
75382 Paris, cedex 08
☎ 01.43.12.49.09
⇄ 01.42.86.82.91

Consulat des États-Unis

À Paris, c'est le consulat, et non l'ambassade des États-Unis, qui s'occupe des questions de visa et de séjour prolongé; vous obtiendrez tous les renseignements à :

Direction générale des affaires consulaires
2, rue Saint-Florentin
75382 Paris, cedex 8
☎ 01.43.12.46.96
⇄ 01.42.66.97.83

Consulat général des États-Unis
12, boulevard Paul-Peytral
13286 Marseille, cedex 6
☎ 05.56.51.60.42
⇄ 05.91.55.09.47

Consulat général des États-Unis
15, avenue d'Alsace
67082 Strasbourg
☎ 03.88.35.31.04
⇄ 03.88.24.06.95

Belgique
Ambassade des États-Unis
27, boulevard du Régent
B-1000 Bruxelles
☎ (02) 513-3830
⇄ (02) 511-2725

Espagne
Ambassade des États-Unis
Serano 75
28006 Madrid
☎ (01) 577-4000
⇄ (01) 577-5736
Telex (01) 277-63

Luxembourg
Ambassade des États-Unis
22, boulevard Emmanuel-Servais
2535 Luxembourg
☎ (352) 46-01-23
⇄ (352) 46-14-01

Suisse
Ambassade des États-Unis
93, Jubilaum strasse
3005 Berne
☎ (31) 357-7011
⇄ (31) 357-7398

Italie
Ambassade des États-unis
Via Veneto 119/A
00187 Rome
☎ (6) 46741 ou 4672511
⇄ (6) 4674-2217 ou 4674-2172

Au Québec

Consulat des États-Unis
Place Félix-Martin
1155, rue Saint-Alexandre
Montréal
H2Z 1Z2
☎ (514) 398-9695
⇄ (514) 398-0711

Office du tourisme de l'Arizona au Canada
Melaine Communications Group
3300 Bloor St. W.
Suite 3120
Center Tower
Toronto, Ontario
M8X 2X3
☎ (416) 233-4348
⇄ (416) 233-9367

Vous pouvez également vous adresser directement à l'Office du tourisme de l'Arizona, à même de vous envoyer une série de brochures sur l'État.

Arizona Office of Tourism
2702 North 3rd Street
Phoenix
Arizona 85004
☎ (602) 248-1480
⇄ (602) 240-5475

AMBASSADES ET CONSULATS ÉTRANGERS EN ARIZONA

La plupart des pays étrangers ont établi leur consulat à Los Angeles (Californie) plutôt qu'en Arizona.

Suisse
11766 Wilshire Boulevard
Suite 1400
Los Angeles
CA 90025
☎ (310) 575-1145
⇄ (310) 575-1982
http://www.swissconla.org

Italie
2590 Webster Street
San Francisco
CA 94115
☎ (415) 931-4924
⇄ (415) 931-7205

Canada
300 South Grand Avenue
California Plaza
10th Floor
Los Angeles
CA 90071
☎ (213) 346-2700
⇄ (213) 620-8827

Délégation du Québec
11755 Wilshire Boulevard
Suite 2200
Brentwood
CA 90025
☎ (310) 477-2217
⇄ (310) 477-3540

France
9454 Wilshire Boulevard
Suite 715
Berverly Hills
CA 90212-2967
☎ (310) 271-6665
⇄ (310) 276-2835

Belgique
6100 Wilshire Boulevard
Suite 1200
Los Angeles
CA 90048
☎ (213) 857-1244
⇄ (213) 936-2564

VOS DÉPLACEMENTS

En voiture

Le bon état général des routes et l'essence moins chère qu'en Europe font de la voiture un moyen transport idéal pour visiter l'Arizona en toute liberté. Vous trouverez facilement une très bonne carte routière dans les librairies de voyage ou, une fois rendu sur place, dans les stations-service.

L'Arizona regorge toutefois de petites routes de terre battue dont il faut se méfier. Ces routes sont identifiées par des panneaux indicateurs et requièrent l'utilisation d'un véhicule à quatre roues motrices. Il est très important de prendre ces panneaux indicateurs à la lettre, puisque vous pourriez vous retrouver pris sur un chemin impraticable sans l'espace suffisant pour faire demitour. Durant la saison pluvieuse, certaines routes de terre deviennent de joyeux bains de boue. Avec les neiges hivernales, elles peuvent exiger des pneus avec chaîne ou à crampons. Si toutefois votre véhicule vous le permet, sachez que certains de ces petits sentiers vous mèneront loin de la civilisation; assurez-vous de faire le plein d'essence avant de partir et, si possible, munissez-vous d'un réservoir d'essence supplémentaire. Il va sans dire que vous devez également prendre de la nourriture et de l'eau avec vous.

En hiver, il est toujours prudent d'avoir avec soi une couverture, une bougie et, bien sûr, une pelle. Si par malheur vous vous enlisez et restez pris, sachez que les gens de la région sont très serviables et qu'ils vous donneront certainement un coup de main.

Quelques conseils

Permis de conduire : en règle générale, les permis de conduire européens sont valables, quoique certaines agences de location exigent également un permis international.

Les visiteurs canadiens et québécois n'ont pas besoin de ce permis international, et leur permis de conduire est tout à fait valable aux États-Unis. Soyez averti que plusieurs États sont reliés par système informatique avec les services de police du Québec pour le contrôle des infractions routières. Une contravention émise aux États-Unis est automatiquement reportée aux dossiers du Québec.

Notez enfin que beaucoup d'agences de location ne transigent qu'avec les personnes âgées de 25 ans et plus, et que toutes exigent une carte de crédit reconnue.

Code de la route : attention, il n'y a pas de priorité à droite. Ce sont les panneaux de signalisation qui indiquent la priorité à chaque intersection. Ces panneaux marqués *Stop* sur fond rouge sont à respecter scrupuleusement! Vous verrez fréquemment un genre de stop, au bas duquel figure un petit rectangle rouge dans lequel il est inscrit *4-way*. Cela signifie bien entendu que tout le monde doit marquer l'arrêt et qu'aucune voie n'est prioritaire. Il faut que vous marquiez l'arrêt complet, même s'il vous semble n'y avoir aucun danger apparent. Si deux voitures arrivent en même temps à l'un de ces arrêts, c'est alors la règle de la priorité à droite qui prédomine. Dans les autres cas, c'est à la voiture arrivée la première de passer.

Les feux de circulation se trouvent le plus souvent de l'autre côté de l'intersection. Faites attention où vous marquez l'arrêt.

Lorsqu'un autobus scolaire (de couleur jaune) est à l'arrêt (feux clignotants allumés), il est obligatoire de vous arrêter quelle que soit votre direction. Le manquement à cette règle est considéré comme une faute grave!

Le port de la ceinture de sécurité est obligatoire.

Les autoroutes sont gratuites, sauf en ce qui concerne la plupart des Interstate Highways, désignées par la lettre *I*, suivie d'un numéro. Les panneaux indicateurs se reconnaissent à leur forme presque arrondie (le haut du panneau est découpé de telle sorte qu'il fait deux vagues) et à leur couleur bleue. Sur ce fond bleu, le numéro de l'Interstate ainsi que le nom de l'État traversé sont inscrits en blanc. En haut du panneau figure la mention *Interstate* sur fond rouge.

La vitesse est limitée à 55 mph (88 km/h) sur la plupart des grandes routes. Le panneau de signalisation de ces grandes routes se reconnaît à sa forme carrée, bordée de noir, et dans lequel le numéro de la route est largement inscrit en noir sur fond blanc.

Sur les Interstates, la limite de vitesse monte à 65 mph (104 km/h).

Tableau des distances (km/mi)

Flagstaff					
129 / 80	Grand Canyon				
230 / 143	360 / 224	Kingman			
235 / 146	365 / 227	300 / 186	Phoenix		
395 / 245	525 / 326	458 / 285	161 / 100	Tucson	
394 / 245	525 / 326	164 / 102	463 / 288	623 / 387	Las Vegas

Le panneau triangulaire rouge et blanc où vous pouvez lire la mention *Yield* signifie que vous devez ralentir et céder le passage aux véhicules qui croisent votre chemin.

La limite de vitesse vous sera annoncée par un panneau routier de forme carrée et de couleurs blanche et noire sur lequel est inscrit *Speed Limit*, suivi de la vitesse limite autorisée.

Le panneau rond et jaune, barré d'une croix noire et de deux lettres *R*, indique un passage à niveau.

Postes d'essence : les États-Unis étant un pays producteur de pétrole, l'essence est nettement moins chère qu'en Europe, voire qu'au Québec et au Canada, en raison des taxes moins élevées.

En autocar

Après la voiture, l'autocar constitue le meilleur moyen de locomotion. Bien organisés et peu chers, les autocars couvrent la majeure partie de l'Arizona.

Pour obtenir les horaires et les destinations desservies, appelez la succursale locale de la compagnie Greyhound.

Les Canadiens et les Québécois peuvent faire leur réservation directement auprès de la compagnie Voyageur, laquelle, à Toronto *(☎ 416-393-7911)* et à Montréal *(☎ 514-842-2281)*, représente la compagnie Greyhound.

Sur presque toutes les lignes, il est interdit de fumer. En général, les enfants de cinq ans et moins sont transportés gratuitement. Les personnes de 60 ans et plus ont droit à d'importantes réductions. Les animaux ne sont pas admis.

En train

Aux États-Unis, le train ne constitue pas toujours le moyen de transport le moins cher, et il n'est sûrement pas le plus rapide.

Cependant, il peut être intéressant pour les grandes distances, car il procure un bon confort (essayez d'obtenir une place dans les voitures panoramiques pour profiter au maximum du paysage).

Pour obtenir les horaires et les destinations desservies, communiquez avec la société AMTRAK, la propriétaire actuelle du réseau ferroviaire américain (sans frais en Amérique ☎ 800-872-7245).

En avion

Il s'agit bien sûr d'un moyen de transport plus coûteux; cependant, certaines compagnies aériennes (surtout régionales) proposent régulièrement des tarifs spéciaux (hors saison, courts séjours). Encore une fois, soyez un consommateur averti et comparez les offres.

En vélo

Au royaume de l'automobile, il vaut mieux, pour le cycliste, s'en tenir aux routes secondaires : la campagne arizonienne recèle suffisamment de jolis coins pour rester à l'écart des grands axes routiers.

LES ASSURANCES

Annulation

Cette assurance est normalement proposée par l'agent de voyages au moment de l'achat du billet d'avion ou du forfait. Elle permet le remboursement du billet ou forfait dans le cas où le voyage doit être annulé en raison d'une maladie grave ou d'un décès. Les gens n'ayant pas de problèmes de santé ont peu de chance d'avoir à recourir à une telle protection. Elle demeure par conséquent d'une utilité relative.

Vol

La plupart des assurances-habitation au Québec protègent une partie des biens contre le vol, même si celui-ci a lieu à l'étranger. Pour faire une réclamation, il faut avoir un rapport de police. Comme tout dépend des montants couverts par votre police d'assurance-habitation, il n'est pas toujours utile de prendre une assurance supplémentaire. Les visiteurs européens, pour leur part, doivent vérifier si leur police protège leurs biens à l'étranger, car ce n'est pas automatiquement le cas.

Vie

Plusieurs compagnies aériennes offrent une assurance-vie incluse dans le prix du billet d'avion. D'autre part, beaucoup de voyageurs disposent déjà d'une telle assurance; il n'est donc pas nécessaire de s'en procurer une supplémentaire.

Maladie

Sans doute la plus utile pour les voyageurs, l'assurance-maladie s'achète avant de partir en voyage. La couverture de cette police d'assurance doit être aussi complète que possible, car, à l'étranger, le coût des soins peut s'élever rapidement. Au moment de l'achat de la police, il faudrait veiller à ce qu'elle couvre bien les frais médicaux de tout ordre comme l'hospitalisation, les services infirmiers et les honoraires des médecins (jusqu'à concurrence d'un montant assez élevé, car ils sont chers). Une clause de rapatriement, pour le cas où les soins requis ne peuvent être administrés sur place, est précieuse. En outre, il peut arriver que vous ayez à débourser le coût des soins en quittant la clinique. Il faut donc vérifier ce que prévoit la police dans ce cas. Durant votre séjour, vous devriez toujours garder sur vous la preuve que vous avez contracté une assurance-maladie, ce qui vous évitera bien des ennuis si par malheur vous en avez besoin.

LA SANTÉ

Généralités

Pour les personnes en provenance d'Europe, du Québec et du Canada, aucun vaccin n'est nécessaire. D'autre part, il est vivement recommandé, en raison du prix élevé des soins, de souscrire à une bonne assurance maladie-accident. Il existe différentes formules, et nous vous conseillons de les comparer. Apportez vos médicaments, surtout ceux qui exigent une ordonnance. Sauf indication contraire, l'eau est potable partout en Arizona.

Méfiez-vous des fameux coups de soleil. Lorsque souffle le vent, il arrive fréquemment qu'on ne ressente pas les brûlures causées par le soleil. Comme l'Arizona est située à la même latitude que la ville du Caire, en Égypte, n'oubliez pas votre crème solaire!

Sécurité

Malheureusement, la société américaine est relativement violente, mais rien ne sert de paniquer et rester cloîtré dans sa chambre d'hôtel!

Un petit conseil : il est souvent préférable de s'enquérir, dès son arrivée, des quartiers qu'il vaut mieux s'abstenir de visiter à n'importe quelle heure du jour et de la nuit. En prenant les précautions courantes, il n'y a pas lieu d'être inquiet outre mesure pour sa sécurité. Si toutefois la malchance était avec vous, n'oubliez pas que le numéro de secours est le 911, ou le 0 en passant par le téléphoniste.

CLIMAT

Nombreux sont ceux qui perçoivent l'Arizona comme une terre brûlante, et certaines régions comme celles de Tucson, de Phoenix, du sud et de l'ouest de l'État correspondent fort bien à cette image, puisque le mercure y grimpe, le jour, bien au-delà de 38 °C durant les mois d'été. Même en janvier, on y enregistre le plus souvent des températures oscillant entre 18 °C et 21 °C au cours de l'après-midi, et rarement chutent-elles dans le voisinage du point de congélation la nuit. Par ailleurs, ses hivers cléments et son taux d'ensoleillement pour ainsi dire permanent ont fait du désert arizonien un véritable paradis pour les retraités et les résidants saisonniers cherchant à fuir des climats plus rigoureux.

Cela dit, à moins de 300 km, le versant nord du Grand Canyon devient inaccessible durant l'hiver en raison des abondantes chutes de neige qui rendent les routes impraticables. Le nord de l'Arizona connaît en effet des hivers froids et secs, et le mercure, qui s'élève en général à distance raisonnable du fatidique 0 °C pendant la journée, flirte souvent dangereusement avec le point de congélation la nuit venue. À telle enseigne que les hautes montagnes demeurent enneigées tout l'hiver et s'enorgueillissent de plusieurs stations de ski populaires. À plus faible altitude, les précipitations moins abondantes et la présence constante du soleil gardent cependant les routes dégagées la plus grande partie du temps.

Là où les montagnes escarpées se heurtent au désert de Sonora, il suffit de faibles variations d'altitude pour entraîner d'importantes fluctuations du climat. En règle générale, une ascension de quelque 300 m donne ainsi lieu à des changements de température aussi drastiques que si vous parcouriez 500 km en direction du nord. À titre d'exemple, le fond du Grand Canyon s'avère toujours plus chaud que ses arêtes supérieures d'environ 7 °C, et, à Tucson, tandis que certains passent l'hiver au soleil au bord des piscines, d'autres en profitent pour skier sur les pentes du mont Lemmon voisin.

Le printemps se révèle pour sa part plus mitigé. Des rivières en crue, des vents froids et des tempêtes de sable attendent parfois les visiteurs en mars et au début d'avril, mais ceux qui osent tout de même s'aventurer dans la région à cette époque de l'année ont, somme toute, plus de chances d'y être accueillis par un temps doux et de spectaculaires étalages de fleurs sauvages du désert. À moyenne altitude, les feuilles n'apparaissent aux branches des arbres qu'à la fin d'avril, un phénomène toutefois retardé à la fin de mai dans les hautes montagnes.

Sur l'ensemble du territoire arizonien, juin demeure le mois le plus chaud. Dans le sud et l'ouest de l'État, le mercure grimpe alors volontiers au-delà de 38 °C. Les lézards deviennent les êtres vivants les plus actifs hors des constructions climatisées, et on a vu des gens faire cuire des œufs sur le trottoir aussi bien qu'éclater du maïs à l'intérieur d'automobiles closes! C'est alors que les habitants du désert s'offrent des vacances dans les États plus au nord, ou se contentent de grimper à plus haute altitude, où le mercure oscille plutôt autour de 27 °C en été.

Une bonne partie des pluies annuelles tombent au cours de cette période que les habitants du coin appellent «la mousson», et qui s'étend de juillet au début de septembre. Essayez d'organiser vos activités de plein air le matin, car l'après-midi et en début de soirée se lèvent des bourrasques de vent et de sombres cumulus qui déchargent leur panse sans vergogne avant de poursuivre leur route. Bien que ces orages contribuent généralement à rafraîchir l'atmosphère des chauds après-midis, ils ne sont que de courte durée, et le ciel ne tarde pas à s'éclaircir derrière eux. Prenez néanmoins garde aux inondations subites, car ces sautes d'humeur de Dame Nature peuvent être véhémentes et chasser l'eau des surfaces rocheuses du désert vers les canyons et les ravines, qui entraîne alors sur son passage rochers, voitures et gens, ne laissant rien entraver sa course.

L'automne s'impose sans contredit comme la plus belle saison de l'année. Les habitants de la région ont longtemps gardé ce secret pour eux, et, jusqu'à tout récemment encore, les touristes d'octobre se faisaient aussi rares que les flocons de neige tombant sur Phoenix. Leur secret est maintenant éventé, et c'est en des foules records qu'on profite aujourd'hui de l'«intersaison», caractérisée par des feuillages colorés et les claires journées de l'été des Indiens.

RENSEIGNEMENTS TOURISTIQUES

Pour obtenir gratuitement une trousse d'information comprenant des cartes et tous les détails voulus en ce qui a trait aux événements spéciaux, à l'hébergement et au camping dans la région, adressez-vous à l'**Arizona Office of Tourism** *(2702 North 3rd Street, Phoenix, AZ 85004, ☎ 602-248-1480, ⇌ 602-240-5475)*. Sachez par ailleurs que la plupart des localités possèdent une chambre de commerce ou un centre d'information touristique (généralement fermés les fins de semaine).

LA PRÉPARATION DES VALISES

Le vieux proverbe disant qu'il vaut beaucoup mieux apporter la moitié moins de vêtements et deux fois plus d'argent tient toujours. Cependant, il ne faut pas trop espérer des villages les plus reculés en fait de vêtements et d'équipement qu'on peut trouver sur place.

Les habitants de l'Arizona s'habillent sans grande cérémonie et s'attendent à la même chose de votre part. Un vêtement de soirée en Arizona ressemble plus à un habit «western» avec des bottes de cow-boy et une *bolo tie* qu'à un complet veston-cravate. Ne vous en faites pas, des vêtements détendus passeront inaperçus presque partout dans le région.

L'idéal est de porter plusieurs épaisseurs de vêtements, puisque la température change très rapidement, et ce, à n'importe quelle période de l'année. Vous pourriez devoir débuter la journée en pantalon, avec un bon coupe-vent et un chandail, et graduellement vous tourner vers un short et un t-shirt pour ensuite recommencer à vous habiller au coucher du soleil.

De bonnes lunettes de soleil et une crème solaire de qualité sont aussi à ne pas oublier lorsqu'on prépare ses valises. Gardez en outre à l'esprit que, dans plusieurs zones hors des sentiers battus, vous ne trouverez probablement aucun commerce à même de vous offrir autre chose que quelques curiosités ou de la charque (préparation de bœuf traité et séché). Si votre itinéraire comporte quelques jours de camping en montagne au cours de l'été, vous serez également enchanté d'avoir apporté de l'insecticide contre les moustiques. De plus, une lampe de poche, un couteau et une trousse de premiers soins peuvent être utiles.

Pour les activités de plein air, de bonnes bottes de randonnée seront toujours plus confortables que des souliers de course en terrain rocailleux. Même ceux et celles qui voyagent en caravane motorisée ou qui préfèrent passer leurs nuits dans les motels peuvent songer à se munir d'une tente de randonnée et d'un sac de couchage au cas où ils se sentiraient soudainement pris d'une irrésistible envie de coucher sous la voûte étoilée. Les cyclistes devraient apporter leur bicyclette, surtout un vélo de montagne; il y a beaucoup plus d'endroits où rouler que de villes où louer un vélo. La même règle s'applique au golf, à la navigation de plaisance et à toutes les activités qui demandent un équipement particulier.

Si vous êtes amateur de souvenirs sous leur forme la plus naturelle, soit des cailloux, des cocottes ou tout autre trésor de la sorte, il faut prévoir quelques sacs en plastique pour les ranger. Évidemment, un appareil photo est essentiel pour immortaliser les surprises arizoniennes. Pour ce qui est du choix et de la disponibilité de la pellicule, il ne faut pas trop espérer des petits villages éloignés. Il vaut donc mieux acheter sa pellicule avant de partir. Pour les ornithologues en herbe, de bonnes jumelles seront des plus utiles.

LES SERVICES FINANCIERS

La monnaie

L'unité monétaire est le dollar ($US), lui-même divisé en cents. Un dollar = 100 cents.

Il existe des billets de banque de 1, 5, 10, 20, 50 et 100 dollars, de même que des pièces de 1 (*penny*), 5 (*nickel*), 10 (*dime*) et 25 (*quarter*) cents.

Les pièces d'un demi-dollar et le dollar solide sont très rarement utilisés. Sachez qu'aucun achat ou service ne peut être payé en devises étrangères aux États-Unis. Songez donc à vous procurer des chèques de voyage en dollars américains. Vous pouvez également utiliser toute carte de crédit affiliée à une institution américaine, comme Visa, MasterCard, American Express, la Carte Bleue, Interbank et Barclay Card. Il est à noter que tous les prix mentionnés dans le présent ouvrage le sont en dollars américains.

Banques

Elles sont ouvertes du lundi au vendredi de 9h à 15h.

Il existe de nombreuses banques, et la plupart des services courants sont rendus aux touristes. Pour ceux qui ont choisi un long séjour, notez qu'un **non-résident** ne peut ouvrir de compte bancaire courant. Dans ce cas, pour avoir de l'argent liquide, la meilleure solution demeure encore d'être en possession de chèques de voyage. Le retrait de votre compte à l'étranger constitue une solution coûteuse, car les frais de commission sont élevés. Par contre, plusieurs guichets automatiques accepteront votre carte de banque européenne, canadienne ou québécoise, et vous pourrez alors faire un retrait de votre compte directement. Les mandats-poste ont l'avantage de ne pas comporter de commission, mais l'inconvénient de prendre plus de temps à transiger. Les personnes qui ont obtenu le statut de résident, permanent ou non (immigrants, étudiants), peuvent ouvrir un compte de banque. Il leur suffira de montrer leur passeport ainsi qu'une preuve de leur statut de résident.

Change

La plupart des banques changent facilement les devises européennes et canadiennes, mais presque toutes demandent des **frais de change**. En outre, on peut s'adresser à des bureaux ou comptoirs de change qui, en général, n'exigent aucune commission. Ces bureaux ont souvent des heures

Taux de change

1 $US	=	1,38 $CAN	1 $CAN	=	0,72 $US
1 $US	=	6 F	1 F	=	0,16 $US
1 $US	=	1,45 FS	1 FS	=	0,69 $US
1 $US	=	36,31 FB	10FB	=	0,27 $US
1 $US	=	146,81 PTA	100 PTA	=	0,68 $US
1 $US	=	1703,70 LIT	1000 LIT	=	0,59 $US

d'ouverture plus longues. La règle à retenir : **se renseigner et comparer.**

HORAIRES ET JOURS FÉRIÉS

Horaires

Bureaux de poste

Ils sont ouverts du lundi au vendredi de 8h à 17h30 (parfois jusqu'à 18h) et le samedi de 8h à 12h.

Magasins

Ils sont généralement ouverts du lundi au samedi de 9h30 à 17h30 (parfois jusqu'à 18h). Les supermarchés ferment en revanche plus tard ou restent même, dans certains cas, ouverts 24 heures par jour, sept jours par semaine.

Jours fériés

Voici la liste des jours fériés aux États-Unis. Notez que la plupart des magasins, services administratifs et banques sont fermés ces jours-là.

Jour de l'An : 1er janvier

Journée de Martin Luther King : troisième lundi de janvier
Anniversaire de Lincoln : 12 février

Anniversaire de Washington (President's Day) : troisième lundi de février

Saint-Patrick : 17 mars

Journée du Souvenir (Memorial Day) : dernier lundi de mai

Jour de l'Indépendance : 4 juillet (fête nationale des États-Unis)

Fête du Travail (Labor Day) : premier lundi de septembre

Journée de Colomb : deuxième lundi d'octobre

Journée des Vétérans et de l'Armistice : 11 novembre

Action de grâces (Thanksgiving Day) : quatrième jeudi de novembre

Noël : 25 décembre

Le calendrier des événements annuels

Janvier

Nord-est de l'Arizona : revivez la tradition de l'Ouest des pionniers à travers la cavalcade du Pony Express entre Holbrook et Scottsdale, mise en scène dans le cadre de la **Hashknife Sheriff Posse's Pony Express Ride**.

Ouest de l'Arizona : le **Dixieland Jazz Festival** de Lake Havasu City comprend un défilé, des concerts à bord de bateaux à aubes, de la danse et un «banjorama».

Centre-sud de l'Arizona : la foule s'assemble à Scottsdale pour admirer le jeu de certains des meilleurs golfeurs de la PGA à l'occasion du **Phoenix Open**, un des événements qui attirent le plus de spectateurs en Arizona. La **Barrett-Jackson Auction** est une gigantesque vente aux enchères de voitures classiques et de collection qui se tient à Scottsdale; on y met à l'encan quelque 900 véhicules dont le prix varie de quelques milliers à plusieurs millions de dollars.

Est de l'Arizona : les **Sled Dog Races** (courses de traîneaux à chiens) d'Alpine attirent des participants venus d'aussi loin que le Yukon. Les amateurs de minéraux et les collectionneurs de pierres précieuses apprécient le **Gila County Gem and Mineral Show** de Globe.

Février

Centre-nord de l'Arizona : le **Flagstaff Winter Festival** est l'occasion de séances d'observation des étoiles, de courses de traîneaux à chiens, de jeux de neige, d'un tournoi de balle molle dans la neige, de descentes à ski, de concerts et de dégustations de vin.

Ouest de l'Arizona : le **Quartzsite Gemboree** attire des milliers de chercheurs de minéraux et de collectionneurs de gemmes, venus de tous les coins du monde pour prendre part à ses festivités et à ses marchés aux puces entre la fin de janvier et le début de février.

Centre-sud de l'Arizona : les **Gold Rush Days** (Ruée vers l'or) de Wickenburg comportent un défilé, un rodéo, une exposition d'art et d'artisanat, un mélodrame, des compétitions de recherche d'or dans la vase et par forage, de même qu'un concours de barbes. Plus de 400 artistes exposent leurs œuvres au milieu des divertissements, des envolées en montgolfières et des spectacles de vol libre de la **Great Fair** de Fountain Hills. Casa Grande devient pour sa part le théâtre des **O'Odham Tash–Casa Grande Indian Days**, ponctués de rites amérindiens et d'expositions d'art et d'artisanat.

Est de l'Arizona : explorez des constructions du tournant du siècle lors du **Historic Home & Building Tour & Antique Show** de Globe. L'**Arizona Renaissance Festival** d'Apache Junction, tout près de Phoenix, présente de la musique, du théâtre, de l'artisanat, des jeux et des tournois. Les **Lost Dutchman Days** d'Apache Junction sont l'occasion d'autres célébrations communautaires riches en événements tels qu'on en retrouve traditionnellement dans toutes les petites villes américaines : ni plus ni moins qu'une fête du 4 Juillet en février.

Sud de l'Arizona : le **Tucson Gem and Mineral Show** attire des joailliers et des collectionneurs de pierres du monde entier. Dans le cadre de **La Fiesta de los Vaqueros**, toujours à Tucson, vous verrez des cavaliers monter sans selle, des combats de bouvillons, des courses de tonneaux, des cavalcades à dos de taureau et le plus long défilé non motorisé de la planète. Un des plus anciens événements d'art et d'artisanat de l'Arizona, le **Tubac Festival**, réunit des artistes de tout le pays et propose de nombreux divertissements.

Mars

Centre-sud de l'Arizona : un remarquable assortiment d'œuvres artistiques et artisanales du Sud-Ouest vous attend au **Heard Museum Guild Indian Fair and Market** de Phoenix, qui intègre en outre des dégustations de mets amérindiens, de la musique et de la danse. Le **Scottsdale Arts Festival** présente des concerts et des spectacles de danse, mais comporte également des expositions d'artisanat. L'inhabituel **Chandler Ostrich Festival**, dont le clou est une course d'autruches, comprend aussi des concerts, un défilé, des expositions d'art, des manèges de foire et une exposition d'automobiles. Enfin, le gigantesque **Old Town Tempe Spring Festival** regroupe plus de 450 artistes d'envergure nationale et une foule de divertissements pour les grands comme pour les petits.

Sud de l'Arizona : le **Waik Pow Wow**, qui se tient à la **mission San Xavier del Bac** de Tucson, célèbre les traditions des Tohonos et des O'Odhams, et comporte aussi bien un concours de violonneux que des danses intertribales. Le temps fort des **Tombstone Territorial Days** est la reconstitution des événements qui ont conduit à la fusillade de l'O.K. Corral.

Avril

Ouest de l'Arizona : les pêcheurs à la ligne sillonnent les eaux du lac Mohave en quête de bars rayés de près de 20 kg au cours du **U.S. Striper Bass Fishing Tournament** de Bullhead City-Laughlin. Le **Route 66 Fun Run Weekend** de Seligman-Topock sert à recueillir des fonds destinés à assurer la préservation de l'historique route 66 entre Chicago et Los Angeles; danse de rue, exposition de voitures, concours de beauté et barbecue sont tous de la fête.

Sud de l'Arizona : Tucson accueille l'**International Mariachi Contest**, dont les festivités s'étirent sur une semaine et célèbrent la musique mariachi par des concerts, des ateliers, une exposition d'art et un tournoi de golf.

Mai

Centre-nord de l'Arizona : les **Bill Williams Rendezvous Days**, tenus à Williams pendant la fin de semaine du Memorial Day, vous font revivre l'époque des hommes des montagnes par des danses de grange, des fusillades à la poudre noire, un concours de costumes de pionniers et de grandes fêtes nocturnes *(whooplas)*. Le **Prescott Off-Street Festival** voit le centre-ville de Prescott s'émailler de plus de 100 kiosques d'art et d'artisanat, de spectacles et de dégustations de nourriture.

Ouest de l'Arizona : vous n'y trouverez pas le Nelson Riddle Orchestra, mais vous vous amuserez tout de même ferme au **Route 66 Classic Car Rally & Show** de Kingman (exposition et rallye de voitures anciennes). Les habitants de Chloride revêtent des habits de pionniers pour célébrer l'**Old Miner's Day**.

Sud de l'Arizona : les **Wyatt Earp Days** de Tombstone, célébrés la fin de semaine du Memorial Day, regorgent de costumes d'époque, de mises en scène de fusillades dans les rues et d'expositions d'art et d'artisanat.

Juin

Nord-est de l'Arizona : les **Old West Day/Bucket of Blood Races** sont l'occasion d'une exposition d'art et d'artisanat, d'un barbecue, de chants et de danses amérindiens, d'une exposition de voitures et de camions ainsi que de courses motorisées.

Centre-nord de l'Arizona : le **Festival of American Indian Arts** débute au Museum of Northern Arizona de Flagstaff; ses imposantes expositions d'art et ses démonstrations de techniques artisanales se poursuivront jusqu'au début d'août.

Ouest de l'Arizona : vous n'aurez pas besoin de ceinture de sécurité pour prendre part ou assister aux courses de chambres à air organisées sur une portion de 11 km du fleuve Colorado dans le cadre des **Parker's Inner Tube Races**. Combattez les chaleurs estivales en tirant parti des **Laughlin's River Days**, qui se tiennent sur les bords du fleuve et comportent un tournoi de golf, des feux d'artifice et des courses de canards en caoutchouc.

Centre-sud de l'Arizona : le **Junior Rodeo** de Payson, le plus important de l'État, permet d'apprécier les talents de cavalier et l'adresse au lasso de jeunes cow-boys et cow-girls âgés de 5 à 18 ans.

Juillet

Centre-nord de l'Arizona : les **Frontier Days and World's Oldest Rodeo** de Prescott attirent des cow-boys du pays tout entier pour un événement couronné de feux d'artifice, d'un défilé et d'un tournoi de golf de cow-boys. La **Hopi Craftsman Exhibit** se tient au Museum of Northern Arizona de Flagstaff dès le début du mois, conjointement avec le Festival of American Indian Arts. Et la **Navajo Craftsman Exhibition** leur emboîte le pas au même endroit un peu plus tard au cours du mois.

Centre-sud de l'Arizona : le **Phoenix Parks Department Summer Show** s'impose comme une des plus importantes foires d'art et d'artisanat du sud-ouest des États-Unis. L'arène de rodéo de Payson sert de théâtre au **Loggers Sawdust Festival**, une fin de semaine de coupe de bois, d'escalade de troncs et d'énouage de rondins.

Est de l'Arizona : vous aurez indubitablement beaucoup de plaisir au **Loggers Jamboree** (fête des bûcherons) d'Alpine.

Août

Centre-nord de l'Arizona : goûtez les splendeurs verdoyantes du nord de l'Arizona au cours du **Flagstaff Festival in the Pines**, qui regroupe plus de 250 artisans et comporte des spectacles de même que des activités pour enfants.

Centre-sud de l'Arizona : le **Payson Rodeo** est le plus vieil événement du genre aux États-Unis à n'avoir connu aucune interruption, et ce depuis plus d'un siècle.

Sud de l'Arizona : la **Fiesta de San Agustín** honore le saint patron de Tucson dans le cadre d'une fiesta à la mexicaine ponctuée de concerts, de festins et de danses de rue.

Septembre

Grand Canyon : le Shrine of the Ages Auditorium (à côté du complexe d'accueil des visiteurs) devient le théâtre d'un événement musical de classe internationale à l'occasion du **Grand Canyon Chamber Music Festival**.

Nord-est de l'Arizona : la **Navajo Nation Fair** de Window Rock comporte des manèges de foire, un rodéo, des courses de chevaux, des compétitions de danse, un concours de beaux bébés, le concours de beauté qui conduit à l'élection de Miss Navajo ainsi qu'un magnifique pavillon d'art et d'artisanat.

Centre-sud de l'Arizona : Payson organise l'**Old-Time Fiddlers Contest and Festival** (festival de violoneux) dans son arène de rodéo.

Sud de l'Arizona : le **Rendezvous of Gunfighters**, un des nombreux festivals plus ou moins identiques qui se tiennent à Tombstone au fil de l'année, comprend un défilé, un rodéo, un mélodrame et un concours de dégaine. Nogales se joint à sa ville jumelle, de l'autre côté de la frontière, pour célébrer le **Mexican Independance Day** (fête de l'indépendance mexicaine) par des festins, des prestations musicales et des danses de rue.

Octobre

Centre-nord de l'Arizona : le **Sedona Arts Festival**, une des plus grandes foires d'art et d'artisanat de la région, attire des artisans de tout l'Ouest américain.

Ouest de l'Arizona : les **London Bridge Days** commémorent la relocalisation du célèbre pont de Londres en cet endroit inattendu du monde; défilé, spectacles, concours de costumes et beaucoup de plaisir rappelant cette bonne vieille Angleterre. Le fils chéri entre tous de Kingman se rappelle à la mémoire de tous à l'occasion des **Andy Devine Days and P.R.C.A. Rodeo**.

Centre-sud de l'Arizona : l'**Arizona State Fair**, qui se tient à Phoenix, se poursuit jusqu'à la mi-novembre.

Est de l'Arizona : danses traditionnelles, art populaire et bonnes bouffes marquent les **Apache (Jii) Days** de Globe.

Sud de l'Arizona : le piment fort, aussi décoratif que savoureux, prend la vedette durant **La Fiesta de los Chiles**, organisée dans le Jardin botanique de Tucson; dégustation de mets rehaussés de piment à partir de recettes provenant du monde entier, démonstrations de cuisine et d'artisanat faisant usage de piment, souvenirs en forme de piments, jazz latin, salsa et spectacle de marionnettes sur le thème du piment. Les **Rex Allen Days** de Wilcox rendent hommage au cow-boy du cinéma qu'était Rex Allen en organisant un tournoi de golf, un défilé, une foire champêtre, un rodéo, une exposition d'art et des danses country. Tombstone célèbre pour sa part les **Heldorado Days** par de la musique, une exposition d'art et d'artisanat, et des mises en scène de fusillades.

Novembre

Ouest de l'Arizona : des modèles réduits d'avions téléguidés sillonnent le ciel au cours du **London Bridge Seaplane Classic** de Lake Havasu City.

Centre-sud de l'Arizona : le **Four Corner States Bluegrass Festival** de Wickenburg présente trois jours de musique au cours desquels diverses formations cherchent à s'approprier une partie des milliers de dollars offerts en prix. Le **Thunderbird Ballon Classic and Airshow** de Glendale voit pour sa part s'envoler plus de 150 montgolfières, un événement que complètent une exposition d'aérostats et des danses de rue.

Sud de l'Arizona : **Le Tour de Tucson**, l'événement cycliste couvrant le plus grand périmètre aux États-Unis, est sans conteste un spectacle haut en couleur, mais sert en outre à recueillir des fonds pour diverses œuvres de charité. La **Papago All-Indian Fair** de Sells, à l'intérieur de la réserve amérindienne qui s'étend à l'ouest de Tucson, présente de renversantes expositions de poteries, de tapis et de bijoux, que complète un rodéo.

Décembre

Ouest de l'Arizona : les ampoules de Noël brillent à qui mieux mieux à l'occasion du **Harbor Parade of Lights** de la Lake Mead Marina.

Centre-sud de l'Arizona : l'**Indian Market at the Pueblo Grande Museum** de Phoenix réunit chaque année plus de 700 artisans et met par ailleurs en vedette des chanteurs et des danseurs de diverses tribus amérindiennes, sans parler des comptoirs de dégustation de mets du Sud-Ouest.

HÉBERGEMENT

L'Arizona propose vraiment toute la gamme d'hôtels possible, des petites auberges aux hôtels les plus luxueux où se rencontrent un respect de l'architecture traditionnelle et une élégance contemporaine.Concernant les *bed and breakfasts*, vous n'en trouverez pas seulement en des lieux chic comme Sedona, mais aussi dans des endroits tout à fait inattendus, comme dans les villes mortes ou aux abords immédiats des réserves amérindiennes. Ils sont souvent aménagés à l'intérieur de jolies maisons traditionnelles, harmonieusement décorées, et comptent généralement moins de 12 chambres. Cependant, certains *bed and breakfasts* revêtent la forme de cottages individuels ou de chambres aménagées à l'intérieur de belles maisons de banlieue tandis que d'autres s'apparentent à de plus grands établissements qu'on pourrait presque qualifier d'hôtels ou à ce qu'il est parfois convenu d'appeler des auberges champêtres.

L'abondance des motels de ville le long de tous les grands axes routiers vous assure d'un vaste choix, des établissements de chaînes réputées aux traditionnels lieux d'hébergement familiaux qui existent depuis que les motels ont fait leur apparition, il y a environ un demi-siècle. Les plus anciens, en bordure des routes empruntées par les camions, et plus particulièrement de la 40, offrent aujourd'hui des prix parmi les plus bas qu'on puisse trouver aux États-Unis.

À l'autre extrémité de l'échelle des prix, le nec plus ultra vous attend dans les complexes de villégiature de grand luxe de destinations telles Tucson et Sedona. Vous y trouverez des écuries d'équitation, des terrains de golf, des courts de tennis, de fins restaurants, des spectacles tous les soirs et des boutiques exclusives sur place, de sorte que vous puissiez, si c'est là ce que vous souhaitez, passer toutes vos vacances en un lieu unique sans avoir à quitter la propriété. Il s'agit là d'une formule qui convient d'ailleurs parfaitement aux célébrités en quête de quelques jours de repos et de relaxation loin des yeux du public, mais aussi du meilleur moyen d'ignorer l'essence même de l'Arizona.

Certains établissements ont un cachet très particulier. Plusieurs villes ayant préservé leur quartier historique renferment des hôtels datant du début du XXe siècle. Certains ont été rénovés, et ce, de très belle façon; d'autres manquent peut-être de fini, mais vous donnent la possibilité de dormir dans la même chambre que des légendes de l'Ouest, comme Wyatt Earp, ou des écrivains, comme Zane Grey, et de vous réveiller en regardant ces rues qui ont très peu changé depuis l'époque glorieuse à laquelle les Américains ont conquis la nouvelle frontière.

Le parc national du Grand Canyon possède d'élégants *lodges* bâtis au début du XXe siècle. Même s'ils sont considérablement plus chers que les hôtels pour petit budget, ils valent leur pesant d'or en fait d'ambiance et de situation géographique. Il vaut mieux réserver d'avance.

Peu importe vos goûts ou votre budget, cet ouvrage saura sûrement vous aider avec ses sections régionales. Rappelez-vous que les chambres peuvent devenir rares et les prix s'élever durant la haute saison, l'été pour la majeure partie de la région et l'hiver pour le désert et le Sud, dont font partie Tucson et Phoenix. Les voyageurs qui désirent visiter l'Arizona durant la haute saison devraient réserver à l'avance ou arriver tôt dans la journée. Les personnes comptant loger à Sedona ou dans le parc national du Grand Canyon doivent réserver à l'avance (le plus longtemps possible d'ailleurs), et ce tout au long de l'année.

L'hébergement est présenté par région et par ordre de prix, du moins cher au plus cher. Les prix mentionnés sont en vigueur durant la haute saison; donc, si vous y allez pendant une autre période, il est conseillé de vous informer des rabais consentis. Les hôtels pour petit budget *($)* sont généralement sous la barre des 50 $ pour deux personnes, propres, satisfaisants mais modestes. Les établissements de prix moyen *($$)* oscillent entre 50 $ et 90 $; ce qu'ils offrent en fait de luxe varie selon leur situation, mais leurs chambres sont généralement plus grandes, et leur environnement se révèle plus attrayant. Les hôtels de catégorie moyenne-élevée *($$$)* coûtent entre 90 $ et 130 $ pour deux. Les chambres y sont spacieuses, et le hall d'entrée s'avère agréable. On y retrouve la plupart du temps un restaurant et quelques boutiques. En dernier lieu, les hôtels de grand luxe *($$$$)*, réservés à ceux pour qui le budget importe peu, sont les meilleurs de la région.

Les tarifs d'hébergement varient aussi bien en fonction des sites que de la qualité des services offerts. Certaines destinations parmi les plus courues n'ont aucune chambre de catégorie petit budget. Ailleurs, surtout le long des autoroutes inter-États, où les prix sont fixés de manière à attirer les camionneurs, tous les motels affichent de petits tarifs, bien que vous puissiez bénéficier d'un certain éventail variant de 19,95 $ pour une chambre spartiate et délabrée à 45 $ pour une auberge routière plus luxueuse et mieux située. Retenez donc que les catégories de prix mentionnées dans ce guide sont somme toute relatives, et conçues pour vous aider à déterminer quel établissement vous en offrira le plus en regard de votre budget de voyage, qu'il soit petit ou grand.

RESTAURANTS

La restauration semble être une des industries principales dans certaines parties de l'Arizona. Même si la cuisine traditionnelle de la région est un hybride de la cuisine mexicaine et amérindienne, vous trouverez nombre de restaurants qui sauront plaire à ceux qui ne sont pas trop friands de piment fort. Vous trouverez aussi une variété de restaurants proposant la nouvelle cuisine du Sud-Ouest, surtout à base d'ingrédients locaux.

Dans chacun des chapitres, les restaurants sont regroupés par région et listés par ordre de prix, du plus petit au plus élevé. Les moins chers *($)* sont généralement en deçà de 8 $ (repas complet pour une personne sans vin); l'ambiance y est informelle, le service s'avère rapide, et ils sont fréquentés par les gens du coin. La catégorie moyenne *($$)* se situe entre 8 $ et 16 $; l'ambiance y est déjà plus détendue, le menu plus varié et le rythme plus lent. La catégorie supérieure *($$$)* oscille entre 16 $ et 24 $; la cuisine y est simple ou recherchée selon la région, mais le décor se veut dans tous les cas plus agréable et le service plus personnalisé. Puis il y a les restaurants de grand luxe *($$$$)*, où les prix débutent à 24 $; ces endroits sont souvent pour les gourmets, la cuisine y devient un art et le service se révèle toujours impeccable.

Pourboires

Selon le restaurant, on calcule de 10 % à 15 % (avant taxes) pour le service; celui-ci n'est pas, comme en France, inclut dans l'addition, et le client doit le calculer lui-même et le remettre au serveur ou à la serveuse; service et pourboire sont une même et seule chose en Amérique du Nord. Omettre ce service est impoli.

LES ENFANTS

Tout endroit où il y a des cow-boys et des Amérindiens, des rochers à escalader et de l'espace à profusion pour courir ne peut qu'enchanter les enfants. Une foule d'aventures familiales s'offrent à vous au cours de votre séjour en Arizona, des attractions conçues par l'homme aux merveilles de la nature. Voici quelques conseils visant à faciliter vos déplacements en compagnie d'enfants.

Réservez vos chambres à l'avance en prenant soin de vous assurer que les établissements dans lesquels vous comptez séjourner ouvrent leurs portes aux enfants, car ils ne sont pas admis dans bon nombre de *bed and breakfasts* entre autres. Et s'il vous faut un berceau ou un petit lit supplémentaire, faites-en également la demande à l'avance. Votre agent de voyages peut d'ailleurs vous être utile à cet égard, comme pour bien d'autres détails encore.

Si vous voyagez en avion, essayez d'obtenir des sièges près de la cloison, où l'espace est plus généreux. Songez à prendre avec vous tout ce dont vous pourriez avoir besoin à bord, tel que couches, vêtements de rechange, casse-croûte, jouets ou petits jeux. Si vous vous déplacez en voiture, cette dernière recommandation vaut également; assurez-vous par ailleurs de faire ample provision d'eau et de jus, car la déshydration peut être insidieuse et entraîner de graves problèmes. La plupart des villes et villages, de même que quelques parcs nationaux, ont des commerces où vous trouverez des couches, des aliments pour bébé, des casse-croûte et d'autres articles de base; retenez toutefois qu'ils ferment généralement tôt. Les localités plus importantes ont toutes pour leur part des épiceries ou des commerces de dépannage ouverts jour et nuit.

Une trousse de premiers soins s'avère toujours indispensable. Outre du sparadrap, une pommade antiseptique et un produit quelconque contre les démangeaisons, mettez-y tout médicament recommandé par votre pédiatre en ce qui a trait au traitement des allergies, du rhume, de la diarrhée ou de tout problème chronique dont votre enfant peut souffrir.

Le soleil de l'Arizona est particulièrement cuisant. Prenez donc toutes les précautions qui s'imposent, surtout les premiers jours. La peau des enfants se révèle généralement plus sensible que celle des adultes, ce qui les expose davantage à de graves insolations en un rien de temps. Prévoyez dès lors un chapeau et un écran solaire efficace.

Nombre de parcs et monuments nationaux proposent des activités spécialement conçues pour les enfants. Les films présentés dans les complexes d'accueil et les projections de diapositives qui accompagnent les feux de camp des rangers peuvent aider les enfants à mieux comprendre l'histoire naturelle de l'Arizona et peut-être même susciter des questions de leur part. Ils ont toutefois tendance à s'interroger sur une foule de choses que les adultes ne parviennent pas toujours facilement à expliquer. Afin d'être aussi préparé que possible, saisissez donc toutes les occasions qui vous sont fournies d'en apprendre davantage sur la région, surtout en ce qui concerne l'histoire et la culture amérindiennes, qui ne cessent de piquer la curiosité des jeunes esprits en éveil.

LES GAYS ET LES LESBIENNES

Les splendeurs incomparables du Sud-Ouest américain en attirent plus d'un, et les vastes étendues qui couvrent ici kilomètre sur kilomètre ne cessent de fasciner ceux et celles qui cherchent à fuir le brouhaha quotidien des grandes villes. Cette région a bel et bien de l'espace à revendre, et encourage les visiteurs à y vivre à leur rythme et à leur façon, ce qui en fait une destination où gays et lesbiennes se sentent parfaitement à l'aise. Que vous vous intéressiez aux somptueux paysages, aux villes cosmopolites ou à des vacances de détente au bord d'une piscine rafraîchissante, le Sud-Ouest a beaucoup à vous offrir.

Un point particulièrement chaud de l'Arizona pour les gays et les lesbiennes est la ville de Phoenix, qui possède une importante communauté gay et lesbienne, et l'on y trouve de plus en plus de bars, de boîtes de nuit et de restaurants s'adressant plus précisément à eux ou les accueillant à bras ouvert.

Vous trouverez des nouvelles de cette communauté de même que l'horaire des spectacles et divertissements d'intérêt à Phoenix dans l'*Echo Magazine*

(☎ 602-266-0550), un bimensuel gratuit distribué dans les cafés, les librairies et les bars.

Pour de plus amples renseignements sur à peu près tout, de l'hébergement aux ressources disponibles en relation avec le sida, vous pouvez téléphoner au **The Valley of the Sun Gay and Lesbian Community Center** *(10h à 22h; ☎ 602-234-2752)*.

LES FEMMES SEULES

C'est là une bien triste réalité, mais les femmes qui voyagent seules aux États-Unis doivent prendre des précautions. Il est, par exemple, tout à fait imprudent de faire de l'auto-stop, et mieux vaut sans doute éviter les lieux d'hébergement situés à la périphérie des villes, les économies qu'un tel choix permettrait de réaliser ne valant pas les risques encourus. Les auberges de jeunesse, les dortoirs d'université et les YWCA demeurent sans doute vos meilleurs options pour un hébergement peu coûteux.

Si vous vous sentez harcelée ou menacée d'une quelconque façon, n'hésitez jamais à hurler «à l'aide »*(Help!)*. Il est également sage de toujours prévoir de la monnaie pour faire un appel d'une cabine publique, et de connaître le numéro à composer en cas d'urgence. La plupart des régions offrent des lignes d'assistance téléphonique permanentes à l'intention des victimes de viol et de violence. La **Rape Crisis Hotline** *(2333 North Central Avenue, Phoenix, AZ 85004, ☎ 602-254-9000)* dessert les environs de Phoenix, tandis que le **Rape Crisis Center***(1632 North Country Club Drive, Tucson, AZ 85016, ☎ 520-327-1171, service d'urgence jour et nuit : ☎ 520-327-7273 ou 800-400-1001)* a son siège à Tucson.

LES PERSONNES HANDICAPÉES

L'État d'Arizona s'efforce de rendre tous les lieux publics accessibles aux personnes handicapées. En vertu des lois qui régissent et l'État et les parcs nationaux, on se doit d'offrir des espaces de stationnement et des toilettes aménagés à leur intention. Les parcs et monuments nationaux affichent en outre clairement quels sentiers peuvent être empruntés par les personnes en fauteuil roulant.

De nombreux organismes sont en mesure de fournir des renseignements aux voyageurs souffrant d'un handicap quelconque, notamment la **Society for the Advancement of Travel for the Handicapped** *(347 5th Avenue, Suite 610, New York, NY 10016, ☎ 212-447-7284)*, le **Travel Information Center** *(☎ 215-456-9603)* et **Mobility International** *(P.O. Box 10767, Eugene, OR 97440, ☎ 503-343-1284)*. Pour de l'information générale concernant les voyages, adressez-vous à **Travelin' Talk** *(P.O. Box 3534, Clarksville, TN 37043, ☎615-552-6670)*, un organisme constitué en réseau.

LES AÎNÉS

L'Arizona se montre hospitalier à l'endroit des voyageurs d'un certain âge, dont beaucoup choisissent d'ailleurs de s'y installer en permanence ou de façon saisonnière en raison de son climat doux et sec ainsi que des accueillantes communautés d'aînés qui se sont développées dans le sud de l'État et, quoique dans une moindre mesure, dans d'autres régions. Compte tenu du nombre de parcs et de monuments nationaux qu'on trouve ici, les personnes âgées de 62 ans et plus peuvent réaliser d'importantes économies en se procurant un Golden Age Passport (passeport de l'âge d'or), qui leur donne droit à l'entrée libre en ces lieux. Vous pouvez obtenir ce passeport en vous présentant personnellement à l'entrée de tout parc exigeant des frais d'accès. De plus, nombre d'attraits exploités par des intérêts privés consentent également des remises de taille aux aînés.

L'**American Association of Retired Persons** (AARP) *(3200 East Carson Boulevard, Lakewood, CA 90712, ☎ 310-496-2277)* accepte comme membre toute personne âgée de 50 ans et plus, et offre divers avantages tels que des rabais auprès de nombreux voyagistes.

Elderhostel *(75 Federal Street, Boston, MA 02110, ☎ 617-426-7788)* offre pour sa part des cours de niveaux collégial et universitaire intégrés à des forfaits complets de séjour. En Arizona, cette formule est disponible en de nombreux endroits, y compris Flagstaff, Nogales, Phoenix, Prescott et Tucson.

Faites preuve d'une grande vigilance en ce qui concerne votre santé. Sous le climat variable de l'Arizona, les aînés sont en effet davantage susceptibles de souffrir d'hypothermie. Les hautes altitudes peuvent en outre présenter un risque pour les personnes affligées de troubles cardiaques ou respiratoires; prenez donc les renseignements nécessaires auprès de votre médecin au moment de planifier votre voyage. Retenez enfin que nombre de destinations touristiques de l'État se trouvent à grande distance des hôpitaux et des polycliniques.

En plus des médicaments que vous prenez normalement, songez à vous munir d'une ordonnance écrite de votre médecin pour le cas où vous devriez vous en procurer davantage. Il est également conseillé d'avoir votre dossier médical en main, faisant état de vos antécédents et de votre condition physique courante, mais aussi du nom, de l'adresse et du numéro de téléphone de votre médecin. Assurez-vous enfin que votre assurance vous protège hors de votre lieu de résidence habituel.

DIVERS

Bars et discothèques

Certains exigent des droits d'entrée, particulièrement lorsqu'il y a un spectacle. Le pourboire n'y est pas obligatoire et est laissé à la discrétion de chacun; le cas échéant, on appréciera votre geste. Pour les consommations par contre, un pourboire entre 10 et 15 % est de rigueur.

Décalage horaire

Lorsqu'il est 12h à Montréal, il est 10h à Phoenix. Le décalage horaire pour la France, la Belgique ou la Suisse est de huit heures. Attention cependant aux changements d'horaire, qui ne se font pas aux mêmes dates : aux USA et au Canada, l'heure d'hiver entre en vigueur le dernier dimanche d'octobre et prend fin le premier dimanche d'avril. N'oubliez pas qu'il existe plusieurs fuseaux horaires aux États-Unis. Par exemple, Los Angeles, sur la côte du

Pacifique, a trois heures de retard sur New York, et Hawaii en a cinq.

Drogues

Elles sont absolument interdites (même les drogues dites «douces»). Aussi bien les consommateurs que les distributeurs risquent de très gros ennuis s'ils sont trouvés en possession de drogues.

Électricité

Partout aux États-Unis et en Amérique du Nord, la tension électrique est de 110 volts et de 60 cycles (Europe : 50 cycles); aussi, pour utiliser vos appareils électriques (radio, réveille-matin, chargeur de piles), devrez-vous vous munir d'un transformateur de courant adéquat. Notez cependant que les appareils chauffants (séchoir, fer à friser, etc.) nécessitent un transformateur différent de celui utilisé pour les appareils électroniques. Vous pourrez vous procurer ces transformateurs dans un magasin d'accessoires de voyage.

Les fiches d'électricité sont plates, et l'on peut trouver des adaptateurs sur place ou, avant de partir, dans les boutiques de voyage.

Poids et mesures

Les unités de mesure du système impérial sont utilisées en Arizona, comme partout aux États-Unis. Voici quelques équivalences :

1 livre (lb) = 454 grammes
1 once (oz) = 28 grammes
1 pied (pi) = 30 centimètres
1 mille (mi) = 1,6 kilomètre
1 pouce (po) = 2,5 centimètres

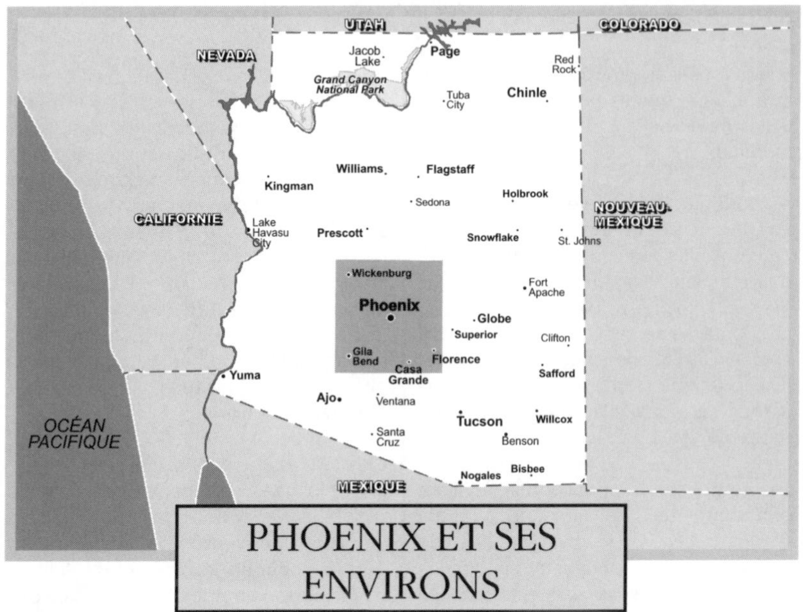

PHOENIX ET SES ENVIRONS

Si l'image que vous vous faites de l'Arizona en est une de cow-boys, de ranchs et de poteaux d'attache pour les chevaux, apprêtez-vous à élargir votre vision des choses. Car, bien que l'atmosphère si caractéristique de l'Ouest américain soit très présente dans le centre de l'État, les traits propres au XXe siècle sont partout visibles; ils sont même florissants et se multiplient à un rythme effréné. Prenez la direction de n'importe quelle grande ville, comme Phoenix, Scottsdale, Tempe ou Mesa, et vous y trouverez une communauté artistique flamboyante, une foule d'arènes vouées aux sports professionnels, des centres commerciaux et des magasins de toute sorte à perte de vue, un campus universitaire développé, une architecture fascinante et suffisamment de terrains de golf, de courts de tennis et d'activités récréatives pour combler les goûts les plus divers. Néanmoins, si vous êtes en mal d'activités de plein air ou si vous souhaitez retrouver le charme des villes frontières, vous les trouverez également ici, que ce soit dans les étendues désertiques sans fin, les rivières propres à la baignade et à la navigation, les localités davantage ancrées dans le passé que dans le présent ou les innombrables pistes à explorer. Alors, attachez bien votre ceinture!

La ville de **Phoenix** ★★ (prononcez *fiinix*), qui émerge en plein cœur du relief accidenté du centre-sud de l'Arizona, a emprunté son nom à l'oiseau légendaire, et pour cause : la plus grande métropole entre le Texas et la Californie, et la neuvième plus grande ville des États-Unis, Phoenix prend bel et bien son envol vers le firmament. Sa population compte 1 335 900 habitants, mais elle grimpe à 2 251 515 lorsqu'on y inclut ses 23 villes-satellites, qui se fondent les unes aux autres dans la vallée de la Salt River. De plus, quelques milliers de familles viennent chaque mois en grossir les rangs au fur et à mesure que se multiplient les nouvelles municipalités et les centres commerciaux.

Aujourd'hui, Phoenix ne ressemble plus en rien à ce qu'elle pouvait être à l'époque des Indiens hohokams. C'est d'ailleurs leur disparition qui poussa les premiers colons à lui donner ce nom, emprunté au symbole d'immortalité des anciens Égyptiens, persuadés que cet oiseau unique s'embrasait de lui-même à tous les six siècles pour ensuite renaître de ses cendres.

Les Hohokams («les disparus») avaient construit un réseau de fossés d'irrigation en vue d'acheminer l'eau de la Salt River vers leurs terres, et une partie de ce réseau existe encore de nos jours. Car, alors comme maintenant, l'irrigation jouait un rôle vital dans l'existence de Phoenix. On pompe en fait tant d'eau pour arroser les champs, les bosquets et les orteils des enfants que l'air du désert en devient humide, au point même d'en être lourd pendant une bonne partie de l'été. Laitues, melons, luzerne, coton, légumes, oranges, pamplemousses, citrons et olives poussent en abondance dans les champs irrigués, et confèrent une touche de verdure au paysage plutôt marron de la région. La navigation de plaisance, le ski nautique, la baignade et même le surf (dans un gigantesque bassin artificiel doté d'une machine à vagues) se présentent quant à eux comme d'agréables sous-produits de cette irrigation massive.

Puisque nous parlons sport, sachez que, quelles que soient vos préférences, Phoenix est le paradis des sportifs. Au niveau professionnel, elle a en effet ses équipes de baseball (les Triple-A Firebirds), de hockey (les Coyotes), de football (les Cardinals) et de basket-ball (les Suns). Les Sun Devils de l'Arizona State University jouent en outre au football, au basket-ball et au baseball. Pour les amateurs de spectacles sportifs, il faut aussi mentionner les rodéos et les courses de chevaux, quoique ceux qui préfèrent eux-mêmes être de la partie ne soient pas en reste puisqu'on trouve ici 125 terrains de golf, des centaines de courts de tennis, des pistes cyclables et de course à pied, des sentiers équestres et une foule d'autres possibilités.

Cela dit, toute l'action ne se déroule pas que dans les champs. Phoenix a maintenant achevé un projet de réaménagement du centre-ville, entrepris en 1988 au coût de 1,1 milliard de dollars américains. Parmi les fruits de cet effort, notons le chic Arizona Center, le Mercado d'inspiration mexicaine et l'America West Arena, qui renferme 18 000 places et se trouve à côté de la Civic Center Plaza.

Phoenix s'impose comme la ville la plus climatisée des États-Unis. Car ne vous y trompez pas : malgré une température annuelle moyenne de 22 °C, cette métropole plantée en plein désert, comme tout le centre-sud de l'Arizona, devient en effet torride par moments. L'hiver se révèle clair et frais, oscillant autour de 15 °C, et le printemps se veut à la fois venteux et chaud, enregistrant des températures d'environ 32 °C. L'été est toutefois carrément brûlant, alors que le mercure dépasse les 37 °C; c'est d'ailleurs à cette époque de l'année que surviennent les pluies de mousson, de courts et violents orages qui font le plus souvent leur apparition en fin de journée, accompagnés d'éclairs spectaculaires et de profonds roulements de tonnerre. L'automne, enfin, est merveilleusement sec et dégagé, sous des températures d'environ 27 °C. Sachant maintenant ce qu'il en est, à vous de choisir la période de l'année qui vous conviendra le mieux.

Le Phoenix métropolitain, aussi appelé la «Vallée du Soleil», a commencé à se développer sur les berges de la Salt River en 1850, pour ensuite devenir la capitale du Territoire de l'Arizona en 1889. À une certaine époque, l'Arizona ne comptait pour toute population que 25 000 Amérindiens. Les tout premiers autochtones de la région furent les Hohokams, qui vécurent ici entre 30 ap. J.-C. et 1450. Des vestiges de leurs colonies subsistent encore de nos jours. Deux autres tribus majeures leur succédèrent : les Anasazis, sur les hautes terres des plateaux du nord de l'État, et les Mogollons, dans les chaînes montagneuses de l'est et du nord-est. On dénombre aujourd'hui 23 réserves amérindiennes en Arizona, plus que dans tout autre État américain, et les 50 000 autochtones des 17 tribus qui y vivent témoignent tristement de l'invasion de leurs terres par les colons blancs. Quelque 240 km à l'est de Phoenix, dans la région des White Mountains du nord de l'Arizona, s'étendent la réserve de Fort Apache, d'une superficie totale de plus de 600 000 ha et, adjacente à celle-ci, la réserve apache de San Carlos, qui fait 800 000 ha. Mais la plus importante réserve amérindienne de toute l'Amérique du Nord demeure la terre des Navajos (150 000 hab.); elle débute à 122 km au nord de Flagstaff et s'étale jusqu'au nord-ouest du Nouveau-Mexique et jusqu'au sud-est de l'Utah. La réserve hopi se trouve quant à elle en plein cœur de la réserve navajo; elle compte 6 500 résidants qui vivent au même endroit, sans interruption aucune, depuis plus de 1 000 ans et conservent plus de traditions et de traits culturels que plusieurs autres tribus.

Au milieu du XVIe siècle arrivent les conquistadors, brandissant la bannière de l'Espagne. Ils cherchent de l'or et des âmes à sauver. L'histoire nous révèle qu'ils trouvèrent davantage d'âmes que d'or, et, au fil de leur entreprise, ils initièrent les Amérindiens à l'élevage du bétail et des chevaux, ainsi qu'à de nouvelles méthodes de culture, ajoutant par le fait même à leurs récoltes de fèves, de courges et de maïs celles de nouvelles céréales et de nouveaux fruits et légumes. L'influence hispano-mexicaine se révèle d'ailleurs encore très manifeste dans tout le Sud-Ouest américain. Le chercheur d'or devint pour sa part le symbole même de l'Old West, un vieillard à barbe blanche, seul avec son fidèle mulet et hanté par l'espoir de richesses fabuleuses. De plus, il vous suffira de vous rendre à 50 km à l'est de Phoenix, dans les Superstition Mountains, pour retrouver toute la vigueur légendaire de la ruée vers l'or, même en cette fin de XXe siècle.

Jusque vers le milieu des années 1880, les Amérindiens acceptèrent les quelques mineurs, commerçants et fermiers blancs qui débarquaient dans la région; mais au fur et à mesure que leur nombre croissait, on assista à des frictions et à des affrontements. La cavalerie intervint, et il s'ensuivit un des chapitres les plus sanglants de toute l'histoire du Sud-Ouest américain. Des troupes noires du dixième détachement de cavalerie, connues sous le nom de «Soldats Musqués» (Buffalo Soldiers), du fait de leur peau sombre et de leur chevelure noire et frisée, vinrent alors en grand nombre défendre les citoyens de ces territoires de l'Arizona, dont

Geronimo, Cochise, Mangus, Alchise et d'autres chefs de tribus avaient émaillé les collines et les canyons de tombes de milliers d'immigrants, de colons et de prospecteurs. De nombreux sites répartis à travers l'État tout entier ravivent aujourd'hui le souvenir de cette époque pour le moins mouvementée : la forteresse de Cochise, le célèbre chef apache, dans les Dragon Mountains, au sud de Wilcox; le Fort Bowie National Historic Site, où se dressent les ruines d'adobe d'un poste militaire clé au cours des guerres amérindiennes; le fort Huachuca, un important poste territorial avancé qui sert encore de base de communication à l'Armée américaine; et le Fort Verde State Historic Park, situé à Camp Verde, sur la route 17 entre Phoenix et Flagstaff, une autre base militaire qui joua un rôle majeur dans le démantèlement des troupes apaches au cours des années 1870.

À la suite de la construction du premier chemin de fer, en 1887, Phoenix attira des colons de tous les coins des États-Unis et connut une croissance très rapide. En 1889, elle fut désignée capitale du Territoire de l'Arizona, qui devint un État de l'Union en 1912.

Jadis glorifiée comme le centre agricole de l'Arizona, Phoenix était déjà très urbanisée en 1920. Ses charrettes à chevaux constituaient le premier moyen de transport public de l'État. Sa population atteignait 29 053 âmes, auxquelles s'ajoutaient les 8 636 habitants des communautés avoisinantes de Tempe, Mesa, Glendale, Chandler et Scottsdale. Au fur et à mesure que les fermiers et les éleveurs quittèrent la région, se trouvant de plus en plus à l'étroit, Phoenix connut le développement d'une ville frontière s'efforçant par tous les moyens de ressembler aux célèbres cités de la Côte Est. On y trouvait à cette époque un Boston Store, un New York Store, trois salons de thé tels qu'il en existait en Nouvelle-Angleterre, et bon nombre de boutiques gastronomiques vendant aussi bien du hareng fumé que du fromage en crème du Delaware. L'air sec du désert ne tarda pas à attirer aussi une foule de gens en mal d'une meilleure santé. Par ailleurs, l'avènement des liaisons aériennes régulières, de même que la prolifération des ranchs touristiques, des complexes d'hébergement et d'autres attraits susceptibles d'intéresser les voyageurs, modifièrent encore davantage le profil de cette ville.

Aujourd'hui, les industries de haute technologie sont au cœur même de l'économie locale, tandis que le tourisme demeure la principale source d'emplois de l'État. Quant à la construction, on ne s'étonnera pas du fait qu'elle représente la troisième industrie en importance de Phoenix. Malgré tout, la métropole n'en conserve pas moins un cachet fortement communautaire, et son centre-ville n'est pas saturé de gratte-ciel et de tours d'appartements. La ville et ses banlieues forment une grille ordonnée de rues et d'avenues respectivement orientées du nord au sud et d'est en ouest, sur une superficie totale de plus de 2 000 km^2, et l'accès à la périphérie s'effectue grâce à un réseau d'autoroutes surélevées semblable à celui de Los Angeles. Au-delà se trouvent les montagnes et le désert, qui offrent un répit de la vie citadine par le biais du camping, de la randonnée pédestre et d'autres activités récréatives.

Si le désert n'est pas votre fort, Scottsdale pourrait bien l'être. Se targuant d'être «la ville la plus occidentale de l'Ouest», elle est de fait à peu près aussi «occidentale» que Beverly Hills. Sa population de 154 145 habitants semble essentiellement constituée d'«oiseaux migrateurs» qui ont choisi de s'y établir, soit de riches retraités venus des autres régions des États-Unis, charmés par le soleil, les terrains de golf, les piscines, les montagnes et l'éventail presque infini de boutiques d'artisanat et de vêtements, sans oublier plus de 120 galeries d'art! Mais en réalité, les retraités ne représentent que 20 % de la population de cette ville en pleine croissance, dont l'âge moyen chez les adultes est de 39 ans; il y a en effet ici beaucoup plus de yuppies (*young urban professionals*) que de personnes âgées.

Scottsdale n'était qu'un désert en 1888, lorsque le capitaine d'armée Chaplain Winfield Scott fit l'acquisition d'une parcelle de terrain près de l'Arizona Canal, au pied du mont Camelback. En peu de temps toutefois, nombre de cactus et d'arbustes gras firent place à 32 ha d'orge, à un verger de 8 ha et à 50 orangers. Scottsdale demeura une petite communauté d'agriculture et d'élevage jusqu'à la Deuxième Guerre mondiale, après quoi, en 1945, la société Motorola ouvrit une usine sur les lieux, devenant ainsi le premier fabricant d'appareils électroniques à s'établir dans la vallée.

Alors qu'elle ne couvrait que 0,65 km^2 au moment de son incorporation en 1951, Scottsdale s'étend aujourd'hui sur plus de 350 km^2. Sa croissance sans précédent semble ne jamais vouloir s'arrêter, si ce n'est qu'elle atteint maintenant les limites de la réserve de la Salt River, un territoire de 20 200 ha désigné comme tel en 1879 pour abriter les Pimas et les Maricopas, lesquels ont d'ailleurs su profiter de la proximité immédiate d'une des communautés les plus riches de la nation. La réserve renferme en effet une des plus vastes zones commerciales de tout le Sud-Ouest, un collège, des milliers d'hectares de terre productive et, bientôt, des hôtels.

Le réseau de communautés-satellites qui entourent la région de Phoenix-Scottsdale, semblable aux pièces éparses d'un casse-tête, se compose essentiellement de villes-dortoirs. Tempe, au sud, est le siège de l'Arizona State University. Glendale, en plein essor au nord-ouest, fut originellement fondée comme une «colonie de tempérance», et la vente de toutes formes de substances enivrantes y fut à jamais interdite. Mesa, à l'est, couvre une superficie de 260 km^2 et constitue la troisième plus grande ville de l'Arizona. Carefree et Cave Creek, au nord, se trouvent toutes deux à l'abri des basses collines du désert de Sonora, entourées de montagnes. Carefree fut conçue pour combler les attentes des amateurs d'activités ensoleillées, comme le tennis, le golf et l'équitation, alors que Cave Creek, un centre minier et d'élevage prospère en 1873, met aujourd'hui l'accent sur son côté «western», un peu surfait mais tout de même amusant. Telles des poussières de comète, ces localités et bien d'autres encore gravitent toutes autour de Phoenix-Scottsdale, s'ajustant à son rythme et à ses élans.

Au-delà des centres urbains, la large bande centrale de l'Arizona peut être décrite en ces termes, empruntés à l'auteur anglais J.B. Priestley : «*Terre de géologie le jour, et d'astronomie la nuit.*» Vous vous y arrêterez dans des stations-service complètement perdues, visiterez des saloons à l'ancienne, prendrez des bains de minuit dans les lacs de montagne, tamiserez le sable des rivières à la recherche d'une pépite d'or et croiserez aussi bien des rêveurs que des personnages originaux vivant en marge de la société. La meilleure façon de voir l'Ouest consiste à se fondre dans l'univers qu'il représente, à sentir le courant de ses rivières et à se mesurer à ses collines abruptes; et le centre-sud de l'Arizona vous en fournira plus d'une occasion.

POUR S'Y RETROUVER SANS MAL

L'indicatif régional est le 602, si non indiqué.

En avion

Le **Sky Harbor International Airport** se trouve à 6 km du centre-ville de Phoenix, et est desservi par Alaska Airlines, America West Airlines, American Airlines, American Trans Air, Arizona Airways, Continental Airlines, Delta Airlines, Frontier, Mark Air, Mesa Air, Northwest Airlines, Scenic Airlines, Skywest Airlines, Southwest Airlines, Trans World Airlines, United Airlines, Shuttle by United, USAir et Western Pacific.

Parmi les transports terrestres reliant l'aéroport à la ville, mentionnons **SuperShuttle** *(☎ 244-9000 ou 800-258-3826)*, qui emmène les voyageurs jusqu'à leur hôtel 24 heures par jour; **Courrier Transportation** *(☎ 232-2222)*, qui offre un service similaire; **Arizona Shuttle Service** *(☎ 795-6771 ou 800-888-2749)*, qui dessert Tucson; et **Sedona/Phoenix Shuttle Service** *(☎ 282-2066)*, qui prend six fois par jour, au départ de Sky Harbor, la direction du «pays de grès rouge», plus au nord, via Cottonwood et Sedona.

Excursions en avion

L'Arizona bénéficiant d'un ciel sans frontière, il est certes agréable de visiter la région du haut des airs. Plusieurs firmes établies au Scottsdale's Airpark proposent ainsi des visites du Grand Canyon, de Sedona, de la Monument Valley, du lac Powell et d'autres destinations hautement panoramiques. Parmi elles, retenons **Scenic Airlines** *(☎ 991-8252)* et **West Wind Aviation** *(☎ 869-0866)*.

En autocar

Greyhound Bus Lines dessert Phoenix de tous les points des États-Unis. La principale gare routière de Phoenix se trouve au 525 East Washington Street *(☎ 271-7426)*; d'autres gares se trouvent à Mesa *(1423 South Country Club Drive, ☎ 834-3360)* et à Tempe *(502 South College Avenue, ☎ 967-4030)*.

En voiture

Les voyageurs qui se rendent à Phoenix en voiture ne seront pas laissés pour compte. Les autoroutes de l'Arizona figurent parmi les meilleures aux États-Unis, l'essence coûte traditionnellement moins cher ici qu'ailleurs, et les paysages sont partout spectaculaires : d'imposants saguaros, de magnifiques montagnes, des cow-boys, des réclames de bière clignotant faiblement sous les reflets violacés du soir, sans parler des petits villages de l'Ouest qui se succèdent au fil de la route et qu'on dirait sortis tout droit d'un livre d'histoire.

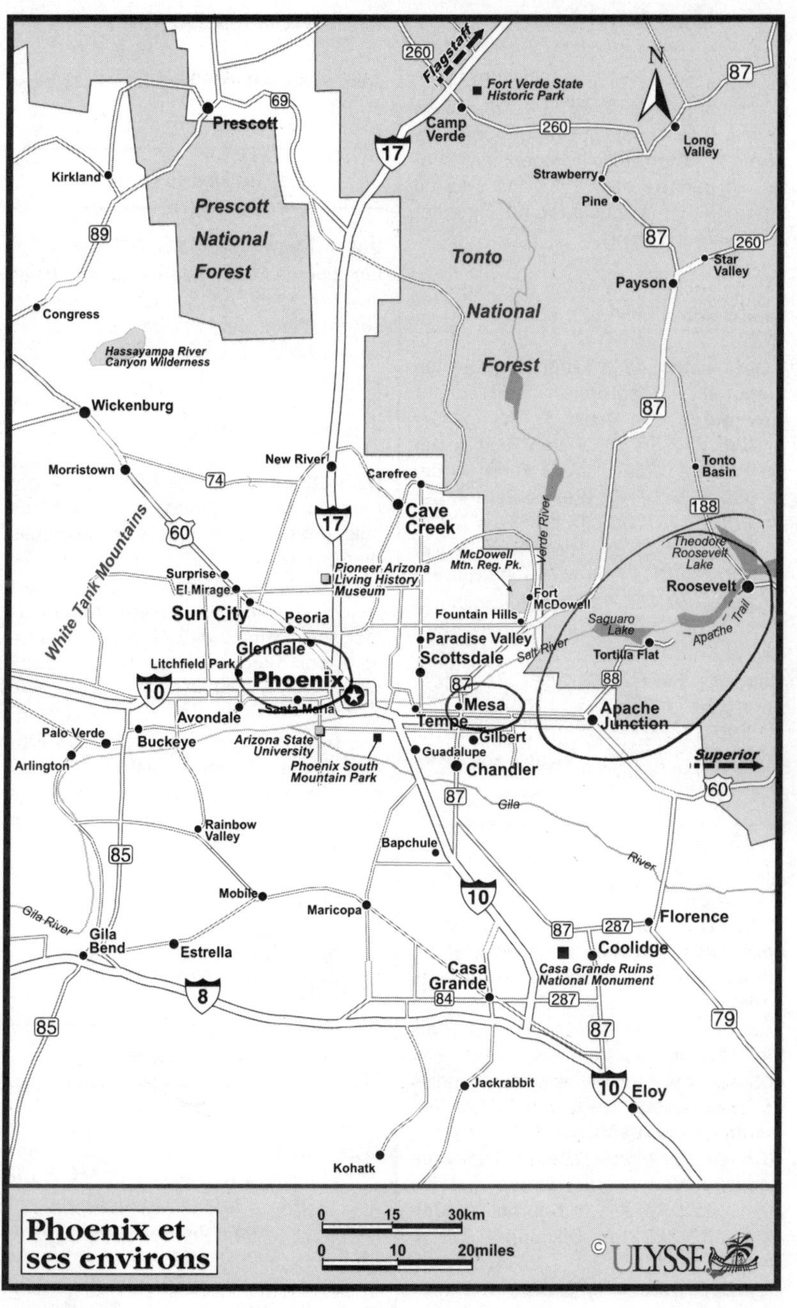
Flagstaff
Fort Verde State Historic Park
Camp Verde
Prescott
Kirkland
Prescott National Forest
Tonto National Forest
Long Valley
Strawberry
Pine
Star Valley
Payson
Congress
Hassayampa River Canyon Wilderness
Wickenburg
Morristown
New River
Carefree
Cave Creek
Tonto Basin
White Tank Mountains
Pioneer Arizona Living History Museum
McDowell Mtn. Reg. Pk.
Verde River
Theodore Roosevelt Lake
Roosevelt
Surprise
El Mirage
Sun City
Peoria
Fort McDowell
Fountain Hills
Saguaro Lake
Apache Trail
Glendale
Paradise Valley
Scottsdale
Salt River
Tortilla Flat
Litchfield Park
Phoenix
Santa Maria
Avondale
Mesa
Tempe
Apache Junction
Palo Verde
Buckeye
Arizona State University
Guadalupe
Gilbert
Arlington
Phoenix South Mountain Park
Chandler
Superior
Gila River
Rainbow Valley
Bapchule
Mobile
Maricopa
Florence
Gila Bend
Estrella
Coolidge
Casa Grande
Casa Grande Ruins National Monument
Jackrabbit
Eloy
Kohatk
Phoenix et ses environs
0 15 30km
0 10 20miles
© ULYSSE

La route 10 traverse la ville aussi bien en provenance de l'est (El Paso) que de l'ouest (Los Angeles). Du nord-ouest, la route 40 (autrefois la légendaire route 66) pénètre dans l'Arizona près de Kingman, après quoi la route 93 permet d'atteindre Phoenix.

La location d'une voiture

Les agences de location qui ont un comptoir à l'aéroport comprennent **Advantage Rent A Car** *(☎ 800-777-5500)*, **Alamo Rent A Car** *(☎ 800-327-9633)*, **Avis Rent A Car** *(☎ 800-331-1212)*, **Budget Rent A Car** *(☎ 800-527-0700)*, **Dollar Rent A Car** *(☎ 800-800-4000)*, **Hertz Rent A Car** *(☎ 800-654-3131)* et **National Interrent** *(☎ 800-328-4567)*. Parmi les agences offrant un service de navette entre l'aéroport et leurs bureaux, retenons **Courtesy Rent A Car** *(☎ 273-7503)*, **Enterprise Leasing and Rent A Car** *(☎ 800-325-8007)*, **Thrifty Car Rental** *(☎ 800-367-2277)* et **Value Rent A Car** *(☎ 800-468-2583)*.

Les taxis

Le taxi constitue un moyen de transport coûteux à Phoenix, car la ville s'étend sur une grande distance dans toutes les directions, et, en vous rendant d'un point à un autre, vous aurez parfois l'impression de traverser l'État tout entier. Parmi les principales compagnies de taxis du centre-sud de l'Arizona, mentionnons **AAA CAB** *(☎ 921-8294)*, **ACE Taxi** *(☎ 254-1999)*, **Statewide Sedan, Van and Limo Service** *(☎ 252-1277)*, **Courrier Cab** *(☎ 232-2222)*, **Discount Metro** *(☎ 266-1110)* et **Yellow Cab** *(☎ 252-5252)*. AAA, Courrier et Yellow sont assignées par contrat à l'aéroport de Phoenix.

Les transports publics

Valley Metro *(☎ 253-5000)* couvre le territoire de Phoenix (dont l'aéroport) et de Scottsdale, en plus d'offrir des liaisons rapides vers les banlieues et les autres districts de la vallée. Des cars express filent en direction de Phoenix au départ de Mesa, de Tempe et d'autres banlieues.

Ollie the Trolley *(☎ 941-2957)*, qui roule sur pneumatiques, et non sur des rails, dessert 22 complexes touristiques de Scottsdale et 12 zones commerciales pour le prix d'un titre de transport valide pour une journée entière; le service est offert gratuitement dans la zone commerciale du centre-ville de la mi-octobre à avril.

Le **Downtown Dash** *(☎ 253-5000)* circule dans le centre-ville de Phoenix en décrivant une boucle passant par le Capitole, l'Arizona Center et la Civic Plaza les jours de semaine; les départs ont lieu toutes les 10 min, et le prix du billet est de 0,30 $US.

ATTRAITS TOURISTIQUES

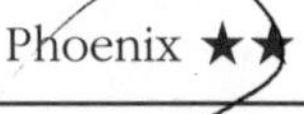

Phoenix ★★

L'histoire du centre-sud de l'Arizona se laisse aisément découvrir au fil des attraits et des musées de Phoenix, qui soulignent tout particulièrement l'héritage amérindien de cette ville. Mais si vous croyez que c'est à ce chapitre que cesseront vos découvertes, détrompez-vous. La métropole se

Phoenix
ATTRAITS
1. Heard Museum
2. Phoenix Art Museum
3. Phoenix Museum of History
4. Arizona State Capitol Museum
5. Arizonal Mining and Mineral Museum
6. Hall of Fame Museum
7. The Mercado
8. Heritage Square
9. Pueblo Grande Museum
10. Arizona Science Center
11. Desert Botanical Garden
12. Phoenix Zoo
13. Hall of Flame Museum
14. Mystery Castle
0 2 4miles
0 3 6km
N
Thunderbird Road
Peoria Avenue
Hatcher Road
Dunlap Avenue
Butter Dr.
Northern Avenue
Glendale Avenue
Bethany Home Road
Camelback Road
Highland Ave.
Indian School Road
Thomas Road
McDowell Road
Van Buren St.
Washington Street
Jefferson Street
Buckeye Road
Sky Harbor Blvd
Phoenix Sky Harbor International Airport
Salt River
Broadway Road
Southern Avenue
Baseline Road
Dobbins Road
Guadalupe Road
Lincoln Drive
McDonald Drive
Arizona Cir.
Claremont Avenue
Squaw Peak City Park
Squaw Peak Frwy.
Cave Creek Road
7th Street
32nd Street
Invergordon Rd.
64th St.
68th St.
College Ave.
Scottsdale Road
Papago Park
Pkw.
Galvin
Priest Drive
Mill Avenue
Rural Road
Clarendon
Grand Avenue
35th Avenue
27th Avenue
19th Avenue
7th Avenue
Central Avenue
16th Street
24th Street
40th Street
48th Street
Phoenix South Mountain Park
17
51
10
61
© ULYSSE

veut aussi une cité des arts à part entière, et l'on y trouve une foule d'expositions d'œuvres contemporaines et occidentales. Les expositions temporaires de l'aéroport, présentées de concert avec la Phoenix Art Commission, servent de modèle à des efforts similaires dans divers autres aéroports du pays. Le long du Squaw Peak Freeway, une autoroute de 16 km qui relie le centre-ville de Phoenix et la banlieue septentrionale de la ville, vous aurez peut-être l'impression d'avoir des visions, et vous n'aurez pas tout à fait tort, car la chaussée est bordée de 35 sculptures d'un mètre et plus : des vases, des tasses, des pots de style amérindien et d'autres récipients domestiques du même genre; il s'agit d'un projet d'intégration artistique à l'environnement qui vise à humaniser l'autoroute, de manière à ce que ses usagers s'y sentent «chez eux». Tout le monde n'aime pas cependant, et certains détracteurs de cette idée pour le moins originale ont surnommé ce tronçon de route «le placard des dieux».

Tout à fait par accident, c'est à l'œuvre des artisans amérindiens qu'on doit la naissance de Phoenix et l'afflux croissant de Blancs dans la région. C'est en effet en découvrant les canaux aménagés par les Hohokams, en 1867, qu'un prospecteur du nom de Jack Swilling prit conscience du fait qu'il était possible de pratiquer l'agriculture dans le désert. Il entreprit alors de draguer ces canaux préhistoriques, les cultivateurs commencèrent à se multiplier, et la ville aujourd'hui la plus importante de l'État devint florissante en un rien de temps.

On peut sans doute voir à Phoenix les derniers représentants de cette race d'hommes rudes, frustes et solitaires qui ont fait la marque de Marlboro, fièrement montés sur leurs magnifiques chevaux impeccablement brossés et peignés. Mais dans la réalité, ils ne chevauchent pas en direction du couchant pour disparaître à tout jamais; il y a plus de chances pour qu'ils prennent simplement la route des vastes étendues désertiques qui entourent encore la ville afin de s'y ressourcer. Longtemps tenu pour la hantise des hommes, aride et indomptable, le désert, avec ses beautés inviolées, est aujourd'hui considéré par plusieurs comme le dernier vestige de l'Amérique sauvage. Nombre de voyagistes y organisent des excursions guidées en véhicule tout-terrain ou à cheval, mais combien d'Arizoniens ne vous diront-ils pas que c'est dans la solitude et l'isolement qu'on apprécie le mieux le désert? Les Amérindiens du Sud-Ouest en connaissent les secrets depuis fort longtemps, et maintenant c'est au tour de l'homme blanc de tourner son regard vers le ciel, sous le soleil blafard qui réchauffe le sable et la pierre.

Que vous soyez attiré par la ville elle-même ou par ses environs, il serait tout aussi déraisonnable de vouloir en embrasser tous les sites en une seule visite que de compter tous les grains de sable du désert. On dit que rien n'est impossible, mais le temps a lui aussi ses exigences, et, pour vous aider à tirer le meilleur parti de votre quête dans le temps que vous vous êtes alloué, voici les attraits les plus marquants de la ville.

Le centre-ville jadis terne de Phoenix commence à bénéficier des efforts d'enrichissement culturel et architectural qu'on y déploie depuis la fin des années quatre-vingt, dans le cadre d'un projet évalué à quelque 1,1 milliard de dollars. Un des points de mire du nouveau **Phoenix Municipal Government Center**, qui abrite entre autres le nouvel hôtel de ville, est un des plus vieux symboles de la municipalité, soit l'**Orpheum Theater** ★ *(☎ 252-9678)*, un splendide bâtiment Renaissance espagnole de style baroque érigé en 1929 et considéré à une certaine époque comme le plus luxueux théâtre à l'ouest du Mississippi. Récemment rénové, il propose des visites extérieures gratuites et, depuis janvier 1997, constitue un lieu privilégié pour les arts de la scène, les célébrations municipales et communautaires, le ballet, le théâtre pour enfants, les festivals cinématographiques et divers autres événements spéciaux.

D'autres améliorations apportées au centre-ville le rendent par ailleurs plus accueillant pour les piétons, tel le **Margaret T. Hance Deck Park**, une ceinture de verdure d'une douzaine d'hectares qui s'étend de 3rd Street à 3rd Avenue, ponctuée d'espaces boisés, de fontaines et d'un jardin japonais rappelant le jumelage de Phoenix à la ville japonaise de Hemeji.

Bien qu'il y ait des établissements gays un peu partout dans Phoenix, la plus grande concentration s'en trouve à l'intérieur du quadrilatère délimité par Camelback Road, Indian School Road, 7th Avenue et 7th Street. Ce secteur regroupe en effet tout un assortiment de lieux d'hébergement, de cafés, de bars, de boutiques et de boîtes de nuit s'adressant plus particulièrement à cette population.

La numérotation des attraits réfère au plan de la ville de Phoenix.

Le **Heard Museum** ★★ **(1)** *(droit d'entrée; 22 East Monte Vista Road, ☎ 252-8840)* se consacre à l'anthropologie du Sud-Ouest et aux arts primitifs. Les huit galeries d'exposition réparties sur trois niveaux présentent, entre autres, une collection de *kachinas* hopis, des représentations de conteurs cochis, des poteries de María Martínez, des bijoux en argent et en turquoise, des paniers en osier, des couvertures et toutes sortes d'autres objets d'art amérindiens. De plus, on peut régulièrement y assister à des démonstrations d'art autochtone.

Le **Phoenix Art Museum** ★★ **(2)** *(droit d'entrée; fermé lun; 1625 North Central Avenue, ☎ 257-1222)*, adjacent à la Phoenix Public Library, expose des œuvres traditionnelles de l'Ouest, des créations contemporaines et des pièces décoratives. On y trouve, entre autres, une incroyable collection de costumes, de tissus et d'accessoires, de même qu'une galerie asiatique renfermant des peintures orientales, des objets rituels, des porcelaines et des cloisonnés.

Le **Phoenix Museum of History (3)** *(droit d'entrée; 105 North 5th Street, ☎ 253-2734)* a depuis peu déménagé et s'est considérablement agrandi. Maintenant établi sur le site du Heritage and Science Park, à côté du Heritage Square, ce musée est consacré à l'histoire du territoire de Phoenix depuis les temps préhistoriques jusqu'aux années trente. Nombre d'éléments d'exposition sont interactifs et présentent des récits personnels ainsi que des personnages historiques; ailleurs, vous verrez entre autres une impressionnante vitrine sur l'imprimerie et l'une des plus vieilles locomotives minières de l'État. On y trouve désormais une bibliothèque de référence et une boutique de souvenirs; le bâtiment est accessible aux fauteuils roulants.

Rendez-vous à l'**Arizona State Capitol Museum** ★ **(4)** *(fermé les fins de semaine; 1700 West Washington Street,*

☎ 542-4675), construit en 1900 pour abriter le Capitole territorial. On a rénové l'édifice pour lui redonner son apparence de 1912, année où l'Arizona devint officiellement un État de l'Union. Des visites guidées permettent d'admirer la chambre du Sénat, la suite du gouverneur et la rotonde. Une statue de cire à l'effigie du premier gouverneur de l'État, George Hunt, est assise devant un bureau à cylindre entouré de meubles d'époque. Les principaux objets qu'on retrouve ici incluent l'argenterie originale du *U.S.S. Arizona*, sauvée juste avant que le bateau de guerre ne soit coulé à Pearl Harbor, et le drapeau des dresseurs de chevaux acheminé jusqu'au sommet du mont San Juan de Cuba au cours de la guerre hispano-américaine.

Minéraux et minerais de l'Arizona et du reste du monde trouvent leur place à l'intérieur de l'**Arizona Mining and Mineral Museum (5)** *(fermé dim; 1502 West Washington Street, ☎ 255-3791)*, un des meilleurs musées du genre dans tout le Sud-Ouest américain.

Au **Hall of Fame Museum (6)** *(1101 West Washington Street, ☎ 255-2110)*, vous verrez des expositions temporaires sur les hommes et les femmes qui firent de l'Arizona ce qu'il est aujourd'hui. Chaque section présente une kyrielle d'objets permettant de mieux apprécier la vie colorée des pionniers qui bâtirent cet État.

Peint de 35 couleurs différentes, **The Mercado ★ (7)** *(Van Buren Street, entre 5th Street et th7 Street, ☎ 256-6322)* réunit une demi-douzaine de bâtiments commerciaux aménagés suivant le modèle d'un village mexicain. Ce complexe, qui s'étend sur deux rues, renferme des boutiques proposant des vêtements de l'Ouest ainsi que des bijoux et de l'artisanat amérindien. De très belles cours intérieures ajoutent au charme éclectique de l'ensemble.

Un des points forts du Mercado, le **Museo Chicano** *(droit d'entrée; fermé dim-lun; 25 East Adam Street, ☎ 257-5536)* présente des expositions temporaires à caractère aussi bien local qu'international. La culture, les arts et l'histoire hispaniques y sont représentés, de même que les œuvres d'artistes montants ou déjà reconnus. Le musée organise, en outre, une série de manifestations culturelles et de spectacles populaires, tel le Ballet folklorique mexicain.

Le **Heritage Square (8)** *(115 North 6th Street, ☎ 262-5071)* vous fera faire un saut dans le temps en vous présentant huit maisons du début du siècle, l'Arizona Doll and Toy Museum (musée de la poupée et du jouet), une coopérative d'artistes, le Heart and Hand Tea Room (salon de thé) et le Jack and Jenny's Barn and Grill (restaurant de grillades). La **Silva House**, une résidence de style victorien, propose des expositions variées portant aussi bien sur l'origami que sur les maillots de bain du début du siècle. À la **Rosson House**, une maison de 1895 de style Eastlake Victorian, vous pourrez admirer une magnifique collection de meubles d'époque. De plus, n'oubliez pas de jeter un coup d'œil sur les tissages, poteries *rakus*, bijoux, céramiques et objets d'art «prêt-à-porter» de l'**Artist's Cooperative**.

Pour un retour dans le passé de la tribu hohokam, visitez le **Pueblo Grande Museum (9)** *(droit d'entrée; 4619 East Washington Street, ☎ 495-0901)*. On y présente des ruines préhistoriques, une collection permanente sur cette tribu légendaire et des expositions temporaires d'art, d'artisanat et d'archéologie amérindienne du Sud-Ouest, sans oublier des présentoirs où les enfants peuvent manipuler divers objets. Un sentier extérieur menant au sommet d'un tertre hohokam se révèle particulièrement intéressant.

Également voisin du Heritage Square, **le Science Center (10)** *(droit d'entrée; 600 East Washington Street, ☎ 716-2000)* possède une salle de découvertes à éléments interactifs sur l'énergie, la physique et les sciences de la vie. L'accent porte sur des thèmes tels que l'informatique, la gravité, le mouvement, l'énergie, la nutrition et l'infini. Le centre renferme par ailleurs une maison à l'énergie solaire accessible aux visiteurs, sans parler des grandes vedettes du désert que sont l'iguane, le *gila monster* (grand lézard venimeux), le python, le serpent des vignes et la tortue.

Non loin des musées du centre de Phoenix, le **Desert Botanical Garden ★ (11)** *(droit d'entrée; 1201 North Galvin Parkway, ☎ 941-1225)* compte plus de 20 000 plantes des régions désertiques d'Afrique, d'Australie et des deux Amériques. Vous pourrez visiter les sentiers par vous-même ou vous joindre à un groupe organisé. Parmi les attraits des lieux, retenons l'exposition de 1,2 ha portant sur les plantes originaires du désert de Sonora, une forêt de saguaros, un bosquet de prosopis, un ruisseau du désert et un habitat des hautes terres de type *chaparral*, où vous pourrez admirer des constructions amérindiennes historiques.

Tout près du jardin botanique, le **Phoenix Zoo ★ (12)** *(droit d'entrée; 455 North Galvin Parkway, ☎273-1341)* se sert de milieux naturels (y compris une savane africaine) pour présenter au-delà de 1 300 mammifères, oiseaux et reptiles. Les gens qui viennent à Phoenix pour la première fois sont par ailleurs souvent étonnés de croiser une famille d'éléphants alors qu'ils circulent sur la trépidante rue Van Buren. Pour avoir un bon aperçu du zoo, montez à bord du *Safari Train*. Les attraits les plus populaires sont le troupeau d'oryx arabes, un rare tigre de Sumatra et le royaume des babouins. Les enfants apprécieront particulièrement la section interactive de la visite (Wildlife Encounters – Mammals), où ils pourront toucher aux animaux. Assurez-vous également de visiter la forêt tropicale humide de 0,4 ha où vivent 15 espèces d'oiseaux et d'animaux adoptés de tous les coins du monde.

Le plus grand musée consacré à la lutte contre les incendies du monde entier est le **Hall of Flame Museum (13)** *(droit d'entrée; 6101 Van Buren Street, ☎ 275-3473)*, où vous pourrez voir plus de 90 pompes à incendie et voitures de pompiers, motorisées ou tirées à la main ou par des chevaux, ainsi que des centaines d'objets reliés à ce métier. Divers jeux, présentoirs et activités y ont été spécialement conçus pour sensibiliser les enfants à la prévention des incendies.

Caché au pied des collines du South Mountain Park, le **Mystery Castle (14)** *(droit d'entrée; fermé lun; au bout de South 7th Street, ☎ 268-1581)* se présente comme un château fantaisiste de 18 pièces fait de pierre locale, de sable, de béton, d'eau, de lait de chèvre et de roues à rayons de *Stutz Bearcat*! Chauffé par 13 cheminées, ce manoir garni de parapets comporte un escalier cantilever, une chapelle et des douzaines de recoins, son mobilier se composant d'antiquités du Sud-Ouest américain. On le dit «mystérieux» du fait que son constructeur, Boyce Luther Gulley, croyant qu'il était sur le point de mourir de la tuberculose, a quitté sa résidence de Seattle à bord d'une *Stutz Bearcat*, sans rien dire à personne, pour ensuite consacrer 15 ans à la réalisation de son projet! Ce n'est qu'après sa mort, en 1945, que sa famille apprit ce qu'il était devenu et hérita de son château.

Au **Pioneer Arizona Living History Museum** *(droit d'entrée; fermé lun-mar; Pioneer Road, par la route 17, ☎ 993-0212)*, on a recréé un village de l'Old West à partir de bâtiments pour la plupart déjà existants (une église, une école, une imprimerie et une forge), et l'on y a mis des interprètes costumés. Vous pourrez ainsi assister à des démonstrations de cuisine, de jardinage et de couture. À l'opéra, vous verrez des mélodrames et des pièces historiques centrés sur le thème de la période dite «territoriale» (1858-1912). Par ailleurs, un des derniers troupeaux de chevaux espagnols coloniaux de la nation y attire particulièrement l'attention. Vous pourrez enfin pique-niquer sur les lieux, à moins que vous ne préfériez manger au restaurant local, spécialisé dans les grillades.

Scottsdale ★

Comme sa voisine Phoenix, Scottsdale est fière de son héritage de ville frontière, visible en plusieurs points de la municipalité et des environs. Dans le vieux Scottsdale, où le Lulu Belle et le Pink Pony étaient les deux seuls bars à des kilomètres à la ronde il y a à peine 35 ans, les édifices arborent tous de fausses façades, des enseignes artisanales et des poteaux d'attache, et les chevaux y ont toujours la priorité. Plusieurs restaurants font état de leurs serveurs et serveuses en costume d'époque. Les femmes portent des coiffures élaborées, et les hommes semblent tous s'appeler Slim, Ace, Tex, Shorty ou Stretch, comme dans les vieux westerns.

Mais la nostalgie du passé s'arrête à peu près là. Le reste de la ville se veut en effet chic, élégant et coûteux, et l'architecture y est on ne peut plus innovatrice. C'est d'ailleurs ici qu'on retrouve la Fondation Frank Lloyd Wright *(à Taliesin West)* ainsi que la Fondation Cosanti, berceau du prototype de village controversé d'Arcosanti, où la nature et les constructions humaines s'interpénètrent à une cinquantaine de kilomètres de Prescott.

Scottsdale s'impose en outre comme l'espace vital de la scène artistique arizonienne, et les galeries y sont légion. **Painted Desert Productions** *(P.O. Box 2023, AZ, ☎ 991-1442 ou 991-0243)* propose des visites d'une journée ou d'une demi-journée des studios d'artistes, des galeries, des musées et des sites architecturaux de la municipalité, guidées par des spécialistes.

Le **Hoo-Hoogam Ki Museum** *(droit d'entrée, sauf pour les Amérindiens; fermé dim; 10000 East Osborn Road, ☎ 941-7379)*, qui occupe un bâtiment fait d'adobes mêlés de plantes du désert pour en accroître la solidité, se trouve sur la réserve Pima-Maricopa de la Salt River, en bordure de la ville. Vous y verrez des paniers, des objets anciens, des poteries et des photographies historiques. On y présente, en outre, des démonstrations quotidiennes de vannerie.

Taliesin West/Frank Lloyd Wright Foundation

Ne manquez pas non plus **Rawhide – Arizona's 1880 Western Town** *(droit d'entrée; 23023 Scottsdale Road, ☎ 563-1880)*, avec ses balades et ses attraits variés et amusants, ses boutiques, son grill-room et son saloon, presque tous situés sur la vieille Main Street, où l'on doit encore prendre garde aux moutons et aux chèvres. Fusillades, violoneux, diseuse de bonne aventure, spectacles de cascades, locomotive grandeur nature du style des années 1880, exposition de carrioles, chariots couverts disposés en cercle et musée de l'Old West vous promettent tous une journée de plaisir.

Le **McCormick Railroad Park** *(7301 Indian Bend Road, ☎ 994-2312)* est un véritable paradis pour les petits et les grands qui se passionnent pour les trains. Faites d'abord le tour du parc à bord d'un train à vapeur miniature, puis laissez-vous emporter par le manège de chevaux de bois de 1929. Visitez ensuite le musée ferroviaire aménagé dans un wagon *Pullman*, utilisé par le président Eisenhower au cours de sa campagne électorale de 1952. Amenez enfin vos enfants admirer les trains de modèle réduit qui serpentent à travers de minuscules villages.

La **Taliesin West/Frank Lloyd Wright Foundation** *(droit d'entrée; 12621 North Frank Lloyd Wright Boulevard, ☎ 860-2700)*, inscrite au registre des monuments nationaux et appartenant à la fondation Frank Lloyd Wright, servit de résidence et de studio au célèbre architecte. Ce remarquable ensemble de bâtiments, disposés sur 243 ha en plein désert de Sonora, étonne encore les critiques d'architecture par sa beauté et ses formes inhabituelles. Plusieurs visites guidées des lieux sont proposées, de même qu'une série de conférences.

WestWorld *(droit d'entrée; 16601 North Pima Road; ☎ 483-8800)* présente des événements spéciaux et possède un restaurant ainsi qu'une grande arène qui accueille, entre autres, le plus important spectacle de chevaux arabes au monde, des encans d'automobiles, des matchs de polo, des rodéos et des concerts.

De vastes pelouses, des fontaines et près de 20 sculptures attirent les familles au **Civic Center Mall ★** *(délimité par Indian School Road, Brown Avenue, 2nd Street et Civic Center Boulevard)*. La culture y est également à l'honneur au Center for the Arts, et un amphithéâtre en plein air présente des spectacles tout au long de l'année. Vous pourrez en outre profiter des restaurants et des boutiques aménagés à la périphérie du complexe. Pour de plus amples renseignements, adressez-vous au **Center for the Arts** *(7380 East Second Street, ☎ 994-ARTS)*.

Le **Fleischer Museum** *(17207 North Perimeter Drive, ☎ 585-3108)* propose une collection permanente et des manifestations temporaires sur le thème de «L'impressionnisme américain, l'École californienne». Vous y verrez des femmes de cette période sophistiquée qui s'étend du début du siècle aux années quarante, des paysages brumeux, presque oniriques, des maquettes architecturales et des natures mortes.

La région de Tempe—Mesa

Immédiatement à l'est de Phoenix, vous trouverez les communautés de Tempe et de Mesa. Au-delà, dans le désert qui s'étend jusqu'au Nouveau-Mexique, ce sont Apache Junction et Globe. C'est comme si, au fur et mesure qu'on fait route vers le levant, tout l'éclat de la grande ville se dissipait graduellement pour céder le pas à l'Ouest des origines, plus calme et plus près de la nature.

Délimitée par Scottsdale, Mesa, Phoenix et Chandler, **Tempe** fut fondée en 1872 par Charles Turnbell Hayden, en même temps que la Hayden Flour Mill (minoterie), la plus vieille entreprise arizonienne à n'avoir jamais cessé ses activités. **Old Town Tempe** *(Mill Avenue, au nord University Street, Tempe, ☎ 894-8158)* marque l'endroit où la ville vit le jour, autour de la minoterie. Plusieurs des maisons et des bâtiments d'origine ont été rénovés et abritent aujourd'hui des restaurants, des boutiques, des bureaux et des galeries. Arrêtez-vous au **Tempe Convention and Visitors Bureau** *(51 West 3rd Street, Suite 105, Tempe, ☎ 894-8158)* pour vous procurer plans, brochures et renseignements.

L'**Arizona State University**, située en plein cœur de la ville, en forme le caractère et enregistre le plus grand nombre d'inscriptions de tous les établissements d'enseignement du Sud-Ouest. Avec son campus principal, d'une superficie de 283 ha, où des structures ultramodernes reposent dans un décor de palmiers et de plantes subtropicales, l'université fournit sa principale industrie à cette ville essentiellement résidentielle. Plusieurs musées remarquables émaillent les lieux, d'ailleurs tous ouverts au public. L'**Arizona State University Art Museum** *(fermé lun; ☎ 965-2787)* possède non seulement une vaste collection de peintures, de lithographies et d'œuvres artisanales américaines, mais aussi des réalisations d'Afrique, d'Amérique latine et des mers du Sud. Le **Museum of Anthropology** *(☎ 965-6213)* est consacré à l'anthropologie architecturale, physique et socioculturelle. Par ailleurs, le **Museum of Geology** *(téléphonez au préalable pour connaître les heures d'ouverture car elles sont variables; ☎ 965-7065)* présente, entre autres merveilles, des spécimens géologiques rares, des sismographes et des vitrines sur les tremblements de terre.

Pour un retour dans le temps, visitez le remarquable **Tempe Historical Museum** *(droit d'entrée; fermé ven; 809 East Southern Avenue, Tempe, ☎ 350-5100)*, qui porte sur l'histoire de Tempe depuis l'époque des colonies amérindiennes jusqu'à nos jours. Deux galeries d'exposition temporaire y présentent des vitrines sur la région, et vous y trouverez également une salle interactive à l'intention des enfants.

Les amateurs d'art se rendront au **Tempe Arts Center and Sculpture Garden** *(54 West 1st Street, ☎ 968-0888)*, où huit galeries présentent des expositions temporaires de peintures, de sculptures et d'œuvres artisanales. Les pièces de grandes dimensions sont exposées dans le jardin de sculptures adjacent, et plusieurs d'entre elles sont à vendre.

Immédiatement à l'est de Tempe, vous arriverez à **Mesa**, mot espagnol signifiant «plateau». La ville fut fondée par des mormons en 1883 et a longtemps été une communauté agricole. Des canaux d'irrigation construits par les Indiens hohokams y ont servi jusqu'à tout récemment encore. Pour de plus amples renseignements sur les sites et les services proposés à Mesa, arrêtez-vous au **Mesa Convention and Visitors Bureau** *(120 North Center Street, ☎ 969-1307)*.

Le **Mesa Southwest Museum** *(droit d'entrée; fermé lun; 53 North MacDonald Street, ☎ 644-2230)* porte sur l'histoire du Sud-Ouest américain, depuis l'époque des dinosaures jusqu'à celle de la colonisation de l'Ouest. On y trouve plusieurs objets à manipuler et, à l'extérieur, une école à classe unique ainsi qu'un cours d'eau dont on tamisait le sable à la recherche d'or.

Le **Champlin Fighter Museum** *(droit d'entrée; 4636 Fighter Aces Drive, ☎ 830-4540)*, une véritable trouvaille pour les amateurs d'aviation, renferme 30 appareils de combat de la Première et de la Seconde Guerres mondiales, de la guerre de Corée et de la guerre du Vietnam, de même que diverses armes historiques. Une galerie d'art, une salle de projection et une boutique de souvenirs complètent le tout.

À 20 min au nord de Mesa, dans les Fountain Hills, vous découvrirez l'**Out of Africa Wildlife Park** *(droit d'entrée; fermé lun; 2 South Fort McDowell Road, ☎ 837-7779)*, où évoluent lions, tigres, léopards et pythons géants. On peut aussi y assister à des spectacles, voir des habitats naturels et flatter de petits animaux, sans oublier un terrain de jeu pour les enfants, une boutique de souvenirs et un restaurant.

Au nord de Phoenix

Tant par ses cactus fleuris que par ses lacs de montagne isolés, cette région regorge de merveilles naturelles qui ne demandent qu'à se laisser contempler. Surtout réputé pour ses ranchs de tourisme, ses petites villes minières, ses fraîches forêts et ses grands espaces désertiques, ce paradis récréatif englobe la ville de Wickenberg (la capitale mondiale des ranchs de vacances), typique de l'Ouest sauvage, la Tonto National Forest, qui couvre une superficie de plus de 1 200 000 ha, ainsi que certaines des villes mortes les plus connues du Sud-Ouest américain.

Fondée en 1950, **Carefree** est le fruit d'un projet domiciliaire planifié dans les contreforts du désert arizonien. Au nord et à l'est s'étend l'immense Tonto National Forest, et, tout à côté, se situe la petite ville d'antan de **Cave Creek**. Un camp minier en pleine effervescence (or et argent) dans les années 1880, Cave Creek n'obtint une charte municipale que 100 ans plus tard. À cette époque, on y élevait aussi des ovins et des bovins, mais la ville dépend aujourd'hui lourdement de son passé avec sa reconstitution de ville frontière et son rodéo annuel (qui se tient au printemps). Pour de plus amples renseignements, adressez-vous à la **Carefree/Cave Creek Chamber of Commerce** *(748 Easy Street, Carefree, ☎ 488-3381)*.

Le **Cave Creek Museum** *(oct à mai, mer-dim; 6140 East Skyline Drive, Cave Creek, ☎ 488-2764)* se veut un musée historique vivant des contreforts désertiques de cette région. Il réunit une cabane de tuberculeux des années vingt, entièrement remise en état, une église des années quarante et des éléments d'exposition sur la vie des pionniers, l'élevage des bestiaux et l'exploitation des mines, des armes de jadis et divers objets fabriqués par les Amérindiens.

Au nord-ouest, sur la route 89, vous croiserez l'emplacement du plus riche gisement d'or jamais découvert en Arizona. Baptisée du nom du colon autrichien prénommé Henry qui le mit au jour, **Wickenburg** est aujourd'hui d'abord et avant tout connue comme une station hivernale; mais au temps le plus fort de la ruée vers l'or, Wickenburg possédait plus de 80 mines, si bien que, à l'époque, l'endroit ne tarda pas à devenir la troisième ville en importance de l'Arizona.

Frontier Street contribue à préserver l'héritage du tournant du siècle de Wickenburg avec son ancienne gare ferroviaire, désormais le siège de la **Wickenburg Chamber of Commerce** *(216 North Frontier Street, Wickenburg, ☎520-684-5479)*, et nombre d'édifices en bois et en brique de la même époque. L'un d'eux, l'Hassayampa, abritait autrefois le principal hôtel de la ville. Vous trouverez au bureau de la chambre de commerce des plans de promenade historique «autoguidée» autour de la ville.

Avant la construction de la prison municipale, on enchaînait les criminels à un arbre voisin, le **Jail Tree** *(angle Tegner Street et Wickenburg Way, Wickenburg)*; parents et amis pouvaient alors leur apporter des victuailles. Aujourd'hui, l'arbre en question se trouve sur le terrain du Chaparral Ice Geam Parlor, et les bambins, souvent à peine plus sages que leurs prédécesseurs, dégustent tranquillement leurs cornets de glace à l'ombre de ses branches.

Faites un saut au **Desert Caballeros Western Museum** *(droit d'entrée; 21 North Frontier Street, Wickenburg, ☎ 520-684-2272)*, dont les diverses salles présentent d'importants vestiges historiques de Wickenburg et des environs. Les salles d'époque (*Period Rooms*) comprennent le Hall de l'histoire (*Hall of History*) et une scène de rue (*Street Scene*) recréant l'allure de la ville au tournant du siècle, tandis que d'autres mettent l'accent sur les modes de vie de la fin du XIXe siècle et du début du XXe siècle. La galerie d'art expose des œuvres d'artistes amérindiens et de grands maîtres occidentaux d'hier et d'aujourd'hui. Quant au parc du musée (*Museum Park*), il révèle un décor désertique paysager et ponctué de plantes variées, formant un ensemble unique en son genre.

Les amateurs de mines d'or historiques et de villes mortes voudront sans doute visiter la **Vulture Mine** *(droit d'entrée; fermé mar-mer; Vulture Mine Road, Wickenburg, ☎ 377-0803)*. Vous y trouverez la maison du fondateur de Wickenburg ainsi qu'un bureau de titrage d'antan, une forge à l'ancienne, un bocard, un puits de mine de plus de 900 m et même un arbre à pendaison.

Une des plus récentes attractions de l'Arizona est le **Robson's Arizona Mining World** *(droit d'entrée; route 71, à 39 km au nord-ouest de Wickenburg, ☎ 520-685-2609)*, une ancienne ville minière tenue pour posséder la plus importante collection d'équipement minier au monde. Vous y verrez bien sûr des milliers de pièces d'équipement, mais vous pourrez en outre visiter un musée de minéraux et de pierres précieuses, un hôtel d'antan, une ancienne imprimerie, un poste de traite et plusieurs autres installations.

Au nord-est de Phoenix, c'est **Payson**, siège administratif de la Tonto National Forest. Payson sert de tremplin vers une foule d'attraits panoramiques au sein de la forêt primordiale. Fondée il y a plus d'un siècle, alors qu'elle n'était qu'une minuscule communauté minière et d'élevage, elle prospère aujourd'hui grâce à son industrie touristique. Vous trouverez toute l'information voulue sur la région à la **Payson Chamber of Commerce** *(100 West Main Street, Payson, ☎ 520-474-4515)*.

À 16 km au nord de Payson, le **Tonto Natural Bridge** de la Tonto National Forest s'impose comme le plus grand pont de formation naturelle au monde.

Le **Payson Zoo** *(droit d'entrée; fermé jeu; Lion Spring Road, à l'intersection avec la route 260, Payson, ☎ 520-474-5435)* accueille 60 animaux, dont beaucoup ont été entraînés pour jouer dans des films tournés à Payson et dans les environs. Le propriétaire des lieux vous fait personnellement visiter ses installations, et certains animaux revivent même leur carrière cinématographique en vous montrant leur savoir-faire.

Un monument historique d'État, la **Strawberry Schoolhouse** *(Village of Strawberry, ☎ 520-476-3547)*, est la plus vieille école encore debout en Arizona. Construite en 1884, elle a mis fin à sa vocation en 1916. Le petit village du même nom, perché à 1 800 m d'altitude dans les montagnes, fut ainsi baptisé en raison des innombrables fraisiers sauvages qui couvraient la région lorsque les premiers pionniers firent leur arrivée sur les lieux.

Au sud de Phoenix

Au-delà de la métropole, là où le scintillement des lumières cède le pas aux sites archéologiques, vous découvrirez la terre natale des Indiens pimas et maricopas, le seul champ de bataille arizonien de la guerre de Sécession, et des champs de coton à perte de vue, sans parler des pics montagneux, des occasions de pêche exceptionnelles et, pour les mordus du magasinage, des complexes de magasins d'usines. En somme, un fascinant mélange d'ancien et de nouveau.

Le **Gila River Indian Center** *(Casa Blanca Road, par la route 10 et la route 387, sortie 175, ☎ 520-315-3411)* de la réserve amérindienne de la rivière Gila abrite un musée autochtone *(entrée* *libre)*, une boutique de souvenirs et un restaurant où l'on sert de l'authentique pain frit à l'amérindienne ainsi que diverses spécialités du Sud-Ouest. Vous y trouverez en outre le **Heritage Park**, qui regroupe une demi-douzaine de mini-villages amérindiens. Une promenade d'interprétation en compagnie d'un Amérindien est offerte, de même que des visites guidées sur demande et contre rémunération.

Plus au sud surgit **Casa Grande**, ainsi nommée en rappel des habitations autochtones qui se dressent au nord-est de la ville. Cette localité est surtout réputée pour sa culture du coton, ses industries et les nombreux magasins d'usines de grandes marques qui s'y sont multipliés ces dernières années. Pour de plus amples renseignements, adressez-vous à la **Casa Grande Chamber of Commerce** *(575 North Marshall Street, Casa Grande, ☎ 836-2125)*.

Le **Casa Grande Ruins National Monument** *(droit d'entrée; à environ 30 km à l'est de Casa Grande sur la State Route 87; ☎ 723-3172)* marque l'emplacement d'un village construit par les Indiens hohokams au tout début du XIVe siècle, village qu'ils abandonnèrent vers la fin de ce même siècle. Haute de quatre étages et couverte d'un grand toit protecteur, la principale structure des lieux est la seule de son genre et de sa taille dans les environs (le monument regroupant au total une soixantaine de sites archéologiques); vous pourrez d'ailleurs facilement l'apercevoir d'un sentier d'exploration «autoguidé» et bien balisé. Un centre d'accueil et un musée complètent les installations, et les rangers y font des exposés.

Les cow-boys dans l'âme apprécieront le **Tom Mix Monument** *(Pinal Pioneer Parkway, à 29 km de Florence, ☎ 868-9433)*, qui honore le grand héros du cinéma muet tout près de l'endroit où il a perdu la vie dans un accident de voiture en 1940. Son épitaphe se lit ainsi : «*En mémoire de Tom Mix, dont l'esprit a quitté le corps en cet endroit et dont le personnage à l'écran a contribué à l'immortalisation de l'Ouest ancien dans le cœur des vivants.*»

PARCS

La région de Phoenix

South Mountain Park ★

Couvrant une superficie de près de 7 000 ha, c'est le plus grand parc métropolitain des États-Unis, une vaste chaîne de montagnes aux contours déchiquetés qui servait autrefois de territoire de chasse aux Amérindiens. D'une altitude de 700 m, le Dobbins Lookout offre une vue spectaculaire sur Phoenix. Le parc dispose en outre de près de 65 km de sentiers pédestres et d'équitation bien balisés. Les parois escarpées de ses canyons révèlent enfin des pétroglyphes et des vestiges amérindiens fort anciens.

Installations et services : aires de pique-nique, toilettes et scène où l'on peut chanter en groupe ou entendre des exposés donnés par les rangers. Pour de plus amples renseignements, ☎ 495-0222.

Comment s'y rendre : le parc se trouve au 10919 South Central Avenue, à Phoenix.

Papago Park ★

Le parc Papago, qui fait partie du réseau des parcs de Phoenix depuis 1959, amalgame harmonieusement un sol désertique et montagneux, de paisibles lagons et des cours d'eau chatoyants. Terre d'accueil d'un ancien village amérindien, le parc renferme aujourd'hui plusieurs installations modernes, de même que le zoo de Phoenix, le Desert Botanical Garden et le Hall of Flame Museum.

Installations et services : aires de pique-nique, terrain de golf, fosses à feu, toilettes, terrain de balle molle, champ de tir à l'arc, sentiers de vélo et de course à pied. Pour de plus amples renseignements, ☎ 256-3220.

Pêche : trois lagons approvisionnés en achigans, en poissons-chats, en crapets arlequin et en tilapies. Gratuit pour les enfants de 15 ans et moins, mais tous les autres doivent se procurer un permis.

Comment s'y rendre : le parc se trouve au 6000 East Van Buren Street, à Phoenix.

Squaw Peak Recreation Area

Avec son pic escarpé et facilement identifiable, Squaw Peak compte parmi les endroits les mieux connus de Phoenix, mais il est surtout réputé pour ses pistes de randonnée. Son terrain rocailleux a toutefois été aussi développé, quoique de façon modeste, pour d'autres activités récréatives, qu'il s'agisse d'un pique-nique ou d'une lecture paisible à l'ombre d'un imposant saguaro.

Installations et services : aires de pique-nique avec électricité, eau potable, fosses à feu, tables, bancs et toilettes. Pour de plus amples renseignements, ☎ 495-0222.

Comment s'y rendre : le parc se trouve au 2701 East Squaw Drive.

Estrella Mountain Regional Park

D'une superficie de 8 000 ha, ce parc présente une végétation abondante et offre de spectaculaires panoramas de montagne, les sommets de la Sierra Estrella atteignant jusqu'à 1 100 m. On y trouve d'excellents sentiers de randonnée et d'équitation.

Installations et services : aires de pique-nique, toilettes, amphithéâtre (exposés et rassemblements divers), arène de rodéo et terrain de golf. Pour de plus amples renseignements, ☎ 506-2930.

Comment s'y rendre : le parc se trouve à 26 km à l'ouest de Phoenix sur la route 10. Quittez la route au Estrella Parkway, que vous suivrez sur 8 km en direction du sud jusqu'au parc.

White Tank Mountain Regional Park

Couvrant 10 658 ha de désert, de canyons et de montagnes, White Tank s'impose comme le plus grand parc du Maricopa County Park System. L'altitude y varie entre 427 m à l'entrée du parc et 1 245 m en son point le plus élevé. Le site renferme un excellent réseau de pistes de randonnée, de vélo et d'équitation, une cascade saisonnière (accessible par un sentier pédestre de 1,6 km) et des pétroglyphes amérindiens visibles un peu partout.

Installations et services : aires de pique-nique, toilettes et douches. Pour de plus amples renseignements, ☎ 506-2930.

Camping : 38 emplacements; 8 $US la nuitée. Camping sauvage autorisé *(gratuit)*. Pour de plus amples renseignements, ☎ 935-2505.

Comment s'y rendre : par Dunlap Avenue, 24 km à l'ouest de Glendale.

La région de Tempe—Mesa

McDowell Mountain Regional Park

Cette étendue sauvage de 8 539 ha, à la végétation abondante et aux montagnes majestueuses, à 24 km au nord-est de Scottsdale, forme un des parcs les plus panoramiques de la région. L'altitude y varie entre 488 m à son extrémité sud-est et 914 m à sa frontière occidentale. L'endroit est tout indiqué pour le camping, les pique-niques, l'équitation, la randonnée pédestre et les promenades en vélo de montagne.

Installations et services : aires de pique-nique, toilettes et douches. Pour de plus amples renseignements, ☎ 471-0173.

Camping : 76 emplacements avec raccordements pour véhicules récréatifs; 12 $US la nuitée.

Comment s'y rendre : par la McDowell Mountain Road, à 6 km au nord-est de Fountain Hills.

Au nord de Phoenix

Tonto National Forest

Cette forêt nationale, qui couvre aussi bien un pan du désert de Sonora que des étendues boisées de pins ponderosa, couvre une superficie de près de 1,2 million d'hectares. Les secteurs de Payson et de Cave Creek servent d'espaces récréatifs aux habitants de la région, qui pratiquent volontiers la pêche et la descente de rivières en canot pneumatique ou sur chambre à air sur la rivière Verde. Les réservoirs Bartlett et Horseshoe servent de bassins hydrographiques, d'habitats fauniques et de sites propices au camping, à la baignade, à la pêche et à la navigation de plaisance. Le Tonto Natural Bridge s'impose pour sa part comme le plus grand pont rocheux de formation naturelle au monde, et attire une foule nombreuse, tout comme d'ailleurs la cabane de Zane Grey, jusqu'à ce qu'elle soit détruite par le feu en 1990 (la Zane Grey Society projette sa réfection).

Installations et services : aires de pique-nique, toilettes, douches, sentiers pédestres et équestres, location d'embarcations, casse-croûte et restaurant; pour information : rangers du secteur de Cave Creek ☎ 488-3441, rangers du secteur de Payson ☎ 520-474-7900.

Camping : 55 terrains de camping en tout, dont le coût des emplacements est de 12 $ et moins la nuitée. Des emplacements de groupe sont également disponibles, et le camping sauvage est autorisé. Les réservations, qui se font auprès de USFS Reservations *(☎ 800-280-2267)* ne sont nécessaires que pour les emplacements de groupe. Le tout nouveau Houston-Mesa Campground a l'avantage de se trouver à seulement 3,2 km de Payson; vous y trouverez 75 emplacements pour tentes et véhicules récréatifs à 12 $ la nuitée. Quant au Seven Springs Campground, il s'étend en bordure d'une source isolée et offre un accès appréciable aux pistes de randonnée; 25 emplacements gratuits pour tentes et véhicules récréatifs.

Comment s'y rendre : accès à la forêt par la route 87 Nord entre Phoenix et Payson, au cœur même de la Tonto National Forest. Pour atteindre les réservoirs Bartlett et Horseshoe, empruntez la Cave Creek Road vers l'est au départ de Carefree jusqu'à l'entrée de la forêt, où la Forest Service Road 24 vous conduira au Seven Springs Campground, plus au nord; la Horseshoe Dam Road continue vers l'est sur 12 km jusqu'à un embranchement, la Forest Service Road 19 (à droite) menant au Bartlett Reservoir et la Forest Service Road 265 (à gauche) menant au Horseshoe Reservoir.

Hassayampa River Preserve

Oasis verdoyant en plein désert, cette zone riparienne aux abords de la rivière Hassayampa renferme une forêt de saules et de peupliers deltoïdes, ainsi que d'autres habitats désertiques essentiels protégés par la Nature Conservancy, un organisme sans but lucratif. En vous installant sur les rives du lac Palm, un étang marécageux de 1,6 ha alimenté par une source, vous pourriez apercevoir un grand héron bleu ou une aigrette des neiges. Les ornithologues amateurs fréquentent également la réserve pour observer les quelque 200 espèces ailées qui empruntent ce couloir de migration. Des naturalistes offrent des promenades guidées sur les sentiers qui parcourent aussi bien des étendues désertiques plantées de cactus que les bosquets plus verdoyants aux environs de la rivière. Les visites partent du centre d'accueil; téléphonez au préalable pour en connaître l'horaire.

Installations et services : aires de pique-nique et toilettes. Pour information, ☎ 520-684-2772.

Comment s'y rendre : par la route 60, à 5 km au sud-est de Wickenburg, près de la borne 114.

ACTIVITÉS DE PLEIN AIR

Le climat arizonien s'avère idéal pour la pratique des activités récréatives les plus diverses, la plupart du temps du moins, car, en été, la chaleur sèche peut parfois vous donner l'impression qu'il fait plus frais qu'en réalité. Durant cette saison, il est donc recommandé de ne pas trop s'épuiser au soleil et de plutôt s'amuser à l'intérieur, là où l'air est conditionné.

La descente de rivières

Trois rivières principales du centre-sud de l'Arizona, à savoir la Verde, la Salt et la Gila, toutes à l'est de Phoenix, permettent de nombreuses activités tout au long de l'année. Plusieurs firmes proposent des descentes de rivières incluant le transport, les repas et les guides. Parmi elles, retenons **Cimarron River Co.** *(7714 East Catalina, Scottsdale, ☎ 994-1199)*, **Desert Voyagers Guided Rafting Tours** *(P.O. Box 9053, Scottsdale, AZ 85252 ☎ 998-7238)* et **Salt River Recreation Inc.** *(à l'intersection de Bush Highway et de Usery Pass Road, Mesa, ☎ 984-3305)*.

La course à pied

Le vaste réseau de canaux qui sillonnent la vallée compte plusieurs sentiers rêvés, souvent ombragés. Si vous désirez pratiquer votre sport favori durant les chauds mois d'été, tenez-vous-en aux heures matinales. L'**Encanto Park** de Phoenix, à 5 km au nord de la Civic Plaza, possède un excellent sentier de course à pied. L'**Indian Bend Wash Greenbelt** de Scottsdale offre également un sentier de rêve; ce dernier parcourt toute l'étendue de la ville du nord au sud, le réseau panoramique des parcs de la Greenbelt proposant, entre autres, 21 km de pistes pour les coureurs et les cyclistes, ponctuées de lacs et de terrains de golf.

La baignade

Il y a tant de piscines dans le centre-sud de l'Arizona que les nuages, dit-on, se teintent souvent de vert sous l'effet des émanations de chlore! À Phoenix seulement, on trouve plus de 30 piscines publiques. Pour n'en nommer que quelques-unes : **Cactus Pool** *(3801 West Cactus Road, ☎ 262-6680)*, **Grant Pool** *(714 South 2nd Avenue, ☎ 261-8728)*, **Starlight Pool** *(7810 West Osborn Road, ☎ 495-2412)* et **Washington Pool** *(6655 North 23rd Avenue, ☎ 262-7198)*. Pour obtenir une liste complète ou tout autre renseignement, composez le ☎ 258-7946.

L'**Adobe Dam Recreation Area** *(au nord-ouest du barrage Adobe, sur Pinnacle Peak Road à l'angle de North 43rd Avenue, Phoenix, ☎ 581-6691)* possède également son **Water World** *(☎ 581-8446)* avec toboggans et piscine à vagues.

À Tempe, **Big Surf** *(droit d'entrée; 1500 North Hayden Road, ☎947-7873)*, un parc de 8 ha, dispose, quant à lui, d'une plage sablonneuse, d'un toboggan de 90 m et d'une descente de rapides dans un gigantesque bassin d'eau douce agitée mécaniquement.

Le **Kiwanis Park Wave Pool & Recreation Center** *(611 All-American Way, Tempe, ☎ 350-5201)*, ouvert à longueur d'année, met à votre disposition une piscine à vagues intérieure chauffée et un toboggan nautique.

Montgolfière et deltaplane

Les montagnes avoisinantes se prêtent merveilleusement bien aux envolées. Des douzaines de firmes se feront un plaisir de vous emmener dans les airs, et parmi elles : **Cloud Chasers Balloon Company** *(1716 West Butler Drive, Phoenix, ☎ 944-4080)*, **Xanadu Balloon Adventures** *(10610 North 38th Avenue, Phoenix, ☎ 938-9324)*, **Arizona Balloonport** *(4901 East Bloomfield Road, Scottsdale, ☎ 860-6000)*, **Hot Air Expeditions** *(7500 East Butherus Drive, Suite F, Scottsdale, ☎ 788-5555)* **Unicorn Balloon Co.** *(15001 North 74th Street, Scottsdale, ☎ 991-3666)* et **Adventures Aloft** *(14205 North 71st Place, Paradise Valley, ☎ 951-2650)*.

Pour le deltaplane, essayez **Sky Masters School of Hang Gliding** *(1902 East Behrend Drive, Phoenix, ☎ 582-5904)*.

L'équitation

Des douzaines d'écuries, de ranchs et de centres d'équitation vous permettront de partir à la découverte du désert sauvage, que ce soit pendant quelques heures ou plusieurs jours, sous la supervision d'un guide aguerri. S'il fut jamais un endroit conçu pour les promenades à cheval, le voici! Adressez-vous à **Westworld** *(16601 North Pima Road, Scottsdale, ☎ 483-8800)* ou à **Trail Horse Adventures** *(16601 North Pima Road, Scottsdale, ☎ 941-4756)*, qui organise des randonnées équestres d'un point facile d'accès de Scottsdale. Vous pouvez également vous rendre aux endroits suivants : **All Western Stables** *(10220 South Central Avenue, Phoenix, ☎ 276-5862)*, **North Mountain Stables** *(25251 North 19th Avenue, Phoenix, ☎ 581-0103)*, **Hank's Horse World Stables** *(16601 North Pima Road, Scottsdale, ☎ 941-4756)*, **Old MacDonald's Farm** *(26540 North Scottsdale Road, Scottsdale, ☎ 585-0239)* ou **Papago Riding Stables** *(400 North Scottsdale Road, Tempe, ☎ 966-9793)*.

Le golf

Plus de la moitié des 205 terrains de golf de l'Arizona se trouvent dans le centre-sud de l'État, faisant de Phoenix et de ses environs la capitale incontestée du golf dans le Sud-Ouest américain. Certains des plus beaux parcours du pays honorent ses complexes touristiques, ses parcs et ses clubs. L'un des plus spectaculaires est le **Wigwam Gold** *(à l'intersection de Litchfield Road et d'Indian School Road, Litchfield Park, ☎ 935-9414)*. L'**Arizona Golf Association** *(☎ 944-3035)* vous fournira tous les renseignements nécessaires sur la pratique de ce sport dans la région.

Parmi les meilleurs terrains publics de Phoenix, mentionnons celui de l'**Encanto Park** *(2705 North 15th Avenue, ☎ 253-3963)*, le **Papago Golf Course** *(5595 East Moreland Street, ☎ 275-8428)* et le **Palo Verde Golf Course** *(6215 North 15th Avenue, ☎ 249-9930)*.

Les terrains publics de Scottsdale incluent le **Continental Golf Course** *(7920 East Osborn Road, ☎ 941-1585)*, le **Coronado Golf Course** *(2829 North Miller Road, ☎ 947-8364)*, le **Tournament Players Club of Scottsdale** *(17020 North Hayden Road, ☎ 585-3600)* et le **Villa Monterey Golf Course** *(8100 East Camelback Road, ☎ 990-7100)*.

À Tempe, essayez le **Ken McDonald Golf Course** *(à l'intersection de Western Canal Road et de South Rural Road, ☎ 350-5250)*, le **Pepperwood Golf Course** *(647 West Baseline Road, ☎ 831-9457)* et le **Rolling Hills Golf Course** *(1415 North Mill Avenue, ☎ 350-5275)*.

Le tennis

Presque tous les parcs du vaste réseau de la vallée possèdent un court de tennis. Pour de plus amples renseignements, adressez-vous au **Parks and Recreation Department** *(Phoenix, ☎ 262-6861; Scottsdale, ☎ 994-2408; Maricopa County, ☎ 506-2930)*.

Parmi les terrains publics de Phoenix, retenons les **City Center Tennis Courts** *(121 East Adams Street, ☎ 256-4120)*, le **Hole-in-the-Wall Racquet Club** *(7677 North 16th Street, au Pointe at*

Squaw Peak Resort, ☎ *997-2543),* le **Phoenix Tennis Center** *(6330 North 21st Avenue,* ☎ *249-3712),* le **Watering Hole Racquet Club** *(901-C Saguaro Drive,* ☎ *997-7237)* et le **Mountain View Tennis Center** *(1104 East Grovers Avenue,* ☎ *602-788-6088).*

À Scottsdale, songez aux installations de l'**Indian School Park** *(4289 North Hayden Avenue,* ☎ *994-2740),* du **Chestnut Park** *(4565 North Granite Reef Road,* ☎ *994-2481)* et du **Mountain View Park** *(8625 East Mountain View,* ☎ *994-2584).*

À Tempe, le **Kiwanis Recreation Center** *(611 South All-American Way,* ☎ *350-5201)* est particulièrement remarquable.

Le vélo

Un réseau élémentaire de pistes a été créé à Phoenix en 1987, et, depuis lors, plus de 160 km de pistes s'y sont ajoutés. Malheureusement, la circulation est dense, de sorte qu'il faut se montrer très prudent. Une carte intitulée *People and Places* montre également le plan du Phoenix Bikeway System, et l'on peut se la procurer dans la plupart des boutiques de vélos ou auprès du Parks, Recreation and Library Department *(☎ 262-6861).* Pour connaître les événements cyclistes, composez le ☎ 262-6542, ou adressez-vous à l'**Arizona Bicycle Association** *(☎ 990-7468).*

Le **South Mountain Park** *(10919 South Central Avenue, Phoenix),* **Cave Creek** et **Carefree** *(à 48 km au nord-est de Phoenix)* offrent tous des conditions excellentes pour la randonnée à vélo. Le **Papago Loop Bicycle Path,** qui serpente à travers les collines bordant le canal qui longe le parc Papago, est aussi très populaire. Quant à l'**Indian Bend Wash Greenbelt** de Scottsdale, elle présente des kilomètres et des kilomètres d'excellents sentiers.

La location d'une bicyclette

Parmi les agences de location, retenons **Try Me Bicycle Shop** *(1514 West Hatcher Road, Phoenix,* ☎ *943-1785)* et **Wheels 'n Gear** *(7607 East McDowell Road, Scottsdale,* ☎ *945-2881).*

La randonnée pédestre

Avec autant d'espace et des paysages aussi renversants, le centre-sud de l'Arizona se présente comme un véritable paradis des randonneurs. À tel point qu'on a souvent vu des automobilistes s'arrêter au bord de l'autoroute pour s'attaquer au flanc d'une montagne, incapables de résister à la tentation. AVERTISSEMENT : soyez sûr de faire provision d'eau avant de partir, et donnez-vous amplement de temps pour aller et revenir.

La région de Phoenix

La **Phoenix Mountain Preserve** dispose de 320 km de sentiers dans un décor presque virginal en plein cœur de Phoenix. Elle s'étend de Lincoln Drive *(Paradise Valley)* à Bell Road, plus au nord, délimitée à l'ouest par la 19th Avenue et à l'est par le Tatum Boulevard. Pour un plan gratuit des sentiers balisés qui sillonnent la réserve, composez le ☎ 262-7901 ou le 262-7797.

La piste la plus populaire est la **Squaw Peak Summit Trail** *(1,6 km),* qui serpente autour du Squaw Peak en offrant de beaux points de vue le long du parcours, sans oublier, du haut du sommet de 795 m, une vue impressionnante sur la ville. Le seul inconvénient de ce sentier tient au nombre de randonneurs que vous y croiserez.

Une piste plus exigeante, réservée aux seuls randonneurs d'expérience, est la **Circumference Trail** (5,6 km), qui part du terrain de stationnement situé tout au bout de Squaw Peak Drive et décrit une boucle autour de la montagne en direction nord.

La région de Scottsdale

La **Camelback Mountain** constitue le principal point de repère de la vallée, et aucun randonneur sérieux n'a vraiment parcouru l'Arizona tant qu'il ne l'a pas conquise. Partie intégrante de l'Echo Canyon Recreation Area *(en retrait de McDonald Drive, à l'est de Tatum Boulevard, ☎ 256-3220)*, le mont Camelback arbore des falaises rouges et abruptes qui, par endroits, s'élèvent verticalement à plus de 60 m sur ses flancs. Un pavillon d'interprétation, situé près du terrain de stationnement, fournit des renseignements sur les divers sentiers disponibles. Une ascension relativement aisée *(1,3 km)* part de ce pavillon pour atteindre le **Bobby's Rock**, une formation rocheuse réputée en marge de la falaise qui se prête très bien à l'escalade. Le sentier qui se rend au **Praying Monk** («moine en prière»), et qui part également du pavillon, s'avère plus difficile; une formation rocheuse se dresse à son sommet, bien haut au-dessus des falaises de l'Echo Canyon. De là, la piste se prolonge sur 2,1 km (montée continue) jusqu'au pic du mont Camelback, à 824 m au-dessus du niveau de la mer.

Au nord de Phoenix

Une des pistes favorites de la North Mountain Recreation Area est la **North Mountain National Trail** (2,6 km), tout juste en retrait de Seventh Street au nord de Peoria. Ce sentier revêtu de difficulté moyenne à élevée passe de 454 m à 641 m d'altitude en croisant de beaux panoramas, et prend fin à l'aire de pique-nique AK-CHIN.

L'historique **Highline Trail** (82 km) de la Tonto National Forest a été créée à la fin du XIXe siècle dans le but de relier entre eux divers domaines et ranchs établis au pied du Mogollon Rim. Puis, en 1979, elle a été désignée National Recreation Trail. Comme elle compte 23 points de départ et de nombreux embranchements, vous pouvez aisément l'explorer par portions ou y effectuer des boucles. Il convient cependant de noter que la plupart des sentiers aménagés entre les hauteurs et le sommet du versant sont abrupts, rocailleux et accidentés.

Le tracé principal débute à la Pine Trailhead, à 24 km au nord de Payson, sur la route 297, en retrait de la route 87, et prend fin à la Two-Sixty Trailhead, sur la route 260. Parmi les segments de moindre envergure, retenons l'**East Webber Trail** (4,8 km), un sentier difficile et peu fréquenté qui longe le Webber Creek jusqu'à une source. La piste la plus populaire demeure toutefois la **Horton Creek Trail** (6,4 km), qui part de l'Upper Tonto Creek Campground.

Pour obtenir le *Highline Trails Guide,* adressez-vous à la Payson Chamber of Commerce *(West Main Street, ☎ 520-474-7900)* ou à la Payson Ranger Station, sur la route 260.

Au sud de Phoenix

Une des plus belles pistes du South Mountain Park de Phoenix est la **Hidden Valley Loop of the National Trail** (12,9 km), qui part du terrain de stationnement du Pima Canyon près de l'intersection de 48th Street et de Guadalupe Road, et se termine à celui de Buena Vista. Du stationnement, un chemin de terre de 400 m donne accès au point de départ du sentier, où un panneau signale la Hidden Valley. La piste croise des massifs de saguaros, mais les points forts en sont The Tunnel (un tunnel rocheux de formation naturelle long de 15 à 18 m qui conduit à la Hidden Valley) et le Fat Man's Pass, un étroit passage entre d'énormes rochers où il fait toujours frais. Les enfants peuvent en outre y glisser à tour de rôle sur le Slide Rock, un gros rocher lisse poli par la nature elle-même et aussi doux qu'un toboggan conventionnel.

HÉBERGEMENT

Phoenix

En sa qualité de lieu touristique et de centre de congrès majeur, la Vallée du Soleil possède certains des complexes hôteliers les plus spectaculaires des États-Unis. Elle a d'ailleurs mérité la rare distinction d'afficher plus de lieux d'hébergement «cinq étoiles» (dont 3 des 12 établissements les mieux cotés au pays) dans le *Mobil Travel Guide* que toute autre ville américaine (consultez l'encadré «Gâtez-vous!», p 86). Ce qui ne l'empêche pas pour autant d'offrir bon nombre d'hôtels et de motels de catégorie moyenne et petit budget, sans oublier d'innombrables *bed and breakfasts*.

Le **Nendels Valu Inn** *($; ≈; 3307 East Van Buren Street, ☎ 275-3691 ou 800-547-0106, ⇄ 267-0448)* est une véritable trouvaille, compte tenu de ses tarifs. Il s'agit d'une attrayante auberge de deux étages en brique comptant 30 grandes chambres où prédominent le mauve et le vert. Service de navette gratuit pour l'aéroport.

Pour faire la connaissance d'autres voyageurs au budget limité, essayez l'**Hostel Metcalf House** *($; 1029 North 9th Street, ☎ 254-9803)*. Vous y trouverez deux dortoirs (l'un pour les hommes et l'autre pour les femmes) garnis de lits superposés pouvant chacun accueillir 10 personnes. Les clients ont accès à la cuisine et à la salle commune.

Le **YMCA** *($; North 1st Avenue, ☎ 253-6181)* possède 139 chambres aménagées dans un bâtiment de sept étages situé dans le centre-ville. Rien de recherché, mais tout de même propre.

Le **Desert Sun Hotel** *($; ≈, ℜ; 1325 Grand Avenue, ☎ 258-8971 ou 800-227-0301, ⇄ 256-9196)* dispose de 107 chambres décorées de meubles modernes et de motifs aux couleurs variées. Vous y trouverez un restaurant ouvert jour et nuit, un bar et une piscine.

Aussi bien conçus pour un hébergement de passage que pour les séjours prolongés, les **Arizona Royal Villa Apartments** *($-$$; ≈, ⊛; 1110 East Turney Avenue, ☎ et ⇄ 266-6883)* propose, à une clientèle essentiellement gay, des chambres de motel, des minisuites et des appartements d'une chambre à coucher. L'enceinte privée, aménagée à l'intérieur d'un complexe muré dont le portail est toujours fermé à clé, bénéficie d'une piscine, d'un bassin à remous et d'une terrasse d'ensoleillement.

Le **Larry's Bed & Breakfast** *($-$$ pdj; ≈, ⊛; 502 West Claremont Avenue, ☎ 264-6309)* se trouve près de tout et renferme trois chambres décorées d'antiquités. Vous pourrez jouer aux cartes ou regarder des films dans la spacieuse salle de séjour, à moins que vous ne préfériez vous détendre dans la piscine et le bassin à remous extérieurs, où le port du maillot est optionnel. Les femmes sont les bienvenues, mais l'établissement s'adresse d'abord et avant tout aux hommes gays.

Aux **Arizona Royal Villa Apartments** *($$ pdj; ≈; 1102 East Turney Avenue, ☎ 266-6883)*, tenus par des gays, vous pouvez tout aussi bien rester une semaine ou un mois, que ce soit dans une chambre conventionnelle ou un petit appartement. Toutes les chambres donnent sur la cour entourant la piscine (maillot optionnel). Petit déjeuner continental.

L'**Arizona Sunburst Inn** *($$ pdj; ≈, ℂ, ⊛, bc ou bp; 6245 North 12th Place, ☎ 274-1474)*, exclusivement réservé aux hommes gays, est une maison de ranch en *L* abritant 12 chambres spacieuses et confortables qu'on a décorées de façon contemporaine. Vous y aurez accès à une cuisine complètement équipée, de même qu'à une piscine extérieure chauffée et à un bassin à remous. Petit déjeuner continental.

Un élégant vestige du passé miroite sur la façade rutilante du présent depuis la renaissance du **San Carlos Hotel** *($$; 202 North Central Avenue, ☎ 253-4121 ou 800-528-5446, ⇄ 523-6668)*, situé en plein centre-ville. Construit en 1927, cet hôtel de sept étages a en effet été récemment rénové de la tête aux pieds, mais sans rien perdre de son charme original, qu'il s'agisse des lustres en cristal, des meubles d'époque qui agrémentent le hall d'entrée ou des baignoires, des lavabos et du mobilier ancien qu'on retrouve dans ses 113 chambres. Une épaisse moquette couvre les couloirs, et il est à noter que le San Carlos compte parmi les plus gros hôtels inscrits au registre des lieux historiques nationaux.

Si vous désirez vous garder en forme pendant votre voyage, songez au **Lexington Hotel and City Square Sports Club** *($$; ≈, △, ℜ; 100 West Clarendon Avenue, ☎ 279-9811 ou 800-927-8483, ⇄ 631-9358)*, un hôtel de 180 chambres proposant, en plus de tous les services habituels, des installations sportives complètes, y compris des terrains de basket-ball et de racquet-ball, ainsi qu'un sauna, un bain de vapeur et une piscine. Les chambres présentent un décor du Sud-Ouest sans surprise, mais vos séances de conditionnement physique seront des plus agréables.

Le **Maricopa Manor** *($$-$$$ pdj; bp; 15 West Pasadena Avenue, ☎ 274-6302 ou 800-292-6403, ⇄ 266-3904)* se présente comme un *bed and breakfast* de style espagnol, niché dans un décor de fleurs et de palmiers au cœur même du centre-nord de Phoenix. Construite en 1928, cette auberge dispose de cinq suites à l'aménagement personnalisé, comme par exemple la Library Suite, avec son très grand lit à baldaquin, son porche privé, sa magnifique collection de livres reliés de cuir et sa table de travail antique. Les hôtes peuvent, en outre, profiter du petit et du grand salon, de la salle à manger, de la salle de musique, de la terrasse et du belvédère, aménagé en espace de détente.

Le **Windsor Cottage** *($$-$$$; ≈, ℝ, bp; obtenez par téléphone les directives pour vous y rendre; ☎ 264-6309)*, situé dans le centre de Phoenix, réunit deux cottages anglais de style Tudor qui partagent une piscine extérieure entourée d'un jardin. Chacun d'eux possède un réfrigérateur, un four à micro-ondes, une salle de bain privée pourvue d'une douche pour deux, et une porte-fenêtre ouvrant sur un patio privatif. Le premier est aménagé façon Art déco, tandis que le second est peint dans les tons de bleu et de lavande. Laveuse et sécheuse à linge sont mises à votre disposition, et vous pouvez même vous faire donner un massage. Clientèle essentiellement gay et lesbienne.

Le **Hyatt Regency Phoenix** *($$$$; ≈, ⊙, ℜ; angle 2nd Street et Adams Street, ☎ 252-1234 ou 800-233-1234, ⇄ 254-9472)*, haut de 24 étages, fait face à la Civic Plaza dans le centre-ville, et ses 712 chambres en font le plus grand hôtel de la métropole. Il possède une piscine chauffée, une salle d'exercices, un café, des salons et une salle à manger tournante sur le toit. Les chambres s'avèrent plutôt petites, mais elles sont joliment décorées dans un style du Sud-Ouest allégé.

Le **Pointe Hilton Resort at Squaw Peak** *($$$$; ℝ, ⊙, ≈; 7677 North 16th Street, ☎ 997-2626 ou 800-876-4683, ⇄ 870-2797)*, un complexe ne comptant que des suites, occupe 73 ha à proximité de la Phoenix Mountain Preserve. L'architecture et l'atmosphère y relèvent d'un croisement entre le Sud-Ouest américain et la côte méditerranéenne. Les chambres à coucher de ses 576 suites comportent une porte-fenêtre ouvrant sur un balcon privé; vous y disposerez d'un secrétaire et d'un réfrigérateur bien garni, sans compter les surfaces de marbre des salles de bain. Soixante-dix-huit villas de une ou deux chambres viennent compléter le tout, et les installations comprennent un golf voisin (18 trous), des courts de tennis, un centre de conditionnement physique, des piscines et un centre d'activités pour enfants baptisé Coyote Camp.

La région de Scottsdale

Si vous cherchez un bijou de mini-complexe, songez au **Best Western Papago Inn & Resort** *($$; ≈, ℜ, △; 7017 East McDowell Road, Scottsdale, ☎ 947-7335 ou 800-528-1234)*, qui dispose de 58 chambres, d'un salon et d'un sauna. Les chambres surplombent toutes une cour intérieure plantée d'arbres et de fleurs, autour de la piscine chauffée. Moyennant un supplément, vous pouvez demander une chambre «verte», c'est-à-dire non- fumeurs et pourvue de filtres à air et à eau.

Le **Scottsdale's Fifth Avenue Inn** *($$ pdj; ≈; 6935 5th Avenue, Scottsdale, ☎ 994-9461 ou 800-528-7396, ⇄ 947-1695)*, une retraite isolée en plein cœur du principal district commercial de la ville, s'étend autour d'une cour centrale agrémentée d'une grande piscine chauffée. Ses 92 chambres arborent les couleurs du désert et sont dotées de grands ou de très grands lits, sans oublier un coin toilette.

Le **Howard Johnson – Scottsdale** *($$$ pdj; ≈, ⊛; 5101 North Scottsdale Road, Scottsdale, ☎ 945-4392 ou 800-446-4656, ⇄ 947-3044)* se détache du peloton des motels de grande chaîne habituels par son incroyable décor de palmiers du désert sur fond de montagne. Il compte 216 chambres et suites où dominent manifestement le jaune et l'ocre, avec des tableaux à motifs floraux sur les murs et des meubles recouverts de housses aux couleurs du Sud-Ouest, le tout autour d'une grande piscine, d'un bassin à remous et d'une terrasse. Parmi les installations dont il est doté, retenons la salle à manger Flamingo, le salon Versailles et une boutique de souvenirs. Petit déjeuner à la française.

Le **Holiday Inn – Old Town** *($$$; ≈, ℜ; 7353 East Indian School Road, Scottsdale, ☎ 994-9203 ou 800-695-6995, ⇄ 946-8084)* est établi au cœur même du vieux Scottsdale, à proximité de tout. Ses 206 chambres reflètent l'atmosphère de la région. Il dispose de courts de tennis de même que d'un salon où l'on présente des spectacles chaque soir.

Le **Best Western Thunderbird Suite** *($$$; ≈, ⊛; 7515 East Butherus Drive, Scottsdale, ☎ 951-4000 ou 800-334-1977, ⇄ 483-4046)* a beau appartenir à la chaîne Best Western, il se distingue passablement de ses semblables. Il s'agit en effet d'un établissement de quatre étages ne renfermant que des suites disposées autour d'une cour agrémentée d'une piscine chauffée et d'une cuve à remous. Chacune des suites de deux pièces se pare des teintes de mauve et de sarcelle du désert, contrastées par des meubles clairs du Sud-Ouest contemporain.

Adjacente à la Tonto National Forest, la **Desert Farren Hacienda** *($$$; bp, ⊛; P.O. Box 5550, Carefree, AZ 85377; ☎ 488-1110)* loue cinq chambres de style hacienda avec salles de bain privées et douillettes en duvet européen. Ici, les occasions d'apprécier la beauté du désert et des saguaros ne manquent pas, que ce soit en empruntant le sentier de randonnée qui serpente à travers les 8 ha de la propriété, en se baladant à vélo, en se baignant ou en jouant au golf ou au tennis au club sportif voisin. Et si vous avez quelque peu poussé vos limites au cours de la journée, n'hésitez pas, le soir venu, à détendre vos muscles dans la cuve à remous. Après une bonne nuit de sommeil, un petit déjeuner de jus frais, de fruits, de pâtisseries fraîches et de céréales vous aidera à repartir de plus belle.

Le **Scottsdale Plaza Resort** *($$$$; ⊛, ≈; 7200 North Scottsdale Road, Scottsdale, ☎ 948-5000 ou 800-832-2025, ⇄ 951-5100)*, entièrement remis à neuf, constitue une véritable découverte. Il repose sur une propriété de 17 ha et compte 404 chambres, dont 180 sont des suites, aménagées dans des villas de style hispano-méditerranéen rehaussées de piscines. Les chambres sont grandes et décorées de meubles et de tableaux du Sud-Ouest. Des fontaines, des palmiers, des carrelages aux couleurs de la terre, des moquettes mauves, des tonnes de fleurs fraîchement coupées et des plantes en pot contribuent à rafraîchir l'atmosphère. Piscines, cuves à remous extérieures, courts de tennis, courts de racket-ball intérieurs, boutique de pro, gymnase et jeu de croquet complètent les installations.

Pourquoi chercher un parc d'attractions nautiques lorsqu'il y a le **Hyatt Regency Scottsdale** *($$$$; ≈, ⊛, ℜ, ⊙; 7500 East Doubletree Ranch Road, Scottsdale, ☎ 991-3388 ou 800-233-1234)*? Allongez-vous sur la plage sablonneuse, faites trempette dans un bassin à remous au pied de

Gâtez-vous!

L'Ouest américain est par définition grand et grandiose. Il serait donc pour le moins étonnant que ses lieux d'hébergement ne soient pas un tant soit peu supérieurs à vos attentes. Or, le centre de l'Arizona arbore précisément certains des plus grands et grandioses établissements qui soient.

Dessiné par Frank Lloyd Wright et Albert Chase McArthur, l'**Arizona Biltmore** *($$$$; ≈, ⊙; angle 24th Street et Missouri Avenue, Phoenix, ☎ 955-6600)*, entièrement remis à neuf, a su préserver son aura d'aisance et de faste depuis son ouverture en 1929. Que ce soit par son allée bordée de palmiers, son haut portique ouvragé, son immense hall d'entrée ou ses 620 chambres éclairées et joliment décorées, le Biltmore est aussi impressionnant et visuellement stimulant que confortable. Surnommé «le joyau du désert», il propose en outre toute une gamme d'installations : terrains de golf, courts de tennis, piscines, toboggan nautique et centre de conditionnement physique.

Un autre établissement luxueux de Phoenix, pour dire le moins, est **The Phoenician** *($$$$; 6000 East Camelback Road, Phoenix, ☎ 941-8200 ou 800-888-8234, ⇌ 947-4311)*, le plus prestigieux et le plus louangé de tous les complexes hôteliers de la Vallée du Soleil. Aménagé sur plus de 50 ha au flanc drapé de soleil du mont Camelback, il repose dans une oasis en paliers ponctuée de cascades et de piscines dont la plus grande est entièrement carrelée de nacre. Ses 442 chambres sont vastes et exubérantes, la plupart se trouvant à l'intérieur de l'hôtel même et les autres, dans des *casitas* plantées tout autour. On dénombre de plus 107 *casitas* abritant des suites avec petits salons et arborant des cheminées en travertin sculptées à la main. Et si vous désirez vraiment rendre votre séjour exceptionnel, sachez qu'il y a également deux suites présidentielles et 30 suites de grand luxe sur les lieux. Des installations sportives complètent naturellement le tout : un golf de 27 trous, des courts de tennis éclairés, un terrain de croquet de compétition ainsi qu'un relais santé et de conditionnement physique.

The Scottsdale Princess *($$$$; ⊙; 7575 East Princess Boulevard, Scottsdale, ☎ 585-4848 ou 800-344-4758, ⇌ 585-9895)*, un complexe de grand luxe fidèle à la tradition de rose de tous les hôtels Princess, possède 600 chambres, ce qui en fait l'un des plus grands établissements de la Vallée du Soleil. Établi sur une propriété de 182 ha richement paysagers, agrémenté d'une cour centrale, de cascades, de trois piscines et d'une architecture coloniale espagnole du XVIIIe siècle, ce lieu d'hébergement est incontestablement l'un des plus fabuleux de son espèce. Ses chambres sont grandes et décorées à la mode du Sud-Ouest, avec un je-ne-sais-quoi de Santa Fe. Vous trouverez sur place sept courts de tennis, un centre de conditionnement physique et deux golfs de championnat.

Le **Marriott' Camelback Inn** *($$$$; ≈, ⊙; 5402 East Lincoln Drive, Paradise Valley, ☎ 948-1700 ou 800-242-2635, ⇄ 951-5452)*, qui propose 423 chambres à la périphérie de Scottsdale, est une autre glorieuse retraite de classe mondiale, celle-là nichée dans les contreforts entre les monts Camelback et Mummy. Des sentiers paysagers y serpentent à travers des jardins de cactus et de palmiers du désert, et son architecture Pueblo du Sud-Ouest ainsi que ses *casitas* en adobe s'harmonisent on ne peut mieux à l'époustouflante toile de fond du désert. Les amateurs de sport et de plein air seront en outre heureux d'apprendre qu'on y trouve des golfs et des tennis de championnat, des piscines, des pistes de randonnée, des repas de grillades hebdomadaires et un centre de conditionnement physique complet.

Le **Marriott's Mountain Shadows Resort and Golf Club** *($$$$; ≈, ℜ; 5641 East Lincoln Drive, Paradise Valley, ☎ 948-7111 ou 800-782-2123, ⇄ 951-5452)* vous invite à admirer ses palmiers, ses cours d'eau cristallins et ses étangs, en précisant bien qu'il ne s'agit là que des atouts de son terrain de golf! Installé au pied du mont Camelback, sur un domaine de plus de 40 ha, le Mountain Shadows semble conçu pour les sportifs dévoués. Outre ses 54 trous de golf, on y trouve en effet des courts de tennis éclairés en soirée, des verts d'entraînement et plusieurs piscines. Les 336 chambres de cet hôtel affichent des teintes discrètes du Sud-Ouest et possèdent chacune un balcon privé, sans parler des quatre restaurants.

Qui a dit que l'Ouest était sauvage? Le **Wigwam** *($$$$; ≈; 300 East Indian School Road, Litchfield Park, ☎ 935-3811 ou 800-327-0396, ⇄ 935-3737)*, à l'ouest de Phoenix, est un complexe d'hébergement résolument haut de gamme qui s'étend sur 30 ha d'un désert à l'origine complètement vierge. D'architecture Pueblo, dans des matériaux propres au Sud-Ouest américain qui se fondent merveilleusement bien dans la nature, il renferme 331 *casitas* d'adobe aux couleurs du paysage, dans un environnement de riche club sportif : hauts palmiers, vertes pelouses, fleurs en cascades et fragrants orangers. Ardoise, pierre et surfaces boisées sont rehaussées de motifs amérindiens et de couleurs du désert. Golfs de championnat, écuries, courts de tennis, piscines et autres installations se chargent de garder votre corps occupé tandis que vous relaxez votre esprit.

thermes grecs, ou plongez dans l'une ou l'autre des 10 piscines reliées entre elles par un réseau de fontaines, de cascades et de toboggans atteignant jusqu'à 10 m de hauteur. Quant aux 493 chambres, suites et *casitas*, elles sont modernes et décorées dans les tons de vert, de rose et de bleu pastel. Un centre de conditionnement physique, trois restaurants, un terrain de golf, des courts de tennis et une écurie d'équitation complètent les installations.

Le **Holiday Inn – Sunspree Resort** *($$$$; ≈; 7601 East Indian Bend Road, Scottsdale, ☎ 991-2400 ou 800-852-5265, ⇄ 998-2261)*, qui appartient à la chaîne Radisson et occupe 14 ha verdoyants et paysagers au cœur de Scottsdale, propose 200 chambres (dont 17 suites à une ou deux chambres à coucher) arborant les couleurs du désert dans un décor de style amé rindien. Les installations sportives comprennent des courts de tennis, un golf voisin, des sentiers de course à pied et une écurie d'équitation.

La région de Tempe - Mesa

Le **Valley o' the Sun Bed and Breakfast, Tempe** *($ pdj; P.O. Box 2214, Scottsdale, AZ 85252, ☎ 941-1281 ou 800-689-1281)* fait penser à un coin d'Irlande à distance de marche du campus de l'Arizona State University. Il dispose de trois chambres d'hôte (dont deux partageant une même salle de bain) à l'intérieur d'une maison de ranch jouissant d'une belle vue sur les monts Papago. Le décor de cet établissement dénote une certaine nostalgie.

Le **Buckhorn Mineral Wells** *($; 5900 East Main Street, Mesa, ☎ 832-1111)* est à la fois un motel et une station thermale aménagée autour de sources minérales chaudes. On y propose des massages et des bains thérapeutiques. Le motel offre en location 14 chambres au décor du Sud-Ouest contemporain.

En plein cœur du centre-ville de Tempe, le **Tempe Mission Palms Hotel** *($$$; ℜ, ≈, △, ⊙, ⊛; 60 East 5th Street, Tempe; ☎ 894-1400 ou 800-547-8705, ⇄ 968-7677)* renferme 303 chambres décorées à la mode du Sud-Ouest et un hall tendu de cuivre et de turquoise. Parmi les touches qui rehaussent les chambres, retenons les poteries peintes sur les murs, les couvre-lits pastel, les lavabos marbrés des salles de bain et les petites coiffeuses individuelles. La plupart des chambres donnent sur un jardin luxuriant agrémenté de palmiers, de fontaines et d'une piscine. Un restaurant, un sauna, une cuve à remous, une salle d'exercice et des courts de tennis complètent les installations.

Le **Fiesta Inn** *($$$; ⊛, ℝ, ⊙, ℜ, ≈; 2100 South Priest Drive, Tempe, ☎ 967-1441 ou 800-528-6481, ⇄ 967-0224)*, qui couvre une superficie de 13 ha, propose 270 chambres, dont plusieurs sont des mini-suites, fidèles au style de la région et toutes équipées de réfrigérateurs. Sa piscine, son bassin à remous, son terrain de golf avec champ et verts d'entraînement éclairés, ses courts de tennis et sa salle d'exercices vous aideront à garder la forme.

Pierre angulaire du centre de Mesa, le **Sheraton Mesa Hotel** *($$$; ≈, ℜ; 200 North Centennial Way, Mesa, ☎ 898-8300 ou 800-456-6372, ⇄ 964-9279)* dispose de 269 chambres meublées de façon contemporaine, d'un restaurant, d'une piscine et d'un salon.

The Buttes *($$$$; ≈, ⊛, ℜ; 2000 Westcourt Way, Tempe, ☎ 225-9000)* se présente comme un imposant complexe de 353 chambres réparties sur quatre étages à flanc de montagne, dans un décor du Sud-Ouest émaillé d'œuvres d'art. Toutes les chambres sont parées de rose et de teintes terrestres, de meubles en bois et de cactus. On y trouve deux restaurants, une boîte de nuit, plusieurs piscines, des courts de tennis et toutes les commodités modernes généralement associées aux complexes d'hébergement de grand luxe de la Vallée du Soleil, y compris des chutes en cascade et quatre romantiques bassins à remous à flanc de montagne.

Au nord de Phoenix

Le **Tumbleweed Hotel** *($$; ≈; 6333 East Cave Creek Road, Cave Creek; ☎ 488-3668, ⇄ 488-2936)* est un petit établissement du centre-ville de Cave Creek aux briques taillées en pointe. On retrouve 16 chambres dans le bâtiment principal, entouré de huit *casitas* au style et au décor modernes.

Le **Best Western Rancho Grande Motel** *($$; ⊛, ≈; 293 East Wickenburg Way, Wickenburg, ☎ 520-684-5445 ou 800-854-7235, ⇄ 684-7380)* est un motel de la chaîne Best Western qui compte 80 chambres au décor contemporain, une piscine, un bassin à remous et un terrain de jeu.

Le **Swiss Village Lodge** *($$; ≈; route 87, Payson, ☎ 520-474-3241 ou 800-247-9477)* est un joli petit hôtel de deux étages aux airs de chalet alpin qui se situe en plein cœur d'un village de boutiques et de restaurants à l'européenne. Ses 99 chambres au décor contemporain se révèlent plutôt simples et ordinaires, quoique certaines disposent d'un foyer. Un café, un bar et une piscine complètent les installations.

Le **Kohl's Ranch Lodge** *($$-$$$$; ℜ, ≈, ℂ; Route 260 East, Payson, ☎ 520-478-4211 ou 800-331-5645)*, depuis des années un des grands repères de la région, repose sur les berges du Tonto Creek, à 27 km à l'est de Payson. Une bonne partie des 49 chambres et cabanes de l'établissement sont pourvues d'un gril et d'un patio. Les cabanes bénéficient d'une cheminée en pierre, d'un plafond voûté et d'une cuisinette, quoique l'ameublement et la décoration manquent d'éclat. Les chambres du chalet principal présentent pour leur part des moquettes plutôt ringardes, mais tout de même amusantes puisqu'elles imitent les vieux planchers de bois. Vous trouverez sur les lieux un restaurant, des bars-salons, une boutique de souvenirs, une piscine et une écurie d'équitation.

Tout juste au nord-est de Scottsdale, **The Boulders** *($$$$; ⊗; 34631 North Tom Darlington Drive, Carefree, ☎ 488-9009 ou 800-553-1717, ⇄488-4118)* est adossé aux formations granitiques vieilles de 12 millions d'années qui s'élèvent à plus de 100 m dans le ciel du désert. Ce complexe d'hébergement de grand luxe, aménagé sur une propriété de 525 ha, se compose d'un chalet principal et de 160 *casitas* aux allures de maisons d'adobe, conçues individuellement pour s'harmoniser au relief du désert et des formations rocheuses environnantes. L'architecture d'ensemble révèle un usage judicieux des grands espaces et intègre des objets et des œuvres amérindiennes et locales qui confèrent un aspect impressionnant aux lieux : couvertures navajos, tissages, poteries, céramiques, peintures, sculptures sur pierre et vanneries. Les chambres elles-mêmes arborent des tons de terre, des poutres équarries à la main, des plafonds *viga*, des âtres, des minibars, des ventilateurs de plafond et d'immenses fenêtres panoramiques donnant sur le désert.

Établi sur un domaine de 8 000 ha, le **Rancho de los Caballeros** *($$$$ pc; ≈; fermé fin mai à début oct; 1551 South Vulture Mine Road, Wickenburg, ☎ 520-684-5484)*, un complexe hôtelier doublé d'un ranch de vacances, appartient à la même famille depuis son ouverture en 1947, ce qui lui confère un cachet tout à fait chaleureux. Cela dit, il est impossible de s'y ennuyer, puisqu'on y trouve un golf de championnat, des écuries d'équitation, un terrain de tir au pigeon d'argile, des courts de tennis, une piscine et des activités spécialement conçues à l'intention des enfants. Les 79 chambres et suites restent fidèles au style du Sud-Ouest et disposent de salles de séjour ainsi que de terrasses privées.

Vous ne verrez pas non plus le temps passer au **Wickenburg Inn** *($$$$ pc; ℂ; route 89, à 13 km au nord de Wickenburg, ☎ 684-7811 ou 800-942-5362, ⇄ 684-2981)* de Merv Griffin, un ranch de tennis et de vacances perdu au bout d'une route poussiéreuse. Vous aurez en effet le choix entre neuf courts de tennis, les expositions du Desert Nature Center, la randonnée pédestre, la baignade, l'équitation, la peinture et la confection de bijoux au centre d'artisanat, et le magasinage à la boutique de souvenirs. Beaucoup des 44 *casitas* et des neuf chambres du chalet principal possèdent une cuisinette et un âtre chaleureux surmonté d'un plafond aux poutres apparentes. Le prix des chambres comprend tous les repas, des promenades quotidiennes à cheval et l'usage de toutes les installations sportives.

Le **Flying E Ranch** *($$$$; ⌂, ⊛; fermé mai à oct; ≈; 2801 West Wickenburg Way, Wickenburg, ☎ 520-684-2690, ⇄ 520-684-5304)*, un ranch d'élevage en activité doublé d'un ranch de tourisme, vous propose des randonnées pédestres, des promenades en charrette à foin et des dîners à la cantine ambulante sur toute l'étendue de ses 8 000 ha. Vous y trouverez 17 chambres, une piscine chauffée, un sauna, un bassin à remous, des courts de tennis et des jeux de palets.

Un autre ranch de vacances haut de gamme de Wickenburg (celui-là inscrit au registre des monuments historiques), le **Key El Bar Ranch** *($$$$ pc; ≈; 15 oct au 1er mai; par Rincon Road, Wickenburg, ☎ 520-684-7593 ou 800-684-7583)*, peut accueillir 20 visiteurs dans des chambres réparties à travers des constructions d'adobe rappelant les haciendas, dominées par d'énormes tamarins. Le hall s'enorgueillit d'une cheminée en pierre, tandis qu'une piscine chauffée vous attend à l'extérieur après vos longues randonnées à cheval. Les repas et l'équitation sont compris dans le coût des chambres.

Au sud de Phoenix

Le **Holiday Inn at Casa Grande** *($$; ≈, ℜ; 777 North Pinal Avenue, Casa Grande, ☎ 426-3500 ou 800-858-4499, ⇄ 836-4728)*, qui occupe un bâtiment en stuc de style espagnol haut de quatre étages, renferme 175 chambres contemporaines, une piscine extérieure, un relais santé, un restaurant et un bar-salon qui présente des spectacles les vendredis et samedis soirs.

Le **Francisco Grande Resort and Golf Club** *($$-$$$; ≈, ℜ; 26000 Gila Bend Highway, Casa Grande, ☎ 836-6444 ou 800-237-4238)* incarne le nec plus ultra en matière d'hébergement à Casa Grande. Avec ses huit étages, cet établissement occupe le plus haut édifice du Pinal County, et ses tours abritent la plupart de ses 112 chambres, les autres, de style motel, étant réparties autour du patio. Décor du Sud-Ouest de la cave au grenier, jusque sur les tableaux des chambres, qui représentent des cow-boys et des paysages de l'Ouest américain. L'hôtel dispose d'un restaurant, d'un bar chic (avec spectacles tous les soirs), d'une piscine et d'un golf.

RESTAURANTS

Phoenix

À la recherche d'un casse-croûte rapide? Rendez-vous au nouvel **Arizona Center** *(Van Buren Street, entre 3rd Street et 5th Street, ☎ 271-4000)*, et prenez l'ascenseur ou l'escalier jusqu'au premier étage. Vous trouverez là toute une série de comptoirs de restauration rapide attrayants disposés autour d'une aire centrale équipée de tables et de sièges : **Tumbleweed Cafe, Gyros and Grill, Hot Dogs on a Stick, Scotto Pizza, Teriyaki Temple, Chinese Cafe** et plusieurs autres, tous de catégorie petit budget *($)*.

On dit que le petit déjeuner constitue le repas le plus important de la journée, ce qui donne beaucoup de poids au **Cadillac Café** *($; 4540 North 7th Street, ☎ 266-2922)*, un agréable petit café rempli d'antiquités et de fleurs fraîchement coupées où pains, muffins, galettes, pâtisseries et brioches à la cannelle de la dernière fournée honoreront votre table, le tout accompagné d'un café Kona d'Hawaii. On y sert en outre soupes, salades et sandwichs à l'heure du déjeuner.

Le **Ham's** *($; 3302 North 24th Street, ☎ 954-8775)* compense la modestie de son décor par une cuisine exceptionnelle à prix abordable. Les spéciaux varient chaque jour et peuvent inclure du bœuf braisé à la Yankee, du poulet frit, du bœuf barbecue et du pain de viande, tous servis avec des monceaux de purée de pomme de terre, de légumes et de galettes.

Vous étiez sous l'impression que les *diners* avaient subi le même sort que les dinosaures? Eh bien, sachez qu'il vous suffira de pénétrer à l'intérieur de l'**Ed Debevic's** *($; 2102 East Highland Avenue, ☎ 956-2760)* pour vous replonger dans l'atmosphère des années cinquante. Tout y est, des juke-box de table et des photos de Marilyn aux plats du jour, aux hamburgers, aux laits fouettés et aux frites. Les serveurs se livrent à de nostalgiques danses des années cinquante et soixante, et les prix eux-mêmes semblent appartenir au passé.

Un charmant café aux airs de Bohème est le **Dos Barista's Coffeehouse** *($; 4745 North 20th Street, ☎ 957-2236)* du Town & Country Shopping Center. Une enseigne au néon rouge représentant un café express orne la vitrine, tandis que le décor intérieur est tout de rouge, de jaune et de turquoise. Mais ne vous attendez pas à prendre un repas ici, car on ne sert que des pâtisseries et du café. Une pile de journaux vous aidera à passer un bon moment, tout comme la foule des passants et la musique folklorique présentée sur scène trois soirs par semaine, à moins que, comme plusieurs, vous ne soyez trop fasciné par le mur tapissé de vieux sacs en toile pour regarder ailleurs. Quelques tables vous attendent également à l'extérieur.

Régalez-vous de mets typiquement américains dans une atmosphère Art déco au populaire **Pookie's Cafe** *($; 4540 North 7th Street, ☎ 277-2121)*, tenu par des gays. Ce lieu animé et rehaussé de vitraux colorés présente des vidéoclips sur 27 écrans de télévision. Menu de sandwichs, de hamburgers, de *quesadillas*, d'ailes de poulet géantes et de plats du jour composés de steak ou de pâtes.

À l'**Options Arizona Bar & Restaurant/Media Lounge** *($-$$; 5111 North 7th Street, ☎ 263-5776)*, empreint d'une élégance discrète, vous pourrez tout aussi bien déguster des hamburgers que du filet mignon, du poulet marsala ou des mets végétariens. Tendu de mauve et de prune, sous un éclairage tamisé, cet endroit jouit d'une grande popularité auprès des gays et lesbiennes. Des spectacles sont présentés dans le bar adjacent.

Le **Deceptions Restaurant** *($-$$; 5025 North 7th Avenue, ☎ 274-6275)* attire gays et lesbiennes avec un menu riche en classiques tels que pâtes, biftecks, côtelettes de porc et filets de poulet frit. Pour faire honneur à son nom, cet établissement est orné de masques et d'images de clowns, et présente, le samedi et le dimanche, des numéros de cabaret. Petit déjeuner pour oiseaux de nuit les vendredis et samedis, et ce dès 3h.

Si vous êtes à la recherche d'un grand restaurant mexicain familial à l'intérieur duquel règne une atmosphère de fête, le **Carlos O'Briens** *($-$$; 1133 East Northern Avenue, ☎ 274-5881)* comblera vos attentes. Plomberie apparente, plantes suspendues et tableaux modernes composent le décor dans lequel vous dégusterez *fajitas*, *enchiladas* et *chimichangas*.

Le **Texaz Grill** *($-$$; dîner seulement le dim; 6003 North 16th Street, ☎ 248-7827)*, un populaire restaurant de quartier, semble vraiment venir tout droit de Dallas avec ses réclames de bière au néon, son juke-box rutilant, son mur de souvenirs (vieilles plaques d'immatriculation et autres objets du genre) et ses menus sur ardoise. Les steaks y sont proposés dans une grande variété, du filet de 8 oz au Lone Star de 18 oz, mais c'est encore le filet de poulet frit, servi avec une montagne de purée de pommes de terre et de galettes au babeurre, qui, entre tous, remporte la palme du favori.

Un des attraits du **Sam's Café** *($$; 455 North 3rd Street, ☎ 252-3545)* est sans contredit son vaste patio parsemé de fontaines, mais il ne faudrait pas négliger pour autant sa bonne cuisine du Sud-Ouest. Débutez par une «chaudrée» de poulet *poblano*, et enchaînez avec des crevettes frottées de piment rouge et garnies de beurre citronné et de *pico de gallo,* à moins que vous ne préfériez les tortellini fourrés au fromage et agrémentés de chorizo et de haricots noirs. Lorsque la température devient moins clémente (ce qui est plutôt rare), vous pouvez également manger à l'intérieur, dans une agréable salle à manger aux murs terre brûlée où trônent d'autres fontaines.

Pour des steaks, des viandes grillées, du poulet et du poisson à prix modérés, songez également au restaurant plus conventionnel de l'Arizona Center qu'est le **Copper Creek Steakhouse and Grill** *($$; ☎ 253-7100)*.

Un endroit très fréquenté par les employés de bureau du centre-ville en quête de cuisine familiale est le **Mrs. White's Golden Rule Café** *($$; fermé dim; 808 East Jefferson Street, ☎ 262-9256)*, qui propose des côtelettes, du poulet, du pain de maïs et des tourtes aux fruits. Présentez-vous tôt pour obtenir une table.

Le **Golden Phoenix** *($$; 1534 West Camelback Road, ☎ 279-4447)*, dont le hall et la salle à manger renferment une bonne douzaine d'aquariums, semble abriter une population de poissons tropicaux plus importante que tout autre restaurant de l'Arizona. Le décor de cet établissement en stuc présente quelques touches asiatiques, alors que sa cuisine réalise de merveilleux plats mandarins tels que crevettes *kung pao*, bœuf et poulet piquants et grésillés *(sizzling)*.

Ne craignez surtout pas de manquer de confort au **Richardson's** *($$; 582 East Bethany Home Road, ☎ 265-5886)*, dont les banquettes roses en imitation d'adobe sont généreusement garnies de coussins moelleux. Ce restaurant façon Nouveau-Mexique se veut à la fois irrévérencieux (des commentaires à saveur politique ornent souvent les ardoises), chaleureux et animé, la musique et les échanges verbaux s'y livrant une vive concurrence. Parmi les favoris, retenons les fettucini au *cilantro* et aux crevettes, ainsi que le poulet Santa Fe arrosé d'une sauce hollandaise aux *jalapeños*.

Le **Greekfest** *($$; dîner seulement le dim; 1940 East Camelback Road, ☎ 265-2990)* fait revivre Mykonos en plein désert avec son atmosphère de taverne rehaussée de murs blancs, d'arches, de poutres apparentes, de pièces murales confectionnées à la main et de sols en marbre. Un repas savoureux peut très bien y comprendre une foule d'amuse-gueule tels que calmars frits, poulpe grillé, *hoummos,* saucisses d'agneau maison, viandes enrobées de pâte *phyllo,* chaussons au fromage et aux épinards, et salades variées.

Réputé pour ses steaks et sa boulangerie, l'**Oscar Taylors** *($$; 2420 East Camelback Road, ☎ 965-5705)* est agréablement lambrissé de chêne, empreint de verre plombé et parsemé de photos historiques de la «Ville des Vents», Chicago. Mangez-y à des tables entourées de banquettes ou à la terrasse, aménagée en marge de la boulangerie et du salon. Au menu : côte de bœuf, spécialités de grillades cuites sur le barbecue et pâtes diverses. Pour couronner le tout, il y a aussi d'excellents desserts et pains maison.

Le **Havana Café** *($$; 4225 East Camelback Road, ☎ 952-1991)* propose une cuisine espagnole et cubaine raisonnablement épicée dans une atmosphère qui s'apparente davantage à celle d'un sympathique petit bistro qu'à celle des établissements de La Havane si chers à Hemingway. Les *chicharitas*, une entrée de plantains frits, vous mettront en appétit. Viennent ensuite le poulet en sauce, agrémenté d'un savant mélange d'herbes, d'épices, de riz, de tomates, de légumes et d'huile d'olive, la paella (pour deux), qui est la spécialité de la maison, la saucisse, la soupe à l'ail *(sopa de ajo)*, l'*escabeche*, le *picadillo* et plusieurs autres délices.

À l'ouest de Phoenix, faites une halte à **The Spicery** *($$; fermé dim; 7141 North 59th Avenue, Glendale, ☎ 937-6534)*, dans le district des boutiques de Catlin Court, une partie du centre-ville dont on a préservé les demeures historiques. Le restaurant lui-même occupe une maison victorienne de 1895, et l'on y sert le thé toute la journée, mais aussi de ces plats «comme seule maman savait les faire» : soupe maison, salades, sandwichs copieux, pain frais et tartes chaudes.

Le chef de l'**Eddie's Grill** *($$-$$$; 4747 7th Street, ☎ 241-1188)* s'est hissé au sommet de l'art culinaire en amalgamant des spécialités de divers groupes ethniques pour créer une nouvelle cuisine américaine. Essayez les *wontons* aux fruits de mer rôtis sauce framboise-*jalapeño* ou la poitrine de poulet grillée sauce à la crème et au gingembre. En dépit de ses allures multiculturelles, cet établissement se veut profondément américain, ainsi qu'en témoigne l'origine de ses viandes, de ses légumes, de ses vins et même de son eau en bouteille (ne demandez pas d'Evian ou de Perrier).

À l'**Ayako of Tokyo** *($$-$$$; dîner seulement les fins de semaine; East Camelback Road, Biltmore Fashion Park, ☎ 955-7007)*, des chefs *teppan yaki* font griller du poulet, des pétoncles, des crevettes, du filet mignon et du homard à votre table. Chaque repas s'accompagne de soupe, de salade, de riz, de légumes et de thé vert. Des paravents en papier de riz ajoutent une touche japonaise au décor de ce restaurant orné de toiles et de panneaux orientaux. Vous y trouverez en outre une table de *sushis* et de *tempuras*, ainsi qu'un salon.

Le **Christo's** *($$$; 6327 North 7th Street, ☎ 264-1784)* se spécialise dans la cuisine du nord de l'Italie, où les pâtes cèdent quelque peu le pas aux préparations de viande (poulet *zingarella*, osso buco, gigot d'agneau...) et aux plats de poisson, comme ce flétan garni de fromage de chèvre, d'huile d'olive, d'ail et de tranches de tomate. Cristal étincelant, nappes de blanc et de pêche et fleurs fraîches ajoutent une note festive au décor.

Le **RoxSand** *($$$; 2594 East Camelback Road, ☎ 381-0444)*, qui se trouve au Biltmore Fashion Park, propose une cuisine «transcontinentale», autrement dit des mets variés, des thaïlandais aux européens. Vous prendrez votre repas dans un frais décor de noir et de blanc émaillé d'œuvres d'art moderne et imprégné de jazz. Au menu : du poulet en pâte *phyllo* garni d'aubergines et de *hoummos*, du canard sauce aux prunes et du carré d'agneau rôti.

Avez-vous déjà mangé des *tamales* au canard? Voilà le genre de plat qu'on obtient lorsqu'on mélange les cuisines française et du Sud-Ouest comme au **Vincent Guerithault** *($$$; angle 40th Street et East Camelback Road, ☎ 224-0225)*. Dans une ambiance provinciale française rehaussée de coussins à motifs floraux et d'arrangements de fleurs séchées en guise de centres de table, vous pourrez déguster, entre autres, du *chimichanga* au homard et du thon *ahi* arrosé d'une sauce à la papaye et à la coriandre. Couronnez le tout d'une crème brûlée servie, eh oui, dans une coquille à taco sucrée. Service de voiturier.

Le **Wright's** *($$$-$$$$; angle 24th Street et Missouri Avenue, ☎ 954-2507)* est un restaurant ouvert et aéré de l'Arizona Biltmore affichant un menu de nouvelle cuisine américaine. Biscottes aux raisins secs et aux pistaches accompagnées d'une compote de fruits chaude et plats d'œufs raffinés n'en sont que quelques exemples, les offrandes du midi et du soir comprenant moult pâtes, fruits de mer et plats de viande arrosés de sauces plus fascinantes les unes que les autres. Au dîner, commencez par une tartelette aux tomates dorées, au fromage de chèvre et à l'huile d'olive noire, puis laissez-vous tenter par le thon *ahi* flambé et servi sur un lit de riz gluant au gingembre, ou par la longe de gibier fumée aux herbes, aux épinards et à l'ail. Mais gardez-vous sans faute de la place pour un des fabuleux desserts de la maison.

Christopher Gross, chef et propriétaire du **Christopher's** *($$$$; 2398 East Camelback Road, ☎ 957-3214)*, fut récemment nommé un des 10 meilleurs chefs des États-Unis, de sorte qu'il devient très difficile d'obtenir une table dans son restaurant. Son emplacement, à l'intérieur du Biltmore Financial Center, s'avère appréciable, mais attendez de recevoir l'addition! On y sert une cuisine française contemporaine dans une petite salle à manger éclairée à la bougie (16 tables en tout), toute neuve et reluisante. Les serveurs stylés connaissent très bien leurs vins, aussi ne devez-vous pas hésiter à solliciter leurs conseils au besoin. **The Bistro** *($$$)*, adjacent au Christopher's (par une seconde entrée), propose la même cuisine (préparée par le même chef), mais dans une ambiance beaucoup plus décontractée. Sol de marbre et cuisine à aire ouverte.

Scottsdale

Une autre institution en ce qui a trait aux petits déjeuners (on y sert aussi le déjeuner) est **The Original Pancake House** *($; 6840 East Camelback Road, ☎ 946-4902)*, en affaires depuis 40 ans. Spécialité de grosses crêpes fumantes et dorées empilées les unes sur les autres et garnies de beurre fondu, de miel, de sirop d'érable, de petits fruits ou de tout ce qui peut faire votre bonheur. Il s'agit d'un petit restaurant, ne disposant en tout que de 11 tables et 10 banquettes campées dans un décor du Sud-Ouest où dominent le vert et le brun roux. De grandes fenêtres panoramiques lui assurent beaucoup de lumière, y créant une ambiance joyeuse.

Le **Greasewood Flats** *($; 27000 North Alma School Road)* se présente comme un de ces petits établissements où l'on sert des hot-dogs, du chili con carne et de la bière. On se trouve ici dans une vieille cabane en bois aux murs couverts de graffitis, à l'intérieur de ce qui semble être une cour de chiffonnier-ferrailleur où s'entassent pêle-mêle des pupitres d'école, des charrettes en bois, des armatures de selles, des roues de chariot, des bidons de lait et des boîtes d'œufs. Mais ne vous y trompez pas : on fait la queue pour y entrer! Musiciens sur scène du jeudi au dimanche.

L'**AZ88** *($; 7353 Scottsdale Mall, ☎ 994-5576)* vous propose des hamburgers, du poulet et d'autres plats anti-minceur dans un décor branché plutôt sombre, mais égayé par d'immenses baies vitrées donnant sur le verdoyant Civic Center Mall et par des lierres abondants. Des fleurs fraîches ornent les tables, et une douce musique d'ambiance agrémente le repas.

Un restaurant alliant un décor américain rehaussé de fantaisies grecques, et même une salle où l'on peut assister à une danse du ventre (informez-vous de l'horaire des spectacles), ne peut qu'être intéressant. C'est le cas du restaurant **Andros** *($-$$; 8040 East McDowell Avenue, ☎ 945-9573)*, où l'on sert aussi bien du poulet et des hamburgers que des feuilles de vigne roulées, du riz et des olives, sans oublier la musique d'ambiance à la grecque.

Le **Julio G's** *($-$$; 7633 East Indian School Road, ☎ 423-0058)*, fondé en 1934, réunit tant bien que mal le style Art déco des années trente, le style Santa Fe et le style des haltes routières mexicaines pour camionneurs (ventilateurs de plafond, murs carrelés de noir et de blanc et anciennes réclames mexicaines) dans un décor contemporain à la mode. La nourriture revêt par contre un caractère beaucoup plus défini : *pollo Mexicana*, *tacos* au bœuf, *tostadas* aux haricots, bols fumants de riz et de fèves, *chili con carne* et *tortillas*. Le personnel est amical et attentif.

L'un des plus vieux restaurants mexicains de Scottsdale (également considéré comme l'un des meilleurs par plusieurs) est le **Los Olivos Mexican Patio** *($-$$; 7328 East 2nd Street, ☎ 946-2256)*. Il a vu le jour en 1945, mais le bâtiment en adobe qui l'abrite date de 1928 et figure officiellement parmi les monuments historiques de la ville. Grand et parsemé de recoins, il dispose de plusieurs salles à manger ainsi que d'une terrasse extérieure. La cuisine mexicaine qu'on y sert est essentiellement celle de Sonora : *enchiladas*, *tamales* de maïs agrémentés de légumes verts de saison, *chimichangas*, *chile rellenos* et steaks *picado*. Le décor se veut festif (poteries, fleurs et *piñatas*), et l'on peut y danser au son de formations musicales les fins de semaine. Les connaisseurs classent ses *margaritas* parmi les meilleures de l'État.

La première chose que cherche un voyageur aguerri lorsqu'il explore une nouvelle ville est un bon endroit où prendre le petit déjeuner. À Scottsdale, ce sera le **Boman's N.Y. Kosher-style Restaurant & Deli** *($$; 373 North Scottsdale Road, ☎ 947-2934)*, un petit établissement quelconque possédant un comptoir de charcuterie fine, séparé des banquettes et des tables en stratifié bleu de la salle principale par une clôture blanche. Des ventilateurs de plafond, une réclame de soda mousse Dr. Brown et une serveuse nonchalante définissent plus ou moins l'atmosphère des lieux, l'accent portant ici sur la nourriture : pain doré (pain perdu), crêpes à l'eau-de-vie de cidre, œufs au jambon... Également ouvert le midi et le soir (*pastrami* sur pain de seigle, cornichons marinés, poitrine de bœuf, poulet en sauce, chou farci).

Ne vous étonnez pas si votre serveur se met à chanter après que vous lui aurez donné votre commande au **Ristorante Sandolo** *($$; 7500 East Doubletree Ranch Road, ☎ 991-3388)*, un café italien réputé pour les talents lyriques de ses employés. On y prépare des plats vénitiens et des pizzas gastronomiques, suivis d'une balade (compliment de la maison) en *sandolo* (semblable à une gondole) sur la voie navigable qui serpente à travers la propriété du Hyatt Regency Scottsdale.

La **Baby Kay's Cajun Kitchen** *($$; 7216 East Shoeman Lane, ☎ 990-9080)* est l'endroit tout indiqué pour des écrevisses à l'étouffée, du *jambalaya*, du poisson-chat frit et des bières de la Louisiane. La décoration est naturellement de style cajun, rehaussée de filets aux murs et de nappes imprimées de masques du Mardi Gras, tandis qu'une grande terrasse vous permet de manger à l'extérieur autour d'une cheminée.

En plein cœur du quartier commercial de Scottsdale, le **Jacqueline's Marketplace & Café** *($$; 7303 East Indian School Road, ☎ 947-8777)*, un café-boutique huppé et plutôt original, recèle une foule de souvenirs du Sud-Ouest, des tableaux colorés représentant des coyotes et des cartes signées Holly Haas. Au dîner : choix de service à votre table ou de buffet, avec un large éventail de pâtes, de salades et de sandwichs. La terrasse extérieure, garnie de plantes, entourée de murs de brique et carrelée à la mode du Sud-

Ouest, a bien sûr aussi ses inconditionnels lorsqu'il fait chaud.

Épaisses tables d'armoise, palmiers en pot et décor de jaune et de vert ajoutent à l'ambiance du Sud-Ouest du **Z'Tejas Grill** *($$; 7014 East Camelback Road, ☎ 946-4171)*. Essayez le thon *voo doo,* noirci et arrosé d'une vinaigrette au poivre noir, à la sauce soya et à la moutarde forte, suivi d'une pointe de tarte au fudge *ancho chile*. Ici, la cuisine du Sud-Ouest emprunte également aux saveurs de la Louisiane.

On se rue au **Sfuzzi** *($$; 4720 North Scottsdale Road, ☎ 946-9777)* pour déguster une cuisine toscane dans un décor de fausses ruines romaines relevé de hautes colonnes et de lampes à halogène. Le jazz campe l'atmosphère, et vous pouvez savourer vos pizzas et pâtes gastronomiques à l'intérieur ou dans le patio imprégné de la chaleur du jour.

Vu le succès de son restaurant de Tucson, la chef Donna Nordin a décidé d'ouvrir un second **Café Terra Cotta** *($$; 6166 North Scottsdale Road, ☎ 948-8100)*, celui-là au centre commercial Borgata de Scottsdale. Dans ce bistro coloré et décontracté, ponctué de chaises vertes et de tables surmontées de petits cactus en pot, on sert des merveilles telles que le *chile relleno* farci de crevettes grillées et accompagné d'une *salsa* à la papaye et au melon, et le *chili* aux haricots noirs garni de surlonge et de fromage Asiago.

Le **Malee's on Main Thai Gourmet** *($$; 7131 East Main Street, ☎ 947-6042)* est un charmant petit établissement avec un bar dans un coin, une salle à manger intérieure et, lorsque la température le permet, une terrasse extérieure. Une vaisselle attrayante y est disposée sur des nappes en tissu pêche et vert. Le menu varié de ce restaurant, surtout fréquenté par des artistes (qui représentent une large part de la population locale), affiche des plats épicés à divers degrés.

La **House of Yang** *($$; 13802 North Scottsdale Road, ☎ 443-0188)* s'avère petite, avec seulement quelques tables et chaises, et l'on dirait plutôt un simple comptoir de commandes à emporter un peu plus grand que la normale. Mais que vous choisissiez de manger sur place ou d'emporter vos mets, la House of Yang est un véritable panthéon de la cuisine chinoise, avec des spécialités sichuanaises, mandarines, cantonaises et du Hunan. Les crevettes arrosées de sauce au homard, à titre d'exemple, sont servies avec des oignons et des poivrons, sautées à feu vif et garnies de haricots noirs, de riz, de nouilles et de rouleaux impériaux. Le bœuf de Mongolie est, quant à lui, tranché en fines lamelles et servi avec des rouleaux impériaux, du riz frit et des nouilles.

Sortez de la ville un de ces soirs et offrez-vous une vue à couper le souffle sur le désert virginal avec les lumières de la ville pour toile de fond au **Drinkwater Restaurant at Pinnacle Peak** *($$-$$$; dîner seulement; fermé lun de juin à août; 8711 East Pinnacle Peak Road, ☎ 998-2222)*. Spécialités de «mini-côtes levées», de côte de bœuf et de fruits de mer, sans compter l'impressionnante carte des vins.

Ne prenez pas la peine de mettre une cravate si vous vous rendez au **Pinnacle Peak Patio** *($$-$$$; 10426 East Jomax Road, ☎ 967-8082)*, car on s'empressera de vous la retirer pour la mettre sur un crochet. Cela fait partie du charme de cette grilladerie à la mode de l'Ouest qui se veut on ne plus informelle. Des biftecks de 16 oz (450 g) grillés sur bois de prosopis, garnis de haricots et de tous les accompagnements habituels, honorent le menu, tandis qu'on peut entendre les prestations de musiciens country (tous les soirs).

Le **Shell Oyster Bar & Seafood** *($$-$$$; 5641 East Lincoln Drive, ☎ 948-7111)* est le mieux connu des quatre restaurants du Marriott's Mountain Shadows Resort. Des poissons miniatures y évoluent dans un aquarium, et le décor se révèle clair et aéré, rehaussé de touches nautiques, de laiton poli, de miroirs gravés à l'eau forte et de boiseries. Les plats de fruits de mer s'y présentent dans une grande variété, grillés sur la flamme, bouillis, sautés, revenus à la poêle ou roussis à la mode cajun, et accompagnés d'un choix de beurres et de sauces spéciales.

Le **Marquesa** *($$$; dîner seulement, brunch dim; 7575 East Princess Drive, ☎ 585-4848)* compte parmi les meilleurs restaurants de la Vallée du Soleil. Même les gens qui évitent normalement les restaurants d'hôtel se ruent littéralement sur celui-ci, dans le cadre du Scottsdale Princess Resort, pour s'imprégner de son atmosphère Vieille Espagne et déguster quelques tapas avant de passer aux mets plus sérieux, telle cette grouse rôtie arrosée de sauce au brandy et aux canneberges (en saison) ou cette paella méditerranéenne pour deux. Le Marquesa s'est également taillé une réputation enviable pour son excellente carte des vins.

Le **Voltaire** *($$$; fermé dim; 8340 East McDonald Drive, ☎ 948-1005)* se veut un bastion de la gastronomie française, dans un décor de bougies et de cristal. Le poulet aux pommes à la normande, la limande sautée, le gigot d'agneau et les ris sautés au beurre citronné et aux câpres caractérisent ici un menu varié.

Le **Rawhide Steakhouse and Saloon** *($$$; 23023 North Scottsdale Toad, ☎ 563-5600)* est tout indiqué pour prendre un verre dans le populaire quartier frontière d'Old West à Scottsdale. Mais on y mange aussi très bien, que ce soit des biftecks grillés sur bois de prosopis, de la côte de bœuf, du poulet barbecue, de «mini-côtes levées» ou même du crotale frit. La partie saloon dispose d'un bar antique et de tables de jeu (où l'on ne joue pas!), et des musiciens country s'y font entendre.

Situé dans l'enceinte du complexe hôtelier The Phoenician, le **Mary Elaine's** *($$$$; 6000 East Camelback Road, ☎ 423-2530)* arbore une élégance classique. Tendu de doux tons de grège, de gris et de pêche, il s'enorgueillit d'accents recherchés, tels ces tableaux italiens du XVIIIe siècle, ces verres à pied en cristal allemand et ses patios romantiques à souhait. Quant au menu, il emprunte aux traditions européennes, nord-africaines et asiatiques, à travers des spécialités comme le carré d'agneau en croûte à l'ail et aux herbes, et le saumon grillé aux légumes à gaspacho et arrosé d'un coulis de *tomatillos* au piment rouge.

La région de Tempe—Mesa

La **Casa Reynoso** *($; 3138 South Mill Avenue, Tempe, ☎ 966-0776)* compte parmi les meilleurs restaurants mexicains de la ville, et ce en dépit de son modeste décor de fer forgé et de banquettes en vinyle. Essayez le *gollo burro* ou le *chile rellenos*.

The Coffee Plantation *($; 680 South Mill Avenue, Suite 100, Tempe, ☎ 829-7878)* réunit un commerce de détail et un café, comme on en trouve dans les Caraïbes, dans une maison de plantation. Les grains de café y sont torréfiés quotidiennement dans une cabane rustique aménagée à cet effet. On s'y assoit aussi bien à l'intérieur qu'à l'extérieur pour déguster café express, cappuccino et autres cafés spéciaux avec un dessert ou une pâtisserie, un déjeuner léger ou un dîner.

Les petits déjeuners et les déjeuners ne peuvent guère être plus nourrissants et savoureux qu'au **Ripe Tomato Café** *($; 745 West Baseline Road, Mesa, ☎ 892-4340)*, d'ailleurs toujours bondé. Les petits déjeuners sont tout simplement formidables, et les steaks, les sandwichs et les mets mexicains servis au déjeuner ne sont pas mauvais non plus.

Au **Char's Thai Restaurant** *($-$$; 927 East University Drive, Tempe, ☎ 967-6013)*, le décor est peut-être simple et ordinaire, mais non la nourriture, car on y propose des mets exotiques tels que soupe au lait de coco, salade de bœuf fumé, curry de canard et fruits de mer agrémentés d'une sauce aux arachides. On y trouve, en outre, un bon choix de bières asiatiques.

Le **Mill Landing** *($$; 398 South Mill Avenue, Tempe, ☎ 966-1700)*, un charmant restaurant occupant un bâtiment historique du quartier Old Town du centre-ville de Tempe, prépare une variété de repas légers, comprenant des soupes, des salades, des sandwichs et des plats de fruits de mer. On peut manger à la terrasse lorsque la température le permet.

D'allure similaire dans un cadre similaire (à l'intérieur du bâtiment Andre, construit en 1888), le **Paradise Bar and Grill** *($$; 401 South Mill Avenue, Tempe, ☎ 829-0606)* se spécialise dans la côte de bœuf et les poissons frais.

Aménagée dans la gare ferroviaire d'Old Tempe, la **Macayos Depot Cantina** *($$; 300 South Ash Avenue, Tempe, ☎ 966-6677)* arbore un décor charmant ponctué de photos historiques et de souvenirs de l'époque des grands chemins de fer. Le menu mêle les traditions du Sud-Ouest et du Mexique, et ses viandes et fruits de mer grillés sur bois de prosopis sont particulièrement savoureux.

Pour une cuisine continentale italienne, songez au **John Henry's** *($$-$$$; 909 East Elliot Road, Tempe, ☎ 730-9009)*. Le canard, l'agneau, les steaks, les fruits de mer et les pâtes ne sont que quelques-uns des délices que vous pourrez savourer dans cet élégant restaurant rempli de plantes. Musiciens sur scène du mardi au samedi.

Au nord de Phoenix

À Payson, c'est **Aunt Alice's** *($; 512 North Beeline Highway, Payson, ☎ 520-472-6988)*, tout de vert et de bleu à l'extérieur, et on ne peut plus chaleureux à l'intérieur. On y sert du poisson, des hamburgers, des filets de poulet et des tartes maison dans un décor campagnard.

Asseyez-vous sous le porche grillagé du **Heritage House Garden Tea Room** *($; fermé dim; déjeuner seulement; 202 West Main Street, Payson, ☎ 520-474-5501)*, et profitez du paysage. Tandis que vous mangez, un juke-box inspiré d'un modèle des années trente diffuse des airs variés en sourdine. Menu léger de sandwichs, entre autres au poulet et à l'estragon, de soupes et de salades, suivis d'une pointe de tarte maison.

The Satisfied Frog *($$; 6245 East Cave Creek Road, Cave Creek, ☎ 488-3317)* parvient à capturer une partie de l'Ouest ancien avec ses tables en bois, ses sols couvert de sciure et ses murs tapissés d'objets hétéroclites tels que têtes d'animaux, affiches et vieux outils aratoires. Parmi les spécialités de la maison, il faut retenir le bœuf, le porc et le poulet barbecue. L'établissement possède sa propre microbrasserie et produit quatre bières maison.

Un autre petit restaurant au nom de batracien est **The Horny Toad** *($$; 6738 Cave Creek Road, Cave Creek, ☎ 997-9622)*, un endroit rustique et décontracté garni de tables et de banquettes en bois pouvant accueillir quelque 150 personnes au déjeuner comme au dîner. Spécialité de poulet frit et de «côtes levées» barbecue.

Encore un peu plus de cet Ouest sauvage qu'on vous sert partout à toutes les sauces? Foncez alors tout droit vers le **Gold Nugget** *($$; 222 East Wickenburg Way, Wickenburg, ☎ 520-684-2858)*, un bar-restaurant dont le décor du début du siècle est rehaussé de papier peint moucheté de rouge et de lustres en laiton. Steaks, côte de bœuf et poulet dominent le menu.

La Casa Pequeña *($$; fermé mar; 911 South Beeline Highway, Payson, ☎ 520-474-6329)* vous propose *chimichangas*, *burritos* et poulet Acapulco dans une agréable atmosphère du sud de la frontière. Musique les fins de semaine.

Les traditions de l'Ouest sont à l'honneur au **Kohl Ranch Restaurant** *($$; Route 260 East, Payson, ☎ 520-478-4211)*, où des cow-boys en peinture préparent leur repas au-dessus d'un feu de camp sur un des murs tandis qu'un autre présente une réplique d'un hôtel de 1884, avec vitraux et tout. À la lueur d'un lustre en roue de chariot, vous y dégusterez des «côtes levées», du poulet, des biftecks et des fruits de mer, naturellement tous cuits sur le gril.

Les fins de semaine, des airs de piano provenant du bar envahissent la terrasse à **The Oaks** *($$; 302 West Main Street, Payson, ☎ 520-474-1929)*, où vous pouvez commander des steaks et des fruits de mer frais. Mais vous trouverez aussi amplement de places à l'intérieur de cette maison de ranch rénovée, vieille d'environ 50 ans.

Ne vous laissez pas induire en erreur par les délicates nappes pêche et la douce musique country ou d'ambiance qui caresse les lieux : le **Charley's Steak House** *($$-$$$; 1187 West Wickenburg Way, Wickenburg, ☎ 520-684-2413)* comble en effet les appétits les plus voraces avec ses steaks bien épais accompagnés de salade, de pommes de terre au four et de bonnes vieilles fèves, sans bien sûr oublier les desserts.

Au sud de Phoenix

Le **Gila River Arts and Crafts Restaurant** *($; Gila River Indian Reservation, ☎520-315-3411)* vous propose du pain frit à l'amérindienne, des *burritos*, des *tacos*, des hamburgers des tartes maison et du café.

Mi Amigo Ricardo *($; 821 East Florence Boulevard, Casa Grande, ☎ 520-836-3858)* sert des mets mexicains chauds et épicés tels que *chimichangas*, *enchiladas*, *frijoles*, *tamales*, *flautas* et *posole*, avec de la bière pour éteindre le feu. Décor mexicain, cela va sans dire, d'ailleurs plutôt attrayant.

Attendez d'avoir très faim pour vous rendre au **Golden Corral** *($; 1295 East Florence Boulevard, Casa Grande, ☎ 520-836-4630)*, une grilladerie western traditionnelle dont la propriétaire, Vicki Carlson, coupe elle-même quotidiennement ses steaks. Le comptoir à salades renferme en outre 150 plats!

The Cook E Jar *($; fermé dim; 100 West 2nd Street, Casa Grande, ☎520-836-9294)*, un petit café-boulangerie du centre-ville de Casa Grande, propose petits déjeuners et déjeuners, mais vend aussi des produits de boulangerie (y compris des gâteaux de mariage) et des sandwichs.

Le **Bedillon's** *($$; fermé dim-lun; 800 North Park Avenue, Casa Grande, ☎ 520-836-2045)* est à la fois un musée et un restaurant, aménagés dans deux bâtiments distincts. Le musée renferme des vestiges amérindiens et des souvenirs de l'Ouest ancien, tandis que le restaurant présente un menu complet de spécialités américaines pour tous les goûts.

SORTIES

Phoenix

Dans le centre de l'Arizona, la vie nocturne est aussi variée et étendue que la région elle-même, et vous pourrez tout aussi bien opter pour les guitares lancinantes des formations country et western que pour les ensembles à corde classiques, sans oublier les cérémonies amérindiennes et les concerts de jazz moderne. Pour être au fait des événements présentés pendant votre séjour, consultez la section «Entertainment» (arts et spectacles) de l'*Arizona Republic* et de la *Phoenix Gazette.* Voici également d'autres adresses pour les plus aventureux.

La **Graham Central Station** *(4029 North 33rd Avenue, ☎ 279-4226)* présente chaque soir des prestations de musique country-western traditionnelle : grands noms de la chanson, formations reconnues et concerts. Son «5 à 7» du vendredi après-midi compte parmi les meilleurs de la ville.

Les nouveaux venus pourraient croire que l'**America's Original Sports Bar** *(droit d'entrée; 455 North 5th Street, ☎ 252-2502)*, situé au rez-de-chaussée de l'Arizona Center, est un de ces lieux qui attirent chaque soir une foule bruyante et désordonnée, mais il n'en est rien. Il s'agit plutôt du bar le plus à la mode de la Vallée du Soleil avec son golf miniature, ses paniers de basketball et son court de volley-ball. On y sert à manger et, naturellement, à boire (vous en aurez sûrement besoin après vos exploits).

Le **Cheyenne Cattle Company** *(droit d'entrée les fins de semaine; 455 North 5th Street, ☎ 253-6225)*, situé quant à lui à l'étage de l'Arizona Center, se présente comme une chic boîte de nuit country-western, avec musiciens, serveuses en costume de cow-girl et une forte clientèle de gens d'affaires (le centre des congrès se trouve tout près) qui se mêle joyeusement aux fêtards locaux.

Un nouveau haut lieu du sport et du spectacle du centre-ville de Phoenix est l'**America West Arena** *(201 East Jefferson Street, ☎ 379-7800)*, qui compte 20 000 places et accueille les matchs de basket-ball des Phoenix Suns, des concerts, des spectacles sur glace et divers autres événements spéciaux.

Sports Fever *(2031 West Peoria Avenue, ☎ 331-8033)* s'enorgueillit de sa collection de souvenirs sportifs (évaluée à 250 000 $US), de ses 38 téléviseurs, de ses cinq écrans géants, de ses tables de billard, de ses jeux de fléchettes, de sa piste de danse et de son buffet gratuit à l'heure de l'apéro, sans parler de la spécialité de la maison : les ailes de poulet à 0,10 $ l'unité.

Mr. Lucky's *(droit d'entrée les fins de semaine; 3660 Grand Avenue, ☎ 246-0686)*, une institution de la Vallée du Soleil pour les amateurs de *two-step*, présente des formations country-western à l'étage et des enregistrements des 40 meilleurs succès de rock-and-roll au rez-de-chaussée.

Le **Toolies Country** *(droit d'entrée; 4231 West Thomas Road, ☎ 272-3100)*, dit «Le berceau des grandes stars de Nashville», est un cabaret de 600 places à la mode de l'Ouest où l'on peut chaque soir dîner et danser au rythme des grands noms de la musique country.

Timothy's *(6335 North 16th Street, ☎ 234-2205)* est à la fois un restaurant et une boîte de nuit. Le cottage qu'il occupe, entièrement couvert de lierre, exsude un romantisme qu'appuie un décor intimiste rehaussé de poutres artistiquement éclaboussées de peinture. Des musiciens de jazz s'y produisent tous les soirs, et des affiches de festivals de jazz en tapissent les murs. Et pour ajouter au chic de l'expérience, on vous propose un service de voiturier.

La **Rhythm Room** *(1019 East Indian School Road, ☎ 265-4842)* est une boîte de blues particulièrement raffinée. Des photographies encadrées en noir et blanc, immortalisant de grands noms du genre, pendent aux murs de bois gris de ce bar propre et bien aménagé. Des formations montent sur scène tous les soirs de la semaine, et une piste de danse de dimensions appréciables encourage l'auditoire à témoigner son appréciation aux musiciens.

Char's Has the Blues *(4631 North 7th Avenue, ☎ 230-0205)* fait entendre chaque soir des musiciens de rhythm-and-blues. À l'intérieur de cette vieille demeure, de chaleureuses tentures bordeaux encadrent les fenêtres, et l'on danse sur des planchers de bois usés, entouré d'appliques murales et de minuscules ampoules de Noël diffusant un éclairage tamisé.

La vie nocturne ne se limite pas, toutefois, aux bars et aux dancings. Qu'il suffise de songer au **Herberger Theater Center** *(222 East Monroe Street, ☎ 252-8497)*, un complexe ultramoderne abritant deux salles de spectacle distinctes : le **Center Stage** et le **Stage West**, où se produisent des troupes de théâtre professionnelles. Ce même centre accueille également le **Ballet Arizona**, l'**Arizona Theater Company** et plusieurs troupes en tournée.

Le **Phoenix Symphony Hall** *(225 East Adams Street, ☎ 262-7272)*, une salle de 2 500 places, est le siège de l'orchestre symphonique de Phoenix et propose en outre des spectacles variés, de l'opéra au ballet, en passant par les grands succès de Broadway et d'illustres artistes de la scène musicale.

L'**Arizona Opera Company** *(4600 North 12th Street, ☎ 266-7464)*, de renom national, monte quatre opéras par saison, entre autres des classiques tels *Don Carlo* de Verdi et *La Bohème* de Puccini.

Bars gays

Sans doute le bar gay le plus couru de la ville est-il **Charlie's** *(727 West Camelback Road, ☎ 265-0224)*, où l'on peut prendre des leçons de *clog-dancing* et de quadrilles trois soirs par semaine, ainsi que danser tous les soirs sur de bonnes vieilles mélodies country et western. Clientèle essentiellement composée d'hommes de 21 à 81 ans.
Au **Harley's Club 155** *(155 West Camelback Road, ☎ 274-8505)*, une foule mixte danse tous les soirs de la semaine sur de la musique house et les 40 plus grands succès du palmarès.

Foster's *(4343 North 7th Street, ☎ 263-8313)* attire une clientèle plus jeune, surtout masculine, assoiffée de danse, de danse et encore de danse. Musique pop en semaine, musique des années quatre-vingt le vendredi et disco le dimanche.

Des spectacles tous les soirs, des concerts de jazz aux numéros d'effeuilleurs, voilà ce que vous trouverez au bar-salon **Wink's Cabaret** *(droit d'entrée; 5707 North 7th Street, ☎ 265-9002)*.

Hommes et femmes fréquentent **BS West** *(7125 East 5th Avenue, ☎ 945-9028)*, un bar vidéo dansant qui possède une terrasse extérieure et fait entendre de la musique house presque tous les soirs. Soirée comédie le mardi, mélodies de spectacles le jeudi et thé dansant le dimanche après-midi.

Si vous êtes à la recherche d'un bar country-western desservant surtout une clientèle féminine, **The Desert Rose** *(4301 North 7th Avenue, ☎ 265-3233)* comblera vos attentes. Sa grande piste de danse et sa salle de jeux animée en constituent les principaux attraits, sans oublier les leçons de danse gratuites du jeudi soir.

Ain't Nobody's Bizness *(3031 East Indian School Road, ☎ 224-9977)* est un bar féminin on ne peut plus rose où les hommes sont toutefois les bienvenus. Danse sur des airs de *R & B* et sur les 40 plus grands succès du palmarès la plupart des soirs, fréquents spectacles de monologuistes et soirée de karaoké le lundi.

Nasty Habits *(3108 East McDowell Road, ☎ 231-9427)*, un bar dansant avec musiciens sur scène et huit écrans vidéo, attire surtout les lesbiennes, quoiqu'on y accueille aussi les gays.

Scottsdale

Ne manquez pas le grand orchestre du bar-salon du Royal Palm Inn, **El Mirage Lounge** *(5200 East Camelback Road, ☎ 840-3610)*. Un guitariste peut en outre vous délecter de mélodies classiques au **Lobby Bar** du Scottsdale Hyatt Regency *(7500 East Doubletree Ranch Road, ☎ 991-3388)*. Et si vous recherchez l'animation d'un bar sportif, tentez votre chance au **JD's Lounge** du Scottsdale Plaza Resort *(7200 North Scottsdale Road, ☎ 948-5000)*.

Pour une bonne bière brassée sur place, faites un saut au **Hops Bistro & Brewe-**

ry *(7000 East Camelback Road, ☎ 945-4677)*. On y apprécie tout particulièrement la German Wheat Beer, une bière de blé non filtrée et primée, de même que la Hops Amber. Décor high-tech de noir, de gris et d'orange rehaussé de partitions en briques de verre et de tableaux modernes.

Le **J. Chew & Company** *(7320 Scottsdale Mall, ☎ 946-2733)* propose chaque soir du jazz *live* dans un chaleureux pub à l'européenne dont les portes-fenêtres s'ouvrent sur deux patios agrémentés de cheminées.

Le **Scottsdale Center for the Arts**, aménagé à l'intérieur du sculptural Scottsdale Mall, présente non seulement une variété de spectacles offerts, entre autres, par l'orchestre symphonique de Scottsdale et divers artistes invités, mais aussi des concerts, des conférences, des films de répertoire et des expositions d'art. Durant l'été, par ailleurs, les mélomanes ne voudraient pas manquer les concerts présentés sur la pelouse qui s'étend à l'extrémité est du complexe. Pour connaître l'horaire des spectacles, composez le ☎ 994-2787.

Murder Ink Productions *(☎ 967-6800)*, une troupe de théâtre «meurtre et mystère» qui se produit dans divers restaurants et complexes hôteliers de Scottsdale et de Phoenix, invite l'auditoire à résoudre des intrigues policières.

La région de Tempe—Mesa

Le **Grady Gammage Memorial Auditorium** *(campus de l'Arizona State University à Tempe; visites guidées lun-ven; information sur les visites ☎ 965-4050; Gammage Auditorium ☎ 965-3434)* du campus de l'Arizona State University à Tempe est une salle de 3 000 places conçue par Frank Lloyd Wright. On y présente aussi bien des productions de Broadway que des ballets et des concerts symphoniques.

Le **Tempe Improv** *(930 East University Drive, Tempe, 921-9877)* est un restaurant où, attablé devant un repas ou un simple verre, vous pourrez assister à des numéros de monologuistes qui se renouvellent constamment.

Le fébrile **Top of the Rock Bar** *(2000 Westcourt Way, Tempe, ☎ 225-9000)* de The Butte figure parmi les endroits les plus courus en ville avec son écran de projection de 7 m et ses spectacles sur scène les fins de semaine.

Le **Studebaker's** *(705 South Rural Road, Tempe, ☎ 829-8617)*, un bar dansant misant sur l'atmosphère des années cinquante, fait entendre du rock d'autrefois par l'entremise d'un disque-jockey et propose un buffet à l'heure de l'apéro.

Le **Bandersnatch** *(125 East 5th Street, Tempe, ☎ 966-4438)* jouit d'une grande popularité auprès de la gent estudiantine de l'ASU, ce qui laisse entendre qu'on y boit beaucoup de bière dont quatre moutures maison. Jazz et musique irlandaise traditionnelle en direct plusieurs soirs par semaine.

Le **Balboa Café** *(droit d'entrée à l'occasion; 404 South Mill Avenue, Suite 101, Tempe, ☎ 966-1300)* attire pour sa part une foule importante grâce aux formations de rock et de jazz qu'il présente tous les soirs.

Le **Chandler Center for the Arts** *(droit d'entrée; 250 North Arizona Avenue, Chandler, ☎ 786-3954)* possède trois scènes accueillant des comédies musicales, des spectacles de danse et des œuvres dramatiques exécutés par des artistes d'envergure locale ou nationale. Des créations artistiques sont en outre exposées dans le foyer.

Au nord de Phoenix

Ses banquettes intimes à l'intérieur et son balcon garni de tables à l'extérieur, devant le Tonto Creek, attirent une clientèle nombreuse au **The Cowboy Bar** du Kohl's Ranch Lodge *(Route 260 East, Payson, ☎ 520-478-4211)*. Cette construction rustique en rondins existe depuis nombre d'années, tout comme l'énorme chêne qui pousse à travers le plafond. Les fins de semaine, chaussez vos bottes de cow-boy et dansez au rythme d'un groupe de musique country.

MAGASINAGE

Phoenix

Il semble tout à fait naturel de vouloir ici faire l'acquisition de vêtements western, et vous trouverez dans la région une foule d'endroits vendant des bottes, des chemises, des ceintures, des chapeaux et tout autre accessoire dont vous pourriez rêver. Que vous vouliez seulement vous donner un genre ou participer au prochain rodéo, commencez par **Aztex Hats** *(15044 North Cave Creek, ☎ 971-9090)*, qui propose le plus vaste choix de chapeaux western de tout l'Arizona. **Frontier Boot Corral** *(angle 7th Street et Van Buren Street, ☎ 258-2830)* est en affaires depuis plus de 25 ans et propose une gamme complète de vêtements de l'Ouest. Le **Saba's Western Store** *(2901 West Bell Road, ☎ 993-5948)* est ouvert depuis 1927 et compte Barry Goldwater parmi ses clients. **Sheplers** *(9201 North 29th Avenue, ☎ 870-8085)* fait enfin partie de la plus importante chaîne au monde de boutiques de mode western.

Si vous affectionnez les mails et les centres commerciaux, vous serez servi, car Phoenix en possède plus qu'il n'en faut. L'un d'eux, qui a d'ailleurs contribué à revitaliser le centre-ville, est l'**Arizona Center** *(455 North Third Street, ☎ 271-4000)*, qui regroupe quelque 500 restaurants, bars et boutiques sur deux étages. On s'y rend aussi bien pour dîner que pour se promener dans son jardin de 1,2 ha, fureter dans les magasins ou assister aux spectacles présentés en soirée. Entre autres commerces, vous y trouverez l'**Arizona Highways Gift and Information Center** *(☎ 257-0381)*, qui distribue des guides de voyage et de l'information sur l'État du Grand Canyon; **Yippie-Ei-O** *(☎ 495-1048)*, riche en accesssoires domestiques, en vêtements et en souvenirs de l'Ouest américain; et **Phases of the Moon** *(☎ 254-7533)*, qui se spécialise dans les bijoux, accessoires et vêtements pour femmes à saveur ethnique, exotique ou mystique.

Le **Town & Country Shopping Center** *(2021 East Camelback Road, ☎ 955-6850)* compte plus de 70 boutiques, restaurants et services. Trottoirs de brique rouge, fontaines et douce musique d'ambiance donnent le ton dans ce centre commercial en plein air. Deux magasins dignes de mention sont **Jutenhoops** *(☎ 957-8006)*, qui propose un assortiment à la fois curieux et original de souvenirs, de cartes et de bijoux, et **Bookstar** *(☎ 957-2001)*, qui possède un immense choix de livres récents.

Une petite ville au sud de Phoenix accueille le **Guadalupe Farmer's Market** *(8808 South Avenida del Yaqui, Guadalupe)*, où vous trouverez des légumes frais, des fruits exotiques et du piment rouge séché. Quelques rues plus au nord s'étend le **Mercado Mexico** *(8212 South Avenida del Yaqui, Guadalupe, ☎ 831-5925)*, proposant des sucreries mexicaines *(dulces)* : *ates* (bonbons de gélatine aux fruits), noix de pacane sucrées, boules de chocolat, *cajeta* (sauce au caramel de lait de chèvre) et autres délices du genre. Un bon éventail de produits artisanaux et de souvenirs du Mexique vous y attend également.

À quelques rues seulement du Town & Country Shopping Center, mais beaucoup plus raffiné que lui, se dresse le **Biltmore Fashion Park** *(angle Camelback Road et 24th Street, ☎ 468-2100)*. Arpentez ses trottoirs pavés de brique et bordés d'arbres et arbustes verts, et laissez-vous charmer par ses chic galeries, restaurants, bijouteries et boutiques de vêtements. Ces dames trouveront d'ailleurs sûrement leur compte chez **Ann Taylor** *(☎ 468-3339)* et **Lillie Rubin** *(☎ 553-8922)*, pour ne mentionner que ces deux rendez-vous de la mode. Parmi les plus grands magasins, retenons **Saks Fifth Avenue** *(☎ 955-8000)* et **Macy's** *(☎ 468-2100)*.

The Mercado *(Van Buren Street, entre 5th et 7th Street, ☎ 256-6322)*, adjacent à la Phoenix Civic Plaza, est un complexe commercial aux airs de fête et un centre culturel mexicain composant un ensemble de bâtiments colorés, de rues pavées et de restaurants-terrasses. Les boutiques mexicaines proposent des œuvres d'art, des produits artisanaux et des articles de mode, tandis que les restaurants servent toutes sortes de bonnes choses piquantes et épicées.

Pour des vêtements signés à des prix légendairement bas, songez à **Loehmann's** *(3135 East Lincoln Drive, ☎ 957-8691)*.

Aménagée à l'intérieur de la Heritage Square Home, vieille de 90 ans, la **Craftsmen's Gallery** *(614 East Adams Street, ☎ 253-7770)* se présente comme une intéressante coopérative d'artisans. Vingt-six créateurs y exposent des poupées, des paniers tressés, des poteries, des accessoires et des arrangements de fleurs séchées.

Les boutiques de musées renferment également des trouvailles uniques. Qu'il suffise de penser à celle du **Phoenix Art Museum** *(1625 North Central Avenue, ☎ 257-1880)*, qui vend des livres, des affiches, des catalogues d'art et des reproductions de pièces diverses. On y trouve même une section pour enfants.

Le **Desert Botanical Garden** *(1201 North Galvin Parkway, ☎ 941-1225)* possède une boutique de souvenirs garnie de denrées alimentaires, d'épices et de gelées provenant de plantes du désert, de même que des ouvrages sur la nature et des produits artisanaux du Sud-Ouest. On vend aussi des plantes dans une serre adjacente.

N'abandonnez pas encore la partie, car, après tous ces établissements commerciaux, nous en venons aux marchés agricoles. Tous les mercredis après-midi, les fermiers des environs mettent en vente leurs plus beaux fruits et légumes dans la cour du **Heritage Square** *(angle Monroe Street et 7th Street, ☎ 262-5071)*.

Pour le plaisir, sachez que l'**American Park 'N Swap** *(3801 East Washington Street, ☎ 273-1258)* est le plus grand marché aux puces du Sud-Ouest américain, réunissant plus de 2 000 commerçants qui échangent et vendent de tout, du mobilier de bureau usagé aux antiquités rares en passant par les bijoux amérindiens et des photographies uniques de Marilyn Monroe.

Scottsdale

Pour trouver une belle collection d'objets d'art, songez aux **Elaine Horwitch Galleries** *(4211 North Marshall Way, ☎ 945-0791)*. Feu Mme Horwitch a fait preuve d'un œil sûr et d'un rare sens de l'humour en créant ses deux galeries d'art contemporain (l'autre se trouvant à Santa Fe).

The Borgata of Scottsdale *(6166 North Scottsdale Road, ☎ 998-1822)* pourrait très bien être le précurseur d'une nouvelle vague de centres commerciaux ressemblant davantage à de mini-parcs thématiques. Celui-ci évolue autour d'un village du XIVe siècle et s'imprègne d'une atmosphère toute médiévale. Des boutiques de mode internationales, de magnifiques bijoux, des souvenirs inusités, une librairie, un disquaire et une kyrielle de galeries d'arts vous y attendent.

Malgré quelques intrusions au goût du jour, le **Scottsdale Fashion Square** *(7000 East Camelback Road, ☎ 990-7800)* demeure le plus chic complexe commercial de la ville. On y trouve des magasins aussi réputés que **Neiman Marcus** *(☎ 990-2100)*, **Dillard's** *(☎ 949-5869)* et **Robinson's** *(☎ 941-0066)*. Il y a même une boutique pour les tout-petits, **The Disney Store** *(☎ 423-5008)*.

Les **Fifth Avenue Shops** *(6940 East 5th Avenue, ☎ 947-5377)* forment le cœur de la zone commerciale du centre-ville de Scottsdale. Il s'agit d'un assortiment de magasins spécialisés, de boutiques, de librairies, de galeries d'art, de joailleries, de commerces d'artisanat amérindien et de restaurants, pour un total de plus de 200 établissements au dernier décompte. Parmi eux, retenons **Sewell's Indian Arts** *(7087 5th Avenue, ☎ 945-0962)*, pour ses bijoux amérindiens, ses *kachinas*, ses poteries pueblos et ses «peintures de sable» navajos; **Lemonade Folk Art** *(7121 5th Avenue, Suite 25, ☎ 945-2219)*, pour ses souvenirs du Sud-Ouest et ses objets décoratifs; et **Gallery 10** *(7045 3rd Avenue, ☎ 994-0405)*, pour ses lithographies et ses affiches signées par des artistes amérindiens et blancs de l'ouest des États-Unis.

Arizona Sun Products *(7136 East 5th Avenue, ☎ 941-9067)* propose des articles amusants, mais se spécialise surtout dans une merveilleuse crème hydratante à base d'aloès, de jojoba, de roses sauvages et de cactus. Le paysage désertique en façade fait aussi un excellent souvenir.

Par ailleurs, les amateurs de mystères devraient se rendre à **The Poisoned Pen** *(7100 East Main Street, ☎ 947-2974)*, une librairie spécialisée dans les intrigues policières, les histoires de détective et les romans à suspense d'éditeurs aussi bien britanniques qu'américains.

Les cow-boys dans l'âme ne voudront pas manquer **Porters** *(3944 North Brown Avenue, ☎ 945-0868)*, un des plus vieux fournisseurs de vêtements et d'accessoires western de marques réputées de la ville.

Après New York et Santa Fe, Scottsdale se veut le plus important centre d'art du pays, avec plus de 200 galeries proposant aussi bien des œuvres contemporaines que des créations amérindiennes, des tableaux et sculptures des grands maîtres et des réalisations des artistes de l'Ouest. Si vous vous intéressez à la chose, sachez que la **Scottsdale Gallery Association** *(☎ 941-0900)* organise des visites des galeries locales tous les jeudis d'octobre à mai, entre 19h et 21h, couvrant ainsi plusieurs des galeries les plus importantes. Le reste de l'année, ces «Art Walks» ont lieu le troisième jeudi de chaque mois. Les départs s'effectuent au Scottsdale Center for the Arts *(7380 East 2nd Street, ☎ 944-2301)*.

Si vous désirez explorer les galeries par vous-même, songez aux **Arizona West Galleries** *(7149 Main Street, ☎ 994-3752)*, spécialisées dans les œuvres du XIXe et du XXe siècles, entre autres de Frederic Remington, Charlie Russell et Maynard Dixon.

Les **Biltmore Galleries** *(7113 Main Street, ☎ 947-5975)* présentent également des œuvres des XIXe et XXe siècles dont certaines réalisations de Nicolai Fechin (un des premiers maîtres du Nouveau-Mexique), Joseph Sharp et Ernest Blumenschein.

Emballages-cadeaux renfermant l'un des plus savoureux produits de l'Arizona, soit la datte, vous attendent au **Sphinx Date Ranch** *(3039 North Scottsdale Road, ☎ 941-261)*.

De somptueux vêtements pour dames aux couleurs de pierres précieuses et du soleil se couchant sur le désert, en soie peinte à la main, en gaze de coton et en velour, feront votre bonheur chez **Carole Dolighan** *(34505 North Scottsdale Road, ☎ 488-505)*.

La **Buck Saunders Gallery** *(2724 North Scottsdale Road, ☎ 945-9376)* représente de façon exclusive, et ce depuis fort longtemps, le meilleur et le plus aimé des artistes de l'Arizona, Ted De Grazia.

Les **Glenn Green Galleries** *(6000 East Camelback Road, ☎ 990-9110)* profitent du cadre élégant du chic Phoenician Resort (les galeries se trouvent dans le couloir des boutiques de l'hôtel) pour exposer les énormes sculptures de bronze et de pierre du célèbre artiste amérindien Alan Houser.

J.R. Fine Arts *(4151 North Marshall Way, ☎ 945-7856)* a en montre des sérigraphies, des lithographies, des huiles et des sculptures, y compris des œuvres des artistes amérindiens contemporains de renom Frank Howell et Earl Bliss.

Produits artisanaux américains de toutes sortes, en céramique, en bois, en tissu, en papier et en verre, égayent la **Mind's Eye Gallery** *(4200 North Marshall Way, ☎ 941-2494)*.

La **Lovena Ohl Gallery** *(4251 North Marshall Way, ☎ 945-8212)* met l'accent sur l'art amérindien contemporain, avec des sculptures de Larry Yazie, des peintures de David Johns et de Tony Da, ainsi que des poteries, des bijoux et des poupées *kachinas* signées par divers artistes.

Pour trouver tous les articles courants que vous cherchez en un seul endroit, faites une halte aux **Scottsdale Pavilions** *(angle Pima Road et Indian Bend Road, ☎ 866-0900)*, un complexe de plus de 110 000 m^2 qui regroupe une pharmacie, des boutiques de vêtements, des comptoirs de restauration rapide, une librairie et un centre de rénovation domiciliaire.

La région de Tempe—Mesa

L'historique **Old Town Tempe** déborde d'ambiance avec ses trottoirs de brique à l'ancienne, ses jardinières, ses rues bordées d'arbres et ses pittoresques lampadaires. Parcourez le secteur à pied, et vous y découvrirez des douzaines de boutiques et de restaurants. Entre autres, le **Changing Hands Bookstore** *(414 South Mill Avenue, Tempe, 966-0203)*, bercé par une douce musique de fond, contient plus de 50 000 livres neufs et usagés sur ses trois étages; il se spécialise dans la spiritualité, la psychologie, la littérature, la condition féminine et le voyage. Et pour des vêtements, des souvenirs et des accessoires du monde entier, tentez votre chance au **Mazar Bazaar** *(514 South Mill Avenue, Tempe, ☎ 966-9090)*.

Those Were the Days! *(516 South Mill Avenue, Tempe, ☎ 967-4729)* possède, dans le Sud-Ouest américain, l'un des plus vastes choix d'ouvrages sur les antiquités et l'art de les collectionner. Vous y trouverez plus de 5 000 titres récents, mais aussi des livres rares ou hors d'impression. On vend même des antiquités et des objets kitsch sur place au son d'une musique folk.

Si vous désirez acheter quelque chose que vous pourrez porter, tentez votre chance chez **Arizona Images** *(725 South Rural Road, Tempe, ☎ 829-1743)*, qui dispose d'un grand choix de vêtements et de souvenirs de l'Arizona State University, de même que d'articles à l'effigie des Phoenix Cardinals et du *Phoenix Sun*.

Le **Superstition Springs Center** *(à l'intersection de Power Road et de Superstition Freeway, Mesa, ☎ 832-0212)* s'impose comme le plus nouveau mégacentre commercial de la région de Phoenix. Outre les habituelles boutiques spécialisées et les filiales des grandes chaînes, il renferme un carrousel pour enfants, un jardin botanique voué à une centaine d'espèces du désert, un terrain de jeu où trône un toboggan de 4,5 m en forme de lézard (le fameux *gila*), plusieurs petits sentiers pédestres et une scène sur laquelle sont présentés des concerts gratuits.

Pour des œuvres amérindiennes de qualité, songez à **Apache Arts** *(9919 East Apache Trail, Mesa, ☎ 986-5450)*, où l'on trouve des peintures modernes. La **Galeria Mesa** *(155 North Center Street, Mesa, ☎ 644-2056)* propose, quant à elle, des œuvres contemporaines en provenance de différentes régions du pays.

The Lenox Factory Outlet *(2121 South Power Road, Mesa, ☎ 986-9986)* vend non seulement des pièces choisies parmi ses célèbres produits en porcelaine et en cristal, mais aussi des bougies, de l'argenterie et d'autres accessoires de table.

Au nord de Phoenix

Wickenburg recèle plusieurs galeries d'art et boutiques de souvenirs du Sud-Ouest. Installez-vous confortablement sous le porche de **Grit** *(70 East Apache, Wickenburg, ☎ 520-684-2132)* devant un cappuccino, ou parcourez ses étalages d'aliments raffinés tels que *salsa* de cactus, vinaigre au piment et *fettucini* au chocolat. Son pendant, **Grit Too!** *(80 East Apache, Wickenburg, ☎ 520-684-2119)* propose pour sa part des vêtements contemporains et des sandales Birkenstock.

Il faut être aveugle pour ne pas repérer **Ben's Saddlery & Shoe Repair** *(174 North Tegner Street, Wickenburg, ☎ 520-684-2683)*, surmonté d'un cheval grandeur nature. Le propriétaire est lui-même un cow-boy, et, même si vous n'êtes pas à la recherche d'authentiques accessoires western, vous aurez grand plaisir à humer le parfum capiteux du cuir et du savon à selle en parcourant les allées garnies d'éperons, de harnais et de bottes.

La **Gold Nugget Art Gallery** *(274 East Wickenburg Way, Wickenburg, ☎ 520-684-5849)* occupe un bâtiment d'adobe datant de 1863 qui abritait jadis l'Old Fort Wickenburg, alors occupé par la cavalerie américaine. En ces murs historiques vous attendent des gravures sur bois, des poteries, des peintures, des sculptures, des bijoux exclusifs et des créations amérindiennes du Sud-Ouest. Toutes les œuvres sont originales.

Une institution locale depuis deux décennies, la **Wickenburg Gallery** *(67 North Tegner Street, Wickenburg, ☎ 520-684-7047)* expose de beaux objets signés par des artistes d'envergure régionale et nationale, y compris des sculptures, des peintures et des tissus navajos traditionnels.

À la **Heritage House** *(202 West Main Street, Payson, ☎ 520-474-5501)*, on a du mal à dire s'il est plus agréable de magasiner ou de simplement s'asseoir sous le porche. Certains préfèrent en effet s'installer confortablement dans les fauteuils en brindille et en osier pour observer les passants au-delà de la clôture à claire-voie, tandis que d'autres ne peuvent résister aux meubles, au linge de table fait main, aux tableaux et aux tapis afghans qui honorent l'intérieur de cette pittoresque maison de 1925.

Les amateurs d'antiquités ne sont pas en reste à Payson, dont la majorité des boutiques s'alignent tout juste en retrait de Beeline Highway. **Payson Antiques** *(1001 South Beeline Highway, Payson, ☎ 474-8988)* vend des poupées, des meubles et des toiles primitives réunis par divers négociants. Songez également à **Glass Slipper Antiques** *(603 South Beeline Highway, Payson, ☎ 520-474-6672)*, qui propose de la verrerie, des meubles, des bijoux de famille, des livres et des articles d'étoffe.

Au sud de Phoenix

Le **Gila River Indian Center** *(Gila River Indian Reservation, ☎ 520-315-3411)* exploite une boutique où vous trouverez de l'artisanat amérindien traditionnel, des bijoux en argent et en turquoise, des peintures sur sable, des poupées *kachinas* et des paniers en osier.

Gila River Arts and Crafts *(Casa Blanca Road, Casa Blanca, ☎ 963-3981)* vend pour sa part des objets amérindiens de qualité, y compris des bijoux, des poupées *kachinas*, des carpettes et des paniers.

Casa Grande, la principale localité de la route 10 entre Phoenix et Tucson, possède en outre le plus important regroupement de **magasins d'usines** de tout l'Arizona. On en dénombre en effet plus de 70 à l'intérieur de deux immenses complexes commerciaux situés en bordure de la route 10 *(sortie 194, Florence Boulevard)*, et ce sont plus d'un million d'acheteurs qui, chaque année, se rendent à Casa Grande en quête d'aubaines auprès de fournisseurs aussi réputés que **Liz Claiborne, American Tourister, Bugle Boy, Royal Doulton** et **Westpoint Pepperell.** Pour de plus amples renseignements, adressez-vous à Casa Grande Factory Stores *(☎ 520-421-0112)* ou au Tanger Factory Outlet Center *(☎ 520-836-0897)*.

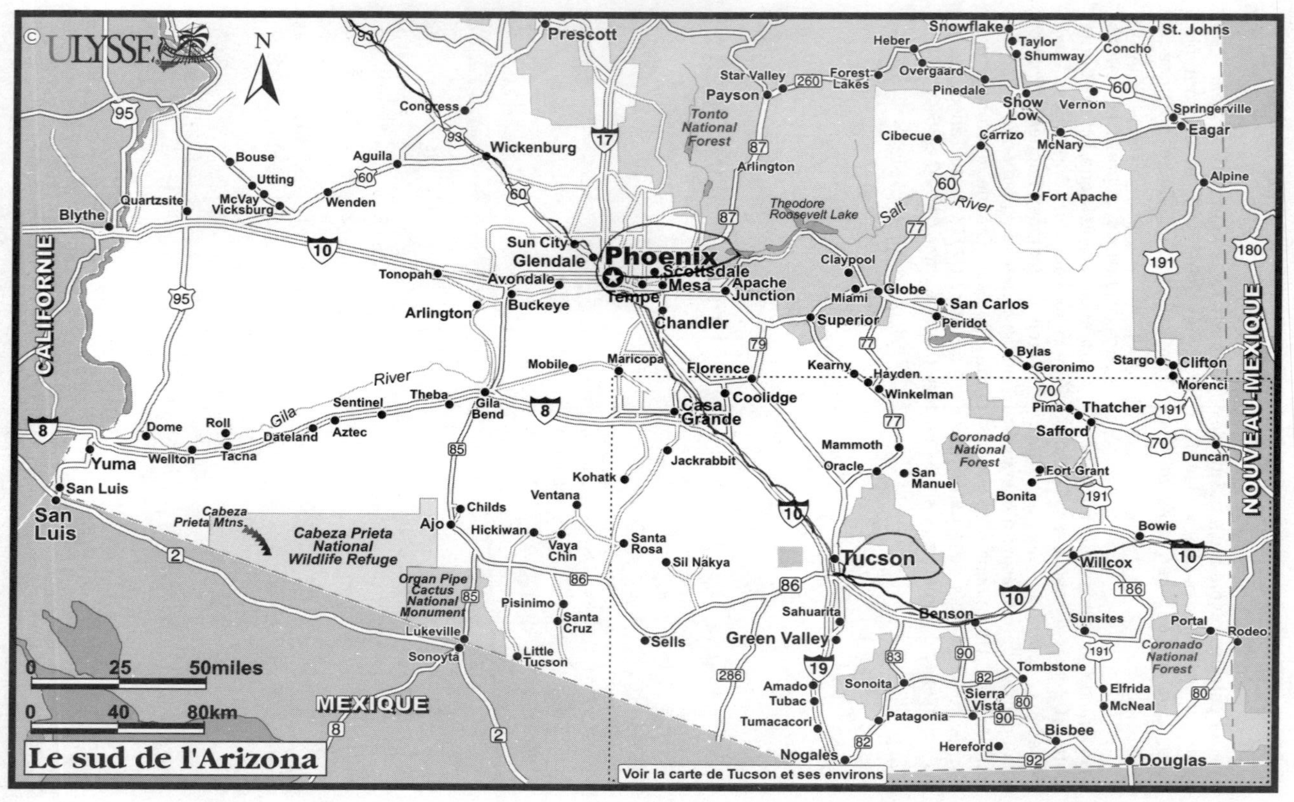

© ULYSSE
N
Le sud de l'Arizona
0 25 50miles
0 40 80km
CALIFORNIE
NOUVEAU-MEXIQUE
MEXIQUE
Voir la carte de Tucson et ses environs
Phoenix
Tucson
Prescott
Congress
Wickenburg
Aguila
Bouse
Utting
McVay
Vicksburg
Wenden
Quartzsite
Blythe
Sun City
Glendale
Avondale
Buckeye
Tonopah
Arlington
Scottsdale
Mesa
Tempe
Chandler
Apache Junction
Star Valley
Payson
Tonto National Forest
Arlington
Theodore Roosevelt Lake
Salt River
Forest Lakes
Heber
Snowflake
Overgaard
Pinedale
Taylor
Shumway
Show Low
Concho
St. Johns
Vernon
Springerville
Eagar
Cibecue
Carrizo
McNary
Fort Apache
Alpine
Claypool
Miami
Globe
San Carlos
Superior
Peridot
Bylas
Geronimo
Stargo
Clifton
Morenci
Mobile
Maricopa
Florence
Coolidge
Casa Grande
Kearny
Hayden
Winkelman
Mammoth
Oracle
San Manuel
Pima
Thatcher
Safford
Coronado National Forest
Fort Grant
Bonita
Duncan
Gila River
Theba
Gila Bend
Sentinel
Aztec
Dateland
Roll
Dome
Tacna
Wellton
Yuma
San Luis
San Luis
Jackrabbit
Kohatk
Ventana
Childs
Ajo
Hickiwan
Vaya Chin
Santa Rosa
Sil Nakya
Cabeza Prieta Mtns.
Cabeza Prieta National Wildlife Refuge
Organ Pipe Cactus National Monument
Lukeville
Sonoyta
Pisinimo
Santa Cruz
Little Tucson
Sells
Green Valley
Sahuarita
Amado
Tubac
Tumacacori
Nogales
Sonoita
Patagonia
Sierra Vista
Hereford
Tombstone
Bisbee
Benson
Willcox
Bowie
Sunsites
Elfrida
McNeal
Douglas
Portal
Rodeo
Coronado National Forest

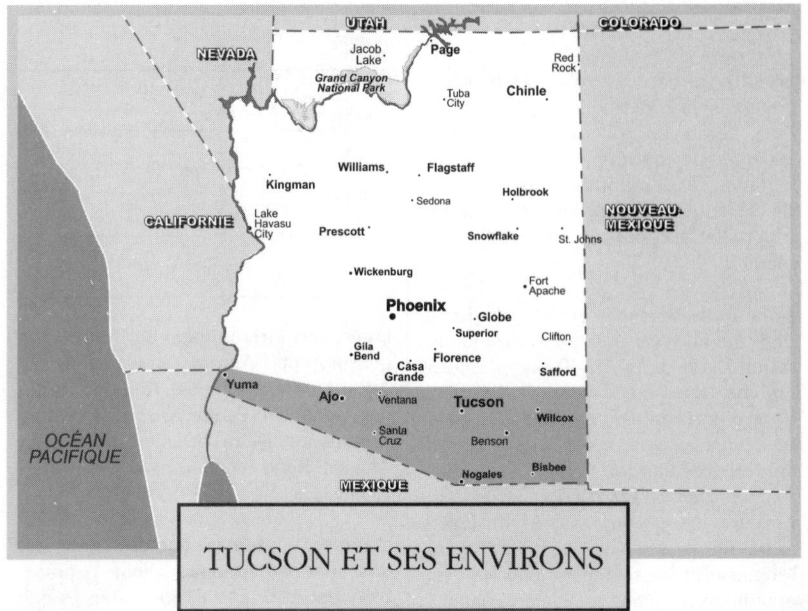

TUCSON ET SES ENVIRONS

Le sud de l'Arizona se présente comme une vaste région tantôt herbeuse tantôt désertique, ponctuée de certaines des plus belles montagnes de l'État. Quatre massifs possèdent des sommets de plus de 2 700 m : les Santa Catalinas, les Santa Ritas, les Huachucas et les Chiricahuas. Au cœur de cet ensemble vibre Tucson (prononcez *tiouçônne*), une métropole urbaine sortie du désert de Sonora. Une riche tradition culturelle qui provient aussi bien de la tribu des Indiens pimas que des communautés jésuites reflète les liens étroits qui unissent cette ville au Mexique voisin.

À l'est de Tucson s'étendent ici et là des portions de la Coronado National Forest. Au sud-est, les plaines herbeuses et ondulantes ainsi que les collines boisées qui entourent Patagonia comptent parmi les meilleures terres d'élevage de bovins et de chevaux de l'État, tandis que la région d'Elgin cultive des hectares de vignes verdoyantes dont les fruits servent à produire des vins locaux. Plus à l'est apparaît Sierra Vista, qui doit sa renommée au fort Huachuca, une base militaire historique dont les troupes ont vaincu le chef apache Geronimo. Quelque 11 400 soldats et civils y vivent encore de nos jours. Les communautés voisines de Tombstone et de Bisbee sont d'anciennes villes minières. Tombstone, la ville «trop coriace pour mourir», survit en vendant son histoire. C'est ainsi qu'on trouve à chaque coin de rue des expositions et des musées de toute sorte, payants bien entendu. Les visiteurs y affluent pour revivre la vie tapageuse de l'Ouest d'antan, qu'il s'agisse de la fusillade de l'O.K. Corral ou des parties de cartes du Bird Cage Theater. Bisbee, pour sa part, est devenue une paisible colonie d'artistes d'esprit plus bohème. Vous pourrez magasiner dans les bâtiments historiques de la rue principale, visiter d'anciennes mines et arpenter des rues étroites et pentues, émaillées de constructions victoriennes. Puis, autour de Willcox, les vergers et les champs regorgent de fruits et de légumes, et, l'automne venu, nombre de kiosques en bordure des routes proposent aux passants le produit des récoltes.

Au sud de Tucson s'étend la région la plus peuplée du sud de l'Arizona. En retrait de la route 19, Tubac s'impose comme une communauté d'artistes riche d'une centaine de studios et galeries. Plus au sud, c'est la ville frontalière de Nogales, où vous pourrez marchander des objets d'artisanat et faire l'expérience d'une cuisine mexicaine authentique. Au sud-ouest de Tucson repose une vaste région peu peuplée englobant la Papago Reservation, le Cabeza Prieta National Wildlife Refuge et l'Organ Pipe Cactus National Monument. Enfin, dans l'angle le plus occidental de l'État, surgit Yuma, une ville historique implantée sur le fleuve Colorado qui attire de plus en plus de résidants avec son climat subtropical verdoyant et ses terres fertiles, propices à la culture des légumes, des agrumes et des dattes.

Enfin, s'il est vrai que Tucson et le sud de l'Arizona regorgent d'histoire, c'est d'abord et avant tout pour la beauté naturelle des paysages que les gens s'y rendent, entre autres pour la solitude méditative du désert, qui semble s'étendre à l'infini et élargit ainsi les horizons de l'imagination.

POUR S'Y RETROUVER SANS MAL

L'indicatif régional est le 520, si non indiqué.

En avion

L'**aéroport international de Tucson** est desservi par Aeroliteral, Air Mexico, America West Airlines, American Airlines, American Eagle, Arizona Airways, Continental, Delta Air Lines, Northwest Airlines, Reno Air, Southwest et United Airlines.

L'**aéroport international de Yuma** est desservi par America West Express, Skywest et United Express, tandis que l'**aéroport municipal de Sierra Vista** l'est par West Express.

En train

Amtrak *(☎ 800-872-7245)* dessert la région avec son *Texas Eagle*, de même qu'avec son *Sunset Limited*. Gares à Tucson *(400 East Toole Street)*, à Benson *(angle 4th Street et San Pedro Street)* et à Yuma *(281 Gila Street)*.

En autocar

Greyhound Bus Lines *(☎ 800-231-222)* se rend à Tucson d'un peu partout au pays. La gare routière centrale se trouve à 2 South 4th Avenue *(☎ 792-3475)*. Parmi les autres gares routières du sud de l'Arizona, retenons celles de Nogales *(35 North Terrace Avenue, ☎ 287-5628)* et de Yuma *(170 East 17th Place, ☎ 783-4403)*, sans oublier celles de Benson et de Willcox.

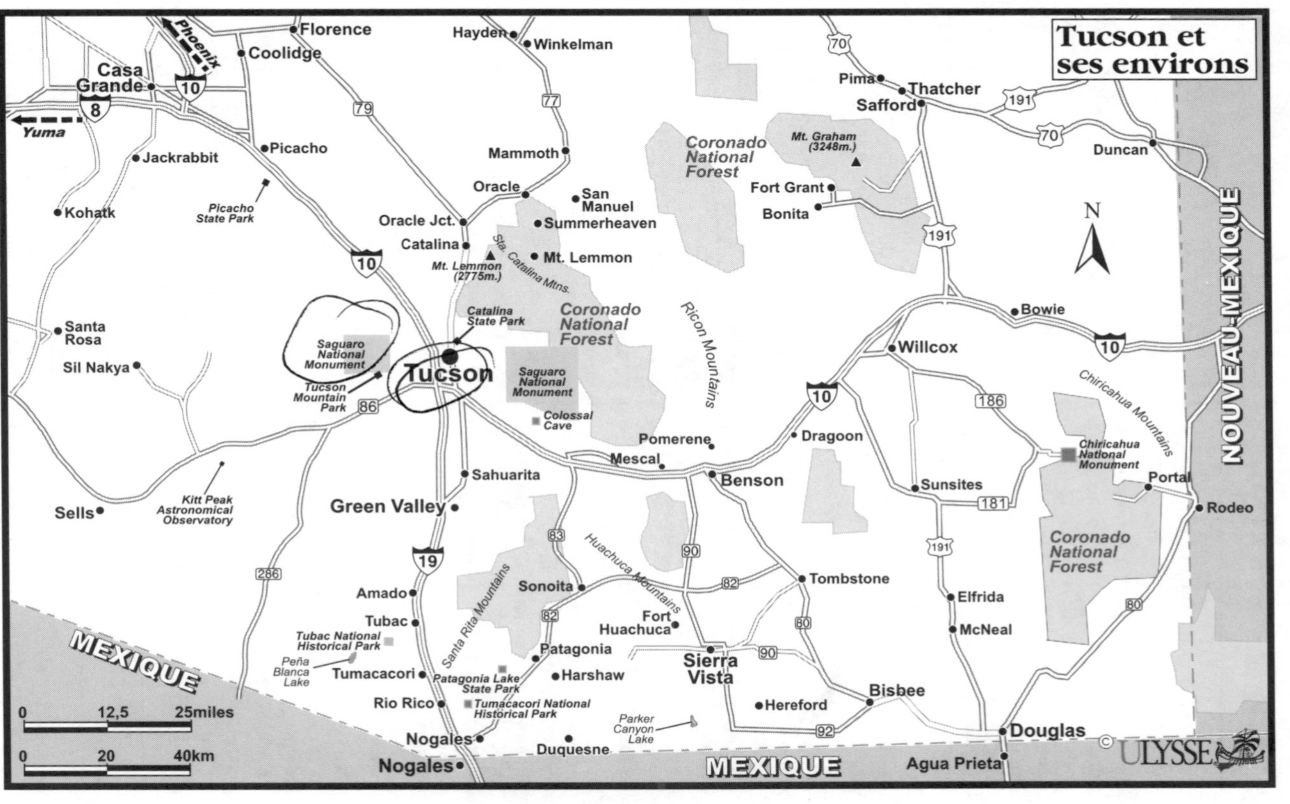

Tucson et ses environs
Florence
Coolidge
Casa Grande
Phoenix
Yuma
Jackrabbit
Picacho
Picacho State Park
Kohatk
Hayden
Winkelman
Mammoth
Oracle
Oracle Jct.
Catalina
San Manuel
Summerheaven
Mt. Lemmon
Mt. Lemmon (2775m.)
Sta. Catalina Mtns.
Catalina State Park
Coronado National Forest
Saguaro National Monument
Colossal Cave
Tucson
Tucson Mountain Park
Santa Rosa
Sil Nakya
Sells
Kitt Peak Astronomical Observatory
Green Valley
Sahuarita
Pomerene
Mescal
Benson
Ricon Mountains
Pima
Thatcher
Safford
Mt. Graham (3248m.)
Fort Grant
Bonita
Duncan
Bowie
Willcox
Dragoon
Sunsites
Chiricahua Mountains
Chiricahua National Monument
Portal
Rodeo
NOUVEAU-MEXIQUE
Amado
Tubac
Tubac National Historical Park
Peña Blanca Lake
Tumacacori
Rio Rico
Nogales
Santa Rita Mountains
Sonoita
Huachuca Mountains
Fort Huachuca
Patagonia
Harshaw
Patagonia Lake State Park
Tumacacori National Historical Park
Duquesne
Sierra Vista
Parker Canyon Lake
Hereford
Tombstone
Bisbee
Elfrida
McNeal
Douglas
Agua Prieta
MEXIQUE
0 12,5 25miles
0 20 40km
© ULYSSE

En voiture

De Tucson, la route 10 s'étire vers le nord en direction de **Phoenix**, puis croise la route 8, qui s'ouvre vers l'ouest en direction de **Gila Bend** et de **Yuma**. De Gila Bend, la route 85 pique vers le sud, devient la route 86 et traverse la réserve Papago avant d'atteindre **Tucson**. Au sud de Tucson, la route 19 va à **Nogales**, tandis que la route principale à l'est de Tucson est la route 10, qui se rend au Nouveau-Mexique. De la route 10 se détachent vers le sud la route 83 jusqu'à **Sonoita**, la route 90 jusqu'à **Sierra Vista**, la route 191 jusqu'à **Douglas** et la route 186 jusqu'au **Chiricahua National Monument**.

La location d'une voiture

Les agences de location possédant un comptoir à l'aéroport international de Tucson comprennent **Avis Rent A Car** *(☎ 800-331-1212)*, **Dollar Rent A Car** *(☎ 800-800-4000)*, **Hertz Rent A Car** *(☎ 800-654-3131)* et **National Interrent** *(☎ 800-227-7368)*.

À l'aéroport international de Yuma, ce sont **Avis Rent A Car** *(☎ 800-331-1212)*, **Budget Rent A Car** *(☎ 800-227-3678)* et **Hertz Rent A Car** *(☎ 800-654-3131)* et, à l'aéroport municipal de Sierra Vista, **Enterprise Rent A Car** *(☎ 800-325-8007)* et **Rent A Ride** *(☎ 800-982-4960)*.

Les taxis

Les principales compagnies de taxis de Tucson sont **ABC Cab Co.** *(☎ 623-7979)*, **Allstate Cab Co.** *(☎ 888-2999)*, **Checker Cab Co.** *(☎ 623-1133)* et **Yellow Cab Co.** *(☎ 624-6611)*.

À Sierra Vista, essayez **Call A Cab** *(☎ 458-5867)* ou **Cochise Cab Co.** *(☎ 458-3860)*.

Les transports publics

Pour tout renseignement sur le réseau d'autobus de la région de Tucson, appelez **Sun Tran** *(☎ 792-9222)*. À Nogales, les transports locaux sont assurés par **Dabdoub Bus Service** *(☎ 287-7810)*.

ATTRAITS TOURISTIQUES

Tucson ★★

L'insulte suprême à l'endroit d'un habitant de Tucson consiste à lui dire que sa ville est une copie de Phoenix. De fait, telles deux sœurs querelleuses, ces villes n'ont jamais entretenu de bons rapports, et chacune d'elle est fière de sa personnalité unique. Tandis que Phoenix se présente comme une grande ville étendue, accueillant avec plaisir un développement dynamique, Tucson préfère ne pas trop grossir et s'efforce de tenir les promoteurs à l'écart, surtout ceux qui pourraient nuire à son environnement. Phoenix vit à un rythme endiablé; Tucson se veut informelle, décontractée et peu pressée d'aller où que ce soit.

Entourée de cinq massifs montagneux et plantée dans un désert rébarbatif rempli de cactus, Tucson s'avère un endroit d'une beauté aride remarquable, avec un ciel dont rien ne bloque la vue

N
Catalina
Oracle Jct.
77
Rillito
River
River Road
Ruthrauff Road
Wetmore Road
10
Silverbell Road
Romeo Road
Oracle Road
Pontatoc Road
River Road
Prince Road
Sabino Canyon Rd
Miracle Mile
77
Fort Lowell Road
Campbell Ave.
Tucson Boulevard
1st Avenue
Park Avenue
Stone Ave.
Ironwood Hills Dr.
Grant Road
Elm St.
Country Club Road
W. Speedway Boulevard
E. Speedway Boulevard
University Blvd.
Anklam Road
6th Street
5th Street
Congress St.
Broadway
North
Gene C. Reid Park
Alvernon Way
Swan Road
Craycroft Road
Wilmot Road
Kolb Road
22nd Street
East 22nd Street
Aviation Hwy.
36th Street
36th Street
Golf Links Road
River
86
Tucson-Ajo Highway
Campbell Ave.
Palo Verde Road
Davis Monthan Air Force Base
Cruz
Mission Road
Valley Road
Irvington Road
Tucson-Benson Highway
Santa
19
Kino Blvd.
12th Avenue
Valencia Road
Valencia Road
Tucson-Nogales Highway
Valley Indian
Tucson International Airport
Alvenon Way
Wilmot Road
Attraits
1. Mission San Xavier del Bac
2. Old Tucson Studios
3. Arizona-Sonora Desert Museum
4. Tucson Botanical Gardens
5. A Mountain
6. University of Arizona
-Flandrau Science Center Planetarium
-Center for Creative Photography
- Museum of Art
7. Quartier historique d'El Presidio
8. Fort Lowell Museum
9. De Grazia Foundation and Gallery
10. Arizona Historical Society Museum
11. Pima Air and Space Museum
Tucson
0 1 2miles
0 2 4km
© ULYSSE

et un silence nocturne que seuls les hurlements des coyotes rompent à l'occasion. Les plus hauts sommets se couvrent de neige en hiver, et le désert s'enflamme de fleurs de cactus au printemps.

La plus grande partie des 29 cm de précipitations annuelles que connaît la région sont le fait de la mousson qui survient à la fin de l'été, alors que des orages balayent le désert en après-midi, accompagnés de vents forts et d'éclairs spectaculaires. En été, les températures maximales oscillent autour de 37 °C, alors qu'en hiver elles se rapprochent plutôt de 18 °C, ce qui fait de la ville un rendez-vous populaire auprès des vacanciers désireux de se reposer et de jouer au golf sous des cieux plus cléments.

Pour l'essentiel, on peut décrire Tucson comme une ville affable et sans prétention qui est bien dans sa peau. Il n'y a pas lieu ici de chercher à impressionner qui que ce soit en portant des vêtements signés par de grands couturiers; le jean convient parfaitement dans la plupart des établissements. La richesse et la consommation à outrance n'y ont guère cours non plus. La majorité des Tucsoniens ne sont pas venus ici pour faire fortune, mais plutôt pour vivre dans un magnifique cadre naturel entouré de plusieurs autres merveilles à faible distance de route.

L'héritage culturel de Tucson révèle un mélange d'influences espagnoles, mexicaines et amérindiennes. La ville ne se trouve qu'à 97 km de Nogales et de la frontière mexicaine, mais vous n'aurez même pas à franchir cette distance pour savourer des mets mexicains et apprécier les arts et la culture de ce pays. Éparpillées dans la vallée, les maisons d'adobes recouvertes de tuiles rouges trahissent par ailleurs l'amour des résidants pour l'architecture espagnole et amérindienne.

Les Indiens hohokams furent les premiers habitants de la région. Le père Eusebio Francisco Kino, un prêtre jésuite, vint œuvrer parmi eux et fonda une série de missions, dont la fameuse mission San Xavier del Bac de Tucson.

Par la suite, le drapeau espagnol flotta au-dessus de la ville, puis celui du Mexique, des États confédérés et enfin des États-Unis, Tucson devenant la capitale du Territoire de l'Arizona en 1867. Mais lorsque la capitale fut déplacée plus au nord, la ville mécontente se vit offrir l'Université de l'Arizona en guise de compensation, ce qui fit croître sa population. Celle-ci connut par ailleurs un autre sursaut immédiatement avant la Seconde Guerre mondiale, lorsque la base aérienne voisine Davis-Monthan entreprit de former des pilotes destinés à faire voler les bombardiers B-17. Aujourd'hui, 750 000 personnes vivent dans la région métropolitaine de Tucson, qui couvre une superficie de 1 295 km^2. L'université compte désormais 35 000 étudiants, et la base Davis-Monthan abrite 7 767 soldats et civils.

La numérotation des attraits réfère au plan de la ville de Tucson.

À 14 km au sud-ouest de Tucson, la **mission San Xavier del Bac ★★ (1)** *(suivez les panneaux indicateurs depuis la route 19 en direction du sud, ☎ 294-2624)* se trouve sur la réserve Tohono O'Odham. Aussi connue sous le nom de «Colombe Blanche du Désert», son éblouissante église d'adobes s'élève au-dessus du désert dénudé, somptueusement encadrée de

Mission San Xavier del Bac

ciel bleu sur un fond montagneux. Bien que les Jésuites aient fondé la mission au XVIIe siècle, le bâtiment actuel ne fut construit qu'entre 1783 et 1797, alliant des éléments architecturaux espagnols, byzantins et mauresques. On y pénètre par des portes en bois de prosopis rongées par le temps pour ensuite découvrir des bancs de bois usés et un véritable festin visuel de statues richement ornées, de sculptures, de motifs peints et de fresques. On peut également y assister à la messe du mardi au vendredi, le temple étant ouvert au public, ou visiter les lieux lors d'une célébration particulière. De l'autre côté du square de la **San Xavier Plaza**, des Amérindiens vendent du pain frit, des objets d'art et de l'artisanat.

En roulant vers le nord jusqu'au Speedway Boulevard, puis en tournant à gauche, vous atteindrez le col de Gates, où la route entreprend un parcours sinueux offrant de splendides panoramas de Tucson et du Tucson Mountain Park, au paysage émaillé de saguaros. C'est là que vous trouverez les **Old Tucson Studios ★ (2)** *(droit d'entrée; 201 South Kinney Road,* ☎ *883-0100)*, une ancienne ville frontalière de l'Ouest entièrement reconstituée. La firme cinématographique Columbia Pictures a créé les Old Tucson Studios en 1939 afin d'y tourner le film *Arizona*, et, depuis lors, plus de 200 films et séries télévisées y ont été réalisés, y compris *Rio Bravo*, *Gunfight at the O.K. Corral* et *El Dorado*. S'il y a un tournage en ville au moment de votre passage, surveillez les fusillades. Sinon, prenez place à bord d'un train miniature, assistez à des mises en scène sur les larges rues poussiéreuses, visitez les constructions d'adobes et de planches, et laissez-vous entraîner par la musique de

Doc Goodfellow

Au début des années 1880, Tombstone regorgeait de personnages plus colorés les uns que les autres. L'un d'eux, Doc Goodfellow, était un homme dont on avait grand besoin à la turbulente et périlleuse époque des chercheurs d'or. Surnommé le «médecin tireur», il tenait un cabinet au-dessus du Crystal Palace Saloon. Parmi ses hauts faits, retenons qu'il a réquisitionné et lui-même conduit une locomotive à vapeur afin de transporter plus rapidement un patient blessé par balle à un hôpital de Tucson, rampé dans un tunnel de mine complètement enfumé pour sauver des mineurs blessés, et chevauché jusqu'à une région montagneuse isolée pour soigner un voleur de bétail souffrant d'un empoisonnement au plomb.

danse, à moins que vous ne préfériez simplement magasiner.

À quelques minutes de route, plus loin sur Kinney Road, l'**Arizona-Sonora Desert Museum (3)** *(droit d'entrée; accessible aux fauteuils roulants; 2021 North Kinney Road, ☎ 883-2702)* est une sorte de croisement entre un zoo et un jardin botanique où vivent plus de 200 espèces animales et 1 400 espèces végétales originaires du désert de Sonora. On peut y admirer les expositions aquatiques et regarder vivre les animaux dans leur habitat désertique, ou encore pénétrer dans une volière et à l'intérieur d'une grotte calcaire reconstituée. Vaut assurément le déplacement.

Les **Tucson Botanical Gardens (4)** *(droit d'entrée; 2150 North Alvernon Way, ☎ 326-9255)* renferment un petit champ de cultures amérindiennes, un jardin de cactus et de plantes grasses, une serre tropicale, un jardin d'herbes aromatiques, un jardin «sensoriel» et un *xeriscape* (jardin aride paysager) d'exposition. Mais le jardin historique demeure peut-être le plus fascinant, avec ses verts feuillages et ses fleurs abondantes entourant la Porter House et reflétant bien l'époque de sa construction dans les années vingt.

Pour une vue panoramique sur Tucson à partir d'une hauteur de 945 m, rendez-vous au sommet d'**A Mountain (5)** *(empruntez la sortie de Congress Street à l'ouest de la route 10 jusqu'à Cuesta Street, puis prenez vers le sud sur Sentinel Peak Road)*. Les pionniers de l'époque territoriale utilisaient ce poste d'observation pour voir venir les envahisseurs apaches. Aujourd'hui, les seuls envahisseurs sont les étudiants, qui ont coutume d'en blanchir le *A* à la chaux avant la première partie de football américain de la saison, et ce depuis 1915.

La **University of Arizona ★ (6)**, un campus universitaire de 121 ha ponctué de bâtiments en brique rouge, occupe une grande partie de Tucson. Si vous songez à visiter les lieux, sachez qu'on y trouve quelques points d'intérêt et que des étudiants volontaires organisent gratuitement des visites du vaste campus une ou deux fois par jour. Pour connaître l'horaire de ces visites, composez le ☎ 621-3641.

Un des attraits incontournables de l'université est le **Flandrau Science**

Center & Planetarium ★ *(droit d'entrée pour les spectacles au laser; angle University Boulevard et Cherry Avenue, ☎ 621-7827)*, avec ses projections de rayons laser, sa boutique scientifique, son observatoire public doté d'un télescope de 41 cm et ses pièces d'exposition scientifiques, telle cette reproduction à l'échelle d'un astéroïde, à l'intérieur duquel on peut marcher, et ses vitrines portant sur les cieux étoilés. Le **Center for Creative Photography** *(☎ 621-7968)* possède, quant à lui, non seulement une collection de plus de 50 000 photographies, mais aussi des galeries d'exposition et des installations propres à la recherche. Des expositions de photographies de la collection permanente et des expositions temporaires honorent les galeries. Quant au **University of Arizona Museum of Art** ★★ *(angle Park Avenue et Speedway Boulevard, ☎ 621-7567)*, il renferme des œuvres de la Renaissance et des réalisations subséquentes d'origine aussi bien européenne qu'américaine, y compris des Rembrandt, des Picasso, des Rothko et des O'Keefe. La collection regroupe plus de 3 000 peintures, sculptures, croquis et gravures.

Le **quartier historique d'El Presidio** ★ **(7)** *(entre Church Avenue et Alameda Street)* était jadis le Presidio de San Augustín del Tucson, circonscrit d'un mur d'adobes haut de 3,7 m par l'armée espagnole en 1783. Aujourd'hui, le principal attrait en est le **Tucson Museum of Art** *(droit d'entrée; 140 North Main Avenue, ☎ 624-2333)*, un complexe voué à l'art précolombien, à l'art moderne américain et à l'art du Sud-Ouest, sans compter plusieurs maisons historiques et la Place des Pionniers, où est exposée la collection de sculptures du musée.

Le **Fort Lowell Museum (8)** *(2900 North Craycroft Road, ☎ 885-3832)* présente une reconstruction des quartiers des premiers officiers tels qu'ils apparaissaient à l'époque où le fort constituait un poste militaire clé, soit au cours des guerres contre les Apaches dans les années 1870 et 1880. La vie de poste frontalier arizonien s'y révèle à travers des meubles, de l'équipement militaire et des objets divers.

Feu Ted De Grazia connut la renommée en peignant des scènes impressionnistes du Sud-Ouest et de ses habitants. Aujourd'hui, sa maison et ses galeries, regroupées sous le nom de **De Grazia Foundation and Gallery (9)** *(6300 North Swan Road, ☎ 299-9191)* sont ouvertes au public. Des lucarnes percées dans la structure d'adobes baignent ses tableaux de lumière. En parcourant l'exposition, vous passerez sous des arches en brique et admirerez les jardins paysagers qu'il soigna avec tant d'amour de son vivant. L'architecture inusitée des lieux, avec entre autres une grille en fer inspirée de la prison historique de Yuma, justifie à elle seule une visite.

Le plus vieux musée historique de l'Arizona, l'**Arizona Historical Society Museum (10)** *(949 East 2nd Street, ☎ 628-5774)* renferme de tout, d'une reproduction grandeur nature d'un tunnel de mine à une exposition sur l'histoire des transports.

Le **Pima Air and Space Museum (11)** *(droit d'entrée; 6000 East Valencia Road, ☎ 574-0462)* possède une des plus importantes collections d'avions historiques au monde. Parmi les 185 appareils représentés, vous découvrirez le *Superforteresse B-29* de Boeing, semblable à celui qui a lâché la première bombe atomique sur le Japon, et le *SR-71 BlackBird*, l'appareil le plus rapide du monde.

Pour une expérience vraiment hors du commun, arrêtez-vous à **Bio-sphere 2** ★★ *(droit d'entrée; route 77, Mile Marker 96.5, Oracle, ☎ 896-2108)*, une réplique miniature de 1,2 ha de la Terre, d'ailleurs controversée, qui renferme une forêt tropicale humide, une savane, un marécage et un désert. La structure entièrement hermétique abrite des équipes de chercheurs qui y vivent pendant plusieurs mois sans en sortir, cultivant leur propre nourriture, élevant des animaux et s'efforçant de devenir complètement autosuffisants. Bien qu'on ne puisse pénétrer à l'intérieur de la structure, vous pourrez tout de même admirer l'extérieur de ce monolithe ultramoderne de verre et d'acier, jeter un coup d'œil à travers ses murs vitrés et faire une halte au centre d'accueil des visiteurs.

À l'est de Tucson

L'Ouest sauvage revit dans cette région de l'Arizona où, à une certaine époque, meurtre et lynchage faisaient partie des passe-temps quotidiens, où le poker jouissait d'une plus grande popularité que la messe du dimanche et où le whisky était roi. Bien que ce coin de pays soit surtout connu pour ses lieux d'infamie, dont Boot Hill et l'O.K. Corral, il révèle également des villes minières historiques comme Bisbee, des stations thermales et un temple de la renommée où sont immortalisés d'illustres cow-boys.

En empruntant la route 10 vers l'est, un des premiers attraits que vous croiserez est la **Colossal Cave** *(droit d'entrée; en retrait de l'Old Spanish Trail, Vail, ☎ 647-7275)*, une des plus vastes cavernes sèches du monde. Située dans les monts Rincon, elle servait autrefois d'abri aux Amérindiens et aux hors-la-loi. Au cours de la visite de 50 min, un système d'éclairage dissimulé illumine des formations comme la Frozen Waterfall (chute gelée) et le Kingdom of the Elves (royaume des elfes).

Plus à l'est, toujours sur la route 10, apparaît Benson, dont l'**Arts & Historical Museum** *(fermé dim-lun; 180 South San Pedro Street, ☎ 586-3070)* raconte comment la ville s'est développée avec l'arrivée du chemin de fer. À l'intérieur, vous découvrirez des antiquités et des objets fabriqués. Une boutique de souvenirs propose des objets d'art et d'artisanat locaux.

En route vers les villes de l'Old West que sont Bisbee et Tombstone, faites un détour en direction d'Elgin. Vous pénétrerez ainsi dans ce qui peut sembler, à première vue, un oxymoron : les **vignobles de l'Arizona.** Mais quoiqu'on en pense, il existe effectivement plusieurs vignobles dans la région, qui vous fourniront l'occasion d'une agréable balade. Dans la ville même d'Elgin, vous trouverez la **Chapel of the Blessed Mother, Consoler of the Afflicted**, une petite chapelle plantée au beau milieu d'étendues herbeuses, de vignes et de cotonniers. Administrée par les Monks of the Vine, une confrérie vinicole régionale, elle est ouverte au public.

En piquant vers le sud sur la route 90, vous ne pouvez manquer le **fort Huachuca** ★ *(Sierra Vista, ☎ 538-7111)*, un monument historique érigé en 1877 afin de protéger les colons contre les raids des Apaches. C'est d'ailleurs à la garnison du fort Huachuca qu'on doit d'avoir finalement traqué et vaincu le chef apache Geronimo. Aujourd'hui, ce complexe de 29 500 ha abrite le U.S. Army Intelligence Center (service de renseignements de l'Armée américaine). Un de ses atouts les plus marquants est le Fort Huachuca Museum, qui occupe un bâtiment du début du siècle originellement construit pour servir de quartiers aux officiers célibataires. On y trouve des objets militaires, des dioramas et des vitrines exposant l'histoire du fort. Pour une vue panoramique sur le fort et la ville, suivez la Reservoir Hill Road. Les pique-niqueurs trouveront pour leur part de beaux endroits où s'installer sous de grands arbres sur la base même. Pour obtenir un plan des lieux, arrêtez-vous au centre d'accueil des visiteurs à l'entrée.

Prenez la route 92 vers le sud, et vous arriverez à un endroit connu des ornithologues du monde entier. La **Ramsey Canyon Preserve** *(route 92, à 8 km au sud de Sierra Vista, ☎ 378-2785)* abrite en effet une variété d'oiseaux, dont 14 espèces d'oiseaux-mouches en été. N'oubliez donc pas vos jumelles! On y aperçoit aussi fréquemment des cerfs de Virginie, des écureuils gris et des coatis. Cette gorge boisée de 113 ha, nichée parmi les monts Huachuca, appartient à l'Office des eaux et forêts.

Reprenez la route 90 pour une courte balade jusqu'à **Bisbee ★**, à proximité de la frontière mexicaine. Ancienne ville minière devenue colonie d'artistes, cette localité regorge de maisons victoriennes perchées à flanc de colline, de boutiques originales et de restaurants. Pour connaître l'histoire complète de la ville, commencez par le **Bisbee Mining & Historical Museum** *(droit d'entrée; 5 Copper Queen Plaza, Bisbee, ☎ 432-7071)*, situé dans l'ancien siège social de la Copper Queen Consolidated Mining Co. Sur la pelouse de la façade gisent d'anciennes pièces d'équipement minier, tandis qu'à l'intérieur du bâtiment en brique rouge de 1897 vous trouverez des murs tapissés de grandes photographies, des objets variés et des aires de plain-pied illustrant divers aspects de l'histoire de Bisbee.

Pour un contact de première main avec l'histoire des mines de la région, enfilez une combinaison, mettez un casque muni d'une lampe et prenez place à bord du train souterrain du **Queen Mine Underground Tour** *(droit d'entrée; 118 Arizona Street, Bisbee, ☎ 432-2071)*. Un ex-mineur vous entraînera à travers la mine Copper Queen, prospère pendant plus de 60 ans avant qu'elle ne soit fermée en 1944. L'air est frais à l'intérieur de la mine, de sorte qu'il vaut mieux prendre un gilet. De là, vous pouvez aussi prendre part au **Lavender Open Pit Mine Tour**, une visite commentée en bus de 21 km autour du gouffre de 121 ha dont on a extrait près de 350 millions de tonnes métriques de minerai, de terre et de roc. Pour compléter le tout, le **Historic District Tour** parcourt le vieux Bisbee et met l'accent sur des édifices tels que le Copper Queen Hotel et le Phytian Castle.

Poursuivez votre voyage dans le temps en vous arrêtant au **Slaughter Ranch** *(droit d'entrée; fermé lun-mar; Geronimo Trail, ☎ 558-2474)*, à proximité de la frontière mexicaine, à 26 km à l'est de Douglas. Aujourd'hui devenu un monument historique, ce ranch était autrefois le lieu de résidence de John Slaughter, un ancien ranger texan, shérif du comté de Cochise et un des pères fondateurs de Douglas. Il fit l'acquisition de terres fertiles en 1884, qu'il transforma en ranch d'élevage de bétail. La maison de Slaughter et une demi-douzaine d'autres bâtiments au décor d'époque occupent encore ce site de 57 ha.

Au nord-ouest de Douglas s'étend **Tombstone ★**, la ville «trop coriace pour mourir». Le prospecteur Ed Shieffelin y a acheté une concession d'argent en 1877, après quoi l'endroit est devenu une ville de l'Ouest on ne peut plus sauvage, avec des saloons et des salles de jeux à toutes les deux ou trois portes, dit-on. Malheureusement, cette localité est aujourd'hui touristique à l'extrême, et chacun de ses attraits ne vise qu'à vous faire sortir vos billets verts, ce qui ne vous empêchera pas d'y découvrir quelques haltes intéressantes. Le **Tombstone Courthouse** *(droit d'entrée; 219 Toughnut Street, ☎ 457-3311)* renferme une salle d'audience restaurée et deux étages d'expositions historiques qui reflètent les hauts et les bas de cette ville jadis si tapageuse. Appartenant désormais au Service des parcs arizonien, ce bâtiment de brique rouge fut le palais de justice de la ville de 1882 à 1929.

Allen Street constitue le cœur de Tombstone. À l'une de ses extrémités se dresse le **Bird Cage Theatre** *(droit d'entrée; angle 6th Street et Allen Street, ☎ 457-3421)*, un célèbre rendez-vous nocturne de la fin du XIXe siècle aujourd'hui devenu un monument national. Au-dessus du casino et de la piste de danse, les prostituées locales proposaient leurs services du haut de compartiments semblables à des cages d'oiseau. Si vous vous donnez la peine de les compter, vous dénombrerez 140 trous de balle dans les murs et les plafonds de l'établissement. C'est également ici que, selon la légende, s'est déroulée la plus longue partie de poker de toute l'histoire de l'Ouest; elle aurait duré neuf ans!

La plus célèbre de toutes les fusillades de Tombstone se produisit en 1881 à l'**O.K. Corral** *(droit d'entrée; Allen Street, ☎ 457-3456)*, un peu plus loin que le Bird Cage Theatre. Des personnages grandeur nature se tiennent dans le corral tandis qu'un narrateur raconte les événements. Un bâtiment voisin présente d'anciennes photographies de Tombstone et d'autres objets historiques.

Les perdants de la fusillade et d'autres bandits de l'époque sont enterrés au **Boot Hill Graveyard ★** *(route 80 West, Tombstone, ☎ 457-9344)*. Pénétrez dans le cimetière par la boutique de souvenirs, et regardez les rangées de tombes, qui ne sont guère plus que des tas de cailloux surmontés de croix blanches, mais aussi la vue spectaculaire de la région qui s'offre à vous de cet endroit.

Fondé en 1880, le ***Tombstone Epitaph*** *(9 South 5th Street, Tombstone, ☎ 457-2211)* est encore publié de nos jours. Dans un coin des bureaux du journal se trouvent la presse originale et d'autres pièces d'équipement typographique. Comme les gens d'ici se plaisent à le dire, toute pierre tombale (*tombstone*) devrait porter une épitaphe.

Après vous en être écarté pour voir Sierra Vista, Bisbee et Tombstone, retournez à la route 10 et dirigez-vous vers l'est afin d'atteindre Dragoon, où ne se trouve guère autre chose que le siège de l'**Amerind Foundation** *(droit d'entrée; Dragoon Road, ☎ 586-3666)*.

Il s'agit toutefois là d'un véritable trésor caché parmi les formations rocheuses du Texas Canyon. Le centre de re-

L'hôtel Gadsden

Construit en 1907 par des gens qui ne regardaient pas à la dépense, l'hôtel Gadsden de Douglas était le rendez-vous social et financier des éleveurs de bétail et de riches mineurs. Les éleveurs fréquentaient volontiers son Saddle and Spur Saloon, où, moyennant finances, ils pouvaient faire peindre la marque de leur ranch sur les murs. Par ailleurs, un des points de ralliement favoris des résidants de Douglas au cours de la Révolution mexicaine était, aussi étrange que cela puisse paraître, le toit de l'hôtel! Ce poste d'observation leur permettait en effet d'assister aux premières loges au déploiement des troupes du général Francisco «Pancho» Villa contre les Federales, à Agua Prieta. Le seul inconvénient était que les balles perdues forçaient parfois les spectateurs à se mettre à couvert.

cherche et le musée de cette institution sont consacrés à la culture et à l'histoire des Amérindiens depuis leur ouverture en 1937. Vous y visiterez des bâtiments de style néocolonial espagnol renfermant des objets autochtones, dont des ouvrages en perles multicolores, des costumes, des masques rituels et des armes, mais aussi des œuvres d'art western, y compris des réalisations de Frederic Remington et de William Leigh.

Un autre volet de l'histoire de l'Ouest vous attend plus loin sur la route 10, à Willcox, au **Museum of the Southwest** *(dim 13h à 17h; 1500 North Circle I Road, ☎ 384-2272)*, adjacent au Cochise Information Center. On y trouve un buste du chef Cochise, des objets fabriqués par les Amérindiens, une carriole et une collection de roches et de minéraux.

Le plus célèbre cow-boy de la région fut Rex Allen, né à Willcox en 1920. Le **Rex Allen Arizona Cowboy Museum** *(155 North Railroad Avenue, ☎ 384-4583)* présente non seulement des souvenirs de la vie de ce personnage, de sa propriété et de la vie de ranch qu'il menait à Willcox, mais aussi de ses films et de ses prestations télévisées. Une autre section du musée rend hommage aux pionniers et aux propriétaires de ranchs de l'Ouest américain.

Au sud et à l'ouest de Tucson

Loin des sentiers battus, le sud-ouest de l'Arizona possède le plus important centre astronomique de la planète, des villes mortes retirées de tout, des réserves fauniques et un parc entièrement dédié au peu commun cactus géant qu'est l'*organ pipe cactus*, ou «tuyau d'orgue». C'est également là que disparaît la civilisation et que le désert reprend tous ses droits.

En vous dirigeant vers le sud sur la route 19, vous croiserez la communauté de retraités de Green Valley et arriverez au **Titan Missile Museum** *(droit d'entrée; fermé lun-mar en été; 1580 Duval Mine Road, ☎ 791-2929)*, le seul complexe de missiles balistiques intercontinentaux ouvert au public dans le monde entier. On vous y entraînera dans les entrailles de la terre pour y voir un silo de lancement et assister au compte à rebours qui précède la mise en orbite d'un missile *Titan*, une expérience pour le moins troublante.

Si vous préférez vous éloigner de la haute technologie balistique pour approfondir l'histoire de la région, poussez votre visite plus au sud, sur la route 19, jusqu'à Tubac. Les Espagnols y ont jadis construit un poste de commande, en 1752, destiné à protéger les colons contre les Amérindiens. Au **Tubac Presidio State Historic Park** *(droit d'entrée; ☎ 398-2252)*, vous pourrez admirer les vestiges du mur d'enceinte et des fondations des fortifications originales, une école de 1885 et un musée détaillant l'histoire de Tubac.

Encore quelques minutes de route, toujours sur la 19, et vous apercevrez les ruines d'une église de mission frontalière espagnole en adobe du **Tumacacori National Historical Park** *(droit d'entrée; sortie 29 de la route 19, Tumacacori, ☎ 398-2341)*. Outre son musée, vous pourrez visiter l'église baroque, achevée en 1822, ainsi que les ruines voisines, parmi lesquelles une chapelle mortuaire circulaire et un cimetière. Comme peu de nouvelles constructions ont vu le jour dans les environs, vous aurez bel et bien l'impression de remonter le temps.

Plus au sud, la route 19 atteint la frontière mexicaine. Nogales (Mexique) est une ville frontière où vous pourrez faire des achats à bon prix, vous restaurer et voir quelques attraits. De l'autre côté de la frontière, à **Nogales** (Arizona), des photographies et des objets variés retracent l'histoire de la ville au **Pimeria Alta Historical Society Museum** *(223 Grand Avenue, ☎ 287-4621)*, une sorte de bâtiment de mission qui abritait autrefois l'hôtel de ville, le poste de police et la caserne de pompiers.

Si vous désirez faire une excursion sur le fleuve Colorado, songez aux vedettes de **Yuma River Tours** *(1920 Arizona Avenue, Yuma, ☎ 783-4400)*, qui vous fera voir des pétroglyphes, de riches propriétés, les ports d'attache de bateaux à vapeur et des campements miniers (voir p 128).

Immédiatement en bordure de la route 82, vous croiserez quelques **villes mortes**, dont Harshaw et Duquesne. Cette dernière fut établie comme centre minier au début du siècle et vint à compter jusqu'à 1 000 habitants, parmi lesquels M. Westinghouse, de la Westinghouse Electric. Quant à Harshaw, elle a été fondée autour de 1875, et l'on y a exploité une centaine de mines. Aujourd'hui, il ne reste de ces deux localités que des ruines et des cimetières. Notez par ailleurs que certaines des routes qui y donnent accès sont extrêmement cahoteuses et accidentées.

Tucson et sa région sont connues comme la capitale mondiale de l'astronomie, et l'on y trouve plus d'observatoires que partout ailleurs. Un des plus célèbres est le **Kitt Peak National Observatory** *(droit d'entrée; à 90 km au sud-ouest de Tucson par la route 386, ☎ 318-8600)*. Après avoir gravi une route de montagne, vous apercevrez les dômes d'un blanc étincelant de l'observatoire ainsi que ses 21 télescopes. Au cours des visites guidées, vous pourrez même pénétrer à l'intérieur de certains télescopes, y compris celui de 4 m de diamètre, aussi haut qu'un édifice de 18 étages. Il y a également un musée avec des vitrines sur l'observatoire. Si vous projetez d'y passer un certain temps, apportez de quoi vous restaurer, car l'ascension est longue jusqu'au sommet de la montagne, et il n'y a rien à manger là-haut.

Ted De Grazia

Un des artistes les plus réputés de l'Arizona fut Ted De Grazia, qui a représenté le Sud-Ouest américain dans ses peintures, gravures, sculptures de bronze et assiettes de collection. Ses œuvres distinctives à caractère impressionniste, caractérisées par des couleurs vives et des visages dépourvus de traits, honorent la De Grazia Gallery in the Sun de Tucson. Né à Morenci, Arizona, en 1909, De Grazia a passé sa vie à parcourir le Mexique et le sud-ouest des États-Unis en quête de l'héritage des tribus apaches, navajos, yaquis et papagos tout en récoltant au passage trois diplômes en art. Une de ses initiatives les plus étonnantes fut de brûler, en 1976, 150 de ses toiles – évaluées à 1,5 million de dollars – en guise de protestation contre les lourds impôts incombant aux héritiers des artistes. Il fulminait en effet contre le fait que son épouse devrait vendre la plus grande partie de ses tableaux à seule fin d'acquitter les droits successoraux associés à leur valeur au moment de sa mort. Il mourut du cancer en 1982.

En parcourant environ 160 km vers l'ouest sur la route 86, vous arriverez à **Ajo**, une petite ville panoramique dont le centre est marqué par une place entourée de bâtiments de style colonial espagnol. Il s'agit par ailleurs d'une ancienne ville minière vouée à l'extraction du cuivre, et elle en porte encore les cicatrices. La **New Cornelia Copper Mine** *(fermé sam-dim; La Mina Road, ☎ 387-7451)* est une des plus grandes mines de cuivre à ciel ouvert au monde, son gouffre ayant un diamètre de 1,6 km. Bien qu'on y ait cessé toute activité en 1984, vous pourrez vous rendre au bord du gouffre et obtenir plus de renseignements sur l'exploitation de la mine au centre d'accueil des visiteurs, tout près.

De là, rendez-vous à l'**Ajo Historical Society Museum** *(160 Mission Street, ☎ 387-7105)*, aménagé à l'intérieur de la St. Catherine's Indian Mission, une église en stuc bâtie dans les années quarante. Vous y trouverez des vestiges retraçant l'histoire d'Ajo, y compris une forge, un cabinet de dentiste, une imprimerie et des objets amérindiens tels que de vieilles selles trouvées sur des tombes.

Au départ d'Ajo, roulez vers le nord sur la route 85 jusqu'à la route 8, puis vers l'ouest jusqu'à Wellton. Prenez garde car vous pourriez facilement manquer le **McElhaney Cattle Company Museum** *(Avenue 34, Wellton, ☎ 785-3384)* et son amusante collection d'antiquités, parmi lesquelles des bogheis, des carrioles, une charrette à armature métallique recouverte de toile, un ancien fourgon mortuaire, plusieurs diligences, une pompe à incendie et des voitures anciennes.

Beaucoup plus à l'ouest, près de la frontière californienne, se trouve **Yuma**. Jadis un chantier de bateaux à vapeur et un point de traversée important sur le fleuve Colorado, Yuma est aujourd'hui une ville animée dont la population vit de l'agriculture et jouit d'un climat subtropical. La première construction majeure y fut la **Yuma Territorial Prison** *(droit d'entrée; 1 Prison Hill*

Road, ☎ 783-4771), qui servit de pénitencier entre 1876 et 1909, et qui est aujourd'hui devenue un parc d'État historique. Dans ce «trou de l'enfer», comme on l'appelle en Arizona, la vie en ses murs était rude, et les prisonniers qui s'en échappaient devaient affronter le désert hostile et les courants du fleuve Colorado. On peut maintenant visiter les tristes cellules et monter à la tour de garde, d'où l'on voit bien le fleuve et les environs.

En face de la prison, de l'autre côté du fleuve, découvrez le **Quechan Indian Museum** *(droit d'entrée; fermé dim; Indian Hill Road, ☎ 572-0661)*, un des plus anciens postes militaires de la région, aujourd'hui devenu le siège administratif de la tribu des Indiens quechuas. Divers objets y sont exposés.

La plaque tournante en ce qui a trait à l'approvisionnement des troupes du Territoire de l'Arizona était le **Yuma Quartermaster Depot** *(droit d'entrée; 201 North 4th Avenue, ☎ 329-0404)*, en activité jusqu'à sa fermeture en 1883. Plusieurs des bâtiments originaux subsistent encore, y compris les quartiers des officiers en chef et l'office de l'intendant militaire *(quartermaster)*. Des interprètes en costume d'époque vous feront visiter le complexe.

L'histoire de Yuma se révèle encore davantage à vos yeux à l'**Arizona Historical Society Century House Museum** *(240 South Madison Avenue, ☎ 782-1841)*. Jadis la demeure du pionnier et négociant E.F. Sanguinetti, il renferme désormais des objets variés, des photographies et des meubles del'époque territoriale. Tout autour s'étendent des jardins colorés et des volières où s'ébattent des oiseaux exotiques.

Le **Yuma Art Center** *(droit d'entrée; 377 Main Street, ☎ 783-2314)* présente des expositions temporaires d'œuvres réalisées par des artistes contemporains du Sud-Ouest.

Pour faire une excursion sur le fleuve Colorado, songez à une promenade en vedette. **Yuma River Tours** *(droit d'entrée; 1920 Arizona Avenue, ☎ 783-4400)* vous fera voir des pétroglyphes, de grandes propriétés, des quais d'accostage pour bateaux à vapeur, des camps miniers et d'autres attraits majeurs laissés par les Amérindiens et les pionniers.

Gene C. Reid Park

Ce parc de 53 ha est une oasis de verdure en plein désert avec des étendues herbeuses ponctuées d'arbres mûrs. On y trouve plusieurs installations récréatives, y compris deux terrains de golf, une piscine, un étang, des courts de tennis et de racket-ball, de même qu'un terrain de base-ball, sur lequel des équipes des ligues majeures viennent s'entraîner au printemps. Parmi les autres attraits du site, mentionnons le Reid Park Zoo et la roseraie, qui compte plus de 2 000 plantes.

Installations et services : tables à pique-nique et abris, toilettes, zoo, centre récréatif et location de pédalos; pour de plus amples renseignements, composez le ☎ 791-4873.

Comment s'y rendre : le parc est délimité par Broadway Boulevard,

22nd Street, Country Club Road et Alvernon Way.

Tucson Mountain Park ★

Des routes sinueuses et escarpées vous conduiront à cette haute zone désertique de 8 100 ha boisée d'*ocotillos*, de *palo verdes*, de prosopis et de *saguaros*, par ailleurs entourée de sommets volcaniques déchiquetés. Un point très fréquenté est le promontoire de Gates Pass, tout juste après Speedway; vous pourrez vous y garer et admirer la vue panoramique sur Tucson, la vallée d'Avra et le Kitt Peak, sans parler des fameux couchers de soleil arizoniens. Le parc renferme en outre le Sonora Desert Museum et le vieux Tucson.

Installations et services : aires de pique-nique, champs de tir à l'arc et au fusil. *Chasse* : chasse à l'arc autorisée en saison, pourvu que vous déteniez un permis en règle; pour de plus amples renseignements, composez le ☎ 740-2690.

Camping : le Gilbert Ray Campground dispose de 160 emplacements avec prises de courant *(tentes 7 $, véhicules récréatifs 9 $)*; pour information, appelez au ☎ 883-4200.

Comment s'y rendre : situé à 16 km à l'ouest des limites de la ville en bordure de Gates Pass Road (aucun véhicule récréatif ne peut circuler sur cette route); une autre entrée se trouve sur Kinney Road, en retrait d'Ajo Way.

Fort Lowell Park

Alliant histoire et activités récréatives, ce parc convient parfaitement aux familles. Le fort Lowell était jadis un poste militaire et un dépôt d'approvisionnement de premier plan. En vous promenant entre les arbres de Cottonwood Lane, vous apercevrez plusieurs ruines, dont celles de l'hôpital militaire, construit d'adobes en 1875. Plus loin, les quartiers des officiers, entièrement reconstitués, abritent un musée. Ce parc de 24 ha possède en outre un étang avec une fontaine en son centre et de nombreux canards affamés tout autour, de même qu'un sentier ponctué de haltes clairement identifiées.

Installations et services : aires de pique-nique et abris, courts de tennis et de racket-ball, piscine et terrain de baseball éclairé; pour de plus amples renseignements, composez le ☎ 791-4873.

Comment s'y rendre : situé au 2900 North Craycroft Road.

Saguaro National Park ★

Créé en vue de protéger le saguaro, ce cactus qu'on trouve principalement en Arizona, le monument se divise en deux secteurs de part et d'autre de Tucson. Le plus populaire est le Rincon Mountain District, à l'est de la ville; il couvre une superficie de 28 286 ha, et son aménagement date de 1933. Débutez votre visite au centre d'accueil, où l'on présente des dioramas et diverses vitrines sur la géologie et l'histoire du monument. Engagez-vous ensuite sur la Cactus Forest Drive, une boucle panoramique de 13 km, le long de laquelle vous pourrez admirer de hauts saguaros aux bras déployés.

Quant au Tucson Mountain District, d'une superficie de 8 392 ha, il s'étend à l'ouest de la ville et se distingue surtout par sa Bajada Loop Drive, qui traverse une dense forêt de saguaros ponctuée de pétroglyphes amérindiens. Au total, plus de 160 km de sentiers de randonnée sillonnent l'ensemble du parc.

Installations et services : aires de pique-nique, toilettes et grils au vent; pour de plus amples renseignements sur le parc, composez le ☎ 733-5100 ou, pour joindre directement le Rincon Mountain District, le ☎ 733-5153, et pour le Tucson Mountain District, le ☎ 733-5158.

Comment s'y rendre : empruntez l'Old Spanish Trail vers l'est sur environ 5 km, au-delà des limites de la ville, pour accéder au Rincon Mountain District; le Tucson Mountain District se trouve à 3 km au-delà de l'Arizona-Sonora Desert Museum par Kinney Road.

Sabino Canyon ★

Un des endroits les plus panoramiques de la région est une route qui franchit les monts Santa Catalina à l'intérieur de la Coronado National Forest. Vous pouvez parcourir le secteur à pied ou prendre la navette qui décrit une boucle de 12 km parsemée de cotonniers, de sycomores, de frênes et de saules. Le Sabino Creek suit le tracé de la route avec ses bassins et ses cascades surmontées de ponts de pierre. La navette effectue neuf arrêts le long du parcours, de sorte que vous pouvez monter ou descendre du véhicule quand bon vous semble. Pour les âmes romantiques, la navette propose également des balades nocturnes les soirs de pleine lune entre avril et juin, de même que de septembre à décembre. Elle peut en outre vous emmener à la Bear Canyon Trail, distante de 4 km, où vous pourrez faire trois autres kilomètres à pied jusqu'aux Seven Falls, à savoir une succession de cascades dévalant le flanc d'une colline sur une hauteur d'environ 150 m.

Installations et services : toilettes et centre d'accueil; pour information générale, ☎ 749-8700; pour tout renseignement concernant la navette, ☎ 749-2861.

Comment s'y rendre : le Sabino Canyon se trouve à l'extrémité nord de la Sabino Canyon Road, juste avant qu'elle ne se termine en cul-de-sac près de l'intersection avec la Sunrise Drive.

Mount Lemmon

Au cours de l'heure de route qu'il vous faudra faire pour atteindre le mont Lemmon au départ de Tucson, vous passerez des basses terres du désert de Sonora, piquées de cactus, à une région plus élevée, densément boisée de pins. Les habitants de Tucson se rendent d'ailleurs en grand nombre au mont Lemmon en été afin d'échapper à la chaleur, et en hiver pour y pratiquer le ski à Mount Lemmon Ski Valley, la plus méridionale de toutes les stations de ski des États-Unis. Si vous empruntez le Catalina Highway jusqu'au sommet, une route de montagne abrupte et sinueuse, vous passerez par le Rose Canyon Lake, qui regorge de truites, et par la petite ville de Summerhaven, qui ne compte que quelques boutiques et restaurants. Une fois parvenu au mont Lemmon, vous pourrez parcourir environ 240 km de sentiers.

Installations et services : aires de pique-nique et toilettes; pour de plus amples renseignements, composez le ☎ 749-8700.

Camping : vous trouverez de nombreux emplacements pour tentes et véhicules récréatifs aux terrains de camping Rose Canyon et de Spencer Canyon, qui sont toutefois fermés en hiver; 9 $ la nuitée. Au Molina Basin, plantez votre tente pour 5 $ la nuitée, ou gratuitement au General Hitchcock.

Comment s'y rendre : le mont Lemmon se trouve à l'intérieur de la Coronado National Forest. Roulez vers l'est sur la Tanque Verde Road jusqu'au Catalina Highway, puis vers le nord jusqu'à Summerhaven, 48 km plus loin.

Tohono Chul Park

Peu de voyageurs semblent connaître ce trésor caché au nord-ouest de Tucson. Pourtant, en parcourant les sentiers sinueux de ce parc de 14 ha, vous découvrirez environ 400 espèces végétales poussant dans un climat aride, dont un grand nombre sont identifiées, ainsi que des fontaines, des étangs flanqués de grottes et une serre où l'on vend des plantes. Il y a en outre une galerie d'art, deux boutiques de souvenirs et un salon de thé.

Installations et services : tables à pique-nique, abri, toilettes et abreuvoirs; pour de plus amples renseignements, composez le ☎ 742-6455.

Comment s'y rendre : situé en marge de la route 89 au 7366 North Paseo del Norte, à environ 10 km au nord des limites de la ville.

Catalina State Park

Cette réserve de 2 225 ha repose au pied des monts Santa Catalina. On y trouve entre autres le Romero Canyon, un magnifique espace doté de bassins clairs et ombragé par des sycomores et des chênes, de même que le Pusch Ridge Wilderness voisin, où vit le mouflon du désert. Les Indiens hohokams cultivaient autrefois la région, et, en se promenant dans le parc, on peut encore apercevoir les ruines de certaines de leurs maisons creusées et le terrain où ils jouaient à la balle.

Installations et services : tables à pique-nique, toilettes, douches et grils au vent; pour de plus amples renseignements, composez le ☎ 628-5798.

Camping : 48 emplacements pour tentes et véhicules récréatifs; 8 $ la nuitée, 13 $ avec raccordements).

Comment s'y rendre : situé en retrait de la route 77, à environ 13 km au nord des limites de la ville, au 11570 North Oracle Road.

Picacho Peak State Park

L'attrait le plus dramatique de ce parc est le Picacho Peak, une formation géologique qui s'élève à 457 m au-dessus du désert et qu'on peut apercevoir à des kilomètres à la ronde. D'ailleurs, on estime que ce pic est âgé de 22 millions d'années, ce qui veut dire qu'il est quatre fois plus vieux que le Grand Canyon et qu'il servait de point de repère aux premiers explorateurs de la région. C'est également ici que s'est déroulée la bataille du Col de Picacho au cours de la guerre de Sécession. D'une superficie de 1 376 ha, le parc est sillonné de sentiers bordés de saguaros.

Installations et services : aires de pique-nique, abris, toilettes; pour de plus amples renseignements, composez le ☎ 466-3183.

Camping : 85 emplacements *(8 $)*, dont 12 avec raccordements pour véhicules récréatifs *(13 $)*.

Comment s'y rendre : situé à 64 km au nord de Tucson, immédiatement en bordure de la route 10.

À l'est de Tucson

Chiricahua National Monument ★

Les Apaches chiricahuas avaient baptisé cette région «la terre des rochers debout» en raison de ses énormes flèches, colonnes et masses rocheuses en équilibre sur de petits piédestaux. Les géologues croient que ces formations sont le fruit d'éruptions volcaniques explosives. Pour avoir une vue d'ensemble sur le parc, gravissez la tortueuse Bonita Canyon Drive, longue de 13 km. Vous traverserez des forêts de pins, de chênes et de genévriers avant d'atteindre le Massai Point, au sommet des Chiricahuas, d'où vous pourrez admirer le parc, les vallées environnantes et les sommets de Sugarloaf Mountain et de Cochise Head. Et pourquoi ne pas aussi explorer le parc à pied grâce à ses 32 km de sentiers? Parmi les autres attraits du site, retenons l'historique Faraway Ranch et la Stafford Cabin.

Installations et services : tables à pique-nique, toilettes et centre d'accueil avec vitrines d'exposition; pour de plus amples renseignements, composez le ☎ 824-3560.

Camping : 24 emplacements *(7 $)*; le camping sauvage est interdit dans le parc.

Comment s'y rendre : de Willcox, prenez la route 186 vers l'est sur 56 km.

Au sud et à l'ouest de Tucson

Patagonia Lake State Park

Le plus grand lac récréatif du sud de l'Arizona, le lac Patagonia (111 ha), se trouve dans ce parc; créé par l'endiguement du Sonoita Creek en 1968, il est entouré de collines ondulantes, et une petite plage sablonneuse y attire les baigneurs. Grâce à l'altitude à laquelle il se trouve (1 143 m), ce parc de 243 ha jouit de températures modérées toute l'année.

Installations et services : aires de pique-nique, toilettes, douches, descente de bateaux, marina et location d'embarcations; pour de plus amples renseignements, composez le ☎ 287-6965. *Pêche* : bonne pour l'achigan, le crapet commun et le crapet arlequin, de même que pour la truite en hiver. *Ski nautique* : passable. *Baignade* : bonne.

Camping : 119 emplacements *(10 $)*, dont 34 avec raccordements pour véhicules récréatifs *(15 $)* et 13 accessibles par bateau seulement.

Comment s'y rendre : par la route 82, à environ 19 km au nord de Nogales; suivez les panneaux indicateurs pour le parc.

Patagonia Sonoita Creek Preserve

À 14,5 km au nord du Patagonia Lake State Park s'étend une réserve de 126 ha sur une étroite plaine inondable entre Santa Rita et les monts Patagonia. Cette réserve englobe une portion de 2,4 km du Sonoita Creek bordée de hauts massifs de cotonniers (certains atteignent 30 m), de noyers arizoniens, de frênes velours, de saules et de mûriers texans. Des ornithologues du monde entier viennent ici en grand nombre, car on y a identifié à ce jour plus de 200 espèces d'oiseaux. Y vivent également des cerfs de Virginie, des lynx, des *javelinas*, des coyotes et le poisson le plus menacé d'extinction du Sud-Ouest américain, le *Gila Topminnow*.

Installations et services : aucun; épicerie à proximité, à Patagonia; pour de plus amples renseignements, composez le ☎ 394-2400.

Comment s'y rendre : de Patagonia, quittez la route 82 à la 4th Avenue en direction du nord-ouest, puis tournez à gauche sur la Pennsylvania Avenue. Là où le revêtement s'interrompt, vous traverserez un ruisseau, après quoi vous prendrez à gauche; l'entrée de la réserve se trouvera alors sur votre gauche. Un panneau d'information se dresse aussitôt après la barrière.

Coronado National Forest

Cet endroit est idéal pour observer les oiseaux, puisqu'on y dénombre plus de 200 espèces, y compris divers types de pics, d'aigles, de roitelets et de vautours. Au fur et à mesure que vous avancerez dans le canyon, le désert se transformera en plaine herbeuse puis en forêt. Les arbres que vous apercevrez sur les pentes inférieures des monts Santa Rita sont des prosopis, alors que, plus loin, le long du Madera Creek, poussent des chênes, des genévriers «alligators», des cotonniers et des sycomores. Il y a au total plus de 113 km de sentiers.

Installations et services : aires de pique-nique, toilettes et grils au vent; pour de plus amples renseignements, composez le ☎ 281-2286.

Camping : 13 emplacements au Bog Springs Campground *(5 $ par véhicule)*.

Comment s'y rendre : situé à 56 km au sud de Tucson; prenez la route 19 vers le sud au départ de Tucson jusqu'à la Green Valley's Continental Road, puis roulez en direction du sud-est sur 21 km.

Peña Blanca Lake

Ce lac de 23 ha est entouré de chênes, de cotonniers, de prosopis et de falaises avancées. Il se trouve à une altitude de 1 219 m, de sorte qu'il y fait passablement plus frais qu'à Tucson. Un sentier en fait le tour.

Installations et services : aires de pique-nique et tables à pique-nique, toilettes et descente de bateaux; pour de plus amples renseignements, composez le ☎ 281-2296. Le Peña Blanca Lake Resort *(☎ 281-2800)* possède un chalet, un restaurant, du matériel de pêche et des embarcations à louer. *Pêche* : bonne pour l'achigan, le crapet commun et le crapet arlequin, le poisson-chat et la truite arc-en-ciel.

Camping : 13 emplacements au White Rock Campground *(5 $ par véhicule; à 400 m du lac)*; aucune vue sur le lac.

Comment s'y rendre : situé à 8 km au nord de la frontière mexicaine; de Tucson, prenez la route 19 vers le sud jusqu'à la Ruby Road, puis roulez vers l'ouest sur environ 15 km.

Parker Canyon Lake

Ce lac pour la pêche de 53 ha, entouré de collines herbeuses et ondulantes, se trouve à l'ouest des monts Huachuca.

Installations et services : aires de pique-nique, toilettes, location et descente de bateaux, épicerie *(tlj sauf mer)*, appâts et quai de pêche; pour de plus amples renseignements, composez le ☎ 378-0311. *Pêche* : bonne pour le crapet arlequin, l'achigan, la perche, la truite et le poisson-chat.

Camping : 64 emplacements *(8 $)*, plus une extension ouverte en été et pouvant accueillir de 50 à 75 véhicules autonomes.

Comment s'y rendre : de Sonoita, prenez la route 83 sur 48 km, jusqu'à ce qu'elle pénètre dans le parc.

Organ Pipe Cactus National Monument

Cette réserve naturelle de 134 000 ha a été constituée en monument national en 1937 afin de protéger la faune et la flore du désert de Sonora, de même que le cactus «tuyau d'orgue». Partez du centre d'accueil des visiteurs, situé à 27 km au sud de l'entrée nord du parc, où vous pourrez voir des vitrines d'exposition et vous procurer une brochure qui vous permettra de faire une visite «autoguidée» des lieux. Une bonne suggestion consiste à emprunter la route panoramique de Puerto Blanco, une boucle graduelle en terre de 85 km ponctuée de haltes numérotées dans la brochure. La seule route revêtue à traverser le parc est la 85. En explorant l'ensemble du site, vous verrez des montagnes, des plaines, des canyons, des lits de rivières desséchés et un étang entouré de cotonniers.

Installations et services : toilettes; épicerie à Lukeville, 8 km plus au sud; 4 $ pour la journée; pour de plus amples renseignements, composez le ☎ 387-6849.

Camping : on trouve 208 emplacements sur le terrain principal *(8 $)*; le camping primitif est autorisé sur quatre emplacements du terrain de camping Alamo et n'importe où en zone sauvage à condition que vous vous installiez à au moins 800 m de la route; procurez-vous un permis gratuit au centre d'accueil.

Comment s'y rendre : le monument se trouve à 56 km au sud d'Ajo, alors que le centre d'accueil des visiteurs se trouve à la borne des 75 miles *(121 km)* de la route 85.

Cabeza Prieta National Wildlife Refuge

Créée en 1939 afin de protéger la faune et la flore locale, cette réserve de 348 000 ha est une zone sauvage et aride truffée de cactus et de montagnes. Elle est traversée par El Camino del Diablo (chemin du diable), ouvert par le conquistador espagnol qu'était le capitaine de Anza en 1774 et s'étendant du Mexique à la Californie. En cours de route, vous croiserez le mont Cabeza Prieta, au sommet granitique couronné de lave, et la Mohawk Valley, caractérisée par des dunes de sable et des coulées de lave. Étant donné que les routes d'ici sont rudes et non entretenues, vous aurez besoin d'une véhicule à quatre roues motrices pour les parcourir. Prenez aussi garde aux six espèces de crotales, ou serpents à sonnette, qui vivent dans la région.

Installations et services : aucun; l'épicerie la plus près se trouve à Ajo, à 12 km à l'est de la réserve. Notez qu'on ferme parfois la réserve, lorsque l'armée y effectue des manœuvres ou que la température n'est pas assez clémente; appelez au préalable pour savoir si elle est ouverte ou non au moment de votre passage. Sachez également que vous ne pourrez y pénétrer à moins d'être en possession d'un permis en bonne et due forme, ce qui veut dire que vous devez d'abord vous en procurer un au bureau de la réserve, à Ajo *(1611 North 2nd Avenue, ☎ 387-6483)*. *Chasse* : restreinte en ce qui a trait au mouflon du désert; informez-vous d'abord auprès du bureau de la réserve.

Camping : trois terrains de camping sauvage sans aucun service ni eau courante; interdiction formelle de faire du feu; permis nécessaire.

Comment s'y rendre : vous aurez besoin d'indications précises, que vous obtiendrez au moment de faire l'acquisition de votre permis d'entrée au bureau d'Ajo. Mieux vaut téléphoner à l'avance.

ACTIVITÉS DE PLEIN AIR

La navigation de plaisance

Bien que l'eau ne soit pas exactement la ressource la plus abondante du sud de l'Arizona, on y trouve tout de même quelques lacs. Il est possible de louer une embarcation au **Patagonia Lake State Park** *(Patagonia, ☎ 287-6965)*, au **Parker Canyon Lake** *(en retrait de la route 83 près de Sierra Vista, ☎ 670-6483)* et au **Pena Blanca Lake** *(en retrait de la route 289, Nogales, ☎ 281-2800)*. On loue aussi des pédalos au **Gene C. Reid Park** *(délimité par Broadway Boulevard, 22nd Street, Country Club Road et Alvernon Way, Tucson, ☎ 791-4560)*.

La baignade

Vous avez envie de faire trempette pour vous reposer de la chaleur? Parmi les piscines publiques de Tucson, retenons celles du **Fort Lowell Park** *(2900 North Craycroft Road, ☎ 791-2585)*, du **Himmel Park** *(1000 North Tucson Boulevard, ☎ 791-4157)*, du **Morris K. Udall Park** *(7200 East Tanque Verde Road, ☎ 791-4004)*, du **Joaquin Murieta Park** *(1400 North Silverbell Road, ☎ 791-4752)* et du **Jacobs Park** *(1010 West Lind, ☎ 791-4358)*.

La montgolfière

Rien de tel que de flotter au-dessus de tout, à condition bien sûr de ne pas souffrir du vertige. Pour voir Tucson du haut des airs, adressez-vous à **A Balloon Experience** *(15115 North Airport Drive, Scottsdale, ☎ 747-3866)*, **A Southern Arizona Balloon Excursion** *(☎ 624-3599)* ou **Balloon America** *(☎ 299-7744)*.

Le ski alpin

Il n'y a qu'un endroit où skier dans la région : **Mount Lemmon Ski Valley** *(mont Lemmon, ☎ 576-1400)*, la station de ski la plus méridionale de toute l'Amérique du Nord, qui propose 15 pistes de ski alpin, la location d'équipement, une école de ski et un restaurant.

L'équitation

Une ville de l'Ouest comme Tucson n'en serait sûrement pas tout à fait une si elle n'offrait l'occasion de se balader à cheval. Montez en selle chez **Desert-High Country Stables Inc.** *(6501 West Ina Road, ☎ 744-3789)*, **El Conquistador Stables** *(10000 North Oracle Road, ☎ 742-4200)*, **Pusch Ridge Stables** *(13700 North Oracle Road, ☎ 297-6908)*, **Pantano Riding Stables** *(4450 South Houghton Road, ☎ 298-9076)*, **Wild Horse Ranch Resort** *(6801 North Camino Verde, ☎ 744-1012)* ou **Rio Rico Stables** *(320 Stable Lane, Rio Rico, ☎ 281-7550)*.

Le golf

Les hivers doux de la plus grande partie du sud de l'Arizona en font un paradis des golfeurs, qui n'ont que l'embarras du choix parmi un large éventail de terrains publics et privés. Dans la région de Tucson, songez au **Tucson National Golf Club** *(2727 West Club Drive, ☎ 575-7540)*, au **Star Pass Golf Club** *(3645 West 22nd Street, ☎ 622-6060)*, au **Sun City Vistoso Golf Club** *(1495 East Rancho Vistoso Boulevard, Catalina, ☎ 825-3110)*, au **Randolph Golf Course** *(600 South Alvernon Way, ☎ 791-4161)*, à l'**El Conquistador Country Club – Sunrise Course** *(10555 North La Canada Drive, ☎ 544-5000)*, au **Dorado Golf Course** *(6601 East Speedway Boulevard, ☎ 885-6751)*, à l'**Arthur Pack Desert Golf Course** *(9101 North Thornydale Road, ☎ 744-3322)*, au **Ventana Canyon Golf & Racquet Club** *(6200 North Club House Lane, ☎ 577-1400)*, au **Cliff Valley Golf Course** *(5910 North Oracle Road, ☎ 887-6161)*, à l'**El Rio Golf Course** *(1400 West Speedway Boulevard, ☎ 791-4229)*, au **Fred Enke Golf Course** *(8215 East Irvington Road, ☎ 296-8607)* et au **Silverbell Golf Course** *(3600 North Silverbell Road, ☎ 791-5235)*.

À l'est de Tucson, retenez **Turquoise Valley** *(par Naco Highway, Bisbee, ☎ 432-3091)*, le **Douglas Municipal Golf Course** *(Leslie Canyon Road North, Douglas, ☎ 364-3722)*, le **Rio Rico Golf Course** *(1410 Rio Rico Drive, Rio Rico, ☎ 281-8567)*, le **Tubac Valley Country Club** *(1 Otero Road, Tubac, ☎ 398-2211)* et **Mesa Del Sol Golf Club Ltd.** *(10583 Camino Del Sol Avenue, Yuma, ☎ 342-1817)*.

Au sud et à l'ouest de Tucson, parmi les parcours à 18 trous accessibles au public, retenons le **Canoa Hills Golf Course** *(semi-privé; 1401 West Calle Urbano, Green Valley, ☎ 648-1880)* et le **Pueblo Del Sol Golf Course** *(public; 2770 St. Andrews Drive, Sierra Vista, ☎ 378-6444)*. Au Resort Rio Rico, jouez sur les verts du **Rio Rico Golf Course** *(Rio Rico, ☎ 281-8567)*. Le **Tubac Valley Country Club** *(1 Otero Road, Tubac, ☎ 398-2211)* constitue votre meilleur choix à Tubac. Si vous êtes dans les environs de Safford, tentez votre chance au **Mount Graham Golf Course** *(Golf Course Road, Safford, ☎ 348-3140)*. Et à Yuma, prenez le départ au **Mesa Del Sol Golf Club** *(10583 Camino Del Sol Avenue, Yuma, ☎ 342-1817)*.

Le tennis

Le climat chaud et sec de cette région vous assure d'excellentes conditions de jeu tout au long de l'année.

Lorsqu'il ne fait pas trop chaud pour servir décemment, prenez la direction des courts publics de Tucson, notamment ceux du **Fort Lowell Park** *(2900 North Craycroft Road, Tucson, ☎ 791-2584)*, du **Himmel Park** *(1000 North Tucson Boulevard, Tucson, ☎ 791-3276)*, du **Jesse Owens Park** *(400 South Sarnoff Drive, Tucson, ☎ 791-4821)* et du **Randolph Tennis Center** *(South Alvernon Way, Tucson, ☎ 791-4896)*. Le **Pima Community College** *(2202 West Anklam Road, Tucson, ☎ 884-6005)* met également certains courts à la disposition du public.

Le vélo

La région de Tucson s'avère fort populaire auprès des cyclistes qui aiment bien, par exemple, rouler sur l'**Oracle Road**, au nord de l'Ina Road, où les accotements sont larges et la vue sur les montagnes se révèle magnifique. Faites 24 km jusqu'à Catalina, où la route se rétrécit et convient davantage aux cyclistes d'expérience. Sur le chemin du retour, faites un détour par Sun City Vistoso, une vaste communauté de retraités où les voies sont larges et les paysages très jolis.

Un autre circuit très apprécié longe les contreforts des monts Santa Catalina en suivant la **Sunrise Drive** jusqu'au Sabino Canyon, où vous pourrez gravir une route escarpée de 6 km à travers les montagnes. En raison de la navette qui effectue ce trajet pendant le jour, le Sabino Canyon n'est accessible aux cyclistes qu'avant 9h et après 17h, sauf le mercredi et le samedi, où l'accès leur en est interdit. Pour de plus amples renseignements, composez le ☎ 749-8700.

Une **piste de randonnée et de vélo asphaltée** part de la North Campbell Avenue et épouse les contours de la rivière Rillito, maintenant desséchée. Le tracé n'est que d'environ 6,5 km pour l'instant, mais sa construction se poursuit, et l'on ajoute chaque année de nouveaux tronçons. Le **Santa Cruz River Park** possède pour sa part un autre sentier le long d'une rivière. Long d'environ 6,5 km, il s'interrompt brièvement autour du 5e kilomètre pour reprendre un peu plus loin.

Le **Saguaro National Monument**, aussi bien à l'est qu'à l'ouest, propose également de bonnes pistes, tant pour le vélo de montagne que pour le vélo de route, tout comme d'ailleurs le vallonné **Tucson Mountain Park**. Ces deux régions panoramiques sont émaillées de cactus et de montagnes. Un autre circuit agréable longe enfin l'**Old Spanish Trail**, du Broadway Boulevard à la Colossal Cave.

Pour obtenir de plus amples renseignements, de même que des plans des circuits de la région, adressez-vous au **coordinateur des activités cyclistes de la Ville de Tucson** *(☎ 791-4372)*.

Vous trouverez également ailleurs de bons endroits où faire du vélo. Prenez, par exemple, la **route 83**, de la Colossal Cave à Nogales en passant par Sonoita et Patagonia; les accotements en sont larges, et la circulation y est faible. Songez aussi à la **route 90**, que vous pouvez suivre jusqu'à Sierra Vista et Bisbee, et à la **route 80**, qui passe par Tombstone.

La location d'une bicyclette

Quelques commerces spécialisés louent des bicyclettes à Tucson, parmi lesquels **The Bike Shack** *(940 East University Boulevard, ☎ 624-3663)*, **Broadway Bicycles** *(140 South Sarnoff Drive, ☎ 296-7819)*, **Tucson Bicycles** *(4743 East Sunrise Drive, ☎ 577-7374)* et **Full Cycle** *(3232 Speedway Boulevard, ☎ 327-3232)*.

La randonnée pédestre

À en juger par toutes les pistes qui sillonnent ses nombreux monuments nationaux, aires de récréation et parcs d'État, on dirait que le sud de l'Arizona a été conçu pour la randonnée pédestre. Vous pourrez admirer au passage d'anciennes ruines d'adobes, des fours en calcaire, d'antiques pétroglyphes et diverses merveilles géologiques, à moins que vous ne tentiez l'ascension d'un des nombreux sommets de la région pour embrasser d'un coup d'œil le paysage environnant. Toutes les distances fournies correspondent à l'aller seulement, sauf indication contraire.

Tucson

La **Freeman Homestead Nature Trail** *(1,6 km)* du **Saguaro National Monument** (Rincon Mountain District) est une boucle qui part de la voie de desserte de l'aire de pique-nique de Javelina et descend d'une forêt de saguaros vers une petite plaine truffée de prosopis. Vous croiserez en cours de route les ruines d'une maison d'adobes construite dans les années vingt.

La **Cactus Forest Trail** *(4 km)* vous entraîne dans une forêt de saguaros entre le Broadway Boulevard et l'Old Spanish Trail. Vous y verrez aussi ce qui reste de la première station de rangers du Saguaro National Monument et deux fours à chaux en usage au début du siècle.

Pour explorer le **mont Lemmon**, suivez la **Wilderness of Rocks Trail** *(8,4 km)*, dont le point de départ se trouve 2,4 km passé Ski Valley. Vous pourrez y admirer les bassins du Lemmon Creek et des milliers de rochers érodés en équilibre.

La **Pima Canyon Trail** *(11,4 km)* des monts Santa Catalina est un sentier ardu qui grimpe de 884 m à 2 211 m à travers une zone de gestion des troupeaux de mouflons. Vous passerez par Pima Canyon Spring et jouirez de belles vues sur Tucson et l'A Mountain. Pour y accéder, suivez la Christie Drive vers le nord jusqu'au point où elle s'interrompt, à la Magee Road; tournez à droite et garez-vous.

La **King Canyon Trail** *(5,6 km)* du Saguaro National Monument (**Tucson Mountain District**) part en bordure de la Kinney Road, en face de l'Arizona-Sonora Desert Museum, puis grimpe jusqu'à une aire de pique-nique avant d'atteindre le sommet du Wasson Peak (altitude : 1 429 m), le plus haut point de la région.

La courte **Signal Hill Petroglyphs Trail** *(0,4 km)* suit un tracé sinueux sur les pentes d'une petite colline en marge de la Golden Gate Road. Tout en haut, vous verrez des rochers portant des inscriptions pétroglyphiques laissés par des Amérindiens d'une autre époque.

La **Valley View Overlook Trail** *(1,2 km)* de la Bajada Loop Drive descend dans le lit desséché de deux rivières et prend fin sur une corniche panoramique dominant la plus grande partie de la vallée d'Avra.

La **Hunter Trail** *(3,2 km)* du **Picacho Peak State Park** offre de beaux points de vue en passant de 610 m à 1 028 m d'altitude. Elle est ainsi nommée en l'honneur du capitaine Sherod Hunter, un officier confédéré qui aménagea des postes de surveillance au col de Picacho et participa à la bataille qui se déroula sur les lieux en 1862.

À l'est de Tucson

Pour découvrir la **Lutz Canyon Trail** *(4,7 km)*, faites 19 km au sud de Sierra Vista sur la route 92 jusqu'à l'Ash Canyon Road. Vous y verrez de vieilles installations minières dans un canyon profond et étroit où poussent des chênes, des genévriers et des pins de Douglas.

La **Crest Trail** *(17,1 km)* du **Coronado National Memorial** longe la crête des monts Huachuca et offre des vues exceptionnelles sur le nord du Mexique par temps clair.

La **Massai Point Nature Trail** *(0,8 km)* du **Chiricahua National Monument** débute à l'exposition géologique du Massai Point et vous fait découvrir un gros rocher en équilibre, un panneau décrivant l'histoire géologique du parc et des vues s'étendant au-delà du Rhyolite Canyon.

La **Sugarloaf Trail** *(1,5 km)* vous entraîne au sommet du mont Sugarloaf, le plus haut point du parc.

La **Natural Bridge Trail** *(4 km)* part de la route panoramique du Bonita Canyon, puis croise un pont de roche naturel avant de grimper à travers des bois de chênes et de genévriers jusqu'à une forêt de pins.

La **Heart of Rocks Trail** *(5,6 km)* serpente à travers des forêts de pins et de sapins, et certaines des formations rocheuses les plus impressionnantes du parc, y compris le Big Balanced Rock, Punch and Judy et le Totem Pole.

Aménagée comme voie d'approvisionnement pour les équipes de lutte contre les incendies stationnées dans les hauteurs des Chiricahuas, la **Greenhouse Trail** *(6 km)* accuse une dénivellation de 914 m. En cours de route, vous passerez la Cima Cabin (le quartier général des pompiers) et les Winn Falls, dont le débit est au plus fort en été. Pour vous y rendre, dirigez-vous vers le nord à partir de la Cave Creek Spur Road pour vous engager sur la Greenhouse Road, et faites encore 0,8 km.

La **South Fork Trail** *(10,9 km)* de la **Coronado National Forest** part de la fin de la Cave Creek Road au South Fork Forest Camp, 5,6 km au-dessus de Portal (Arizona), traverse le South Fork Cave Creek, un des plus célèbres canyons des Chiricahuas pour l'observation des oiseaux, et croise une aiguille de rhyolite rouge de 21 m baptisée Pinnacle Rock. Le sentier débute dans une forêt de sycomores, de cyprès et de noyers noirs, puis traverse un bois de hauts pins de Douglas avant d'aboutir à de petites falaises surplombant le South Fork Cave Creek.

Au sud et à l'ouest de Tucson

La **Kent Springs-Bog Springs Trail Loop** *(9,2 km)* des monts Santa Rita grimpe de 1 469 m à 2 018 m. Son tracé est ponctué de trois sources qui rendent le secteur exceptionnellement verdoyant avec ses gros sycomores et noyers. Quittez la route 19 au Madera Canyon, et garez-vous près du terrain de camping de Bog Springs.

HÉBERGEMENT

Tucson

Bien que Tucson soit connue pour ses complexes hôteliers de grand luxe, avec tous les services possibles à la clé, ce qui en fait un paradis pour les vacanciers cherchant à fuir les rigueurs de l'hiver, elle possède aussi bon nombre de lieux d'hébergement de catégorie petit budget et moyenne. Il faut également noter que, malgré les prix élevés des grands complexes hôteliers en haute saison, la plupart d'entre eux proposent d'importantes réductions durant les chauds mois d'été et que les *bed and breakfasts* sont, en outre, légion. Pour de plus amples renseignements sur les *bed and breakfasts* de l'Arizona, adressez-vous à l'**Arizona Association of Bed & Breakfast Inns** *(P.O. Box 7186, Phoenix, AZ 85011, ☎ 277-0775)*.

Vous trouverez toute une variété de motels pour petit budget sur le Miracle Mile, jadis la principale artère de la ville. Ce secteur est quelque peu minable avec ses nombreuses boîtes de striptease, mais on y trouve néanmoins quelques établissement respectables.

Le **Picacho Motel and Restaurant** *($; 6698 Eisenhower Street, Picacho, ☎ 466-7500)*, un établissement tout à fait décontracté, existe depuis les années trente. Les serveuses du restaurant qui se trouve dans le hall d'entrée assurent également l'accueil des visiteurs. Des palmiers et divers arbres fruitiers entourent les 26 chambres, alors qu'à l'intérieur on découvre un décor lambrissé quelque peu défraîchi parsemé de commodes et de secrétaires. Des images country ornent les murs.

L'**Hotel Congress** *($; 311 East Congress Street, ☎ 622-8848 ou 800-722-8848, ⇄ 792-6366)* appartient à l'histoire de Tucson. Cet édifice classique de brique et de marbre, qui s'étend sur une rue entière, a été construit en 1919 pour répondre aux besoins d'hébergement des passagers de la ligne de chemin de fer Southern Pacific, et la bande de John Dillinger figure parmi ses clients d'autrefois. Des motifs amérindiens de forme géométrique donnent du caractère au hall d'entrée, où peuvent en outre s'asseoir les clients du Cup Café et des boîtes de nuit lorsqu'elles deviennent trop bondées. Les 40 chambres de l'hôtel, entièrement rénovées, présentent des têtes de lit de couleur noire, des murs saumon et des salles de bain toutes de noir et de blanc. Sept d'entre elles sont du même type que celles qu'on trouve dans les auberges de jeunesse, avec lits superposés ou lits simples et salles de bain privée. Aucune chambre ne possède de téléviseur, mais toutes jouissent d'un élément de plus en plus difficile à trouver de nos jours : des fenêtres qui s'ouvrent. Les gays sont les bienvenus.

Le **Best Western Ghost Ranch Lodge** *($$; ≈, ⊛, ℜ, bar; 801 West Miracle Mile, ☎ 791-7565, ⇄ 791-3898)* occupe l'emplacement d'un ancien ranch de bétail. Aujourd'hui, la propriété compte 83 chambres dans un ensemble de constructions en brique entourées de pelouses, de palmiers et de jardins de cactus. La décoration est résolument western, avec une tête de squelette de vache au-dessus du foyer du hall d'entrée et divers souvenirs de l'Ouest un peu partout.

Le **Casa Tierra Adobe Bed and Breakfast Inn** *($$; 11155 West Calle Pima, Tucson, ☎/⇄ 578-3058)*, qui occupe 2 ha en plein désert de Sonora et est entouré de saguaros, dessert une clientèle gay et lesbienne. Il s'agit d'une charmante auberge de style hacienda aux plafonds de brique voûtés et au mobilier mexicain. Ses chambres disposent de terrasses privées donnant sur le désert.

Immédiatement au nord de la ville, **The Triangle L Ranch** *($$-$$$ pdj; 2805 Triangle L Ranch Road, Oracle, ☎ 896-2804, ⇄ 896-9070)* se présente comme un domaine de 32 ha datant des années 1880. Parmi ses quatre cottages individuels, il en est un d'adobes couvert de lierre avec baignoire sur pied et porche grillagé où l'on peut dormir, et un autre avec un foyer en pierre, une tonnelle couverte de roses et un patio privé. Un poêle à bois réchauffe la cuisine à l'heure du petit déjeuner, qui se compose d'œufs fermiers (le propriétaire élève des poules) et d'autres délices maison.

Le **Westward Look Resort** *($$-$$$; ⊙, ≈, ℜ, ℝ; 245 East Ina Road, ☎ 297-1151 ou 800-722-2500, ⇄ 297-9023)*, qui s'étend sur 32 ha dans les contreforts des monts Catalina, s'impose comme une retraite panoramique. Ses 244 chambres sont d'ailleurs elles-mêmes attrayantes avec leurs poutres apparentes, leurs confortables canapés, leurs réfrigérateurs et leurs mini-bars, leurs lucarnes, leurs balcons et leurs très longs lavabos découpés de carreaux mexicains. Si vous parvenez à vous en extraire, faites un tour du côté des courts de tennis, du centre de conditionnement physique, des piscines, des installations thermales, du restaurant ou du salon.

The Lodge on the Desert *($$-$$$$; ≈, ℜ; 306 North Alvernon Way, Tucson, ☎ 325-3366 ou 800-456-5634, ⇄ 327-5834)* est un complexe hôtelier de 40 villas couleur terre regroupées autour de patios donnant sur des pelouses et des jardins. Les chambres présentent des plafonds aux poutres apparentes, des carrelages mexicains peints à la main et des meubles de style Monterey, nombre d'entre elles possédant également un foyer en casque de Minerve embaumant le prosopis. De la piscine, on a vue sur la montagne.

Construit en 1905, le **Peppertrees Bed and Breakfast Inn** *($$$ pdj; 724 East University Boulevard, ☎ 622-7167 ou 800-348-5763)* se présente comme une maison de style Territorial dominée par deux immenses faux-poivriers de Californie. On y dénombre trois chambres régulières, garnies de meubles anglais d'époque, et deux pavillons de deux chambres dans le style du Sud-Ouest. Des portes-fenêtres donnent sur un patio magnifiquement paysager.

La Posada del Valle *($$$ pdj; 1640 North Campbell Avenue, Tucson, ☎/⇄ 795-3840)* est une auberge de stuc et d'adobe datant de 1929. On y sert le thé en après-midi dans un salon meublé d'antiquités Art déco des années vingt et trente, un thème qui se reflète dans les cinq chambres de ce *bed and breakfast*, chacune portant le nom d'une femme célèbre de cette époque. La «Sophie's Room», avec son très grand lit victorien et son ensemble de chambre à coucher de 1818, compte parmi les favorites. Le «Karen's Cottage», séparé de la maison principale, renferme pour sa part une suite du tout début du siècle au décor africain.

Si vous êtes à la recherche d'un hôtel n'offrant que des suites, songez à l'**Hotel Park Tucson** *($$$; ≈, ℜ, ℝ, tv, ⊛, ⊙, ⌂; 5151 East Grant Road, ☎ 323-6262 ou 800-257-7275)*. Son petit hall renferme une murale représentant une scène de village mexicain et une cascade d'eau. Ses 216 chambres, quoique aménagées dans le style du Sud-Ouest, tendent davantage vers les couleurs sombres que vers les tons pastel. Toutes disposent d'un canapé, d'une table, d'un mini-bar, d'une cafetière, d'un réfrigérateur, d'un téléviseur, d'une armoire et de portes-fenêtres s'ouvrant sur un minuscule balcon. Un bassin à remous, une salle d'exercices, un sauna et un bain de vapeur complètent les installations.

Le **SunCatcher Bed and Breakfast** *($$$ pdj; ≈; 105 North Avenida Javalina, ☎ 885-0883 ou 800-835-8012)* attire principalement une clientèle de gays et de lesbiennes, et leur propose quatre chambres, chacune décorée dans le style d'un grand hôtel différent, à savoir le Connaught de Londres, le Regent de Hong Kong, l'Oriental de Bangkok et le Four Seasons de Chicago. Construite dans un coin de désert isolé, cette auberge de luxe recèle entre autres un bar en bois de prosopis et un âtre coiffé de cuivre, sans parler du relais santé et des courts de tennis.

Situé au centre de tout, le **North Campbell Suites Hotel** *($$$; ℂ, ≈; 2925 North Campbell Avenue, ☎/⇄ 323-7378)* propose 11 suites de quatre pièces avec cuisinette. Elles n'ont rien de très chic, mais se révèlent chaleureuses et fonctionnelles; leur mobilier est adéquat, et leur salle de séjour dispose d'un divan-lit pour loger une ou deux personnes de plus. La piscine et les arbres qui l'entourent contribuent à adoucir l'aspect du terrain de stationnement.

Le **Best Western Tanque Verde Inn and Suites** *($$$ pdj; ℂ, ≈; 7007 East Tanque Verde Road, ☎ 298-2300 ou 800-882-8484, ⇄ 298-6756)* est une auberge de 90 chambres de style hacienda surplombant un jardin verdoyant ponctué de fontaines mexicaines. Certaines disposent d'une cuisinette.

Construit dans les années trente, l'**Arizona Inn** *($$$$; ≈, ℜ, bar, tennis; 2200 East Elm Street, ☎ 325-1541 ou 800-933-1093, ⇄ 881-5830)* est un véritable joyau historique. Bien que cet établissement soit situé au cœur de la ville, on s'y sent comme dans une oasis verdoyante de 6 ha, assortie de pelouses et de jardins riches de nombreux orangers, de cyprès et de dattiers. Aucune des 80 chambres n'est semblable à une autre, quoique toutes arborent un décor des années trente et s'enorgueillissent de quelques antiquités. Le bar est orné de gravures Audubon du XIXe siècle.

Un des meilleurs complexes hôteliers de la ville est le **Westin La Paloma** *($$$$; ℝ, ≈, ⊛, ⊙; 3800 East Sunrise Drive, ☎ 742-6000 ou 800-876-3683, ⇄ 577-5886)*. Ses 487 chambres dans le style du Sud-Ouest disposent d'une terrasse ou d'un balcon individuel, d'un petit salon, d'un immense placard et d'un réfrigérateur bien garni. Plusieurs des suites possèdent en outre un foyer et une baignoire à remous encastrée dans le sol. Une grande piscine avec bar, un terrain de golf dessiné par Jack Nicklaus, des courts de tennis et de racket-ball, un centre de conditionnement physique et, pour les parents qui ont besoin d'un répit, une garderie complètent les installations.

Situé dans les contreforts des monts Santa Catalina, le **Loews Ventana Canyon** *($$$$; ⊙, ≈, ℜ; 7000 North Re-*

sort Drive, ☎ 299-2020 ou 800-234-717, ⇌ 299-6832) est un autre grand complexe hôtelier, celui-là d'une superficie de 38 ha. Il se distingue, entre autres, par une chute de 24 m qui tombe en cascade dans un lac et par des sentiers tranquilles bordés de prosopis, de *squawbush* et de *palo verdes*. Plusieurs des 398 chambres, décorées à la mode du Sud-Ouest, comportent des œuvres d'art originales, des meubles en pin bruni, des balcons individuels et des salles de bain au sol de marbre. Cinq restaurants et bars, tennis, golf, pistes de course à pied, piscines, centre de conditionnement physique et boutiques complètent le tout.

Vous avez envie de vous faire dorloter? Rendez-vous alors à l'**Omni Tucson National Golf and Conference Resort & Spa** *($$$$; ≈, ℜ, ℝ; 2727 West Club Drive, ☎ 297-2271 ou 800-528-4856, ⇌ 297-7544)*, dont le centre de thalassothérapie vous propose un massage, un masque facial, un bain aux herbes et divers autres traitements. Situé à l'extrémité nord de la ville, loin du brouhaha, ce complexe d'hébergement offre en outre de paisibles vues sur les montagnes. Ses 167 chambres sont équipées de mini-bars, et la plupart disposent d'une terrasse dominant un terrain de golf de championnat de 27 trous. Une boutique de souvenirs, un salon de beauté, des courts de tennis et un terrain de basket-ball complètent les installations.

À l'est de Tucson

La majorité des lieux d'hébergement de Sierra Vista se trouvent sur le Fry Boulevard, la principale artère commerciale de la ville, et sur la South Route 92.

Un des bons motels de Benson est le **Best Western Quail Hollow Inn** *($; ≈, ℝ; 699 North Ocotillo Street, Benson, ☎ 586-3646, ⇌ 586-7035)*, qui possède 89 chambres spacieuses aux murs blancs découpés de meubles finis chêne, de tissus vert et mauve, et d'œuvres d'art représentant le volatile ailé de la région qu'est la caille. Un salon équipé d'un téléviseur vous accueillera dans vos moments de détente.

Le **Jonquil Motel** *($; 317 Tombstone Canyon, Bisbee, ☎ 432-7371)* est un petit établissement routier proposant sept chambres propres et confortables, pourvues de téléviseur mais non de téléphone.

Le **Gadsden Hotel** *($; 1046 G Avenue, Douglas, ☎ 364-4005)* est un monument historique qui a ouvert ses portes en 1907, alors qu'il accueillait des éleveurs de bétail, des mineurs et des propriétaires de ranchs. Bien que ses 160 chambres soient ordinaires, le hall se révèle somptueux avec ses quatre colonnes de marbre à chapiteaux recouverts de feuille d'or 14 carats et ses lucarnes voûtées en verre teinté sur toute la longueur du hall. Plusieurs longs métrages de Hollywood ont été tournés ici. Un bar chic, une salle à manger et un café complètent le tout.

Construit en 1917, **The Bisbee Inn** *($-$$ pdj; bc; 45 OK Street, Bisbee, ☎ 432-5131)* surplombe la Brewery Gulch, jadis une des rues les plus tapageuses du Sud-Ouest américain. Chacune des 18 chambres de cette auberge en brique rouge possède un édredon fait main, une armoire antique avec miroir, de même qu'un lavabo. Salle de bain commune dans le couloir. Petit déjeuner à volonté.

En selle, citadins!

Inspirés par l'image romantique des héros de l'Ouest et des couchers de soleil dans le désert, ou simplement en proie au fantasme de revivre une époque sans artifices, de plus en plus nombreux sont les gens qui prennent la direction des ranchs de vacances. Et dans le sud de l'Arizona, ce n'est pas le choix qui manque, des complexes luxueux où vous risquez davantage de souffrir de la chaleur dans un bassin à remous que sur une selle aux ranchs en pleine activité où les cow-boys rassemblent les troupeaux et se nourrissent de fèves et de viande hachée. Cependant, quelle que soit leur orientation, la plupart proposent de l'équitation, une gamme complète d'activités de plein air et une atmosphère de solitude décontractée. Retenez toutefois que certains ferment durant les chauds mois d'été, de sorte qu'il vaut mieux vous informer au préalable.

Le **Rancho Santa Cruz Guest Ranch** *($-$$; ≈; en retrait de la voie de desserte de la route 19, Tumacacori, ☎ 281-8774)* a été créé au cours des années vingt et occupe une superficie de 45 ha. Ses 10 chambres d'adobe et de stuc sont modestes mais confortables, et deux de ses trois suites s'enorgueillissent d'une cheminée. Une cour herbeuse ponctuée de chaises invite les visiteurs à la détente, de même d'ailleurs que la piscine.

Deux autres ranchs dignes de mention sont le **Triangle T Guest Ranch** *($-$$; Dragoon Road, Dragoon, ☎ 586-7533)* et le **Rex Guest Ranch** *($$$-$$$$; 131 East Mado Montoso Road, Amado, ☎ 398-2914 ou 800-547-2696, ⇌ 398-9696)*.

Situé dans les contreforts du Baboquivari Peak, près de la frontière mexicaine, le **Rancho De La Osa** *($$$; 28201 West La Osa Ranch Road, Sasabe, ☎ 823-4257 ou 800-872-6240, ⇌ 823-4328)* est un ranch de style territorial qui date de 200 ans. Construites de blocs d'adobe taillés à la main, ses chambres disposent de foyers et se parent de meubles espagnols et amérindiens. Au chapitre des activités proposées, retenons l'équitation à dos de *quarter horse* pur-sang et la baignade, à moins que vous ne préfériez siroter des cocktails à la Cantina, une ancienne mission hispano-amérindienne.

Ne cherchez ni téléviseurs ni téléphones à l'intérieur des 23 chambres du **Lazy K Bar Ranch** *($$$; 8401 North Scenic Drive, Tucson, ☎ 744-3050 ou 800-321-7018, ⇌ 744-7628)*, car on s'attend ici à ce que vous laissiez derrière vous le monde civilisé. Les repas typiques sont servis dans une salle à manger commune, sauf le samedi soir, où vous mangerez des grillades en plein air près d'une cascade d'eau. Et pourquoi ne pas ensuite vous détendre dans la confortable bibliothèque ornée de poutres apparentes et de lambris, garnie de rayons, rehaussée d'un foyer et agrémentée d'une table à cartes? Les chambres se veulent confortables, tendues de moquette et décorées au goût du Sud-Ouest.

Le **Price Canyon Ranch** *($$$ pc; bp; suivez la route 80 jusqu'à la borne des 400 miles, prenez à gauche à la barrière et empruntez le chemin de terre sur environ 10 km; Douglas, ☎ 558-2383)*, toujours en activité et perdu dans les Chiricahuas, propose des barraques de une ou deux chambres à coucher avec salle de bain. Quant aux repas, ils sont servis à l'intérieur de la maison de ranch, vieille de 113 ans. Vous pourrez y faire de courtes randonnées à cheval ou prendre part à de plus longues expéditions, dont la durée peut varier de 2 à 10 jours. Vous devez toutefois, dans ce dernier cas, être accompagné de trois personnes et réserver un mois à l'avance. Le prix de l'hébergement comprend les repas et l'équitation.

Une des retraites les plus fastes est le **Tanque Verde Ranch** *($$$$; ≈, ⊙; 14301 East Speedway Boulevard, Tucson, ☎ 296-6275 ou 800-234-3833, ⇄ 721-9426)*, qui existe depuis les années 1880. Vous y trouverez absolument tout, soit des piscines intérieure et extérieure, des courts de tennis, une salle de conditionnement physique et, bien entendu, des chevaux d'équitation. Vous y logerez dans l'un ou l'autre des 65 casitas et chalets avec terrasses, dont certains sont équipés d'un foyer en ruche, d'antiquités et de couvre-lits amérindiens. Les portes-fenêtres coulissantes offrent par ailleurs d'époustouflantes vues sur le désert; pour vous détendre, installez-vous confortablement dans le hall avec un bon roman western auprès de l'âtre en pierre.

Le **White Stallion Ranch** *($$$$; fermé mai à oct; 9251 West Twin Peaks Road, Tucson, ☎ 297-0252 ou 800-782-5546, ⇄ 744-2786)* s'étend sur plus de 1 200 ha de pâturages destinés à nourrir son troupeau de Longhorn. Vous y ferez des balades à cheval à l'heure du petit déjeuner, verrez des rodéos tous les samedis après-midi et visiterez à loisir son petit zoo peuplé de daims, de moutons et de chèvres naines. Les chambres rustiques arborent un décor de l'Ouest.

Le **Grapevine Canyon Ranch** *($$$$ pc; Highland Road, Pearce, ☎ 826-3185 ou 800-245-9202, ⇄ 826-3636)* vous héberge dans des chambres meublées dans un style campagnard et rehaussées d'accents amérindiens. Vous pourrez vous la couler douce au salon, une pièce chaleureuse aux poutres apparentes, aux tapis amérindiens et à l'âtre surmonté de cornes de bouvillon. Il s'agit d'un ranch en activité dont la principale attraction est sans contredit l'équitation.

Le **Circle Z Ranch** *($$$$; nov au 15 mai; 3 nuitées minimum; ≈; P.O. Box 194, Patagonia, ☎ 394-2529)*, niché dans les contreforts des monts Santa Rita, est un endroit coloré et sans prétention datant du début des années vingt qui peut accueillir jusqu'à 45 personnes. Ses cottages d'adobes se parent de meubles en osier peints de couleurs vives et d'artisanat mexicain, mais ne disposent ni de téléviseur ni de téléphone. On s'y divertit surtout autour de la piscine chauffée et des courts de tennis ou, le soir venu, dans le chalet à l'imposante cheminée en pierre et aux rayons de bibliothèque chargés de classiques.

Le **School House Inn Bed & Breakfast** *($-$$ pdj; bp; 818 Tombstone Canyon, Bisbee, ☎ 432-2996 ou 800-537-4333, ⇄ 432-2996)* occupe une ancienne école de brique rouge construite en 1917 et entièrement restaurée, tout juste au-dessus du Garfield Playground. Ses neuf chambres sont passablement spacieuses, et chacune d'elles dispose d'une salle de bain privée, équipée d'une grande baignoire.

Le **Tombstone Boarding House Bed and Breakfast Inn** *($-$$ pdj; 108 North 4th Street, Tombstone, ☎ 457-3716 ou 520-457-3038)* occupe un bâtiment d'adobes construit vers 1879. Ses chambres sont décorées avec goût dans les teintes pastel et arborent des rideaux de dentelle ainsi que des meubles victoriens. Le petit déjeuner complet est servi dans la salle à manger, et les hôtes qui savent jouer du piano sont invités à divertir la galerie.

La Copper Queen Mining Co. a érigé le **Copper Queen Hotel** *($$; bp; 11 Howell Avenue, Bisbee, ☎ 432-2216 ou 800-247-5829, ⇄ 432-4298)* au tout début du siècle, époque à laquelle il accueillait des politiciens, des administrateurs de la mine et des voyageurs de tout horizon, y compris le jeune Theodore Roosevelt et John Wayne (la porte de la chambre où il a dormi arbore une plaque commémorative). L'hôtel subit actuellement des travaux de réfection, de sorte que vous feriez bien d'insister pour qu'on vous loge dans une des chambres déjà rénovées. Celles-ci sont en effet tapissées de papiers peints à motifs floraux victoriens et dotées de salles de bain carrelées. Le bâtiment de quatre étages renferme 45 chambres, une salle à manger et le Copper Queen Saloon.

Les **Sierra Suites** *($$ pdj; ≈, ⊛, ℝ, ≈; 391 East Fry Boulevard, Sierra Vista, ☎ 459-8449)* est un hôtel en brique rouge de deux étages qui attire des clients avec ses petits déjeuners et ses cocktails gratuits. Ses 100 chambres donnent sur des cours et présentent des placards à portes en miroir coulissantes, de petites tables de verre, une commode à tiroirs, un réfrigérateur et un four à micro-ondes. L'usage de la piscine et du bassin à remous est inclus dans le prix de la chambre.

Le **Thunder Mountain Inn** *($$; ≈; 1631 South Route 92, Sierra Vista, ☎ 458-7900 ou 800-222-5811, ⇄ 458-7900)* se présente comme une construction en brique ocre de deux étages dotée de 102 chambres, d'une salle à manger et d'un bar. Les chambres du rez-de-chaussée donnant sur la piscine possèdent de grandes portes vitrées. Lit pour deux personnes et bureau dans la plupart des cas.

La **Buford House** *($$ pdj; 113 East Safford Street, Tombstone, ☎ 457-3969)* s'impose comme une authentique maison d'adobes de 1880 offrant un hébergement de type *bed and breakfast*. La propriété s'enorgueillit en outre d'un jardin d'herbes aromatiques et d'un étang peuplé de poissons.

Le **Bisbee Grand Hotel** *($$-$$$; bc ou bp, ⊗; 61 Main Street, Bisbee, ☎ 432-5900 ou 800-432-1909)* occupe un emplacement idéal dans le principal quartier marchand de la ville. La structure d'origine date de 1906. On y dénombre trois suites et huit chambres, dont quatre avec salle de bain partagée. Toutes rappellent le début du siècle avec leur papier peint à motifs floraux, leur tapis rouge, leur lit en laiton et leurs antiquités, sans oublier les lavabos et les ventilateurs de plafond. Les chambres sont à l'étage, tandis que le saloon western, le Victorian Ladies Lounge et un théâtre où l'on présente des mélodrames se trouvent au rez-de-chaussée.

Pour un endroit retiré, songez au **Ramsey Canyon Inn** *($$-$$$; 31 Ramsey Canyon Road, Hereford, ☎ 378-0487)*, dans les monts Huachuca, en bordure d'un cours d'eau, près de la Nature Conservancy's Mile Hi/Ramsey Canyon Preserve et de la Coronado National Forest. On y trouve deux petits chalets et six chambres garnies d'antiquités country.

Au sud et à l'ouest de Tucson

Le **Stage Stop Inn** *($; ≈, ℜ; 303 McKeown Avenue, Patagonia, ☎ 394-2211)* est un hôtel de 43 chambres propres et confortables donnant sur une piscine centrale. Des équipes cinématographiques et des vedettes du grand écran logent souvent ici lorsqu'elles sont en tournage dans la région. Le hall de style western révèle une tête de squelette d'orignal au-dessus de l'âtre, des marques de bétail sur le sol carrelé et des tableaux au goût de l'Ouest sur les murs.

Le **Santa Rita Lodge Nature Resort** *($$; à 21 km au sud-est de Green Valley, dans la Coronado National Forest, ☎ 625-8746, ⇄ 648-1186)* du Madera Canyon est un rendez-vous incomparable pour les ornithologues amateurs. Suspendues à proximité des grandes fenêtres de chacune des 12 chambres de cet établissement, des mangeoires attirent diverses espèces d'oiseaux. À l'intérieur des chambres, des affiches permettent d'identifier plusieurs types d'oiseaux-mouches. Le chalet prodigue en outre des séances d'information sur l'environnement autour du patio, et des ornithologues à demeure dirigent des promenades pour les hôtes.

The Little House *($$ pdj; bp; 341 Sonoita Avenue, Patagonia, ☎ 394-2493)*, une maison d'adobes avec deux chambres à louer, est un véritable petit bijou. Chaque chambre dispose d'un petit salon avec un foyer en angle, d'une salle de bain privée, d'une terrasse et d'un mobilier contemporain du Sud-Ouest. Petit déjeuner continental ou complet (œufs, saucisses, fruits et divers pains).

Le **Guest House Inn** *($$ pdj; bp; 3 Guest House Road, Ajo, ☎ 387-6133)*, qu'on pourrait comparer à une maison de poupée, est une charmante auberge blanche, découpée de bleu et pourvue d'un long porche frontal, parsemé de meubles de rotin blanc invitant à la flânerie. On y recevait autrefois des dignitaires; aujourd'hui, le petit déjeuner y est servi sur une table en noyer de 6 m, autour de laquelle ces mêmes personnages mangeaient jadis. La conception intérieure est inhabituelle, un salon occupant le centre des lieux, tandis que les chambres s'alignent des deux côtés de la maison. Chacune des quatre chambres possède une salle de bain privée et présente un décor différent.

Le **Best Western Space Age Lodge** *($$; ≈, café; 401 East Pima Street, Gila Bend, ☎ 683-2273 ou 800-528-1234, ⇄ 683-2273)*, construit à l'époque de la course vers l'espace que se livraient les Américains et les Russes, affiche un décor de circonstance. On aperçoit des spoutniks sur le toit, et les chambres sont décorées d'images de lancements de fusées. Mobilier de bois blanchi, murs pastel et grands miroirs bien éclairés composent le décor.

La Fuente Inn *($$ pdj; ⊘; 1513 East 16th Street, Yuma, ☎ 329-1814 ou 800-841-1814, ⇄ 343-2671)* propose 96 chambres dans le style du Sud-Ouest, décorées dans les teintes pastel. Certaines chambres donnent sur la cour intérieure gazonnée et sur la piscine. Le petit déjeuner continental, les cocktails et l'usage de la salle de conditionnement physique sont inclus dans le prix de la chambre.

La **Duquesne House** *($$; 357 Duquesne Street, Patagonia, ☎ 394-2732)*, une vieille maison d'adobes tout à fait charmante qui servait jadis de pension aux mineurs, propose aujourd'hui des suites confortables aux sols de brique et aux éléments architecturaux inspirés des missions. L'agréable porche arrière domine un jardin et un bassin carrelé où s'ébattent des poissons.

The Mine Manager's House Inn *($$-$$$; ⊛; 1 Greenway Drive, Ajo, ☎ 387-6505, ⇄ 387-6508)*, situé au sommet de la plus haute colline d'Ajo, a été construit en 1919 pour la famille du directeur de la mine. On peut voir la mine de la maison, et, à l'intérieur de celle-ci, de vieilles photos de la mine ornent les murs du salon intime. Plutôt que de refléter l'histoire de la maison, les chambres montrent un mobilier moderne, quoique le petit déjeuner soit servi à l'immense table en bois de pacanier utilisée par les occupants originaux. Dans vos temps libres, passez un moment dans la salle de lecture ou encore dans le bassin à remous extérieur.

Le **Rio Rico Resort & Country Club** *($$$; ⊛, ⊘, ≈, ℜ, bar; 1069 Camino Caralampi, Rio Rico, ☎ 281-1901 ou 800-288-4746, ⇄ 281-7132)* s'impose comme un magnifique complexe hôtelier au cœur du massif montagneux de Cayetano. De nombreuses chambres ont des plafonds aux poutres apparentes, de grandes portes vitrées coulissantes donnant sur la piscine ou sur les montagnes et un décor du Sud-Ouest contemporain dans les teintes pastel. Un terrain de golf, des écuries, un bassin à remous et une salle d'exercices complètent les installations.

Le **Shilo Inn Hotel** *($$$; ℂ, ≈, △, ⊘, ⊛; 1550 South Castle Dome Avenue, Yuma, ☎ 782-9511 ou 800-222-2244, ⇄ 783-1538)* possède 134 chambres décorées de teintes pastel, dont certaines avec canapé, patio et salle de bain carrelée. Des suites équipées de cuisinettes sont également offertes en location. Le hall, haut de trois étages, s'enorgueillit de sols marbrés et de colonnes réfléchissantes, tandis qu'une cuve à remous, une salle d'exercices, un sauna et un bain de vapeur complètent les installations.

Bing Crosby a fondé le **Tubac Golf Resort** *($$$; bp, ≈, ⊘, ℜ, bar; 1 Avenida de Otero, Tubac, ☎ 398-2211 ou 800-848-7893, ⇄ 398-9261)* en 1959. Les 33 chambres et suites du complexe se distinguent par leur foyer, leurs meubles mexicains, leur salle de bain carrelée et leur patio donnant sur les montagnes. Un terrain de golf, un court de tennis, un centre de conditionnement physique et des sentiers de randonnée complètent les installations.

RESTAURANTS

Tucson

Vous trouverez un mélange varié de cuisines à Tucson, mais les mets du Sud-Ouest et les mets mexicains à la mode de Sonora demeurent les plus grandes spécialités. Les deux boulevards possédant la plus forte concentration de restaurants sont Broadway et Speedway; vous y trouverez à peu près tous les types de mets locaux et ethniques.

Le **Bentley's House of Coffee & Tea** *($; 121 East Congress Street, ☎ 795-0338)* vous permet de choisir l'ambiance qui vous convient le mieux, l'une des deux salles à manger étant raffinée, avec tables et chaises noires, et œuvres d'art moderne, tandis que l'autre se révèle plus intime et se distingue par ses étagères pleines de livres. Nourriture habituelle de bistro (soupes, sandwichs, quiches...) et, au chapitre des boissons, café express, cafés gastronomiques et une grande variété de sodas mousse.

Les habitants de Tucson adorent également les mets mexicains, de sorte que le choix ne manque pas. Rosita Sinbres prépare tous les plats savoureux d'**El Arte de Rosita** *($; fermé dim-lun; 1944 East Prince Road, ☎ 881-5380)*. Les murs de l'établissement montrent des photos de Rosita en compagnie de feu l'artiste et son ami Ted De Grazia, ainsi que certaines de ses gravures. Des rideaux crochetés à la main encadrent les fenêtres, et, à l'extérieur, des ampoules de Noël éclairent le porche à longueur d'année tandis que des plantes poussent dans des baignoires sur pied. On pourrait qualifier l'atmosphère de «familiale éclectique».

Mi Nidito Café *($; fermé lun-mar; 1813 South 4th Avenue, ☎ 622-5081)* est un minuscule restaurant mexicain ringard et très fréquenté qui sert néanmoins de l'excellente nourriture, des *enchiladas* au *menudo*. Les portions sont généreuses, et nombre de Tucsoniens y attendent en ligne pour se bourrer la panse. Les murs sont couverts de fleurs en plastique lumineuses et de murales représentant des palmiers.

Micha's *($; 2908 South 4th Avenue, ☎ 623-5307)*, de taille plus respectable, appartient à la famille Mariscal, dont le portrait figure à l'entrée, depuis de nombreuses années. Les fins de semaine, des *mariachis* se déplacent de table en table. De plus, vous ne partirez pas d'ici l'estomac creux non plus, puisque même les *tortillas* mesurent près de 30 cm! Ne manquez pas les *chimichangas*, la salade de *topopo* et la *fantasia* de crevettes grillées.

En plein cœur du quartier des entrepôts, **Tooley's** *($; fermé dim; 299 South Park Avenue, ☎ 798-3331)* n'est guère plus qu'un comptoir de *tacos* servant de la bonne nourriture. On y commande son repas à une fenêtre extérieure, après quoi l'on s'assoit à l'une des quelques tables disposées sur le trottoir ou carrément sur le bord du trottoir. Le menu prétend que Tooley's a donné naissance au *taco* à la dinde, et cette viande remplace le poulet dans tous les plats. Si vous surveillez de près votre budget voyage, vous ne trouverez pas mieux à Tucson.

Le **Tork's Café** *($; fermé dim; 1701 North Country Club Road, ☎ 325-3737)* se veut un minuscule établissement familial ne disposant que de quelques tables et proposant de délicieux mets du Moyen-Orient. L'assiette de *shawarma* au bœuf, au poulet ou à l'agneau contient des languettes de viande cuites avec des oignons et des poivrons. Il y a aussi une assiette végétarienne de *falafel*, de l'*hummus*, du taboulé et des brochettes.

Le **Buddy's Grill** *($; 4821 East Grant Road, ☎ 795-2226)* est un rendez-vous des cols blancs de la ville. Sa salle étroite de bleu et de blanc renferme surtout des banquettes. Vous y trouverez des *fajitas* garnis de salade, des sandwichs, des hamburgers cuits sur bois de prosopis et une délicieuse soupe à l'oignon à la française. Jetez également un coup d'œil sur la cuisine modèle.

Le **Szechuan Omei Restaurant** *($; 2601 East Speedway Boulevard, ☎ 325-7204)* est un restaurant chinois qui vous propose un choix de plus de 130 mets, dont les plats du jour. Le décor n'a rien pour impressionner et se limite à des nappes et des chaises rouges, ainsi qu'aux habituelles lanternes et gravures chinoises, mais demandez à voir la cuisine modèle!

Au **Blue Willow Restaurant** *($; 2616 North Campbell Avenue, ☎ 795-8736)*, vous pouvez manger à l'intérieur, dans une salle aux murs pêche clair tapissés d'affiches sophistiquées, ou dans le jardin entouré de murs de brique couverts de lierre. Dans un cas comme dans l'autre, vous serez ravi. Bien qu'on serve des sandwichs et des salades au déjeuner et au dîner, le petit déjeuner est sans conteste le repas le plus populaire de cet établissement, puisqu'on y propose 24 omelettes différentes, dont une aux épinards, aux tomates et aux oignons, et une autre aux avocats, au fromage *jack* et aux piments verts.

À deux minutes de là, chez **Coffee Etc.** *($; 2700 North Campbell Avenue, ☎ 881-8070)*, mieux vaut laisser tomber le plat principal et passer directement au dessert et au café. Parmi les favoris, mentionnons le gâteau au fromage Snicker, servi avec une crème aux noix danoise, et le café amandine au cacao. Ce restaurant prend des allures de bistro en plein air avec ses tables surmontées de parasol et ses nuages peints au plafond.

La **Millie's Pancake Haus** *($; 6530 Tanque Verde Road, ☎ 298-4250)*, une crêperie à l'ancienne empreinte d'une atmosphère européenne, se fait accueillante le matin et le midi avec son chaleureux intérieur de brique et de bois, ses rideaux en dentelle à volants, ses nombreux bibelots et son personnel souriant. Outre les crêpes, son menu affiche des blintzes russes, des galettes de maïs, des omelettes et des plats du jour tels que poulet et beignets.

Le **Café Magritte** *($-$$; fermé lun; 254 East Congress Street, ☎ 884-8004)* est un café artistique et intime situé en plein cœur du quartier des arts. Ce petit établissement de deux étages présente des planchers de bois et des murs de briques tendus d'œuvres signées par des artistes locaux. La nourriture y est pour le moins variée, mais toujours dans l'esprit du Sud-Ouest. Parmi les spécialités de la maison, retenons divers plats de pâtes dont les tortellini Sonora à la coriandre, aux poivrons rouges grillés et aux pistaches, enrobés d'une sauce au pesto.

Au **Delectables** *($-$$; 533 North 4th Avenue, ☎ 884-9289)*, les serveurs ont les cheveux en queue de cheval. À l'intérieur, le plafond laisse voir des poutres de bois, et les fenêtres arrondies donnent sur la 4th Avenue, tandis qu'à l'extérieur on a disposé des tables en métal vert quelque peu défraîchies et des chaises assorties. Salades et sandwichs (à la poitrine de dinde, au fromage havarti et à l'avocat entre autres).

Si vous préférez rester à l'écart de la nourriture mexicaine, riche en calories, essayez **The Good Earth** *($-$$; 6366 East Broadway Boulevard, ☎ 745-6600)*, le restaurant santé par excellence de Tucson. Le vaste menu propose des salades, des sandwichs chauds et froids, des pâtes, des fruits de mer, du poulet, des plats végétariens et des petits déjeuners toute la journée. Bien que l'endroit soit spacieux, l'atmosphère y demeure intime : décor dans les teintes de terre, solides tables en bois, beaucoup de plantes suspendues et un jardin de cactus, fidèle au caractère du Sud-Ouest.

Pour une pizza hors de l'ordinaire, rendez-vous chez **Magpies Pizza** *($-$$; 605 North 4th Avenue, ☎ 628-1661)*. On y propose entre autres «La Grecque», aux épinards, au basilic, à l'ail, aux pignons de pin, au fromage *feta*, à la mozzarelle et aux tomates séchées au soleil, et la «Cathy's», à l'ail, aux tomates en ragoût, aux champignons, aux artichauts, aux poivrons rouges rôtis et au fromage Romano. Situé sur une petite artère commerciale, Magpies revêt une allure contemporaine avec ses sols carrelés de noir et de blanc, ses chaises rouges et ses tableaux modernes aux murs.

Même s'il se trouve dans le hall du Picacho Motel, le **Picacho Restaurant** *($$; 6698 Eisenhower Street, ☎ 466-7500)* se veut intime avec ses plafonds de bois sombre, ses banquettes et son décor du Sud-Ouest, rehaussé de crânes de vaches et de carpettes amérindiennes pendues aux murs. On s'y rend surtout pour ses hamburgers géants, bien qu'il serve également des sandwichs et des steaks.

La majorité des plats apprêtés au **Presidio Grill** *($$; 3352 East Speedway Boulevard, ☎ 327-4667)* demeurent fidèles à la tradition du Sud-Ouest. Dégustez en entrée une gousse d'ail rôtie au brie, suivie de pâtes Presidio au poulet et à l'ail bruni, aux piments *poblano,* au *prosciutto,* au basilic frais, aux tomates *roma* et à l'huile d'olive. Décor postmoderne dans les tons inhabituels de noir, de vert, d'orangé et de jaune. De plus, pour ceux qui aiment bien les banquettes, notez qu'il y en a ici davantage que de tables conventionnelles.

Dès votre entrée au **Café Poca Cosa** *($$; fermé dim; 88 East Broadway Boulevard, ☎ 622-6400)*, vous serez bombardé de couleurs festives. Les plafonds sont verts, les murs sont émaillés de piments rouges, des arbres intérieurs s'illuminent grâce aux ampoules suspendues, et les tables sont carrelées de violet, de vert et de rouge. Le menu peut changer jusqu'à deux ou trois fois par jour, et l'on vous le présentera à votre table écrit sur une ardoise. Nourriture mexicaine maison avec des spécialités comme la poitrine de poulet sauce à la mangue, le *pollo* sauce pimentée et le porc mariné dans la bière.

Tel que son nom l'indique, le **Van Gogh's Ristorante Italiano** *($$; 7895 East Broadway Boulevard, ☎ 722-5518)* propose des mets italiens dans un décor de reproductions d'œuvres de Van Gogh. Outre les plats traditionnels, vous pourrez y savourer des trouvailles plus originales, tel ce canard grillé farci d'huîtres fumées et de pignons de pin, le tout arrosé d'une sauce au Grand Marnier. Des musiciens se produisent dans le patio.

Ne vous laissez pas rebuter par le fait que le **Boccata** *($$; 5605 East River Road, ☎ 577-9309)* se trouve dans un centre commercial. On y a une belle vue sur la ville, et l'on peut y déguster de bons mets du nord de l'Italie et du sud de la France. L'ambiance se veut à la fois simple et recherchée, les murs jaune et prune étant garnis d'œuvres d'art contemporaines. Essayez les *penne ciao bella* au poulet grillé, aux poivrons rôtis, aux cœurs d'artichauts et aux pignons de pin dans une sauce au vin blanc, ou les raviolis de veau sauce à la crème et au fromage de chèvre.

L'**Olympic Flame** *($$; fermé dim; 7970 East Broadway Boulevard, ☎ 296-3399)* possède quelque chose de rare pour un restaurant grec : des nappes blanches en tissu garnies de fleurs fraîchement coupées. On vous y servira non seulement un *saganaki* flamboyant, mais aussi toute une variété de spécialités telles que le *pastitsio*, la *moussaka*, le *gyro*, les biftecks et les salades à la grecque.

Le **Jamaica Bay Café** *($$; 6330 East Speedway Boulevard, ☎ 296-6111)* présente, comme on peut s'en douter, un décor tropical caractérisé par de hauts plafonds, une abondance de plantes et une moquette colorée. Parmi les délices de la maison, retenons le veau Madagascar, le saumon au poivre de cayenne et les crevettes géantes.

Le **Webb's Old Spanish Trail Steak House** *($$; 5400 South Old Spanish Trail, ☎ 885-7782)* se spécialise dans les «côtes levées», le poulet grillé et les steaks, tous délicieux. L'ambiance y est on ne peut plus décontractée, puisqu'on y retrouve carrément des tables à pique-nique! Le soir, installez-vous près de la fenêtre panoramique; peut-être aurez-vous la chance d'apercevoir des *javelinas* en quête de nourriture.

On accède au **Tohono Chul Tearoom** *($$; fermé le soir; 7633 North Paseo Del Norte, ☎ 797-1711)*, à l'enseigne d'une maison rustique d'une cinquantaine d'années au cœur du Tohono Chul Park, par des portes à l'ancienne telles qu'on en trouvait dans les haciendas. À moins que la température ne vous en empêche, optez pour une table sur la terrasse bordée de *palo verdes* et de cactus, et volontiers fréquentée par des oiseaux et d'autres créatures en quête de quelques miettes. Au déjeuner, on vous propose des sandwichs innovateurs sur croissant ou sur pain au levain. Vous pouvez aussi vous y rendre pour le petit déjeuner, le brunch du dimanche et le thé en après-midi, accompagné de petits sandwichs, de scones et de pâtisseries.

Pour des mets du Sud-Ouest, essayez le **Café Terra Cotta** *($$-$$$; 4310 North Campbell Avenue, ☎ 577-8100)*. La terrasse extérieure y est éclairée par des ampoules blanches miniatures le soir, tandis qu'à l'intérieur la salle est décorée dans les tons de turquoise et d'ocre brun. Au menu, de grosses crevettes farcies de fromage de chèvre aux fines herbes et arrosées d'un coulis de tomate à la mode du Sud-Ouest, des poivrons rouges et verts farcis, ainsi que des pizzas cuites au four à bois et garnies, entre autres, de chorizos, de mozzarelle aux fines herbes, de limette et de coriandre.

Musique classique, fleurs fraîchement coupées et chandelles contribuent toutes à l'atmosphère romantique de **Le Rendezvous** *($$-$$$; 3844 East Fort Lowell Road, ☎ 323-7373)*, un restaurant français dont les plats varient quotidiennement selon les arrivages du marché. Essayez, si vous en avez la chance, le soufflé au Grand Marnier, dont la préparation demande 45 min, le canard à l'orange ou les médaillons de veau aux pommes et au calvados.

À l'**Arizona Inn** *($$$; 2200 East Elm Street, ☎ 325-1541)*, vous avez le choix de l'ambiance, que vous préfériez une salle à manger classique, une terrasse sans prétention ou un jardin constellé de minuscules ampoules lumineuses accrochées aux arbres. Menu continental, mets du Sud-Ouest, nouvelle cuisine et plats traditionnels. Un des délices qu'on peut déguster ici est le poisson frais, cuit à la vapeur, rehaussé de gingembre et de poireaux, et servi dans un panier en bambou.

Vous aurez du mal à trouver mieux qu'**Anthony's in the Cantina** *($$$; fermé sam et dim midi; 6440 North Campbell Avenue, ☎ 299-1771)* en ce qui a trait à la vue et à l'ambiance. Les fenêtres de ce bâtiment de style hacienda, qui s'étendent pratiquement du sol au plafond, permettent en effet d'admirer les lumières de la ville. Le dîner est servi dans une élégante porcelaine de Chine sur des nappes en tissu rose clair, des fleurs fraîchement coupées ornent chaque table, et le repas s'accompagne de musique classique. Des lustres pendent des plafonds voûtés aux poutres apparentes, et un grand foyer réchauffe la pièce en hiver. Parmi les spécialités continentales de la maison, mentionnons le veau Catalina aux artichauts, aux champignons et aux oignons verts, l'agneau Wellington et le poulet cordon-bleu. Arrosez le tout d'une bonne bouteille choisie parmi une sélection d'environ 1 300 crus.

Au **Daniel's Restaurant and Trattoria** *($$$-$$$$; 4340 North Campbell Avenue, Suite 107, ☎ 742-3200)*, c'est la cuisine italienne qui est à l'honneur. Cet élégant restaurant Art déco a été louangé par toute la nation depuis son ouverture il y a déjà plusieurs années. Des entrées peu communes, comme ces chips de patate douce entrecoupées de *gravlax* maison et ces câpres à l'oignon rouge et à l'huile de ciboulette, y ouvrent la voie à des plats de pâtes traditionnels et à une variété de plats d'agneau, de veau et de poisson frais. La carte des vins, des bières et des scotchs pur malt se veut également impressionnante.

Lorsqu'il s'agit de nouvelle cuisine américaine accommodée à la façon du Sud-Ouest, rien ne vaut le restaurant **Janos** *($$$-$$$$; fermé dim en hiver, dim-lun en été; 150 North Main Avenue, ☎ 884-9426)*. La maison d'adobes qu'il occupe partage un jardin avec le Musée des beaux-arts de Tucson, et son intérieur est décoré d'œuvres originales suspendues à des murs hauts de 6 m, surmontés de plafonds en *ocotillo*. Le menu varie avec les saisons, mais attendez-vous à quelque chose du genre filet d'agneau rôti aux champignons sauvages, sauce au piment *ancho,* ou *ahi* en croûte au sésame et au chou de Napa sauté sauce à la mangue.

C'est dans un paysage de cactus et de *mesquite* que vous trouverez **The Tack Room***($$$$; 7300 Vactor Ranch Trail, ☎ 722-2800)*, un restaurant typique mais unique de l'Ouest. L'intérieur de la villa italianisante qu'il occupe présente une allure rustique avec ses selles de chevaux, sa tête de cerf accrochée au-dessus du foyer, ses poutres apparentes équarries à la main et sa cheminée en pierre. Mais plutôt que de s'habiller en cow-boy, les serveurs portent des smokings, et la nourriture, rehaussée de parfums du Sud-Ouest, n'a rien de commun. Pour vous en convaincre, essayez par exemple le carré d'agneau au miel de prosopis accompagné de muffins au maïs, au fromage et au piment, le saumon norvégien au beurre de coriandre, ou encore les steaks et les fruits de mer.

À l'est de Tucson

Dans cette région, Bisbee possède un certain nombre de petits restaurants défiant toute description conventionnelle.

Le **Horseshoe Café** *($; 154 East 4th Street, Benson, ☎ 586-3303)* est un restaurant familial qui a pignon sur rue depuis plus d'un demi-siècle. Aux murs, on peut voir des pièces murales western de l'artiste Vern Parker, et les colonnes du café révèlent des marques de bétail du sud de l'Arizona. Un fer à cheval en néon accroché au plafond contribue à l'éclairage de la pièce. Chili con carne, sandwichs, omelettes, hamburgers, steaks et mets mexicains.

La **Peking Chinese Cuisine** *($; 1481 East Fry Boulevard, Sierra Vista, ☎ 459-0404)* se trouve sur une petite artère commerciale et se distingue par ses fenêtres garnies d'enseignes au néon. La meilleure affaire y est le buffet à volonté du midi. L'endroit se veut décontracté avec ses banquettes et ses tables rouges, et ses ventilateurs et ses lanternes chinoises accrochées au plafond.

18 Steps à la mode *($; dîner sam seulement; 51 Main Street, Bisbee, ☎ 432-3447)* ressemble à un charmant café européen. Il n'y a que cinq tables et un comptoir dans ce minuscule restaurant. Le menu est inscrit sur un tableau noir et propose de délicieuses spécialités maison, comme la truite à l'ail et aux pacanes grillées.

Le **Renaissance Café** *($; 10-A Lyric Plaza, Bisbee, ☎ 432-4020)* est un tout petit endroit sans prétention que fréquentent volontiers les habitants de la ville. Des œuvres d'artistes locaux ornent les murs, la devanture est tapissée de bulletins, et la radio contribue à l'atmosphère des lieux. On dénombre quelques tables à l'intérieur et quelques autres sur le trottoir. Menu de sandwichs, de *bagels* chauds et fondants, de quiches, de pizzas, de salades et de desserts, sans oublier le bon café maison, l'express et les infusions.

Le **Nellie Cashman Restaurant** *($; 121 South 5th Street, Tombstone, ☎ 457-2212)* occupe un bâtiment de 1882 au décor d'époque : foyer en pierre, hauts plafonds de bois et photographies d'antan. Bien qu'il serve des sandwichs et des hamburgers, l'endroit est surtout réputé pour ses tartes maison aux petits fruits.

Si vous avez envie du plus gros hot-dog du comté de Cochise, d'un poids de 225 g et d'une longueur de 30 cm, rendez-vous au **Longhorn Restaurant** *($; 501 East Allen Street, Tombstone, ☎ 457-3405)*, et commandez un Longhorn Dog. Sinon, laissez-vous tenter par le vaste choix de mets italiens, mexicains et américains. Décor western avec de longues cornes suspendues au-dessus de la porte et des affiches jaunies laminées à même les tables mettant à prix la tête de personnages comme Billy le Kid.

Le **Café Roka** *($$; ouvert les fins de semaine seulement en été, mer-sam le reste de l'année; 35 Main Street, Bisbee, ☎ 432-5153)*, un charmant restaurant aux allures de bistro conçu pour plaire aux cow-boys urbains, propose un large éventail de pâtes savoureuses ainsi que des spécialités telles que le saumon fumé au gorgonzola.

Toutes proportions gardées, le **Thunder Mountain Inn Restaurant** *($$-$$$; 1631 South Route 92, Sierra Vista, ☎ 458-7900)* compte parmi les restaurants les plus chers de Sierra Vista. On y sert de la côte de bœuf et des fruits de mer sur des nappes roses en tissu. Les banquettes sont séparées par des cloisons de verre gravées à l'eau forte.

La cuisine continentale recherchée est bien la dernière chose qu'on s'attend à trouver par ici, et pourtant, c'est ce que vous offre le **Karen's** *($$-$$$; route 82, Sonoita, ☎ 455-5282)*. Son menu change au quotidien, mais on y sert entre autres une poitrine de poulet grillé farcie au mozzarella et aux fines herbes, puis arrosée d'un coulis de tomates séchées.

Au sud et à l'ouest de Tucson

Ouvert dans les années quarante comme un simple café dans une résidence familiale, le **Wisdom's Café** *($; fermé dim; voie d'accès de la route 19, Tumacacori, ☎ 398-2397)* est aujourd'hui un restaurant truffé de vieilles photos, d'instruments de ferme, de peintures sur velours, de tapis en patchwork et d'autres curiosités. Vous le repérerez grâce aux deux gigantesques poulets qui agrémentent sa façade. Essayez aussi certains de ses mets mexicains.

Le **Home Plate** *($; 277 McKeown Avenue, Patagonia, ☎ 394-2344)* est une gargote où les gens du coin se retrouvent pour dévorer des hamburgers et des sandwichs chauds ou froids. Des bannières municipales couvrent partiellement les murs de brique de sa salle à manger.

Pour de bons hamburgers bon marché, essayez le **Lutes Casino** *($; 221 Main Street, Yuma, ☎ 782-2192)*. Et offrez-vous en prime une tranche d'histoire, puisque ce vaste restaurant doublé d'une salle de billard et d'un salon de domino était jadis un casino au cours des années vingt.

Le **Garden Café** *($; déjeuner, dîner et brunch le dim; 250 South Madison Avenue, Yuma, ☎ 783-1491)*, un de ces endroits où ces dames se retrouvent volontiers à l'heure du déjeuner, est aménagé derrière le Century House Museum et sert des sandwichs, des salades et des quiches dans un charmant décor de jardins et de volières où s'ébattent une foule d'oiseaux. Pour ajouter au plaisir, des brumisateurs installés à l'extérieur rafraîchissent les clients par les chaudes journées d'été.

Bien qu'il n'y ait pas grand-chose à Amado, prenez la peine de vous arrêter au **Cow Palace** *($-$$; 28802 South Nogales Road, Amado, ☎ 398-2201)*, une institution locale établie depuis les années vingt. Lorsqu'elles tournaient dans la région, les vedettes western du grand écran fréquentaient cet endroit, et leurs photos en honorent les murs. Le décor est rustique avec son lustre en roue de chariot, ses nappes en tissu et ses tapis et rideaux rouges. Menu également western, avec des suggestions comme le chateaubriand Trail Boss et le hamburger Chuck Wagon.

Le **Stage Stop Inn** *($-$$; 303 McKeown Avenue, Patagonia, ☎ 394-2211)* arbore un thème western avec ses marques de bétail au sol et son comptoir à salades installé dans une charrette de cow-boy. On y sert en outre des sandwichs chauds ou froids, des hamburgers, des biftecks grillés sur bois de prosopis, des mets mexicains et des desserts maison.

Si vous n'avez jamais mangé dans une écurie de 150 ans, faites-le au **Montura** *($$; 1 Camino Otero, Tubac Golf Resort, ☎ 398-2211)*, qui possède en fait beaucoup de charme. Vous y trouverez des fenêtres en arc, des sols pavés et des poteries mexicaines et amérindiennes. En y regardant de plus près, vous verrez même des têtes de flèches apaches logées dans les murs d'adobes du restaurant. Le menu porte essentiellement sur les steaks, les pâtes, les fruits de mer et les mets mexicains apprêtés à la mode du Sud-Ouest américain.

Le fait de trouver un restaurant allemand à Tubac en étonnera sans doute plus d'un, mais c'est pourtant bien le cas avec le **Johanna's** *($$; 255 Avenida de Otero, Tubac, ☎ 398-9336)*, chaleureux et aéré, pourvu de très nombreuses fenêtres habillées de dentelle et bercé par une musique de fond allemande. La propriétaire, Edith Bobbitt, a jadis tenu un restaurant réputé à Munich. Au menu, une *Schweine Kotelett*, ou côtelette de porc apprêtée comme un *schnitzel* (trempée dans un mélange d'œufs battus, panée puis frite), des crêpes aux pommes de terre, des *bratwursts* et du pain allemand.

Le **San Cayetano** du Rio Rico Resort & Country Club *($$; 1069 Camino Caralampi, Rio Rico, ☎ 281-1901)* propose non seulement des mets du Sud-Ouest, mais aussi, le dimanche, un brunch au champagne. Deux de ses murs sont percés de fenêtres panoramiques offrant une vue splendide sur les montagnes, tandis que ses tables et banquettes arborent des teintes de bleu, de sarcelle et de marron qui s'harmonisent bien avec le décor désertique et décontracté des lieux.

Bien que l'extérieur du **Dago Joe's** *($$; fermé mar; 2055-A North Route 85, Ajo, ☎ 387-6904)* ne paie pas de mine, ses propriétaires en ont égayé l'intérieur en lui donnant un décor contemporain : affiches encadrées, plantes vertes, murs à dominante de pêche et nappes assorties. Le menu est varié, mais la maison est surtout reconnue pour ses steaks.

Une institution de Yuma depuis maintenant plus d'une décennie, le **Hensley's Beef Beans and Beer** *($$; 2855 South 4th Avenue, Yuma, ☎ 344-1345)* est l'endroit par excellence pour déguster de la côte de bœuf, du homard et des hamburgers. Les murs de la salle à manger sont couverts d'images de cow-boys, de cornes de vache et de couvertures amérindiennes.

SORTIES

Tucson

Bars

Le **Bum Steer** *(droit d'entrée certains soirs; 1910 North Stone Avenue, ☎ 884-7377)* est un bar décontracté installé dans un grand bâtiment ressemblant à une grange qui renferme un restaurant, plusieurs autres bars, une salle de jeux vidéos, une salle de volley-ball et une petite piste de danse. À l'intérieur de cet établissement particulier, toutes sortes d'objets sont suspendus au plafond voûté, y compris des canons et des aéroplanes. Parmi les divertissements offerts, retenons les concerts rock et les soirées de karaoké.

L'**Outback** *(droit d'entrée; 296 North Stone Avenue, ☎ 622-4700)* est un complexe offrant tout un assortiment de divertissements nocturnes, qu'il s'agisse de cocktails dans un patio, de danse au Thunderdome, d'un dîner léger à l'Outback Café ou de billard et fléchettes au Boomerang Bar.

Même si vous n'avez pas l'intention d'y manger ou d'y boire, le **Solarium Restaurant and Lounge** *(6444 East Tanque Verde Road, ☎ 886-8186)* mérite une visite pour son architecture unique. Aucune description ne saurait lui rendre justice, aussi nous contenterons-nous de dire que cette structure en bois de trois étages se présente comme une sorte de croisement entre un navire et une serre. Derrière les grandes portes en fer à motifs floraux, vous découvrirez une multitude de fenêtres, de plantes et d'agencements de planches. Un musicien jouant de la guitare acoustique s'y produit du jeudi au samedi.

Le **Chicago Bar** *(droit d'entrée; 5954 East Speedway Boulevard, ☎ 748-8169)* vous propose un menu musical pour le moins étourdissant : rock-and-roll le lundi et le mardi, reggae le mercredi et le jeudi, blues le vendredi et le samedi, et *Motown* le dimanche. Des souvenirs de Chicago couvrent les murs, dont des bannières et des panneaux de stationnement dédiés aux White Sox.

Le **Berkey's Bar** *(droit d'entrée les fins de semaine; 5769 East Speedway Boulevard, ☎ 296-1981)* conviendra aux amateurs de blues en direct (tous les soirs de la semaine). Les clients y sont plus âgés et peuvent aussi bien s'offrir une boisson au bar en verre massif, danser ou faire une partie de billard.

La **Gentle Ben's Brewing Co.** *(droit d'entrée les fins de semaine; 841 North Tyndall Avenue, ☎ 624-4177)* est une microbrasserie située à proximité du campus universitaire et servant de délicieuses bières à l'européenne. Si vous vous y rendez au bon moment, vous pourrez même voir les brasseurs à l'œuvre. Les planchers et les tables de bois de la salle de bar ont visiblement souffert du passage incessant des étudiants, et une grande terrasse extérieure permet d'observer les passants à loisir. Formations de reggae et de rock du jeudi au samedi.

Le **Laffs Comedy Café** *(droit d'entrée; 2900 East Broadway Boulevard, ☎ 323-8669)* accueille aussi bien des humoristes locaux que des artistes réputés à l'échelle nationale. Micro libre le mardi, soirée des dames le mercredi, et soirée universitaire et militaire le jeudi.

Amplement décorée de chêne et de laiton, la **Suite 102** *(5350 East Broadway Boulevard, ☎ 745-9555)* est un endroit où se retrouvent avocats et autres gens de profession libérale. On peut dîner à la terrasse ou simplement se laisser bercer par la musique contemporaine qui joue en sourdine.

On dit que l'argent n'a pas d'odeur, et pourtant on le sent partout à la **Board**

Room *(5350 East Broadway Boulevard, ☎ 750-7555)*, fréquentée par des avocats et d'autres gens de profession. Décor de chêne et de laiton rehaussé de nombreuses images de tribunaux.

Suivez les chapeaux de cow-boy et les enseignes au néon, et vous aboutirez au **Cactus Moon** *(droit d'entrée les fins de semaine; 5470 East Broadway Boulevard, ☎ 748-0049)*, un immense bar consacré à la musique country. Des tableaux western pendent aux murs, et l'on présente des rodéos sur de grands écrans. La piste de danse, assez grande pour que personne ne se marche sur les pieds, baigne dans une lumière colorée et scintillante.

Si grand que soit le Cactus Moon, il devient minuscule lorsqu'on le compare au **A Little Bit of Texas** *(droit d'entrée les fins de semaine; 4385 West Ina Road, ☎ 744-7744)*, un rendez-vous musical qui s'étend sur près d'un demi-hectare. À l'intérieur, on trouve un bar country et un bar rock, chacun pourvu d'une piste de danse. En périphérie du A Little Bit of Texas, des boutiques vendent toutes sortes d'articles, entre autres des photographies et des chapeaux de cow-boy. Musique sur scène à l'occasion.

Si vous désirez entendre des formations de salsa et de jazz traditionnel, faites une halte au **Café Sweetwater** *(340 East 6th Street, ☎ 622-6464)*, un bar étroit, accolé au restaurant du même nom.

Trophies *(dans l'enceinte de l'hôtel Park Tucson, 5151 East Grant Road, ☎ 323-6262)* est un bar sportif populaire proposant billard, fléchettes, télévision par satellite et repas légers.

Vous ne trouverez pour tout décor que des graffitis sur les tables et les murs au **Bob Dobb's Bar & Grill** *(2501 East 6th Street, ☎ 325-3767)*, où se rencontrent collégiens et personnes d'un âge déjà plus mûr. Il s'agit d'un endroit éclairé et bruyant où l'on peut aussi bien s'installer à l'intérieur qu'à l'extérieur. De nombreux postes de télévision permettent de regarder les événements sportifs de l'heure.

Si vous préférez la musique innovatrice et les marginaux qui s'en abreuvent, jetez un coup d'œil du côté du **Club Congress** *(droit d'entrée; 311 East Congress Street, ☎ 622-8849)*, adjacent à l'hôtel Congress. Une clientèle d'originaux se mêle aux étudiants en ces lieux caverneux au sol carrelé de rouge et de marron, et aux murs sombres.

Jadis une forge, un magasin et une boîte de nuit dans les années trente, le **Cushing Street Bar and Restaurant** *(droit d'entrée les fins de semaine; 343 South Meyer Avenue, ☎ 622-7984)* est aujourd'hui un bar populaire où l'on peut entendre des formations de blues, de jazz, de rock et de reggae. On y mange à des tables du début du siècle entourées d'antiquités, telle cette bibliothèque murale des années 1880 et ce globe en verre taillé des environs de 1850, suspendu au-dessus du bar. Terrasse extérieure.

Le **Tucson McGraws** *(4110 South Houghton Road, ☎ 885-3088)* se présente comme une cantine mexicaine dotée d'un bar et d'une salle à manger. En descendant l'escalier qui se trouve à l'extérieur de l'établissement, vous vous retrouverez sur une terrasse couverte donnant sur les monts Santa Rita et permettant d'admirer les magnifiques couchers de soleil de Tucson. Un foyer extérieur réchauffe les clients par temps froid, et un guitariste égaye l'atmosphère les fins de semaine.

Théâtres

L'**Arizona Theater Company** *(330 South Scott Avenue, ☎ 622-2823)* est officieusement désignée comme la troupe théâtrale d'État de l'Arizona, et elle présente six productions variées à Phoenix et à Tucson entre octobre et mai. Les pièces jouées par l'Arizona Theater Company et d'autres troupes ont lieu au **Temple of Music and Art** de Tucson, un bâtiment restauré de style néocolonial espagnol, et au **Herberger Theater Center** de Phoenix.

Le **Gaslight Theatre** *(7010 East Broadway Boulevard, ☎ 886-9428)* met en scène des mélodrames musicaux à l'eau de rose. On y mange gratuitement du maïs soufflé tout en huant les méchants et en acclamant les héros et les héroïnes. Plusieurs des pièces présentées sont des œuvres originales, écrites spécialement pour ce théâtre.

L'**Invisible Theatre** *(1400 North 1st Avenue, ☎ 882-9721)* propose des œuvres classiques, des comédies musicales et des pièces en marge de Broadway réalisées par des auteurs arizoniens et des dramaturges contemporains. Festivals «apportez votre lunch» à l'heure du déjeuner.

Opéra, musique symphonique et danse

Le **Ballet Arizona** *(☎ 882-5022)* est la troupe professionnelle de ballet de l'État, et elle se produit aussi bien à Phoenix qu'à Tucson. Répertoire d'œuvres classiques et modernes, et premières nationales et mondiales.

La **Southern Arizona Light Opera Company** *(908 North Swan Road, ☎ 323-7888)* présente chaque année quatre comédies musicales de Broadway au Tucson Convention Center Music Hall.

L'**Arizona Opera** *(3501 North Mountain Avenue, ☎ 293-4336)* se produit aussi bien à Phoenix qu'à Tucson et présente du grand opéra. La saison s'étend d'octobre à mars, et, parmi les œuvres à l'affiche par le passé, on retient *Don Giovanni*, *Otello* et *Madame Butterfly*.

Quant au **Tucson Symphony Orchestra** *(443 South Stone Avenue, ☎ 792-9155)*, il présente des œuvres classiques, des pièces populaires et de la musique de chambre.

Le **Centennial Hall** *(University of Arizona, Building 29, ☎ 621-3341)* accueille des artistes de niveau international, qu'il s'agisse d'acrobates chinois, de danseurs africains ou de comédiens de Broadway. On a déjà pu y entendre Itzhak Perlman, l'Orchestre symphonique de Prague et George Winston.

Tenth Street Danceworks *(3233 South Pinal Vista, ☎ 795-6980)*, une troupe professionnelle de danse moderne, monte environ quatre spectacles par année et se spécialise dans les vidéographies multimédias (images projetées sur écran ou sur les danseurs).

À l'est de Tucson

L'**Arena Bar & Rodeo Grounds** *(250 North Prickly Pear Street, Benson, ☎ 586-9983)* domine l'arène où sont présentés les rodéos, ce qui est intéressant lorsqu'il y a quelque chose à voir, mais ce n'est malheureusement pas souvent le cas. Décor western : un lasso pend à la porte, des têtes de squelette de vaches ornent les murs, et un grand foyer en pierre réchauffe la pièce. On y trouve aussi une table de billard et une piste de danse, de même que des bancs pour pique-niquer à l'extérieur.

Fondé en 1902, le **St. Elmo Bar and Grill** *(15 Brewery Avenue, Bisbee, ☎ 432-5578)* de l'historique Brewery Gulch fait figure de tradition par ici. Des objets du passé, dont de vieilles cartes géographiques, sont accrochés aux murs, et la majorité des sièges sont de simples tabourets disposés autour du comptoir. Formations musicales et danse les fins de semaine. En semaine, l'animation est assurée par le juke-box, les tables de billard et les jeux de fléchettes.

Voisin du Copper Queen Hotel, le **Copper Queen Saloon** *(11 Howell Avenue, Bisbee, ☎ 432-2216)* se présente comme un petit établissement sombre et intime, agrémenté de quelques meubles du début du siècle et animé par des formations musicales les fins de semaine.

Au **Stock Exchange Bar** *(15 Brewery Avenue, Bisbee, ☎ 432-9924)*, un mur presque entier arbore un tableau original de la Bourse de New York. Ce bâtiment historique révèle un toit en étain moulé, des planchers de bois usés et des tables plaquées de cuivre.

Passez les portes battantes du **Big Nose Kate's Saloon** *(417 East Allen Street, Tombstone, ☎ 457-3107)*, et vous vous retrouverez d'emblée dans l'Ouest d'autrefois. Des serveuses vêtues comme leurs homologues d'antan font revivre l'époque où les Lily Langtry et Wyatt Earp y trinquaient. Des panneaux de verre colorés et éclairés reproduisent divers personnages célèbres de Tombstone, et de vieilles photos ornent les murs. Formations musicales country et mises en scène de bagarres les fins de semaine.

Le **Crystal Palace** *(420 East Allen Street, Tombstone, ☎ 457-3107)* a été restauré de manière à retrouver l'apparence qu'il avait au moment de sa construction dans les années 1880. La longue salle étroite s'enorgueillit de vieilles tables en bois et de tentures rouges, le tout sous un toit d'étain moulé. Orchestre tous les soirs sauf le lundi.

Le **Johnny Ringo's Saloon** *(404 Allen Street, Tombstone, ☎ 457-3961)* est un bar historique intime dont le principal attrait réside dans une collection de plus de 600 insignes militaires accrochés aux murs.

Au sud et à l'ouest de Tucson

La vue sur les montagnes à travers des fenêtres panoramiques en attire plus d'un au **Calabasas Lounge** du Rio Rico Resort & Country Club *(1069 Camino Caralampi, Rio Rico, ☎ 281-1901)*. Ce bar contemporain de style espagnol fait entendre les 40 plus grands succès du palmarès, du jazz et de la musique de danse les fins de semaine.

Le **Lutes Casino** *(221 Main Street, Yuma, ☎ 782-2192)* compte parmi les salles de billard et de dominos en activité depuis le plus longtemps dans cet État. Ouvert depuis 1920, l'endroit regorge de matériel agricole, de tableaux et de souvenirs d'autrefois.

MAGASINAGE

Tucson

Si vous êtes à la recherche d'articles traduisant bien l'esprit du Sud-Ouest, c'est à Tucson que vous les trouverez. Cette ville compte par ailleurs des boutiques qui sauront répondre à pratiquement tous vos autres besoins; la plupart des antiquaires et des galeries d'art ont pignon sur rue dans le centre-ville, tandis que diverses galeries commerciales occupent différents quartiers.

Pourquoi ne pas joindre l'utile à l'agréable en vous rendant dans le **Tucson Arts District** *(dans le centre-ville de Tucson, à l'intérieur du quadrilatère délimité par Congress Street, Cushing Street, Main Avenue et 4th Avenue, ☎ 624-9977)* le premier et le troisième samedi du mois? Les galeries, les restaurants et les magasins restent alors ouverts tard, des musiciens de rue égayent l'atmosphère, et le secteur tout entier devient le rendez-vous des amateurs de divertissements nocturnes et des mordus du magasinage. On y dénombre plus de 40 galeries, sans compter les antiquaires et les boutiques de nouveautés.

La **Huntington Trading Co.** *(111 East Congress Street, ☎ 628-8578)* propose des objets d'art américains et mexicano-amérindiens (poteries, paniers, masques, sculptures et peintures). **Berta Wright Gallery Shops** *(260 East Congress Street, ☎ 882-7043)* possède un large éventail de pièces artisanales ethniques et contemporaines, y compris des bijoux, des vêtements et des importations mexicaines de qualité. Pour les tout-petits, rendez-vous chez **Yikes!** *(300-302 East Congress Street, ☎ 622-8807)*, un magasin de jouets où l'on trouve aussi des articles inusités et des livres. Voisin de Yikes!, dont il partage le téléphone, **Picante** vend toutes sortes d'objets importés, des t-shirts, des vêtements ethniques et des bijoux.

Tout près de là s'étire la **4th Avenue**, où vous trouverez plus de 100 boutiques et restaurants. Les commerces de ce quartier plus ancien proposent des vêtements d'époque, des articles de mode exclusifs, des bijoux, des bouquins et des œuvres d'art. Ne vous étonnez pas si des effluves d'encens vous chatouillent les narines dans certaines boutiques.

Antigone Books *(600 North 4th Avenue, ☎ 792-3715)* se spécialise dans les livres écrits par des femmes et traitant des femmes, de même que dans la littérature gay et lesbienne. **The Jewel Thief** *(557 North 4th Avenue, ☎ 623-7554)* expose un vaste choix de boucles d'oreilles, la plupart accrochées à de grands panneaux autour de la boutique et plusieurs proposées à moins de 10 $. **Jasmine** *(423 North 4th Avenue, ☎ 629-0706)* vend des vêtements faits de fibres naturelles, dont certains tissés à la main au Maroc, tandis que **Del Sol** *(435 North 4th Avenue, ☎ 628-8765)* propose des vêtements du Sud-Ouest, des foulards, des bijoux et un choix enviable de tapis amérindiens. Pour les articles à saveur ancienne, songez au **Tucson Thrift Shop** *(319 North 4th Avenue, ☎623-8736)*, spécialisé dans les vêtements des années soixante, ou à **Loose Change** *(417 North 4th Avenue, ☎ 622-5579)*, une boutique originale vendant des vêtements de différentes époques que vous pouvez essayer dans des cabines munies de portes de réfrigérateur.

Parmi les nombreuses galeries notoires du centre-ville, retenez la **Kaibab Courtyard of Shops** *(2841 North Campbell Avenue, ☎ 795-6905)*, qui propose depuis plus de 50 ans des articles de qualité tels que poupées *kachinas* hopis, fétiches zunis, tissages navajos et zapotèques, art populaire mexicain et bien d'autres choses encore. Un autre bon endroit est la **Marathan Art Gallery** *(2920 North Swan Road, Suite 119, ☎ 323-1138)*, qui vous donne la chance d'admirer des œuvres du Sud-Ouest, du Mexique, de la Grèce et des Caraïbes. Et pour un vaste choix d'art et d'artisanat contemporain faisant appel à une foule de supports, songez à l'**Obsidian Gallery** *(4340 North Campbell Avenue, ☎ 577-3598)*.

Dans le quartier historique du centre-ville qu'est El Presidio, vous trouverez **Old Town Artisans** *(186 North Meyer Avenue, ☎ 623-6024)*, une construction d'adobes des années 1850 entièrement restaurée et entourée de boutiques qui garnissent tout un pâté de maisons. Dans la cour pendent des piments et des mangeoires pour oiseaux-mouches faites à la main, sans oublier divers foyers mexicains. À l'intérieur, 13 salles présentent des œuvres artisanales du Sud-Ouest réalisées par des artisans arizoniens, des pièces provenant de tribus amérindiennes et des importations d'Amérique latine. Arrêtez-vous également à la **boutique de souvenirs du Tucson Museum of Art** *(140 North Main Avenue, ☎624-2333)*, qui mérite une visite pour ses poteries contemporaines et plusieurs autres objets artistiques.

En ce qui a trait aux importations mexicaines, il faut se tourner du côté de ce qu'il est communément convenu d'appeler le Lost Warehouse District, un regroupement de boutiques aménagées dans de vieux entrepôts en brique rouge. **Rustica** *(200 South Park Avenue, ☎ 623-4435)* vend des meubles et accessoires mexicains au prix de gros, tandis que la **Magellan Trading Company** *(228 South Park Avenue, ☎ 622-4968)* propose des aubaines incroyables non seulement sur la verrerie et l'artisanat mexicains, mais aussi sur des pièces en provenance des îles du Pacifique, entre autres des meubles antiques, des sculptures sur bois et de l'artisanat.

La **St. Philips Plaza** *(angle River Street et Campbell Avenue)* regroupe quelques commerces typiques du Sud-Ouest coiffés de tuiles rouges, parmi lesquels des galeries d'art, des boutiques de vêtements et des restaurants. **Bahti Indian Arts** *(☎ 577-0290)* vend de l'artisanat amérindien (tambours, bijoux, tapis, poteries et poupées *kachinas*), alors qu'**El Presidio** *(☎ 529-1220)* s'impose comme une galerie d'art proposant des œuvres originales du Sud-Ouest, réalisées dans divers matériaux.

Un peu plus loin sur River Road, vous apercevrez le **River Center** *(angle River Street et Craycroft Road)*, une galerie marchande dans le style du Sud-Ouest. Les magasins entourent une cour en brique agrémentée d'une fontaine et d'un plan d'eau. **Totally Southwest** *(☎ 577-2295)* propose des souvenirs typiques de la région, tandis que **The West** *(☎ 299-1044)* possède des livres de cuisine, des cartes de vœux, des cadeaux pour enfants et des accessoires de couture, le produit des ventes étant versé à des œuvres de charité s'occupant de femmes et d'enfants.

Construit en 1932, le **Broadway Village** *(angle Broadway Boulevard et Country Club Road)* fut un des premiers centres commerciaux à voir le jour en Arizona. On y trouve une variété de boutiques installées dans des bâtiments de brique rouge blanchis à la chaux. Parmi les plus inhabituelles, mentionnons une minuscule librairie vouée aux œuvres de mystère du nom de **Clues Unlimited** *(123 South Eastbourne, ☎ 326-8533)*. Vous y trouverez en outre une coûteuse boutique de mode pour enfants, **Angel Threads** *(350 East Broadway, ☎ 326-1170)* et un magasin de jouets amusant et original appelé **Mrs. Tiggy-Winkle's** *(☎ 326-0188)*.

B&B Cactus Farm *(11550 East Speedway Boulevard, ☎ 721-4687)* possède plus de 600 variétés de cactus et plantes grasses du monde entier.

Si vous êtes à la recherche d'antiquaires à l'extérieur du centre-ville, faites le tour de **Unique Antique** *(5000 East Speedway Boulevard, ☎ 323-0319)*, un regroupement de 90 antiquaires dont les propriétaires affirment qu'il est le plus important de tout le sud de l'Arizona, ou rendez-vous chez **Sandy's Antiques** *(4500 East Speedway Boulevard, Suite 78, ☎ 327-0772)*, qui se spécialise dans les bijoux en or et en argent fabriqués par les tribus navajo et zuni, de même que dans les meubles, les objets de collection, les horloges et les poupées.

Le **Casas Adobes Shopping Center** *(7051 North Oracle Road)* est une autre galerie marchande réunissant une variété de boutiques spécialisées. Une des plus courues est **Antigua de Mexico** *(☎ 742-7114)*, une boutique d'importations latino-américaines proposant des meubles de style colonial du Mexique et du Sud-Ouest, de l'art populaire, de la poterie, de la verrerie, des objets en étain et en argent de bon aloi, de même que des bijoux de Taxco.

Boutiques huppées plantées dans un décor idyllique, voilà qui décrit bien l'atmosphère du **Foothills Mall** *(7401 North La Cholla Boulevard, ☎ 742-7191)*. Des nuages peints flottent au plafond entre les verrières, et une cascade d'eau dévale des marches du plafond jusqu'au sol. Promenez-vous à travers le musée de trains miniatures, puis dirigez-vous vers les boutiques spécialisées. **Sak's Fifth Avenue** *(☎ 544-0449)* vend des vêtements signés tandis que d'autres, comme **Desert Digs** *(☎ 742-4313)* et **Orient East** *(☎ 742-9809)* proposent des articles originaux pour la maison, ce que fait également **Berta Wright** *(☎ 742-4134)*, tout en exposant des vêtements et des bijoux. Puisqu'il n'y a ici qu'une quarantaine de magasins et restaurants, vous vous sentirez sans doute moins bousculé que dans les centres commerciaux géants de la ville même.

L'avenue North Campbell possède également un certain nombre de commerces susceptibles de vous intéresser. Un des favoris, si l'on en juge par le nombre de voitures qui encombrent son stationnement, est **Bookman's** *(1930 East Grant Road, ☎ 325-5767)*, un vrai paradis pour les bibliophiles. Son propriétaire prétend offrir le plus vaste choix de livres usagés et de revues récentes de tout le Sud-Ouest. On trouve par ailleurs chez Bookman's une salle de livres rares, des revues usagées, des microsillons, des cassettes et des disques compacts.

À l'est de Tucson

Le **Singing Wind Bookshop** *(Ocatillo Road, à 3,6 km au nord de la route 10, Benson, ☎ 586-2425)* est vraiment tout ce qu'il y a de plus perdu dans la nature. Rien ne l'annonce, si ce n'est le nom inscrit sur la boîte aux lettres. Ne laissez pas la grille verte garnie de chaînes vous rebuter; ouvrez-la tout simplement et rendez-vous en voiture jusqu'à la maison du ranch. Deux immenses pièces y sont remplies de livres neufs sur le Sud-Ouest, le passé de l'Ouest américain et divers autres sujets. Avec un peu de chance, on vous offrira peut-être un rafraîchissement.

Dans le centre-ville de Benson, le **Zearings Mercantile Store** *(305 East 4th Street, Benson, ☎ 586-3196)* est un magasin étroit à haut plafond qui, de mémoire d'homme, a toujours existé. Vous y trouverez des armes à feu, des souvenirs, des bougies, des reliques et un bric-à-brac inimaginable.

Pour quelque chose de plus conventionnel, rendez-vous chez **Kiva Gifts** *(363 West 4th Street, Benson, à côté de la chambre de commerce, ☎ 586-9706)*, où l'on vend des objets d'art, de l'artisanat et des vêtements amérindiens, mexicains et américains du Sud-Ouest.

En vous dirigeant vers le sud jusqu'à Sierra Vista, vous découvrirez la **Misty's Gift Gallery** *(228 West Fry Boulevard, Sierra Vista, ☎ 458-7208)*, une des plus grandes galeries de collection de tout le Sud-Ouest, où sont exposées les œuvres d'artistes tels que Goebel, Hummel, Lladro, Gorham, De Grazia et Perillo. Il y a aussi une galerie de peintures, de lithographies et de bronzes originaux.

Bisbee s'avère une véritable Mecque du magasinage, surtout pour les amateurs d'art. Procurez-vous un plan de visite des boutiques auprès de la chambre de commerce pour vous aider à vous y retrouver. La majorité des magasins se trouvent sur Main Street, y compris **The One Book Bookstore** *(30 Main Street, Bisbee, ☎ 432-5512)*, où, tel que le nom l'indique, vous ne pouvez réellement acheter qu'un seul titre. Vous ne vous attendez tout de même pas à ce que nous vous disions lequel, mais voici un indice : l'auteur Walter Swan est assis à la fenêtre de sa librairie, vêtu d'une salopette et d'un chapeau de cow-boy noir, et fin prêt à vous raconter toutes sortes d'anecdotes sur le livre qui décrit son enfance dans le comté de Cochise. Puis, à la porte voisine, **The Other Books Bookstore** propose, vous l'aurez deviné, ses autres livres.

De l'autre côté de la rue, la **Johnson Gallery** *(69 Main Street, Bisbee, ☎ 432-2126)* est un endroit immense où l'on vend une variété d'importations, y compris des sérigraphies, lithographies et eaux-fortes amérindiennes, des masques autochtones, des objets fabriqués par les Indiens tarahumaras, des œuvres d'art autochtones et des poteries quezadas.

The Gold Shop *(9 Howell Avenue, Bisbee, ☎ 432-4557)* expose des bijoux contemporains et innovateurs créés par une douzaine d'artisans de Bisbee et d'autres régions du Sud-Ouest.

Poco Loco *(81 Main Street, Bisbee, ☎ 432-7020)* propose d'étonnants articles de vaissellerie peints à la main, des poteries, des objets de collection, des meubles et des bijoux au goût de l'Ouest américain.

L'Allen Street constitue l'artère commerciale par excellence à Tombstone. Vous y trouverez une foule de magasins de souvenirs entrecoupés de boutiques de vêtements et de bijoux de qualité.

Arlene's Southwest Silver & Gold *(404 Allen Street, Tombstone, ☎ 457-3344)* propose, sur une vaste surface, des bijoux et des œuvres d'art amérindiens, y compris des poteries, des paniers, des poupées *kachinas* et des tapis.

Le **Gabe's Victorian Shop and Doll Museum** *(droit d'entrée au musée; 312 Allen Street, Tombstone, ☎ 457-3419)* compte parmi les plus vieux commerces de Tombstone. L'endroit est plein à craquer de poupées, d'accessoires pour maisons de poupées, de cartes victoriennes et d'objets de collection, sans oublier plus de 150 poupées en carton. Le musée de poupées qui se trouve derrière la boutique date des années 1830.

Êtes-vous à la recherche d'anciens disques africains en coquillage ou de perles pakistanaises taillées à la main dans des os de chameau ou de yack? Rendez-vous chez **Bovis Bead Co.** *(220 Est Fremont Street, Tombstone, ☎ 457-3359)*, où vous trouverez l'un des plus grands choix de perles de toute sorte au pays. Importations du monde entier et pièces fabriquées sur place.

Vous êtes en quête de petits disques africains antiques taillés dans des coquilles de palourde, ou encore de perles pakistanaises fabriquées à partir d'os de chameau ou de yak et gravées à la main? Eh bien, même si ce n'est pas le cas, sachez que vous trouverez ce genre d'article à la **Tombstone Bead Co.** *(416 Allen Street, Tombstone, ☎ 457-2323)*, un des plus importants fournisseurs de perles au pays. On en importe de partout, et l'on en façonne également sur place.

Medicine Bow *(509 Allen Street, Tombstone, ☎ 457-3805)* vend du cuir et des vêtements de l'Ouest, notamment des ceintures, des chapeaux, des boucles et des couteaux, tous faits à la main.

Dans la toute petite ville morte de Gleeson, vous trouverez tous les objets qu'on peut fabriquer à partir d'un serpent à sonnette chez **John & Sandy's Rattlesnake Crafts** *(à 24 km à l'est de Tombstone sur Gleeson Road, ☎642-9207)*. Chapeaux et ceintures en peau de crotale et bijoux taillés à même les vertèbres du serpent ne sont que quelques-uns des articles créés dans cette petite boutique pour le moins inusitée. Les propriétaires chassent eux-mêmes les serpents dont ils ont besoin et fabriquent eux-mêmes toutes les pièces.

Le meilleur moment où se rendre dans la région de Willcox est l'automne, lorsque les fermes et les kiosques routiers mettent en vente le produit des récoltes. La chambre de commerce de Willcox diffuse une brochure où figure une liste de 27 vergers et moulins qui accueillent les visiteurs. L'un d'eux est le **Stout's Cider Mill** *(1510 North Circle I Road, ☎ 384-3696)*, où vous pourrez cueillir vos propres fruits et acheter des pommes, du cidre, des fruits secs, des noix, des pêches, des tartes aux pommes, des piments et des conserves du désert de l'Arizona.

Au sud et à l'ouest de Tucson

Environ 80 boutiques et restaurants forment le village de **Tubac**. Bien qu'on mette ici l'emphase sur le tourisme, on a réussi à échapper au syndrome du tomahawk en caoutchouc, et vous y trouverez des objets d'art de qualité. Tous les commerces se trouvent à distance de marche les uns des autres, répartis à part égale entre Tubac Road, Plaza Road et Calle Otero.

Parmi les établissements les plus intéressants de ce secteur, retenons **Tortuga Books** *(190 Tubac Road, Tubac, ☎ 398-2807)*, réputé dans tout le Sud-Ouest pour ses ouvrages de philosophie et de psychologie, ses livres pour enfants, ses documents sur le Sud-Ouest, ses cartes de vœux, ses disques compacts et ses cassettes. La **Pot Shop Gallery** *(166 Tubac Road, Tubac, ☎ 398-2898)* propose des lithographies signées de R.C. Gorman, des gravures, des poteries et des céramiques réalisées par des artisans arizoniens. **Chile Pepper** et **Chile Pepper, Too!** *(201 Tubac Road, Tubac, ☎ 398-2921)* vendent des mets gastronomiques du Sud-Ouest, des produits à base de piment, des guirlandes de piment, du café et du thé, ainsi que des vêtements et des bijoux. De plus, vous trouverez chez **Old Presidio Traders** *(27 Tubac Road, Tubac, ☎ 398-9333)* des bijoux amérindiens de fabrication artisanale, des *kachinas*, des «peintures de sable», des paniers et des poteries.

Tenu et exploité par des Amérindiens, le **Cloud Dancer Jewelry Studio** *(4 Tubac Road, Tubac, ☎ 398-2546)* vend des bijoux de création en or, en argent et en platine sertis de turquoise et de pierres précieuses.

Si vous désirez magasiner dans la vieille ville, plus historique, rendez-vous sur la Calle Iglesia. Vous y trouverez les **Hugh Cabot Studios & Gallery** *(Calle Iglesia, Tubac, ☎ 398-2721)*, qui occupent un bâtiment d'adobes de 250 ans ayant jadis servi d'hostellerie aux troupes espagnoles. L'artiste de renom national qu'est Hugh Cabot crée des œuvres de styles western et autres au moyen de divers matériaux, et il a élu domicile à Tubac.

Enfin, pour d'authentiques objets d'art réalisés par de vieux Indiens navajos, santo domingos ou hopis, faites une halte à la **Peck Gallery El Nido** *(Plaza de Anza, Tubac, ☎ 398-2683)*.

Le **Country Store** *(Rodgers Lane, Tubac, ☎ 398-2121)* vend tapis, paniers, poupées *kachinas*, poteries et sculptures.

Quelques boutiques longent la rue principale de Patagonia, parmi lesquelles **Southwest Silver and Gold** *(☎ 394-2033)*, qui se spécialise dans les bijoux en argent, entre autres des boucles d'oreilles en forme de flocons de neige confectionnées avec de l'argent. Mais vous y trouverez également des pièces en turquoise, en malachite, en azurite et en jaspe rouge de Patagonia, qui sont autant de minéraux de la région.

Le **Kliban's Variety Store Inc.** *(29 Plaza, Ajo, ☎ 387-6421)*, qui occupe un bâtiment long et étroit de 1916, propose un mélange hétéroclite d'articles de quincaillerie, d'articles pour bébés et d'objets anciens on ne peut plus variés.

Arrêtez-vous également à l'**Ajo Art Gallery** *(671 North 2nd Avenue, Ajo, ☎ 387-7525)*, où sont exposées toutes sortes de peintures contemporaines signées par des artistes de différentes parties des États-Unis.

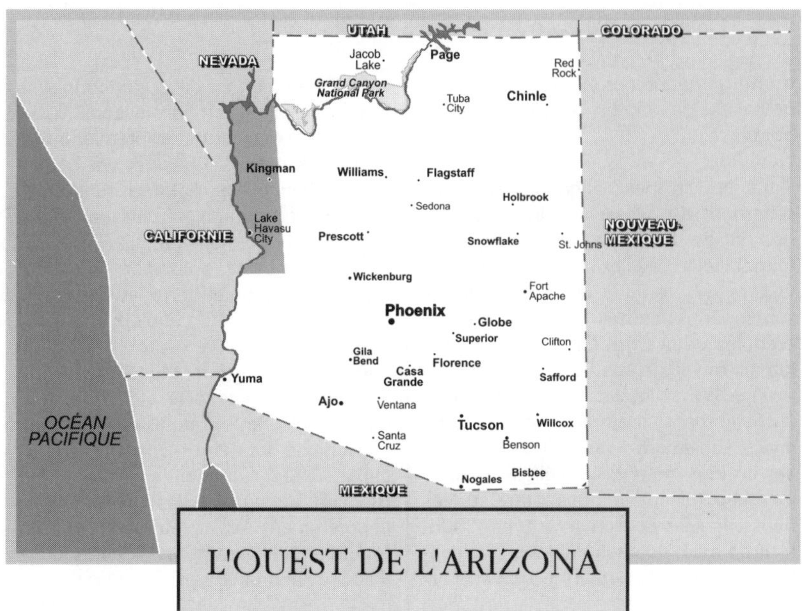

L'OUEST DE L'ARIZONA

Vers l'ouest, le puissant fleuve Colorado quitte le Grand Canyon, s'élargit pour former le lac Mead, poursuit sa course à travers une succession de lacs panoramiques, de stations estivales et de vallons encaissés, puis coule en direction du sud jusqu'au golfe de Californie. Dans son sillage, les visiteurs de la région découvrent nombre de points d'intérêt inusités et des possibilités récréatives sans pareilles, à chaque fois dans un cadre unique. Vous trouverez ici de vastes étendues d'eaux cristallines, des brises estivales soulevant des moutons à la surface des flots, des amateurs de ski nautique fendant le miroir des lacs, des voiles multicolores gonflées au-dessus des catamarans et des kilomètres de plages sablonneuses, tout cela le long du fleuve Colorado, sur la «Côte Ouest» de l'Arizona.

Kingman constitue un bon point de départ pour explorer l'extrémité ouest de l'Arizona. Située à la jonction de la route 93 et de l'autoroute 40, cette petite ville occupe en effet un emplacement privilégié lorsqu'il s'agit de faire des excursions vers le lac Mead et le barrage Hoover, Bullhead City–Laughlin et le lac Mohave, le lac Havasu et son London Bridge, ou la Parker Strip et Quartzsite. En cours de route, vous pourrez visiter des villes mortes, comme Oatman et Chloride, autrefois vouées à l'extraction de l'or et de l'argent, et survivant aujourd'hui tant bien que mal dans un décor somptueux. De Kingman, une route escarpée conduit également aux hauteurs verdoyantes du Hualapai Mountain State Park, où vous pourrez pique-niquer et camper.

À environ 130 km au nord de Kingman, par la route 93, s'étend le lac Mead, aménagé par l'homme et partagé entre l'Arizona et le Nevada. Créé dans les années trente, lorsque le fleuve Colorado fut harnaché par le barrage Hoover, ce lac est devenu un lieu de récréation populaire.

Dans les collines rocheuses d'aspect rébarbatif du désert de Mohave, dans l'ouest de l'Arizona, les promoteurs immobiliers avaient l'habitude de vendre des terrains sur le site de futures communautés à des acheteurs crédules de la Côte Est qui n'y avaient jamais mis les pieds. La plupart de ces projets domiciliaires ne prirent jamais suffisamment d'ampleur pour qu'on songe seulement à les voir se concrétiser un jour, mais deux «villes» perdues au beau milieu de nulle part, sur les rives désolées du fleuve Colorado, sont tout de même sorties du sol pour devenir les pôles jumeaux d'un véritable phénomène.

Bullhead City, la ville qui connaît la plus forte croissance en Arizona, est une station estivale et une communauté de retraités regroupant environ 26 000 habitants. D'abord créée pour servir de camp de construction au barrage Davis, Bullhead City ne semble avoir aucune raison d'être autre que la présence constante du soleil, un climat chaud à longueur d'année, la navigation de plaisance et la pêche sur le Colorado, sans oublier les casinos en plein essor de Laughlin, située tout juste de l'autre côté du fleuve, à l'extrême pointe méridionale du Nevada.

Plus improbable encore que Bullhead City, Lake Havasu City a été décrite par le *Los Angeles Times* comme «la plus prospère des villes nouvelles autonomes des États-Unis». Bien qu'elle jouisse d'un climat plus qu'agréable en hiver et d'un emplacement enviable sur la rive de 72 km d'un lac en plein désert, son existence défie vraiment toute logique, si ce n'est qu'au cours des années soixante le magnat de la tronçonneuse Bob McCulloch et son associé C.V. Wood Jr., planificateur et premier directeur général de Disneyland, ont décidé d'en faire une réalité. Étant donné que leur future communauté ne reposait sur aucune base économique, ils eurent tôt fait de conclure qu'il leur fallait un attrait touristique de taille, et c'est ainsi qu'ils imaginèrent d'y implanter le London Bridge. Oui, le véritable pont de Londres, acheté lors d'une vente aux enchères et transporté bloc de granit par bloc de granit au-delà de l'Atlantique pour être reconstruit sur un canal séparant une île de la rive du lac Havasu. Ce projet sans précédent et apparemment complètement farfelu fonctionna pourtant, et vous pouvez aujourd'hui en admirer le résultat.

Outre son pont légendaire, Lake Havasu City possède un «Village Anglais», destiné à le mettre en valeur, et, non loin de là, les deux sections du Lake Havasu State Park se présentent comme des aires récréatives bien développées qui tirent pleinement parti des 72 km de rivage du lac. La Windsor Beach Unit, sur la partie supérieure du lac, dispose de rampes de mise à l'eau pour les bateaux, d'aires de pique-nique ombragées, de terrains de camping conventionnels et de zones de camping sauvage accessibles par bateau seulement. La Cattail Cove Unit possède des installations similaires, mais aussi une marina, un restaurant, un magasin et un service de location d'embarcations.

Près du barrage Parker, qui retient les eaux du lac Havasu, le Buckskin Mountain State Park attire les amateurs de ski nautique, de navigation de plaisance et de baignade sur chambre à air. Des sentiers parcourant les monts Buckskin offrent de beaux points de vue, et certains randonneurs plus fortunés

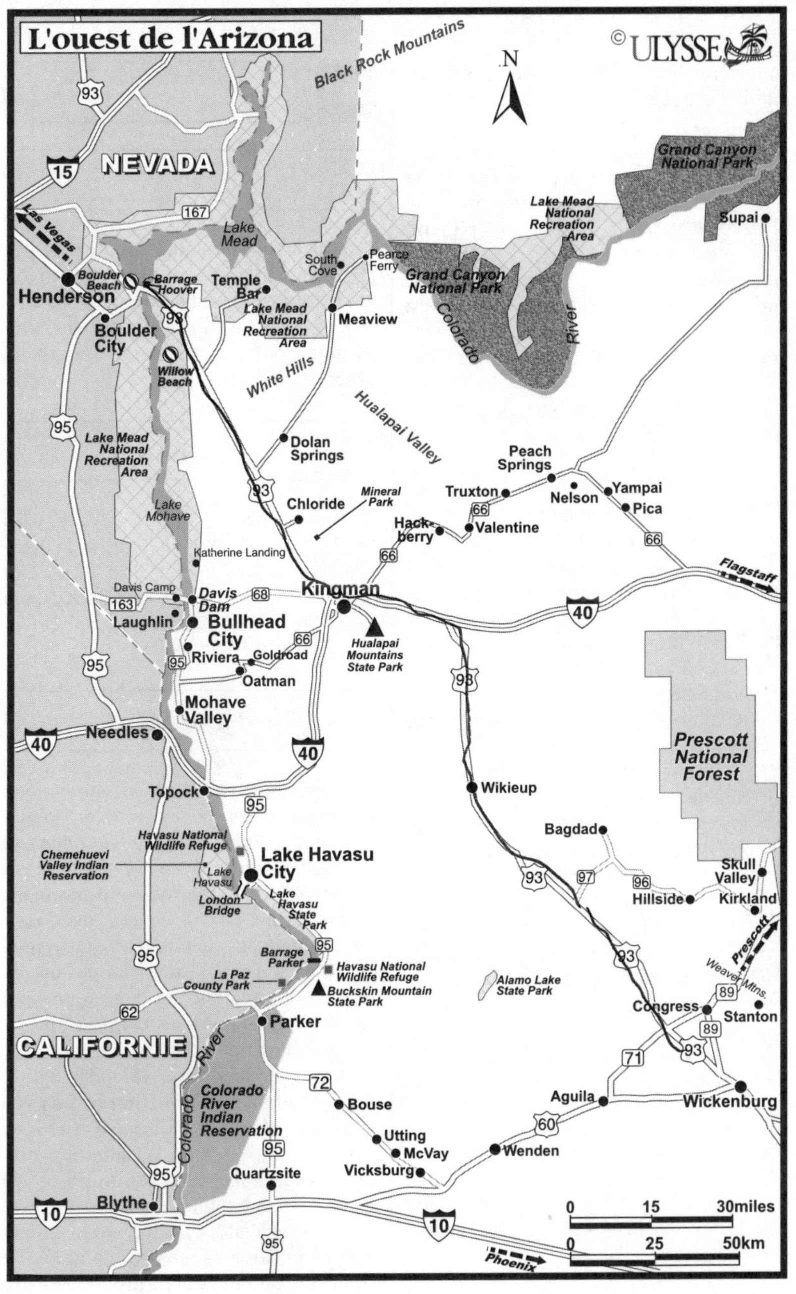

L'ouest de l'Arizona
© ULYSSE
N
Black Rock Mountains
NEVADA
Lake Mead
Grand Canyon National Park
Lake Mead National Recreation Area
Supai
Las Vegas
Henderson
Boulder Beach
Barrage Hoover
Temple Bar
South Cove
Pearce Ferry
Grand Canyon National Park
Colorado
River
Meaview
Boulder City
Willow Beach
White Hills
Hualapai Valley
Dolan Springs
Peach Springs
Truxton
Nelson
Yampai
Pica
Chloride
Mineral Park
Hackberry
Valentine
Lake Mohave
Katherine Landing
Flagstaff
Davis Camp
Davis Dam
Kingman
Laughlin
Bullhead City
Hualapai Mountains State Park
Riviera
Goldroad
Oatman
Mohave Valley
Needles
Prescott National Forest
Topock
Wikieup
Havasu National Wildlife Refuge
Chemehuevi Valley Indian Reservation
Lake Havasu City
Lake Havasu
London Bridge
Lake Havasu State Park
Bagdad
Skull Valley
Hillside
Kirkland
Prescott
Barrage Parker
Havasu National Wildlife Refuge
La Paz County Park
Buckskin Mountain State Park
Alamo Lake State Park
Weaver Mtns.
Congress
Stanton
Parker
CALIFORNIE
Colorado River Indian Reservation
Bouse
Aguila
Wickenburg
Utting
McVay
Wenden
Vicksburg
Quartzsite
Blythe
0 15 30miles
0 25 50km
Phoenix

pourront même y apercevoir des mouflons du désert.

Environ à mi-chemin de la «côte», tout juste au-dessus du barrage Parker, la rivière Bill Williams se jette dans le fleuve Colorado. En amont s'étend l'Alamo Lake State Park, un immense réservoir créé par l'homme aussi bien pour contrôler les crues du fleuve qu'à des fins récréatives. Pêche à l'achigan, baignade, navigation de plaisance, canot et observation d'animaux sauvages, dont l'aigle à tête blanche et l'aigle royal, sont au rendez-vous.

Alors que vous faites route vers ces communautés arizoniennes peu communes, vous aurez l'occasion de visiter deux réserves fauniques d'État, la Fort Mohave Reservation et le Havasu National Wildlife Refuge. Si vous gardez l'œil bien ouvert, vous pourriez y apercevoir un aigle à tête blanche, un faucon pèlerin ou un mouflon du désert, sans compter plusieurs autres espèces animales plus courantes.

En aval du barrage Parker, la petite ville de Parker et la Colorado River Reservation servent de centres de commerce et de tremplins vers d'autres activités récréatives. Plus au sud, la communauté de Quartzsite, davantage un immense parc pour véhicules récréatifs qu'une ville à proprement parler, accueille enfin des centaines de milliers de personnes à la fin de janvier et au début de février à l'occasion de ses «rencontres-expositions-marchés» minéralogiques.

POUR S'Y RETROUVER SANS MAL

En avion

Le **Bullhead City–Laughlin Airport** est desservi par American West, Reno Air et United Express. Le **Kingman Airport**, à Kingman, et le **Lake Havasu City Airport** sont desservis par American West.

En autocar

Greyhound Bus Lines *(☎ 800-231-2222)* se rend à la gare routière de Kingman *(3264 Andy Devine Parkway, ☎ 520-757-8400)* et à Laughlin *(1650 South Casino Drive, ☎ 702-298-2535)*.

En voiture

Sur la «Côte Ouest» de l'Arizona, le long du fleuve Colorado, vous atteindrez la région de **Bullhead City–Laughlin** en quittant la route 40 à Kingman et en faisant 42 km sur la route 68 parmi les paysages les plus frappants du désert de Mohave, ou encore en quittant la route 40 à Topock, à 19 km à l'est de Needles (Californie), pour ensuite faire 56 km vers le nord sur la route 95.

L'autre grande station de vacances du fleuve Colorado, **Lake Havasu City**, se trouve à 34 km au sud de la route 40 sur la route 95. Une fascinante route secondaire reliant la route 95 et la route 40 à la hauteur de Kingman passe par la ville historique d'Oatman, alors qu'elle fait une ascension marquée par le col de Sitgreaves, un tronçon si exigeant qu'on ne croirait jamais que ce bout de chemin sans nom faisait jadis partie de l'Old Route 66, la grande route principale qui traversait le Sud-Ouest pour se rendre à Los Angeles avant que la route inter-États ne soit construite.

La location d'une voiture

Les agences de location possédant un comptoir à l'aéroport de Bullhead City–Laughlin sont **Avis Rent A Car** *(☎ 800-331-1212)*, **Budget Rent A Car** *(☎ 800-330-9002)* et **Hertz Rent A Car** *(☎ 800-654-3131)*.

ATTRAITS TOURISTIQUES

La région de Kingman

Située à la croisée de l'autoroute 40 et de la route 93, **Kingman** ★ s'est taillé une réputation de halte confortable auprès des voyageurs se déplaçant à vive allure entre Phoenix et Las Vegas ou entre Los Angeles et Albuquerque. Mais il s'agit également d'un tremplin naturel pour ceux qui désirent se rendre en excursion aux villes mortes voisines, au barrage Hoover, au lac Mead ou aux autres stations touristiques du fleuve Colorado.

La ville fut ainsi baptisée en l'honneur de l'arpenteur géomètre Lewis Kingman, qui passa dans la région en 1892 alors qu'il traçait le parcours du chemin de fer devant relier Needles (Californie) et Albuquerque (Nouveau-Mexique). Le camp de construction subséquemment aménagé sur les lieux prit son nom, mais la localité ne devint guère prospère qu'au début du XXe siècle, lorsqu'on découvrit des gisements d'argent et de cuivre dans les collines avoisinantes. Les mines s'épuisèrent au cours des années quarante, mais la ville subsista en tant que halte importante pour les ouvriers du chemin de fer de Santa Fe et de l'Old Route 66.

Avec plus de 30 motels et 50 restaurants, la Kingman d'aujourd'hui voit se perpétuer son rôle de centre d'approvisionnement. La majeure partie des activités commerciales s'est peu à peu concentrée autour de l'avenue des motels, East Andy Devine Avenue, et des centres commerciaux de banlieue, mais on trouve encore ici quelques joyaux historiques méritant une visite. Pour les connaître, arrêtez-vous à la **Kingman Chamber of Commerce** *(333 West Andy Devine Avenue, Kingman, ☎ 520-753-6106)*, à même de vous fournir des plans, des brochures et une liste des nombreux festivals et événements annuels tenus dans la région, et n'oubliez pas de vous procurer un plan du circuit historique du centre-ville.

Une autre halte intéressante se fait au **Mohave Museum of History and Arts** ★ *(droit d'entrée; 400 West Beale Street, Kingman, ☎ 520-753-3195)*, qui offre un aperçu de plusieurs attraits inusités de l'ouest de l'Arizona. La murale et les dioramas du hall d'entrée illustrent le peuplement de la région et montrent comment les chameaux étaient autrefois utilisés comme bêtes de somme dans ce coin de pays. C'est en outre de Kingman que provient une grande partie de la turquoise extraite des mines américaines, et le musée renferme une belle collection d'objets taillés dans cette pierre fine. Les salles d'exposition amérindiennes présentent, quant à elles, les modes de vie traditionnels des Indiens hualapais et mohaves. D'autres salles encore abritent une collection de portraits peints des présidents américains et de leur épouse, réalisés par l'artiste local Laurence Williams, et des souvenirs du plus célèbre fils de la ville, le défunt comédien Andy Devine.

Pour voir comment vivait le gratin de Kingman au début du siècle, rendez-vous à la **Bonelli House** *(430 East Spring Street, Kingman, ☎ 520-753-1413)*, une imposante résidence à balcons de deux étages construite en 1915 de tuf calcaire de la région. Cette demeure fut érigée par des mormons suisses qui avaient fait fortune dans la joaillerie. À l'intérieur, les pièces sont garnies de meubles et d'accessoires qui reflètent toute l'élégance de cette époque : lits en laiton victoriens, boîtes à musique richement gravées et ornées, horloges de parquet antiques, poêle à chemise d'eau peu commun...

En vous baladant dans le vieux Kingman, loin des grands magasins, des motels en série et des cafés sans nom, vous découvrirez un centre-ville du début du siècle sur le point de disparaître. Pour l'heure toutefois, vous pouvez encore admirer la splendeur architecturale dont s'enorgueillissaient les édifices de ce quartier, des résidences victoriennes aux simples cabanes d'adobes. Certains des sites figurant sur le circuit de la chambre de commerce comprennent le **Santa Fe Railway Depot** *(angle Andy Devine Avenue et 4th Street)*, de style colonial espagnol, le **IOOF Building** *(angle 5th Street et Beale Street)*, de style Renaissance, le **Mohave County Courthouse** *(angle Spring Street et 4th Street)*, un bâtiment en tuf calcaire de style classique au dôme de verre, et, immédiatement à l'est du musée, le **Locomotive Park**, qui abrite une collection d'anciennes locomotives, dont une *Baldwin* à vapeur de 1927 et un ancien wagon de queue d'un rouge éclatant.

Pour plonger davantage encore dans le passé de la région, rendez-vous en voiture jusqu'à l'ancienne ville minière d'**Oatman**, à environ 40 km au sud-ouest de Kingman par la route 66. Fondée en 1906 et presque entièrement abandonnée en 1942, Oatman réunit une collection hétéroclite de bâtiments délabrés de l'Ouest d'antan, dont certains semblent sur le point de s'écrouler alors que d'autres sont occupés par des boutiques de souvenirs et des comptoirs à yogourt glacé. Il s'agit là d'une des villes mortes les mieux préservées de l'Arizona, surtout parce qu'elle a servi au tournage de nombreux films. Une industrie touristique vigoureuse contribue également à sa subsistance. Le tourisme fait également en sorte que des douzaines de mulets sauvages, descendants des animaux de trait qui transportaient jadis le minerai d'or hors des mines locales, errent un peu partout dans les rues d'Oatman. Ils ont en effet appris qu'il est beaucoup plus facile de mendier un casse-croûte auprès d'un passant que de s'évertuer à dénicher leur pitance dans le désert de Mohave. Les fins de semaine y sont animées, alors qu'on y présente de la musique country et qu'on y met en scène des règlements de compte à l'ancienne en pleine rue.

Outre l'assortiment habituel de boutiques d'antiquités et de bibelots, l'**Oatman Hotel** *(route 66, Oatman, ☎ 520-768-4408)* possède à l'étage un musée où sont exposés des vêtements de pionniers, de l'équipement minier d'une autre époque et d'anciennes affiches de cinéma. En 1939, Carole Lombard et Clark Gable y ont passé leur nuit de noces après s'être mariés à

Kingman; une des robes de l'actrice est exposée dans la suite «Lune de Miel».

Chloride, qui se trouve à environ 37 km au nord-ouest de Kingman par la route 93, constitue un exemple plus authentique de ville morte. Ainsi nommée en raison des gisements de sel des collines voisines, Chloride se présente comme un amas de constructions décrépites en planches, de cabanes de mineurs et d'usines de transformation. Ici aussi, on monte des mises en scène les fins de semaine, quoique de façon beaucoup moins professionnelle. Tout le monde semble cependant s'y amuser ferme, même si l'on verrait bien le tout accompagné d'airs de piano mécanique. On peut visiter sur les lieux nombre de galeries et boutiques, de même qu'un *bed and breakfast* à côté du Shelp's General Store.

À une heure de route environ de Kingman surgissent les **Grand Canyon Caverns** *(droit d'entrée; route 66, près de Peach Springs, ☎ 520-422-3223)*, des grottes calcaires riches en cristaux de sélénite et en fossiles marins datant de trois millions d'années. La visite guidée s'engage dans un ascenseur qui descend 21 étages plus bas, soit jusqu'à la fondation de la grotte, puis parcourt pendant 45 min des sentiers éclairés et équipés de rampes. De retour à la surface, un musée historique, une boutique de souvenirs et un restaurant vous attendent.

La région du lac Mead

En aval du Grand Canyon, le fleuve Colorado se transforme en une succession de lacs créés par l'érection des barrages du Colorado River Project, qui fournit de l'électricité à la Californie du Sud, l'eau nécessaire à l'irrigation régulière de l'Imperial Valley à des fins agricoles et un dispositif de contrôle des crues pour toutes les communautés implantées le long du fleuve, autrefois déchaîné. Le fleuve et ses lacs marquent en outre la frontière qui sépare l'Arizona du Nevada et de la Californie.

Le plus important de ces réservoirs est le **lac Mead** ★★, qui s'étire sur 185 km, à environ 130 km au nord de Kingman par la route 93, non loin de Las Vegas. Créé à l'époque où le fleuve s'est vu refouler par la construction du barrage Hoover, entre 1935 et 1938, le lac Mead est devenu une destination populaire pour les amateurs de pêche, de navigation de plaisance, de planche à voile, de ski nautique et de bains de soleil, sans compter ceux qui en explorent les anses et les criques en péniche. Les seules dimensions du lac, avec ses 1 323 km de rivage et ses 34 milliards de mètres cubes d'eau, ce qui en fait le plus grand réservoir créé par l'homme aux États-Unis, suffisent à en faire un endroit qu'on veut visiter, d'autant plus qu'il est entouré de canyons déchiquetés et de dunes désertiques.

Il reste que ce lac est surtout fréquenté par les pêcheurs à la ligne, qui peuvent y capturer des achigans à grande bouche, des truites arc-en-ciel, des truites brunes, des truites fardées, des poissons-chats et des crapets noirs, sans oublier le bar rayé, qui peut peser jusqu'à 23 kg et qui constitue le poisson le plus prisé depuis quelques années.

Une bonne façon de se renseigner sur le lac Mead consiste à faire une halte au **Alan Bible Visitor Center** *(angle route 93 et Lakeshore Road, Boulder City, Nevada, ☎ 702-293-8906)*. Situé entre Boulder City et le barrage Hoover, ce centre possède un jardin botanique, renferme des vitrines d'exposition et présente périodiquement au cours de la journée un court métrage décrivant l'histoire et les attraits de la région. On y vend de plus des ouvrages sur l'histoire, la faune et la flore de ce coin de pays.

Du rivage désolé de l'Arizona, le point d'accès le plus facile au lac Mead est la **Temple Bar Marina** *(☎ 520-767-3211)*, qu'on atteint par une route revêtue et bien signalisée de 45 km qui se détache de la route 93 à un peu moins de 90 km au nord de Kingman. Vous y trouverez des chambres, un café et un magasin d'approvisionnement. Il s'agit d'ailleurs du dernier point de ravitaillement pour ceux qui projettent de naviguer au nord de Temple Bar.

Bien que plus éloignée, **South Cove/Pearce Ferry** ★ est à recommander pour la vue qu'on y a sur le lac et sur les crêtes en dents de scie de l'Iceberg Canyon, à environ 75 km à l'est du barrage Hoover. Prenez la route 93 en direction du nord au départ de Kingman sur près de 65 km, jusqu'à la sortie de Dolan Springs, puis roulez vers l'est. Passé Dolan Springs, vous pénétrerez dans une forêt dense d'arbres de Josué avant d'arriver à Meadview, une communauté de retraités. Non loin de là, vous commencerez à apercevoir le lac Mead, encadré par les flèches escarpées de l'Iceberg Canyon. South Cove ne possède pour toute installation qu'une descente de bateaux et des toilettes, mais on y trouve le calme le plus absolu, accentué par les eaux d'un bleu profond du lac Mead et les sommets irréguliers qui l'entourent. Les six derniers kilomètres, qui mènent à Pearce Ferry par un chemin de terre, descendent à travers de hautes parois rocheuses et des buttes granitiques. Une fois au bord de l'eau, vous trouverez un terrain de camping, des rampes de mise à l'eau pour les bateaux et on ne peut plus de tranquillité. Si les corridors granitiques vous rappellent le Grand Canyon, c'est sans doute parce que la frontière occidentale du parc ne se trouve qu'à 1,5 km à l'est d'où vous êtes.

Une route panoramique longe en outre la rive du lac du côté du Nevada. On y dénombre davantage de marinas, un terrain de camping, une plage publique assez courue et quelques petites stations de vacances. Prenez la route 166 à partir de Boulder City à travers les terres érodées et les canyons qui surplombent le lac, jusqu'à ce que vous atteigniez la **Northshore Road** *(routes 147 et 167)*. Vous pouvez demeurer sur la grande route qui longe le rivage jusqu'au Valley of Fire State Park ou descendre vers le lac à Callville Bay, à Echo Bay ou à Overton Beach, où vous trouverez de quoi vous rassasier et diverses installations.

Lake Mead Cruises *(☎ 702-293-6180)* propose une **croisière au barrage Hoover** ★ à bord d'un bateau à trois ponts, le *Desert Princess*. Ce bateau à roue arrière de 30 m est le plus gros à sillonner les eaux du lac, et il possède un casse-croûte, deux ponts couverts, un pont promenade, une salle à manger pouvant accueillir 80 personnes, un salon-bar et une piste de danse. La croisière inclut un dîner au coucher du soleil et offre des vues saisissantes sur le barrage Hoover entièrement illuminé. Les départs ont lieu plusieurs fois par jour de la Lake Mead Marina *(322 Lakeshore Road, Boulder City, Nevada, ☎ 702-293-3484)*.

Le barrage Hoover

Bien avant que les jeux de hasard n'y règnent en maître, le barrage Hoover constituait la principale attraction du Nevada. Achevé en 1935, il fut proclamé la huitième merveille du monde, et il s'agit à n'en point douter d'un des plus hauts faits de l'ingénierie moderne. Le «bouchon» en forme de fer à cheval qui retient les eaux du puissant fleuve Colorado accumulées sur une période de deux ans est de fait aussi élevé qu'un édifice de 54 étages. Sa fondation, large de 183 m, renferme assez de béton pour construire une autoroute à deux voies entre New York et San Francisco, et la structure recèle autant d'acier renforcé que l'Empire State Building. On a mis cinq ans pour ériger ce barrage, et il en a coûté 175 millions de dollars. Au plus fort de la construction, 5 000 ouvriers y œuvraient jour et nuit, on enregistrait en moyenne 50 accidents avec blessures par jour, et 94 décès furent consignés avant qu'on ne ferme les vannes de décharge et que le lac Mead ne commence à s'emplir.

Outre le barrage Hoover, au nord, deux autres barrages, le Davis Dam, en aval, et le Parker Dam, quelque 130 km plus bas, contrôlent les crues du fleuve Colorado et servent à la production d'hydroélectricité. Ensemble, ils constituent le projet des Lower Colorado River Dams et les eaux qu'ils détournent forment trois grands bassins, le lac Mead, le lac Mohave et le lac Havasu. Enfin, six autres barrages d'envergure répartis entre le Colorado, l'Utah et le Nouveau-Mexique harnachent le fleuve le long de son parcours.

Le **barrage Hoover** ★★, qui retient le lac Mead, comptait parmi les attraits de la région avant même que ne soit construit le tout premier casino de Las Vegas. Il s'élève à 221 m au-dessus du fleuve, et sa centrale produit 4 milliards de kilowatts/heure d'électricité par année. Sa structure renferme près de 2 300 000 m^3 de béton et fut achevée en 1935. Le fait qu'il date de l'époque de la Grande Dépression est mis en évidence par les motifs Art déco qui ornent son sommet, y compris deux gigantesques personnages ailés représentant la République, coulés dans le bronze par le sculpteur Oskar Hansen, et un sol de mosaïque couvert de mystérieux symboles cosmiques.

Une des visites guidées, d'une durée d'environ 35 min, débute par une descente en ascenseur vers les entrailles du barrage. La température moyenne varie entre 13 et 16 °C à l'intérieur de la structure, et ce, toute l'année durant, de sorte que vous sentirez la chute du mercure au fur et à mesure de votre descente aux enfers. Parvenu à destination, vous pénétrerez dans une gigantesque salle abritant les turbines hautes de sept étages qu'on a mis trois ans à construire et à assembler.

La base du barrage est constellée de tunnels, dont l'un mène à une bouche de déversement de 9 m de diamètre, tandis qu'un autre conduit à une plate-forme d'observation extérieure d'où s'offrira à vous une vue en contre-plongée sur la structure et les parois déchiquetées du canyon qu'il relie. De retour au sommet, vous trouverez un

Villes mortes et spectres du passé

L'Arizona compte deux catégories de villes mortes, celles qui ont complètement et irrémédiablement été abandonnées aux affres du temps, et celles auxquelles le tourisme a insufflé une vie nouvelle. Vous trouverez de bons exemples des deux le long du tronçon usé de cette bonne vieille route 66, qui grimpe et serpente à flanc de montagne entre Kingman et Topock, non loin de la frontière occidentale de l'État.

Goldroad, une ville autrefois prospère dont les habitants parvinrent à arracher aux collines du désert de l'or pour une valeur de sept millions de dollars entre 1901 et 1931, a pour ainsi dire disparu depuis. Il n'en reste en effet que des puits de mine, quelques constructions d'adobes en ruine et des fondations de pierre.

Oatman, à peine 3 km plus loin, avait à peu près la même taille que Goldroad, et elle fut fondée et abandonnée à peu près en même temps qu'elle. Ses vieux bâtiments sont toutefois encore debout; certains ont été placardés, mais nombre d'autres se sont transformés en boutiques de curiosités et en casse-croûte. On s'y rend de tous les coins de l'État les fins de semaine pour errer dans ses rues et se replonger dans son passé.

On peut se demander ce qui a permis à l'une de survivre alors que l'autre a été anéantie. Or, les propriétaires de Goldroad ont volontairement rasé ses constructions de manière à réduire leurs taxes foncières alors que, à Oatman, un petit groupe d'irréductibles ont choisi de traverser les années de vache maigre en vendant des rafraîchissements aux usagers de l'Old Route 66. Qui plus est, Hollywood finit par découvrir ce coin perdu et par en faire le décor de plusieurs westerns, y compris *La conquête de l'Ouest*. Les habitants d'Oatman ont ainsi compris très tôt que leurs vieux bâtiments deviendraient un jour plus précieux que l'or gisant encore, au dire de certains, dans le sous-sol et de Goldroad et d'Oatman.

Ces dernières années, Oatman a été promue au rang de National Historic District, au même titre que d'autres célèbres villes mortes de l'Arizona, dont les localités cuprifères de **Jerome** et **Bisbee** et celle de la« Ruée vers l'argent», la fameuse **Tombstone**. Leur statut historique assure désormais leur survie et leur prospérité renouvelée grâce aux abris fiscaux consentis aux investisseurs qui acceptent de restaurer les anciennes structures et à l'interdiction formelle d'en démolir aucune. *Bed and breakfasts*, cafés et comptoirs à yogourt se multiplient derrière les vieilles façades, et le stationnement commence déjà à poser problème.

N'eût été du tourisme, qui a servi de moteur économique et environnemental à la préservation de ces villes mortes, il serait aujourd'hui impensable de parcourir leurs rues riches d'un vécu oublié. Sans compter que, pour les voyageurs à l'imagination fertile, munis d'un bon livre d'histoire locale et animés d'un désir impérieux de sortir des sentiers battus, ces villes pour ainsi dire défuntes ont beaucoup à offrir. Un passé sans artifice s'offre en effet à revivre sous leurs yeux dans les restes poussiéreux d'endroits tels que **White Hills** et **Mineral Park** au nord de Kingman, **Walker** et **McCabe** dans la forêt nationale aux environs de Prescott, **Stanton** et **Weaverville** au nord de Wickenburg, de même que des douzaines d'autres sites du sud-est de l'État. L'**Arizona Office of Tourism** *(2702 North 3rd Street, Phoenix, AZ 85004, ☎ 602-248-7733, ⇄ 602-240-5475)* publie d'ailleurs une brochure gratuite indiquant l'emplacement de ces villes mortes et de nombreuses autres.

casse-croûte et une boutique de souvenirs. On propose également une visite plus approfondie du barrage et de la centrale hydroélectrique. Ce «tour de l'ingénieur» demande une heure et vous entraîne à travers la colonne principale, la salle du robinet à pointeau et la galerie de captage. Vous pourrez même garder le casque de sécurité une fois la visite terminée. Toutes les visites partent du **Hoover Dam Visitors Center** *(droit d'entrée; ☎ 702-293-8367)*. Gardez toutefois en mémoire que le Nevada affiche une heure de retard sur l'Arizona.

La région de Bullhead City–Laughlin

Bullhead City, qui se trouve à 56 km à l'ouest de Kingman par la route 68, est sans doute la ville arizonienne à la croissance la plus rapide, mais il faut savoir qu'elle doit sa prospérité à Laughlin (Nevada), située de l'autre côté du fleuve. La ville de Laughlin est une flamboyante station riveraine, aujourd'hui devenue le troisième plus grand centre de jeux de hasard du Nevada. Étant donné qu'elle possède peu de quartiers résidentiels et commerciaux en propre, la majorité des milliers d'employés qui y travaillent vivent, magasinent et font éduquer leurs enfants chez sa voisine de l'Arizona, Bullhead City. Laughlin, qui est la ville de jeu la plus rapprochée du Phoenix métropolitain, s'emplit au-delà de sa capacité toutes les fins de semaine. Le reste de la semaine, les casinos, les buffets, les bars et les salles d'exposition accueillent surtout des nomades voyageant en camping-car et heureux de pouvoir échapper à la dense circulation qui règne à Las Vegas, tout en ayant l'occasion de profiter gratuitement des grands parcs de véhicules récréatifs.Le jeu ne constitue toutefois pas le seul attrait de la région de Bullhead City–Laughlin. Tout au long de l'année, le fleuve Colorado et le lac Mohave voisin attirent également nombre d'amateurs de sports nautiques tels que baignade, navigation de plaisance, pêche et ski nautique. Non loin de là se trouvent par ailleurs des villes mortes, des mines historiques et de fascinants canyons isolés ne demandant qu'à se laisser découvrir.

Les croisières commerciales constituent un autre attrait populaire. Avant que le pont enjambant le Colorado ne soit construit au milieu des années quatre-vingt, les visiteurs avaient l'habitude de garer leur voiture du côté arizonien pour ensuite prendre un traversier jusqu'aux casinos du Nevada. Aujourd'hui, les fins de semaine affairées, lorsque les terrains de stationnement de Laughlin sont bondés, les traversiers transportent encore les gens de l'autre côté du fleuve, leur offrant gratuitement une courte traversée sous le signe du plaisir. Plusieurs firmes proposent en outre des excursions de plus longue durée sur des bateaux qui arpentent le fleuve depuis les quais des casinos. Parmi elles, mentionnons **Colorado Belle's Blue River Safaris** *(2100 South Casino, Laughlin, ☎ 702-298-0910)*, dont la vedette de 12 m sillonne les gorges du Colorado, et **Laughlin River Tours** *(3080 South Needles Highway, ☎ 702-298-1047)*, dont le *Little Belle*, un bateau à vapeur muni d'une roue à aubes, part du quai du casino Edgewater et organise même des mariages sur l'eau. Bullhead City a été incorporée en 1984, mais sa fondation remonte à 1945, alors qu'elle n'était qu'un camp de construction pour le barrage Davis, à 5 km en amont. La ville, ainsi nommée en raison d'une formation rocheuse aujourd'hui submergée par les eaux du lac Mohave, regroupe des quartiers résidentiels peu élevés, des centres commerciaux et des parcs de maisons mobiles. Des projets domiciliaires et l'implantation de communautés de retraités le long du fleuve Colorado, comme Riviera, Fort Mohave et Golden Shores, ont contribué à repousser les limites de Bullhead City jusqu'à Topock, à la jonction avec la route 40.

L'hiver et le printemps constituent les deux meilleures saisons pour visiter Bullhead City–Laughlin, la température y étant de 18 à 27 °C. En juillet et en août, le mercure peut atteindre la marque impressionnante de 50 °C et plus, ce qui en fait la région la plus chaude de tout le pays.

Il n'y a pas grand-chose à voir ou à faire à Bullhead City, à moins que vous ne soyez passionné de maisons préfabriquées et de centres commerciaux. Il n'y a donc rien d'étonnant à ce que le grand attrait de la région soit l'avenue bordée de 10 casinos qui s'étend sur la rive ouest du fleuve. Au contraire de leurs réputés et plus volumineux cousins de Las Vegas, les hôtels-casinos de Laughlin sont rapprochés les uns des autres et facilement accessibles par une bande de béton qui longe le fleuve. Le meilleur d'entre eux est le **Colorado Belle** *(2100 South Casino Drive, Laughlin, ☎ 702-298-4000 ou 800-477-4837, ⇄ 702-299-0669)*, une reproduction d'un bateau à vapeur du Mississippi long de 183 m, avec trois ponts et quatre cheminées crachant de la fumée noire. Le soir, le bateau à roue semble tourner sous l'effet des projecteurs stroboscopiques. À l'intérieur, on découvre un décor tel qu'on pouvait en voir à La Nouvelle-Orléans au début du siècle, avec d'épais tapis rouges, des lampes à globes de verre, des rampes en laiton et des appliques en fer forgé. Parmi les commerces regroupés sur la mezzanine, où des clowns qui égayent la foule, on compte plusieurs restaurants et une confiserie à l'ancienne.

Pour retrouver un peu de l'atmosphère de Dodge City, rendez-vous au **Pioneer Hotel** *(2200 South Casino Drive, Laughlin, ☎ 702-298-2442 ou 800-634-3469)*, qui se trouve à la porte voisine. Cet hôtel de deux étages ressemble à un fort en *U* revêtu de panneaux de bois à l'épreuve des intempéries. Quant à la façade du casino, elle fait penser à celle d'une pension de l'Ouest sauvage. Des portes battantes et un porche en bois donnent accès à un casino animé aux planchers de bois sombre et aux lambris fatigués. Du côté du fleuve, un cow-boy en néon, River Rick, salue les passants, imitant en quelque sorte sa contrepartie de Las Vegas, Vegas Vic. Sur le terrain qui fait face au fleuve, on retrouve un luxuriant jardin fleuri, des pelouses verdoyantes et des arbres offrant de l'ombre.

Le **Riverside Resort** *(1650 South Casino Drive, Laughlin, ☎ 702-298-2535 ou 800-227-3849, ⇄ 702-298-2695)* mérite également une visite, tout comme l'antiquaire qui le jouxte. Sa collection, petite quoique intéressante, se compose de machines à sous, de juke-box, d'anciennes radios et d'une variété d'enseignes au néon d'une autre époque. On y expose aussi, sans toutefois les vendre, des machines à sous antiques provenant de la collection personnelle de Don Laughlin, y compris une *vest pocket* de 1938 et une autre, celle-là de 1931, qui payait les gagnants en balles de golf.

À environ 5 km au nord de Bullhead City se dressent le **barrage Davis** et sa **centrale hydroélectrique** *(☎ 520-754-3628)*, construits en 1953 à des fins énergétiques certes, mais

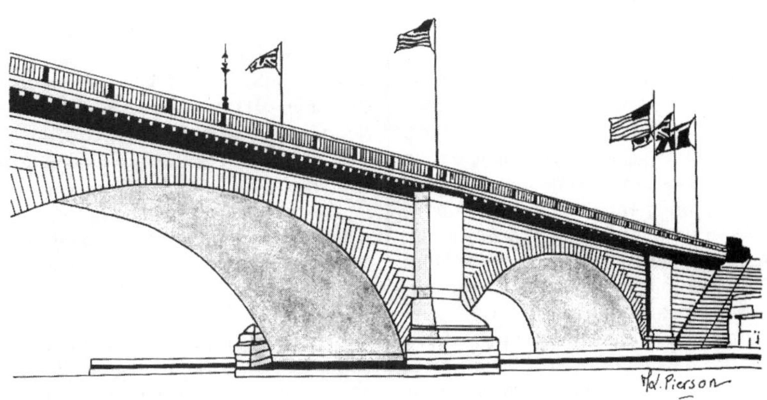

London Bridge

aussi afin de régulariser le débit des eaux acheminées vers le Mexique. La centrale hydroélectrique, en aval de la digue du barrage sur la rive arizonienne du fleuve, est ouverte tous les jours au public (visite «autoguidée» avec commentaires enregistrés, plans illustrés et vues rapprochées sur les turbines).

Derrière le barrage s'étend le **lac Mohave**, qui remonte jusqu'au barrage Hoover, à 108 km en amont. Ce long lac étroit (seulement 6 km séparent les deux rives en son point le plus large) offre une multitude de possibilités récréatives dont la pêche, la navigation de plaisance, le ski nautique et la planche à voile.

On ne peut accéder au lac Mohave qu'en deux endroits du côté arizonien : à Willow Beach *(en retrait de la route 93, à environ 97 km au nord de Kingman)* et à Katherine Landing *(à 10 km au nord de Bullhead City et de Laughlin)*. Tout comme le **Willow Beach Resort** *(☎ 520-767-4747)*, le **Lake Mohave Resort** *(à environ 10 km au nord de Bullhead City, Katherine Landing, ☎ 520-754-3245 ou 800-752-9669, ⇄ 520-754-1125)* loue des péniches et d'autres embarcations à utiliser sur le lac Mohave.

La région du lac Havasu

Le **lac Havasu ★**, qui se trouve à environ 32 km en amont du barrage Parker, pourrait très bien être le plus joli lac endigué sur toute la longueur du fleuve Colorado. D'un bleu frais et clair au beau milieu du désert, cette nappe d'eau longue de 74 km est d'ailleurs devenue une zone récréative fort populaire, surtout réputée pour son **London Bridge ★★★** (pont de Londres) à **Lake Havasu City ★**. Exception faite du Grand Canyon, le London Bridge est le site touristique le plus visité de l'Arizona. L'audace et la futilité monumentale dont ont fait preuve les pères de la ville en transportant ici le pont de Londres à l'époque où la capitale britannique décida de le remplacer attirent en effet des foules innombrables de curieux. Il faut le voir pour le croire!

Originellement construit en 1825 en remplacement d'un pont de Londres encore plus vieux qui subsista 625 ans, celui-ci fut vendu aux enchères en 1968, et les promoteurs de Lake Havasu City en firent l'acquisition pour la somme de 2 460 000 $US. La structure de granit de 10 000 tonnes fut démontée bloc par bloc, chacun d'eux pesant entre 450 kg et 7 700 kg, et transportée par bateau puis par camion sur une distance de 16 000 km pour être reconstruite sur les rives du lac Havasu alors que la ville était encore à peine naissante. On entreprit ensuite de creuser un canal pour permettre à l'eau du lac de couler sous le pont. Ce dernier est large de 11 m et long de 290 m, et vous pouvez aussi bien le traverser à pied qu'en voiture, ainsi que le font chaque année des millions de visiteurs. Le jeu en vaut-il la chandelle? Absolument! Il s'agit en effet d'une illustration démesurée de la frontière quasi imperceptible qui existe entre la folie et le génie, et aussi d'une des plus étranges visions qu'on puisse avoir en Arizona.

Histoire d'ajouter à l'atmosphère britannique des lieux, les promoteurs l'ont flanqué d'un village à l'anglaise. Vous y trouverez un autobus à étage, un taxi londonien, une cabine téléphonique en bois rouge vif et un pub de Liverpool assez authentique, le City of London Arms. Depuis quelques années cependant, les commerces du village commencent à ressembler davantage à ceux de Coney Island qu'à ceux du Picadilly Circus, puisqu'on y trouve une pléthore de t-shirts et de cendriers au motif du site, des comptoirs de restauration rapide offrant du poisson frit et des frites sans goût, et même une boutique de souvenirs de l'Ouest sauvage. Pour de plus amples renseignements sur le pont et ses environs immédiats, rendez-vous à la **Lake Havasu Chamber of Commerce** *(314 London Bridge Road, ☎ 520-855-4115)*.

L'imposant pont de Londres n'en demeure pas moins renversant avec ses grandes arches de granit ciselé, surtout le soir, lorsqu'il brille sur fond d'azur étoilé.

À Lake Havasu City, plusieurs bateaux partent en excursion du London Bridge, du premier du genre sur le lac, le mignon *Miss Havasupai*, appartenant à **Lake Havasu Boat Tours** *(☎ 520-855-7979)*, à l'imposant *Dixie Belle (☎ 520-453-6776)*, une réplique d'un de ces fameux bateaux à vapeur du Mississippi. **Bluewater Charters** *(☎ 520-855-7171)* propose, en outre, quotidiennement des excursions à la gorge de Topock et au Havasu National Wildlife Refuge à bord d'une vedette.

Dans la petite localité de **Topock**, située à mi-chemin entre Bullhead City et Lake Havasu City, à la jonction de la route 40 et de la route 95 Sud, **Jerkwater Canoe Co.** *(☎ 520-768-7753)* loue des canots vous permettant d'explorer des portions autrement inaccessibles du **Havasu National Wildlife Refuge**. L'entreprise en question peut également vous diriger vers la magnifique gorge de Topock, des sites pétroglyphiques anciens et le Topock Maze, où les Indiens mohaves avaient l'habitude de purifier leur esprit après de longs voyages.

La région du barrage Parker

En aval du barrage Parker, qui retient les eaux du lac Havasu, le fleuve Colorado traverse la Colorado River Reservation jusqu'à Parker, un centre de commerce comme tant d'autres, à environ 52 km au sud de Lake Havasu City. À seulement 3 km au nord de Parker, le barrage de Headgate Rock retient le Colorado pour former le lac Moovalya, une étendue récréative de 18 km mieux connue sous le nom de «Parker Strip».

Parker n'était qu'un simple comptoir postal avant que le chemin de fer n'atteigne cette région en 1908. La majeure partie du développement de la ville ne se fit toutefois qu'après l'érection des barrages sur le fleuve, lorsque les touristes commencèrent à affluer vers les lacs plus en amont. Les activités récréatives demeurent la principale raison d'être de Parker, sans compter que le climat doux attire chaque hiver des gens venus des régions plus froides du continent, surtout des retraités.

La ville en soi n'a pas grand-chose à offrir. Un bon nombre de ses 3 000 habitants vivent dans des parcs tapissés de véhicules récréatifs et aménagés çà et là sur les flancs broussailleux des collines avoisinantes, où pointe à l'occasion une maison au toit de tuiles rouges. Malgré le peu de charme de Parker, la région n'en demeure pas moins envahie par les visiteurs, heureux de pouvoir y pratiquer à longueur d'année la navigation de plaisance, le ski nautique et la descente de rivières sur chambre à air (on organise même une course annuelle de chambres à air sur une distance de 11 km) le long de la Parker Strip.

Le principal attrait de la ville est le **Colorado River Indian Tribes Museum** *(à l'intersection de 2nd Avenue et de Mohave Road, ☎ 520-669-9211)*, une véritable mine d'objets fabriqués par les Amérindiens de la préhistoire, qu'il s'agisse des Anasazis, des Hohokams ou des membres d'autres tribus. On peut en outre y voir des dioramas de *pueblos* et d'autres types d'habitations, de l'artisanat et de l'art populaire signé par des artistes plus récents des tribus mohave, chemehuevi, navajo et hopi. La galerie de photographies sur la vie d'antan à l'intérieur des réserves et la bibliothèque d'archives contenant d'anciens manuscrits, livres et autres documents se révèlent particulièrement intéressantes. Visitez également la boutique de souvenirs avant de quitter les lieux, car on y trouve un bel assortiment de publications, de paniers, d'ouvrages en perles de couleur et d'autres pièces artisanales amérindiennes.

À environ 24 km en amont s'élève le **barrage Parker**, un sosie presque parfait du barrage Davis. Il s'en distingue toutefois par le fait qu'un tiers seulement de sa structure est visible, son assise rocheuse se trouvant à 72 m sous le lit du fleuve. Comme son cousin plus en amont, le barrage Parker ouvre ses portes au public (visite «autoguidée»). N'oubliez surtout pas de pénétrer dans la salle des turbines pour observer la rotation du gigantesque groupe turboalternateur.

Pour changer de rythme, empruntez la route 95 et franchissez les 55 km qui vous séparent du village de **Quartzsite**, le site d'une des rencontres annuelles les plus étranges de l'Arizona, et peut-être même du monde entier. Bien que cette minuscule localité broussailleuse ne compte que quelques motels, restaurants et parcs pour véhicules récréatifs, sa population passe chaque hiver de quelques centaines d'âmes à plusieurs centaines de milliers. La raison en est la tenue des **Quartzsite Gemborees**, une succession de six événements comparables à des bazars orientaux où se retrouvent collectionneurs et vendeurs de minéraux et de pierres précieuses. Ces festivals monstres, organisés à la fin de janvier et au début de février, attirent des foules d'amateurs et de connaisseurs pour ce qui promet d'être une véritable orgie minérale. Outre les centaines de kiosques aménagés sur le site, où vous pouvez acheter de tout, des cristaux de guérison aux blocs de quartz de 2 300 kg, ces événements sont l'occasion de marchés aux puces, de salons d'antiquités et d'objets de collection divers, d'un rodéo, de courses de chameaux et d'autruches, de concerts de musique country et d'un Salon de l'automobile, le tout orchestré à la Hunter Thompson. L'événement original, imaginé en 1964 par une poignée de chasseurs de pierres invétérés, s'est transformé en une succession de six rencontres annuelles, qui constituent la principale raison d'être de Quartzsite. Pour de plus amples renseignements sur les Quartzsite Gemborees, adressez-vous à Howard Armstrong *(P.O. Box 2801, Quartzsite, AZ 85346, ☎ 520-927-5213)*.

La région de Kingman

Hualapai Mountain Park

Cet îlot aux pentes boisées planté au beau milieu du désert de Mohave accueille nombre de pique-niqueurs, de campeurs et de randonneurs de la région. Ces montagnes faisaient autrefois partie du territoire ancestral des Indiens hualapais, du moins jusqu'à ce que l'Armée américaine les oblige à déménager leurs pénates dans les années 1870. Les Hualapais, dont le nom signifie «le peuple des pins», vivent maintenant plus au nord sur une réserve située à l'extrémité ouest du Grand Canyon. Géré par le Service des parcs du comté de Mohave, le parc offre un habitat frais et protégé à plusieurs espèces sauvages, dont le cerf, l'élan, le coyote et quelques pumas.

Installations et services : aires de pique-nique, toilettes, cabanes, terrain de balle molle, sentiers de randonnée, terrain de jeu hivernal; pour obtenir plus de renseignements ou réserver une cabane, composez le ☎ 520-757-0915.

Camping : 70 emplacements pour tentes *(6 $)* et 11 pour véhicules récréatifs avec raccordements *(12 $)*. On dénombre également 15 cabanes construites dans les années trente pour faire partie d'un camp du Civilian Conservation Corps, et qu'on loue aujourd'hui à la nuitée *(25 $-35 $)* (réservation requise).

Comment s'y rendre : à 23 km au sud-est de Kingman sur la Hualapai Mountain Park Road (revêtue).

La région du lac Mead

Boulder Beach ★

La plus grande partie du rivage du lac Mead s'avère rocailleuse, mais, à Boulder Beach, vous avez le loisir d'étendre votre serviette de plage. Cette plage sablonneuse de 3 km caressée par les eaux claires du lac Mead provoque d'ailleurs la venue d'un bon nombre d'amateurs de bains de soleil tout au long de l'année. Les eaux limpides du lac, d'une température clémente, attirent en outre les plongeurs, qui peuvent explorer l'épave du *Tortuga*, un yacht qui a connu un destin tragique près des Boulder Islands, le *Cold Duck*, submergé à 11 m de profondeur, et les vestiges de l'usine d'asphalte du barrage Hoover, de même que l'ancienne colonie mormone de St. Thomas.

Installations et services : aires de pique-nique et toilettes; casse-croûte et épicerie de dépannage à proximité; pour de plus amples renseignements, composez le ☎ 702-293-8990.

Camping : 298 emplacements répartis sur deux terrains de camping pour tentes et véhicules récréatifs *(10 $; aucun raccordement)*.

Comment s'y rendre : la plage se trouve à environ 3 km au nord du Alan Bible Visitor Center.

La région de Bullhead City–Laughlin

Le fleuve Colorado et le lac Mohave présentent une multitude de possibilités récréatives dont la navigation de plaisance, la pêche, le ski nautique, la plongée sous-marine et la planche à voile. Les randonneurs qui préfèrent rester sur le plancher des vaches adoreront le désert et les canyons qui entourent Bullhead City–Laughlin. Au-dessus du barrage Davis, le lac Mohave ressemble beaucoup au fleuve qui coule à ses pieds, puisqu'il se présente comme une étendue de 108 km de long bordée de canyons déchiquetés et de sommets rocheux. En son point le plus large, seulement 6 km séparent ses deux rives. Pour plus de renseignements, adressez-vous au 1900 South Casino Drive, Laughlin, ☎ 702-298-5111.

Katherine Landing

Situé à seulement 195 m au-dessus du niveau de la mer en bordure du lac Mohave, Katherine Landing possède une faune et une flore caractéristiques de celles du désert de Mohave voisin. De courtes randonnées permettent d'admirer des arbustes du désert, des cactus et des coucous terrestres, sans oublier les monts Black et Newberry au loin.

Installations et services : toilettes, douches payantes, laverie automatique, marina complète avec location de bateaux, de matériel de pêche et de skis nautiques, descentes de bateaux, motel, restaurant, épicerie et centre d'accueil; pour de plus amples renseignements, composez le ☎ 520-754-3272. *Pêche* : bar rayé, crapet arlequin, poisson-chat des canaux et truite arc-en-ciel en abondance. *Baignade* : bonne à South Telephone Cove.

Camping : 150 emplacements équipés d'un gril au vent, d'une table à pique-nique et d'eau courante *(8 $)*.

Comment s'y rendre : situé immédiatement au nord de Bullhead City en retrait de la route 163.

Davis Camp County Park

Il s'agit de la seule et unique plage publique du fleuve Colorado. Vous y trouverez une étendue sablonneuse propre à la baignade, à la pêche et à la mise à l'eau de motomarines. À l'extrémité sud du parc, un marécage abrite une variété d'oiseaux et d'animaux de petite taille.

Installations et services : toilettes, douches, laverie automatique, grils au vent et tables à pique-nique abritées; droit d'entrée *(3 $)*; pour de plus amples renseignements, composez le ☎ 520-754-4606. *Pêche* : bar rayé, poisson-chat et truite. *Baignade* : une bonne zone est réservée aux enfants.

Camping : 130 emplacements avec tous les raccordements *(15 $)*, 30 emplacements avec certains raccordements *(11 $)* et terrain dégagé pouvant accueillir des tentes *(8 $)*.

Comment s'y rendre : situé à environ 1,5 km au nord de Laughlin, du côté arizonien du fleuve.

Willow Beach

Non loin de là, vous pourrez visiter la Willow Beach National Fish Hatchery (pisciculture), qui sert à approvisionner les lacs en poissons, et sa petite salle d'exposition consacrée à l'histoire du fleuve Colorado.

Installations et services : aires de pique-nique, toilettes, grils au vent, location d'embarcations, essence, petit marché flottant où l'on vend divers articles; pour de plus amples renseignements, composez le ☎ 520-767-4747. *Pêche* : bonne pour la truite et le bar rayé; appâts, matériel de pêche et permis disponibles au quai.

Comment s'y rendre : situé sur le lac Mohave, à environ 23 km au sud du barrage Hoover, en retrait de la route 93.

La région du lac Havasu

Lake Havasu State Park ★

Ce parc riverain aménagé en bordure de la ville même de Lake Havasu City et dans ses environs englobe la plus grande partie de la rive arizonienne du grand lac bleu entouré de collines désertiques et austères. On y dénombre plusieurs terrains de camping, des descentes de bateaux et des plages rocailleuses propres à la baignade répartis entre deux zones développées : Windsor Beach, au nord du centre-ville, et Cattail Cove, située à environ 24 km au sud de la ville, cette dernière zone possédant une marina exploitée par l'État. Outre ces deux secteurs, le parc renferme également l'Aubrey Hills Natural Area, une portion sauvage du lac qu'on ne peut atteindre par la route.

Installations et services : aires de pique-nique, toilettes, douches, descentes de bateaux, marina et sentiers de randonnée; restaurants, épiceries et lieux d'hébergement à proximité, à Lake Havasu City; droit d'entrée *(7 $)*; pour de plus amples renseignements, composez le ☎ 520-855-2784. *Pêche* : achigan à grande bouche, bar rayé, poisson-chat. *Baignade* : bonne.

Camping : 74 emplacements à Windsor Beach *(10 $; ☎ 520-855-2784)* et 40 avec raccordements à Cattail Cove *(15 $; ☎ 602-855-1223)*. On compte par ailleurs 150 emplacements primitifs accessibles par bateau sur le rivage de l'Audrey Hills Natural Area, au sud de Lake Havasu City; toilettes, tables à pique-nique et abris *(10 $ par bateau)*.

Comment s'y rendre : les principaux secteurs accessibles par la route se trouvent à Windsor Beach et à Cattail

Cove (à 24 km au sud de Lake Havasu City sur la route 95). D'autres secteurs du parc, qui couvrent la plus grande partie de la rive est du lac Havasu, ne sont accessibles que par bateau.

Havasu National Wildlife Refuge

Les amants de la nature apprécieront grandement cette réserve faunique, qui chevauche le fleuve Colorado entre Topock, à 32 km au nord de Lake Havasu City, et Pittsburg Point, à environ 3 km au nord de la ville. Les randonneurs qui empruntent les sentiers marécageux ont souvent l'heureuse surprise d'apercevoir un aigle à tête blanche, un faucon pèlerin, un mouflon du désert et certains hôtes hivernaux comme l'outarde, l'oie blanche du Canada et d'autres oiseaux marins.

Installations et services : toilettes, douches, laverie automatique et centre d'accueil; pour de plus amples renseignements, composez le ☎ 619-326-3853. *Pêche* : autorisée, sauf aux endroits où des panneaux l'interdisent.

Camping : 40 emplacements *(7 $, 14,50 $ avec raccordements)*; pour information, ☎ 520-768-2350.

Comment s'y rendre : le centre d'accueil des visiteurs se trouve au 1406 Bailey Avenue, Needles (Californie). Pour accéder au parc, faites 16 km vers l'est sur la route 40, puis empruntez la sortie bien identifiée du Mohave County 227 (route 95).

La région du barrage Parker

La Paz County Park

Dans ce parc récréatif recouvert d'herbes, vous pourrez aussi bien étendre votre serviette de plage que votre couverture de pique-nique. Situé en bordure du fleuve Colorado, ce parc de 259 ha convient parfaitement aux excursions tranquilles en famille.

Installations et services : abris, grils au vent, tables à pique-nique, toilettes, douches, courts de tennis, terrain de baseball, terrain de jeux et descente de bateaux; droit d'entrée *(2 $)*; pour de plus amples renseignements, composez le ☎ 520-667-2069. *Pêche* : l'achigan, le poisson-chat, le crapet arlequin, le poisson-chat à tête plate et la perche constituent des prises communes. *Baignade* : bonne à la plage sablonneuse.

Camping : environ un tiers du parc peut accueillir des tentes *(10 $)*. Il y a aussi 30 emplacements couverts *(12 $)* et 99 emplacements pour véhicules récréatifs avec tous les raccordements *(14 $)*. Une extension avec certains raccordements peut accueillir d'autres véhicules récréatifs *(12 $)*. Tous les prix indiqués valent pour deux personnes; ajoutez 2 $ par personne additionnelle.

Comment s'y rendre : situé à environ 13 km au nord de Parker par la route 95.

Buckskin Mountain State Park

Ce parc situé à proximité du barrage Parker attire les amateurs de navigation de plaisance, de ski nautique et de descente de rivières en chambre à air. Mais on peut tout aussi bien y parcourir les sentiers qui sillonnent les montagnes bordant l'extrémité est du parc. En plus des panoramas du fleuve Colorado, les randonneurs peuvent parfois apercevoir un mouflon du désert errant dans la région.

Installations et services : aire de pique-nique, toilettes, quai d'approvisionnement en essence, descente de bateaux, location de chambres à air et casse-croûte; droit d'entrée *(5 $)*; pour de plus amples renseignements, composez le ☎ 520-667-3231. *Pêche* : bonne pour l'achigan, le crapet arlequin et le poisson-chat.

Camping : Buckskin Point possède 89 emplacements *(eau et électricité 15 $,* cabañas *20 $)*. River Island propose pour sa part 37 emplacements *(eau seulement, 10 $)*. Toilettes et douches disponibles aux deux endroits.

Comment s'y rendre : Buckskin Point se trouve sur la route 95, à environ 18 km au nord de Parker. River Island se trouve 2,5 km plus au nord.

Alamo Lake State Park

Le plus grand attrait de ce parc de 2 283 ha est la pêche. Le lac Alamo, qui couvre à lui seul près de la moitié de sa superficie, regorge en effet d'achigans, de crapets arlequins et de poissons-chats. Vous pouvez vous procurer un permis auprès du comptoir à rafraîchissements du parc. Les sports nautiques, entre autres le ski, sont également fort prisés.

Installations et services : terrain de jeu, aires de pique-nique, comptoir à rafraîchissements, toilettes et douches; 4 $ pour la journée *(☎ 520-669-2088)*.

Camping : 250 emplacements; 13 $ la nuitée avec raccordements, 10 $ la nuitée pour un emplacement aménagé, 8 $ la nuitée pour un emplacement primitif.

Comment s'y rendre : le parc se trouve à environ 65 km de Weaken et à quelque 160 km de Parker, d'où il faut successivement prendre les routes 95, 72 et 60 pour l'atteindre.

ACTIVITÉS DE PLEIN AIR

La pêche

Cette région offre certaines des meilleures occasions de pêche de l'Arizona. La saison se poursuit toute l'année, et ce pour toutes les espèces de poisson, au lac Mead comme sur le riche fleuve Colorado.

Au **lac Mead**, vous trouverez en abondance du poisson-chat, du crapet commun et du crapet arlequin, de la truite et du bar rayé qui peut souvent peser jusqu'à 14 kg. Un des meilleurs endroits pour l'achigan se trouve près du Las Vegas Boat Harbor, en raison des nutritives eaux usées déversées par le Las Vegas Wash. Le bras Overton du lac Mead est un des meilleurs sites pour le bar rayé, dont les petits agitent souvent l'eau tellement ils mangent avec frénésie. Essayez aussi le Calico Basin, Hemenway Harbour, les Meadows, Stewart Point et Meat Hole.

Pour connaître d'autres lieux privilégiés, informez-vous auprès de n'importe quel gardien de parc ou aux marinas suivantes, qui vendent par ailleurs des permis, des appâts et de l'équipement de pêche : **Lake Mead Marina** *(322 Lake-*

shore Road, ☎ 702-293-3484), **Las Vegas Boat Harbor** *(Lake Mead Drive, ☎ 702-565-9111)*, **Callville Bay Resort Marina** *(HCR 30, Box 100, en retrait de Northshore Road, ☎ 702-565-8958)*, **Echo Bay Resort and Marina** *(☎ 702-394-4000)* et **Temple Bar Marina** *(☎ 520-767-3211)*.

La pêche se révèle excellente le long du **fleuve Colorado** près de Bullhead City–Laughlin. On peut y emplir son panier de bars rayés, de truites arc-en-ciel, d'achigans, de crapets communs et arlequins. Les eaux froides au pied du barrage Davis sont poissonneuses. La pêche est bonne au-dessus du barrage sur le **lac Mohave**, réputé pour ses truites arc-en-ciel et ses achigans.

Navigation et ski nautique

Cette partie de l'État compte parmi les plus riches en plans d'eau, et les possibilités de sports nautiques y abondent.

Sur la «Côte Ouest» de l'Arizona, vous pouvez fendre les flots du lac Mead à bord d'un bateau à moteur ou d'une motomarine, simplement laisser le vent gonfler vos voiles ou encore prendre place sur le pont d'une péniche. Pour louer une embarcation, adressez-vous à la **Lake Mead Marina** *(322 Lakeshore Road, ☎ 702-293-3484)*, à la **Callville Bay Resort Marina** *(HCR 30, Box 100, en retrait de Northshore Road, ☎ 702-565-8958)*, à l'**Overton Beach Resort and Marina** *(à l'extrémité nord du lac Mead, ☎ 702-394-4040)* ou à l'**Echo Bay Resort and Marina** *(à l'extrémité nord du lac Mead, ☎ 702-394-4000)*.

Dans la région de Bullhead City–Laughlin, le ski nautique est autorisé sur le fleuve Colorado à partir du barrage Davis jusqu'à Needles. La zone peu peuplée qui s'étend immédiatement au sud de Bullhead City constitue sans doute votre meilleur choix. Vous pouvez également faire du ski nautique sur le lac Mohave au nord du barrage Davis. Pour louer embarcation et équipement, adressez-vous au **Lake Mohave Resort** *(Katherine Landing, ☎ 520-754-3245)*.

La partie basse du fleuve Colorado et le lac Havasu sont des rendez-vous des amateurs de sports nautiques, et vous y trouverez toutes sortes d'embarcations à louer. À Lake Havasu City, on propose des pontons chez **Island Boat Rentals** *(1580 Dover Avenue, ☎ 520-453-3260)*, **Rick's Pontoon Boat Rentals & Sales** *(1637 Industrial Boulevard, ☎ 520-453-1922)* et au **Havasu Springs Resort** *(route 2, Parker; ☎ 520-667-3361)*, qui loue également des chaloupes, des bateaux-maisons et des runabouts. Pour un bateau à moteur, aussi bien pour la pêche que pour le ski nautique, rendez-vous à la **Lake Havasu Marina** *(1100 McCulloch Boulevard, ☎ 520-855-2159)* ou à **Resort Boat Rentals** *(English Village, ☎ 520-453-9613)*. À 24 km au sud de Lake Havasu City, la **Sand Point Marina** *(☎ 520-855-0549)* fait la location de bateaux de pêche, de pontons et de péniches. Enfin, la **Havasu Adventures Water Ski School** *(1425 McCulloch Boulevard, ☎ 520-855-6274)* offre des cours de ski nautique.

La descente de rivières

La portion du fleuve Colorado qui s'étend entre le barrage Hoover et Willow Beach est ouverte à longueur d'année aux canots pneumatiques, aux canots conventionnels et aux kayaks, mais les meilleures saisons pour la descente du fleuve demeurent le printemps et l'automne. Il vous faut un permis du **Hoover Dam Police Department** *(P.O. Box 60400, Boulder City, NV 89006, ☎ 702-293-8204)*. Si vous désirez louer un canot ou un kayak, tentez votre chance chez **Boulder City Water Sports** *(1108 Nevada Highway, Boulder City, Nevada, ☎ 702-293-7256)*.

Vous ne chevaucherez pas vraiment des moutons, mais vous pourrez tout de même descendre le fleuve du barrage Hoover au Black Canyon et admirer des cascades, des sources chaudes et diverses formations géologiques. Pour plus de détails, adressez-vous à **Black Canyon, Inc.** *(1297 Nevada Highway, Boulder City, Nevada, ☎ 702-293-3776)*.

Le golf

Le **Boulder City Municipal Golf Course** *(1 Clubhouse Drive, Boulder City, Nevada, ☎ 702-293-9236)* dessert la région du lac Mead et du barrage Hoover.

Dans le secteur de Bullhead City–Laughlin, rendez-vous à l'**Emerald River Golf Course** *(1155 West Casino Drive, Laughlin, ☎ 702-298-0061)*, au **Riverview Golf Course** *(2000 East Ramar Road, Bullhead City, ☎ 520-763-1818)*, au terrain de neuf trous du **Chaparral Country Club** *(1260 East Mohave Drive, Bullhead City, ☎ 520-758-3939)* ou au **Desert Lakes Golf Course** *(5835 Desert Lakes Drive, Fort Mohave, Arizona, ☎ 520-768-1000)*, à environ 19 km au sud du pont de Laughlin–Bullhead City.

À la station de vacances du lac Havasu, essayez le **Queen's Bay Golf Course** *(1477 Queen's Bay Road, ☎ 520-855-4777)* ou le **London Bridge Golf Course** *(2400 Clubhouse Drive, ☎ 520-855-9096)*, tous deux excellents.

Quant aux visiteurs de Kingman, ils ne seront pas déçus par le **Valley Vista Country Club** *(9686 Concho Drive, ☎ 520-757-8744)* et le **Kingman Municipal Golf Course** *(1001 East Gates Road, ☎ 520-753-6593)*.

Pour de plus amples renseignements, adressez-vous à l'**Arizona Golf Association** *(7226 North 16th Street, Suite 200, Phoenix, AZ 85020, ☎ 602-940-3035)*.

Le tennis

Pour peu que vous fassiez fi des jours éternellement ensoleillés, vous n'aurez aucun mal à trouver des courts de tennis dans la région.

Dans la région de Bullhead City–Laughlin, faites valoir vos talents au **Flamingo Hilton Hotel** *(1900 South Casino Drive, Laughlin, ☎ 702-298-5111)* ou au **Riverview RV Resort** *(2000 East Ramar Road, Bullhead City, ☎ 520-763-5800)*.

À Lake Havasu City, louez un court au **London Bridge Racquet and Fitness Center** *(1425 McCulloch Boulevard, ☎ 520-855-6274)*.

La randonnée pédestre

Les randonneurs se réjouiront du nombre de forêts et de canyons que compte cette région.

La région de Kingman

Le **Hualapai Mountain Park**, situé à 23 km au sud-est de Kingman, possède un vaste réseau de pistes partant toutes d'un même point et parcourant une forêt de pins pignons, de chênes, de trembles et de pins ponderosa grouillant d'oiseaux et d'animaux. Six sentiers reliés les uns aux autres, totalisant 11 km, se détachent de l'**Aspen Springs Trail** *(1,6 km)*, de sorte que vous pouvez organiser la randonnée qui vous sied le mieux. Vous aurez ainsi le loisir d'emprunter le sentier facile qui conduit au **Stonestep Lookout** *(0,8 km)* ou d'effectuer un parcours plus ambitieux jusqu'au sommet de l'**Aspen Peak** *(4 km sur 975 m de dénivellation)* ou du **Hayden Peak** *(4,5 km sur 1 036 m de dénivellation)*. L'Aspen Springs Trail peut se combiner à la **Potato Patch Loop** *(3,2 km)* pour former une boucle d'une longueur totale de 8 km.

La région de Bullhead City–Laughlin

Une destination hivernale merveilleuse et peu connue est le **Grapevine Canyon** *(1,6 km)*. Il n'y a pas de sentier clairement défini, mais vous n'aurez aucun mal à suivre les traces des randonneurs qui vous ont précédé au fond du canyon. Notez que vous devrez faire un peu d'escalade. À l'entrée du canyon, vous verrez plusieurs pétroglyphes que des Amérindiens nomades ont gravés dans le grès au moyen d'*atl-atls*, ou «bâtons à lancer», il y a environ 1 200 ans. Plus loin, une mince cascade coule toute l'année, et la présence de l'eau attire les animaux la nuit, de sorte que vous pourriez apercevoir des blaireaux, des mouffettes, des mouflons du désert et même des pumas. Le canyon tire son nom des vignes sauvages qui y poussent. Le Grapevine Canyon se trouve dans le Nevada, à 21 km à l'ouest du pont reliant Laughlin et Bullhead City sur la route 163, puis à 2,4 km en direction du col de Christmas Tree, sur une route revêtue clairement identifiée. Vous trouverez un terrain de stationnement près de l'entrée du canyon.

La région du lac Havasu

La **Mohave Sunset Walking Trail** du Lake Havasu State Park serpente sur 3,2 km entre Windsor Beach et Crystal Beach à travers un relief varié, des basses terres densément boisées de cèdres aux crêtes offrant de somptueuses vues sur le lac. Des panneaux disposés le long de cette piste accidentée par endroits identifient les principales espèces végétales du désert de Mohave.

HÉBERGEMENT

La région de Kingman

Dans la ville morte d'Oatman, le vieil **Oatman Hotel** *($ pdj; route 66, Oatman, ☎ 520-768-4408)* a rouvert ses portes en adoptant la formule du *bed and breakfast*. Sa structure d'adobes authentique sur deux étages, sa façade en arc et ses murs et plafonds de fer ondulé pourraient très bien vous inciter à y louer une chambre, comme l'ont fait Clark Gable et Carole Lombard lors de leur nuit de noces après une cérémonie improvisée à Kingman. À cette époque, Oatman se trouvait sur la route principale de Hollywood, la célèbre Old Route 66, et un coup d'œil sur la suite «Lune de Miel», avec ses ampoules dénudées et ses murs décrépits, vous fera dire que Clark et Carole devaient vraiment être en amour par-dessus la tête. Bien que les ampoules aient certes été remplacées, les prix demeurent dans la catégorie petit budget.

Il semble que toutes les chaînes de motels soient représentées à Kingman. La plupart des établissements se trouvent le long d'East Andy Devine Avenue et de West Beale Street, et proposent un hébergement fiable. Parmi les mieux cotés, mentionnons le **Quality Inn** *($$; ⊙, ⌂, ≈, ℝ, ℂ; 1400 East Andy Devine Avenue, ☎ 520-753-4747 ou 800-753-4747, ⇄ 520-753-4747)*, qui possède des chambres modernes, dont certaines équipées de cuisinette et de réfrigérateur. Les fervents d'une bonne condition physique apprécieront sa piscine, son sauna et sa salle d'exercices.

Dans le centre-ville, l'**Arizona Inn** *($; 411 West Beale Street, ☎520-753-5521, ⇄ 520-753-6579)* est à distance de marche des sites historiques. Les chambres, confortables, sont garnies de meubles en bois foncé et décorées dans les teintes pastel.

La région du lac Mead

Le seul lieu d'hébergement de la rive arizonienne du lac Mead se trouve à la **Temple Bar Marina** *($-$$; ℂ; ☎ 520-767-3211 ou 800-752-9669, ⇄ 520-767-3033)*, où vous pourrez louer une chambre de motel moderne ou une cabane équipée d'une cuisinette. Il y a en outre un café, un bar chic, un terrain de camping, une descente de bateaux, un quai de ravitaillement en essence et un magasin. Il s'agit d'ailleurs là du dernier point de ravitaillement pour ceux qui s'aventurent en bateau au nord de Temple Bar.

Sur la rive névadaise du lac, vous trouverez un motel à l'**Echo Bay Resort and Marina** *($$; ℜ; ☎ 702-394-4000 ou 800-752-9669)*. Outre un restaurant, un café et un bar, l'établissement renferme des chambres modernes et possède un parc pour véhicules récréatifs, de même qu'une piste d'atterrissage où de petits appareils peuvent se poser (le jour seulement).

À environ 1,5 km au nord de Boulder Beach, la **Lake Mead Resort and Marina** *(322 Lakeshore Road, ☎ 702-293-3484)* possède non seulement des centaines d'espaces à quai où vous pourrez amarrer votre bateau, mais aussi un populaire restaurant flottant, un café et une salle de bar. La marina exploite en outre un **chalet** de 48 chambres *($$-$$$; ☎ 702-293-2074)* un peu plus loin sur la route.

Plus au nord, le **Las Vegas Boat Harbor** *(P.O. Box 91150, Henderson, NV 89009, ☎ 702-565-9111)* possède davantage d'espaces à quai, un restaurant, une aire de pique-nique et un terrain de camping. Vous pourrez également planter votre tente ou garer votre véhicule récréatif à la **Callville Bay Resort Marina** *(P.O. Box 100 HCR-30, Las Vegas, NV 89124, ☎ 702-565-8958)*, qui renferme un café et un bar chic.

La région de Bullhead City–Laughlin

Du dimanche au jeudi soir, les chambres s'avèrent beaucoup moins coûteuses dans les hôtels-casinos de Laughlin (Nevada) qu'à Bullhead City (Arizona), de l'autre côté du fleuve Colorado. De fait, les soirs de semaine, vous pourrez louer à Laughlin une chambre moderne et spacieuse avec très grand lit, téléviseur équipé d'une commande à distance, gravures sur les murs et papier peint de luxe pour environ le même prix qu'une chambre ordinaire et quelque peu défraîchie dans un motel à l'ancienne sur le bord de la grand-route à Bullhead City.

Bien qu'on dénombre 10 000 chambres d'hôtel à Laughlin, il arrive fréquemment que les fins de semaine affairées y attirent jusqu'à 50 000 visiteurs. Il n'est donc nullement besoin d'une calculatrice pour en conclure que les réservations sont absolument nécessaires. À l'instar de leurs cousins de Las Vegas, les hôtels de Laughlin renferment casinos, bars, salons et restaurants, proposent des buffets peu coûteux et louent des chambres comparables à celles de leurs homologues. La plupart des établissements affichent des prix petit budget en semaine et de catégorie moyenne à moyenne-élevée en fin de semaine, mais, encore une fois, ils n'ont pas toujours des chambres disponibles. La grande artère commerciale de Laughlin regroupe huit hôtels-casinos, que voici.

Le plus chic et le plus rapproché du pont qui enjambe le fleuve jusqu'à Bullhead City est le **Don Laughlin's Riverside Resort Hotel and Casino** *(1650 Casino Drive, Laughlin, ☎ 702-298-2535 ou 800-227-3849, ⇄ 702-298-2614)*. Le propriétaire de ce complexe est celui qui a eu l'idée de développer une artère bordée de casinos en ces lieux, qui a fondé la ville qui porte aujourd'hui son nom et qui a converti en casino, en 1977, l'ancien Riverside Bait Shop, en faisant ainsi le premier établissement du genre à Laughlin.

Pour une vue imprenable sur fleuve, songez à l'**Edgewater Hotel** *(⊗; 2020 South Casino Drive, Laughlin, ☎ 702-298-2453 ou 800-677-4837, ⇄ 702-298-8165)*, dont la tour blanc frimas de 26 étages offre le plus grand nombre de chambres face au Colorado. Elle en compte au total 1 470, toutes décorées avec goût de fauteuils club de rotin et de meubles en bois clair, de tapis moelleux dans les tons de vert, de murs sable, de draperies, de couvre-lits imprimés à la mode du Sud-Ouest et de ventilateurs de plafond. Du quai, vous pourrez en outre vous offrir une croisière sur le fleuve à bord du bateau à aubes *Little Belle*.

Certains autres hôtels sont des rejetons d'établissements connus de Las Vegas et de Reno, comme le **Flamingo Hilton** *(1900 South Casino Drive, Laughlin, ☎ 702-298-5111 ou 800-352-6464, ⇄ 702-298-5177)*, dont des rubans de néons roses enveloppent aussi bien le casino que les restaurants. Les 2 000 chambres de ses rutilantes tours jumelles, également roses, sont celles de tous les Hilton, spacieuses et modernes, et décorées dans de fraîches teintes de bleu et de vert. Les installations de l'hôtel comprennent six restaurants, une salle de spectacle à grand déploiement ainsi qu'un magnifique jardin qui domine le fleuve.

Vous pouvez également opter pour le **Golden Nugget** *(ℜ; 2300 South Casino Drive, Laughlin, ☎ 702-298-7111 ou 800-950-7700, ⇄ 702-298-7122)*, où des oiseaux chanteurs vous accueillent de leurs sérénades dès votre arrivée (leur cage ne sert toutefois que les apparences puisqu'ils sont tous mécaniques!). Le Nugget a pour thème la jungle, ce qui explique la présence d'une cascade géante dans le hall, d'une profusion de plantes vertes et du décor tropical des 300 chambres. Une salle de bar baptisée «Tarzan», quatre restaurants et un grand magasin de souvenirs comptent parmi ses installations.

Le **Colorado Belle** *(2100 South Casino Drive, Laughlin, ☎ 702-298-4000 ou 800-477-4837, ⇄ 702-299-0669)*, un établissement tape-à-l'œil en forme de bateau à vapeur géant au milieu de l'avenue, a été créé par la société à laquelle appartiennent le Circus Circus et l'Excalibur de Las Vegas.

La terrasse et la piscine couvertes du **Gold River Resort and Casino** *(≈; 2700 South Casino Drive, Laughlin, ☎ 702-298-2242 ou 800-835-7903, ⇄ 702-298-2196)*, entouré de palmiers, de vertes pelouses et de panoramas fluviaux, est un endroit rêvé pour se la couler douce. Ses 1 000 chambres sont claires et aérées, rehaussées d'accents du Sud-Ouest et décorées de tapis moelleux, de tables en verre fumé, de fauteuils en velours et de tissus imprimés au goût de la région. Et ne manquez pas le casino, dont les hauts plafonds sont parcourus de chevrons auxquels pendent des enseignes minières au néon.

À un détour de la rivière se dresse le **Harrah's Laughlin** *(ℜ; 2900 South Casino Drive, Laughlin, ☎ 702-298-4600 ou 800-447-8700, ⇄ 702-298-2196)*, isolé par un mini-canyon à l'extrémité sud de l'artère des casinos. L'anse qui s'étend devant l'hôtel offre par ailleurs la seule plage de l'avenue. Des couleurs de fête rappelant le Mexique éclaboussent le casino, les quatre restaurants, les trois bars et les 1 000 chambres.

Ce n'est pas l'*Orient Express*, mais vous pourrez néanmoins prendre place à bord d'un petit train de passagers au **Ramada Express** *($-$$; 2121 South Casino Drive, Laughlin, ☎ 702-298-4200 ou 800-272-6232, ⇄ 702-298-6403)*. Il s'agit d'un mini-train sur rails étroits qui fait la navette entre le stationnement et le casino, au décor de gare victorienne. Les 1 500 chambres de l'hôtel tout en hauteur adossé au casino arborent des teintes de terre chaudes, des meubles de bois foncé ainsi que des lampes et des appliques murales en laiton.

Les visiteurs de Bullhead City–Laughlin n'ont sans doute pas grand intérêt à loger du côté arizonien du fleuve. La plupart des motels de Bullhead City sont propres et modernes, mais sans éclat, et leurs prix ont tendance à dépasser ceux des hôtels-casinos de Laughlin. Ils semblent en fait survivre grâce aux débordements des fins de semaine et de la haute saison. On a du mal à comprendre pourquoi les personnes cherchant à s'éloigner des établissements de jeu se donneraient la peine de loger à Bullhead City, alors qu'ils peuvent facilement piquer au sud et s'installer à Lake Havasu City, d'atmosphère beaucoup plus familiale. Mais ceux qui désirent tout de même le faire trouveront à Bullhead City un lieu d'hébergement comme **Bullhead River Motel** *($-$$; 455 Moser Avenue, Bullhead City, ☎ 520-754-2250)* ne proposant que des suites complètes, idéales pour les familles. Il possède pour sa part un quai d'amarrage et un quai pour la pêche, gracieusement mis à la disposition de ses clients.

À un jet de pierre à peine du fleuve Colorado, l'**Arizona Clearwater Motel** *($$; 1081 route 95, Bullhead City, ☎520-754-2201, ⇄ 520-754-2343)* est un petit lieu d'hébergement moderne agrémenté d'un décor fidèle aux traditions du Sud-Ouest. Ses chambres, dont certaines ont vu sur le cours d'eau, s'avèrent exceptionnellement grandes et bénéficient d'un agréable décor dans les tons pastel rehaussé d'un mobilier de bois clair.

Le **Lake Mohave Resort** *($$; Katharine Landing, tout juste au-dessus du barrage Davis, ☎ 520-754-3245 ou 800-752-9669, ⇄ 520-754-1125)*, qui occupe un emplacement de choix en bordure du lac, possède une marina privée, une plage et un terrain paysager où l'on peut apercevoir des cailles, des coucous terrestres et de gros lièvres. Toutes les chambres, du genre de celles qu'on trouve d'ordinaire dans un motel, se parent de tissus bleus et de tableaux du désert, et font face au lac.

La région du lac Havasu

À un peu plus de 1 km du pont, vous trouverez des chambres de motel au **Windsor Inn** *($-$$; 451 London Bridge Road, Lake Havasu City, ☎ 520-855-4135 ou 800-982-3622, ⇄ 520-453-1514)* et au **Shakespeare Inn** *($-$$; 2190 McCulloch Boulevard, Lake Havasu City, ☎ 520-855-4157 ou 800-892-3622, ⇄ 520-453-1514)*.

Le **Sands Vacation Resort** *($$; ℂ; 2040 Mesquite Avenue, Lake Havasu City, ☎ 520-855-1388 ou 800-521-0360, ⇄ 520-453-1802)* propose des suites spacieuses de une ou deux chambres à coucher aménagées autour d'une cour centrale et garnies de moquette. Des images du Sud-Ouest en ornent les murs pastel, et chaque suite renferme une salle de séjour, un coin salle à manger et une cuisinette.

Lake Havasu City recèle nombre de bons complexes hôteliers. Le **London Bridge Resort** *($$-$$$$; 1477 Queen's Bay Road, Lake Havasu City, ☎ 520-855-0888 ou 800-624-7939, ⇄ 520-855-2414)* présente un mélange de style Tudor et d'architecture de château médiéval. Ses chambres contemporaines sont magnifiques; il possède son propre terrain de golf; les pelouses sont merveilleusement bien paysagées, et il occupe un emplacement de choix, tout à côté du London Bridge et de l'Olde English Village.

De l'autre côté du pont, sur l'île, le **Nautical Inn** *($$$; ℂ, ℝ; 1000 McCulloch Boulevard, Lake Havasu City, ☎ 520-855-2141 ou 800-892-2141, ⇄ 520-453-5808)* possède également un terrain de golf, de même qu'un quai privé et tout l'équipement nécessaire pour faire du ski nautique, de la voile, de la navigation de plaisance, de la motomarine et de la planche à voile. Toutes les chambres donnent sur le fleuve, et chacune d'elles dispose de deux lits, d'une terrasse et d'un accès direct aux pelouses et à la plage. Les suites sont en outre dotées d'une cuisinette et d'un réfrigérateur.

La région du barrage Parker

Vous ne trouverez pas de service aux chambres dans ce coin de pays, mais il y a tout de même des chambres propres et économiques au **El Rancho Motel** *($-$$; ℂ, ℝ, ≈; 709 California Avenue, Parker, ☎ 520-669-2231, ⇄ 520-453-1514)*. Café dans les chambres. Cuisinettes et réfrigérateurs ne sont disponibles que dans quelques chambres.

Les familles apprécieront également le **Stardust Motel** *($-$$ en haute saison, $ le reste de l'année; ℝ; 700 California Avenue, Parker, ☎ 520-669-2278, ⇄ 520-669-6658)* pour ses immenses chambres et ses mini-suites propres et bien entretenues, dont la plupart sont équipées d'un réfrigérateur et d'un four à micro-ondes.

RESTAURANTS

La région de Kingman

Des douzaines de cafés et d'établissements de chaînes de restauration bordent East Andy Devine Avenue, mais, pour mieux apprécier la couleur locale, essayez **The Kingman Deli** *($; 419 East Beale Street, Kingman, ☎ 520-753-4151)*, où le chili con carne est épais et épicé, sans parler des trois douzaines de sandwichs différents figurant au menu. Laissez-vous tenter, entre autres, par le «Sneaky Snake», au jambon, à la dinde, au rôti de bœuf et au fromage suisse, et par le «Tumbleweed», au concombre, à l'avocat, aux fèves germées, aux tomates et au fromage suisse.

Vous pouvez arrêter pour une pâtisserie et un café express à l'**Oldtown Coffeehouse** *($; fermé le soir et dim; 616 East Beale Street, Kingman, ☎ 520-753-2244)*, aménagé à l'intérieur de la Kayser House, un pittoresque bungalow historique des années vingt faisant partie de la visite du centre-ville. Le midi, ce café chaleureux accueille les gens d'affaires des environs qui apprécient particulièrement son chili con carne, ses quiches et ses sandwichs maison.

La région du lac Mead

Echo Bay Resort and Marina *(☎ 702-394-4000 ou 800-752-9669)*. Restaurant, café et bar.

À environ 1,5 km au nord de Boulder Beach, la **Lake Mead Marina** *(322 Lakeshore Road, ☎ 702-293-3484)* possède un restaurant flottant fort populaire, un café et un bar chic.

La **Callville Bay Resort Marina** *(P.O. Box 100 HCR-30, Las Vegas, NV 89124, ☎ 702-565-8958)* compte pour sa part un café et un bar.

La région de Bullhead City–Laughlin

À Laughlin, rendez-vous aux casinos pour manger à faible coût. Pratiquement chaque hôtel de l'avenue des casinos propose en effet un buffet à volonté où se retrouvent quelque 40 choix de plats *($ au dîner, prix ridiculement bas au petit déjeuner et au déjeuner)*. Pour rendre le tout encore plus attirant, des coupons «deux pour un» se trouvent dans les *fun books* distribués gratuitement dans les centres d'accueil des visiteurs et les haltes routières de Kingman et de la route 40. Le plus gros buffet en ville est celui de l'**Edgewater Hotel** *($; 2020 South Casino Drive, Laughlin, ☎ 702-298-2453)*.

Chaque casino possède également un café ouvert 24 heures par jour et offrant un service de restauration complet; la plupart servent des petits déjeuners dont le prix varie entre 0,99 $ et 1,99 $. Parmi ces cafés décontractés, retenons le **Flamingo Diner** *($; 1900 South Casino Drive, Laughlin, ☎ 702-298-5111)* du Flamingo Hilton, un *deli* typiquement new-yorkais.

La cuisine champêtre se fait toujours abordable au **Boarding House Restaurant** du Pioneer Hotel *($; 2200 South Casino Drive, Laughlin, ☎ 702-298-2442)*, où vous pouvez vous régaler d'un repas combiné de poulet frit et de «côtes levées» barbecue. Et ne vous empiffrez pas de pain de maïs si vous voulez goûter au sablé aux fraises maison.

Plusieurs casinos possèdent par ailleurs de bons restaurants où dîner à prix modéré. Le **Harrah's Laughlin** *($$; 2900 South Casino Drive, Laughlin, ☎ 702-298-4600)* propose une atmosphère intime avec vue sur le fleuve dans son William Fisk's Steakhouse ou de la nourriture mexicaine authentique à La Hacienda.

Deux autres possibilités : le **Prime Rib Room** du Riverside Resort *($$; 1650 South Casino Drive, Laughlin, ☎ 702-298-2535)*, où l'on taille la viande à votre table même, et l'**Alta Villa** du Flamingo Hilton *($$; 1900 South Casino Drive, Laughlin, ☎ 702-298-5111)*, qui se spécialise dans les mets italiens.

Au **Colorado Belle** *($$; 2100 South Casino Drive, Laughlin, ☎ 702-298-4000)*, les fruits de mer sont la spécialité de la chic mais sans prétention Orleans Room.

Le **Gold River** *($$; 2700 Casino Drive, Laughlin, ☎ 702-298-2242)* sert de bons plats américains et continentaux dans son Lodge, au décor de chalet de chasse avec poutres apparentes et un énorme foyer en pierre, le tout étant si convaincant qu'on en oublie presque qu'on se trouve dans un casino. Dîner seulement.

Outre la magnifique vue sur le lac Mohave, le restaurant du Lake Mohave Resort, **Tail of the Whales** *($$; Katherine Landing, juste au-dessus du barrage Davis, ☎ 520-754-3245)* propose un savoureux poisson-chat grillé et d'autres plats de poisson, mais aussi des biftecks et des côtelettes.

La région du lac Havasu

À l'intérieur de l'English Village, du côté «continental» du pont, vous trouverez le **Mermaid Inn** *($; 401 English Village, London Bridge, Lake Havasu City; ☎ 520-855-3234)*, généralement affairé, où l'on sert du poisson frit et des frites, des languettes de palourde et des hamburgers.

Curieusement, Lake Havasu City ne propose pratiquement pas de haute cuisine, mais elle possède en revanche un bon choix de restaurants agréables et peu coûteux. Un bon établissement de catégorie moyenne pour des salades, des steaks et des fruits de mer est le **Shugrue's** *($$; 1425 McCulloch Boulevard, Lake Havasu City, ☎ 520-453-1400)*. Situé à l'intérieur du Island Fashion Mall, il offre une vue incomparable sur le London Bridge à travers de très hautes fenêtres arrondies. Spécialité de pâtisseries et pains frais du jour.

Également sur l'île, le **Captain's Table** *($$; 1000 McCulloch Boulevard, Lake Havasu City, ☎ 520-855-2141)* du Nautical Inn sert une grande variété de plats américains traditionnels qu'on peut déguster en admirant la vue sur le lac et sur le quai privé du complexe hôtelier.

Plus loin de l'eau, le **Krystal's** *($$; 460 El Camino Way, Lake Havasu City, ☎ 520-453-2999)*, où l'on sert des spécialités telles que les pinces de crabe géant d'Alaska, les queues de homard et le *mahi mahi*, est un favori de la population locale.

Un autre favori de longue date est le **Nicolino's Italian Restaurant** *($$; 86 South Smoketree Avenue, Lake Havasu City, ☎ 520-855-3484)*, qui propose 30 plats de pâtes différents.

La région du barrage Parker

Pour des plats américains maison, essayez le **Paradise Café** *($; route 95, à l'angle de Riverside Drive, Parker, ☎ 520-667-2404)*, un petit restaurant familial aux tables en stratifié qui gave les gens du coin de poulet barbecue, de «côtes levées», de galettes et de sauce brune, sans oublier les tartes maison.

À Quartzsite, c'est au **Main Event** *($; route 10, sortie 17, Quartzside, ☎ 520-927-5683)* que ça se passe, à la fois restaurant, halte routière, magasin général, boutique de souvenirs et station-service. La partie salle à manger, plutôt formelle, est de style néo-café, avec banquettes en vinyle et tables en stratifié, mais de simples mets américains y sont servis en portions plus que généreuses, comme les filets de poulet frit, le foie de veau aux oignons et le gruau de maïs arrosé de sauce brune. Après vous être rassasié, jetez un coup d'œil à la boutique de souvenirs, qui possède une étrange collection d'animaux en bois sculpté.

Un des meilleurs endroits où manger à Parker est **El Palacio Restaurant** *($-$$; 1884 route 95, Parker, ☎ 520-763-2494)*, un établissement mexicain très fréquenté, garni de poteries peintes à la main et de peintures populaires. La nourriture est épicée et délicieuse, surtout les *port tamales*, *menudo* et *Chile relleno*.

SORTIES

La région de Kingman

Au **Long Branch Saloon** *(2255 Airway Avenue, Kingman, ☎ 520-757-8756)*, vous pourrez danser tous les soirs au rythme de la musique country-western. À moins que vous ne préfériez voir un film au **The Movies** *(4055 Stockton Hill Road, Kingman, ☎ 520-757-7985)*.

Des artistes de *bluegrass* et de musique acoustique se produisent tous les vendredis soirs devant une salle comble à l'**Oldtown Coffeehouse** *(616 East Beale Street, Kingman, ☎ 520-753-2244)*.

La région de Bullhead City–Laughlin

La vie nocturne sur le fleuve se déroule presque entièrement à Laughlin, où chaque casino possède au moins un bar, sinon deux, présentant gratuitement des spectacles musicaux produits ici avant de prendre la direction de Las Vegas.

Un seul casino dispose d'une salle de spectacle accueillant de grands noms : le **Don's Celebrity Theatre** *(droit d'entrée; Don Laughlin's Riverside Resort, 1650 Casino Drive, Laughlin, ☎ 702-298-2535)*, qui met en vedette les Gatlin Brothers, les Smothers Brothers, les Oakridge Boys, les McGuire Sisters et Willie Nelson, pour ne mentionner que ceux-là.

Toujours au Riverside, le **Western Dance Hall** vous fait danser au son de la musique country (parfois en direct, parfois enregistrée sur bande vidéo), et le **Western Ballroom** accueille chaque dimanche après-midi un grand orchestre et un spectacle radiophonique.

Le seul spectacle à grand déploiement de la ville est celui du **Club Flamingo** *(droit d'entrée; 1900 South Casino Drive, Laughlin, ☎ 702-298-5111)*, dans l'enceinte du Flamingo Hilton. On y a présenté par le passé de grands imitateurs et des revues musicales dans l'esprit de Broadway. Quant au **concert sous les étoiles** *(droit d'entrée)* présenté dans l'amphithéâtre extérieur du Flamingo, il met généralement en vedette des artistes qui ravivent le souvenir des Wayne Newton, Doobie Brothers et Jerry Lee Lewis.

La région du lac Havasu

En plus des bars chic des hôtels de Lake Havasu City, vous pourrez organiser une rencontre intime au **London Arms Pub and Restaurant** *(422 Olde English Village, ☎ 520-855-8782)*, un pub à l'anglaise qui semble avoir été transporté directement de la capitale britannique. Outre une façade de briques usées, des fenêtres en verre incurvé, une clôture en fer forgé et d'imposantes lampes de coche, cet établissement arbore des banquettes en cuir bien isolées les unes des autres et un bar en bois foncé rehaussé d'accessoires en laiton.

MAGASINAGE

La région de Kingman

La majeure partie de l'activité commerciale de Kingman se déroule sur Beale Street et Andy Devine Avenue, deux rues parallèles à sens unique qui forment une boucle autour du centre-ville. Les deux artères se rencontrent à l'extrémité est, là où se trouvent deux grands centres commerciaux. Entre les deux, il n'y a pas grand-chose, si ce n'est l'**Oldtown Coffeehouse** *(616 East Beale Street, Kingman, ☎ 520-753-2244)*, un café doublé d'une boutique où vous pourrez vous procurer des paniers, des bouquets de fleurs séchées, des bougies ainsi que des aliments gastronomiques.

La région du lac Havasu

La «Côte Ouest» de l'Arizona recèle de nombreux attraits, mais le magasinage n'est pas du nombre. Le secteur commercial le plus intéressant de la région est l'**Olde English Village**, du côté «continental» du London Bridge, à Lake Havasu City, et son principal attrait, outre sa vaste pelouse d'un vert enivrant au beau milieu d'un des déserts les plus désolés d'Amérique, réside dans le fait que le terrain qu'il occupe appartient à la ville de Londres (Angleterre), de sorte que le London Bridge établit véritablement un lien symbolique entre Londres et Lake Havasu City.

Les bâtiments du vieux village anglais qui abritent les boutiques et les casse-croûte nous rappellent que la ville et le pont sont issus du cerveau d'un ancien directeur général de Disneyland. L'Olde English Village renferme environ deux douzaines de boutiques thématiques, dont le London Bridge Gift Shoppe, le Copper Shoppe, la Gallerie of Glasse et le Curiosity Shoppe, sans oublier la London Bridge Candle Factory.

De l'autre côté du pont, l'**Island Fashion Mall** abrite une douzaine de boutiques de mode pour homme et femme, de vêtements de sport et de joaillerie fine.

LES ENVIRONS DE FLAGSTAFF ET DE PRESCOTT

Les visiteurs du centre-nord de l'Arizona découvrent rapidement qu'il s'agit d'une région haute en contrastes. Les nombreux endroits inusités qu'on y trouve se démarquent en effet sur tous les plans, aussi bien en ce qui a trait à l'altitude qu'à l'attitude des gens, au climat ou à la culture. On y trouve non seulement de petites villes de l'Ouest d'autrefois, des communautés «nouvel-âgistes», des villes universitaires et des colonies d'artistes, mais aussi des cônes de lave, des flèches rocheuses rougeoyantes, des ruines amérindiennes, de vastes forêts de pins et même un cratère creusé par un météorite. Toutes ces merveilles n'attendent qu'à être explorées.

Établie en bordure d'un immense champ volcanique, Flagstaff s'est développée comme une ville ferroviaire au cœur de la plus importante forêt de pins ponderosa de notre planète. Son nom lui vient d'ailleurs de ce qu'un pin de la région fut utilisé comme mât à drapeau (*flagstaff*) en 1876, lors des festivités du 4 Juillet. Fondée en 1882, moins d'un an avant le passage du premier train à vapeur, elle a d'abord prospéré grâce au bois d'œuvre et, plus tard, grâce au tourisme. Aujourd'hui, ce sont aussi bien des trains de passagers que des trains de marchandises qui y font escale. Flagstaff, qui s'impose comme la plus grande agglomération (population de 53 000) entre Albuquerque et la région métropolitaine de Los Angeles sur l'autoroute 40, une des artères du pays les plus fréquentées par les camions de transport, voit prospérer ses industries de la restauration et de l'hébergement à longueur d'année. De fait, les visiteurs d'occasion qui quittent temporairement l'autoroute inter-États pour faire le plein d'essence ou se restaurer sur la boucle commerciale de Flagstaff, aux abords de la route 40, peuvent facilement avoir l'impression, d'ailleurs bien à tort, que la ville n'est qu'une longue succession de motels et de casse-croûte. En y regardant d'un peu plus près, ils découvriraient rapidement qu'il s'agit d'une ville universitaire animée, riche d'un charme historique indéniable, sans compter qu'une courte balade en dehors de ses limites permet d'explorer de fascinantes ruines amérindiennes, les plus hautes montagnes de l'Arizona et d'étranges paysages volcaniques.

À moins d'une heure de route au sud de Flagstaff, le long du magnifique canyon d'Oak Creek, Sedona se présente comme un curieux mélange de paysages spectaculaires, de complexes hôteliers d'un grand chic, d'expositions d'œuvres d'art western et de diverses manifestations reliées au «Nouvel Âge». Vous pourrez faire de la randonnée pédestre ou vous balader en véhicule tout-terrain dans l'incomparable Red Rock Country, ou «pays du roc rouge», vous ébattre sur certains des plus beaux terrains de golf du pays, courir les galeries d'art jusqu'à ce que vos acquisitions tapissent tous les murs de votre maison ou simplement vous asseoir en bordure de l'Oak Creek et vous imprégner de l'atmosphère des lieux. On aime Sedona ou on la déteste, mais le sentiment général est souvent un mélange des deux.

Vous aurez également l'occasion de visiter un des villages fantômes les mieux conservés de l'État. Jerome, une ville vouée à l'industrie du cuivre, qui connut une grande prospérité il y a un siècle, fut abandonnée au cours des années cinquante, puis repeuplée dans les années soixante par des artistes et des hippies, jusqu'à devenir le havre touristique qu'elle est aujourd'hui.

Prescott est une petite ville tranquille et soucieuse de son histoire. Bien avant que Phoenix, Flagstaff et Sedona ne voient le jour, Prescott était déjà la capitale du Territoire d'Arizona. Aujourd'hui, il s'agit d'une ville de musées, de vestiges architecturaux du XIXe siècle et de saloons vieux de 100 ans. On ne progresse ici qu'avec lenteur et précaution, si bien qu'en vous promenant dans les rues vous aurez sans doute l'impression de vous retrouver dans les années cinquante, dans une de ces communautés américaines traditionnelles comme il ne s'en fait plus guère.

POUR S'Y RETROUVER SANS MAL

L'indicatif régional est le 520, si non indiqué.

En avion

Le **Flagstaff Pulliam Airport** est desservi par Mesa-America West Airlines.

Scenic Airlines *(☎ 282-7935)* propose des vols nolisés sur demande entre l'aéroport de Sedona et Phoenix.

En train

Amtrak *(1 East Santa Fe Avenue, Flagstaff, ☎ 800-872-7245)* dessert quotidiennement Flagstaff et Kingman grâce à son *Southwest Chief*, le train qui relie Chicago à Los Angeles. Le train de passagers filant vers l'ouest s'arrête à Flagstaff tard le soir, de sorte que, si vous comptez y loger pour la nuit, vous devrez réserver à l'avance et effectuer un dépôt pour vous assurer qu'on vous garde la chambre jusqu'à

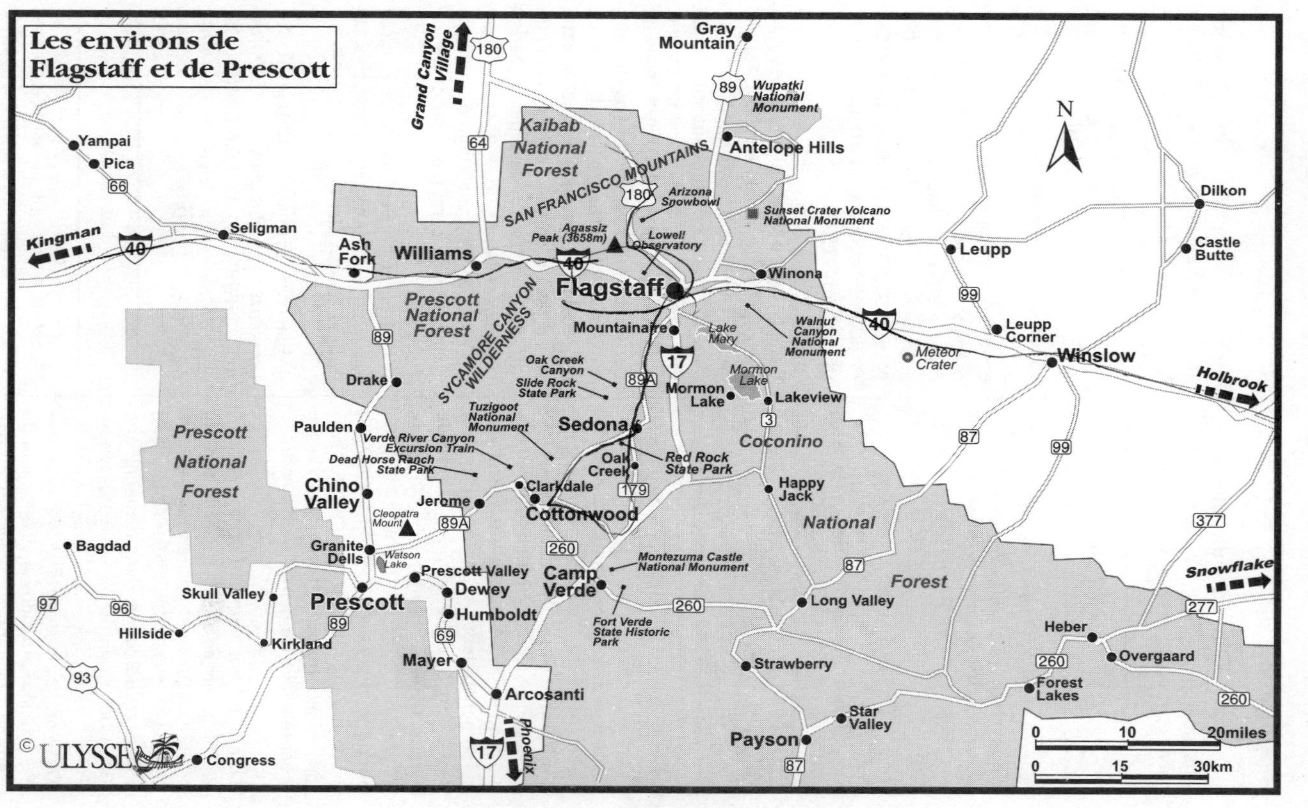
Les environs de
Flagstaff et de Prescott
Grand Canyon Village
180
Gray Mountain
89
Wupatki National Monument
Kaibab National Forest
Antelope Hills
64
Yampai
Pica
66
SAN FRANCISCO MOUNTAINS
180
Arizona Snowbowl
Sunset Crater Volcano National Monument
Dilkon
Kingman
40
Seligman
Agassiz Peak (3658m)
Lowell Observatory
Ash Fork
Williams
40
Leupp
Castle Butte
Winona
Flagstaff
Prescott National Forest
SYCAMORE CANYON WILDERNESS
99
Walnut Canyon National Monument
Mountainaire
Lake Mary
40
Leupp Corner
89
Winslow
Meteor Crater
Oak Creek Canyon
17
Mormon Lake
Holbrook
Drake
89A
Slide Rock State Park
Mormon Lake
Lakeview
Tuzigoot National Monument
Paulden
Sedona
3
Verde River Canyon Excursion Train
Coconino
87
99
Dead Horse Ranch State Park
Oak Creek
Red Rock State Park
Prescott
National
Forest
Chino Valley
Clarkdale
Happy Jack
179
Jerome
Cottonwood
National
Cleopatra Mount
89A
377
Bagdad
Granite Dells
260
Watson Lake
Montezuma Castle National Monument
87
Snowflake
Prescott Valley
Camp Verde
Forest
97
Skull Valley
Dewey
Prescott
Long Valley
96
260
277
Humboldt
Hillside
89
Fort Verde State Historic Park
Heber
69
Kirkland
Overgaard
Mayer
260
Strawberry
93
Forest Lakes
Arcosanti
260
Star Valley
© ULYSSE
Phoenix
Payson
0
10
20miles
17
Congress
87
0
15
30km

une heure avancée. Amtrak offre à ses passagers pour Flagstaff un service de navette gratuit jusqu'au Grand Canyon.

En autocar

Navajo-Hopi Xpress *(114 West Santa Fe Avenue, Flagstaff, ☎ 774-5003 ou 800-892-8687)* dessert le versant sud du Grand Canyon de même que Flagstaff.

Greyhound Bus Lines *(☎ 800-231-2222)* s'arrête à la gare routière de Flagstaff *(399 South Malpais Lane, ☎ 774-4573)* et de Prescott *(820 East Sheldon Street, ☎ 445-5470)*.

En voiture

Située à 222 km au nord de Phoenix par la route 17, **Flagstaff** se trouve sur l'autoroute 40, la principale artère est-ouest à travers le nord de l'Arizona. Les voyageurs à destination du **Grand Canyon** qui quittent l'autoroute à Flagstaff ont le choix entre la route directe de Grand Canyon Village (127 km par la route 180) ou la route plus longue qui longe le versant du canyon sur 40 km (169 km au total par les routes 89 et 64). Ces routes forment une boucle spectaculaire au départ de Flagstaff.

Une autre boucle panoramique partant de Flagstaff se dessine vers le sud sur la route 89A pour descendre à travers le canyon d'**Oak Creek** jusqu'à la ville à la mode de **Sedona**, dans le magnifique Red Rock Country (42 km plutôt lents).

De Sedona, la route 89A continue sur 93 km pour atteindre la ville minière de **Jerome**, puis, après une ascension plutôt raide du mont Cleopatra, **Prescott**, l'ancienne capitale territoriale. De là, en faisant 82 km sur la route 89, vous rejoindrez l'autoroute 40 à Ash Fork, à environ 90 km à l'ouest de Flagstaff.

La location d'une voiture

Flagstaff compte une douzaine d'agences de location, la plupart d'entre elles se trouvant à l'aéroport, comme **Avis Rent A Car** *(☎ 800-331-1212)*, **Budget Rent A Car** *(☎ 800-499-4888)* et **Hertz Rent A Car** *(☎ 800-654-3131)*.

Dans le centre-ville, à l'angle des rues Humphreys (route 180 Nord) et Aspen, ce qui conviendra davantage aux usagers du train ou de l'autocar, vous trouverez un autre comptoir de **Budget Rent A Car** *(☎ 800-527-0700)*. **Triple A Car Rental** *(dans le hall du Knights Inn, ☎ 774-7394)* accepte les dépôts en espèces en lieu et place des bordereaux de cartes de crédit. Toujours à Flagstaff, il y a un bureau de **Cruise America** *(824 West Route 66, ☎ 774-4707 ou 800-783-3768)*, une agence nationale de location de caravanes motorisées.

À l'aéroport de Sedona, vous pourrez louer une voiture par l'entremise de **Budget Rent A Car** *(☎ 800-499-4888)*.

À Prescott, essayez **Hertz Rent A Car** *(Prescott Municipal Airport, ☎ 776-1399)* ou **Budget Rent A Car** *(1031 Commerce Drive, ☎ 778-4282 ou 800-527-0700)*.

Les taxis

Flagstaff a plus que sa part de compagnies de taxis, car plusieurs usagers des transports publics s'arrêtent ici en route vers le Grand Canyon. On peut ainsi vous conduire en n'importe quel point du centre de l'Arizona, et aussi bien le jour que la nuit. Vous désirez vous rendre à Sedona ou à Phoenix? Aucun problème. Appelez **A Friendly Cab** *(☎ 774-4444)*, **Alpine Taxi Cab Co.** *(☎ 526-4123)* ou **Harper's Taxi** *(☎ 779-1234)*. Prenez le temps de magasiner et de comparer les prix car les tarifs varient.

Les compagnies de taxis de Sedona sont **Bob's Sedona Taxi** *(☎ 282-1234)* et **Red Rock Taxi** *(☎ 282-3600)*.

La compagnie de taxis de Prescott, **Ace City Cab** *(☎ 445-1616)*, consent des remises aux aînés et aux handicapés. **Reliable V.I.P. Taxi and Limousine Service** *(☎ 775-0744)* exploite en outre son entreprise à partir de la Prescott Valley.

ATTRAITS TOURISTIQUES

La région de Flagstaff

Flagstaff ★ a été surnommée «la ville aux sept merveilles» en raison des splendeurs naturelles qui se trouvent dans son entourage immédiat, à savoir le Grand Canyon, l'Oak Creek Canyon, le Walnut Canyon, le Wupatki National Monument, le Sunset Crater, le Meteor Crater et les San Francisco Peaks.

Les visiteurs qui aperçoivent Flagstaff du haut des monts San Francisco, qui se dressent au nord de la ville, découvrent d'emblée sa caractéristique la plus frappante : il s'agit d'une île perdue dans un océan de pins ponderosa s'étendant à perte de vue. Perchée à une altitude de plus de 2 100 m, Flagstaff possède le climat le plus frais de toutes les villes arizoniennes. L'hiver venu, sa proximité des pentes de l'Agassiz Peak, haut de 3 658 m, en fait par ailleurs la principale station de ski de l'État. Enfin, c'est une ville universitaire animée dont près de 10 % à 20 % de la population se compose d'étudiants.

Un bon endroit où entreprendre l'exploration de la région de Flagstaff est son centre-ville, situé vers l'extrémité ouest de Santa Fe Avenue (la voie de desserte de la route 40, aussi connue sous le nom de «Historic Route 66»). Le **Flagstaff Visitor Center** *(1 East Route 66, entre San Francisco Street et Beaver Street, Flagstaff, ☎ 774-9541 ou 800-842-7293)* met en outre à votre disposition une foule de renseignements sur la région de Flagstaff. Vous pouvez vous procurer une brochure (*walking tour brochure*) vous permettant de visiter à pied, bâtiment par bâtiment, le centre-ville historique de la ville.

Encore fier de son architecture de ville frontière du début du siècle, le centre historique, dont la principale artère est San Francisco Street, n'est ni délabré ni embourgeoisé.

Le **Weatherford Hotel** *(23 North Leroux Street, Flagstaff, ☎ 774-2731)*, partiellement bâti de grès taillé sur place, a ouvert ses portes en 1899. Il s'agit du premier édifice de Flagstaff à avoir figuré au registre national des monuments historiques, et il remplit toujours ses fonctions, quoiqu'à titre d'auberge de jeunesse. Ses propriétaires actuels s'affairent à le restaurer en mettant au jour ses âtres d'origine et en reconstruisant ses balcons.

Le **McMillan Building** *(2 West Route 66, angle Leroux Street, Flagstaff)*, qui date 1888, abrite aujourd'hui une galerie d'art, tandis que le **Monte Vista Hotel** *(100 North San Francisco Street, Flagstaff)*, également inscrit au registre des monuments nationaux, a été construit au cours des années vingt et a joui d'une grande popularité auprès des vedettes de cinéma des années trente et quarante.

Prenez également le temps de parcourir le vieux quartier résidentiel, qui s'étend immédiatement au nord du quartier des affaires; d'attrayantes maisons victoriennes, dont plusieurs ont été construites à la main avec de la roche volcanique, lui confèrent un caractère tout à fait unique.

Au sud du centre-ville, de l'autre côté de la route inter-États et en face des voies ferrées, se dresse la **Northern Arizona University** *(angle Butler Avenue et South Beaver Street, Flagstaff, ☎ 523-2491)*. Le bâtiment original, l'Old Main, date de 1894 et renferme désormais des bureaux administratifs ainsi qu'une galerie d'art. Des visites du campus sont offertes.

Au sommet d'une montagne, à seulement 1,5 km du centre-ville, se dresse le **Lowell Observatory** ★ *(droit d'entrée; 1400 West Mars Hill, Flagstaff, ☎ 774-3358; renseignements préenregistrés sur les heures d'ouverture : ☎ 774-2096, www.lowell.edu)*. Il fut érigé par le riche astronome Percival Lowell en 1894, afin de tirer parti de l'exceptionnelle visibilité dont jouit Flagstaff grâce à son altitude et à la pureté de son air. Sa réalisation la plus notoire, au cours des 22 années qu'il y œuvra, fut la «découverte» d'un réseau de canaux à la surface de Mars, qu'il présenta à la communauté scientifique comme une preuve irréfutable de vie extraterrestre. La planète Pluton fut d'ailleurs découverte par des astronomes d'ici, 14 ans après la mort du Dr Lowell, et les installations de l'observatoire demeurent au centre de l'étude du système solaire. Faites une visite guidée de l'observatoire, et admirez le télescope original du Dr Lowell : il date de l'ère victorienne et est maintenant âgé de 100 ans. Le nouveau Steel Visitor Center présente des expositions interactives sur les instruments propres à la pratique de l'astronomie. Certains soirs d'été, les astronomes font des exposés sur les étoiles et permettent aux visiteurs de se livrer à l'observation du ciel grâce à l'un des télescopes secondaires du centre.

Occulté par l'observatoire Lowell, le **Northern Arizona University Campus Observatory** *(fermé sam-dim; du côté ouest de San Francisco Street, sur le campus, Flagstaff, ☎ 523-7170)* offre en fait une meilleure occasion aux visiteurs d'utiliser un plus grand télescope. Des soirées d'observation sont organisées tous les vendredis lorsque le ciel est suffisamment clair. L'observatoire de l'université se spécialise dans l'étude des étoiles doubles et variables.

Un autre attrait majeur du secteur de l'université est le **Riordan Mansion State Historic Park** *(droit d'entrée; 1300 Riordan Ranch Road, Flagstaff, ☎ 779-4395)*, à une rue de Milton Road et au nord de l'intersection de la route 40 et de la route 17. Ce manoir à l'ancienne, le plus gros de Flagstaff, a été construit en 1904 par deux frères, alors magnats de l'industrie du bois d'œuvre dans la région. Aménagé en duplex, avec 40 pièces et plus de 1 200 m^2 d'espace vital, il arbore tout à la fois le style rustique en bois équarri et en pierre volcanique, l'opulence, l'abondance et la créativité du début du siècle. Des guides accompagnent les visiteurs d'une pièce à l'autre pour les aider à mieux apprécier le mobilier d'origine et les différents souvenirs de famille.

À environ 3 km à l'ouest de la Riordan Mansion, en retrait de l'Old Route 66 (Business Loop 40), la Woody Mountain Road traverse une forêt de pins ponderosa jusqu'à **The Arboretum at Flagstaff** ★ *(droit d'entrée; fermé du 24 déc au 14 mars; Woody Mountain Road, au sud de l'Old Route 66, Flagstaff, ☎ 774-1441, www.flag-guide.-com/arboretum)*. Cette route de près de 6,5 km est en grande partie non revêtue, mais demeure bien entretenue et facilement praticable pour tout genre de véhicule. Aménagé sur une propriété de 81 ha, l'arboretum se consacre aux plantes du plateau coloradien et révèle une collection de plus de 700 espèces végétales indigènes ou aptes à survivre dans cette région aride et élevée. Il constitue en outre une ressource horticole pour les habitants des environs, qui peuvent y soumettre leurs questions de jardinage et d'aménagement paysager. Quant aux visiteurs, ils apprécient tout particulièrement son jardin d'herbes aromatiques, où un guide les incite à glaner quelques feuilles et brindilles au passage. Quant au Butterfly Garden, qui épouse la forme d'un papillon, il en attire une douzaine d'espèces lorsqu'il est en fleurs, soit tout au long de l'été (la vue qu'il offre sur le Humphrey's Peak est la plus belle qu'on puisse avoir à Flagstaff). Et le sentier pédestre, qui emprunte un parcours cendré sur près de 2,5 km, croise une forêt de pins ponderosa de même que des prés de montagne. Visites guidées, promenade d'observation de la gent ailée et diverses autres activités sont organisées sur les lieux.

Immédiatement au nord de la ville, sur la route 180, le **Coconito Center for the Arts** *(fermé dim; 2300 North Fort Valley Road, Flagstaff, ☎ 779-6921)* présente des expositions d'œuvres d'art, des concerts et des récitals, divers ateliers et un programme folklorique. En été, alors que le Museum of Northern Arizona présente ses expositions sur l'art amérindien, le Center for the Arts organise un festival de deux mois connu sous le nom de Festival of Native American Arts.

Tout près, l'**Arizona Historical Society–Pioneer Museum** *(fermé dim; 2340 North Fort Valley Road, Flagstaff, ☎ 774-6272)* expose des souvenirs et des curiosités du passé de Flagstaff, y compris un ours empaillé, l'ordinateur mécanique de Percival Lowell (1912) et d'anciennes photographies du Grand Canyon. Le musée occupe les locaux d'un ancien hôpital surnommé «la pauvre ferme».

Le **Museum of Northern Arizona** ★★ *(droit d'entrée; 3001 North Fort Valley Road, Flagstaff, ☎ 774-5213)*, qui est mondialement réputé pour ses expositions sur le plateau du Colorado, ne se trouve qu'à 5 km au nord du centre-ville sur la route 180 (Fort Valley Road), et il compte parmi les meilleurs musées du Sud-Ouest américain. Le volet permanent d'anthropologie, intitulé «Les peuples autochtones du plateau coloradien», retrace 12 000 ans d'occupation humaine de la région. Le «mur d'orientation» de la galerie archéologique révèle pour sa part l'histoire et diverses caractéristiques (dont les aliments) des habitants du plateau depuis les temps préhistoriques, tandis qu'un squelette grandeur nature de diloposaure, un dinosaure carnivore qui hantait jadis le nord de l'Arizona, domine la galerie géologique. À l'intérieur du tout nouveau Branigar/Chase Discovery Center, une exposition d'objets d'art faisant partie de la collection du musée, qui en réunit plus de cinq millions, a désormais un domicile permanent, et une salle de réception aménagée dans une de ses ailes offre un lieu de détente confortable et chaleureux avec son foyer et son mobilier de style Mission. À l'extérieur du musée vous attend par ailleurs un sentier de 0,8 km qui longe l'arête d'un canyon ainsi qu'un ruisseau. Enfin, la boutique de souvenirs recèle une très belle collection d'œuvres d'art amérindiennes.

Du Memorial Day à la mi-octobre, le **télésiège Agassiz** de l'**Arizona Snowbowl** ★ *(droit d'entrée; tlj du Memorial Day à la fête du Travail, ven-dim jusqu'à mi-oct; route 180, Flagstaff, ☎ 779-1951 ou 526-0866)* permet aux visiteurs de se hisser jusqu'au sommet de l'Agassiz Peak, d'une hauteur de 3 500 m; ils bénéficient alors d'une vue panoramique sur une distance de quelque 110 km. Habillez-vous chaudement.

Non loin du musée de l'Arizona, sur la route 180, se trouve le croisement avec la **Schultz Pass Road**, une route panoramique non revêtue qui offre une vue rapprochée sur les spectaculaires monts San Francisco, dominant Flagstaff. Longue d'environ 23 km, cette route débouche sur la route 89, quelque peu au nord de la voie d'accès au Sunset Crater National Monument.

Au nord de Flagstaff, par la route 89, s'élèvent le Wupatki National Monument et le Sunset Crater Volcano National Monument. Une boucle revêtue de 58 km relie les deux monuments et rejoint la route 89 à ses deux extrémités.

Le **Sunset Crater National Monument** ★ *(droit d'entrée; Forest Service Road, ☎ 556-7042)*, un cône volcanique de couleur vive s'élevant à 300 m dans le champ volcanique de San Francisco, est de formation relativement récente. Sa première éruption remonte à l'hiver 1064-65, et il n'a cessé de cracher roc en fusion et cendres jusqu'en 1250. Un sentier d'interprétation de 1,5 km traverse les champs de lave et de cendres depuis le centre d'accueil des visiteurs. La grotte glaciaire qui borde le sentier a été fermée au public du fait de son instabilité depuis un effondrement survenu en 1984. Les randonnées ne sont plus permises non plus sur les pentes du Sunset Crater, car les empreintes de pas créent des marques visibles à grande distance et ternissent la beauté naturelle du cône parfait; mais plusieurs autres cratères volcaniques de la forêt nationale demeurent accessibles aux randonneurs et aux véhicules tout-terrain.

Au nord du Sunset Crater National Monument, le **Wupatki National Monument** ★ *(droit d'entrée; Forest Service Road, ☎ 556-7040)* préserve de nombreuses ruines de *pueblos* en périphérie du champ volcanique. Ces villages étaient habités aux XIIe et XIIIe siècles, à l'époque même où l'activité volcanique était à son paroxysme. C'est à coups répétés que de violentes éruptions volcaniques chassèrent les Indiens sinaguas de la région, les terres fertilisées par les cendres les attirant de nouveau par la suite. Par voie de conséquence, les communautés wupatkis étaient petites, d'architecture variée et souvent conçues pour se défendre contre tout assaillant éventuel, puisque différents groupes se disputaient les riches terres arables de la région. Une boucle revêtue de 58 km entraîne les visiteurs à travers les monuments nationaux du Sunset Crater et de Wupatki, avant de rejoindre la route 89 à environ 24 km de son point de départ. Garez votre voiture au centre d'accueil des visiteurs, et faites ensuite la promenade «autoguidée» autour du Wupatki Pueblo, une construction de 700 ans, d'ailleurs conservée dans un état remarquable, intégrant des matériaux de la région tels que le grès et des mortiers argileux, tout indiqués pour l'érection d'habitations en maçonnerie aux murs autoporteurs.

Les Indiens sinaguas (mot espagnol signifiant «sans eau», en référence à leurs méthodes de culture) vivaient dans le Grand Canyon et dans toute la région qui s'étend au sud de celui-ci jusqu'au centre de l'Arizona, et l'on croit qu'ils étaient les ancêtres des Hopis. Un des sites sinaguas les plus intéressants se trouve au **Walnut Canyon National Monument** ★ *(droit d'entrée; ☎ 526-3367)*. Empruntez la sortie 204 de l'autoroute 40, immédiatement à l'est de Flagstaff; les Amérindiens ont construit à cet endroit plus de 300 habitations à flanc de falaise dans les murailles d'une gorge profonde de 120 m. Un sentier revêtu fait le tour de cette «île céleste» et permet de mieux apprécier la forte concentration des habitations aménagées dans le roc, alors qu'un second sentier longe la crête de ce magnifique canyon.

Un autre exemple de l'exubérante géologie du centre-nord de l'Arizona est le **Meteor Crater** ★ *(droit d'entrée; ☎ 289-2362)*, à environ 48 km à l'est de Flagstaff (à 8 km de la route 40 par la sortie 233). Une météorite d'un diamètre de 24 m, et se déplaçant à une vitesse de 214 km/h, frappa ici la Terre il y a de cela 49 000 ans, et l'impact produisit un cratère de 174 m de profondeur sur 160 km de diamètre. Toute vie en fut anéantie dans un rayon de 150 km. Au siècle dernier, le géologue Daniel Barringer avait formulé la théorie qu'il s'agissait là d'un cratère météorique, mais les spécialistes s'étaient alors ri de lui, d'autant plus que la présence de cratères volcaniques, si communs à l'est de Flagstaff, suggérait une explication plus rationnelle au phénomène observé. Barringer fit la demande d'un droit d'exploitation minière afin de chercher l'énorme et précieuse masse de fer et de nickel qui, selon lui, reposait indiscutablement sous le cratère. Son ambitieuse entreprise de forage ne lui permit pas de découvrir la masse tant convoitée, mais mit néanmoins à jour des fragments de minéraux confirmant sa théorie, et ses descendants ont depuis lors transformé le site en attrait touristique. La visite vaut bien le droit d'entrée assez élevé si vous prenez le temps de parcourir le spectaculaire sentier de 5 km qui longe tout le pourtour du cratère.

La région de Sedona

Les esprits créatifs et mystiques ont toujours été fascinés par **Sedona** ★. Les Amérindiens y venaient autrefois célébrer leurs cultes, les adeptes du «Nouvel Âge» viennent s'imprégner des «vibrations» des lieux, et les artistes s'efforcent d'en capturer toute la beauté. Mais peu importe le nombre de ses inconditionnels, personne ne sait exactement pourquoi cet endroit est aussi attirant, et son essence demeure évanescente. Peut-être la couleur y est-elle pour quelque chose, avec ces sommets rocheux rougeoyants qui s'élèvent contre un ciel d'un bleu éclatant. Le paysage se présente quant à lui comme un mélange rêvé de cheminées des fées aux formes étranges, de buttes et d'aiguilles perçant au-dessus des *piñons* verts et des genévriers, de petits arbustes et de masses de roc rouge dénudées. Voisin de Sedona, le spectaculaire canyon d'Oak Creek porte quant à lui le nom du cours d'eau qui l'a formé en sculptant la bordure méridionale du plateau du Colorado. De plus, tous ces éléments naturels sont rehaussés par un soleil intense qui en accentue les contrastes et les couleurs.

Sedona repose environ à mi-chemin entre Phoenix et le Grand Canyon. Les premiers à découvrir cet endroit exceptionnel furent les Amérindiens. Il y a environ 800 ans, les Indiens sinaguas du Sud s'y établirent et laissèrent derrière eux les ruines d'un complexe d'habitation de 600 pièces à flanc de falaise connu sous le nom de Honaki, maintenant inscrit au registre national des lieux historiques.

D'autres colons firent leur apparition au début du siècle. À cette époque, l'économie locale reposait essentiellement sur l'élevage et l'agriculture, et les pommeraies émaillaient la région. L'écrivain Zane Grey fut également conquis par l'endroit et le fit connaître à travers un ouvrage publié dans les années vingt et intitulé *Call of the Canyon*, dont la version cinématographique, filmée sur les lieux, ne pouvait qu'accroître la publicité dont il jouissait déjà.

Avec toute cette attention, il fallait s'attendre à ce que le tourisme devienne tôt ou tard la principale industrie locale. Aujourd'hui, environ 4 millions de personnes visitent Sedona chaque année. Ils magasinent dans les nombreuses galeries d'art, ressourcent leur esprit et se détendent à volonté dans un paysage de roc rouge sorti tout droit d'un conte de fées.

L'**Old Creek Canyon** ★ est le plus accessible des nombreux canyons fabuleux qui plongent des hautes forêts du nord de l'Arizona vers les déserts du Sud. Une autoroute principale, soit la route 89A au départ de Flagstaff, traverse le canyon d'Oak Creek sur toute sa longueur, ce qui en fait une route somptueusement panoramique quoique souvent très encombrée. Après une longue descente enivrante depuis Flagstaff jusqu'au fond du canyon, là où les rives du ruisseau sont bordées d'une abondante végétation, la route croise plusieurs aires de pique-nique, de camping et de pêche. À mi-chemin entre le haut et le bas du canyon se trouve un des parcs d'État les plus populaires de l'Arizona, le **Slide Rock State Park** (voir la section «Parcs», p 213). Tout en bas du canyon, vous vous retrouverez en plein Red Rock Country, ce labyrinthe de buttes et de mesas de grès et de canyons secondaires verdoyants qui entoure Sedona.

Sedona est une ville où l'on magasine, où l'on pratique divers sports et où l'on se la coule douce dans un décor spectaculaire. Il ne s'agit toutefois pas du genre d'endroit où l'on trouve des attractions touristiques au sens propre du terme. Un bon endroit où vous orienter, obtenir des brochures et trouver réponse à vos questions est la **Sedona-Oak Creek Chamber of Commerce** *(à la jonction de Forest Road et de la route 89A, au premier étage du YMCA, ☎ 282-7722)*.

Mis à part l'Oak Creek Canyon, les sites les plus courus de Sedona sont en effet de nature spirituelle. La **Chapel of the Holy Cross** ★ *(Chapel Raod, Sedona, ☎ 282-4069)* par exemple, située au sud de la ville sur la route 179, est une «église-sculpture» catholique construite entre deux formations de grès rouge;

elle est ouverte au public tous les jours de la semaine de 9h à 17h.

Le **Shrine of the Red Rocks** du Table Top Mesa, à 3 km de la route 89A, sur Airport Road, arbore quant à lui une grande croix en bois et offre une vue superbe sur le Red Rock Country.

Puis, il y a les fameux **vortex** de Sedona. La notion de «vortex» a vu le jour parmi les membres de la communauté «nouvel-âgiste» hautement visible de Sedona il y a de cela plusieurs années, et elle ne cesse d'évoluer. En deux mots, il s'agirait d'endroits où l'énergie terrestre connaît des concentrations particulières, tantôt positives, tantôt négatives. À vous de vérifier!

À une demi-heure de route au sud de Sedona par la route 179 et la route 17, le **Montezuma Castle National Monument★★** *(droit d'entrée; 2800 Montezuma Castle Highway, Camp Verde, ☎ 567-3322)* protège des habitations à flanc de falaise construites par les Indiens sinaguas (les ancêtres des Hopis) et vieilles de 800 ans. Les ruines tirent leur nom de la croyance non fondée des premiers explorateurs de la région voulant que les Aztèques se soient réfugiés ici et aient construit ces structures après la conquête du Mexique par les Espagnols. Bien qu'il n'y ait aucune vérité dans cette vieille théorie, les archéologues savent maintenant que, plusieurs siècles avant l'arrivée des Espagnols, des marchands toltèques avaient l'habitude de se rendre dans le Sud-Ouest américain et faisaient connaître ici les traditions architecturales du centre du Mexique. Le principal «château» se présente comme une structure résidentielle de cinq étages et de 20 chambres; il est perché bien haut sur la falaise. Bien que les visiteurs ne puissent escalader la falaise jusqu'aux ruines, la vue qu'ils en ont à partir du sentier, en contrebas, suffit à stimuler leur imagination. Le centre d'accueil expose des objets issus des cultures sinagua et hohokam.

Au sud du Montezuma Castle, sur la route 17, dans la petite localité de Camp Verde, on a préservé les vestiges d'un ancien fort de cavalerie datant des guerres apaches, survenues dans les années 1870 et au début des années 1880, au **Fort Verde State Historic Park** *(droit d'entrée; Hollamon Street, Camp Verde, ☎ 567-3275)*. Vous pourrez y visiter les anciens quartiers du chirurgien et des officiers, ainsi qu'un musée consacré aux pionniers et à la vie militaire de l'époque. Les fortifications marquaient la fin de la General Crook Trail, la principale voie de patrouille et d'approvisionnement au cours des guerres apaches, longeant le Mogollon Rim vers l'ouest sur plus de 160 km depuis Fort Apache. On peut y faire de la randonnée pédestre et équestre.

Près de la petite ville de Cottonwood, sur la route 89A entre Sedona et Prescott, le **Tuzigoot National Monument ★** *(droit d'entrée; ☎ 634-5564)* est le site d'un *pueblo* sinagua étonnamment étendu. Jadis le lieu de résidence d'environ 255 personnes, ce *pueblo* en pierre des champs s'élevait sur deux étages et comptait 110 pièces. Aujourd'hui, ses murs blancs se dressent encore au sommet de la montagne, offrant une vue imprenable sur la vallée. Bien que le panorama soit quelque peu terni par les champs de scories d'une raffinerie qui traitait jadis le cuivre de Jerome, le musée du monument national n'en présente pas moins un regard intéressant sur la culture préhistorique du peuple sinagua.

Un des plus beaux canyons de la région est le **Sycamore Canyon** ★ *(☎ 282-4119)*, parallèle à celui d'Oak Creek. Effectuez un virage au Tuzigoot National Monument, et suivez sur 19 km le chemin de terre bien entretenu jusqu'à la piste qui débute tout au bout du chemin. Le Sycamore Canyon est désigné «zone sauvage», ce qui veut dire qu'aucun véhicule sur roues, motorisé ou non, n'y est admis. La Parsons Trail vous permet de remonter le canyon densément boisé sur la presque totalité de sa longueur (6 km), croisant au passage plusieurs petites habitations à flanc de falaise. Notez qu'il n'est pas permis de camper dans la partie inférieure du canyon.

Les visiteurs de Sedona qui désirent explorer le Red Rock Country avoisinant peuvent s'adresser à un nombre incroyable d'agences de voyages et d'excursionnistes. Pour information, consultez la section «Activités de plein air», p 215.

Jerome ★

Jerome, située au sud-ouest de Sedona sur la route 89A, est une des villes mortes les plus fascinantes de l'Arizona. Après avoir été complètement abandonnée au cours des années cinquante, elle fut repeuplée par des hippies vers la fin des années soixante et compte aujourd'hui environ 500 âmes, ce qui est bien peu en comparaison des 15 000 habitants qu'elle possédait dans les premières décennies du XXe siècle, alors qu'on y trouvait de riches gisements d'argent et qu'elle était la cinquième ville en importance de l'Arizona.

L'histoire minière de Jerome revit dans trois musées. Le vieux Manoir Douglas du **Jerome State Historic Park** *(droit d'entrée; Douglas Road, ☎ 634-5381)*, à l'extrémité inférieure de la ville, présente un vidéo instructif de 25 min intitulé *Ghost Town of Jerome*, une maquette tridimensionnelle de Jerome montrant les couloirs et les tunnels souterrains, de même qu'une exposition sur les minéraux. Pour voir des outils miniers, de vieilles photos et d'autres pièces d'exposition sur les exploitations d'autrefois, rendez-vous au **Jerome Historical Society Mine Museum** *(droit d'entrée; Main Street, ☎ 634-5477)*, sur Main Street. Quant au **Gold King Mine Museum** *(droit d'entrée; ☎ 634-0053)*, sur Perkinsville Road, il renferme un laboratoire d'essais reconstitué, une reproduction d'un couloir de mine et une petite ménagerie.

À Jerome, le véritable plaisir consiste à se promener dans les rues qui zigzaguent le long du mont Cleopatra, à faire le tour des boutiques en cours de route et à contempler l'architecture bien conservée du début du siècle. Plusieurs des bâtiments de la ville furent construits de blocs massifs de pierre de taille afin de résister aux violentes secousses qui ébranlaient fréquemment le sol à l'époque où l'on exploitait la mine voisine. La ville tout entière constitue un lieu historique d'intérêt national.

Le **Verde River Canyon Excursion Train** ★ *(droit de passage; 300 North Broadway Street, Clarkdale, ☎ 639-0010)* est un train historique qui transporte les touristes à travers certains des paysages les plus spectaculaires de l'Arizona. Remis en service en novembre 1990, il connut aussitôt une grande popularité et devint un attrait majeur dans la région. En partant de Clarkdale, à côté de Jerome, il décrit une boucle de 64 km. Tiré par une

Sharlot Hall

Une des femmes les plus admirées de l'histoire de l'Arizona fut Sharlot Mabridth Hall, venue s'établir à Prescott en 1882. Elle participait à la bonne marche du ranch familial, à l'est de la ville, et passait ses temps libres à écrire des poèmes et à chercher de l'or. Cela dit, elle devint en 1909 l'historienne officielle du territoire et la première femme de l'État à occuper un poste au sein du gouvernement. En 1924, on manda Mme Hall de se rendre sur la Côte Est pour y faire partie du collège électoral à titre de représentante de l'Arizona. Elle déclina d'abord cette offre, n'étant pas suffisamment argentée pour se procurer des vêtements adéquats, mais les responsables de la mine United Verde sauvèrent la mise en lui achetant une robe en soie bleue et un manteau tissé de fils de cuivre, une riche tenue qui fit un malheur sur la Côte Est et contribua à promouvoir l'industrie minière du cuivre arizonienne. Vous en saurez davantage en visitant le Sharlot Hall Museum.

locomotive diesel, il longe, courbe après courbe, des falaises escarpées de calcaire rouge bien au-dessus de la rivière Verde, traverse un long tunnel sombre, emprunte des ponts, croise des mines d'or et des ruines amérindiennes, se rend jusqu'à Perkinsville et fait enfin demi-tour.

Prescott

De l'autre côté de la montagne qu'occupe Jerome, dans la vallée suivante, s'étend la ville de Prescott, la première capitale territoriale de l'Arizona entre 1864 et 1867. Le président Abraham Lincoln avait décidé d'en faire la capitale parce que la seule autre communauté de taille respectable de tout le Territoire d'Arizona, Tucson, comptait un grand nombre de sympathisants des troupes confédérées. De nos jours, Prescott n'est plus qu'une modeste ville typiquement américaine parmi tant d'autres, imprégnée d'un certain charme paisible et peu ouverte au tourisme. Soit dit en passant, Prescott se trouve en plein centre géographique de l'actuel État de l'Arizona.

Érigé en 1926, le **Yavapai County Courthouse** (Palais de justice) repose au cœur de Prescott, entouré d'une place verte où les résidants passent le temps en jouant aux cartes et en bavardant, tandis que les touristes se reposent un moment sur des bancs de parc. Plusieurs des commerces de la ville sont établis autour de cette place, sans oublier l'historique Whiskey Row, où quelque 20 saloons demeuraient jadis ouverts jour et nuit.

Le principal attrait de Prescott est le **Sharlot Hall Museum** *(fermé lun en hiver; 415 West Gurley Street, ☎ 445-3122)*, riche d'une imposante collection de vestiges de la période territoriale, y compris plusieurs maisons complètement meublées et un superbe assortiment de diligences et de carrioles. Sharlot Mabridth Hall était une essayiste, une poétesse et une voyageuse connue ayant exploré les régions sauvages du Territoire d'Arizona au tournant du siècle. Constatant que les vestiges historiques et préhistoriques de la région quittaient rapidement l'État, Mme Hall entreprit d'en constituer une collection personnelle qui prit passablement d'ampleur au cours des trois décennies qui suivirent, pour enfin former le noyau de ce vaste musée historique. La collection se trouve aujourd'hui répartie à travers plusieurs bâtiments territoriaux amenés ici de divers points du comté, y compris une maison en rondins de pins ponderosa construite en 1864 et ayant servi de résidence au gouverneur local jusqu'en 1867. Le complexe occupe un grand parc du centre-ville de Prescott.

L'ancienne capitale s'enorgueillit également de quelques autres musées dignes de mention. Par exemple, le **Phippen Museum of Western Art** *(droit d'entrée; fermé mar; 4701 Route 89 North, ☎ 778-1385)*, situé à 10 km au nord de la ville, rend hommage à l'artiste «cowboy» George Phippen et présente des expositions temporaires portant sur les œuvres d'autres artistes «cow-boys». On le tient généralement pour un des meilleurs musées consacrés à cette forme d'art au pays.

Le **Smoki Museum** *(droit d'entrée; mai à oct, fermé mer; 147 North Arizona Street, ☎ 445-1230)* abrite une importante collection d'objets amérindiens provenant de tout le Sud-Ouest. (Smoki désigne une troupe de Blancs créée en 1921 pour présenter des danses amérindiennes à l'occasion de défilés et de festivals. Elle fut par la suite démantelée.) Le musée renferme également une bibliothèque ainsi que la plus importante collection d'œuvres de Kate Cory, peintre et photographe de la vie hopi au début du siècle.

Sans doute le plus étrange des musées de Prescott est-il cependant le **Bead Museum** *(fermé dim; 140 South Montezuma Street, ☎ 445-2431)*, qui expose une étonnante collection de perles colorées, de bijoux et d'autres ornements du monde entier, et explique leur usage en tant que marchandise d'échange, monnaie, objets religieux et marques de prestige. Les visiteurs de ce musée unique sans but lucratif auront tôt fait de découvrir que les perles de bois et de verre en ont beaucoup plus à raconter qu'ils ne l'ont jamais imaginé.

À 55 km à l'est de Prescott, vous trouverez **Arcosanti ★** *(droit d'entrée; route 17, sortie 262, Cordes Junction, ☎ 632-7135)*, une ville modèle qui devrait un jour accueillir 5 000 habitants. Conçue par le célèbre dessinateur italien Paolo Soleri en vue de concrétiser le mariage de l'architecture et de l'écologie, Arcosanti est d'abord et avant tout piétonnière, et ses structures inusitées, surmontées de dômes, percées d'arches et d'ouvertures diverses, et ponctuées d'excroissances cubiques, maximisent la récupération de l'énergie solaire passive. On organise quotidiennement des visites des lieux. La construction, qui n'est pas encore achevée, se poursuit en partie grâce à la vente de souvenirs artisanaux, comme ces carillons éoliens «Cosanti».

PARCS ET PLAGES

La région de Flagstaff

Lake Mary

Deux longs réservoirs, l'Upper et le Lower Lake Mary, approvisionnent Flagstaff en eau. Ils furent créés en érigeant un barrage sur le Walnut

Creek, ce qui explique qu'il n'y a plus d'eau au fond du Walnut Canyon National Monument. Le Service national des forêts a aménagé des aires de pique-nique sur les rives boisées du lac, et le petit Lakeview Campground domine la partie supérieure de ce dernier. Les deux lacs attirent de nombreux amateurs de pêche et regorgent de brochets nordiques, de brochets vairons et de poissons-chats. Le lac supérieur est aussi utilisé pour la navigation de plaisance et le ski nautique. Fermé en hiver et au début du printemps.

Installations et services : aires de pique-nique et descentes de bateaux; pour de plus amples renseignements, ☎ 774-1182. *Pêche* : bonne.

Camping : le Lakeview Campground compte 30 emplacements à 7 $ la nuitée. Le Pinegrove Campground dispose de 46 emplacements à 8 $ la nuitée.

Comment s'y rendre : le lac se trouve à 13 km au sud de Flagstaff sur Lake Mary Road. De la route 40, empruntez la sortie 195-B et suivez les panneaux indicateurs.

Mormon Lake

Il s'agit du plus grand bassin naturel de l'Arizona, d'une superficie totale de 800 ha lorsqu'il est plein. Il est très peu profond (3 m en moyenne), et il peut se dessécher presque entièrement en période de chaleur intense. Comme le relief de ses rives se modifie constamment, aucune rampe de mise à l'eau n'y a été aménagée, et les pêcheurs doivent transporter leur embarcation à bout de bras jusqu'à l'eau. Plusieurs sentiers de randonnée longent en outre les berges du lac et la forêt voisine.

Installations et services : sentier, chalet, restaurant, épiceries et sports d'hiver; droit d'entrée *(5 $)*; pour de plus amples renseignements, ☎ 354-2227.

Camping : 27 emplacements à Dairy Springs et 15 à Double Springs; 6 $ la nuitée. Fermé de la mi-septembre au Memorial Day. Pour plus de renseignements sur le camping et le lac, contactez le service forestier au ☎ 774-1182.

Comment s'y rendre : à 48 km au sud-est de Flagstaff par Lake Mary Road.

La région de Sedona

Slide Rock State Park

Très populaire auprès des étudiants de l'Université du Nord de l'Arizona, ce lieu de baignade situé à mi-chemin entre Flagstaff et Sedona, en plein cœur du canyon d'Oak Creek, est pratiquement toujours bondé au cours des chauds mois d'été. Il s'agit en quelque sorte d'un parc aquatique naturel, avec des bassins calmes, des cascades rapides et un long rivage large et plat de grès rouge où l'on peut s'étendre au soleil. Ce parc d'État abrite également le domaine Pendley, inscrit au registre national des lieux historiques, et des hectares de pommeraies. On ne permet pas aux visiteurs de cueillir les pommes, mais le cidre qu'elles servent à fabriquer est vendu dans un kiosque qui se trouve sur le sentier conduisant à l'aire de baignade. Lorsque les gardes forestiers en ont le temps, ils organisent des promenades à caractère naturel et historique le samedi.

Installations et services : aire de pique-nique, toilettes, terrain de volley-ball, sentier pédestre et casse-croûte; pour de plus amples renseignements, ☎ 282-3034. *Baignade* : excellente.

Comment s'y rendre : à 11 km au nord de Sedona par la route 89A, à l'intérieur du canyon d'Oak Creek.

Red Rock State Park ★

Le magnifique Oak Creek serpente à travers ce parc de 116 ha situé en plein cœur du Red Rock Country. Des naturalistes proposent des promenades guidées le long d'un réseau de sentiers de 10 km émaillé de sycomores et de cotonniers. Un des chemins conduit à une maison de 1948 qui ressemble à un *pueblo* amérindien et qui, du haut de sa colline, dévoile un panorama saisissant de la région. Le centre d'accueil des visiteurs propose des vitrines d'exposition et des vidéos sur l'histoire locale.

Installations et services : aires de pique-nique, toilettes et centre d'accueil; droit d'entrée *(5 $)*; pour de plus amples renseignements, ☎ 282-6907. *Pêche* : permise dans l'Oak Creek; poisson-chat et poisson-lune.

Comment s'y rendre : faites 6 km au sud-ouest de Sedona sur la route 89A, puis prenez au sud sur Lower Red Rock Loop Road; le parc se trouve 5 km plus loin.

Dead Horse Ranch State Park

Ce parc de 132 ha, situé en bordure de la rivière Verde, réunit des étendues désertiques et verdoyantes dont on peut profiter pleinement en sillonnant un vaste réseau de sentiers.

Installations et services : tables à pique-nique, toilettes et douches; droit d'entrée *(5 $)* pour de plus amples renseignements, ☎ 634-5283. *Pêche* : permise sur la rivière Verde et dans un lagon de 1,6 ha alimenté en petits poissons, en poissons-chats, en achigans et en truites.

Camping : 45 emplacements; 10 $ la nuitée sans raccordement, 15 $ la nuitée avec raccordements.

Comment s'y rendre : de Cottonwood, suivez Main Street jusqu'à 10th Street, puis prenez au nord sur 1,5 km.

Prescott

Watson Lake and Granite Dells

Un labyrinthe de formations granitiques, situé en bordure de la route 89, aux abords immédiats de Prescott, entoure le joli petit Watson Lake, un réservoir artificiel utilisé pour la baignade et la pêche par les gens du coin. Cet endroit servait autrefois de place forte aux Apaches. Plus récemment, des années vingt aux années cinquante, il y avait un important complexe hôtelier à Granite Dells, et certains vestiges de cette époque subsistent encore.

Installations et services : aire de pique-nique, toilettes, douches, randonnée pédestre et escalade; pour de plus amples renseignements, ☎ 778-4338. *Pêche* : bonne.

Camping : 50 emplacements, dont 25 avec raccordement électrique; 11 $ la nuitée avec électricité, 8 $ la nuitée sans électricité.

Comment s'y rendre : à 6 km au nord-est de Prescott sur la route 89.

ACTIVITÉS DE PLEIN AIR

Le ski alpin

Le centre-nord de l'Arizona est une région prisée pour le ski alpin comme pour le ski de fond.

La principale station de ski alpin de l'État est l'**Arizona Snowbowl** *(à 11 km de la route 180 sur Snowbowl Road, ☎ 779-1951; conditions de ski : ☎ 779-4577)*, située à 23 km au nord de Flagstaff sur les pentes du mont Agassiz, un volcan de 3 600 m situé dans les monts San Francisco. Snowbowl peut recevoir jusqu'à 635 cm de neige par année. Ses installations comportent 30 pistes, quatre télésièges et une descente verticale de 700 m. La saison de ski s'étend de la mi-décembre à la mi-avril.

Le ski de fond

Les amateurs de ski de fond seront heureux d'apprendre que le **Flagstaff Nordic Center** *(route 180, ☎ 779-1951)*, à 26 km au nord de Flagstaff, dans la forêt nationale de Coconimo, entretient un important réseau de pistes de la mi-novembre à la mi-mars. Le centre propose la location d'équipement, des excursions guidées et des cours. Le **Mormon Lake Ski Touring Center** *(Mormon Lake Village, ☎ 354-2240)*, situé à 45 km au sud-est de Flagstaff, en retrait de Lake Mary Road, possède également d'excellentes installations pour le ski de fond. Le centre est ouvert de décembre à la fin février.

Montgolfière

Pour la visite la plus spectaculaire qui soit dans la région, soit celle du Red Rock Country du haut des airs, envolez-vous avec **Red Rock Balloon Adventure** *(3230 Valley Vista Drive, ☎ 284-0040)* ou **Northern Light Balloon Expeditions** *(P.O. Box 1695, Sedona, AZ 86339, ☎ 282-2274)*.

Véhicule tout-terrain

Sedona compte un nombre impressionnant d'agences proposant des excursions en tout-terrain, des simples balades de tourisme aux périples à caractère spirituel, et des sorties d'une heure aux aventures d'une journée complète. Toutes ces excursions sont en outre accompagnées d'un guide.

Pink Jeep Tours *(204 North Route 89A, Sedona, ☎ 282-5000)* organise des visites touristiques à bord de ces véhicules d'un rose éclatant que vous voyez sillonner la ville en tous sens. **Pink Jeep Tours Ancient Expeditions** *(276 North Route 89A, Sedona, ☎ 282-2137)*, le volet moins flamboyant de l'entreprise, utilise plutôt des tout-terrain verts pour vous faire voir ruines et pétroglyphes amérindiens, ces excursions nécessitant également un peu de randonnée pédestre.

Émerveillez-vous de la vue panoramique que vous offre la Schnebley Hill Road, qui grimpe à 600 m d'altitude, ou explorez les ruines de l'arrière-pays du Boynton Canyon avec **Sedona Adventu-**

res Jeep Tours *(Uptown Mall, Sedona, ☎ 282-3500).*

Que vous soyez en quête d'une visite de l'Ouest sauvage à travers des ranchs privés, ou d'une aventure Nouvel Âge autour des célèbres vortex de la région, grâce auxquels vous pourrez vous imprégner de l'énergie électro-magnétique qu'on dit tourbillonner entre certains rochers du Boynton Canyon, les guides aux allures de cow-boy de **Sedona Red Rock Jeep Tours** *(270 North Route 89A, Sedona, ☎ 282-6826)* sont là pour vous satisfaire. Cette agence mise surtout sur le caractère éducatif de ses excursions, si bien que, quel que soit votre choix, vous apprendrez sans nul doute tout ce que vous pourriez désirer savoir sur la région.

Le «Vortex Tour» est le plus populaire des huit circuits proposés par **Earth Wisdom Tours** *(293 North Route 89A, Rollie's Camera Courtyard, Sedona, ☎ 282-4714)*, qui visent tous à réaliser le mariage du voyage et de l'éveil de la conscience en quête de la sagesse spirituelle. Même si vous êtes un tant soit peu sceptique, vous ne pourrez manquer d'apprécier les propos animés, voire passionnés, qu'échangent guide et passagers, ne serait-ce qu'à titre de mini-cours métaphysiques traitant aussi bien de la science que des mythes, de la croissance personnelle et des secrets des cromlechs (regroupements de menhirs).

L'équitation

Les amateurs d'équitation auront de nombreuses occasions de pratiquer leur sport favori dans cette région.

À Flagstaff, les **Hitchin' Post Stables** *(4848 Lake Mary Road, Flagstaff, ☎ 774-1719)* organisent des randonnées estivales dans la Coconino National Forest, que dessert également toute l'année **Flying Heart Barn** *(8400 North Route 89, Flagstaff, ☎ 526-2788).*

À Sedona, adressez-vous à **Kachina Stables** *(Lower Red Rock Loop Road, Sedona, ☎ 602-282-7252).*

À Prescott, les **Granite Mountain Stables** *(2400 West Shane Drive, par Williamson Valley Road, Prescott, ☎ 771-9551)* proposent des excursions guidées dans la Granite Mountain Wilderness.

Le golf

Bien que vous ne puissiez jouer au golf à longueur d'année dans cette région, les conditions climatiques se prêtent le plus souvent merveilleusement bien à la pratique de ce sport.

Songez au **Elden Hills Golf Resort** *(2380 North Oakmont Drive, Flagstaff, ☎ 527-7997)*, au **Sedona Golf Resort** *(35 Ridge Trail Drive, Sedona, ☎ 284-9355)*, au **Village of Oak Creek Country Club** *(690 Bell Rock Boulevard, Sedona, ☎ 284-1660)*, au **Canyon Mesa Country Club** *(semi-privé; 9 trous; 500 Jacks Canyon Road, Sedona, ☎ 284-2176)*, au **Poco Diablo Resort** *(9 trous; 1752 South Route 179, Sedona, ☎ 282-7333)* et à l'**Antilope Hills Golf Course** *(1 Perkins Drive, Prescott, ☎ 445-0583).*

Le tennis

Les courts de tennis ne sont pas légion ici, mais vous devriez tout de même pouvoir en trouver quelques-uns ouverts au public.

Les terrains publics de Flagstaff se trouvent au **Thorpe Park** *(Toltec Street)* et au **Bushmaster Park** *(Lockett Road)*.

Sedona ne possède pas de courts de tennis publics. Moyennant finances, vous pourrez toutefois jouer au **Sedona Racquet Club** *(100 Racquet Drive, par West Route 89A, ☎ 282-4197)* ou au **Poco Diablo Resort** *(1752 South Route 179, ☎ 282-7333)*.

À Prescott, les courts du **Yavapai College** *(1100 East Sheldon Street, Prescott, ☎ 445-7300)*, de la **Prescott High School** *(1050 North Ruth Street, Prescott, ☎ 445-5400)* et du **Ken Lindley Field** *(angle East Gurley Street et Arizona Street, Prescott)* sont accessibles au public en été.

Le vélo

Comme partout ailleurs à travers l'État, cette région devient rapidement un royaume de la bicyclette.

Flagstaff dispose de 13 km de pistes revêtues grâce à son **Urban Trail System and Bikeways System**, qui relie le campus de la Northern Arizona University, le centre-ville et l'observatoire Lowell. Vous pouvez vous procurer plans et renseignements sur ce réseau auprès du **City Planning Office** *(211 West Aspen Street, Flagstaff, ☎ 779-7632)*.

À l'extérieur de la ville, une route populaire est la boucle revêtue de 58 km qui traverse le Sunset Crater National Monument et le Wupatki National Monument en partant de l'embranchement avec la route 89, à 32 km au nord-est de la ville.

Les amateurs de vélo de montagne découvriront dans la **Coconimo National Forest** plusieurs pistes primitives non revêtues permettant d'explorer plus à fond le champ volcanique de San Francisco. Essayez entre autres le chemin forestier qui mène au pied des cratères Colton et SP. Pour de plus amples renseignements, adressez-vous à la **Peaks Ranger Station** *(5075 North Route 89, ☎ 526-0866)*.

Le **Flagstaff Nordic Center** *(route 180, ☎ 779-1951)*, situé dans la forêt nationale de Coconimo, à 26 km au nord de Flagstaff, ouvre son important réseau de pistes aux cyclistes de la fin mai à octobre et loue aussi bien des vélos de montagne que des casques protecteurs.

Le réseau de routes secondaires qui, aux environs de Sedona, a rendu le **Red Rock Country** populaire auprès des amateurs de véhicules tout-terrain se prête tout aussi bien au vélo de montagne. Procurez-vous un plan dans une boutique de vélos locale, et empruntez, par exemple, les chemins de terre qui mènent de Soldier Pass Road aux Seven Sacred Pools ou à la Devil's Kitchen, à moins que vous ne préfériez longer la Broken Arrow Jeep Trail, à l'est de la route 179, jusqu'au Submarine Rock. La route de Schnebly Hill grimpe constamment au nord de Flagstaff, selon un tracé parallèle à celui de l'autoroute du canyon d'Oak Creek; la partie supérieure de cette route est abrupte, sinueuse et très exigeante, mais la portion inférieure, qui traverse le Bear Wallow Canyon, se veut l'occasion d'une très belle randonnée en vélo de montagne.

La location d'une bicyclette

À Flagstaff, vous pouvez louer un vélo de montagne et obtenir de l'information sur les pistes chez **Absolute Bikes** *(18 North San Francisco Street, ☎ 779-5969)*, **Cosmic Cycles** *(113 South San Francisco Street, ☎ 779-1092)* ou **Mountain Sports** *(1800 South Milton Road, ☎ 779-5156)*.

À Sedona, vous trouverez les mêmes services chez **Mountain Bike Heaven** *(1695 West Route 89A, ☎ 282-1312)* et **Sedona Sports** *(260 Van Deren Street, ☎ 282-1317)*.

La randonnée pédestre

Les amateurs de plein air se réjouiront du nombre et de la variété des sentiers pédestres de cette région. Toutes les distances fournies le sont pour l'aller seulement, sauf indication contraire.

La région de Flagstaff

Immédiatement au nord de Flagstaff se dressent les San Francisco Peaks, les plus hauts sommets de l'Arizona. Plusieurs pistes partent des routes du mont Elden et du col de Schultz, qui se détachent de la route 180 sur la droite, peu après le Museum of Northern Arizona. D'autres sentiers partent du parc Buffalo, sur l'avenue Cedar, de même qu'aux environs de la Peaks Ranger Station, sur la route 89. La plupart des pistes de la région de Flagstaff sont fermées en hiver.

Du poste des gardes forestiers, l'**Elden Lookout Trail** *(4,8 km)* grimpe en zigzag sur le flanc est du mont Elden (2 834 m), pour une dénivellation de 732 m. Au sommet, une vue spectaculaire sur la ville et sur les champs volcaniques qui entourent le Sunset Crater vous attend en guise de récompense.

La **Fatman's Loop Trail** *(1,6 km)*, qui se détache de l'Elden Lookout Trail pour une randonnée plus courte (dénivellation de 183 m), offre également une belle vue sur Flagstaff.

Du point de départ du sentier de Buffalo Park, l'**Oldham Trail** *(8,7 km)* gravit la pente ouest du mont Elden jusqu'à son sommet. Il s'agit du plus long sentier sur cette montagne, mais l'ascension n'est pas aussi raide que par les autres sentiers. L'Oldham Trail croise la Mount Elden Road à trois reprises, ce qui vous permet de raccourcir votre randonnée en demeurant sur la portion supérieure du sentier. La **Pipeline Trail** *(4,5 km)* relie quant à elle les tronçons inférieurs de l'Oldham Trail et de l'Elden Lookout Trail aux limites nord de la ville de Flagstaff, ce qui vous donne la possibilité de faire soit une courte randonnée en bordure de la ville, soit une boucle d'une journée en grimpant un versant de la montagne pour ensuite redescendre de l'autre côté.

Peut-être la plus étrange des nombreuses possibilités de randonnée à travers le paysage volcanique qui entoure la base des San Francisco Peaks est-elle celle qui vous entraîne sur la **Red Mountain**, à 53 km au nord de Flagstaff par la route 180. Une ouverture dans la base de ce cône volcanique de 305 m vous permet en effet de suivre la **Red Mountain Trail** *(1,6 km)* de l'extrémité de la route d'accès à la forêt nationale jusqu'au cratère sans avoir à grimper! Peu fréquenté par les touristes, cet endroit est très agréable à explorer avec des enfants d'un certain âge.

Pour obtenir plans et renseignements détaillés sur ces sentiers et de nombreux autres de la Coconimo National Forest, adressez-vous à la **Peaks Ranger Station** *(5075 North Route 89, ☎ 526-0866)*.

La région de Sedona

Tandis que tous les visiteurs de Flagstaff et de Sedona explorent en voiture la route souvent encombrée du canyon d'Oak Creek, un des attraits incontournables du centre de l'Arizona, rares sont ceux qui s'arrêtent pour découvrir la partie occidentale du canyon, un canyon secondaire et étroit avec des murailles verticales de plus de 100 m par endroits, et accessible seulement à pied. Pour de plus amples renseignements sur les pistes de ce secteur, composez le ☎ 282-4119.

Le point de départ de la **West Fork Trail** *(22,5 km)* se trouve dans l'angle sud-ouest de l'entrée du canyon, du côté ouest de la route 89A à 16 km au nord de Sedona. Il y a un petit terrain de stationnement à proximité mais il est souvent plein. Les cinq premiers kilomètres s'effectuent en terrain relativement plat et traversent une zone de recherche naturelle protégée, lourdement fréquentée et facile d'accès. Plus haut, le sentier se fait moins net, enjambe plusieurs fois le cours d'eau et débouche dans le Red Rock Secret Mountain Wilderness.

Un lieu de randonnée très populaire du Red Rock Country est le Boynton Canyon, un des quatre vortex de Sedona. Au dire de la communauté «nouvelâgiste» de Sedona, le Boynton Canyon est le plus puissant des vortex, et il s'en dégage un flux d'énergie électromagnétique «yin-yang» qu'on peut ressentir à des kilomètres à la ronde. Que vous croyiez ou non à ce genre de phénomène, l'endroit est indéniablement magnifique. Du point de départ du sentier sur Boynton Pass Road (un prolongement de Dry Creek Road qui se détache de la route 89A à West Sedona), la **Boynton Canyon Trail** *(4 km)*, presque entièrement plane, remonte le canyon à travers bois et formations rocheuses. On trouve plusieurs petites habitations sinaguas à flanc de falaise à l'intérieur du canyon. Si vous visitez les ruines, retenez que les structures sont très fragiles et qu'elles se détériorent rapidement.

En tournant à droite sur Dry Creek Road en route vers le col de Boynton, vous emprunterez la Forest Road 152, non revêtue et suffisamment accidentée pour que les conducteurs de véhicules bas sur roues y pensent à deux fois avant de s'y engager. De cette route, la **Devil's Bridge Trail** *(1,6 km)* grimpe graduellement à travers les *piñons* et les genévriers jusqu'à une longue arche de grès rouge d'où l'on a une vue renversante sur les canyons avoisinants. Vous pouvez d'ailleurs grimper sur l'arche. Environ 5 km plus loin, au bout de la Dry Creek Road, se dessine l'entrée de la **Vultee Arch Trail** *(3,2 km)*, qui longe le canyon Sterling jusqu'à un autre pont naturel.

La région de Prescott

On dénombre plusieurs pistes de randonnée dans la forêt nationale autour de Prescott. Une des plus appréciées est la **Thumb Butte Trail** *(2,7 km)*, une boucle qui gravit un col à l'ouest de la ville, traverse des bois de chênes et de *piñons*, et offre de belles vues sur Prescott et sur Granite Dells. Le sentier part du Thumb Butte Park; pour vous y rendre, prenez Thumb Butte Road vers l'ouest dans le prolongement de Gurley Street.

Les randonneurs plus ambitieux voudront peut-être explorer la **Granite Mountain Wilderness.** De ses nombreux sentiers, celui qui mène au sommet de cette montagne de 2 172 m a nom **Little Granite Mountain Trail** *(6 km)* et permet une magnifique randonnée d'une journée avec une dénivellation de 457 m. Pour de plus amples renseignements sur ce sentier et sur les autres pistes de la région, adressez-vous au poste de gardes forestiers de la Prescott National Forest – Bradshaw District, immédiatement à l'est de Prescott *(2230 East Route 69, ☎ 445-7253).*

HÉBERGEMENT

Pour tout renseignement sur les *bed and breakfasts* de l'Arizona, adressez-vous à l'**Arizona Association of Bed & Breakfast Inns** *(P.O. Box 7186, Phoenix, AZ 85011, ☎ 602-277-0775).*

La région de Flagstaff

Un des deux hôtels historiques du centre-ville, le **Weatherford Hotel** *($; 23 North Leroux Street, Flagstaff, ☎ 774-2731)*, est exploité comme une auberge de jeunesse et propose en location quelques chambres individuelles tout à fait rudimentaires.

Flagstaff possède en outre deux autres auberges de jeunesse. La **Grand Canyon Downtowner Independent Youth Hostel** *($; 19 South San Francisco Street, Flagstaff, ☎ 779-9421)* propose aussi bien des chambres individuelles que des dortoirs. On peut vous cueillir gratuitement à la gare ferroviaire d'Amtrak ou à la gare routière de Greyhound. Chambres individuelles et dortoirs vous attendent également à la **Motel Du Beau International Hostel** *($; 19 West Phoenix Avenue, Flagstaff, ☎ 774-6731 ou 800-398-7112, ⇄ 774-4060)*, qui organise quotidiennement des excursions au Grand Canyon durant l'été et un peu moins fréquemment le reste de l'année. En été, en particulier, ces trois auberges accueillent non seulement des gens de tous âges venus des quatre coins du monde et voyageant sac au dos, mais aussi des voyageurs solitaires, assurés de se faire des amis rapidement dans ces établissements.

Flagstaff propose un bon choix de *bed and breakfasts*. Parmi les lieux d'hébergement à l'ancienne meublés d'antiquités que vous trouverez dans les environs du centre-ville, il y a **The Inn at Four Ten** *($$-$$$ pdj; 410 North Leroux Street, Flagstaff, ☎ 774-0088 ou 800-774-2008)*, une résidence de 1907 magnifiquement rénovée qui dispose de neuf suites et de deux chambres au décor d'époque. Un autre *bed and breakfast* particulièrement chaleureux du quartier historique est le **Birch Tree Inn** *($$ pdj; 824 West Birch Avenue, Flagstaff, ☎ 774-1042 ou 800-645-5805)*, sans oublier la **Dirker House** *($$ pdj; 423 West Cherry Street, Flagstaff, ☎ 774-3249)*, dont les trois chambres d'hôte sont équipées d'un très grand lit et d'un édredon en plumes d'oie; elles partagent un petit salon commun.

L'autre hôtel historique du centre-ville, construit en 1927, le **Monte Vista Hotel** *($$; 100 North San Francisco Street, Flagstaff, ☎ 779-6971 ou 800-545-3068, ⇄ 779-2904)*, est désormais inscrit au registre des bâtiments historiques et renferme des chambres spacieuses aux meubles en chêne, au lit en laiton, aux tentures en velours et aux accessoires de salle de bain dorés, le tout créant une ambiance de faste à l'ancienne. Des vedettes de cinéma avaient l'habitude de loger ici à la belle époque, et certaines chambres arborent des plaques commémorant le séjour de telle ou telle personnalité, comme Humphrey Bogart, Cornell Wilde et Walter Brennan, pour n'en nommer que quelques-unes.

Parmi les pins et à 5 min à peine de la ville, l'**Arizona Mountain Inn** *($$ pdj; ℂ; 685 Lake Mary Road, ☎ 774-8959 ou 800-239-5236, ⇌ 774-8837)* propose des chambres de style *bed and breakfast* dans son pavillon principal, de même que des chalets de une à cinq chambres avec foyer et cuisine. Les installations permettent de pratiquer le volley-ball, le basket-ball, le jeu de fers à cheval, la randonnée pédestre et le ski de fond.

Si la célèbre Route 66 vous inspire les rêves les plus fous, sachez qu'on y trouve encore non seulement quelques motels de type wigwam à même d'alimenter vos fantasmes, mais aussi d'autres établissements dépourvus de tipis et de toute trace de kitsch. C'est le cas, entre autres, du **Five Flags Inn** *($-$$; bp, ℜ; 2610 East Route 66, Flagstaff, ☎ 526-1399 ou 800-535-2466, ⇌ 527-8626)*, un assez grand motel en fer à cheval aménagé autour d'une grande pelouse accueillant un terrain de jeu pour enfants. La plupart des chambres, grandes, propres et invitantes, font face à la pelouse et se trouvent suffisamment loin de la route pour vous assurer une bonne nuit de sommeil (les chambres 149, 150 et 230 sont celles que vous devez éviter). Qui plus est, nombre de salles de bain disposent d'une fenêtre, et une salle de bar complète les installations.

Quant au **Woodlands Plaza Hotel** *($$-$$$; ⊛, ≈, ⌂, ⊙; 1175 West Route 66, Flagstaff, ☎ 773-8888 ou 800-528-1234, ⇌ 773-0597)*, il se veut grand, moderne et assez chic. Les chambres sont spacieuses, décorées dans les tons pastel et équipées de très grands lits. Parmi les installations mises à la disposition des clients, mentionnons les bassins à remous intérieur et extérieur, le bain de vapeur, le sauna, le centre de conditionnement physique et la piscine chauffée. Le service aux chambres, un service de buanderie et un service de limousine gratuit complètent le tout.

Le **Marriott Residence Inn** *($$-$$$$ pdj; ≈, ℂ; 3440 North Country Club Road, par la route 89, Flagstaff, ☎ 526-5555 ou 800-331-3131)* met à votre disposition, non loin du Flagstaff Mall, de petites suites merveilleusement bien tenues qui tiennent davantage de l'appartement que de la simple chambre. Bien que leur décor n'ait rien de bien original en soi, l'intimité des lieux, les cheminées, les cuisines complètement équipées et la piscine compensent largement le manque de caractère local, sans parler du service d'épicerie, du journal gracieusement offert par la maison et du petit déjeuner à la française servi tous les matins, autant d'attentions qui visent à rendre votre séjour plus agréable. Et si vous n'avez pas vraiment posé vos pénates depuis plusieurs jours, vous apprécierez sûrement la présence d'une laverie.

La région de Sedona

En descendant le canyon d'Oak Creek entre Flagstaff et Sedona, vous remarquerez au passage plusieurs auberges et regroupements de chalets privés, plantés en plein cœur de la spectaculaire forêt nationale. Vous pouvez réserver des chambres à ces endroits et ainsi profiter de la fraîcheur du canyon le soir et en début de matinée, tout en évitant la cohue et la dense circulation qui envahit ce territoire en haute saison et les fins de semaine. Plusieurs de ces établissements se trouvent juste au-dessous du Slide Rock State Park.

Le **White House Inn** *($$; tvc, ☎; 2986 West Route 89A, Sedona, ☎ 282-66800)*, à la jonction avec la Dry Creek Road, dispose de chambres de motel rudimentaires avec télévision par câble et téléphone. Près de la haute-ville se trouve le **Star Motel** *($$; 295 Jordan Road, Sedona, ☎ 282-3641 ou 800-896-7301)*.

Les **Don Hoel's Cabins** *($$; route 89A, Oak Creek Canyon, ☎ 282-3562 ou 800-292-4635, ⇄ 282-3654)* proposent un hébergement somme toute modeste, tout comme les **Forest Houses** *($$-$$$; ℂ; route 89A, Oak Creek Canyon, ☎ 282-2999 ou 282-0663)*, qui sont toutefois équipées de foyer et de cuisine complète.

Vous trouverez à vous loger à prix raisonnable au **Rose Tree Inn** *($$-$$$; ⊛; 376 Cedar Street, Sedona, ☎ 282-2065, ⇄ 282-0083)*, qui s'efforce de se donner des allures de jardin à l'anglaise à proximité de la haute-ville. Terrasses et baignoires à remous.

La **Greyfire Farm** *($$$ pdj; bp; 1240 Jacks Canyon Road, Sedona, ☎ 284-2340 ou 800-579-2340, ⇄ 284-2340)* compte parmi les *bed and breakfasts* les plus inusités de la région. Nichée parmi les pins dans une vallée champêtre entre le Red Rock Country et la Wild Horse Mesa, à proximité des sentiers de randonnée pédestre et d'équitation de la forêt nationale, cette «ferme»peut accueillir deux chevaux de passage, mais elle fournit également le gîte et le couvert aux humains qui désirent s'en prévaloir. Les chambres sont claires, équipées d'édredons et dotées d'une salle de bain privée.

Les visiteurs désireux de changer de vie à Sedona voudront peut-être songer au **Healing Center of Arizona** *($-$$; △; 25 Wilson Canyon Road, Sedona, ☎ 282-7710)*, un complexe en forme de dôme où l'on sert également des repas végétariens gastronomiques pour deux fois rien. Divers services, proposés à des prix raisonnables, comprennent un sauna, un centre de détente et un bassin de flottaison. De plus, entre autres thérapies holistiques suggérées aux clients du centre, retenons les traitements par acupression, les cures par les plantes, le *rebirth*, la guérison par les cristaux et le *channelling* psychique.

A Touch of Sedona Bed and Breakfast *($$-$$$ pdj; 595 Jordan Road, Sedona, ☎ 282-6462 ou 800-600-6462, ⇄ 282-1534)*, tout au haut de la colline du quartier huppé, propose des chambres au décor individuel portant chacun sur un thème particulier : la «Contemporary Eagle», la «Hummingbird», la «Kachina», la «Roadrunner» et la «Wolf's Den».

L'**Oak Creek Terrace** *($$-$$$$; tvc, ⊛; route 89A, Oak Creek Canyon, ☎ 282-3562 ou 800-224-2229, ⇄ 282-6061)* est un complexe renfermant aussi bien des chambres de style motel avec très grand lit, téléviseur couleur et foyer que des suites de deux chambres avec baignoire à remous en forme de cœur.

Les **Canyon Wren Cabins** *($$$$; Route 89A, Oak Creek Canyon, ☎ 282-6900 ou 800-437-9736)* regroupent des cabanes en rondins et trois chalets dotés de grandes chambres à distance de marche des points de baignade, des sites de pêche et des sentiers de randonnée.

Elle n'a sans doute rien d'historique, mais l'auberge de type *bed and breakfast* qui a nom **Canyon Villa** *($$$ pdj; 125 Canyon Circle Drive, Sedona, ☎ 284-1226 ou 800-453-1166)*, chic et contemporaine, recèle bien d'autres charmes. Entre autres, une chaleureuse bibliothèque, 11 chambres au décor varié, tantôt victorien tantôt à la Santa Fe, des portes-fenêtres ouvrant sur des balcons et, bien sûr, la vue sur les formations rocheuses de la région.

Le **Cozy Cactus** *($$$ pdj; ℂ; 80 Canyon Circle, Sedona, ☎ 284-0082 ou 800-788-2082, ⇄ 284-4210)*, une confortable maison de ranch en bordure d'une forêt nationale, se présente comme un *bed and breakfast* pourvu de petits salons, cheminés et cuisines communs à chaque paire de chambres. Décors individualisés, rehaussés d'accents personnels et ponctués de souvenirs tirés de la collection d'antiquités du propriétaire; une des favorites demeure sans conteste la «Nutcracker Room», garnie de 50 casse-noisettes anciens ainsi que d'un lit à tête haute et d'une commode suédois datant des années 1890. Certaines chambres ont même une vue splendide sur les étonnantes formations de grès rouge de Sedona. Les gays sont les bienvenus.

Dans une autre auberge, **The Graham Bed & Breakfast Inn** *($$$ pdj; ⊛; 150 Canyon Circle Drive, Sedona, ☎ 284-1425 ou 800-228-1425)*, toutes les chambres permettent d'admirer les célèbres formations rocheuses de Sedona. Il n'y en a peut-être que cinq, mais elles révèlent tantôt un très grand lit en laiton, tantôt une douche en marbre, un balcon privé, un foyer ou une baignoire à remous.

Au sud du YMCA, sur la route 179, le **Poco Diablo Resort** *($$$-$$$$; ⊛, ℝ; 1752 South Route 179, Sedona, ☎ 282-7333 ou 800-528-4275)* a été construit autour d'un terrain de golf privé de neuf trous. D'importants travaux de rénovation récemment effectués à la propriété l'ont enrichie de 28 chambres pour gens d'affaires aux dimensions appréciables (45 m^2) et au luxe non moins apparent, puisqu'elles sont équipées de foyers, de mini-bars, de réfrigérateurs, de baignoires à remous et de terrasses privées donnant sur le terrain de golf et, au-delà, sur les formations de roc rouge.

L'**Enchantment Resort** *($$$$; ≈, ℜ, ⊛, ℂ; 525 Boynton Canyon Road, Boynton Canyon, ☎ -282-2900 ou 800-826-4180)*, qui bénéficie d'un site isolé au fond du Boynton Canyon, à 8 km à l'ouest de la ville, niche à l'ombre des magnifiques rochers qui ont fait la réputation de l'endroit. Ses 56 *casitas* rappelant les constructions d'adobes, qui se subdivisent à volonté en studios ou en suites de deux ou trois chambres à coucher, sont joliment décorées de meubles et accessoires du Sud-Ouest, de cheminées, de cuisinettes, de verrières et de terrasses privées. Piscines, bassins à remous, courts de tennis, massages, aromathérapie et autres traitements thermaux complètent les installations et services du complexe, tandis que son restaurant propose des plats continentaux et des spécialités du Sud-Ouest.

Au sommet de la gamme, le **Junipine Resort** *($$$$; ℂ; 835 North Route 89A, Oak Creek Canyon, ☎ 282-3375 ou 800-742-7463, ⇄ 282-7402)* propose des suites modernes et des chalets *(creekhouses)* à une ou deux chambres à coucher. Ces constructions à un ou deux étages décorées de façon individuelle sont toutes de bois et de pierre. Chacune d'elles, d'une superficie pouvant varier entre 120 et 140 m^2, donne sur la montagne, la forêt ou la rivière et possède une cuisine de même qu'une terrasse surplombant le canyon.

Sedona se spécialise dans les complexes hôteliers de luxe. Parmi les plus chic en ville, il faut retenir **Los Abrigados** *($$$$; ℂ, ≈, ⊙; 160 Portal Lane, Sedona, ☎ 282-1777 ou 800-521-3131, ⇄ 282-6913)*. Situé près du centre commercial aéré de Tlaquepaque, il révèle une architecture moderne fantaisiste inspirée des traditions mexicaines, de même que des suites fort élégantes avec cuisine, foyer et terrasse ou balcon. Courts de tennis, piscine, salle de culturisme et centre de détente complètent les installations.

Un autre haut lieu de l'hôtellerie sédonienne est **L'Auberge de Sedona** *($$$$; 301 L'Auberge Lane, Sedona, ☎ 282-1661 ou 800-272-6777, ⇄ 204-5757)*. Ses chambres et cottages de conception individuelle sont garnis de meubles importés de Provence, afin de recréer une atmosphère d'auberge campagnarde française sur un terrain de 4 ha en bordure de la rivière, à distance de marche de la haute-ville.

Jerome

Un des grands plaisirs de la visite de Jerome tient au fait qu'on puisse loger dans une des maisons historiques qu'on y trouve, dont un nombre sans cesse croissant se voit peu à peu reconvertir en *bed and breakfasts*. Certains prétendent même être hantés par les personnages colorés qui y ont jadis vécu.

Le **Ghost City Inn** *($$ pdj; ®, bc; 541 North Main Street, ☎ 634-4678)*, un *bed and breakfast* victorien établi en 1898, propose six chambres avec salle de bain partagée. Plongez-vous dans l'atmosphère de l'Old West dans la «Satin and Spurs», ou laissez-vous flotter dans le confort douillet de la «Champagne and Propane». Une baignoire à remous est également mise à votre disposition.

La **Hillside House** *($$; ℝ; P.O. Box 305, Jerome, AZ 86331, ☎ 634-5667)* est une charmante victorienne tarabiscotée accrochée au flanc de la Cleopatra Hill et entourée de vergers. Il s'agit d'une maison privée ne comptant qu'une chambre d'hôte, en fait une suite de deux pièces aménagée au rez-de-chaussée et pourvue de sa propre entrée avec accès à un jardin-terrasse. Chambre à coucher, salle de séjour, lit d'appoint, réfrigérateur et four à micro-ondes.

Construite pour le chirurgien en chef de la société minière locale en 1917, la **Surgeon's House** *($$-$$$; P.O. Box 998, Jerome, AZ 86331, ☎ 639-1452 ou 800-639-1452)* se présente comme une majestueuse structure en stuc ocre au toit de tuiles, entourée de jardins en terrasse colorés qui donnent sur la vallée Verde. Outre les trois chambres et suites spacieuses de la maison comme telle, on y loue un cottage décoré de vifs tissus guatémaltèques, de parures de fenêtre en vitrail, de sols en *terra cotta* et d'une baignoire ancienne à hauts bords peinte de vermillon de Chine. Les hôtes ont accès au jardin et à une terrasse à l'abri des regards.

Prescott

Prescott propose plus de lieux d'hébergement rudimentaires qu'elle n'en a besoin, d'où vous pourrez explorer à loisir les canyons et les forêts sauvages des environs. L'**American Motel** *($; ☎; 1211 East Gurley Street, ☎ 778-4322, ⇄ 778-1324)*, un établissement de style méditerranéen jadis charmant mais aujourd'hui quelque peu délabré, affiche des prix imbattables. Il y a un téléphone dans chaque chambre, et les murs sont recouverts d'anciennes murales exceptionnelles.

L'**Hotel St. Michael** *($-$$; bp; 205 West Gurley Street, ☎ 776-1999 ou 800-678-3757, ⇄ 776-7318)* propose également des chambres modestes, mais pourtant dotées de salles de bain privées. Son emplacement conviendra on ne peut mieux à ceux qui désirent profiter pleinement de la vie nocturne de la Whiskey Row, située dans le même quadrilatère.

L'**Hotel Vendome** *($$; bp; 230 South Cortez Street, ☎ 776-0900)* est un petit hôtel situé sur une rue secondaire paisible. Les chambres de cet établissement de 1917 ont été soigneusement rénovées et habillées de bleu. Certaines possèdent une salle de bain moderne, alors que d'autres révèlent des salles d'eau victoriennes restaurées.

Le centre-ville de Prescott renferme plusieurs hôtels historiques. Le **Prescott Pines Inn** *($$-$$$ pdj; ℂ; 901 White Spar Road, ☎ 445-7270 ou 800-541-5374, ⇄ 778-3665)*, par exemple, regroupe quatre maisons, dont la principale date de 1902. Ce *bed and breakfast* douillet propose 13 chambres victoriennes magnifiquement décorées dans un savant mélange de teintes discrètes. Certaines disposent d'un foyer, alors que d'autres bénéficient d'une cuisine. De somptueux petits déjeuners complets sont servis dans de la porcelaine de Chine rose. Nous vous recommandons de réserver jusqu'à un an à l'avance si vous comptez vous y rendre en haute saison.

Le **Prescott Resort and Conference Center** *($$-$$$; tvc; 1500 Highway 69, ☎ 776-1666 ou 800-967-4637)*, qui compte 161 chambres et suites, est sans contredit le plus grand établissement hôtelier de la région. Il repose sur une colline à la périphérie de la ville et bénéficie d'une vue saisissante sur la campagne environnante. Toutefois, bien que les chambres soient grandes et équipées de téléviseurs câblés ainsi que de cafetières, le principal attrait du complexe demeure sans doute le casino voisin, Bucky's, dont les machines à sous et les vidéopokers fonctionnent jour et nuit.

The Marks House *($$-$$$ pdj; bp; 203 East Union Street, ☎ 778-4632)*, un *bed and breakfast* victorien de style Reine-Anne dans les tons de jaune, est juché sur le mont Nob et domine le Courthouse Square. Construites en 1894, la maison et ses quatre chambres d'hôte sont meublées d'antiquités, telle cette baignoire en cuivre du XIXe -siècle. Toutes les chambres jouissent d'édredon en plumes et de salle de bain privée, et l'on sert un petit déjeuner familial complet.

Le plus élégant de tous demeure cependant le **Hassayampa Inn** *($$$-$$$$; bp; 122 East Gurley Street, ☎ 778-9434 ou 800-322-1927)*, un hôtel de 1927 inscrit au registre national des bâtiments historiques. Le hall d'entrée et les salles communes ont retrouvé leur gloire d'antan et regorgent d'antiquités. Quant aux chambres, elles ont été joliment rénovées et disposent toutes d'une salle de bain privée.

RESTAURANTS

La région de Flagstaff

Deux remarquables petits restaurants contemporains du centre-ville, dont le menu met l'accent sur les mets santé gastronomiques, sont **Charly's** *($; 23 North Leroux Street, Flagstaff, ☎ 779-1919)*, au rez-de-chaussée de l'auberge de jeunesse du Weatherford Hotel, et le **Café Espress** *($; 16 North San Francisco Street, Flagstaff, ☎ 774-0541)*, qui se spécialise dans les plats végétariens, la volaille et le poisson. Des expositions temporaires d'artistes locaux enjolivent les murs.

Tea & Sympathy *($; 409 North Humphreys Street, Flagstaff, ☎ 779-2171)*, qui occupe un cottage intime de trois pièces, sert du thé et des scones, de petits sandwichs, des pâtés, des fruits et des desserts. Vous pouvez en outre vous y procurer des thés préemballés et diverses babioles.

Le **Main Street Bar and Grill** *($-$$; 14 South San Francisco Street, Flagstaff, ☎ 774-1519)* attire de nombreux résidants avec ses *fajitas*, ses steaks au fromage Philadelphie, ses quiches lorraine et ses «côtes levées» sauce barbecue.

Pour un dîner raffiné à Flagstaff, le **Cottage Place Restaurant** *($$; fermé lun; 126 West Cottage Avenue, Flagstaff, ☎ 774-8431)*, petit mais chaleureux, constitue un bon choix. Parmi les spécialités au menu, retenons le chateaubriand et le canard grillé à l'orange, sans oublier les pâtes végétariennes au *pesto*. Il est recommandé de réserver.

Un autre bon endroit pour un dîner romantique est le **Woodlands Café** *($$; 1175 West Route 66, Flagstaff, ☎ 773-9118)*. Cette salle à manger à la mode du Sud-Ouest est entourée de baies vitrées donnant sur la forêt et renferme aussi bien des banquettes que des tables conventionnelles. Les murs blancs sont tendus de tapis navajos entrecoupés de paniers, et le lustre est fait de bois de cerf. Vous pourrez entre autres opter pour des crevettes du golfe du Mexique sautées aux oignons, à l'ail, aux tomates et à la coriandre, ou pour une poitrine de poulet farcie de riz sauvage et de poivrons. Il est recommandé de réserver.

Un autre excellent restaurant de Flagstaff, **Chez Marc Bistro** *($$; 503 North Humphreys Street, Flagstaff, ☎ 774-1343)*, est un petit établissement intime qui occupe une maison inscrite au registre national des bâtiments historiques. Un dîner typique pourrait se composer de pâté de canard accompagné de pistaches, de légumes nains agrémentés d'une vinaigrette à la moutarde de Dijon et de chèvre tiède, puis de fettucine noirs garnis de pétoncles, de légumes frais et de sauce au safran.

Le **Down Under New Zealand Restaurant** *($$; Carriage House Antique Mall, 413 North San Francisco Street, Flagstaff, ☎ 774-6677)* occupe une ancienne remise à calèches près du centre historique de la ville. Il s'agit d'un petit endroit charmant, populaire auprès des promoteurs d'art et de théâtre locaux le midi et le soir. Il va sans dire que l'agneau, apprêté de toutes les façons, est la spécialité de la maison, que ce soit en carré grillé, en osso buco, en brochette, en ragoût ou en cocotte. Mais les *samosas, frittatas,* chaussons aux épinards et quiches, qui feront le bonheur des végétariens, sont aussi bien préparés.

Un soupçon de burlesque de l'Ouest ancien subsiste au **Black Bart's Steak House, Saloon, and Musical Revue** *($$; 2760 East Butler Avenue, Flagstaff, ☎ 779-3142)*, situé tout juste à l'est du centre-ville et en retrait de la route inter-États (40). Biftecks, côte de bœuf et poulet vous y sont servis par des étudiants de la région qui se livrent en outre à quelques pas de danse tout en chantant des airs de spectacle pour votre plaisir. Les enfants (et les adultes jeunes de cœur) apprécieront sûrement l'ambiance et le décor de cet établissement.

Pour dîner dans un cadre inusité, sortez de la ville et rendez-vous au **Mormon Lake Lodge Steak House & Saloon** *($$-$$$; à 40 km au sud-east de Flagstaff sur la Mormon Lake Road, Mormon Lake Village, ☎ 354-2227)*, en affaires depuis 1924 et réputé comme une des meilleures grilladeries de l'Ouest. Outre les steaks, on y sert des «côtes levées», du poulet et de la truite, tous cuits sur un lit de braises de chêne de montagne. Les marques authentiques de divers ranchs d'Arizona incrustées dans les panneaux de bois qui recouvrent les murs du restaurant seraient le résultat d'une des fêtes d'éleveurs les plus folles qui aient jamais eu lieu.

La région de Sedona

Le **Phil and Eddie's Diner** *($; 1655 West Route 89A, Sedona, ☎ 282-6070)* sert de bons petits déjeuners toute la journée, des hamburgers et des frites, des plats du jour et diverses spécialités de son comptoir à glaces dans une ambiance nostalgique des années cinquante.

Le **Coffee Pot Restaurant** *($; 2050 West Route 89A, Sedona, ☎ 282-6626)*, établi dans la région depuis les années cinquante, s'est surtout fait un nom grâce à ses 101 omelettes. Bien que les rampes en laiton et les sols carrelés créent une certaine ambiance, les banquettes de plastique marron trahissent le caractère décontracté des lieux tandis que pendent aux murs des œuvres signées White Bear, un ancien chef hopi aujourd'hui octogénaire. Vous apprécierez en outre la terrasse extérieure, où l'on fait jouer de la musique douce le matin.

Si vous affectionnez les mets thaïlandais tout en vous souciant de votre santé, essayez le **Thai Spices Natural** *($-$$; 2986 West Route 89A, West Sedona, ☎ 282-0599)*, où l'on ne cuisine qu'avec des ingrédients frais et biologiques. Il s'agit du restaurant du motel White House Inn.

Pour de la bonne cuisine familiale sans artifice, il faut aller au **Irene's Restaurant** *($-$$; Castle Rock Plaza, Sedona, ☎ 284-2240)*, près de l'intersection de la route 179 et de la Verde Valley School Road. Ses desserts maison sont d'ailleurs réputés, comme cette épaisse tarte aux pommes, cette tourte aux pêches ou ces brioches géantes à la cannelle.

Un bon restaurant mexicain est l'**Oaxaca** *($$; 321 route 89A, Sedona, ☎ 282-4179)*, dont la terrasse permet de dîner à la belle étoile tout en admirant la haute ville de Sedona.

On se régale de mets grecs et continentaux au **Fournos Restaurant** *($$; fermé lun-mer, dîner jeu-sam seulement, brunch dim; 3000 West Route 89A, Sedona, ☎ 282-3331)* , aux murs d'un bleu égéen et aux nappes en plastique rehaussées de fleurs fraîchement coupées. Observez le chef à l'œuvre dans sa cuisine ouverte, concoctant des spécialités telles que crevettes Santorini flambées à l'ouzo et garnies de fromage feta au four, ou poisson cuit dans une sauce au yogourt, aux oignons vapeur et au beurre.

Le **Hideway** *($$; route 179, près de la route 89A, Sedona, ☎ 282-4204)*, dont les tables sont disposées sur un balcon dominant la rivière en bordure d'un massif de sycomores, sert essentiellement des mets italiens.

Pour une synthèse de toutes les cuisines ethniques, rendez-vous au **Heartline Café** *($$-$$$; 1610 West Route 89A, Sedona, ☎ 282-0785)*, où les techniques culinaires européennes, méditerranéennes et asiatiques se mêlent pour créer des plats sains et d'une grande originalité tels que ce poulet en croûte Parmentier aux échalotes grillées et aux champignons *shiitake* ou encore ce succulent flétan flambé à la mangue épicée et accompagné de riz violet gluant.

Un mobilier contemporain honore la longue et étroite mezzanine du **Willows Restaurant** du Poco Diablo Resort *($$-$$$; 1752 South Route 179, Sedona, ☎ 282-7333)*, où vous pourrez déguster fruits de mer et biftecks. Les plats finement préparés de cet établissement révèlent des accents du Sud-Ouest tant par leur goût que par les ingrédients qui entrent dans leur composition. Un pianiste exécute en outre ses airs pour votre plaisir tous les dimanches midis à l'occasion du brunch hebdomadaire.

Vues panoramiques et décor élégant vous attendent à la **Yavapai Dining Room** de l'Enchantment Resort *($$$; 525 Boynton Canyon Road, Sedona, ☎282-2900)*. Un des mets typiques du Sud-Ouest qu'on vous propose ici est le carré d'agneau du Colorado rôti dans une pâte aux pistaches, aux fines herbes, à la sauge et aux tomates séchées. Et ne manquez surtout pas le brunch au champagne et au jazz du dimanche.

Un autre excellent restaurant de cuisine continentale est le **Rene at Tlaquepaque** *($$$; route 179, Tlaquepaque, ☎ 282-9225)*, qui se spécialise dans le carré d'agneau coupé à votre table. Son décor provincial français, le plus recherché de tout le Sud-Ouest, en fait un lieu exceptionnel. Possibilité de manger à la terrasse extérieure.

L'Auberge de Sedona *($$$$; 301 L'Auberge Lane, Sedona, ☎ 282-1661)* possède un remarquable restaurant français proposant des dîners mémorables à prix fixe avec vue sur l'Oak Creek. Le menu de six services, qui change tous les soirs, peut comprendre un pâté, un potage, une petite salade de légumes nains et du saumon poché, de l'agneau grillé ou du poulet.

Jerome

Pour un petit déjeuner ou un déjeuner sans façon, essayez le **Flat Iron Café** *($; 416 Main Street, ☎ 634-2733)*, où l'on sert des pâtisseries, des plats végétariens et des sandwichs *panini* arrosés de cafés gastronomiques et de thés dans un décor historique.

Le **Palace Haunted Burger** *($$; 401 Clark Street, ☎ 634-0554)* fera les délices des amateurs de viande puisqu'il se spécialise dans les grillades, steaks, poulet et «côtes levées». Sa chaleureuse salle à manger est garnie d'un foyer et offre une vue sur la vallée Verde sur une distance de 145 km. Vous pouvez également manger à l'extérieur si vous le désirez.

L'endroit chic où dîner à Jerome est la **House of Joy** *($$-$$$; dîner ven-dim seulement; Hull Avenue, ☎ 634-5339)*, qui occupe une maison dont le décor témoigne du passé malfamé : lampes rouges, chandelles rouges, fleurs rouges, napperons rouges... bref, du rouge partout. Le menu d'agneau, de mouton et de volaille demeure somme toute limité. Sur réservation seulement.

Prescott

Le **Dinner Bell Café** *($; 321 West Gurley Street, ☎ 445-9888)* sert une des meilleures cuisines familiales en ville. Sans doute son apparence extérieure n'est-elle pas très invitante, mais prenez la peine d'entrer, et vous aurez tôt fait de découvrir pourquoi il s'agit là d'un des restaurants les plus populaires du centre de l'Arizona. Au petit déjeuner, essayez les crêpes géantes ou les omelettes à trois œufs. Au déjeuner, les côtelettes de porc, le poulet frit, le bifteck de ronde haché et le rôti de bœuf feront votre bonheur. Et n'oubliez pas de goûter la *salsa* maison!

Que ce soit pour le petit déjeuner ou le déjeuner, vous ne vous tromperez pas en vous rendant comme tant d'autres au **Greens and Things** *($; 106 West Gurley Street, ☎ 445-3234)*, où l'on sert des gaufres, des omelettes et des soupes maison.

La **Prescott Pantry** *($; 1201 Iron Springs Road, ☎ 778-4280)*, qui se trouve au centre commercial d'Iron Springs Plaza, est également très bien. Cette boulangerie-épicerie fine et comptoir à vins fait aussi office de restaurant. Plats du jour, sandwichs copieux, pâtisseries fraîches, café express et cappuccino.

Si l'idée de déguster des bières artisanales de la région vous sourit, n'hésitez pas à faire une halte à la **Prescott Brewing Company** *($$; 130 West Gurley Street, ☎ 771-2795)*, tout juste en face du Palais de justice, et ce, aussi bien le midi que le soir. Le mur vitré monté derrière le bar vous permettra d'ailleurs d'observer les artisans à l'œuvre, le fruit de leur labeur se laissant apprécier au bar même ou dans l'une ou l'autre des deux salles à manger superposées de ce restaurant aux allures de pub. Le menu passablement varié de «poisson-frites», hamburgers, salades, *fajitas*, pâtes et pizzas est conçu pour plaire à tous les membres de la famille.

Elmer Young a entrepris de cultiver une terre de 32 ha en 1947, et la visite du domaine de ses rêves, la **Young's Farm** *($$; à l'est de Prescott, à l'intersection des routes 69 et 169, Dewey, ☎ 632-7272)*, est aujourd'hui devenue une tradition arizonienne. On s'y rend à toute époque de l'année, mais les foules sont particulièrement nombreuses lors des festivals saisonniers qu'on y organise. Citrouille (potiron), dinde, maïs doux, légumes et viandes y sont à l'honneur, de même que des délices moins connus tels que le beurre de citrouille, la gelée de maïs hopi et le gâteau fruité. Les lieux sont empreints d'une atmosphère champêtre tout à fait chaleureuse.

Envahi de plantes et jouissant d'une belle vue sur la rivière, le **Prescott Mining Company** *($$-$$$; fermé lun en hiver; 155 Plaza Drive, ☎ 445-1991)* se présente comme un grand restaurant moderne dont l'entrée ressemble à celle d'un puits de mine. Au menu, steaks et fruits de mer.

Parmi les meilleurs restaurants de Prescott, il ne faudrait pas oublier la **Peacock Room** *($$-$$$; 122 East Gurley Street, ☎ 778-9434)* du Hassayampa Inn. Vous y trouverez un menu complet de mets continentaux et américains proposés dans un élégant décor à l'ancienne. Une eau-forte à l'image d'un paon agrémente la porte d'entrée de cette salle à manger Art déco, où vous pouvez prendre place sur une banquette semi-circulaire ou à une table conventionnelle. Des lampes de style Tiffany ajoutent au pittoresque de ces lieux au plafond élevé.

Murphy's *($$-$$$; 201 North Cortez Street, ☎ 445-4044)*, un magasin général vieux de 100 ans aujourd'hui devenu un restaurant populaire, constitue un véritable voyage dans le temps. Une cloison de verre plombé sépare le bar du restaurant, tous deux tapissés de photos de l'époque où Prescott était une ville minière prospère. Des banquettes en acajou et un tapis bordeaux ajoutent au charme de l'établissement. Vous pouvez également prendre un verre au salon, qui donne sur la butte Thumb. Parmi les spécialités de la maison, retenons les fruits de mer grillés sur bois de prosopis et la côte de bœuf accompagnée de pain fraîchement sorti du four.

SORTIES

La région de Flagstaff

La présence de l'université enrichit Flagstaff d'un calendrier culturel chargé et de nombreuses boîtes de nuit animées. Sur le plan culturel, il faut mentionner le **Flagstaff Symphony Orchestra** *(☎ 774-5107)*, le **Coconimo Chamber Ensemble** *(☎ 523-3879)*, la **Master Chorale of Flagstaff** *(☎ 523-2642)*, le **Flagstaff Oratorio Chorus** *(☎ 523-4760)* et le **NAU Opera Theatre** *(☎ 523-3731)*. La majorité des représentations ont lieu au **Coconimo Center for the Arts** *(2300 North Fort Valley Road, Flagstaff, ☎ 779-6921)* ou à la **Northern Arizona University School of Performing Arts** *(angle Riordan Road et Knoles Drive, ☎ 523-3731)*.

Le **Theatrikos Community Theatre Group** se produit, quant à lui, au **Flagstaff Playhouse** *(11 West Cherry Street, Flagstaff, ☎ 774-1662)*.

Pour tout renseignement sur les spectacles présentés au cours de votre séjour, adressez-vous au **Flagstaff Visitor Center** *(101 route 66, Flagstaff, ☎ 774-9541)* ou syntonisez la National Public Radio de l'université (KNAU : 88,7 sur la bande FM).

Le *bluesman* Tommy Dukes fait salle comble tous les lundis soirs, et ce depuis des années, au **Charly's** du Weatherford Hotel *(droit d'entrée; 23 North Leroux Street, Flagstaff, ☎ 779-1919)*. Dukes et ses musiciens se produisent entre 21h et 23h, de même que certains autres soirs à l'occasion; prenez donc la peine de vous informer de l'horaire des spectacles. Micro libre le mardi, tandis que divers autres artistes de jazz et de blues occupent la scène les autres soirs de la semaine.

La **Flagstaff Brewing Company** *(16 East Route 66, Flagstaff, ☎ 773-1442)*, une microbrasserie aménagée à l'intérieur d'un bâtiment historique aux murs de brique apparente et truffé d'antiquités de l'Ouest, propose chaque soir une sélection variable de bières en fût brassées sur place, des ales blondes aux stouts noires. Musique acoustique, blues et *bluegrass* animent les soirées de fin de semaine.

Au **Granny's Closet** *(218 South Milton Road, Flagstaff, ☎ 774-8331)* se presse une foule d'étudiants qui apprécient ses heures joyeuses (de 17h à 19h) et son écran de télévision géant.

«*Allons au Zoo!*» Voilà ce que disent les gens d'ici lorsqu'ils désirent se rendre au **Museum Club** *(3404 East Route 66, Flagstaff, ☎ 526-9434)*, un des meilleurs exemples d'authentiques boîtes western de tout l'Ouest, d'ailleurs souvent tapageuse. L'énorme bâtiment en rondins qui l'abrite fut d'abord un poste de traite doublé d'une boutique de taxidermie en 1931, avant de devenir une boîte de nuit en 1936 (il est aujourd'hui inscrit au registre national des lieux historiques). Un bar en acajou sculpté de 1880 et une étonnante collection de trophées de chasse rehaussent le décor. La piste de danse a été construite autour de cinq troncs de pins ponderosa, et un tronc fourchu forme l'entrée de la boîte. Parmi les artistes country-western légendaires qui se sont produits ici, mentionnons Willie Nelson, Bob Wills et ses Texas Playboys, Commander Cody et les Lost Planet Airmen. Les propriétaires se sont entendus avec une compagnie locale de taxis pour assurer le transport gratuit des clients entre la ville et leur boîte.

La région de Sedona

On s'étonne de ce que Sedona ait aussi peu à offrir en matière de vie nocturne. Le **Samba Café** *(2321 West Route 89A, Sedona, ☎ 282-5219)* fait toutefois exception à la règle, puisque vous pouvez y entendre du jazz de toute première qualité les dimanches et lundis soirs. Il s'agit d'ailleurs d'un rendez-vous prisé des gens du coin qui s'y retrouvent aussi bien pour la détente que pour bavarder et savourer de délicieuses tapas.

Mis à part les bars des grands hôtels (dont celui du Poco Diablo, voué aux sports), il ne vous restera sans doute plus que le **Sedona Arts Center** *(route 89A, à l'intersection avec Art Barn Road, ☎ 282-3809)*. Informez-vous de son programme théâtral et musical.

Jerome

La tradition des saloons de l'Ouest se perpétue à Jerome, dont la boîte la plus populaire est le **Spirit Room** *(droit d'entrée; 166 Main Street, angle Jerome Avenue, ☎ 634-8809)* du vieil hôtel Conner. Des formations musicales s'y produisent les après-midis et soirs de fin de semaine, et l'atmosphère y est on ne peut plus authentique.

Prescott

Si les saloons à l'ancienne vous attirent, ne manquez pas la **Whiskey Row** (l'allée du whisky) de Prescott, directement en face du Yavapai County Courthouse (Palais de justice), sur Montezuma Street, en plein centre-ville. La majorité des bars qui s'y trouvent existent depuis la fin du XIXe siècle, alors qu'ils servaient leur whisky maison, et il s'agit là d'une des artères du péché les plus notoires de l'Ouest américain. De nos jours, ces saloons demeurent authentiquement western, tout comme d'ailleurs une bonne partie de leurs clients.

Parmi les autres établissements typiques du même genre, mentionnons le **Bird Cage Saloon** *(droit d'entrée les fins de semaine; 148 South Montezuma Street)* et le **Billy's Western Bar and Grill** *(droit d'entrée les fins de semaine; 144 South Montezuma Street, ☎ 445-1244)*, qui présente des formations country-western les vendredis et samedis.

Pour une ambiance plus paisible, songez à l'**Eagle's Nest Lounge** du Prescott Resort and Conference Center, où vous pourrez danser et assister à des spectacles. Quant au **Bucky's Casino** *(☎ 776-1666)*, il est adjacent au hall de l'hôtel et reste ouvert jour et nuit.

Prescott possède sa propre troupe de théâtre de répertoire, dont vous pouvez apprécier les productions à longueur d'année au **Prescott Fine Arts Theater** *(208 North Marina Street, ☎445-3286)*. Outre la scène principale, il y a aussi un théâtre pour toute la famille, davantage axé sur les enfants.

MAGASINAGE

La région de Flagstaff

La boutique de souvenirs du **Museum of Northern Arizona** *(3001 North Fort Valley Road, Flagstaff, ☎ 774-5213)* s'impose comme le meilleur endroit en ville pour dénicher d'authentiques œuvres amérindiennes. Vous y trouverez un excellent assortiment de poupées *kachinas,* de carpettes, de «peintures de sable» et d'autres objets d'art et d'artisanat.

L'**Art Barn** *(fermé dim-lun en hiver; 2320 North Fort Valley Road, Flagstaff, ☎ 774-0822)*, située à côté du Coconito Center for the Arts, met en vente des œuvres d'artistes locaux ou vivant sur les réserves avoisinantes. Il s'agit d'une organisation sans but lucratif financée par ses membres et proposant divers services aux artistes tels que cours, espace d'exposition et fonderie (pour les œuvres en bronze).

Flagstaff est également fière de posséder un nombre respectable de galeries d'artisanat régionales, la plupart d'entre elles exposant des œuvres traditionnelles et contemporaines d'artistes navajos et hopis. Une des plus importantes a pour nom **Four Winds Traders** *(fermé dim-lun; 118 route 66, Flagstaff, ☎ 774-1067)*.

En vous promenant dans les environs du centre-ville, vous découvrirez plusieurs postes de traite. À l'est du centre-ville, par exemple, s'impose **Jay's Indian Arts** *(2227 East 7th Avenue, Flagstaff, ☎ 526-2439)*, en activité depuis 1953. La maison dépêche des unités mobiles sur toutes les routes du Sud-Ouest pour acheter tapis, bijoux, poteries, *kachinas* et autres produits artisanaux directement des artistes navajos, hopis, papagos, apaches et pueblos vivant sur les réserves.

La région de Sedona

Le quartier commercial de Sedona figure parmi les trois ou quatre meilleurs de l'Arizona. Plusieurs de ses galeries, boutiques et magasins spécialisés sont de véritables joyaux, résultat de plusieurs années de création inspirée de la part de personnes qui ont longtemps rêvé d'ouvrir un joli commerce à Sedona. La ville compte plus de 60 galeries d'art, la plupart d'entre elles se consacrant aux arts amérindiens traditionnels et contemporains, à l'art «cow-boy» et aux tableaux représentant des paysages. La qualité se veut relativement élevée au sein de ce marché hautement compétitif, et vous pourriez très bien passer toute une journée à arpenter les artères principales pour vous retrouver avec les pieds meurtris et la bourse dégarnie.

Le centre commercial Uptown de Sedona renferme une abondance de belles petites galeries d'art. Une de celles qu'on néglige souvent, mais qui mérite résolument un coup d'œil, est celle du **Sedona Arts Center** *(à l'extrémité nord du centre commercial Uptown, à l'intersection de la route 89A et d'Art Barn Road, Sedona, ☎ 282-3809)*. Vous y trouverez des peintures, des céramiques, des objets en verre et des bijoux d'artistes locaux à des prix abordables en dépit de la grande qualité des pièces.

L'endroit le plus reposant et le plus agréable à parcourir à Sedona est le **Tlaquepaque**, un grand complexe de deux étages qui ne manque pas d'attirer l'attention et qui regroupe des boutiques spécialisées ainsi que des restaurants sur la route 179. Construit selon le style colonial espagnol, avec des murs d'apparence ancienne, des patios, des toits de tuiles et des fleurs à profusion, le Tlaquepaque fait davantage songer au vieux Mexique qu'à ce qu'il est vraiment. Plusieurs commerces, représentatifs des autres, mettent ici l'accent sur les animaux : **Aguajito del Sol** *(☎ 282-5258)* expose des sculptures d'animaux; **Mother Nature's Trading Company** *(☎ 282-5932)* propose non seulement des jouets et des jeux éducatifs, mais aussi des pierres et des minéraux; **Cuddly Coyote** *(☎ 282-4480)* présente un vaste choix d'animaux en peluche, de livres et de vêtements pour enfants. De plus, **Showcase El Mundo** *(☎ 282-1625)*, un studio d'artistes en arts visuels et de la scène, propose des démonstrations montées par les occupants des lieux.

De l'autre côté de l'autoroute, en face du Tlaquepaque, vous trouverez le **Crystal Castle** *(313 route 179, ☎ 282-5910)*, un des plus grands magasins «Nouvel Âge» de cette ville qui, au dire de plusieurs, serait la capitale du «Nouvel Âge» du cosmos tout entier, du moins tel que nous le connaissons. On y vend des livres inusités, de l'encens, des runes, des œuvres d'art visionnaires et, bien entendu, des cristaux. Devant le magasin, un babillard vous permet de consulter la liste de tous les services professionnels alternatifs de la ville : *channellers*, chirurgiens de l'esprit, clairvoyants, kinésiologues, numérologues et bien d'autres encore. Il existe d'autres commerces dans la même veine, dont **Angels, Art & Crystals** *(2445 West Route 89A, ☎ 282-7089)*, le **Golden Word Book Centre** *(3150 West Route 89A,*

☎ 282-2688) et **Crystal Magic** *(2978 West Route 89A, ☎ 282-1622).* Ce n'est pas encore assez? Le **Center for the New Age** *(341 route 179, ☎ 282-1949)* vous renseigne sur les vortex, vous met en contact avec un réseau d'activités «nouvel-âgistes» et organise quotidiennement des séances de psychisme, de même qu'une foire de l'esprit (Psychic Fair) tous les samedis.

Garland's Navajo Rugs *(411 route 179, Sedona, ☎ 282-4070)* possède une des plus importantes collections de tapis navajos au monde puisqu'elle en propose plus de 5 000. Ils pendent tous du plafond, regroupés par thèmes, tantôt humains, tantôt sur fond de tempête. On y vend par ailleurs quelque 500 poupées *kachinas.*

Le **centre commercial Hozho** *(431 route 179, Sedona, ☎ 282-6865)* réunit une variété de boutiques spécialisées et de galeries dont la **Lanning Gallery**, qui présente des œuvres contemporaines d'artistes de l'Arizona, du Colorado, du Nouveau-Mexique et de la Californie, y compris des céramiques représentant des personnages du folklore amérindien signées Susan Wagoda-Bergquist.

The Hillside Courtyard & Marketplace *(671 route 179)* est un centre commercial de deux étages qui rassemble environ 25 boutiques, galeries et restaurants dans un décor de cascades et de sculptures. **Agnisiuh** *(☎ 282-5622)*, un mot sanskrit désignant les flammes créatrices de l'humanité, propose surtout des œuvres d'artistes locaux ayant recours à divers matériaux, mais renferme en outre la collection Greg Rich/Gibson de banjos et guitares exclusifs dont le prix varie de 10 000 $ à 250 000 $, étant décorés à la main de perles, de coquilles d'ormier, de laiton, de cuivre et d'or. À la porte voisine, à l'**Equinox Gallery** *(☎ 204-1477)*, vous découvrirez des bronzes grandeur nature et plus grands que nature, de même que des pièces faisant appel à d'autres supports. **Points West Collections** *(☎ 282-5889)* vend pour sa part des luminaires modernes et novateurs, dont des lampes moulées dans le sable, ainsi que des meubles et des accessoires d'intérieur. Enfin, la **Compass Rose Gallery** *(☎ 282-7904)* recèle une fascinante collection de cartes anciennes, de gravures peintes à la main et de photos historiques, dont beaucoup de la région, tandis que **The Clay Pigeon** *(☎ 282-2862)* se spécialise dans l'artisanat du Sud-Ouest et propose entre autres les originales sculptures de lapins de Jeanne Stevens-Sollman ainsi que des instruments de musique fabriqués à la main.

Le **Sedona Arts Center** *(à la jonction de la route 89A et d'Art Barn Road, Sedona, ☎ 282-3809)* présente des œuvres d'artistes locaux et régionaux. On y organise également des pièces de théâtre et des concerts.

Les fervents du magasinage voudront aussi visiter l'**Oak Creek Factory Outlet**, un centre commercial situé au sud de la ville sur la route 179, dans le village même d'Oak Creek. Il s'agit bien d'un magasin d'usine, mais pas tout à fait comme les autres. Les «usines» représentées ici comprennent en effet **Capezio** *(☎ 284-1910)*, **Jones of New York** *(☎ 284-1919)*, **Mikasa** *(☎ 284-9505)*, **Izod/Gant** *(☎ 284-9844)* et **Anne Klein** *(☎ 284-0407)*, qui sont autant de grands concepteurs de mode proposant ici leur marchandise à rabais.

Jerome

Plusieurs habitants de Jerome sont des artisans, et une simple promenade le long de la tortueuse rue principale vous fera découvrir nombre de boutiques invitantes où s'entassent poteries, bijoux, vêtements faits à la main, verre coloré et autres réalisations artisanales.

À l'**Aurum Jewelry** *(369 Main Street, ☎ 634-3330)*, vous pourrez admirer le travail de créateurs de bijoux contemporains. Près de 50 artisans locaux exposent ici leurs œuvres, qu'il s'agisse d'une cuillère et d'une fourchette sculptées dans le fer, de boucles de ceinture, de couteaux originaux ou de bijoux.

The Copper Shop *(130 Main Street, ☎ 634-7754)* est un bon endroit où dénicher un souvenir rappelant les origines minières de Jerome.

Des canapés de rotin garnis de coussins moelleux vous accueillent chez **Designs on You** *(233 Main Street, ☎ 634-7879)*, un magasin de deux étages qui vend des vêtements en fibres naturelles, des chaussures et de la lingerie.

La **Raku Gallery** *(250 Hull Avenue, ☎ 602-639-0239)* représente environ 100 potiers, souffleurs de verre et autres artistes contemporains, pour la plupart originaires de la région formée par les villes de Sedona, Jerome et Prescott. Faites-y une halte à tout prix, ne serait-ce que pour son mur vitré donnant sur la Verde Valley et le Boynton Canyon.

Ces dernières années, le mouvement artistique de la ville s'est donné comme principal centre d'activité l'**Old Mingus Art Center** *(route 89A)*, si bien qu'il regroupe désormais une multitude de studios et de galeries proposant à peu près de tout, des tableaux aux pièces en verre soufflé. Le plus vaste est l'**Anderson/Mandette Art Studios** *(route 89A, ☎ 634-3438)*, un des plus grands studios d'art privé au pays, à tel point qu'on s'y sent volontiers comme dans un musée. Le rez-de-chaussée abrite des ateliers et une toile de 2,75 m sur 5,20 m intitulée *Arizona*; à l'étage, vous pourrez admirer des tableaux de Robin Anderson et de Margo Mandette.

Prescott

Parce qu'il s'agit d'une ville ancienne, du moins en Arizona, et peut-être aussi parce que Sharlot Hall insistait tant sur l'importance de conserver le moindre objet de l'Arizona du XIXe siècle, Prescott s'avère un bon endroit où faire l'acquisition d'antiquités. Comme dans la plupart des autres endroits où l'on se livre à la chasse aux antiquités, certains articles ne viennent pas de la région même de Prescott, mais plutôt d'autres coins moins visités du pays. Il s'agit néanmoins, dans la majorité des cas, d'objets authentiques, et les amateurs trouveront amplement de boutiques remarquables à distance de marche les unes des autres dans le secteur du centre-ville, surtout sur Cortez Street, entre Gurley et Sheldon.

Certains des meilleurs endroits où admirer la marchandise sont de mini-marchés intérieurs où des groupes choisis de marchands et de collectionneurs font affaire, tels le **Merchandise Mart Antique Mall** *(205 North Cortez Street, ☎ 776-1728)*, le **Prescott Antique & Craft Market** *(115 North Cortez Street, ☎ 445-7156)* et le **Deja Vu Antique Mall** *(134 North Cortez Street,*

☎445-6732), qui possède en outre une buvette.

Un chapelet de boutiques a pris le nom de l'historique hôtel St. Michael, la **St. Michael's Alley** *(110 Montezuma Street)*. On en dénombre en tout une douzaine, dont **Puttin' on the Hats** *(☎ 776-1150)*, qui vend aussi bien des casquettes grecques de marin que des chapeaux de cow-boy. **Lida** *(☎ 771-0274)* s'impose pour sa part comme une boutique de vêtements et de bijoux du Sud-Ouest, entièrement fabriqués dans ses ateliers.

Des cerfs empaillés accueillent les clients du **The Cattleman's Shop** *(124 Whiskey Row, ☎ 445-8222)*, où vous trouverez un assortiment complet de vêtements western, des éperons aux robes à froufrou pour futures *cow-girls*.

Sun West *(152 South Montezuma Street, ☎ 778-1204)* s'impose comme une des meilleures galeries d'art de la ville. Des artistes locaux et du reste de l'Arizona y vendent sculptures, poteries, meubles, tableaux et bijoux, et l'on y trouve même des tapis tissés par les Indiens zapotèques.

Parmi les autres galeries dignes de mention qui exposent et vendent des œuvres d'artistes locaux, retenons la **Prescott Fine Arts Gallery** *(208 North Marina Street, ☎ 445-3286)*, la **Mountain Artists Guild** *(701 Ruth Street, ☎ 445-2510)* et la **Yavapai College Gallery** *(1100 East Sheldon Street, ☎ 445-7300)*.

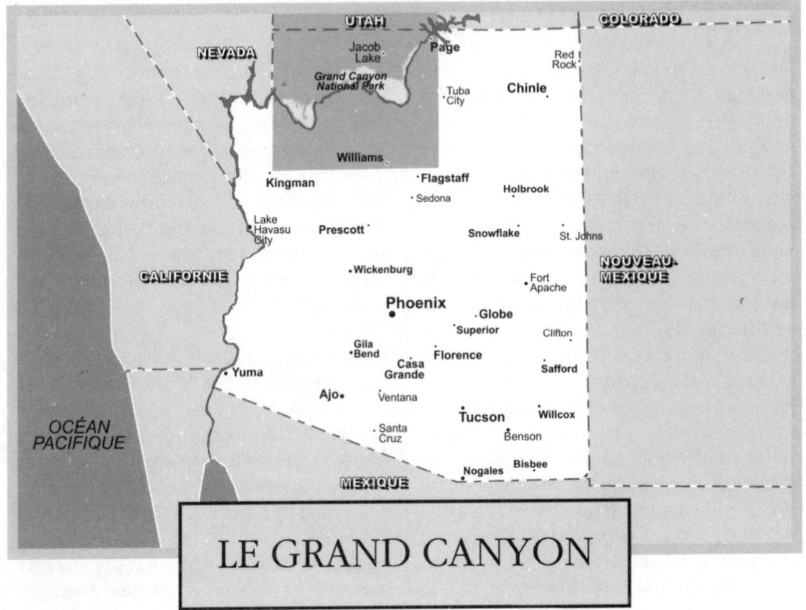

LE GRAND CANYON

Magnifique, splendide, renversant... Aucune hyperbole ne semble trop forte pour décrire le **Grand Canyon ★★★**, et pour cause. Aussi exceptionnels qu'aient pu être les plus beaux paysages que vous avez vus au cours de votre existence, aucun ne se compare à l'incroyable gouffre qui couvre tout le nord-ouest de l'Arizona.

Le Grand Canyon surgit comme une surprise. Que vous l'approchiez par le sud (South Rim) ou par le nord (North Rim), aucun indice ne vous permet de deviner sa présence jusqu'à ce que vous vous retrouviez soudainement au bord de l'abîme, large d'une vingtaine de kilomètres entre ses deux versants et profond d'environ 1,5 km jusqu'au fleuve Colorado, ce filet d'argent qui serpente dans les profondeurs du gouffre. Où que vous soyez sur le bord de la falaise, vous serez saisi par l'immense vacuité silencieuse du canyon, et vous vous émerveillerez devant la masse imposante de ses parois striées de couches colorées de grès, de calcaire et de schiste.

Il y a maintenant de cela plus de cinq millions d'années, le fleuve Colorado commençait à creuser ce canyon, qui offre aujourd'hui une vue panoramique sur l'histoire géologique du Sud-Ouest. Emportant avec lui sédiments, fossiles et débris de grès et de calcaire, le fleuve s'est lentement frayé un chemin à travers les formations paléozoïques et précambriennes. Les strates de roc mises à nu par l'érosion sur les parois du Grand Canyon datent de 250 millions à plus de deux milliards d'années, ce qui en fait les plus anciennes couches géologiques visibles à la surface du globe. Et lorsque l'homme a enfin fait son apparition, le canyon s'enfonçait déjà presque jusqu'à la couche basale, formée de schiste.

Le Grand Canyon porte bien son nom, puisqu'il s'agit sans doute de la plus imposante formation géologique qui soit. Il est aussi long que n'importe quelle chaîne montagneuse des Rocheuses, et aussi profond que les plus hauts sommets de ces mêmes chaînes peuvent être élevés. Pendant des siècles, il a constitué le plus redoutable obstacle naturel aux déplacements à travers les territoires de l'Ouest, et, à ce jour, aucune route n'a jamais pénétré les régions sauvages qui s'étendent sous les arêtes supérieures de ses versants. Peu importe le nombre de photographies que vous puissiez prendre, de tableaux que vous puissiez peindre ou de cartes postales que vous puissiez acheter, vous ne capturerez jamais réellement la vue qu'on peut avoir en se tenant n'importe où au bord du Grand Canyon. L'esprit même ne peut le concevoir pleinement, et, même si vous l'avez déjà vu cent fois, son spectacle vous inspirera toujours la même fascination que la première fois où vous avez eu la chance de le contempler dans toute sa grandeur.

Le Grand Canyon s'étend d'est en ouest sur quelque 450 km entre la frontière occidentale de la réserve navajo et les environs du lac Mead, à la frontière du Nevada. Seule la plus haute section de chaque versant est accessible en véhicule motorisé, et la plus grande partie du Grand Canyon National Park, aussi bien au-dessus qu'au-dessous des replats comme tels, constitue une région sauvage qu'on ne peut explorer qu'à pied ou en canot pneumatique.

Le South Rim (versant sud) et le North Rim (versant nord) forment à vrai dire deux destinations distinctes, séparées l'une de l'autre par 350 km de route. Ce chapitre couvre la partie développée du parc national en marge des deux versants. Les plus aventureux y trouveront en outre différentes possibilités de randonnée dans le canyon même, ainsi que deux régions moins connues et difficiles d'accès : le Toroweap Point, sur la bande arizonienne du North Rim, et la zone panoramique qui s'étend sous le village amérindien de Supai, sur le South Rim.

Avec plus de quatre millions de visiteurs par année, le Grand Canyon est sans contredit l'un des parcs nationaux les plus fréquentés des États-Unis. Certains viennent simplement y embrasser les panoramas à couper le souffle, alors que d'autres s'y attaquent aux pistes de randonnée les plus exigeantes de tout le pays ou explorent les étroites gorges et crevasses à dos de mulet. Or, quel que soit votre objectif en visitant le Grand Canyon, vous ne le regretterez pas, soyez-en assuré.

POUR S'Y RETROUVER SANS MAL

L'indicatif régional est le 520, si non indiqué.

En voiture

Le **North Rim** du Grand Canyon se trouve au bout de la route 67, qui se détache de la route 89A au village touristique de **Jacob Lake**. Il est à près de 250 km de l'autoroute inter-États la plus proche, la **route 15** (sortie 15 au nord de St. George, Utah), mais peut facilement être rejoint en une matinée au départ du Zion National Park, du Bryce Canyon National Park ou du lac Powell.

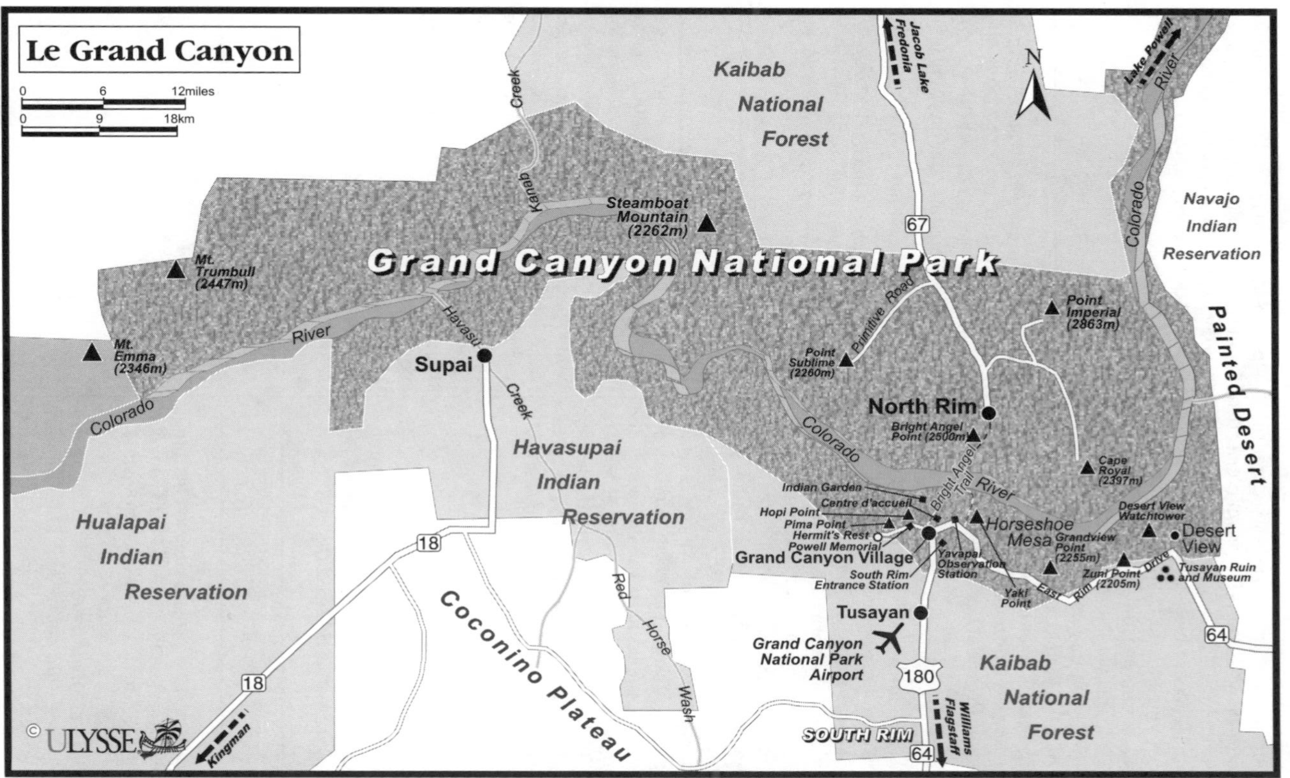
Le Grand Canyon
0 6 12miles
0 9 18km
Grand Canyon National Park
Kaibab National Forest
Jacob Lake
Fredonia
Lake Powell
River
67
Steamboat Mountain (2262m)
Kanab
Creek
Mt. Trumbull (2447m)
Mt. Emma (2346m)
River
Colorado
Havasu
Supai
Creek
Havasupai Indian Reservation
Hualapai Indian Reservation
18
Coconino Plateau
Red Horse Wash
Kingman
© ULYSSE
Navajo Indian Reservation
Colorado
Painted Desert
Point Imperial (2863m)
Primitive Road
Point Sublime (2260m)
North Rim
Bright Angel Point (2500m)
Colorado
Cape Royal (2397m)
Bright Angel Trail
River
Indian Garden
Centre d'accueil
Hopi Point
Pima Point
Hermit's Rest
Powell Memorial
Grand Canyon Village
South Rim Entrance Station
Yavapai Observation Station
Yaki Point
Horseshoe Mesa
Grandview Point (2255m)
Desert View Watchtower
Desert View
Zuni Point (2205m)
East Rim Drive
Tusayan Ruin and Museum
64
Tusayan
Grand Canyon National Park Airport
180
Williams
Flagstaff
SOUTH RIM
64

Bien que seulement 19 km séparent le North Rim du South Rim à vol d'oiseau, la distance la plus courte entre les zones accessibles aux visiteurs des deux versants du Grand Canyon est de 348 km en passant par l'extrémité est du canyon via les routes 67, 89A, 89 et 64, et en traversant le fleuve Colorado sur le **Navajo Bridge**. Le seul autre moyen pour aller d'un versant à l'autre en voiture consiste à passer par **Las Vegas** (Nevada), un trajet de plus de 800 km!

De la route 40, les automobilistes roulant vers l'est peuvent atteindre **Grand Canyon Village**, sur le **South Rim**, en sortant à **Williams** et en franchissant 92 km vers le nord sur la route 64, puis la route 180. Les automobilistes roulant vers l'ouest quitteront la route inter-États à **Flagstaff** et auront alors le choix entre le chemin le plus court, via **Grand Canyon Village** (127 km par la route 180), ou le chemin le plus long, qui longe la bordure du canyon sur 40 km (169 km par la route 89, puis la route 64). Ces deux parcours forment une boucle spectaculaire au départ de Flagstaff.

La location d'une voiture

La seule agence de location présente au Grand Canyon Airport est **Budget Rent A Car** *(☎ 800-527-0700)*.

En avion

Au départ de presque toutes les grandes villes, vous pouvez vous envoler vers le **Grand Canyon Airport**, situé à Tusayan, tout près de l'entrée sud du parc national. Parmi les compagnies aériennes qui desservent cet aéroport, mentionnons Air Nevada, Air Vegas, Alpha Air, Argosy Airlines, Arizona Pacific, Eagle Canyon, National Park Airways et Scenic Airlines. Une navette relie chaque heure l'aéroport à Grand Canyon Village.

En autocar

Nava-Hopi Xpress *(114 West Santa Fe Avenue, Flagstaff, ☎ 774-5003)* dessert le South Rim du Grand Canyon, de même que Flagstaff, Sedona, Williams et Phoenix.

Trans Canyon Shuttle *(Tusayan, ☎ 638-2820)* relie chaque jour les deux versants du Grand Canyon National Park.

RENSEIGNEMENTS PRATIQUES

Le **Grand Canyon Visitor Center** *(☎ 602-638-7888)* se trouve à environ 1,5 km de Grand Canyon Village. Nous vous suggérons de laisser votre voiture au village et de vous rendre à pied au centre d'accueil des visiteurs en empruntant la Rim Trail, revêtue et somptueusement panoramique. (Si vous ne logez pas dans les établissements du parc, vous pouvez faire l'inverse, c'est-à-dire garer votre voiture au centre d'accueil des visiteurs et marcher jusqu'au village.) La section la plus intéressante du centre d'accueil est l'exposition, sur la place centrale extérieure, des embarcations qui ont été utilisées pour explorer le Grand Canyon par la voie des eaux.

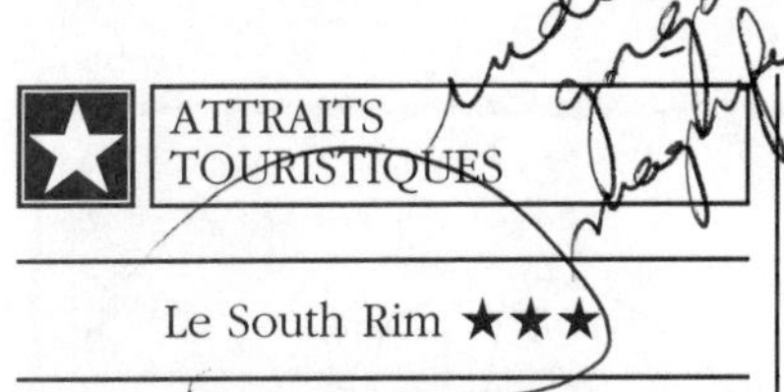

ATTRAITS TOURISTIQUES

Le South Rim ★★★

Le South Rim du Grand Canyon constitue la zone la plus fréquentée du parc. Il n'est donc pas étonnant qu'on y trouve la majeure partie des installations touristiques. Les nombreux sentiers qui partent de ce versant vers le fond du canyon ou les arêtes rocheuses en font un excellent point de départ.

De **Grand Canyon Village ★**, le vaste complexe d'hôtels, de restaurants et de boutiques situé sur le bord même du canyon près de l'entrée sud du parc, deux routes revêtues partent dans des directions opposées. **L'East Rim Drive ★★** parcourt 40 km vers l'est, jusqu'à l'entrée est du parc, celle-là même où vous arriverez si vous venez du North Rim, du lac Powell ou de la réserve navajo. Le premier attrait que vous croiserez en entrant dans le parc par l'East Rim Drive est la **Desert View Watchtower ★★**, une tour d'observation construite au cours des années trente à l'image d'une ancienne structure hopi. Elle vous offre la première vue panoramique sur le canyon. En poursuivant votre route sur l'East Rim Drive en direction de Grand Canyon Village, d'autres postes d'observation se présenteront à vous (**Lipan Point, Zuni Point, Grandview Point ★★, Yaki Point**...), chacun révélant un aspect différent de l'immensité du canyon.

Un musée intéressant mérite d'être visité sur l'East Rim Drive. Le **Tusayan Museum**, situé à 5 km à l'ouest de l'entrée est du parc, propose une exposition sur les Indiens hopis et leurs ancêtres, les Anasazis, qui vivaient jadis en bordure du canyon. Selon la croyance des Hopis, le canyon serait le *sipapu*, ou le trou par lequel les premiers habitants de la Terre seraient passés du sommet de la plus haute montagne de leur monde précédent à notre monde.

La **Yavapai Observation Station** (☎ *638-7888*), située à environ 800 m à l'est du centre d'accueil des visiteurs, offre une vue spectaculaire sur le Grand Canyon; de là, vous pourrez voir le Phantom Ranch, le fleuve Colorado et le pont noir de la Kaibab Trail qu'empruntent les randonneurs pour franchir le fleuve. On y présente chaque jour plusieurs activités d'interprétation, y compris des promenades guidées le long du canyon et des exposés sur la géologie des lieux.

La **West Rim Drive ★★★**, qui borde le canyon sur 13 km à l'ouest de Grand Canyon Village, est fermée aux véhicules privés durant les mois d'été et ne leur est de nouveau accessible qu'en octobre. Les visiteurs peuvent néanmoins la parcourir à bord de la navette gratuite du parc (marron et ocre), qui part du West Rim Interchange, tout près du Bright Angel Lodge. Départs aux 15 min environ à compter de 7h30, et jusqu'au coucher du soleil; il faut environ 90 min pour boucler la boucle (à condition de ne faire aucune halte).

On y croise, entre autres, le **Powell Memorial**, honorant la mémoire du major John Wesley Powell, l'aventurier privé d'un bras qui explora le premier le Grand Canyon pour le compte du gouvernement américain à bord d'un bateau en bois en 1869.

La route épouse les contours du canyon et vous entraîne de point d'observation en point d'observation, tous plus spec-

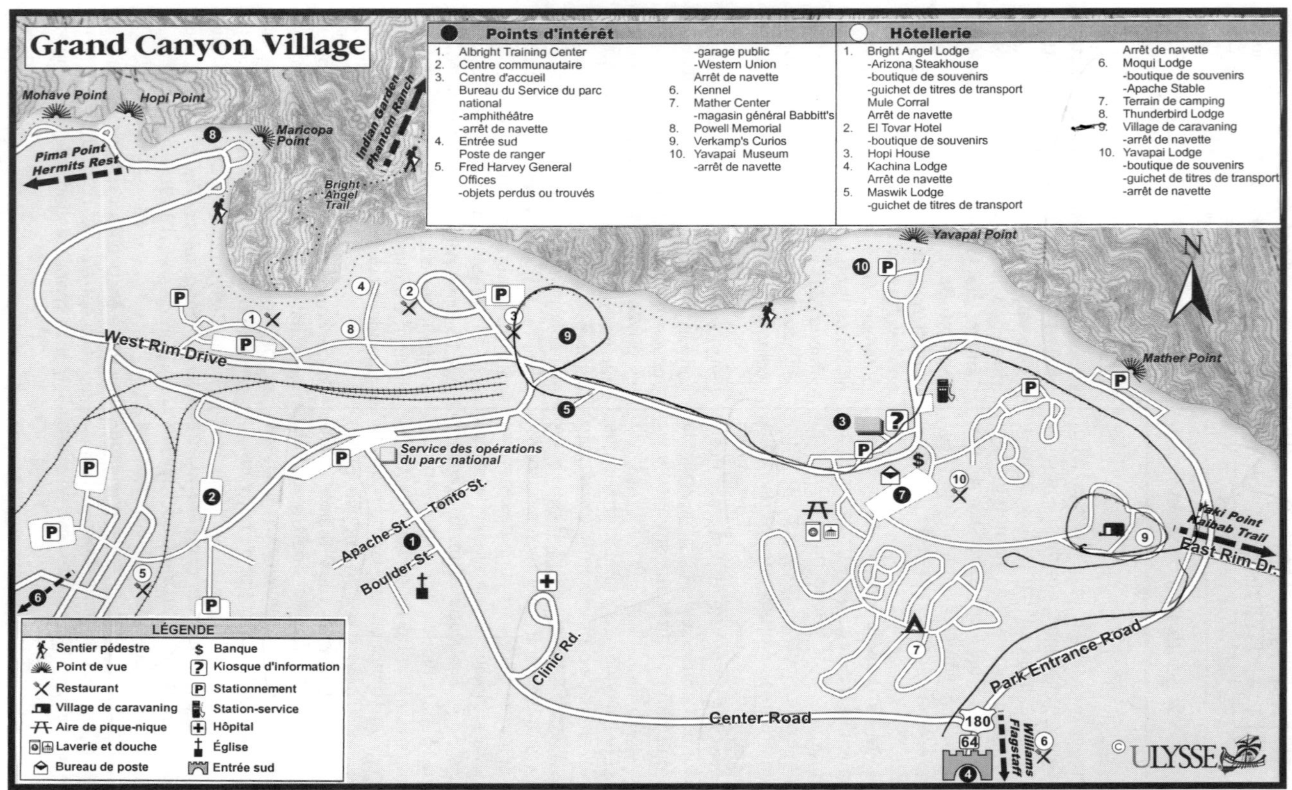
Grand Canyon Village
Points d'intérêt
1. Albright Training Center
2. Centre communautaire
3. Centre d'accueil
Bureau du Service du parc national
-amphithéâtre
-arrêt de navette
4. Entrée sud
Poste de ranger
5. Fred Harvey General Offices
-objets perdus ou trouvés
-garage public
-Western Union
Arrêt de navette
6. Kennel
7. Mather Center
-magasin général Babbitt's
8. Powell Memorial
9. Verkamp's Curios
10. Yavapai Museum
-arrêt de navette
Hôtellerie
1. Bright Angel Lodge
-Arizona Steakhouse
-boutique de souvenirs
-guichet de titres de transport
Mule Corral
Arrêt de navette
2. El Tovar Hotel
-boutique de souvenirs
3. Hopi House
4. Kachina Lodge
Arrêt de navette
5. Maswik Lodge
-guichet de titres de transport
Arrêt de navette
6. Moqui Lodge
-boutique de souvenirs
-Apache Stable
7. Terrain de camping
8. Thunderbird Lodge
9. Village de caravaning
-arrêt de navette
10. Yavapai Lodge
-boutique de souvenirs
-guichet de titres de transport
-arrêt de navette
Mohave Point
Hopi Point
Maricopa Point
Pima Point
Hermits Rest
Indian Garden
Phantom Ranch
Bright Angel Trail
Yavapai Point
Mather Point
N
West Rim Drive
Service des opérations du parc national
Tonto St.
Apache St.
Boulder St.
Clinic Rd.
Center Road
Park Entrance Road
Yaki Point
Kaibab Trail
East Rim Dr.
180
64
Williams
Flagstaff
© ULYSSE
LÉGENDE
Sentier pédestre
Point de vue
Restaurant
Village de caravaning
Aire de pique-nique
Laverie et douche
Bureau de poste
$ Banque
Kiosque d'information
Stationnement
Station-service
Hôpital
Église
Entrée sud

taculaires les uns que les autres. Le **Pima Point**, plus particulièrement, présente une des plus belles vues qui soient sur cette merveille de la nature, tandis qu'une des plus longues sections du fleuve se fait visible du **Mohave Point**.

Le tracé de la West Rim Drive prend fin à un endroit connu sous le nom de **Hermit's Rest**, un ancien campement pour touristes où l'on trouve encore un casse-croûte et le point de départ d'une piste de randonnée. Il s'agit de l'endroit le plus couru pour admirer les couchers de soleil.

Vous pouvez faire un voyage romantique dans le passé sur le ***Grand Canyon Railway*** ★ *(route 40, Williams, ☎ 800-843-8724)* (voir p 246). Ce train à vapeur du début du siècle quitte Williams le matin pour une balade de deux heures et demie à travers la Kaibab National Forest, en empruntant le tracé qui amenait les premiers touristes dans le parc national; arrivée autour de midi à la gare historique du Santa Fe Railroad de Grand Canyon Village, datant de 1908. Le trajet de retour en direction de Williams s'effectue en fin d'après-midi. Le train circule chaque jour d'avril à octobre, et un peu moins souvent le reste de l'année.

Tout juste avant l'entrée sud du parc, la petite ville de Tusayan possède un **Cinéma IMAX** *(☎ 638-2203)*, où l'on présente des films sur le Grand Canyon, sur un écran semi-circulaire large de 25 m et aussi haut qu'un édifice de sept étages (son Dolby stéréo enregistré sur une bande six pistes). Certains s'interrogeront sur l'intérêt de voir des films du Grand Canyon alors qu'il ne se trouve qu'à quelques minutes de route, mais ces projections permettent d'apprécier d'autres dimensions de cette merveille naturelle en offrant des prises de vue aériennes, d'autres capturées à bord de canots pneumatiques, et d'autres encore de certaines parties du canyon auxquelles on n'accède que très difficilement.

Les plus aventureux connaîtront une expérience fascinante en parcourant à pied une certaine zone du fleuve près de l'extrémité ouest du canyon, qu'aucun autre moyen ne permet d'explorer. La **Havasu Canyon Trail** *(26 km)*, entièrement sur le territoire de la réserve amérindienne havasupai, peut être rejointe en quittant la route inter-États à Seligman (direction ouest) ou à Kingman (direction est) et en poursuivant jusqu'à l'embranchement de Supai, près de Peach Springs. De là, la route de Supai défile sur 100 km avant que le revêtement ne prenne fin. Dix-huit kilomètres plus loin, la route se termine en cul-de-sac, et un sentier pédestre descend de plus de 600 m en l'espace de 13 km jusqu'au village amérindien de **Supai**, qui compte environ 500 habitants. Tous les randonneurs doivent d'abord s'enregistrer auprès des autorités tribales. Ensuite, la piste s'enfonce sur environ 6 km dans le Havasu Canyon, un canyon auxiliaire du Grand Canyon où l'on trouve trois grandes chutes d'eau au pied desquelles s'étendent de grands bassins idéals pour la baignade : les Navajo Falls (23 m), Havasu Falls (30 m) et Mooney Falls (61 m). Vous trouverez un terrain de camping près de Mooney Falls, après quoi la piste continue à descendre le fleuve Colorado au fond du Grand Canyon, alors qu'un autre sentier bifurque vers le Beaver Canyon, où se trouve une autre chute. Que vous ayez l'intention de dormir au camping ou au chalet moderne de Supai, il est essentiel de réserver. Pour le camping, adressez-vous à la Havasupai Tourist

Enterprise *(Supai, AZ 86435, ☎ 448-2121)*; pour le chalet, consultez la section «Hébergement du South Rim», p 260.

Williams et ses environs

Le village de montagne historique de **Williams ★**, niché dans la forêt de pins ponderosa du nord de l'Arizona, demeure relativement peu visité. Cela dit, il se trouve à moins de 100 km du Grand Canyon et déploie tous les efforts nécessaires pour figurer sur un plus grand nombre de cartes touristiques, entre autres en se donnant l'appellation (dûment enregistrée) de «Porte d'entrée du Grand Canyon». Fondé en 1882, longtemps avant la création de sa dynamique chambre de commerce, Williams avait la réputation d'être un rude centre d'exploitation forestière où logeait une faune tapageuse. En face des cours de triage surgirent en effet des bordels et des fumeries d'opium attirant bûcherons, ouvriers chinois, employés de chemin de fer et cow-boys. À cette époque, le chemin boueux qui traversait la petite localité faisait partie du réseau de pistes connu sous le nom d'Old Trails Highway. Puis, dans les années vingt, ce même tronçon fut intégré au réseau routier national et vint enrichir l'héritage culturel du pays en tant que la célèbre Route 66. Lorsque le réseau autoroutier des États-Unis supplanta la vieille Route 66, Williams fut la dernière petite ville du tracé à se voir outrepassée par l'autoroute, de sorte qu'elle put tenir le coup jusqu'en 1984.

Aujourd'hui, nombre des bâtiments qui bordent les avenues Bill Williams et Railroad (d'anciennes voies d'accès à la Route 66) figurent au registre national des constructions historiques et abritent désormais des galeries d'art et d'artisanat exposant des objets amérindiens et de l'Ouest américain, de même que des magasins d'antiquités, des restaurants et quelques saloons.

Ce village de 2 700 habitants, qui compte une bonne douzaine de motels datant de l'époque glorieuse de la Route 66, est en quelque sorte un pittoresque musée vivant perpétuant la mémoire d'une ère révolue dans la culture américaine. Mais «pittoresque» ne veut pas forcément dire «complètement perdu»; à preuve, la chambre de commerce de Williams exploite son propre site Web (*www.the grandcanyon.com*).

Le premier endroit où s'arrêter à Williams est sans conteste le **centre d'accueil des visiteurs** *(200 West Railroad Avenue, Williams, ☎ 635-4061)*, aménagé dans l'ancien dépôt du chemin de fer de Santa Fe. Vous y trouverez des brochures et dépliants sur les attraits de la région et pourrez y obtenir des renseignements sur les lieux d'hébergement, les restaurants et la visite du Grand Canyon.

En quittant le centre d'accueil, il est relativement aisé de parcourir le centre-ville à pied. En effet, le **cœur historique** de Williams ne couvre pas plus de quatre rues dans un sens comme dans l'autre le long des avenues Bill Williams et Railroad. La plupart des boutiques et galeries d'intérêt s'alignent par ailleurs sur l'avenue Bill Williams, qui ne se trouve qu'à deux rues du centre d'accueil. Les trottoirs ont été revêtus de brique, et la majorité des édifices construits au tournant du siècle ont été restaurés; ils accueillent aujourd'hui des galeries où vous pourrez admirer des œuvres d'art, des bijoux et des produits

Le chemin de fer du Grand Canyon

Il y a un siècle, les premiers touristes à visiter le Grand Canyon devaient supporter un long voyage cahoteux et poussiéreux à dos de cheval ou en diligence. Il n'est donc pas étonnant qu'aussi peu de gens s'y soient vraiment intéressés à cette époque. Des entreprises minières, forestières et d'élevage avaient, depuis un certain temps déjà, stimulé la construction d'un réseau ferroviaire partiel dans la région; mais ce n'est qu'en 1901, date à laquelle le Grand Canyon fut intégré aux grandes réserves naturelles du pays, que les compagnies ferroviaires d'Atchison, Topeka et Santa Fe achevèrent un tronçon reliant Williams et le versant sud du canyon. Le chemin de fer, de concert avec la Fred Harvey Company, contribua alors à faire du Grand Canyon un attrait touristique majeur. Deux fois par jour, des trains à vapeur quittaient désormais le dépôt ferroviaire de Williams à destination du South Rim. Au fil des ans, jusqu'en 1968, l'année où le train fit son dernier voyage, des millions de visiteurs ont emprunté ce moyen de transport pour se rendre au canyon, parmi lesquels Theodore Roosevelt, Franklin D. Roosevelt, John Muir et Jimmy Durante.

En 1989, l'homme d'affaires arizonien Max Biegert et son épouse Thelma se portèrent acquéreurs du chemin de fer. Ils firent restaurer ou reconstruire les locomotives à vapeur et les voitures de passagers, puis, le 17 septembre de cette même année, soit 88 ans après l'inauguration de la première ligne touristique, ils rétablirent le service quotidien entre Williams et le South Rim. Aujourd'hui, environ 130 000 personnes prennent quotidiennement place à bord de ce moyen de transport, ce qui permet d'éloigner quelque 50 000 véhicules du versant sud du Grand Canyon – une véritable bénédiction en regard des embouteillages et de la pollution engendrés par l'incommensurable circulation automobile dont le parc est victime.

Le chemin de fer du Grand Canyon est exploité toute l'année. Le train part du dépôt ferroviaire de Williams à 9h30 pour entreprendre son périple de 65 km jusqu'au South Rim, qu'il atteint en deux heures et demie. Avant de monter à bord des voitures Harriman de 1923, entièrement restaurées, les passagers ont droit à un spectacle de cow-boys sur la place du dépôt. Une fois à bord, des musiciens se déplacent de voiture en voiture tandis qu'on sert des casse-croûte et des boissons à l'intérieur de la voiture-restaurant. Au cours du trajet, à la sortie d'une courbe, le paysage des hautes terres arizoniennes coiffées de pins ponderosa cède le pas à la grande plaine. Parvenu au parc, vous aurez le temps d'effectuer l'une ou l'autre des quatre visites en autocar du South Rim qui vous sont proposées (dont trois comprennent un déjeuner à la cafétéria) avant de reprendre le train pour Williams à 15h. Et une fois de plus, outre le plaisir de partager votre expérience du Grand Canyon avec les autres voyageurs, des musiciens égayeront votre voyage. On raconte par ailleurs que, à l'occasion, des voleurs de grand chemin s'attaquent au train sur le chemin du retour!

L'aller-retour est d'environ 50 $ pour les adultes et de 20 $ pour les enfants de 3 à 16 ans. Un supplément vous donnera accès aux classes «Club» et «Chief», et vous avez aussi la possibilité de ne prendre qu'un aller simple ou de prévoir passer une nuit sur le versant sud du canyon. Pour information et réservations, ☎ 800-843-8724.

d'artisanat amérindien ou de l'Ouest américain, des magasins d'objets à collectionner, des restaurants et deux ou trois authentiques saloons de l'époque de la Route 66.

The Grand Canyon Railway ★ *(Williams Depot, angle Railroad Avenue et Grand Canyon Boulevard, Williams, ☎ 773-1976 ou 800-THE-TRAIN; www.thetrain.com)*se trouve tout juste de l'autre côté des voies ferrées qui le séparent du centre d'accueil des visiteurs, à l'intérieur de l'historique Williams Depot, construit en 1908. Tiré par des locomotives à vapeur du début du siècle (en été) ou par des engins diesel des années cinquante (en hiver), le train quitte Williams le matin en direction de la Kaibab National Forest et du Grand Canyon, suivant le même tracé qui permit aux premiers visiteurs de la région d'atteindre le parc. Le trajet dure deux heures et demie, et le retour du Grand Canyon s'effectue en milieu d'après-midi. Les trains circulent toute l'année, et le dépôt ferroviaire recèle également un petit musée bien conçu sur l'histoire de la région et de son chemin de fer.

En parcourant une vingtaine de kilomètres vers le sud sur **Perkinsville Road** (localement connue sous le nom de South Road), vous atteindrez des prés où, à la tombée du jour, il n'est pas rare de voir des cerfs et des élans sortir de la forêt pour brouter sous les derniers rayons du soleil. Au début d'octobre, lorsque les trembles revêtent leurs parures d'or et de rouge enflammé, il est d'ailleurs particulièrement charmant d'emprunter cette route pour admirer les feuillages d'automne.

Les mois d'été, de juin à août, se prêtent bien à la visite du **Grand Canyon Deer Farm Petting Zoo** *(droit d'entrée; ouvert toute l'année, sauf certains jours d'hiver trop rigoureux; 100 Deer Farm Road, sortie 171 de la route 40, ☎ 635-4073 ou 800-926-3337)*. C'est en effet à cette époque de l'année que naissent les petits des hôtes de ce parc, qu'on peut parcourir à pied. Bien que la plupart des animaux (antilopes d'Amérique, bisons, porcs ventrus, dindons, wallabys et rennes) vivent dans des enclos, plusieurs espèces de cerfs et certaines variétés de chèvres errent librement et enfoncent volontiers leur museau dans vos mains en quête de nourriture. Si vous prenez la peine d'acheter de la nourriture pour eux avant d'entrer dans le parc, vous serez donc assuré de les voir de très près.

Les amateurs d'aviation voudront sans doute faire une halte au **Planes of Fame Air Museum** *(droit d'entrée; tlj, sauf à la Thanksgiving et à Noël; Grand Canyon Valle Airport, à la jonction des routes 64 et 180, Valle, ☎ 635-1000)*, environ à mi-chemin entre Williams et le Grand Canyon. Les appareils historiques exposés ici, dont beaucoup entièrement restaurés et à même de voler, couvrent un large pan de l'épopée aérienne depuis la Première Guerre mondiale jusqu'à l'ère des grands supersoniques. Outre un trimoteur Ford de 1928, le premier avion de ligne d'Amérique, vous y trouverez plusieurs avions de combat de même que *Bataan,* le «Lockheed Constellation» du général Douglas MacArthur (un supplément est exigé pour la visite de cet appareil).

Non loin du musée de l'aviation surgit une vision inattendue, à savoir **Bedrock City** *(droit d'entrée; à la jonction des routes 64 et 180, Valle, ☎ 635-2600)*, une sorte de parc thématique aux couleurs de dessins animés où vous pourrez visiter les maisons de Fred Caillou et Arthur Laroche, ainsi que la prison et l'école du village des *Pierrafeu*. L'esprit qui anime ce dessin animé de Hanna-Barbera brille toutefois par son absence, puisque vous n'y verrez pas de personnages costumés, sans compter que les allées de scories ne facilitent pas la promenade. Un terrain de camping, un café et une boutique de souvenirs vous attendent sur les lieux.

Le North Rim ★★

Le North Rim du Grand Canyon reçoit environ 10 fois moins de visiteurs que le South Rim. Complètement enneigé en hiver du fait de son élévation supérieure de 365 m à celle du South Rim, le North Rim n'est ouvert au public que de la mi-mai à octobre, tandis que le South Rim demeure accessible toute l'année. Qui plus est, le South Rim présente l'avantage marqué de se trouver beaucoup plus près d'une autoroute inter-États et des grands centres urbains du sud de l'Arizona et de la Californie. Mais si votre visite du Sud-Ouest inclut des destinations comme la réserve navajo, le lac Powell et les parcs nationaux du Bryce Canyon et de Zion, ou même Las Vegas, vous vous trouverez beaucoup plus près du North Rim et aurez ainsi l'occasion d'explorer cette partie plus fraîche et plus paisible du canyon.

Avant de pénétrer dans le parc au départ de Jacob Lake, arrêtez-vous au nouveau **Kaibab Plateau Visitor Center** *(mai à fin oct; à la jonction des routes 89 et 67, Jacob Lake, ☎ 643-7298)*, où une petite exposition fournit certains détails sur la population humaine et animale du plateau. Un ranger en poste se fera un plaisir de répondre à vos questions.

La route 67 (aussi connue sous le nom de Kaibab Plateau North Rim Parkway), qui traverse le **plateau de Kaibab** avant d'atteindre le parc, serpente à travers une forêt de pins ponderosa, de peupliers faux-trembles, d'épinettes bleues et de Douglas taxifoliés, de même que de vastes prés de montagne où vous pourriez apercevoir (surtout de bon matin et en début de soirée) des bisons, des cerfs-mulets et d'autres animaux en train de brouter. En automne, les massifs de trembles irisent en outre le paysage de chatoyants et frémissants reflets de jaune et d'orangé.

Plusieurs kilomètres passé l'entrée du parc, l'embranchement de Fuller Canyon Road donne accès aux routes panoramiques que sont la **Point Imperial Road** et la **Cape Royal Road**. À 2 683 m d'altitude, le **Point Imperial** marque la plus haute élévation des deux versants et offre une vue saisissante sur le mont Hayden, une immense flèche de grès sculptée par les éléments, de même que sur la partie orientale du canyon. Quant à la Cape Royal Road, elle conduit à la **Vista Encantadora**, au **Painted Desert Overlook** et au **Walhalla Overlook**, en face duquel se dressent d'anciennes ruines anasazis, de l'autre côté de la route. Ce tracé prend fin au **Cape Royal** ★, où vous pourrez faire une promenade «autoguidée» le long d'un sentier permettant d'admirer le fleuve Colorado et la grande arche naturelle baptisée du nom d'Angels Window (fenêtre des anges). Le Cape Royal est également prisé de beaucoup pour la vue qu'on y a des levers et des couchers de soleil. (Notez que des visites commentées du Cape Royal et du Point Imperial sont offertes. Vous obtiendrez tous les renseignements nécessaires au comptoir touristique aménagé dans le hall du Grand Canyon Lodge.)

La route 67 aboutit au **Grand Canyon Lodge ★**, bâti de pierre et de bois de la région, et perché tout au bord du ravin. Des vérandas aménagées de part et d'autre du chalet présentent de beaux points de vue sur le canyon. Et le soir venu, les lumières de Grand Canyon Village, 18 km plus loin de l'autre côté du gouffre, se font visibles de ce point.

Un dépliant décrivant une promenade «autoguidée» jusqu'au **Bright Angel Point** est offert au coût de 0,25 $. Il relève les endroits propices à la recherche de fossiles et l'emplacement des **Roaring Springs**, qui alimentent le versant nord en eau et surgissent quelque 1 150 m plus bas. Du Bright Angel Point, haut de 2 500 m, vous aurez une bonne vue sur le versant sud et les San Francisco Peaks, à proximité de Flagstaff, distante d'environ 80 km. Retenez cependant que l'altitude peut provoquer des difficultés respiratoires chez certaines personnes. D'autres points d'observation du versant nord sont aussi accessibles grâce à plusieurs sentiers pédestres (consultez la rubrique «La randonnée pédestre» de la section «Activités de plein air», p 258).

Les automobilistes les plus aventureux peuvent visiter une autre section du North Rim, le **Toroweap Point**, en quittant la route 89A à Fredonia, à environ 120 km au nord de l'entrée du parc, sur le North Rim. N'oubliez pas de faire le plein à Fredonia avant de vous engager sur cette route, car vous ne croiserez aucune station-service sur près de 350 km! Faites ensuite 24 km sur la route 389 jusqu'au **Pipe Springs National Monument** *(droit d'entrée; ☎ 602-643-7105)*, et prenez le temps de visiter le monument. Cet ancien avant-poste d'élevage mormon aux allures de forteresse complètement isolée, qui possédait jadis la seule station télégraphique du Territoire de l'Arizona au nord du Grand Canyon, était la demeure de la famille Windsor et de ses employés, d'où son surnom historique de Windsor Castle. Les bâtiments et l'équipement du ranch sont bien conservés, et la mare aux canards constitue une oasis de fraîcheur en ces lieux désertiques. Des employés du parc en costume d'époque recréent ici le mode de vie des pionniers au cours des mois d'été.

En revenant sur vos pas, à 14,5 km de l'embranchement vers Fredonia et à 10 km de Pipe Springs, une route non revêtue bifurque vers le sud et défile sur 108 km jusqu'au point le plus éloigné qu'on puisse atteindre en véhicule motorisé sur le bord du Grand Canyon. La route est large, bien entretenue et facilement carrossable, mais très éloignée de tout. Vous n'y trouverez ni téléphone, ni la moindre habitation, ni même peut-être une autre voiture de toute la journée. Plusieurs autres chemins de terre s'en détachent le long du parcours, mais si vous suivez toujours la route principale en observant les panneaux indicateurs pour Toroweap et le Grand Canyon National Monument, vous ne risquez guère de vous perdre. Vous ferez ici l'expérience d'une vaste région sauvage, aussi déserte que l'ensemble de l'Arizona pouvait l'être autrefois.

Il y a un petit terrain de camping rudimentaire au **Toroweap Point**, mais pas d'eau courante, et il se pourrait bien que vous soyez seul à y passer la nuit. Vous êtes ici 600 m plus bas que la zone touristique du North Rim, de sorte que les forêts de pins sont remplacées par de maigres broussailles. Étant plus près du fleuve, quelque 900 m plus bas, vous pourrez en outre voir au passage les nombreux canots pneumatiques qui descendent le courant, et parfois même entendre les conversations de leurs occupants.

L'Arizona Strip et ses environs

La portion rectangulaire de l'Arizona comprise entre le fleuve Colorado et les frontières de l'Utah et du Nevada est communément désignée sous le nom d'Arizona Strip. Il s'agit, pour l'essentiel, d'une région reculée que sillonnent peu de routes revêtues et que ponctuent peu de localités d'intérêt pour les visiteurs, à l'exception de Colorado City, Fredonia et Jacob Lake. À la limite orientale de l'Arizona Strip, toutefois, le lac Powell, aménagé par l'homme, constitue un lieu de villégiature de plus en plus couru le long du fleuve Colorado, entre autres par les amateurs de vacances en bateau-maison (*houseboat*). Le village voisin, Page, situé à un peu moins de 200 km du versant nord du Grand Canyon, recèle d'ailleurs une abondance de lieux d'hébergement et de restaurants. Entre Page et le Grand Canyon se succèdent le Glen Canyon Dam (barrage), Lee's Ferry (un endroit incomparable pour la pêche à la truite), le Marble Canyon et les Vermillion Cliffs (falaises).

À l'image de la vie, le **lac Powell ★** est grandiose, imposant et empreint de contradictions. Les défenseurs de l'environnement y virent un désastre naturel lorsqu'on érigea le barrage du Glen Canyon à Page, inondant ainsi le magnifique canyon pour créer un réservoir long de 300 km qui s'étirait jusque dans les profondeurs de l'Utah. Aujourd'hui, ce gigantesque lac fait partie de la Glen Canyon National Recreation Area, qui couvre une superficie de plus d'un demi-million d'hectares. Il s'agit d'une aire de loisirs immensément populaire dont les paysages de canyons désertiques, ponctués de mesas de grès, de tertres et d'aiguilles rocheuses, sont on ne peut plus spectaculaires. Les berges du lac courent enfin sur plus de 3 000 km, soit plus que n'en compte au total l'ensemble de la côte ouest des États-Unis!

La profondeur des eaux turquoise du lac Powell varie d'année en année, au gré des décharges montagnardes et des déversements du barrage du Glen Canyon. Ainsi, une grotte découverte lors d'un voyage dans la région peut très bien se trouver engloutie par les eaux la saison suivante, un phénomène qui vaut tout aussi bien pour les plages sablonneuses, les anses et les cascades. Mais un des plaisirs de l'exploration de ce plan d'eau aux multiples ramifications consiste précisément à dénicher de nouveaux trésors et merveilles cachés au moindre détour.

À ses débuts, en 1956, **Page** n'était qu'un barraquement de chantier pour les ouvriers employés à la construction du barrage du Glen Canyon. Le gouvernement américain avait dû échanger des terres avec les Navajos pour s'approprier les 44 km^2 dont il avait besoin à cet endroit, et un chemin partant de la route 89 fut tracé jusqu'à cette région isolée. La municipalité a été dotée d'une charte en 1975, et elle compte de nos jours 8 000 habitants, mis à part ses quelque trois millions de visiteurs annuels.

Le **Page-Lake Powell Chamber of Commerce Visitor Bureau** *(106 South Lake Powell Boulevard, à côté du magasin Safeway, Page, ☎ 645-2741)* peut vous fournir tous les renseignements nécessaires sur la région.

Il a fallu 10 ans, à partir de 1956, pour construire le **Glen Canyon Dam ★**, coincé entre les parois gréseuses d'une gorge. Plus de 400 000 «baquets» pouvant chacun contenir 22 tonnes métriques de béton ont servi à l'érection de ce barrage, qui retient les eaux du fleuve Colorado et a ainsi inondé le Glen Canyon pour donner naissance au lac Powell, le deuxième lac artificiel en importance au monde. La centrale hydroélectrique aménagée au pied de la structure produit près de 1,3 million de kW/h, vendus aux municipalités, aux entreprises gouvernementales et aux sociétés de services publics de sept États de l'Ouest américain.

Chaque année, environ un million de personnes entament leur visite du barrage au **Carl Hayden Visitor Center** *(route 89, Page, ☎ 608-6404)*. Des présentoirs y retracent la construction du barrage, expliquent les bienfaits qu'on en tire et racontent l'histoire de John Wesley Powell et des neufs compagnons avec qui il fit en barque le relevé topographique détaillé des rives du fleuve Colorado en 1869 ainsi qu'en 1871. Vous pouvez prendre part à une visite guidée du barrage, ou encore vous procurer une brochure pour une visite «autoguidée». Dans un cas comme dans l'autre, vous emprunterez un grand ascenseur qui vous fera descendre à plus de 150 m sous la crête de la structure. À un point donné, plus de 30 m de béton vous sépareront des eaux du lac Powell.

Les eaux du lac Powell se réchauffent en général suffisamment dès le mois de mai ou le début de juin pour qu'on puisse s'y baigner confortablement. Pendant l'été, soit la saison qui attire la plus grande partie des trois millions de visiteurs annuels, la température ambiante devient cuisante et peut facilement dépasser les 38 °C, de sorte que les vacanciers convoitent ardemment les heures de fraîcheur et de détente que leur promet cet océan en plein désert. Or, les lieux sont si vastes que, même au plus fort de la saison, voire les fins de semaine du 4 Juillet et de la fête du Travail, alors qu'aucune embarcation de location n'est plus disponible et que les chambres d'hôtel sont toutes réservées de longue date, les rives du lac Powell recèlent encore une foule d'endroits où camper et mettre son bateau à l'eau, une eau d'un bleu-vert d'ailleurs toujours aussi limpide et invitante, quelles que soient vos activités nautiques de prédilection.

Vous pouvez naturellement admirer le lac du haut de ses tertres qui chatouillent les nuages ou le long des chemins qui l'enlacent, mais ceux qui désirent vraiment percer sa personnalité complexe, ses caprices et ses méandres doivent explorer en bateau ses canyons fermés et ses profonds bassins miroitants, pour une expérience voisine de la purification spirituelle. Les aficionados affirment par ailleurs que le temps le plus propice à une visite se situe au début de l'automne, lorsque les tarifs et la température chutent, atteignant un niveau plus acceptable.

Ce sont les yachts et les bateaux-maisons qu'on utilise le plus souvent pour explorer le lac, mais sachez qu'une plus petite embarcation, tel un canot ou un skif, vous permettra d'accéder à des coins reculés où vous pourrez en toute quiétude planter une tente ou simplement étendre un sac de couchage sur la berge.

Il arrive fréquemment qu'un groupe d'amis ou une famille loue un bateau-maison (*houseboat*) équipé de lits superposés, d'une salle de bain et d'une

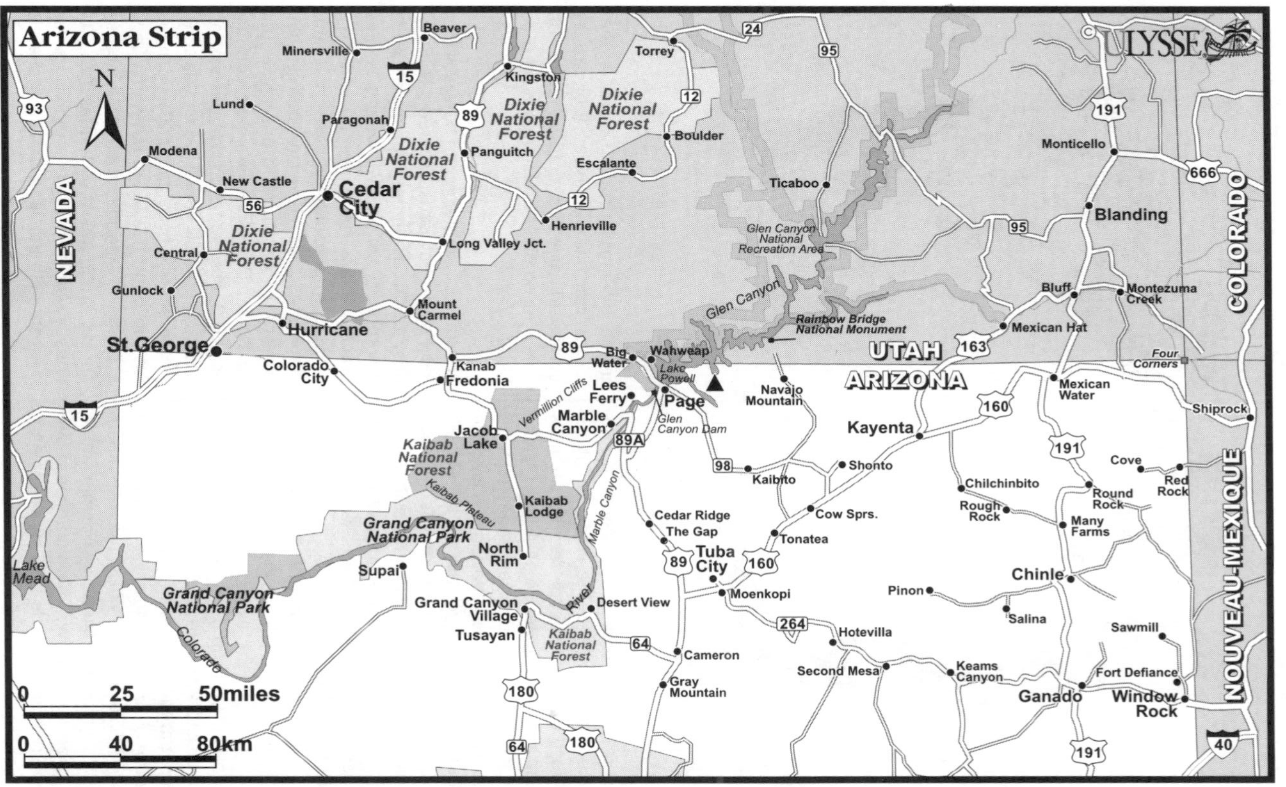
Arizona Strip
ULYSSE
N
NEVADA
UTAH
ARIZONA
COLORADO
NOUVEAU-MEXIQUE
Beaver
Minersville
Torrey
Kingston
Lund
Paragonah
Panguitch
Boulder
Escalante
Modena
New Castle
Cedar City
Ticaboo
Monticello
Henrieville
Long Valley Jct.
Blanding
Central
Gunlock
Mount Carmel
Hurricane
St.George
Kanab
Colorado City
Fredonia
Big Water
Wahweap
Lake Powell
Page
Glen Canyon Dam
Lees Ferry
Marble Canyon
Jacob Lake
Kaibab Lodge
North Rim
Supai
Grand Canyon Village
Tusayan
Desert View
Cameron
Gray Mountain
Cedar Ridge
The Gap
Tuba City
Moenkopi
Tonatea
Cow Sprs.
Kaibito
Shonto
Navajo Mountain
Kayenta
Hotevilla
Second Mesa
Keams Canyon
Pinon
Salina
Chinle
Chilchinbito
Rough Rock
Many Farms
Round Rock
Cove
Red Rock
Sawmill
Fort Defiance
Ganado
Window Rock
Mexican Water
Shiprock
Bluff
Montezuma Creek
Mexican Hat
Four Corners
Dixie National Forest
Kaibab National Forest
Kaibab Plateau
Grand Canyon National Park
Glen Canyon National Recreation Area
Glen Canyon
Rainbow Bridge National Monument
Vermillion Cliffs
Marble Canyon
River
Colorado
Lake Mead
93
15
89
12
24
95
191
666
56
163
160
89A
98
264
64
180
40
0 25 50miles
0 40 80km

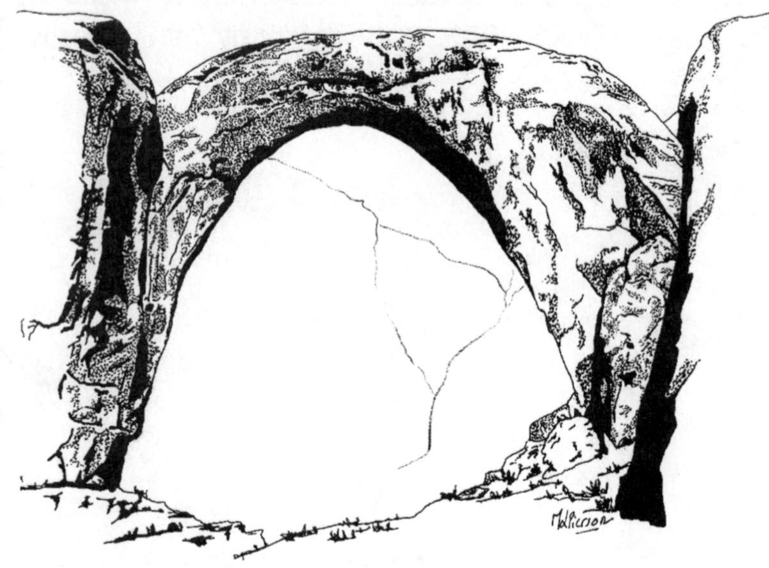

Rainbow Bridge

cuisine complète, et y attache en remorque une plus petite embarcation qui leur permettra d'explorer des secteurs difficilement accessibles à leur maison flottante, d'ailleurs peu économique à la pompe. La seule entreprise à louer ce genre de bateau autour du lac Powell est **Lake Powell Resort & Marinas** *(Wahweap Marina, Lakeshore Drive, par la route 89, près du barrage du Glen Canyon, ☎ 645-2433 ou 800-528-6154)*. Vous y trouverez même des bateaux-maisons disposant de commodités pour les handicapés.

Une autre façon d'explorer le lac Powell consiste à prendre part à une **excursion en bateau** *(Wahweap Marina, Lakeshore Drive, ☎ 645-2433 ou 800-528-6154)*. Vous avez le choix entre une excursion d'une demi-journée au pont Rainbow, une excursion d'une journée au cours de laquelle vous pénétrerez à l'intérieur de nombreux canyons aux parois élevées (boîte-repas comprise), une croisière «coucher de soleil» et un dîner-croisière à bord d'un bateau à aubes.

Le clou des excursions en bateau sur le lac Powell est sans contredit le **Rainbow Bridge National Monument** ★ *(à environ 80 km de Wahweap)*, la plus grande arche de pierre naturelle au monde. *Nonnezoshi* ou, ainsi que l'ont surnommée les Navajos, «l'arc-en-ciel transformé en pierre» a une envergure de 84 m. Classée monument national en 1910, elle ne devint une destination courue du public que 53 ans plus tard, soit lorsque le barrage du Glen Canyon fut achevé et que le lac eut commencé à s'emplir. Abondamment représentée sur les brochures touristiques, les affiches publicitaires et d'innombrables cartes postales, la fameuse arche de

Un peu de respect, s'il vous plaît

Le **Rainbow Bridge** (le pont arc-en-ciel) est tenu pour sacré par beaucoup d'Amérindiens, et son emplacement revêt de ce fait une importance religieuse. Pour les Navajos entre autres, il représente les Gardiens de l'univers. Les visiteurs qui s'y rendent dans le cadre d'une excursion en bateau s'en approchent grâce à une passerelle de 400 m en partie flottante et peuvent le photographier à partir d'une aire d'observation, mais ils ne sont en aucun cas autorisés à passer sous l'arche. Or, bien que de nombreux panneaux soulignent clairement le caractère sacré des lieux, nombreux sont ceux et celles qui s'aventurent au-delà de l'aire d'observation et que doivent rappeler à l'ordre leur guide-accompagnateur ou les membres de l'équipage du bateau qui les a emmenés.

pierre ne cesse de fasciner par ses volutes et ses reflets irisés. On n'y accède qu'en bateau, à pied ou à cheval.

Au sud de ce pont mythique, entre les baies de Warm Creek et Wahweap, surgit l'**Antelope Island**, où aurait débarqué la première expédition de Blancs dans la région. Les pères franciscains Francisco Domínguez et Silvestre Vélez de Escalante auraient en effet franchi le fleuve en un point peu profond et installé un campement sur l'île. La **Padre Bay** voisine doit également son nom aux deux prêtres, et c'est dans ses eaux que se dresse la forteresse de roc qu'on a baptisée **Cookie Jar Butte**.

Un autre point de repère, visible de la section Wahweap du lac et fort précieux lorsque le mouvement de l'eau finit par vous faire perdre le nord, est la **Navajo Mountain**, une élévation arquée haute de 3 166 m et flanquée de l'étonnante **Tower Butte**, toutes deux sur la réserve navajo.

Une galerie d'art amérindien plutôt sommaire vous attend dans le **Cha Canyon**, à une quinzaine de kilomètres à l'est du Rainbow Bridge Canyon en remontant l'embranchement de la rivière San Juan. Pour vous y rendre, vous devez d'abord passer le Bob Hope Rock et le Music Temple Canyon.

Si vous désirez plus de détails sur l'histoire du lac Powell et sur ses attraits, vous serez comblé par l'ouvrage de Stan Jones, intitulé *Boating and Exploring Map*, disponible dans n'importe quel commerce des environs.

Le nom de John Wesley Powell apparaît partout dans la région. Le major Powell, un vétéran de la guerre de Sécession, dirigea deux expéditions sur le fleuve Colorado à travers le Grand Canyon, la première en 1869 et la seconde en 1871, au cours desquelles il tint un journal et dressa la carte du cours d'eau sur les 1 600 km qu'il parcourut à travers le plus grand pan de territoire inexploré des États-Unis. Le **John Wesley Powell Museum** *(angle Lake Powell Boulevard et North Navajo Drive, Page, ☎ 645-9496)*, un petit musée de Page, relate ses expéditions en détail et présente une exposition mineure sur la vannerie amérindienne.

Un des spectacles les plus renversants de la région hautement désertique de Page est un **canyon en fente** *(slot canyon)*, soit un étroit passage taillé dans le grès par les vents et les crues soudaines. L'érosion creuse des motifs striés dans les parois rocheuses, semblables à de légères ondulations à la surface de l'eau, et le soleil qui s'infiltre par l'ouverture du canyon, près de 40 m plus haut, semble faire danser les silhouettes rocheuses entre l'ombre et la lumière. Des cristaux de quartz incrustés dans la pierre réfléchissent en effet la lumière, tandis que le magnésium et le fer composent de riches teintes d'un rouge sombre et que le calcium et la chaux se chargent de produire des tons plus clairs. Il va sans dire que les photographes de tout ordre adorent les canyons en fente, si bien que **Roger Ekis** *(☎ mobile 645-8579 ou 801-675-9109 sans frais de Page)*, un professionnel du métier qui vit à Page, organise des **excursions photographiques et touristiques** vers le plus remarquable et le plus accessible de la région; comme il se trouve en territoire navajo, le public n'a d'ailleurs aucun autre moyen de s'y rendre.

Lees Ferry

Sur les 1 200 km que parcourt le fleuve Colorado, il n'existe que sept points de traversée par voie de terre, dont le **Navajo Bridge**, qui enjambe la gorge du Marble Canyon. On trouve en fait deux ponts à cet endroit, l'un de construction relativement récente qu'empruntent les véhicules circulant sur la route 89A, et l'autre plus ancien, réservé à l'usage des piétons qui désirent admirer la gorge profonde de 143 m. Procurez-vous plans et brochures au nouveau centre d'accueil des visiteurs *(route 89A, du côté ouest du nouveau pont, ☎ 645-3532)*, qui abrite également une exposition permanente sur la géologie et l'histoire de Lee's Ferry.

Immédiatement à l'ouest du Navajo Bridge, un embranchement menant à Lee's Ferry se faufile jusqu'au confluent du fleuve Colorado et de la rivière Paria. Vous trouverez des plans et divers renseignements sur la randonnée pédestre et la pêche dans la région à la **station des rangers** *(☎ 355-2234)*.

Quelques structures historiques se dressent encore autour de l'**ancien embarcadère du traversier** et du site de la colonie de **Lonely Dell**, ainsi appelée en mémoire des propos tenus par Emma Lee lorsqu'elle aperçut pour la première fois l'emplacement de sa future demeure : «*Oh, que ce vallon est isolé!*» Vous trouverez un stationnement sur l'embarcadère, d'où vous pourrez entreprendre plusieurs randonnées le long du fleuve ou dans les falaises qui le surplombent. Un plan de promenade «autoguidée» et une carte des sentiers vous attendent à la station des rangers.

Dès votre retour sur la route 89A en direction de Jacob Lake, les **Vermillion Cliffs** (falaises vermeilles) dominent le paysage au nord. Ces falaises gréseuses de la réserve navajo demeurent clairement rougeâtres même sous l'intense lumière du jour, mais c'est au couchant qu'elles deviennent les plus vives. Une halte aménagée dans la plaine (à environ 32 km à l'est de Jacob Lake) et une autre dans les contreforts (à environ 18 km à l'est de Jacob Lake), sur le tracé ascendant de la route vers Jacob Lake, au sommet du plateau, offrent toutes deux de beaux panoramas.

PARCS

Le North Rim

Kaibab National Forest

Cette zone peuplée de pins, de sapins, d'épinettes et de peupliers-trembles s'étend sur 600 000 ha de part et d'autre du Grand Canyon, à l'extérieur des limites du parc national. La plupart des installations récréatives se trouvent près du North Rim, où elles s'ajoutent à celles, plutôt limitées, du camping du parc. La navigation est assujettie à certaines restrictions, de sorte qu'il vaut mieux s'informer au préalable des conditions en vigueur. Parmi les habitants de cette forêt, il faut mentionner le cerf à queue noire, le dindon sauvage, plusieurs autres espèces de volatiles et même quelques bisons.

Si vous projetez de visiter la région du Grand Canyon, il importe que vous réserviez une chambre longtemps à l'avance (jusqu'à un an!). La première chose à faire consiste à écrire ou à téléphoner pour qu'on vous envoie un exemplaire du *Trip Planner*, gracieusement offert par le Service des parcs nationaux; vous y trouverez une foule de renseignements sur l'hébergement, les activités proposées, les itinéraires à suivre ainsi que les choses à faire et à ne pas faire. Adressez votre demande à Trip Planner, Grand Canyon National Park, P.O. Box 129, Grand Canyon, AZ 86023, ☎ 520-638-7888; www.thecanyon.com/nps/index.html.

Installations et services : aires de pique-nique et toilettes *(10 $ pour la journée; fermé d'oct à avr; pour de plus amples renseignements, ☎ 635-4061)*; centre d'accueil des visiteurs à la jonction des routes 89A et 67, à Jacob Lake *(☎ 643-7298)*.

Camping : le Demotte Campground, à 48 km sur la route 67, possède 22 emplacements *(10 $ la nuitée)*, alors que le Jacob Lake Campground, sur les lieux mêmes, en compte 53 *(10 $ la nuitée)*; pour information, ☎ 643-7804. Raccordements habituels pour véhicules récréatifs au terrain privé de Jacob Lake RV Park *(16 $-18 $ la nuitée; ☎ 643-7804)*.

Comment s'y rendre : le centre d'accueil des visiteurs se trouve à Jacob Lake, à l'intersection des routes 89A et 67. Le Jacob Lake Campground est au même endroit, tandis que le Demotte Campground se situe 48 km plus au sud sur la route 67, à environ 8 km de l'entrée du parc national.

Lee's Ferry, Glen Canyon National Recreation Area ★

À mi-chemin du trajet le plus direct entre le North Rim et le South Rim du Grand Canyon, ce secteur de plage au pied du barrage du Glen Canyon convient également aux pique-niques et au camping. L'endroit se trouve au confluent du fleuve Colorado et de la rivière Paria, dont les eaux de couleurs souvent très différentes créent ici une sorte d'agencement à deux tons. D'un point de vue historique, Lee's Ferry fut le premier point de traversée du fleuve Colorado, établi en 1871 par un dénommé John D. Lee. Ce dernier, un mormon en fuite, était recherché par les autorités fédérales pour avoir organisé le massacre d'un train de l'Arkansas, à bord duquel avaient pris place des non-mormons. Il vécut en ces lieux pendant plusieurs années avec une de ses 17 épouses, avant que la police fédérale ne s'empare de lui et ne l'exécute. Aujourd'hui, Lee's Ferry sert de point de départ à des excursions en canot pneumatique à l'intérieur du Grand Canyon.

Installations et services : tables à pique-nique ombragées et toilettes; pour de plus amples renseignements, ☎ 645-2471. *Pêche* : bonne.

Camping : à l'intérieur de la Glen Canyon National Recreation Area, le **Lee's Ferry Campground** loue 52 emplacements pour tentes et véhicules récréatifs *(aucun raccordement)* à 10 $ la nuitée. Le **Wahweap Campground** compte 708 emplacements à 10 $ la nuitée, et le **Wahweap RV Park**, 123 à 22 $; tous deux appartiennent à des intérêts privés. Pour de plus amples renseignements, composez le ☎ 645-2433. Un autre terrain privé est le **Page Lake Powell Campground** *(☎ 645-3374)*, qui dispose de 105 emplacements; 15 $ la nuitée pour les tentes et 17 $-20 $ la nuitée avec raccordements.

Comment s'y rendre : l'endroit se trouve dans le Marble Canyon, environ 8 km en retrait de la route 89A, à 137 km de l'entrée du parc national du Grand Canyon sur le North Rim, et à 167 km de l'entrée est du South Rim. Pour atteindre le Lee's Ferry Campground, suivez Lee's Ferry Road vers le nord sur environ 5 km au départ du Marble Canyon. Le Wahweap Campground et le Wahweap RV Park sont pour leur part en retrait de la route 89, à 1,6 km au nord de Page, tandis que le Page Lake Powell Campground est situé à 800 m de Page sur la route 98.

L'Arizona Strip et ses environs

Glen Canyon National Recreation Area ★★ (voir p 255)

Le barrage du Glen Canyon retient les eaux du fleuve Colorado et est de ce fait responsable de la formation du lac Powell, le second réservoir artificiel en importance au monde. Ce plan d'eau de 4 841 km^2 recèle d'innombrables anses, grottes et criques révélant des sites pueblos qui apparaissent et disparaissent sans cesse en fonction de son niveau.

Installations et services : hôtels, restaurants, épiceries, bureaux touristiques, aires de pique-nique et toilettes. Toutes sortes d'activités nautiques se pratiquent en outre sur place, du ski à la planche à voile, au kayak et à la chambre à air, et vous trouverez des marinas en cinq points du lac (dont certaines dans l'Utah), soit à Hite, Bullfrog, Hall's Crossing, Dangling Rope et Wahweap. Pour de plus amples renseignements, composez le ☎ 645-2471.

Camping : 400 emplacements sont répartis à travers cinq terrains de camping, à Hite, Bullfrog, Hall's Crossing, Lee's Ferry et Wahweap; 8,50 $ la nuitée. Vous trouverez aussi des emplacements rudimentaires *(gratuits)* à Bullfrog et Hite. Raccordements pour véhicules récréatifs disponibles seulement à Wahweap, Bullfrog et Hall's Crossing, au coût de 21 $ par l'entremise d'un concessionnaire privé *(☎ 645-2433)*. Le camping sauvage est autorisé pourvu que vous déteniez un permis. Sachez cependant que toute forme de camping est interdite à moins de 1,5 km des marinas et du Rainbow Bridge National Monument.

Comment s'y rendre : les routes 95 et 89 mènent toutes deux au lac Powell.

Rainbow Bridge National Monument ★

Cette arche de grès rose saumoné, qui forme le plus grand pont naturel connu au monde, s'élève à 88 m au-dessus du sol du Bridge Canyon. Le «pont arc-en-ciel» repose sur un pan de la Glen Canyon National Recreation Area couvrant une superficie de 65 ha. En été, des excursions vers le monument partent régulièrement de la marina de Wahweap; le reste de l'année, les départs sont moins fréquents.

Installations et services : toilettes (*☎ 645-2471*).

Comment s'y rendre : en bateau, à pied ou à cheval. Par voie de terre, vous devrez emprunter des sentiers pour la plupart non balisés à travers la réserve navajo, mais devrez au préalable vous procurer un permis à cet effet (*☎ 871-6647*).

ACTIVITÉS DE PLEIN AIR

L'équitation

Les **écuries du Moqui Lodge** *(Tusayan, ☎ 638-2891)*, près de l'entrée sud du parc national, proposent toute une gamme de randonnées guidées vers différents points du South Rim. La plus populaire est l'East Rim Ride *(quatre heures)*, qui serpente à travers le Long Jim Canyon jusqu'à un poste d'observation dominant le Grand Canyon. Des balades de une et deux heures sont également proposées. Aucun circuit ne descend toutefois sous la bordure du canyon comme telle; pour de plus amples renseignements sur les excursions à dos de mulet dans le canyon même, consultez l'encadré intitulé «L'exploration du Grand Canyon».

Le vélo

La **West Rim Drive**, une des deux routes panoramiques du South Rim, est fermée aux automobilistes durant les mois d'été, mais ouverte aux cyclistes. Ce tracé relativement plat de 26 km aller-retour est l'occasion d'une promenade spectaculaire.

Bien que les sentiers de randonnée du parc national du Grand Canyon soient fermés aux cyclistes, la **Kaibab National Forest**, entourant le parc aussi bien sur le North Rim que sur le South Rim, offre d'innombrables possibilités aux amateurs de vélo de montagne. Cette forêt est en effet sillonnée de plusieurs anciens chemins de bûcherons, et le relief plutôt plat vous assure des balades peu exigeantes. Un des circuits recommandés par le National Forest Service aux abords du South Rim est la **Coconino Rim Trail** *(15 km)*, une boucle qui débute près du Grandview Point et se faufile en direction du sud-est à travers des forêts de pins ponderosa. Pour d'autres suggestions, arrêtez-vous à la station des rangers de Tusayan, tout juste à l'extérieur de l'entrée du South Rim, ou au comptoir d'information de la forêt nationale à Jacob Lake, à moins que vous ne préfériez prendre contact avec le Kaibab National Forest Headquarter *(800 South 6th Street, Williams, AZ 86046, ☎ 635-2681)*.

Vers l'extrémité ouest du Grand Canyon, sur le North Rim, les visiteurs du **Toroweap Point** trouveront mille et une occasions de randonnée à vélo de montagne sur des centaines de kilomètres de routes isolées et non revêtues de l'Arizona Strip.

La randonnée pédestre

L'expérience ultime à ce chapitre dans le parc national du Grand Canyon, et peut-être même dans tout le Sud-Ouest américain, consiste à partir en expédition vers le fond du canyon, que ce soit au départ du South Rim ou du North Rim. Avec une dénivellation de 1 465 m entre les hauteurs du South Rim et le fleuve Colorado, ou de 1 770 m dans le cas du North Rim, ce type de randonnée s'avère aussi exigeant que l'escalade des plus hauts sommets des Rocheuses, si ce n'est que les plus grands efforts doivent être déployés dans les derniers kilomètres du trajet de retour, alors que les muscles des jambes ont déjà été sérieusement éprouvés par la longue descente au fond du canyon. Néanmoins, quelque difficile qu'elle puisse être, une telle randonnée dans le Grand Canyon ne manquera pas de vous laisser des souvenirs indélébiles.

Bien que certains marcheurs prétendent l'avoir réalisé, la descente jusqu'au fleuve et la remontée jusqu'au bord supérieur du canyon à l'intérieur d'une même journée constituent un exploit ne demandant pas moins de 16 à 18 heures d'efforts! La plupart de ceux qui envisagent de faire ce genre de périple voudront donc y consacrer au moins deux sinon trois jours entiers. Un permis de séjour en région sauvage, requis de ceux qui prévoient passer la nuit dans les zones sauvages du parc, peut être obtenu gratuitement au centre d'accueil des visiteurs d'un des deux versants du canyon.

Le South Rim

La **Bright Angel Trail** ★★★ *(12,5 km jusqu'au fleuve et 15 km jusqu'au Phantom Ranch)*, la plus populaire de toutes les pistes du canyon, débute à Grand Canyon Village, sur le South Rim, près de l'enclos des mulets. Elle possède les installations les plus complètes, y compris des pavillons de repos avec téléphones d'urgence sur le tronçon supérieur du parcours, de même qu'une station de rangers, de l'eau potable et un terrain de camping à mi-chemin, à Indian Garden, là où les Indiens havasupais cultivaient autrefois la terre. Une boucle d'une journée vous permettra de longer une crête jusqu'au Plateau Point, qui domine le fleuve Colorado d'une hauteur de 400 m, avant d'entreprendre la descente finale, d'ailleurs assez raide. Comptez environ cinq heures pour vous rendre de la bordure supérieure du canyon au fleuve, et environ 10 heures pour faire le trajet inverse. Compte tenu de la longueur du trajet, il est sans doute préférable de camper en bas pour n'entreprendre l'ascension de retour que le lendemain. Rappelez-vous que vous devez posséder un permis pour passer la nuit dans le parc. Sachez par ailleurs que la piste est très fréquentée, aussi bien par les randonneurs que par ceux qui font le voyage à dos de mulet; il ne s'agit donc pas du circuit rêvé si vous êtes en quête de solitude.

Une autre piste importante du South Rim est la **South Kaibab Trail** *(11,25 km jusqu'au Phantom Ranch)*, qui part de l'entrée de l'East Rim Drive, à 7,25 km de Grand Canyon Village. La plus courte des grandes pistes conduisant au fond du canyon, et aussi la plus raide, et le manque d'eau et d'ombre en cours de route n'en font pas un circuit recommandable pendant les mois d'été.

Plusieurs pistes moins fréquentées descendent également jusqu'au fleuve au départ du South Rim, qui toutes croisent la **Tonto Trail** *(148 km)*, courant le long de la crête de la gorge interne, environ 400 m au-dessus du fleuve comme tel, sur toute la longueur du Grand Canyon.

La **Grandview Trail** *(5 km)*, une ancienne route minière partant du Grandview Point, sur l'East Rim Drive, descend jusqu'au Horseshoe Mesa, où elle rejoint une des boucles de la Tonto Trail faisant le tour du plateau en passant par les ruines d'une ancienne mine de cuivre. Un terrain de camping rudimentaire se trouve sur le plateau.

La **Hermit Trail** *(13,7 km)* débute au Hermit's Rest, à l'extrémité de la West Rim Drive, et va jusqu'à la Tonto Trail.

La **Boucher Trail** *(17,7 km)*, qui se détache de la Dripping Springs Trail (partant également du Hermit's Rest), descend aussi jusqu'à la Tonto Trail, et on la considère comme une des pistes les plus difficiles du parc. Pour plus de détails, adressez-vous au comptoir des rangers du centre d'accueil des visiteurs du South Rim.

La **Rim Trail** *(2,4 km)*, revêtue et accessible aux fauteuils roulants, relie le Kolb Studio, dans la partie ouest de Grand Canyon Village, et la Yavapai Observation Station. Un tronçon de 500 m sépare par ailleurs la Rim Trail du centre d'accueil des visiteurs. À chacune des extrémités du tracé de la Rim Trail, le revêtement prend fin, alors que d'autres pistes non répertoriées s'étendent encore sur plusieurs kilomètres pour rejoindre le Hopi Point, près du Powell Memorial (West Rim Drive), ou le Yaki Point (East Rim Drive), point de départ de la South Kaibab Trail.

Le North Rim

La principale piste qui permet de descendre dans le canyon à partir du North Rim est la **Kaibab Trail** ★★ *(23 km)*, qui débute à 3,2 km au nord du Grand Canyon Lodge et plonge abruptement dans le Roaring Springs Canyon sur près de 8 km avant d'atteindre la Bright Angel Creek. Il s'agit là de la partie la plus raide du parcours. Une fois à la crique, vous trouverez plusieurs endroits où vous baigner, ce qui en fait une excellente destination pour une excursion d'une journée. La piste longe ensuite la crique jusqu'au Phantom Ranch, au pied du canyon. Les gardes du parc recommandent aux randonneurs de prévoir une journée entière pour atteindre le ranch à partir de la bordure du canyon, et deux jours pour remonter; on peut passer la nuit au Cottonwood Camp, situé à mi-chemin. Du fait des neiges abondantes qui recouvrent ce versant du canyon, la piste n'est ouverte que de la mi-mai à la mi-octobre.

Sans même descendre sous la bordure du canyon, vous avez le choix entre plusieurs circuits, de la simple promenade panoramique aux randonnées d'une journée. La **Transept Trail** *(3,2 km)*, facile, revêtue et accessible aux fauteuils roulants, relie le terrain de camping et le chalet avant de descendre graduellement vers le Bright Angel Point, qui offre la plus belle vue sur la Bright Angel Trail, descendant jusqu'au fond du canyon.

L'**Uncle Jim Trail** *(4 km)* part du même point que la section Roaring Springs

Canyon de la Bright Angel Trail, à 3,2 km au nord du chalet. Elle décrit une boucle à travers des forêts de pins ponderosa jusqu'au poste d'observation de l'Uncle Jim Point.

La **Ken Patrick Trail** *(16 km)* se détache de l'Uncle Jim Trail, continuant tout droit, là où la piste la plus courte bifurque vers le sud et rejoint finalement un point reculé de la bordure du canyon où elle descend le long de la Bright Angel Creek avant d'atteindre la Bright Angel Trail. Il est possible, quoique difficile, de couvrir en une journée la boucle de 24 km que forment la Ken Patrick Trail et la partie supérieure de la Bright Angel Trail.

Une piste paisible du North Rim qui traverse une forêt jusqu'à un poste d'observation éloigné est la **Widforss Trail** *(8 km)*, ainsi nommée en l'honneur de l'artiste Gunnar Widforss, qui peignit des paysages des parcs nationaux au cours des années vingt. Elle serpente sur le rebord du plateau à travers des chênes rabougris, des pins pignons, des pins ponderosa et des genévriers. Le poste d'observation surplombe une partie du canyon connue sous le nom de Haunted Canyon.

Les visiteurs qui se rendent jusqu'au lointain Toroweap Point peuvent emprunter la **Lava Falls Trail** *(3,2 km)*, qui débute sous la forme d'un chemin pour véhicules tout-terrain entre l'ancienne station de rangers et Toroweap. Bien que courte, cette piste s'avère rocailleuse, étroite et très abrupte, descendant de 762 m jusqu'au fleuve Colorado et aux «chutes», qui ne sont en fait que des rapides furieux créés par une coulée de lave s'étant déversée dans le fleuve. Comptez une journée complète pour faire ce circuit aller-retour, et ne songez même pas à vous y aventurer au cours de la saison chaude.

HÉBERGEMENT

Le South Rim

Le South Rim offre plusieurs possibilités d'hébergement. Pour tout renseignement sur les établissements de cette région, composez le ☎ 638-2631. Vous pouvez également réserver jusqu'à 23 mois à l'avance dans n'importe lequel d'entre eux en prenant contact avec **Grand Canyon National Park Lodges** *(14001 East Iliff Avenue, Suite 600, Aurora, CO 80014, ☎ 303-297-2757, ⇄ 303-297-3175)*.

Le **Maswik Lodge** *($; juin à août)* se trouve à l'extrémité sud-ouest de Grand Canyon Village, loin du bord du canyon. Choix de chambres telles qu'on en trouve dans les motels, mais aussi de petits chalets (sans téléviseur ni téléphone).

Un inventaire des lieux d'hébergement du Grand Canyon ne saurait être complet sans le **Phantom Ranch** *($-$$)*. Niché tout au fond du canyon, ce chalet de 1922 entouré de cabanes vous attend au pied de la North Kaibab Trail (du versant nord) ou de la Bright Angel Trail et de la South Kaibab Trail (du versant sud). Vous ne pouvez toutefois l'atteindre qu'à pied, à dos de mulet ou en canot pneumatique. Les cabanes sont généralement réservées par les groupes d'excursion à dos de mulet qui passent la nuit dans le canyon avant de reprendre le chemin du sommet, mais les randonneurs suffisamment prévoyants peuvent aussi les louer. Les prix, incluant le voyage à dos de mulet, entrent dans la catégorie moyenne (*$$*), tandis que des lits superposés à petit prix (*$*) sont offerts sur réservation seulement dans quatre dortoirs pouvant chacun accueillir 10 randonneurs. Le ranch ne possède qu'un téléphone payant et aucun téléviseur. Les repas sont servis dans une salle à manger centrale qui se transforme en bar après le dîner. Ne vous présentez surtout pas au Phantom Ranch sans réservation, et sachez que vous pouvez réserver jusqu'à un an d'avance en composant le ☎ 638-2401 ou en écrivant aux Grand Canyon National Park Lodges à l'adresse indiquée plus haut.

Le **Bright Angel Lodge** *($-$$$; bc ou bp, tv, ☎)*, tout en bois et en pierre, a été construit en 1935 sur le site du Bright Angel Camp, le premier centre d'hébergement touristique du parc. Son hall arbore des motifs amérindiens et possède un énorme foyer. Les chambres s'avèrent quant à elles modestes, quoique propres, et la plupart disposent d'un téléphone. Outre les chambres du bâtiment principal, on loue plusieurs petits chalets historiques, dont certains avec foyer. Les chambres les plus chères sont celles qui donnent sur le bord du canyon.

Le plus grand lieu d'hébergement du parc, le **Yavapai Lodge** *($$; fermé déc à mars)*, repose dans un bois à environ 1,5 km du bord du canyon, près du magasin général qui se trouve en face du centre d'accueil des visiteurs, soit à environ 1,5 km de Grand Canyon Village. Ses chambres contemporaines proposent le même niveau de confort que les motels des grandes chaînes hôtelières du pays.

Le **Moqui Lodge** *($$; fermé déc-jan; ☎ 638-2424)*, qui se présente comme un élégant bâtiment à la fois moderne et rustique aux allures de chalet de ski, possède un hall agrémenté de très hautes fenêtres panoramiques. Bien qu'il se trouve dans la forêt nationale de Kaibab, il est administré par le bureau responsable des lieux d'hébergement du parc national, dont l'entrée est toute proche.

Perdu dans un canyon de roc rouge en plein cœur de la réserve amérindienne des Supais, le **Havasupai Lodge** *($$; Supai, ☎ 448-2111)*, qui regroupe 24 chambres de motel, s'impose comme un lieu d'hébergement on ne peut plus retiré. Vous y trouverez un foyer à grillades creusé de même qu'un café à la porte voisine, et pourrez vous baigner dans la crique voisine. À 3 km à peine vous attendent par ailleurs les chutes Navajo, Havasu et Mooney, sans oublier les randonnées équestres organisées par les Amérindiens dans cette région on ne peut plus panoramique.

À Grand Canyon Village, sur le bord du canyon, entre le Bright Angel Lodge et l'hôtel El Tovar, se dressent deux chalets modernes en pierre : le **Thunderbird Lodge** et le **Kachina Lodge** *($$$; tv, ☎)*. Situés sur le sentier qui longe l'arête du canyon, ces deux caravansérails se trouvent à courte distance de marche des restaurants exploités par les plus anciens établissements.

Le mieux coté des hôtels de ce secteur est l'**El Tovar Hotel** *($$$; bp, tv, ☎)*. Conçu sur le modèle des chalets de chasse européens, il a été construit par la Fred Harvey Company en 1905, et certains membres de son personnel portent encore l'uniforme traditionnel noir et blanc de l'époque. Le hall a conservé son élégance chaleureuse d'antan, avec un immense foyer, des plafonds traversés de poutres massives et un décor de pin foncé. Les chambres ont été rénovées au début des années quatre-vingt-dix.

Tout juste avant l'entrée du versant sud, la communauté de Tusayan propose plusieurs motels et hôtels-motels sans affiliation avec le parc national. Si vous ne parvenez pas à obtenir une réservation dans un des chalets du parc, vous pourrez ainsi tenter votre chance auprès d'un de ces établissements fidèles à la tradition des grandes chaînes, dont le **Red Feather Lodge** *($$$; ☎ 638-2414 ou 800-538-2345, ⇄ 638-9216)*, le **Best Western Grand Canyon Squire Inn** *($$$; ☎ 638-2681 ou 800-622-6966, ⇄ 638-0162)* et le **Quality Inn Grand Canyon** *($$$; ☎ 638-2673 ou 800-221-2222, ⇄ 638-9537)*.

Williams

Williams offre un choix varié de motels le long de l'historique Route 66, dont plusieurs pratiquent de bas prix et sont empreints de nostalgie. Vous en trouverez la liste à la chambre de commerce *(☎ 635-4061; www.thegrandcanyon.com)*.

Les visiteurs en quête du tumultueux passé ferroviaire et minier de Williams peuvent réserver une chambre au **Red Garter Bed and Bakery** *($-$$ pdj; bp; 137 West Railroad Avenue, ☎ 635-1484 ou 800-328-1484; www.amdest.com/az/williams/RedGarter.html)*. L'aubergiste John Holst a entièrement restauré et rénové sa propriété romano-victorienne de 1897, qui abritait jadis un saloon et un bordel. Les huit niches de passe originales du premier étage ont été transformées en chambres régulières et meublées d'antiquités. Il va sans dire qu'elles sont plus exiguës que les habituelles chambres d'hôtel ou de motel, et deux d'entre elles n'ont même pas de fenêtre, mais elles n'en arborent pas moins des plafonds de près de 4 m, des impostes au-dessus des portes, des puits de lumière et des ventilateurs qui leur confèrent un air gai, lumineux et aéré. La chambre de la «favorite», entre autres, est une petite suite comprenant un boudoir donnant sur la façade de l'immeuble. Le propriétaire des lieux vit en Arizona depuis nombre d'années, et il connaît on ne peut mieux Williams et sa région; il se fera d'ailleurs un plaisir de vous suggérer des itinéraires, des excursions d'une journée et une foule d'activités dans les environs. Un petit déjeuner continental est servi tous les matins dans la boulangerie du rez-de-chaussée.

Tout à côté du dépôt ferroviaire du Grand Canyon Railway se dresse le nouveau **Fray Marcos Hotel** *($$-$$$; Williams Depot, Grand Canyon Boulevard, ☎ 635-4010 ou 800-843-8724)*, qui présente une architecture comparable à celle du dépôt de Williams. Ses 89 chambres, grandes, confortables et fumeurs ou non, sont équipées de deux grands lits et de sèche-cheveux. Journaux et café sont en outre disponibles chaque matin dans le hall.

Le seul motel de la région classé «quatre diamants» par l'Association automobile américaine (AAA) est le **Best Western Inn of Williams** *($$$; bp, ☎; 2600 West Route 66, par la voie de service de la route 40, sortie 161, ☎ 635-4400, 800-528-1234 ou 800-635-4445)*. À flanc de colline, immédiatement en retrait de la route 40, l'établissement possède une piscine, des installations thermales et une laverie automatique. Les salles de bain sont équipées de sèche-cheveux et de téléphones.

Le North Rim

À 8 km à peine de l'entrée du parc, le **Kaibab Lodge** *($-$$; bp; Grand Canyon North Rim Parkway/Route 67, ☎ 526-0924 ou 800-525-0924)* propose un hébergement rudimentaire dans de petites chambres aménagées dans des cabanes disposées autour du grand chalet. Il n'y a ni téléviseur ni téléphone dans les chambres, quoique vous en trouverez dans le hall du chalet. Plus rudimentaire encore, le *yurt* (sorte de tente mongole dépourvue de douche et d'installations sanitaires) renferme des lits à l'intérieur d'un espace commun pouvant accueillir jusqu'à 16 personnes. En hiver, le Kaibab Lodge devient le North Rim Nordic Center et organise alors des excursions de ski de fond à forfait. Chambres et forfaits de ski doivent être réservés longtemps à l'avance.

Sur le North Rim, le seul lieu d'hébergement à l'intérieur du parc est le **Grand Canyon Lodge** *($$; fermé en hiver et au début du printemps; ☎ 638-2611, ⇄ 638-2554)*, composé d'un magnifique chalet principal des années trente surplombant le canyon et de plusieurs petits cottages, certains rustiques, d'autres modernes, dont quelques-uns seulement ont vue sur le canyon. L'endroit, plutôt vieillot, est propre et chaleureux, mais parfois quelque peu bruyant. Les réservations doivent se faire par l'entremise de TW Recreational Services Inc. *(14001 East Iliff Avenue, Suite 600, Aurora, CO 80014, ☎ 303-297-2757, ⇄ 303-297-3175)*, qui prend également celles des chalets du Bryce Canyon National Park et du Zion National Park.

Les chambres des établissements du North Rim sont très en demande, de sorte qu'il faut les réserver longtemps à l'avance (jusqu'à 23 mois). Pour ce faire, adressez-vous à **TW Recreational Services Inc.** *(451 North Main Street, Cedar City, UT 84720, ☎ 801-586-7686)*.

À 71 km du versant nord se trouve le **Jacob Lake Inn** *($$; à la jonction des routes 89 et 67, Jacob Lake, ☎ 643-7232; www.jacoblake. com)*. Ce petit complexe hôtelier d'allure plutôt rustique, adossé à la forêt nationale, propose des chambres de motel et des cabanes aussi bien fumeurs que non-fumeurs, y compris quelques logements comptant deux chambres à coucher. Toutes les cabanes disposent d'une terrasse et ont vue sur la forêt, la 28 et la 29 faisant directement face à l'orée du bois. Réservations requises longtemps à l'avance.

L'Arizona Strip et ses environs

Même ceux et celles qui n'ont aucune envie de passer la nuit sous la tente dans un sac de couchage se lancent volontiers à la conquête des grands espaces à bord d'un bateau-maison (*houseboat*). Car, sous le ciel silencieux et étoilé du lac Powell, de gentes vagues bercent doucement leur embarcation et leur assurent un sommeil de plomb à nul autre comparable. Et le jour venu, existe-t-il plus belle détente que de s'allonger sur le toit plat du bateau avec un bon livre ou un verre à la main? Ces maisons flottantes, offertes dans trois grandeurs, peuvent loger jusqu'à 12 personnes et sont pourvues de cabines à l'épreuve de tous les temps, de lits superposés, de douches, de toilettes et de cuisines. **Lake Powell Resort & Marinas** *($$-$$$;*

☎ 800-528-6154) loue de tels bateaux-maisons à partir de la Wahweap Marina *(☎ 645-2433)*. Pour réserver plus d'une semaine à l'avance, adressez-vous à l'entreprise comme telle, sinon appelez directement à la marina. Les prix varient en fonction des saisons et du nombre de personnes devant occuper le bateau.

La municipalité de Page a consenti des permis d'exploitation à plusieurs établissements de type ***bed and breakfast*** *($-$$)*; la chambre de commerce *(☎ 645-2741)* vous en fournira la liste sur demande.

Bon nombre de motels, y compris trois Best Western, s'alignent sur Lake Powell Boulevard, la principale artère de Page. Le **Best Western Arizona Inn** *(pdj; ≈; 716 Rimview Drive, Page, ☎ 645-2466 ou 800-826-2718)* possède 103 chambres, une piscine et des installations thermales. Un peu plus gros, le **Best Western Lake Powell** *(pdj; 208 North Lake Powell Boulevard, Page, ☎ 645-5988)* compte 132 chambres et offre des installations comparables. Quant au plus petit **Best Western Weston Inn and Suites** *(pdj; ≈; 207 North Lake Powell Boulevard, Page, ☎ 645-2451)*, il n'a que 50 chambres, mais met tout de même une piscine à la disposition de ses clients.

Votre seule option d'hébergement du côté arizonien du lac Powell est le **Wahweap Lodge & Marina** *($$-$$$; ≈; 100 Lakeshore Drive, ☎ 645-2433 ou 800-528-6154)*, face à la baie la plus occidentale du lac. Les chambres s'avèrent claires et aérées, et celles qui donnent sur la baie bénéficient d'une vue particulièrement charmante sur la marina, les eaux azurées et les berges accidentées du lac. L'établissement mérite en outre des points pour sa piscine, ses installations thermales et ses pelouses soigneusement entretenues.

Le **Courtyard by Marriott** *($$-$$$; 600 Clubhouse Drive, Page, ☎ 645-5000 ou 800-851-3855)* occupe un emplacement de choix, là où la voie de service de la route 89 entreprend son ascension vers Page et sa mesa. La propriété offre donc de belles vues sur le Glen Canyon, sans compter qu'elle est entourée d'un terrain de golf. Son architecture, rappelant les constructions d'adobes du Sud-Ouest américain, se marie en outre admirablement au paysage de tertres gréseux. Chacune de ses 153 chambres est équipée de deux lits à deux places et dispose d'un balcon. Service aux chambres, piscine et installations thermales complètent le tout.

Lees Ferry

Le **Marble Canyon Lodge** *($-$$; ℜ; route 89A, à l'embranchement de Lee's Ferry, Marble Canyon, ☎ 355-2225)* se trouve tout juste à l'ouest du Navajo Bridge. Ses chambres de motel sont très ordinaires (et dépourvues de téléphone), mais tout de même propres. Le Lodge possède également un restaurant où petit déjeuner, déjeuner et dîner sont servis, de même qu'un magasin général.

À environ 5 km à l'ouest du Marble Canyon, le **Lee's Ferry Lodge** *(route 89A, Vermillion Cliffs, ☎ 355-2231)* propose lui aussi des chambres de motel, quoique plus pittoresques du fait de leur construction en pin noueux. Il se trouve tout juste au pied des falaises et attire surtout des pêcheurs à la ligne, sa boutique de pêche offrant des services complets. Réservez suffisamment à l'avance.

RESTAURANTS

Le South Rim

Pour tous les restaurants de cette région, un seul numéro de téléphone : ☎ 638-2631. Aucune réservation n'est requise.

À l'intérieur du Yavapai Lodge, en face du centre d'accueil des visiteurs, sur le bord de l'autoroute, la **Yavapai Cafeteria** *($)* sert des mets rapides aussi bien au petit déjeuner qu'au déjeuner et au dîner : hamburgers, frites, pizzas et poulet frit.

Tout près, au magasin général, le **Babbitt's Delicatessen** *($)* propose quant à lui des sandwichs, des salades et du poulet frit à emporter ou à manger sur place.

Vous trouverez deux autres cafétérias dans le parc, soit la **Maswik Cafeteria** *($)* du Maswik Lodge, à l'extrémité ouest de Grand Canyon Village, et le **Desert View Snack Shop** *($)*, à 37 km à l'est du village sur l'East Rim Drive. Ces deux établissements proposent un menu varié de repas chauds.

Pour des glaces, des hot-dogs et des boissons gazeuses, songez également au **Hermit's Rest Snack Bar** *($)*, tout au bout de la West Rim Drive, et à la **Bright Angel Fountain** *($)*, située près du point de départ de la Bright Angel Trail.

À l'extérieur de l'entrée du parc, la ville de Tusayan possède une douzaine d'établissements allant du McDonald's à la magnifique salle à manger du **Moqui Lodge** *($$; ☎ 602-638-2424)*, qui se spécialise dans les mets mexicains.

Le **Bright Angel Restaurant** *($$)* du Bright Angel Lodge propose un menu, entre autres sélections, de poulet *piccata*, de truite grillée et de *fajitas*. Cocktails et vins sont aussi proposés.

Voisin du Bright Angel Lodge, l'**Arizona Steakhouse** *($$)* se spécialise dans les biftecks et les fruits de mer. La cuisine à aire ouverte vous permet d'y admirer le travail du chef tandis que vous mangez.

Le seul restaurant chic du South Rim est la salle à manger de l'**El Tovar Hotel** *($$$)*, où le filet mignon aux pinces de crabe sauce béarnaise est servi sur de la porcelaine fine à la lueur des chandelles. L'ambiance se veut soignée, mais vous pouvez tout aussi bien vous y présenter en tenue décontractée.

Williams

Outre des assiettes de bifteck, de «côtes levées» barbecue et de côte de bœuf, le **Miss Kitty's Steakhouse and Saloon** *($$; dans l'enceinte du Ramada Inn Canyon Gateway, 642 East Route 66, ☎ 635-9161)* présente tous les soirs de la musique country en direct. L'endroit est vaste et rehaussé d'une abondance de bois, de brique et de poutres apparentes. Une mezzanine court sur deux faces de la salle à manger, tandis que la scène et la piste de danse en agrémentent l'une des extrémités. Service rapide et efficace, atmosphère joyeuse.

La **Pancho McGillicuddy's Mexican Cantina** *($$; 141 Railroad Avenue,*

☎ *635-4150)* se trouve dans le quartier historique du centre-ville de Williams, à côté du Red Garter Bed and Bakery. L'atmosphère y est gaie et cordiale, et la nourriture toujours fraîche et servie en généreuses portions.

N'oubliez pas que vous êtes au royaume des cow-boys, ce qui explique que les steaks et les «côtes levées» reviennent si souvent au menu. Dans cette veine propre à la région, vous ne pourrez manquer l'immense vache éclairée au néon montée sur la devanture du **Rod's Steak House** *($$-$$$; 301 East Route 66,* ☎ *800-562-5545; www.infoma-gic.com/~lawstel)*, une institution de la célèbre Route 66 qui a pignon sur rue depuis plus de 50 ans. Décontracté et sans prétention aucune, ce restaurant propose un menu on ne peut plus ciblé : des steaks apprêtés de huit façons différentes et quatre variétés de côte de bœuf, auxquels s'ajoutent quelques plats de poisson et de poulet, de même que des repas pour enfants.

Le North Rim

La salle à manger du **Grand Canyon Lodge** *($$; petit déjeuner, déjeuner et dîner;* ☎ *638-2611)* propose de bons repas conventionnels (viande et pommes de terre) dans un décor incomparable, soit une vaste salle rustique aux poutres apparentes dotée d'énormes fenêtres panoramiques donnant sur le Grand Canyon. Il est nécessaire de réserver pour le dîner. Cet hôtel exploite également un **casse-croûte** *($)*, où l'on sert les trois repas dans un décor simple et ordinaire, de même qu'un saloon proposant des pizzas et des sandwichs.

Non loin de là, le magasin pour campeurs vend aussi des pizzas et des sandwichs.

L'Arizona Strip et ses environs

Pour peu que vous n'ayez pas une faim de loup, une seule pointe de pizza (elles sont énormes) suffira à vous combler au **Strombolli's Restaurant and Pizzeria** *($; 711 North Navajo Drive, Page,* ☎ *645-2605)*. S'il vous en faut davantage, vous n'aurez qu'à faire votre choix parmi une sélection de salades, *calzones* et mets italiens traditionnels. Un patio couvert vous attend à l'extérieur lorsque la température le permet, mais la vue de l'artère commerciale n'est guère inspirante.

Pour un sandwich rapide à manger sur le pouce ou à emporter, songez à la **Sandwich Place** *($; 662 Elm Street, près du magasin Safeway, Page,* ☎ *645-5267)*, où vous pouvez également commander des sous-marins chauds et des hamburgers.

Mis à part les repas préparés sur votre bateau-maison ou autour d'un bivouac sur la berge, le seul restaurant où vous pouvez dîner aux abords immédiats du lac Powell est le **Rainbow Room** *($$; Wahweap Lodge & Marina, 100 Lakeshore Drive, Lake Powell,* ☎ *645-2433)*. Compte tenu du va-et-vient constant auquel on assiste dans cette grande salle à manger circulaire répartie sur deux étages, la nourriture est relativement bonne (côte de bœuf, fruits de mer, poulet, salades et quelques mets amérindiens), et servie en généreuses portions. Qui plus est, des nappes bordeaux et des chaises semblables à celles qu'on trouve dans les salles de réunion confèrent aux lieux un air de salle de banquet. Service courtois et efficace.

À Page, le **Dam Bar & Grill** *($$; 644 North Navajo Drive, Page, ☎ 645-2161)* s'impose de façon plutôt inattendue comme un resto-bar huppé et branché. Les références au fameux barrage sont sans doute quelque peu excessives : un «transformateur» placé à l'entrée lance des décharges électriques représentées par des néons, un pan de mur bétonné a été sculpté à l'image du barrage, et de gros filets métalliques utilisés pour retenir les parois de grès de la gorge deviennent ici des éléments décoratifs entre les banquettes. Par contre, le panneau de verre gravé à l'eau-forte qui sépare le bar de la salle à manger, l'abondance de bois, les serviettes en tissu et l'étonnante qualité de la nourriture révèlent un soin indéniable. Le menu porte surtout sur les biftecks et la côte de bœuf, quoique certains plats de poisson méritent de retenir l'attention. Pâtes, poulet et salades complètent le tout, sans oublier les sandwichs et les hamburgers servis au bar, qui a son propre menu.

Lee's Ferry

Ce n'est pas le choix de restaurants qui vous étouffera dans cette région. Celui du **Marble Canyon Lodge** *($; Marble Canyon Lodge, route 89A, à l'embranchement vers Lee's Ferry, Marble Canyon, ☎ 355-2225)*, qui propose un menu à l'américaine matin, midi et soir, est parfaitement convenable mais sans plus.

Quant au **Vermillion Cliffs Bar & Grill** du Lee's Ferry Lodge *($$; route 89A, Vermillion Cliffs, ☎ 355-2231)*, il sert de bons steaks, côtelettes, sandwichs et pâtes dans une atmosphère agréablement rustique et chaleureuse, sans compter qu'il dispose de 140 marques de bière!

SORTIES

Le South Rim

Le **Bright Angel Lodge** présente chaque soir un spectacle ou un récital, le plus souvent un guitariste folk, et l'**El Tovar Lounge** possède un piano-bar, mais, dans l'ensemble, le parc national du Grand Canyon n'est pas l'endroit rêvé pour la vie nocturne. Nous vous suggérons plutôt d'assister aux projections de diapositives préparées par les rangers dans les amphithéâtres des deux versants du canyon, ou simplement de vous asseoir dans l'obscurité au bord du gouffre pour écouter le profond silence de cette immensité.

Williams

Si la perspective d'une soirée dans un bar de motel ou dans un saloon ne vous sourit guère, sachez que les possibilités de sorties nocturnes demeurent passablement limitées à Williams. Vous pourrez cependant vous rendre au **Red Garter Bed and Bakery** *(137 West Railroad Avenue, ☎ 635-1484)* et jeter un œil à l'intérieur de la boulangerie fermée, où un groupe de musiciens et de chanteurs locaux se réunissent presque tous les dimanches soirs. Il vous suffira normalement de frapper à la porte pour qu'on vous laisse entrer, prendre une tasse de café, écouter et regarder, à moins que vous ne préfériez apporter votre contribution personnelle. Ces rencontres amicales et informelles constituent un excellent moyen de rencontrer des gens du coin.

L'Arizona Strip et ses environs

Offrez-vous un dîner-croisière «coucher de soleil» sur le lac Powell à bord du ***Canyon King Paddlewheeler*** *(☎ 645-2433)* au départ de Wahweap. C'est d'ailleurs là le plus beau moment de la journée pour admirer le lac, puisque les amphithéâtres naturels creusés dans le roc changent alors de couleur sous vos yeux au fur et à mesure que le soleil tire sa révérence. Pour ceux qui ne désirent pas dîner sur l'eau, d'autres bateaux proposent aussi des croisières «coucher de soleil».

MAGASINAGE

Le South Rim

Parmi les nombreuses concessions du parc national accessibles aux touristes, les meilleures sont la **Hopi House**, cette vaste réplique de *pueblo* amérindien qui se trouve en face de l'hôtel El Tovar, et **Verkamp's Curios**, situé tout à côté. Ces deux magasins existent depuis près d'un siècle et se spécialisent dans l'artisanat amérindien authentique. La qualité des pièces est du plus haut niveau, et certaines d'entre elles sont très anciennes.

Tout aussi intéressants pour leur architecture historique que pour ce qu'ils vendent, il y a aussi le vieux **Kolb Studio**, un ancien studio de photographie (1904) aujourd'hui transformé en librairie, et le **Lookout Studio**, qui propose des spécimens de roc et divers articles conventionnels. Tous deux se trouvent à Grand Canyon Village.

Retenons également, entre autres boutiques de souvenirs, le **Hermit's Rest Gift Shop** *(au bout de la West Rim Drive)* et la **Desert View Watchtower** *(sur l'East Rim Drive)*.

L'Arizona Strip et ses environs

Michael Fatali photographie les paysages de l'Arizona et de l'Utah depuis une douzaine d'années. Ses clichés ont d'ailleurs été publiés dans *Arizona Highways* et divers autres magazines. Sa spécialité : les tirages artistiques en Cibachrome, qui capturent toute la beauté lumineuse et fantastique de ces paysages. Sa **Fatali Gallery** *(30 North Lake Powell Boulevard, Page, ☎ 645-3553 ou 800-206-0602)* présente un vaste assortiment d'originaux dont le prix peut atteindre plusieurs centaines voire milliers de dollars, quoique Fatali ait aussi produit une série d'affiches à tirage réduit, et beaucoup plus abordables, de ses photos les plus appréciées. De magnifiques souvenirs, à n'en point douter.

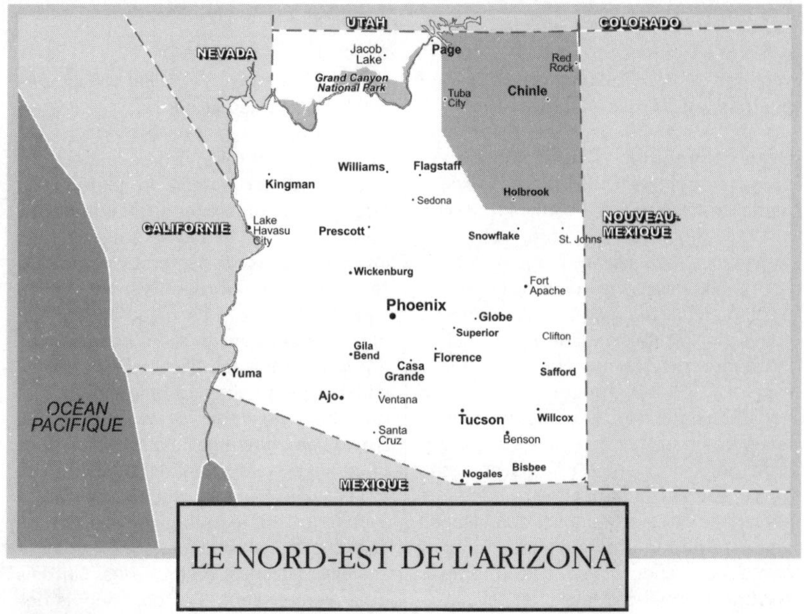

LE NORD-EST DE L'ARIZONA

À l'est du Grand Canyon s'étend un royaume de monuments en grès et de canyons aux parois quasi verticales qui s'embrasent à l'aube et au crépuscule, une terre de langues étrangères et de traditions anciennes, de mesas sculptées (plateaux constitués par les restes d'une coulée volcanique mise en relief par l'érosion) et de larges plateaux rocheux, de forêts de pins et de hautes régions désertiques. Nous sommes désormais au cœur des contrées amérindiennes du Sud-Ouest américain.

C'est ici que vivent les Navajos, la plus importante tribu amérindienne des États-Unis, de même que les Hopis, une de celles qui ont le mieux préservé leurs traditions. Le nord-est de l'Arizona leur appartient; longue de 240 km et large de 320 km, cette région couvre environ le tiers de la superficie de l'État. Mais en plus de cette vaste étendue, déjà pour le moins imposante, il faut savoir que le territoire navajo empiète sur le Nouveau-Mexique, l'Utah et le Colorado.

Qu'ils choisissent d'explorer ce coin de pays à cheval, en véhicule tout-terrain, à pied ou en voiture, les visiteurs en découvrent toute la beauté austère, plongent dans les méandres de son histoire maintes fois centenaire et se gavent de ragoût de mouton et de croustillant pain *piki* au maïs bleu. Vous pourrez en outre assister à des danses qui n'ont guère changé au cours des siècles et vous émerveiller devant une impressionnante variété de produits artisanaux à l'intérieur d'habitations amérindiennes, de galeries d'art et de comptoirs commerciaux qui datent de la guerre de Sécession. Qui plus est, on retrouve ici, dans les maisons creusées, les *pueblos* et les habitations de falaise, des peuples qui occupent le territoire depuis 12 000 ans et davantage de vestiges de la préhistoire amérindienne que partout ailleurs aux États-Unis.

Cinq générations d'archéologues ont passé au peigne fin les ruines laissées par la civilisation qui a dominé la région à l'ère préhistorique, soit celle des Anasazis («anciens» en langue navajo). Parmi ces ruines, les plus belles et les plus fascinantes sont sans contredit celles de Betatakin et de Keet Seel, à l'intérieur du Navajo National Monument, à 72 km au nord des mesas hopis d'aujourd'hui. Les traditions hopis telles que nous les connaissons maintenant nous donnent d'ailleurs une idée de ce que la vie pouvait être dans ces anciennes cités. La plupart des villages de cette nation amérindienne indépendante et respectueuse des traditions sont gouvernés par leur chef religieux. Chacun d'eux perpétue en outre un cycle annuel fort ancien, et non moins complexe, de danses rituelles liées à la fertilité et au renouvellement du sol, que ce peuple révère au plus haut point. Pour reprendre les propos d'un de leurs chefs, «*la terre représente la sécurité sociale des Hopis*». Quant à leur architecture sur plusieurs niveaux, souvent protégée par des cavernes, elle a influencé nombre d'architectes du XXe siècle.

Tout autour du territoire des Hopis s'étend la terre des Navajos, la plus vaste réserve amérindienne des États-Unis (sa superficie de 10 500 ha est deux fois supérieure à celle de l'Israël). Au contraire des Hopis, qui se regroupent pour former des villages, la majorité des quelque 200 000 Navajos vivent encore en petits cercles familiaux (une maison, une hutte et une ou deux caravanes) près de leurs champs et de leurs corrals, très éloignés les uns des autres. Certains clans suivent même encore leurs troupeaux vers les pâturages fertiles au fil des saisons.

Ce vaste territoire, qui occupe tout entier l'angle sud-est du plateau du Colorado, se présente tantôt comme un désert aride brûlé par le soleil, tantôt comme une terre de forêts verdoyantes. À une altitude variant entre 1 370 m et 2 440 m au-dessus du niveau de la mer, le mercure y oscille, en été, autour des 30 °C. Les mois de juillet à septembre correspondent à la mousson, au cours de laquelle le ciel limpide se couvre parfois soudainement de nuages noirs sillonnés d'éclairs. Les violentes pluies localisées et de courte durée qui en résultent, porteuses de parfums indescriptibles, sont vivement sollicitées au cours des rituels qu'accomplissent les Hopis depuis des siècles, car elles sont cruciales à la survie de leur ferme.

Quant à l'aventurier moderne, il préférera sans doute visiter la région au cours des mois de septembre et d'octobre, alors qu'elle s'avère peu fréquentée, moins coûteuse, ensoleillée, fraîche et parsemée de teintes automnales.

Le plateau du Colorado est célèbre pour ses canyons et ses monuments naturels aux couleurs de l'arc-en-ciel, sculptés par les rivières et érodés par les éléments. Ses plus beaux joyaux sont la Monument Valley, une incroyable collection de pitons rocheux, de falaises et de dunes cuivrées sur la frontière de l'Arizona et de l'Utah, et le Canyon de Chelly, un triple canyon de roc rouge situé en plein cœur du pays navajo.

À la frontière méridionale du territoire navajo, les troncs pétrifiés les plus denses et les plus colorés de la planète honorent le Petrified Forest National

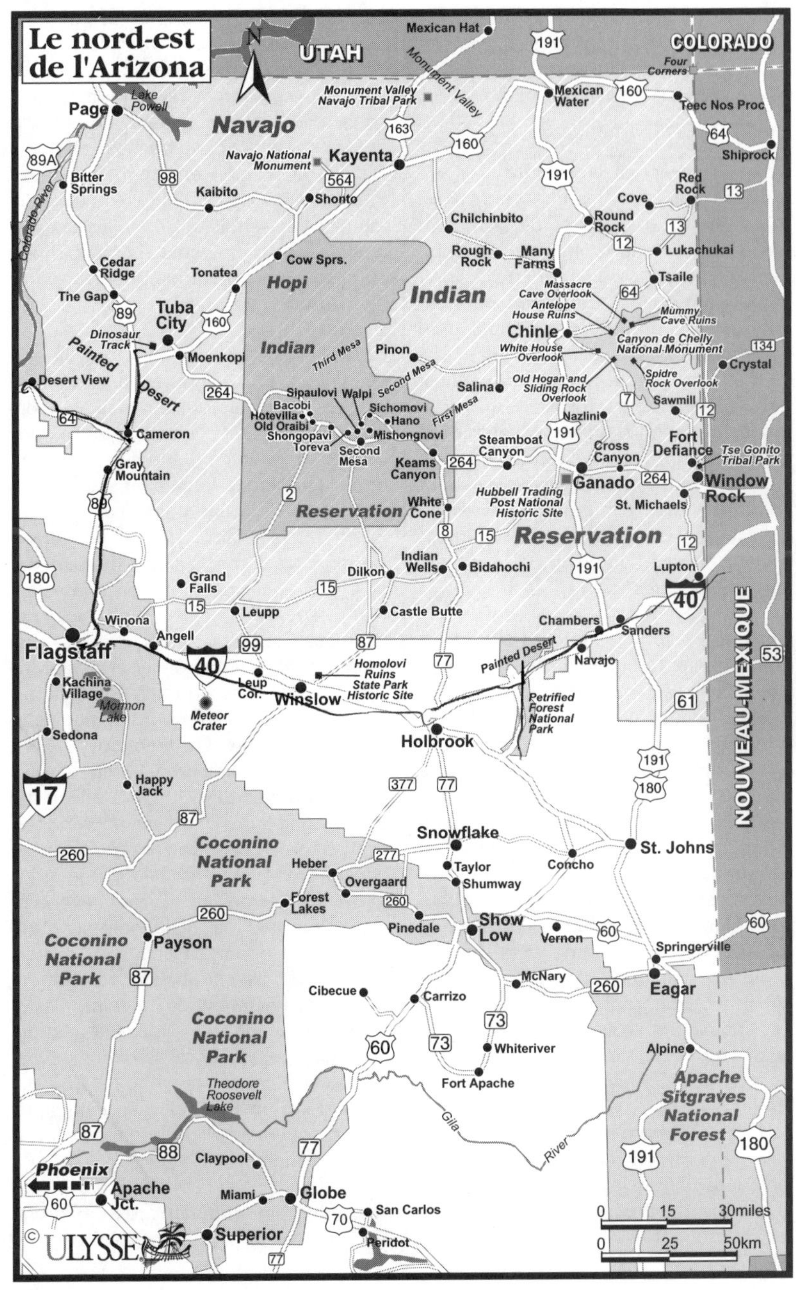

Le nord-est de l'Arizona
N
UTAH
COLORADO
NOUVEAU-MEXIQUE
Mexican Hat
Monument Valley
Monument Valley Navajo Tribal Park
Four Corners
Mexican Water
Teec Nos Pos
Shiprock
Page
Lake Powell
Navajo
Indian
Reservation
Hopi
Indian
Reservation
Navajo National Monument
Kayenta
Shonto
Kaibito
Bitter Springs
Colorado River
Cedar Ridge
Tonatea
Cow Sprs.
The Gap
Tuba City
Moenkopi
Dinosaur Track
Painted Desert
Desert View
Cameron
Gray Mountain
Chilchinbito
Round Rock
Cove
Red Rock
Lukachukai
Rough Rock
Many Farms
Tsaile
Massacre Cave Overlook
Antelope House Ruins
Mummy Cave Ruins
Chinle
Canyon de Chelly National Monument
White House Overlook
Old Hogan and Sliding Rock Overlook
Spidre Rock Overlook
Crystal
Sawmill
Third Mesa
Second Mesa
First Mesa
Pinon
Salina
Sipaulovi
Walpi
Bacobi
Hotevilla
Old Oraibi
Shongopavi
Toreva
Sichomovi
Hano
Mishongnovi
Second Mesa
Keams Canyon
Steamboat Canyon
Nazlini
Cross Canyon
Fort Defiance
Tse Gonito Tribal Park
Window Rock
Ganado
Hubbell Trading Post National Historic Site
St. Michaels
White Cone
Indian Wells
Bidahochi
Dilkon
Grand Falls
Leupp
Castle Butte
Lupton
Chambers
Sanders
Navajo
Painted Desert
Petrified Forest National Park
Winona
Angell
Flagstaff
Kachina Village
Mormon Lake
Sedona
Leup Cor.
Winslow
Homolovi Ruins State Park Historic Site
Meteor Crater
Holbrook
Happy Jack
Snowflake
Taylor
Shumway
Concho
St. Johns
Coconino National Park
Heber
Overgaard
Forest Lakes
Pinedale
Show Low
Vernon
Springerville
Payson
McNary
Eagar
Cibecue
Carrizo
Whiteriver
Fort Apache
Alpine
Apache Sitgraves National Forest
Gila River
Theodore Roosevelt Lake
Claypool
Phoenix
Apache Jct.
Miami
Globe
San Carlos
Superior
Peridot
0 15 30miles
0 25 50km
© ULYSSE

Park, entouré de collines dénudées qui semblent avoir été peintes au pistolet par un artiste géant et qui forment ce qu'on appelle, d'ailleurs fort à propos, le Painted Desert.

Cette géographie fascinante sert de toile de fond à l'histoire tout aussi fabuleuse et envoûtante de la région. Les Navajos ont probablement commencé à arriver par le nord un siècle ou deux avant que les Espagnols ne montent jusqu'ici en provenance du sud au cours des années 1540. Avec leurs chevaux, leurs moutons, leurs pêches, leurs melons, leurs fusils et leur orfèvrerie, les conquistadors devaient considérablement modifier le mode de vie de ces Amérindiens. Les Navajos étaient en effet venus par petits groupes de chasseurs nomades, passablement primitifs en comparaison de leurs voisins des *pueblos*.

Les anthropologues croient maintenant que le point tournant de l'histoire des Navajos a fait suite à la révolte des Pueblos, en 1680, alors que ce peuple d'Indiens du Sud-Ouest regroupa ses forces pour chasser les Espagnols de ce qui est aujourd'hui le Nouveau-Mexique. Lorsque les Espagnols revinrent sur les lieux une douzaine d'années plus tard, puissamment armés et menaçant d'esclavage les villageois irréductibles, plusieurs habitants des *pueblos* du Rio Grande s'enfuirent vers l'ouest jusqu'aux canyons du territoire navajo. Là, ils cohabitèrent paisiblement avec ces nouveaux voisins pendant trois quarts de siècle, contractant même des unions mixtes avec eux.

À cette même époque, les Navajos s'enrichirent considérablement grâce à leurs légendaires razzias, au cours desquelles ils s'appropriaient sauvagement les moutons, les chevaux et les esclaves des «Anglos» comme des autres tribus amérindiennes. Vers la fin du XVIIIe siècle, on assista ainsi à l'émergence d'une race mi-athabascane, mi-pueblo, aux traits nettement différents de la souche ancestrale : les Dineh («le peuple» en langue navajo). Puissants cavaliers, riches éleveurs de moutons et fermiers, ils avaient développé une mythologie complexe et surpassé leurs maîtres pueblos dans l'art du tissage.

Les incursions navajos se poursuivirent néanmoins sur les terres espagnoles, mexicaines et anglo-saxonnes, si bien que l'Armée américaine érigea le fort Defiance, près de l'actuelle Window Rock, et chargea le colonel Kit Carson de mettre fin au carnage. La tactique de ce dernier était d'affamer les Navajos pour les forcer à sortir du Canyon de Chelly et des régions avoisinantes en tuant leur bétail et en brûlant leurs champs. C'est ainsi que, le 14 mars 1864, les premiers Navajos (il y en aurait 8 000 en tout) entreprirent ce qu'il est convenu d'appeler leur «Longue Marche» en direction de Fort Summer, au Nouveau-Mexique, un voyage de près de 500 km à raison de 25 km par jour. Une fois parvenus à destination, ils se retrouvèrent dans une enceinte gouvernementale d'une centaine de kilomètres carrés devenant alors leur lieu de résidence pendant quatre ans, parmi les plus sombres de leur histoire. Ils y souffrirent en effet de pertes de récoltes, de la faim, de la maladie et d'une très mauvaise gestion de la réserve; plusieurs perdirent même la vie. Finalement, le 1er juin 1868, la signature d'un traité permit à quelque 7 000 survivants de regagner leurs terres d'origine.

Les comptoirs commerciaux devinrent les nouvelles sources d'approvisionnement des Amérindiens, en même temps qu'une introduction au monde des Blancs. Bien que la plupart de ces comptoirs aient aujourd'hui été remplacés par des centres commerciaux modernes, des galeries d'artisanat et des épiceries de dépannage, quelques-uns subsistent encore. Le plus célèbre se veut le Hubbell Trading Post, planté au bord d'une crique dans la région rurale de Ganado et inscrit au registre des sites historiques nationaux. D'autres méritent aussi un détour, comme celui d'Oljeto, près de la Monument Valley, et ceux de Cameron, Tuba City et Keams Canyon.

Au cours du XXe siècle, les Navajos et les Hopis sont passés d'une économie de subsistance à une économie monétaire. La loi sur la réorganisation des peuples autochtones adoptée en 1934 a mis fin aux politiques gouvernementales manifestement répressives à l'égard des Amérindiens et marqué le début d'une ère d'autonomie grandissante pour les tribus. Depuis 1961, date à laquelle des gisements pétrolifères et houilleux furent découverts sur le territoire des réserves, les deux tribus ont consacré des millions de dollars au revêtement des routes, à la construction d'écoles, d'hôpitaux, de centres administratifs et de logements à coût modique, à l'amélioration du réseau électrique et à l'approvisionnement en eau courante d'un plus grand nombre d'habitations. De plus, trois mines, trois centrales énergétiques, une ferme pilote de 24 000 ha, des industries forestières et des usines d'assemblage d'appareils électroniques fournissent peu à peu davantage d'emplois aux Navajos. Mais c'est tout de même l'industrie artisanale qui continue d'occuper la grande majorité des Amérindiens.

Chaque ville et chaque village témoignent d'ailleurs aujourd'hui de l'impressionnant héritage artisanal de ces Amérindiens. Chez les Navajos, ce sont les tissages de réputation mondiale, les «peintures de sable» et les bijoux alliant l'argent et la turquoise. Chez les Hopis, ce sont certaines des plus belles poteries du Sud-Ouest, de magnifiques sculptures sur bois *(kachinas)*, des paniers en osier tressé et des bijoux en argent ciselé d'une finesse remarquable. Les langues anciennes et les riches traditions spirituelles se perpétuent au fil des nouvelles générations, et l'on assiste ici et là au subtil mélange des cultures amérindiennes, espagnoles et anglo-saxonnes, le tout dans un décor féerique. Quoi demander de plus?

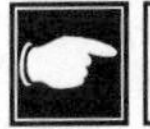

POUR S'Y RETROUVER SANS MAL

L'indicatif régional est le 520, si non indiqué.

En avion

Il n'existe aucun vol régulier vers les territoires hopi ou navajo. Les aéroports les plus près sont ceux de **Gallup** (Nouveau-Mexique), **Flagstaff** (Arizona) et **Cortez** (Colorado).

En train

Le *Southwest Chief* d'**Amtrak** *(☎ 800-872-7245)* relie Los Angeles à Chicago en effectuant trois arrêts dans des villes situées en bordure du territoire amérindien : **Flagstaff**, **Winslow** et **Gallup**. **Nava-Hopi Bus Tours** *(☎ 774-5003)* propose en outre des excursions par car en pays amérindien aux passagers d'Amtrak qui descendent à Flagstaff.

En autocar

Les jours de semaine, le **Navajo Transit System** *(Fort Defiance, ☎ 729-4002)* propose un service de bus entre **Fort Defiance** et **Window Rock** (à l'est) ou **Tuba City** (à l'ouest). Toujours en semaine, le car de Window Rock poursuit sa route vers le nord en direction de **Kayenta**, en s'arrêtant, entre autres, au Navajo Community College de **Tsaile**.

En voiture

Cette région en est une de grands espaces, mais ne désespérez pas pour autant, car les routes se sont grandement améliorées depuis une dizaine d'années, ce qui y facilite les déplacements par voie de terre.

Deux routes parallèles bordées au sud par la route 40 parcourent l'Indian Country d'est en ouest : la route 264 longe les trois mesas hopis et **Window Rock**, tandis que la route 160, filant vers le Colorado, donne accès à tous les attraits du nord de la réserve navajo.

La route 89, qui constitue le principal axe nord-sud, relie **Flagstaff** et le **lac Powell** en traversant l'ouest de la réserve navajo.

Cinq autres bonnes routes revêtues d'orientation nord-sud permettent aux usagers de la route 40 d'atteindre les territoires amérindiens. La route 92/2 et la route 87 relient la région de **Winslow** et les villages hopis. La route 191 conduit à **Ganado**, au **Canyon de Chelly** et au **Utah**. La route 12, sans doute la plus jolie de toutes, relie la route 264 à **Window Rock** et à la partie postérieure du **Canyon de Chelly**. N'oubliez pas que vous êtes ici dans le désert; il vaut donc mieux faire le plein chaque fois que l'occasion s'en présente.

Excursions en véhicule tout-terrain

Les véhicules tout-terrain, certains ouverts et d'autres climatisés (informez-vous avant de payer), constituent un moyen populaire de visiter ces attraits de la réserve navajo qu'on sait entourés de dépressions sablonneuses ou même, à l'occasion, de sables mouvants. Les guides navajos qui accompagnent ces excursions vivent souvent dans la région et peuvent partager avec vous leurs vastes connaissances de l'histoire amérindienne, de même que leur humour tout à fait particulier.

Au Canyon de Chelly, **Thunderbird Lodge Tours** *(Thunderbird Lodge, Chinle, ☎ 674-5841)* propose des balades d'une journée ou d'une demi-journée dans de gros et bruyants véhicules d'armée convertis au tourisme.

Les voyagistes de la Monument Valley y organisent tous des excursions d'une journée ou d'une demi-journée, de même que dans la Mystery Valley, tout près. Il s'agit là du seul moyen d'explorer l'arrière-pays. La plupart des circuits comprennent la visite d'une hutte de Peau-Rouge *(hogan)* habitée, et certains proposent le déjeuner ou le dîner. Parmi les voyagistes autorisés, mentionnons **Gouldings Monument Valley Tours** *(Gouldings Lodge, près de la Monument Valley, ☎ 801-727-3231)*, **Tom K. Bennett Tours** *(☎ 801-727-3283)*, **Bill Crawley Monument Valley Tours** *(Kayenta,*

☎ *697-3463)*, **Frank and Betty Jackson's Dineh Guided Tours** *(Monument Valley Visitor Center)* et **Navajo Guided Tour Service** *(Monument Valley Visitor Center,* ☎ *801-727-3287)*.

RENSEIGNEMENTS PRATIQUES

Winslow Chamber of Commerce : 300 West North Road, Winslow, ☎ 289-2434.

Cameron Visitor Center : à la jonction des routes 89 et 64, ☎ 679-2303. Conseils et brochures sur les attraits de l'ouest de la réserve navajo.

Hopi Tribal Council Office of Public Relations : ☎ 734-2441.

Navajo Nation Tourism : dans des caravanes disposées en bordure de la route à St. Michaels, à 11 km à l'est du Summit Campground, avant de pénétrer dans Window Rock, sur la droite, ☎ 871-7371. Cartes et renseignements touristiques sur le centre du pays navajo.

ATTRAITS TOURISTIQUES

Le sud du pays navajo

La notion de pays (Indian Country) rend à peine justice à l'étonnante diversité qui caractérise le sud du royaume des Navajos. Il y a tant à voir et à faire dans cette région, qui englobe également les tableaux pastel du Painted Desert, que vous pourriez très bien être tenté d'y prolonger votre séjour. Les anciennes ruines anasazis et les badlands hautes en couleur n'en sont en effet que quelques attraits parmi une foule d'autres.

Dans le sud-ouest de la réserve navajo, durant la débâcle printanière (généralement en mars ou en avril), un détour par la route 40 vous entraînera vers les tumultueuses et boueuses **Grand Falls**, une cascade de la rivière Little Colorado qui plonge dans un canyon d'une hauteur de 56 m. Ces chutes furent créées par une coulée de lave provenant du Merriam Crater, situé une quinzaine de kilomètres plus au sud-ouest, il y a de cela environ 100 000 ans. Certaines années, elles ne forment qu'un maigre filet et, même dans les meilleures conditions, se dessèchent toujours avant la fin du mois de mai pour ne réapparaître que brièvement lors des précipitations abondantes de la mousson. Il vaut donc toujours mieux s'informer à Winslow ou à Flagstaff quant au niveau de la Little Colorado avant d'entreprendre le voyage. Pour vous y rendre, quittez la route 40 à Winona, à 27 km à l'est de Flagstaff, ou à Leupp Junction (route 99), à 16 km à l'ouest de Winslow, pour emprunter la route 15. Dans un cas comme dans l'autre, demandez les indications exactes au moment de quitter la route 40. La route de Winona s'avère la plus courte en partant de l'autoroute, soit une trentaine de kilomètres dont les 13 derniers se font sur un chemin non revêtu.

Plusieurs gens du pays prétendent que la plus belle et la plus impressionnante partie du Painted Desert, dans les collines du centre de l'Arizona, se trouve à l'intérieur du **Little Painted Desert County Park** *(à 21 km au nord-ouest de Winslow sur la route 87,* ☎ *524-4250)*. Une route panoramique de 3 km, une piste de randonnée et une aire de pique-nique dominent ce vaste bassin

L'architecture amérindienne

Les premiers architectes de talent de l'Arizona furent sans contredit les tribus locales, dont les constructions pouvaient aussi bien revêtir la forme d'habitations à flanc de falaise que de maisons creusées. Les Anasazis se spécialisaient ainsi dans les *pueblos* façonnés à même les parois des falaises du nord de l'Arizona, dressant leurs murs avec des pierres taillées maintenues ensembles par du mortier et façonnant leurs toits avec des troncs d'arbre et de la terre. Les pièces de leurs demeures étaient petites et dépourvues de fenêtres, si bien qu'ils passaient beaucoup de temps sur les toits plats, tout indiqués pour l'accomplissement des tâches ménagères. Ces mêmes Anasazis construisaient aussi des maisons creusées, soit des structures en pierre au toit plat partiellement enfoncées dans le sol. Quant aux Sinaguas, ils bâtissaient des *pueblos* semblables à ceux des Anasazis, mais préféraient les collines aux canyons, et les Navajos privilégiaient pour leur part les huttes hexagonales en rondins et en terre.

où l'argile et le limon transportés par d'anciennes rivières se sont érodés pour former des bad-lands striées de gris, de rouge, de pourpre, d'ocre et de blanc sur une hauteur de 90 à 120 m. Les couleurs s'avèrent les plus vives à l'aube et au crépuscule.

Dans le **Homolovi Ruins State Park** *(droit d'entrée; à 5 km à l'est de Winslow sur la route 87, ☎ 289-4106)*, des tessons de poterie épars, des dessins sur le roc et des murs en ruine témoignent silencieusement d'un passé lointain. Ce parc renferme quatre *pueblos* importants du XIVe siècle (de 40 à 2 000 espaces d'habitation), plus de 300 sites archéologiques identifiés, un centre d'accueil des visiteurs et un musée proposant des activités d'interprétation. Quinze kilomètres de routes revêtues et 1,5 km de sentiers pédestres conduisent aux ruines des deux plus gros villages, habités entre 1150 et 1450 ap. J.-C. On trouve également sur les lieux des pétroglyphes et un village d'habitations creusées datant des années 600 à 900 ap. J.-C. Les Hopis croient que leurs ancêtres vivaient ici juste avant de migrer vers les mesas du nord qu'ils occupent aujourd'hui. Ils tiennent d'ailleurs encore les ruines, situées de part et d'autre de la rivière Little Colorado, pour sacrées et y déposent des *pahos* (plumes de prière) à l'intention des esprits.

Winslow, la plaque tournante du nord-ouest de l'Arizona, est une ville ferroviaire et un ancien comptoir commercial. Son histoire remonte aux pionniers mormons qui arrivèrent sur les lieux en 1876 et y construisirent un fortin en pierre connu sous le nom de Brigham City et entouré de quelques autres colonies. Avec la croissance de la ville, un système d'alimentation en eau, des magasins et une salle d'opéra firent bientôt leur apparition, de même qu'une école, des saloons et des trottoirs, apanage de toutes les villes frontières prospères. À la fin du XIXe siècle, l'Aztek Land and Cattle Company acheta 405 000 ha de terres à la compagnie de chemin de fer, et des milliers de têtes de bétail furent dès lors confiées au soin des cow-boys locaux.

L'**Old Trail Museum** *(fermé dim-lun; 212 Kinsley Avenue, Winslow, ☎ 289-5861)* présente des expositions temporaires portant sur l'histoire de la ville, avec, entre autres, des objets fabriqués par les pionniers et les Amérindiens, de même qu'une collection de souvenirs entourant le chemin de fer et la célèbre Route 66.

À l'est de Winslow, sur la route 40, vous arriverez à **Holbrook**, le siège administratif de la Sitgreaves National Forest. Cette ville a ainsi été nommée en l'honneur de H.R. Holbrook, ingénieur en chef de l'Atlantic and Pacific Railroad, précurseur de la Santa Fe Line. Construite en bordure du fleuve Colorado, aux limites de la réserve amérindienne navajo, Holbrook forme un chapelet de motels et de restaurants entrecoupés d'une demi-douzaine de boutiques de souvenirs spécialisées dans le bois pétrifié, les minéraux et les pierres précieuses, quoiqu'on y trouve aussi des objets d'art et d'artisanat de même que des bijoux amérindiens.

Fondée dans les années 1880, époque à laquelle elle constituait un centre d'élevage et un dépôt ferroviaire, Holbrook sert aujourd'hui de porte d'entrée à la Petrified Forest. Jadis un des plus vastes ranchs du pays, regroupant 60 000 têtes de bétail, c'était autrefois une ville de cow-boys plutôt rude où les employés de l'Aztek Ranch conduisaient leur bétail et tiraient volontiers sur tout ce qui bougeait, ce qui leur valut le surnom de coupe-jarrets (*Hashknife Posse*). Plus de gens portent sans doute encore ici les bottes et les grands chapeaux qui ont fait la marque des cow-boys que dans toute autre ville de l'Ouest américain.

Le **Courthouse Museum** *(fermé sam-dim; 100 East Arizona Street, Holbrook, ☎ 524-6558)* occupe l'historique palais de justice du Navajo County, dont les jours de gloire s'étalèrent de 1898 à 1976. Le musée se consacre au passé de Holbrook, représentée entre autres par la première prison de la ville, coulée d'une seule pièce de métal. Le musée ressemble à un vieux grenier aux odeurs de moisi, truffé de photos anciennes, d'objets utilisés par les pionniers et de peignes en écailles de tortue. On y trouve même un salon d'autrefois ainsi qu'une pharmacie du tournant du siècle contenant des remèdes de l'époque, y compris de l'huile de serpent et d'autres toniques miracles. On y a en outre aménagé le bureau d'information touristique de Holbrook.

Les panneaux annonçant la vente de joyaux *(gems)* et de bois pétrifié *(petrified wood)* qu'on peut apercevoir un peu partout à travers les rues de la ville soulignent le fait que le **Petrified Forest National Park** ★ *(droit d'entrée; ☎ 524-6228)* n'est pas très loin (voir p 293). Les entrées nord (route 40) et sud (route 180) de ce parc se trouvent en effet à 35 km à l'est de Holbrook, et l'une comme l'autre donnent accès à une route panoramique de 45 km qui le traverse et fournit sans doute le meilleur moyen de l'admirer. Des bureaux d'information touristique situés aux deux entrées possèdent cartes et plans, brochures, livres et affiches, mais renferment également des vitrines sur la géologie et l'histoire du parc.

Il y a de cela des lustres, des arbres tombèrent dans un ancien marécage et furent, avec le temps, transformés en pierre aux couleurs de l'arc-en-ciel, une bonne partie des troncs ayant conservé leur forme massive. Ces rares arbres de roc multicolores sont aujourd'hui épar-

bonne partie des troncs ayant conservé leur forme massive. Ces rares arbres de roc multicolores sont aujourd'hui éparpillés à travers les quelque 40 000 ha du parc, ce qui en fait sans doute la plus grande forêt pétrifiée du monde. Cela dit, vous y trouverez aussi de nombreux genres de fossiles, d'origine aussi bien animale que végétale, et des vestiges des peuples amérindiens qui vécurent jadis dans la région.

Le monument national a été créé en 1906, en grande partie à la suite du pillage d'un nombre important de fossiles et de troncs pétrifiés, pour ensuite, en 1962, devenir un parc national. En dépit de son environnement désertique et stérile, ce parc voit aujourd'hui pousser ici et là des oponces (figuiers de Barbarie), des cactus chollas et diverses autres espèces végétales. En y regardant de plus près, vous pourriez même découvrir des onagres, des castilléjies, des tulipes de Maripoza et Dieu sait quoi encore.

Le secteur le plus visité du parc s'en trouve au sud et renferme la plus importante concentration de bois pétrifié. Vous y trouverez une variété peu commune de spécimens, à savoir des troncs géants, des souches agatisées (dont certaines ont encore toutes leurs racines) et d'innombrables fragments épars. Plus au nord vous attendent des sites préhistoriques amérindiens et des pétroglyphes laissés par les tribus anasazis, sinaguas et mogollons, tandis que l'extrémité septentrionale du parc s'enfonce dans le Painted Desert, qui offre un fantastique paysage de silt et de *mudstone* irisé et fort érodé qui rappelle la surface de la lune, si ce n'est par ses formations hautes en couleur.

De la route 40 (entrée nord), suivez la route panoramique jusqu'au **Painted Desert Visitor Center**, où vous pourrez voir un film de 17 min sur les mystères de la pétrification de la forêt (remplacement des cellules de bois de conifères par des cristaux de silice). Le centre possède par ailleurs une cafétéria et une boutique de souvenirs.

Au nord de la route 40, vous verrez des strates de rouge, de blanc, et de rose, autant de couches argileuses et limoneuses colorées par le fer, le magnésium et d'autres minéraux, et réfléchies par le soleil. Les couches se révèlent les plus intenses au lever et au coucher du soleil, de même que par temps couvert.

Le **Painted Desert Inn Museum** *(à 5 km au nord du centre d'accueil des visiteurs sur la route panoramique, au Kachina Point,* ☎ *524-2550)* est une construction de style *pueblo* des années trente qui abritait autrefois une auberge. Les délicates gravures sur bois et le mobilier en étain qu'on y trouve sont l'œuvre du Civilian Conservation Corps. Des murales peintes par l'artiste hopi Fred Kabotie, aujourd'hui décédé, illustrent des scènes de la vie hopi : une danse du bison, célébrée en janvier pour assurer le retour des troupeaux au printemps, le périple de deux Indiens hopis en terre zuni pour en ramener du sel...

Les promontoires de l'extrémité nord du parc offrent de belles vues du Painted Desert. Si vous désirez faire une halte, sachez que vous trouverez des tables abritées, de l'eau et des toilettes à la **Chinde Point Picnic Area**. Au **Nishoni Point Overlook**, les collines en contrebas semblent serties d'une infinité de cristaux (il s'agit en fait d'une variété translucide de gypse, le sélénite), tandis que, du haut du **Whipple Point Overlook** et du **Lacey Point Overlook**, vous décèlerez des bandes rouges, blanches et roses créées par les reflets du soleil sur le *mudstone* et le silt parcourus de fer, de manganèse et d'autres minerais. Les couleurs se font les plus intenses au lever et au coucher du soleil, de même que par temps nuageux.

Au sud de la route 40, toujours sur la route panoramique, la zone centrale du parc recèle des sites préhistoriques témoignant d'anciennes cultures amérindiennes ayant prospéré ici entre les années 300 et 1400 ap. J.-C. Les chercheurs y ont découvert des pétroglyphes utilisés comme calendriers solaires. Un sentier partant des **ruines amérindiennes de Puerco**, le premier arrêt en venant du nord, conduit aux ruines d'un *pueblo* dont les murs sont en pierre et en maçonnerie, et où vivaient environ 75 personnes entre les années 1100 et 1300 ap. J.-C. Quelques salles excavées ont été partiellement restaurées.

Bien que surnommés **The Tepees**, ces immenses monticules coniques ressemblent davantage à des fourmilières plissées par l'érosion et colorées de bleu et de gris par des dépôts successifs de fer, de manganèse et d'autres minerais. Non loin de là, le **Newspaper Rock**, un énorme bloc de grès, est recouvert d'une remarquable série de pétroglyphes; faute de jumelles, vous pourrez toujours les apprécier à leur juste valeur grâce aux lunettes à monnaie mises à votre disposition.

Les premiers troncs pétrifiés apparaissent à **Blue Mesa**, là où un sentier serpente à travers de hautes collines fort impressionnantes. Il s'agit d'un grand favori des photographes pour ses élévations coniques teintées de bleu, de gris et de blanc, et parsemées de fragments de souches agatisées. Ses formations de grès érodé font même penser à une version réduite du Grand Canyon, sans compter qu'il constitue l'un des meilleurs postes d'observation du Painted Desert, dont les buttes multicolores semblent scintiller au loin.

Le tiers méridional du parc renferme pour sa part la plus importante concentration de troncs pétrifiés, dont certains montrent encore leurs racines, ce qui indique qu'ils se sont autrefois dressés tout près. Le **Jasper Forest Overlook** offre un panorama de la région, ponctuée de collines stériles parsemées de bois pétrifié. Notez au passage comment le sol meuble et argileux s'est dérobé autour des masses les plus lourdes pour créer dans ce désert une sorte de mosaïque.

Dans la **Crystal Forest**, un autre sentier vous conduira vers de denses amas de troncs, dont plusieurs font plus de 30 m de longueur et de 30 à 60 cm de diamètre. En 1886, à la suite d'un pari de 10 $, un cow-boy téméraire aurait franchi à cheval une dangereuse ravine couverte de troncs pétrifiés, aujourd'hui comblée avec du béton. Les troncs pétrifiés qu'on trouve ici en quantité impressionnante prennent pour la plupart l'aspect de fragments épars, comme s'il s'agissait des restes d'un immense amas de bois. En les observant de plus près, vous découvrirez par ailleurs les creux et les fentes dont les premiers chasseurs de souvenirs et collectionneurs de gemmes ont extrait des cristaux de quartz et d'améthyste. De fait, c'est ce genre de pillage sauvage qui a amené les autorités du territoire arizonien à prier le Congrès américain de veiller à la préservation des sites de pétrification.

Au **Rainbow Forest Museum** *(à 3,2 km de la route 180, près de l'entrée sud du parc, ☎ 524-6822)*, des photos, des dessins et divers spécimens racontent l'histoire géologique et humaine de la région. À l'extérieur, le sentier des Giant Logs, long de 800 m, croise d'énormes arbres aux couleurs de l'arc-en-ciel. Plusieurs des troncs parmi les plus longs (jusqu'à 50 m) se trouvent de l'autre côté de la route, le long de l'embranchement dit des **Long Logs.** Un sentier secondaire mène à l'**Agate House**, une petite maison de huit pièces de style *pueblo* datant de près de 900 ans et entièrement construite à partir de fragments de bois pétrifié. Deux des pièces ont à ce jour été partiellement restaurées. La route panoramique se termine 3 km plus au sud, à la route 180.

Vous trouverez, au **Petrified Forest Gift Shop** *(route 180, à 30 km au sud-est de Holbrook, ☎ 524-3470)*, des échantillons de minéraux et des géodes (taillées sur place). On y vend un assortiment de bois pétrifié, naturel ou poli, à partir de 2 $ pour un infime fragment jusqu'à plusieurs milliers de dollars pour une plaque assez grande pour servir de table à café.

L'ouest du pays navajo

La **Western Navajo Reservation ★★★**, que bordent des merveilles telles que le parc national du Grand Canyon et la zone récréative du lac Powell, recèle des sites très anciens tout en jouissant d'une beauté remarquable. Le 8 janvier 1900, le président William McKinley signait un document cédant les 600 000 ha de cette réserve aux Navajos qui avaient migré vers l'ouest 32 ans plus tôt, leur territoire original étant devenu trop petit.

Suivez la route 64 vers l'ouest sur 16 km, jusqu'à un chemin non revêtu, puis faites une centaine de mètres à pied jusqu'à un promontoire exceptionnel. Au pied des hautes parois abruptes du canyon coule le filet boueux de la rivière Little Colorado. Le haut des falaises, de calcaire strié, contraste nettement avec les blocs massifs de grès qui se trouvent plus bas, témoignant de la présence en ces lieux d'une mer peu profonde, il y a 250 millions d'années. Vous êtes ici dans le **Grand Canyon of the Little Colorado Gorge Tribal Park**, qui appartient aux Navajos. Entre le Memorial Day (dernier lundi de mai) et la fête du Travail (premier lundi de septembre), les kiosques d'artisanat ornés de bannières et de drapeaux dressés par les Amérindiens dans la zone du stationnement confèrent aux lieux une allure festive.

À 1,5 km au nord du centre d'accueil des visiteurs du parc, vous trouverez le **Cameron Trading Post, Motel and Restaurant** *(route 89, Cameron, ☎ 679-2231)*, un complexe de style *pueblo* érigé en 1916 par les Hopis et les Navajos, et récemment rénové. Longtemps réputé pour être un havre d'hospitalité, il se situe tout près de Tanner's Crossing, le dernier endroit où les chariots pouvaient traverser la rivière Little Colorado, avant qu'elle ne s'enfonce dans des gorges trop profondes pour permettre quelque navigation que ce soit. Ce passage particulier se caractérise par des sables mouvants qui le rendent tout spécialement dangereux.

La mini-ville que constitue le complexe est aujourd'hui un endroit rêvé pour observer les gens, qu'il s'agisse de vieilles femmes navajos dans leur traditionnelle blouse de velours, d'hommes coiffés de hauts chapeaux noirs et parés de bijoux en turquoise, ou de jeunes en t-shirt à la mode et en chaussures sport. À l'intérieur du comptoir commercial, chargé de curiosités et d'artisanat de qualité, on peut même souvent admirer un tisserand à l'œuvre. À la porte voisine, ne manquez pas la **Cameron Collector's Gallery**, où l'on propose des antiquités amérindiennes et de très belles pièces d'artisanat amérindien contemporain : de rares couvertures de chef, des poteries, des poupées, des armes et des vêtements de cérémonie. Derrière la galerie, le **jardin en terrasse de Mme Richardson**, revitalisé depuis peu, renferme aussi bien des légumes que des fleurs.

Au nord de Cameron, sur la route 89 jusqu'à The Gap, s'étend la partie la plus septentrionale du **Painted Desert ★**, une région de collines multicolores et fort anciennes formées de limon et de cendres volcaniques où rien ne pousse. Ce désert tire son nom des tertres onduleux formés de sédiments multicolores qui en honorent le paysage. Striées de rouge et de blanc sur quelques kilomètres, puis de gris et de blanc en d'autres endroits, ces badlands présentent des silhouettes rappelant le Sphinx, entourées de pyramides de sable durci qui se désagrègent sous l'effet de l'érosion. Cet ensemble fait partie de la formation Chinle, grandement prisée des géologues pour ses fossiles datant de l'époque des dinosaures.

À **Dinosaur Tracks** *(l'embranchement se trouve à 8 km à l'ouest de Tuba City sur la route 160, après quoi il faut faire 200 m sur un chemin de terre)*, des kiosques de bijoux marquent l'endroit où, selon les hommes de science, un dilophosaure, carnivore et long de 6 m, aurait laissé ses traces. Moyennant un léger pourboire, les gens du coin vous escorteront jusqu'aux nombreuses empreintes à trois griffes, deux fois plus grandes qu'une main humaine. Vous pourrez en outre voir le squelette reconstitué de ce dinosaure au Navajo Tribal Museum de Window Rock.

Le **Tuba Trading Post** *(angle Main Street et Moenave Avenue, Tuba, ☎ 283-5441)*, un comptoir commercial bâti de pierres locales sur deux étages et ayant la forme d'une hutte de Peau-Rouge, fut ainsi nommé en mémoire d'un chef hopi du XIXe siècle et constitue l'un des endroits méritant une visite à Tuba City. Construit en 1905 durant une forte poussée du tourisme dans la région, avec entrée faisant face au soleil levant, il possède un comptoir où l'on vend de l'artisanat, des denrées alimentaires ainsi que divers articles. Tout à côté, vous pourrez pénétrer à l'intérieur d'une hutte amérindienne spécialement construite pour les visiteurs. Tuba City a été fondée par des mormons en 1877 et est aujourd'hui devenue le centre commercial et administratif des Navajos de l'Ouest.

Le pays hopi

Trois **mesas ★** de couleur sable, superposées et parsemées d'une douzaine d'anciens villages, forment le cœur de la **réserve hopi ★**. Les villages en question, complètement circonscrits par la réserve navajo, sont éparpillés sur près de 150 km le long de la route 264. Lieux d'habitation des Hopis depuis plusieurs siècles, certaines des constructions encore visibles ont logé les descendants de mêmes familles pendant 900 ans. Ces hautes terres (environ 1 200 m d'altitude) désertiques et fascinantes semblent tantôt pauvres et austères, tantôt nobles et anciennes.

Les danses cérémonielles hopis

Bien que certaines danses hopis soient exécutées sur la place publique, aux yeux de tous, d'autres ne s'accomplissent qu'en vase clos dans des *kivas* souterrains. Nombre de ces danses invoquent la pluie ou une plus grande harmonie au sein de la nature, et elles ont lieu aux moments déterminés par les anciens de la tribu, selon la position de la Lune et du Soleil, et suivant des considérations d'ordre vibratoire. La **Powamu Ceremony**, ou **Bean Dance** (danse des haricots), tenue à la fin de février, correspond à un rite de fertilité destiné à accroître la récolte estivale, tandis que la **Snake Dance** (danse du serpent) survient vers la fin d'août et fait appel à des crotales vivants pour établir une forme de communication avec le monde des âmes disparues. Si vous assistez à l'une ou l'autre de ces cérémonies, rappelez-vous d'en respecter le déroulement et de n'utiliser ni appareil photo ni magnétophone.

Les danses auxquelles on peut assister et les pièces d'artisanat qu'on peut se procurer chez les Hopis qui les fabriquent constituent d'excellentes raisons de visiter les villages de cette réserve. Les **danses hopis**, qui comportent presque toujours des incantations à la pluie, afin d'abreuver les lopins de terre secs des Amérindiens, surviennent tout au long de l'année, et les dates en sont rarement annoncées plus de deux semaines à l'avance. Vous pourrez ou non assister à telle ou telle danse selon sa nature particulière et le village où elle se déroule. Pour vous en informer, adressez-vous au Hopi Tribal Council Office of Public Relations *(☎ 734-2441)*. D'une façon ou d'une autre, ne manquez pas l'occasion d'en voir une. Des consignes à l'intention des visiteurs sont affichées à l'entrée de la plupart des villages, et, dans tous les cas, vous devrez laisser vos appareils photo, caméscopes, magnétophones et tablettes à dessin dans votre voiture. Notez par ailleurs qu'il est interdit de prendre des photos dans les villages ou sur les routes de la réserve.

À **Moenkopi** («le lieu où l'eau coule»), un village fondé au cours des années 1870 par un chef hopi d'Oraibi et situé à 3 km au sud-est de Tuba City, vous noterez la riche variété des cultures. Il s'agit en effet du seul village hopi qui irrigue ses terres, l'eau provenant d'une source voisine. (Ailleurs, les fermiers exploitent plusieurs petits lopins en divers endroits, augmentant ainsi leurs chances de profiter d'un imprévisible orage d'été.) Il s'agit en outre du seul des 12 villages hopis à ne pas reposer sur une des trois mesas ou immédiatement sous la ligne des plateaux.

Quelque 65 km séparent Moenkopi des deux prochains villages. **Bacavi**, presque entièrement constitué de maisons préfabriquées, fut construit en 1909 à la suite des remous politiques survenus à Old Oraibi. **Hotevilla**, de création assez récente (1906), regroupe un mélange d'habitations en adobe et en parpaing sur le bord d'une mesa, cette architecture hétéroclite ne diminuant en rien ses riches traditions de danse et d'artisanat.

Quelques kilomètres plus loin, en bordure de la troisième mesa, **Old Oraibi** se présente comme un des plus anciens villages habités de façon constante aux États-Unis. Des Hopis y vivaient en effet dès l'an 1150! Faites la promenade d'une dizaine de minutes qui part de l'extrémité sud du village pour atteindre les ruines d'une église érigée en 1901 par H.R. Voth, un pasteur mennonite, puis détruite par la foudre. À Kykotsmovi, le «tertre des maisons en ruine», 3,2 km plus à l'est et 1,6 km plus au sud sur la route 2, le Hopi Tribal Council Office of Public Relations *(route 2, ☎ 734-2441)* prodigue des renseignements aux visiteurs.

Une dizaine de kilomètres plus à l'est sur la route 264, vous trouverez **Shongopavi**, le plus gros village de la deuxième mesa, construit tout au bord de la falaise. Trois kilomètres plus loin se dresse le **Hopi Cultural Center** de la deuxième mesa *(route 264, ☎ 734-2401)*, le plus important centre socioculturel à desservir les Amérindiens comme les visiteurs. Le personnel autochtone de ce blanc complexe de style *pueblo,* réunissant à la fois un musée, un restaurant, un motel et une boutique de souvenirs, connaît toujours le lieu et l'heure des danses rituelles; informez-vous à la réception du motel.

Le Hopi Cultural Center, qui appartient à la tribu, comprend le **Hopi Museum** *(☎ 734-6550)*, qui renferme des murales, des poteries et des photos historiques de chacune des trois mesas. Quant aux espaces commerciaux, vous pourrez vous y procurer des œuvres d'art et des pièces d'artisanat hopis. À 30 m seulement à l'ouest du complexe, les orfèvres de la **Hopi Arts and Crafts Cooperative Guild** *(☎ 734-2463)* pratiquent en outre leur métier parmi un vaste assortiment de produits artisanaux fabriqués sur la réserve.

À l'est du centre culturel, les deux villages anciens de **Sipaulovi** et **Mishongnovi** *(par un chemin non identifié grimpant abruptement en direction du nord depuis la route 264, ☎ 737-2570)* surplombent le désert de façon spectaculaire du haut de la seconde mesa, plusieurs de leurs habitations étant creusées à même le roc. Fondés au cours des années 1680, tous deux sont réputés pour leurs danses et méritent une visite, ne serait-ce que pour la vue qu'ils offrent.

Si vous n'avez le temps d'effectuer qu'un seul arrêt, assurez-vous que ce soit au groupe de trois villages de la première mesa que sont **Hano**, **Sichomovi** et **Walpi** *(à 10 km à l'est du Secakuku Trading Post, ☎ 737-2262)*. Perchés au sommet du plateau de forme oblongue, dont les parois hautes de 300 m plongent verticalement jusqu'au désert, ils vous aideront à comprendre pourquoi les Hopis sont persuadés qu'ils vivent au centre de l'univers. Ces trois villages, accessibles seulement par une étroite route en lacets sans garde-fous *(indiquée depuis la route 264)*, semblent carrément taillés à même la pierre café au lait de la mesa. Les panoramas s'étendent à perte de vue, dans une immobilité à vous donner des frissons, sur des kilomètres et des kilomètres.

Le plus étonnant de ces villages est Walpi, bâti il y a environ 300 ans. Sur un promontoire exposé à tous les vents, ses maisons s'empilent les unes sur les autres comme les blocs d'un jeu de construction, des échelles de bois les reliant les unes aux autres. Du terrain de stationnement (aucune voiture n'est autorisée dans le village), on dirait un immense vaisseau de pierres suspendu à une mer d'azur. Ses dirigeants, soucieux de préserver les traditions, n'y laissent entrer ni l'électricité ni l'eau courante. En été, de jeunes écolières timides guident quotidiennement la visite du village; inscrivez-vous au Ponsi Hall *(☎ 737-2262)*.

Comme dans les autres villages, les *kivas*, ces chambres cérémonielles creusées à même le sol, continuent de servir comme au temps des Anasazis : les danseurs du clan s'y réfugient pour jeûner et observer divers rites pendant plusieurs jours avant les célébrations. Puis, lorsqu'ils sortent pour accomplir leurs danses, les Hopis interrompent leurs activités agricoles pour monter sur les toits des *kivas* au son hypnotique des tambours et des crécelles. Quittant leurs jeans pour se couvrir de plumes, de clochettes et de rameaux de pin, ils semblent soudain se transformer en divinités.

Au chapitre des activités quotidiennes de ces villages, réputés pour leurs magnifiques poteries, on peut voir les femmes cuisant leur pain, à moins que ce ne soit leurs poteries, dans des fours extérieurs en forme de ruches. Des affiches rudimentaires accrochées aux fenêtres des maisons vous invitent d'ailleurs à venir admirer le travail de l'argile et du bois *(kachina)*, une excellente occasion de faire connaissance avec ce peuple hospitalier.

Hano ressemble aux autres villages hopis, si ce n'est que, par sa langue et ses coutumes, il demeure une colonie d'Indiens pueblos qui fuirent l'oppression espagnole dans la région du Rio Grande à la fin des années 1690.

Toujours plus à l'est sur la route 264, le pays hopi prend fin au centre administratif fédéral de Keams Canyon, dont les installations touristiques (restaurant, hôtel, marché d'alimentation) sont regroupées autour du **Keams Canyon Trading Post** *(route 264, ☎ 738-2294)*. Ce dernier propose une bonne sélection de pièces artisanales, les plus belles se trouvant dans une salle secondaire.

Longez ensuite le canyon en direction du nord-est jusque dans une forêt. Environ 3 km après l'orée du bois, près d'un petit barrage, vous apercevrez l'**Inscription Rock**, un gros bloc de grès sur lequel Kit Carson a signé son nom à l'époque où il s'efforçait de mettre fin aux razzias des Navajos.

Le centre du pays navajo

C'est ici le cœur, l'âme et le centre nerveux du **pays navajo** ★★★, une magnifique région de canyons, de rochers rouges, de forêts et de montagnes où les Navajos ont remporté leurs plus éclatantes victoires et subi leurs plus amères défaites. Plus vous y passerez de temps, plus vous apprécierez la culture en constante évolution qui est celle de ce peuple. Les ruines que vous y verrez vous rappelleront en outre que bien avant l'arrivée des Navajos, ce territoire était celui des ancêtres des Indiens hopis, les Anasazis.

À 65 km à l'est de Keams Canyon, sur la route 264, près du petit village de Ganado, suivez la route ombragée qui se détache vers l'ouest sur 800 m le long d'une crique jusqu'au **Hubbell Trading Post National Historic Site** *(route 264, Ganado, ☎ 755-3254)*, un comptoir commercial en activité depuis l'époque où Lorenzo Hubbell, le doyen des commerçants navajos, l'a établi ici au siècle dernier. Désormais propriété du National Park Service, et tenu par les South West Parks et les Monuments Associations, ce comptoir demeure l'un des rares à fonctionner selon le concept traditionnel de l'«enclos», où les acheteurs se tiennent derrière une sorte de clôture en bois et demandent aux commis ce dont ils ont besoin, qui des conserves, qui du velours, des semences ou quelque autre denrée. Construit au cours des années 1870, cet établissement en pierre qui compte trois salles et fait aussi office de musée et de galerie d'art trahit aisément son âge par son allure et ses odeurs; les planchers sont même tellement usés qu'ils ne sont plus droits. Les murs s'en trouvent couverts, jusqu'aux poutres apparentes du plafond, de paniers, de poteries, de livres, de tapis, de photos historiques, de bijoux, de cartes postales, d'étoffes et d'articles d'épicerie. Des selles et des outils pendent encore aux chevrons.

La visite «autoguidée» du complexe et des expositions du **Visitor Center** *(Ganado, ☎ 755-3475)* vous permet de découvrir comment les comptoirs commerciaux reliaient autrefois le pays navajo au reste du monde, et que Hubbell était non seulement un commerçant, mais aussi un ami très cher à la communauté amérindienne jusqu'à sa mort en 1930. C'est d'ailleurs la famille Hubbell qui a continué à exploiter l'établissement jusqu'à ce qu'il soit cédé au National Park Service en 1967. Le centre d'accueil des visiteurs présente également un bon choix de livres sur les Amérindiens, et, en prime, vous pourrez admirer le travail des tisserands et des orfèvres navajos, et vous faire prendre en photo avec eux. La visite d'une heure de la **Hubbell House**, qui possède une excellente collection de produits artisanaux, permet d'apprécier encore mieux la vie de ce poste reculé et de son remarquable fondateur, dont la dépouille est enterrée sur un monticule voisin.

Les terres boisées de pins ponderosa appartenant aux Navajos couvrent une partie du trajet de 48 km menant à Window Rock, plus à l'est sur la route 264. Les pique-niqueurs voudront sans doute s'arrêter au **Summit Campground**, à 32 km à l'est de Ganado, là où la dénivellation est de 2 360 m.

Onze kilomètres plus loin, avant de pénétrer dans Window Rock, faites une halte au **St. Michaels Historical Museum** *(du Memorial Day à la fête du Travail; route 264, à 4,8 km à l'ouest de Window Rock, St. Michaels, ☎ 871-4171)*, logé dans un bâtiment blanc de pierres équarries à la main par les autochtones qui servait, vers la fin des années 1890, de résidence (quatre chambres à coucher) et de chapelle à des franciscains de Cincinnati. Le mobilier témoigne d'une époque difficile (minces paillasses disposées sur de simples cageots), et l'on peut aussi y voir de vieilles selles en bois au confort douteux, de même que d'anciennes machines à écrire, des photographies illustrant leur travail et leur mode de vie, et des manuscrits révélant les premiers systèmes d'écriture phonétique qu'ils conçurent pour transcrire la langue navajo. À l'extérieur, de hauts cotonniers et un jardin fleuri de 0,3 ha aménagé par les religieux d'antan forment une petite oasis de verdure.

Tout à côté, la **St. Michael's Prayer Chapel** abrite une gravure de près de 5 m sur bois sous le titre de *La Rédemption de l'Humanité*, une œuvre de l'artiste allemand Ludwig Schumacher dont il fit don aux Amérindiens.

John Lorenzo Hubbell, un héros local

Pour les Amérindiens du début du siècle, John Lorenzo Hubbell faisait bel et bien figure de héros. Exploitant un comptoir commercial à Ganado, il leur offrait en effet un contact ô combien précieux avec le monde extérieur. C'est ainsi qu'ils y troquaient des articles d'orfèvrerie, de la laine, des moutons et des tapis contre des denrées de base, qu'il s'agisse de farine, de café, de sucre, de tabac ou de vêtements. Hubbell parlait d'ailleurs l'anglais, l'espagnol, le navajo et le hopi, ce qui facilitait grandement ses transactions, sans compter qu'il remplissait les fonctions de shériff et appartenait à la législature territoriale. Hubbell tenta entre autres d'améliorer le sort des Amérindiens en faisant venir un orfèvre du Mexique pour leur enseigner son art, mais c'est pour tout dire lors d'une épidémie de variole qu'il gagna vraiment leur respect puisque, étant lui-même immunisé contre la maladie pour l'avoir déjà contractée, il pouvait sans risque soigner les Navajos.

Cinq kilomètres plus à l'est sur la route 264, un rare feu de circulation en ces contrées (à l'intersection de la route 12) marque l'emplacement du «centre-ville» de **Window Rock ★**, une capitale moderne et en pleine croissance du pays navajo. À l'ouest du Navajo Nation Inn, le **Navajo Nation Museum** *(à l'est de la route 12 sur la route 264, ☎ 871-6673)* et la **Navajo Arts & Crafts Enterprise** *(☎ 871-4095)* partagent un bâtiment commun. Le premier, qui expose des pièces d'un grand raffinement, transporte les visiteurs à travers l'histoire ancienne et contemporaine des mœurs et traditions navajos. Des mannequins en plâtre moulé y représentent des Navajos ayant réellement vécu, et une salle est consacrée à des expositions temporaires où figurent des artistes montants ou déjà renommés de la nation navajo. La guilde des artistes locaux encourage l'innovation chez ses membres et garantit la qualité de toutes les œuvres mises en vente.

Un peu plus à l'est sur la Indian Route 12, à 3,2 km de la route 264, apparaît le **Navajo Nation Zoological and Botanical Park** *(Indian Route 12, Window Rock, ☎ 871-6573)*. Des animaux domestiques et sauvages caractéristiques de la culture et du folklore navajos y évoluent dans un cadre naturel : coyotes, loups, couguars, ours, cerfs, élans, lynx, crotales, chiens de prairie et chèvres. En tout, 53 espèces vivent ici. Notez particulièrement la présence du mouton *churro*, introduit par les Espagnols; on en accroît les troupeaux du fait de leur résistance éprouvée à la maladie et de l'excellente qualité de leur laine aux fins de tissage. Vous y verrez en outre des exemples d'architecture de huttes, avec leurs poutres en berceau et leurs fourches de soutènement. Un modeste jardin botanique identifie par ailleurs les principales plantes du désert : riz indien, thé navajo, lupin, aster et genièvre.

Une rangée de hauts pinacles en grès rouge ressemblant à des meules de foin, les **Haystacks**, forme la frontière orientale du zoo. Ces formations et le zoo lui-même font partie du **Tse Bonito Tribal Park**, un des endroits où les Navajos bivouaquèrent en 1864 lors de leur «Longue Marche».

Au feu de circulation de Window Rock, empruntez la route 12 vers le nord en passant le centre commercial, puis prenez à droite sur 1,5 km jusqu'à **Tseghahodzani** («le rocher percé d'un trou»). Vous y trouverez une immense muraille de grès rouge aussi haute qu'un bâtiment de plusieurs étages. Au centre de cette paroi rocheuse, un trou presque parfaitement circulaire de 40 m de diamètre, créé par l'érosion, offre une vue sur les montagnes qui se trouvent au-delà. John Collier, commissaire aux Affaires indiennes dans les années trente, fut tellement troublé en apercevant cette formation qu'il désigna ce site comme celui du centre administratif de la nation navajo. Les visiteurs peuvent y pique-niquer et s'y balader.

Non loin de là, rendez-vous aux **Council Chambers** *(Window Rock, ☎ 871-6417)*, une construction octogonale en pierre servant de grande hutte de cérémonie. Des murales peintes par feu Gerald Nailor illustrent l'histoire de la tribu. C'est ici que les 88 membres du Conseil de tribu se réunissent quatre fois l'an pour discuter de leurs politiques. On y parle aussi bien l'anglais que le navajo.

La plus belle route de tout le territoire amérindien est la **route 12**, qui se détache de la route 40 à Window Rock et file vers le nord sur 105 km. Elle épouse les contours des falaises de roc rouge tout en bordant des forêts de pins, des lacs, des habitations navajos et des huttes entourées de pâturages, de vergers et de champs de maïs.

Suivez les panneaux indicateurs pour le **Tsaile Campus** du Navajo Community College *(fermé sam-dim; route 12, à 97 km au nord de Window Rock, ☎ 724-3311)* et son Ned Hatathli Cultural Center, qui a la forme d'une haute hutte de verre et qu'entourent de nombreux pins. Deux étages y sont consacrés au **Hatathli Museum and Gallery** *(fermé sam-dim; ☎ 724-6653)*, qui, à travers des dioramas, des murales, des photos, des poteries, des armes et d'autres objets fabriqués, interprète les cultures amérindiennes (dont celle des Navajos), de la préhistoire à nos jours. Des murales aux détails impressionnants racontent l'histoire de la Création telle que vue par les Navajos, mais vous devrez demander qu'on vous les explique, car il n'y a que peu de texte. On vend des livres et de l'artisanat dans une galerie adjacente à ce collège fondé en 1957. Les visiteurs sont également bienvenus dans la bibliothèque et la salle à manger du campus.

La route 64, partant de la route 12 sur la gauche, mène à l'un des sites les plus appréciés des touristes du monde entier, le **Canyon de Chelly National Monument** ★★ (voir p 294), également accessible à 4,8 km à l'est de la route 191 sur la route 7. Au moment où les Espagnols arrivèrent dans la région au cours des années 1540, les Navajos occupaient déjà ces trois canyons aux parois vertigineuses et lisses qui convergent pour former un *Y*. Les canyons et leurs versants accueillent encore des familles navajos avec leurs moutons et leurs chevaux. L'eau qui effleure la surface du sol nourrit en outre le maïs, les courges et les melons, de même que les vergers de pommes et de pêches qu'ils cultivent.

Difficile de dire si le Canyon de Chelly s'avère plus impressionnant du haut de ses versants, les routes qui les longent offrant des vues panoramiques à vol d'oiseau sur cette région rurale parsemée de huttes, ou à dos de cheval (à moins que ce ne soit à bord d'un véhicule tout-terrain sans capote) à travers le Chinle Wash. Quoi qu'il en soit, vous trouverez la meilleure introduction à ce genre d'aventure au **Visitor Center** *(sur la route principale qui traverse Chinle, ☎ 674-5500)*. Chinle, le centre administratif et commercial de cette partie de la réserve, se révèle par contre aussi terne que ses canyons peuvent être spectaculaires.

Assurez-vous de marquer un arrêt au musée du centre d'accueil des visiteurs, où des vitrines illustrant 2 000 ans d'histoire du canyon, des démonstrations à caractère culturel, des œuvres d'artistes locaux et un comptoir d'information tenu par des rangers vous éclaireront sur la région. Tout à côté se dresse une hutte navajo typique *(hogan)*. C'est également dans ce centre que vous trouverez les guides navajos dont vous pourriez avoir besoin pour faire de la randonnée, camper ou explorer les canyons à bord de votre propre véhicule tout-terrain.

Les guides vous relateront le fier récit des plus brillantes victoires navajos et vous montreront par ailleurs des trous de balle laissés dans les murs à la suite de sanglants massacres. Des milliers de ruines très anciennes fournissent en outre des indices quant au peuple ayant vécu ici de l'an 200 ap. J.-C. environ jusqu'à la fin du XIVe siècle, alors qu'une sécheresse interminable sévissant dans toute la région de Four Corners le força sans doute à prendre la direction du Rio Grande et d'autres parties de l'Arizona et du Nouveau-Mexique. Chaque détour du canyon révèle des parois de plus en plus hautes, de même que des pictogrammes et des pétroglyphes de plus en plus intrigants (illustrations historiques et préhistoriques dessinées sur le roc). Ce ne sont partout que murailles de pierres d'un rouge éclatant, contrastées par les verts et les jaunes des cotonniers feuillus qui poussent au fond du canyon.

Les routes des versants nord et sud (North Rim Drive et South Rim Drive), longues de 26 km respectivement, demandent environ deux heures chacune à parcourir (songez à vous procurer des brochures identifiant les sites géologiques, botaniques et historiques de chaque promontoire). La **South Rim Drive** longe le Canyon de Chelly, qui a donné son nom au monument national. Les principaux attraits en sont les suivants.

Le **White House Overlook** *(au kilomètre 9,2)* permet d'admirer les restes d'un village en maçonnerie de plusieurs étages habité par une centaine de personnes, il y a environ 800 ans. C'est d'ici que part la seule randonnée non guidée vers le fond du canyon.

L'**Old Hogan and Sliding Rock Overlook** *(au kilomètre 17,7)* présente les ruines d'un ancien village de huttes et des bassins peu profonds creusés à même les grès par l'érosion *(au kilomètre 20,8)*. Les Navajos puisent encore parfois de l'eau fraîche dans ces bassins. Sur une étroite corniche apparaissant de l'autre côté du canyon, des anciens érigèrent des murs de soutènement pour empêcher leur maison de dévaler la pente jusqu'au fond du canyon.

Le **Spider Rock Overlook** *(au kilomètre 25,7)* permet de contempler les parois les plus abruptes du canyon, plongeant verticalement d'une hauteur de 300 m environ. Le Monument Canyon se dessine sur la droite, alors que, sur la gauche, c'est le Canyon de Chelly.

L'aiguille de près de 250 m qui marque leur point de rencontre se nomme le Spider Rock, celui-là même où les Navajos croient que la «Femme-Araignée» emporte leurs enfants lorsqu'ils ne sont pas sages. Les taches blanches qu'on aperçoit au sommet de cette formation rocheuse seraient, toujours selon les Navajos, les os blanchis des petits garçons et des petites filles qui n'ont pas écouté leurs parents. La légende veut aussi que ce soit cette même «Femme-Araignée» qui ait enseigné aux Navajos l'art du tissage.

La **North Rim Drive** explore quant à elle le **Canyon del Muerto** ★ («canyon des défunts»), ainsi nommé en 1882 par le chef d'une expédition parrainée par le Smithsonian Institute, James Stevenson, après qu'il eut trouvé les restes d'un cimetière amérindien préhistorique sous la Mummy Cave. Les principaux attraits en sont les suivants.

L'**Antelope House Overlook** *(au kilomètre 13,7)* porte ce nom du fait des peintures d'antilopes (datant probablement des années 1830) qu'on trouve sur les parois du canyon à gauche de cette habitation en ruines de quatre étages comptant 91 pièces. Ses habitants préhistoriques avaient déjà, pour leur part, laissé des dessins à main levée et des personnages peints en blanc. Du haut du promontoire, vous apercevrez des structures circulaires (des *kivas*, ou chambres cérémonielles) et d'autres rectangulaires (logements ou lieu d'entreposage). De l'autre côté de la cuve, dans une alcôve se trouvant à 15 m au-dessus de la base du canyon, des archéologues des années vingt trouvèrent le corps bien conservé d'un vieillard enveloppé dans une couverture faites de plumes d'aigle et reposant sur un drap de coton blanc en si bon état qu'on l'aurait cru neuf. On croit qu'il s'agissait d'un tisserand des environs. En ces mêmes lieux, au Navajo Fortress Viewpoint, la haute butte de grès rouge isolée qui s'élève de l'autre côté du canyon constituait jadis un important refuge pour les Navajos désirant échapper aux Espagnols, aux Américains et peut-être même à d'autres féroces tribus amérindiennes.

Le **Mummy Cave Overlook** *(au kilomètre 24,4)* s'impose comme le site des plus grandes et des plus belles ruines du Canyon del Muerto. La découverte, au cours des années 1880, de deux momies dans des sépultures préhistoriques enfouies sous les pentes situées en contrebas des grottes en ont inspiré le nom.

Le **Massacre Cave Overlook** *(au kilomètre 25,8)* est le site du premier contact documenté entre les Espagnols et les Navajos du Canyon de Chelly. Au cours de l'hiver 1805, une bataille sanglante aurait eu lieu sur la corniche parsemée de rochers qui se profile sur la gauche, sous le replat du plateau en bordure du canyon. Espérant mettre un terme aux razzias persistantes des Navajos sur les villages espagnols, Antonio de Narbona y mena en effet une expédition et déclara avoir tué 115 Navajos et en avoir fait 33 autres prisonniers.

Le nord du pays navajo

Il y a quelque chose de fou, mais en même temps d'irrésistible, à se rendre à Four Corners pour poser ses pieds dans deux États différents (le Colorado et l'Utah) et ses mains dans deux autres (l'Arizona et le Nouveau-Mexique), tandis qu'on vous photographie du haut d'une plate-forme surélevée. Après tout, il s'agit du seul endroit aux États-

Unis où vous pouvez simultanément vous trouver dans quatre États! Un incontournable kiosque d'artisanat navajo propose ici des colliers, des bracelets, des boucles d'oreilles, des t-shirts, des tableaux, des «peintures de sable», du pain frit et de la limonade, une façon comme une autre de célébrer la rencontre de deux lignes sur une carte.

Pour atteindre Four Corners en partant du sud, vous devrez passer par le **Teec Nos Pos Arts and Crafts Center** *(à la jonction des routes 160 et 64, ☎ 656-3228)*, une de ces galeries routières où l'on vend des œuvres d'artistes du Sud-Ouest, l'accent portant ici sur les «peintures de sable».

Si vous vous dirigez vers l'ouest sur la route 160, avant même d'atteindre Kayenta, d'étonnantes silhouettes érodées émergeront à l'horizon, dont le **Church Rock**, de la taille et de la forme d'une cathédrale. **Kayenta**, une petite ville qui a grandi autour du comptoir commercial de John Wetherill, à 1 696 m au-dessus du niveau de la mer, est aujourd'hui devenue un centre minier voué à l'industrie houillère, de même que la porte d'entrée arizonienne de la Monument Valley.

Ponctués d'énormes piliers de roc rouge, les 39 km qui vous séparent désormais de la Monument Valley, plus au nord sur la route 163, constituent un prélude au spectacle principal. Le Half Dome et l'**Owl Rock**, qui apparaissent sur votre gauche, marquent la limite orientale de la large mesa de Tyende. Sur votre droite s'élèvent la **Burnt Foot Butte** et **El Capitan**, aussi appelé Agathla Peak, deux anciennes formations volcaniques dont la pierre sombre contraste avec le jaune clair des monuments de grès.

À 800 m au nord de la frontière de l'Utah, sur la route 163, vous arriverez à un croisement; sur la gauche, à 3 km, se trouve le Gouldings Trading Post and Lodge, alors que, sur la droite, à 6,5 km, se dressent le **Monument Valley Navajo Tribal Park Headquarters** *(droit d'entrée; P.O. Box 360289, Monument Valley, UT 84536, ☎ 801-727-3353)* et le **Monument Valley Visitor Center**. À l'intérieur de ce bâtiment à double vocation, une salle d'observation entièrement vitrée offre de magnifiques panoramas. La **Monument Valley ★★★** constitue le premier parc tribal des Navajos, désigné comme tel en 1958. Vous y verrez des buttes monolithiques de grès rouge et orangé de même que de véritables gratte-ciel rocheux pouvant atteindre 100 m et plus, une quarantaine de ces formations ayant été «baptisées», alors que des douzaines d'autres demeurent sans nom. C'est de ce point que vous pourrez vous inscrire à une des visites guidées de la vallée (en véhicule tout-terrain).

Après avoir déboursé une faible somme pour droits de passage, vous aurez l'occasion d'explorer les 27 km de la **Loop Drive**, un chemin de terre en très mauvais état par endroits, et le long duquel se dressent des monuments aux noms évocateurs, le **Rain God Mesa** (mesa du dieu de la pluie), les **Three Sisters** (trois sœurs) et le **Totem Pole** (mât totémique). Au **John Ford's Point**, un Amérindien à cheval pose souvent pour les photographes, puis s'approche pour échanger quelques mots avec les visiteurs et leur réclamer un pourboire. À **North Window**, une promenade à pied de 15 min vous vaudra de contempler de magnifiques paysages.

Les Navajos et ce coin de pays semblent faits l'un pour l'autre. Une dou-

Les danses cérémonielles navajos

Trois danses navajos parmi les plus populaires, auxquelles vous aurez peut-être d'ailleurs la chance d'assister, sont la Corral Dance (danse du corral), la Night-Way Dance (danse des voies obscures) et l'Enemy-Way Dance (danse des voies hostiles). La **Corral Dance** invoque le secours divin dans le but d'échapper aux fléaux que sont la foudre et les morsures de serpent; si on la désigne sous ce nom, c'est qu'elle se déroule en partie à l'intérieur d'un enclos de branchage autour d'un feu de camp. La **Night-Way Dance**, qui dure neuf jours, doit soulager les souffrances des personnes atteintes de nervosité ou d'insanité. Et l'**Enemy-Way Dance**, accomplie en été, est une cérémonie purificatoire destinée à écarter les cauchemars et autres «ennemis de l'esprit»; les rites qui l'entourent se déroulent en trois endroits différents les trois nuits durant lesquelles elle est célébrée, au terme desquelles on sacrifie un mouton qui sera mangé au premier repas de la journée.

zaine de familles amérindiennes vivent encore dans le parc, et plusieurs d'entre elles se font un plaisir d'ouvrir leur hutte aux visiteurs. Pour un peu d'argent, ils poseront devant la caméra. Plusieurs des résidants actuels du parc descendent des Navajos qui vinrent s'installer sur les lieux au milieu des années 1860 avec Headman Hoskinini : ils fuyaient Kit Carson et ses efforts visant à rassembler tous les Navajos de la région du Canyon de Chelly. Hoskinini vécut ici jusqu'à sa mort en 1909.

Paysage typique des cow-boys et des Amérindiens de l'Ouest s'il en est, la Monument Valley a servi de décor naturel à plusieurs films, dont *How the West Was Won*, *Stagecoach*, *Billy the Kid*, *She Wore a Yellow Ribbon* et *The Trial of Billy Jack*, pour n'en nommer que quelques-uns. En tout, sept westerns de John Ford y furent tournés entre 1938 et 1963.

Le **Gouldings Trading Post, Lodge and Museum** *(à 3 km à l'ouest de la route 163, Monument Valley, ☎ 801-727-3231)*, un élégant complexe couleur melon à flanc de colline, se fond très bien aux énormes blocs de grès empilés au-dessus de lui. La maison de pierres originale à deux étages de Goulding, doublée d'un comptoir commercial et aujourd'hui transformée en musée, possède une pièce consacrée aux films tournées dans la vallée. Des projections quotidiennes sont présentées dans une petite salle de cinéma adjacente.

Une douzaine de kilomètres *(direction nord-ouest sur la route revêtue d'Oljeto)* séparent le complexe de Goulding de l'**Oljeto Trading Post** *(☎ 801-727-3210)*, une construction en pierre à étage unique dont les pompes à essence datant de la Grande Dépression et les portes d'un turquoise très fatigué trahissent l'âge. À l'intérieur, demandez à visiter le petit musée poussiéreux plein à craquer de produits artisanaux amérindiens. On peut souvent s'y procurer à bon prix un vieux panier de mariage navajo.

Si vous retournez à Kayenta, sur la route 160, un tronçon panoramique de

29 km en direction du nord-ouest vous conduira à l'embranchement **du Navajo National Monument** ★★ *(fermé du Memorial Day à la fête du Travail)*, qui renferme certaines des plus belles ruines anasazis de tout le Sud-Ouest américain. Cette région fabuleuse se veut en effet une vitrine sur le génie architectural de ses premiers habitants. Pour avoir une vue d'ensemble sur le monument, arrêtez-vous au **Visitor Center and Museum** *(route 564, à 15,3 km au nord de la route 160 ou à 32 km au sud-ouest de Kayenta, ☎ 672-2366)*, où l'on présente des courts métrages et une exposition sur les trésors qui se cachent derrière les falaises de grès. Vous serez impressionné par les poteries, les bijoux, les tissus et les outils créés par les Anasazis de Kayenta, qui vivaient jadis dans ces canyons de toute beauté. On y trouve également une galerie d'art proposant des œuvres zunis, navajos et hopis.

Du centre d'accueil des visiteurs, vous pouvez emprunter un sentier forestier peu exigeant jusqu'au **Betatakin Point Overlook**, qui embrasse les ruines de Betatakin et le canyon de Tsegi. Une des ruines qui se trouvent ici, l'**Inscription House**, demeure fermée au public de manière à la conserver pour la postérité. Vous pourrez toutefois entreprendre la randonnée exténuante, mais ô combien satisfaisante, jusqu'aux **Betatakin Ruins**, nichées dans une alcôve à plus de 215 m sous la bordure du canyon. Au cours de ce voyage dans le temps, vous verrez une habitation de 135 pièces qui rivalise sans mal avec les plus fascinantes structures du Mesa Verde. Les ruines isolées de **Keet Seel** méritent également une visite, certaines des toitures étant demeurées intactes; le complexe compte 160 pièces et comprend cinq *kivas* (chambres cérémonielles). Vous ne pourrez cependant visiter ce joyau que si vous obtenez au préalable un permis à cet effet au centre d'accueil des visiteurs. Pour de plus amples renseignements sur les randonnées organisées par les rangers à destination de ces deux ruines bien conservées, consultez la rubrique «La randonnée pédestre» de ce chapitre, p 298.

De retour sur la route 160, vous n'êtes qu'à 45 km *(direction sud-ouest)* des **Elephant Feet**, des formations géologiques en bordure de la route qui rappellent les pattes d'un gigantesque éléphant de grès.

PARCS

Le sud du pays navajo

Little Painted Desert County Park

Une des parties les plus belles et les plus colorées du Painted Desert, long de 64 km, se trouve dans ce parc d'une superficie de 364 ha et d'une élévation de 1 676 m près de la frontière méridionale de la réserve navajo, au nord de Winslow. De fragiles buttes argileuses hautes de 90 à 120 m y arborent des teintes de gris, de rouge, de pourpre et de jaune dont l'intensité tend à varier au fil des heures. Les couleurs se présentent sous leur jour le plus vif à l'aube et au crépuscule.

Installations et services : promontoire, deux aires de pique-nique, toilettes, sentier de randonnée. Pour de plus amples renseignements, ☎ 524-4250.

Comment s'y rendre : le parc se trouve sur la route 87, à 24 km au nord de Winslow.

McHood Park Clear Creek Reservoir

Jadis une importante source d'alimentation en eau pour Winslow, ce profond canyon situé à 8 km de la ville est aujourd'hui devenu un rendez-vous de choix pour les pique-niqueurs, les baigneurs et les navigateurs de plaisance.

Installations et services : aire de pique-nique, toilettes, douches et descente de bateaux. Pour de plus amples renseignements, ☎ 289-5714. *Pêche* : bonne pour la truite, l'achigan et le poisson-chat.

Camping : 11 emplacements (dont trois avec raccordements pour véhicules récréatifs); 6 $ la nuitée (7 $ avec raccordements).

Comment s'y rendre : prenez la route 87 Sud jusqu'à la route 99, puis tournez à gauche.

Cholla Lake Park

Ce parc, aménagé autour d'un des plus grands plans d'eau du nord-est de l'Arizona, est adjacent à une centrale hydroélectrique. Ce lac artificiel se prête bien à la baignade, à la navigation de plaisance, à la pêche et aux pique-niques.

Installations et services : tables à pique-nique, toilettes, douches et descente de bateaux; épiceries et restaurants à 3 km, à Joseph City; droit d'entrée *(2 $)*. Pour de plus amples renseignements, ☎ 288-3717. *Pêche* : achigan, poisson-chat, crapet arlequin et carpe.

Camping : 20 emplacements (dont huit avec raccordements pour véhicules récréatifs); 7 $ la nuitée (10 $ avec raccordements).

Comment s'y rendre : de Winslow, empruntez la route 40 Est sur une trentaine de kilomètres, jusqu'à la sortie 277, puis suivez la route de la centrale hydroélectrique jusqu'au parc.

Petrified Forest National Park ★

Situé de part et d'autre de la route 40 à la frontière méridionale de la réserve navajo, ce parc qui s'étend sur 45 km dans son axe nord-sud met en valeur des bad-lands ondulantes du Painted Desert (essentiellement de couleur rouge) au nord de la route 40. Au sud de la route 40 se trouve la plus forte concentration de forêts préhistoriques pétrifiées du monde entier. Chacune des deux sections possède sa zone sauvage.

Installations et services : à chacune des deux entrées du parc, vous trouverez un centre d'accueil des visiteurs pourvu de toilettes, d'un restaurant et d'un musée. La route de 45 km qui traverse le parc est ponctuée de neuf postes d'observation sur le Painted Desert et de 13 arrêts du côté des forêts pétrifiées; droit d'entrée *(10 $)*. Pour de plus amples renseignements, ☎ 524-6228.

Comment s'y rendre : les deux entrées du parc se trouvent à 29 km à l'est de Holbrook, la plus au nord sur la route 40, la plus au sud sur la route 180.

Camping : camping sauvage seulement; procurez-vous d'abord un permis au centre d'accueil des visiteurs.

Le centre du pays navajo

Tse Bonito Tribal Park

Avant d'entreprendre leur «Longue Marche» vers le fort Summer (Nouveau-Mexique) en 1864, les Navajos campèrent ici parmi ces hautes collines de grès rouge qu'on appelle les Haystacks («meules de foin»). Ce parc englobe le Navajo Nation Zoological and Botanical Park, qui abrite des animaux indigènes et domestiques importants dans la culture navajo.

Installations et services : centre d'accueil des visiteurs du zoo avec expositions et toilettes; huttes à poutres en berceau; 53 espèces animales. Pour de plus amples renseignements, ☎ 871-6573.

Comment s'y rendre : le parc se trouve à Window Rock, sur la route 264.

Lake Asaayi Bowl Canyon Recreation Area

Le lac Asaayi, un des plus beaux lacs de pêche des Navajos, se trouve dans les Chuska Mountains, aussi connues comme les Alpes navajos. On s'y adonne aux plaisirs de la pêche, du pique-nique et du camping sauvage. Le lac de 14,5 ha et le ruisseau qui l'alimente sont ouverts à la pêche toute l'année.

Installations et services : aires de pique-nique, grils au vent et toilettes sèches. Pour de plus amples renseignements, composez le ☎ 871-6647. *Pêche* : truite arc-en-ciel.

Camping : autorisé avec permis (2 $), disponible sur place au bureau de la zone récréative, mais aussi auprès de Navajo Forestry et de Navajo Fish and Wildlife, dont les bureaux se trouvent à Window Rock.

Comment s'y rendre : de Window Rock, empruntez la route 12 jusqu'à la route 134, que vous suivrez en direction du nord-est sur 6,5 km avant de prendre vers le sud sur un chemin de terre nivelé conduisant jusqu'au lac, 11 km plus loin.

Canyon de Chelly National Monument ★★

Ce territoire de 53 ha, recouvert de forêts de pins pignons et de genévriers, et traversé par un triple canyon aux parois de grès rouge, constitue l'attrait le plus célèbre et le plus populaire de toute la réserve navajo. S'étendant vers l'est entre Chinle et Tsaile, les versants du canyon s'élèvent entre 1 675 m et 2 135 m d'altitude, tandis que sa profondeur varie de 10 m (près de Chinle) à 300 m (plus à l'est). Des cotonniers et d'autres arbres ombragent des fermes reliées entre elles par des terres sablonneuses riches en alluvions qui tapissent le fond du canyon sur des kilomètres et des kilomètres. Les parois de deux gorges principales, longues de 43 km et 55 km respectivement, révèlent de façon spectaculaire des dunes solidifiées de 250 millions d'années formant une strate que les géologues désignent sous le nom de Defiance Plateau.

Installations et services : motel, restaurant, boutique de souvenirs, centre d'accueil des visiteurs, musée, hutte à poutres en berceau, toilettes, balades à cheval et en véhicule tout-terrain, et randonnées guidées. Pour de plus amples renseignements, ☎ 674-5500.

Camping : 97 emplacements (sans raccordements) au Cottonwood Campground; aucuns frais d'accès; 30 emplacements (sans raccordements) au Spider Rock Campground, qui se trouve à 13 km à l'est du centre d'accueil des visiteurs de South Rim Canyon Drive; 10 $ la nuitée *(☎ 674-8261)*.

Comment s'y rendre : le parc se trouve à Chinle, accessible par la route 7 ou la route 64.

Le nord du pays navajo

Monument Valley Navajo Tribal Park ★★★

Ce parc qui chevauche la frontière entre l'Arizona et l'Utah représente le joyau de tous ceux qu'administre le Conseil tribal de la nation navajo. Avec ses 12 066 ha de monolithes, d'aiguilles rocheuses, de buttes, de mesas, de canyons et de dunes, qui sont autant de chefs-d'œuvre de roc rouge érodé, il constitue une destination renversante. Par ailleurs, les douzaines de familles qui y vivent encore en font une sorte de Williamsburg du pays navajo. (Williamsburg, en Virginie, aurait été une des toutes premières colonies américaines et revêt de ce fait une grande importance historique.)

Installations et services : centre d'accueil des visiteurs doté d'un musée et de boutiques; tables à pique-nique, toilettes, douches, artisanat. Pour de plus amples renseignements, ☎ 801-727-3353.

Camping : 100 emplacements à Mitten View; 10 $ la nuitée (jusqu'à six personnes).

Comment s'y rendre : le parc se trouve sur la route 163, à 39 km au nord-est de Kayenta; le centre d'accueil des visiteurs se trouve 6 km plus à l'est et le complexe Gouldings 5 km plus à l'ouest.

Navajo National Monument ★

Trois des plus belles ruines de *pueblos* anasazis sont protégées par les canyons de ce parc de 146 ha, couvert de forêts de pins pignons et de genévriers à 2 225 m d'altitude. Les ruines de l'Inscription House sont si fragiles qu'on les a fermées au public. Les ruines de Betatakin, joliment nichées dans une grotte percée bien haut dans la muraille d'un canyon, sont visibles d'un poste d'observation. Notez toutefois que, pour admirer de plus près ces ruines et celles de Keet Seel, les plus importantes, il faut faire une randonnée assez exténuante le long d'un sentier ouvert seulement entre le Memorial Day (dernier lundi de mai) et la fête du Travail (premier lundi de septembre).

Installations et services : centre d'accueil des visiteurs, musée, boutique de souvenirs, toilettes, aires de pique-nique et grils au vent. Pour de plus amples renseignements, ☎ 672-2366.

Camping : 45 emplacements; aucuns frais d'accès.

Comment s'y rendre : de Kayenta, prenez la route 160 Ouest, tournez à droite sur la route 564, et faites encore 14,5 km.

ACTIVITÉS DE PLEIN AIR

La pêche

Pourvu que vous obteniez un permis (valable pour une durée de un jour à un an) auprès des autorités tribales, vous pouvez pêcher toute l'année dans les lacs, les rivières et les ruisseaux de la nation navajo. Font toutefois exception à cette règle **Whiskey** et **Long Lakes**, réputés pour leurs truites dignes de trophées; ces deux hauts lieux de la pêche sont situés dans les Chuska Mountains, à une vingtaine de kilomètres au sud de la route 134 par les chemins de bûcheron n°s 8000 et 8090, et leur saison ne s'étend que du 1er mai au 30 novembre.

Parmi les lacs ouverts toute l'année et ensemencés de truites arc-en-ciel chaque printemps, retenons le **lac Wheatfields** *(à 71 km au nord de Window Rock sur la route 12)* et le **lac Tsaile** *(à 0,8 km au sud du Navajo Community College de Tsaile)*, également riche en poissons-chats. Aussi bien pour l'achigan à grande bouche que pour le poisson-chat, songez également au **lac Many Farms** *(à 5 km à l'est de la route 91 par un chemin de terre, à Many Farms)*.

On ne loue sur la réserve ni embarcation ni équipement de pêche. Les bateaux sont permis sur plusieurs des lacs, mais la plupart exigent que les embarcations soient munies d'un moteur. Vous pouvez vous procurer permis de pêche et de navigation aux endroits suivants : **CSWTA Inc. Environmental Consultant** *(Tuba City, ☎ 283-4323)*, **Navajo Fish & Wildlife** *(Window Rock, ☎ 871-6451)*, **Kayenta Trading Post** *(Kayenta, ☎ 697-3541)* et **Wilkinson's Tsaile Trading Post** *(Tsaile, ☎ 724-3484)*. La plupart vendent aussi tout ce dont vous pouvez avoir besoin pour la pêche.

La course à pied

Les Navajos et les Hopis, fiers de leur tradition de coureurs de longues distances, qui remonte à leur première prise de contact avec les Blancs au cours des années 1540, organisent des courses dans le cadre de chaque foire tribale. Il est à noter que les non-Amérindiens peuvent également y participer! Vous verrez pratiquement tous les jours, et ce, sur n'importe quelle route, des Amérindiens s'entraînant à la course à pied; n'hésitez donc pas à chausser vos souliers de course et à faire comme eux. Au **Canyon de Chelly**, essayez le sentier des ruines de White House ou l'une des deux pistes qui longent les bordures supérieures du canyon, à moins que vous ne préfériez la route de 6 km qui conduit à la **Monument Valley**, les routes à destination d'**Oljeto** ou celles qui convergent autour du **Gouldings Lodge**.

Le golf

À Holbrook, prenez le départ au **Hidden Cove Golf Course** *(à 3,2 km à l'ouest de la route 40, sortie 283, ☎ 524-3097)*, un parcours à neuf trous façonné à même les hautes terres herbeuses du désert et entouré de collines et montagnes panoramiques.

L'équitation

Le cheval est un important symbole de la culture navajo depuis que les Espagnols l'ont introduit sur le territoire au milieu du XVIe siècle. Il constitue une excellente occasion de retenir les services d'un guide amérindien et de voir ce fabuleux coin de pays à travers ses yeux. La plupart des écuries proposent des randonnées d'une heure, d'une journée ou plus, et vous avez toute la latitude dans le choix de vos destinations et la durée de votre aventure.

Au Canyon de Chelly, les **Justin Tso's Tsegi Stables** *(☎ 674-5678)*, situées tout juste à l'entrée de la réserve, proposent des balades jusqu'aux ruines de White House, n'importe où dans le canyon et même au-delà. **Twin Trail Tours** *(☎ 674-8425)* part du versant nord (North Rim) du Canyon de Chelly, immédiatement après l'embranchement d'Antelope House.

Dans la Monument Valley, **Ed Black's Horse Riding Tours** *(sur un chemin de terre, à 400 m au nord du centre d'accueil des visiteurs, ☎ 801-739-4285)* peut vous emmener pendant une heure autour de The Mittens, ou toute la journée (plus longtemps si vous le désirez) vers n'importe quel autre point de la vallée. **Bigman's Horseback Riding** *(à 1,2 km à l'est de la route 163, ☎ 677-3219)* organise des randonnées de 1 heure 30 min à deux jours à travers les buttes, les mesas et les canyons de la région.

Pour vous rendre aux ruines de Keet Seel, à l'intérieur du Navajo National Monument, adressez-vous au **National Park Service** *(du Memorial Day à la fête du Travail; ☎ 672-2366)*.

Le rodéo

Au dire des statisticiens, les Navajos organisent chaque année plus de rodéos que toutes les autres tribus amérindiennes des États-Unis réunies. Quoi qu'il en soit, il ne se passe à peu près pas une fin de semaine d'été sans que les cow-boys et les cow-girls navajos de tous âges ne fassent valoir leurs talents quelque part sur la réserve. Pour connaître les événements qui ont cours pendant votre séjour dans la région, informez-vous auprès du *Navajo Times*, un hebdomadaire établi à Window Rock *(☎ 871-6641)*, au Navajo Tourism Office *(☎ 871-6659)* ou à la station de radio navajo KTNN *(☎ 871-2666)*.

Le vélo

Il est permis de faire du vélo sur toutes les routes revêtues du pays navajo, mais, dans le cas de la réserve hopi, vous n'avez accès qu'aux grandes routes principales.

Vous ne trouverez ni pistes cyclables ni sentiers de vélo identifiés comme tels sur ces deux réserves, mais il n'en demeure pas moins que les routes limitrophes du **Canyon de Chelly**, de même que la route revêtue et entourée de pins qui conduit au **Navajo National Monument** *(la route 564, longue de 14,5 km)*, se prêtent très bien à la randonnée à bicyclette.

Les amateurs de vélo de montagne apprécieront particulièrement le chemin de terre accidenté de plus de 27 km qui forme une boucle accessible aux visiteurs de la **Monument Valley**.

Les cyclistes du monde entier éprouvent un attrait irrésistible pour les défis que présentent les routes 134 (revêtue), 68 et 13 (partiellement revêtues) des **Chuska Mountains**.

Les routes du **Petrified Forest National Park** s'avèrent souvent trop chaudes en plein jour en été, mais n'hésitez pas à les parcourir au printemps ou en automne.

La randonnée pédestre

Étant donné que la plus grande partie du territoire sur lequel porte ce chapitre appartient aux tribus amérindiennes ou aux parcs et monuments nationaux, les possibilités de randonnée sont quelque peu limitées. Les régions sauvages du pays hopi demeurent fermées aux visiteurs, ce qui n'est toutefois pas le cas de la réserve navajo. Pour ce qui est des montagnes, demandez des suggestions dans les comptoirs commerciaux des environs, ou engagez un guide amérindien à l'heure, à la journée ou pour plus longtemps. Les guides connaissent bien le pays, et ils pourront partager avec vous toutes sortes d'histoires et d'anecdotes; vous en trouverez au **Canyon de Chelly National Monument Visitor Center** *(☎ 674-5500)* ou au **Monument Valley Visitor Center** *(☎ 801-727-3287)*.

Munissez-vous d'un chapeau, de lunettes de soleil et d'eau potable pour toutes vos randonnées; prévoyez en outre un imperméable en juillet et en août, à l'époque de la mousson. Sauf indication contraire, toutes les distances fournies le sont pour l'aller seulement.

Le sud du pays navajo

Le **Little Painted Desert County Park** possède une piste exigeante de 1,5 km qui descend de plus de 150 m dans certaines des plus belles collines de tout le Painted Desert. Rappelez-vous que les couleurs sont plus vives en début et en fin de journée.

Le **Homolovi Ruins State Park** dispose d'une piste de 1,5 km menant à deux des plus importantes ruines de villages anasazis, séparées les unes des autres de 6 km; à chaque endroit, vous pourrez voir des murs squelettiques entourant des quartiers résidentiels et des *kivas* (chambres cérémonielles) ayant appartenu à ce qu'on croit être les ancêtres des Hopis d'aujourd'hui, avant qu'ils ne migrent vers les mesas où ils vivent présentement.

En été, le mercure grimpe souvent jusqu'à 30 °C et même 40 °C à l'intérieur du **Petrified Forest National Park**. Il vaut donc mieux entreprendre ses randonnées en début ou en fin de journée. Vous ne trouverez de l'eau qu'aux centres d'accueil des visiteurs situés aux extrémités nord et sud du parc; prévoyez-en donc une provision suffisante.

La **Crystal Forest Interpretive Trail** *(0,8 km)*, qui décrit une boucle à partir de la halte de la Crystal Forest, sur la route de 45 km qui fait le tour du parc, conduit à la plus forte concentration de bois pétrifié du territoire. Vous verrez à quel point ces anciens arbres pouvaient être hauts (jusqu'à 52 m) et apprécierez la variété des couleurs qui se forment lorsque les cellules ligneuses se cristallisent.

La **Blue Mesa Hike** *(1,6 km)*, qui constitue une introduction à la formation géologique de Chinle, se présente comme une boucle d'interprétation parcourant de merveilleuses collines stratifiées de bleu, de gris et de blanc. Des panneaux installés en bordure de la piste expliquent la formation et l'érosion actuelle de ces collines.

La piste des **Flattops** *(sans limite)* descend des plateaux de grès sur quelques centaines de mètres pour atteindre les crêtes de Puerco et d'autres secteurs de la sauvage Rainbow Forest (plus de 4 000 ha), à l'extrémité sud-est du parc. Un sentier de 400 m vous conduit sur les lieux, après quoi vous êtes laissé à vous-même; libre à vous d'explorer à votre guise ces vastes bad-lands d'argile et de limon gris et bruns, ponctuées de panoramas imprenables au détour de chaque colline. Vous pouvez gratuitement vous procurer les permis nécessaires pour parcourir ces régions sauvages au centre d'accueil des visiteurs, et vous pouvez y rester jusqu'à 14 jours.

La piste de la **Painted Desert Wilderness Area** *(sans limite)* débute au Kachina Point, à l'extrémité nord du parc. Un court sentier descend de quelque 120 m, puis vous lâche à travers des bad-lands striées de rouge et de blanc couvrant environ 14 000 ha, et sans végétation aucune. Notez que le sol devient poisseux lorsqu'il est mouillé. Les permis d'exploration sont gratuits et offerts dans les centres d'accueil des visiteurs qui se trouvent à chaque extrémité du parc.

Le centre du pays navajo

La seule piste du **Canyon de Chelly** accessible aux visiteurs non accompagnés d'un guide est la **White House Ruin Trail** *(boucle de 4,8 km)* et part de la borne des 10,3 km de la South Rim Drive. Ce sentier tout en montées et en descentes contourne des formations de grès rouge, traverse des plaines alluvionnaires sablonneuses (vous devrez franchir le Chinle Creek à gué durant la saison des pluies; prévoyez donc des chaussettes de rechange) et aboutit à un village en maçonnerie ombragé par des cotonniers. Il ne subsiste de cet ancien complexe que 60 pièces au niveau du sol, auxquelles s'ajoutent une dizaine d'autres perchées dans une alcôve de la falaise, un peu plus haut.

Des randonnées gratuites de durée variable sont organisées dans le canyon par les rangers entre 9h et midi (pratiquement tous les jours) au départ du centre d'accueil des visiteurs. Vous pouvez également retenir les services d'un guide navajo (toujours au centre d'accueil) pour de courtes ou longues randonnées dans le canyon.

La randonnée pédestre en solitaire n'est pas permise dans la **Monument Valley**, de sorte que vous devez engager un guide navajo, quelle que soit la durée de votre marche. Adressez-vous au centre d'accueil des visiteurs *(☎ 801-727-3287)* ou à Fred Cly *(☎ 801-727-3283)*, particulièrement expérimenté et réputé pour vous donner les meilleurs angles photographiques aux meilleurs moments de la journée.

Parmi les pistes du **Navajo National Monument**, mentionnons la **Sandal Trail** *(0,8 km)*, une promenade «autoguidée» en terrain relativement plat jusqu'au promontoire des ruines de Betatakin (n'oubliez pas vos jumelles). La randonnée que conduisent les rangers jusqu'aux **ruines de Betatakin** *(4 km)* s'avère plutôt exigeante, puisqu'il faut gravir et redescendre 700 marches! Mais le jeu en vaut la chandelle, ne serait-ce que pour le segment traversant le fond du canyon de Tsegi. Le service des parcs nationaux organise trois groupes de 25 personnes par jour entre mai et septembre; prenez vos jetons au centre d'accueil des visiteurs (premier arrivé, premier servi).

La piste qui conduit à **Keet Seel** *(13 km)*, les plus importantes ruines anasazis de l'Arizona (160 pièces datant des années 950 à 1300 ap. J.-C.), est ouverte aux visiteurs pour de longues fins de semaine entre mai et septembre. Une grande partie du tracé s'avère sablonneux, ce qui rend la marche assez fatiguante. Vous ne pouvez coucher qu'une nuitée, et seulement 10 personnes sont admises chaque jour. Vous devez réserver 60 jours à l'avance en composant le ☎ 672-2366 ou 672-2367, à moins que vous ne préfériez prendre la chance de vous rendre directement sur place pour voir s'il n'y pas eu d'annulations.

HÉBERGEMENT

Le sud du pays navajo

À Holbrook, on ne manquera pas d'apercevoir 15 structures en stuc blanc de style wigwam d'allure pour le moins étonnante, quoique fidèle à la tradition kitsch qui a fait la renommée de la Route 66. Cet ensemble forme un des motels les plus originaux au monde, le **Wigwam Motel and Curios** *($; 811 West Hopi Drive, Holbrook, ☎ 524-3048)*, sans doute un des endroits les plus amusants où vous aurez jamais logé. Construit en 1950 par Chester Lewis, il faisait à l'origine partie d'une chaîne de six autres motels semblables, situés dans différentes villes, et dont un seul autre subsiste encore aujourd'hui; les enfants et les petits-enfants de Lewis ont rénové les deux survivants et continuent de les exploiter. À l'intérieur de chaque wigwam, rideaux et couvre-lits rouges à carreaux assortis s'harmonisent au mobilier de noyer blanc d'origine, entièrement fait à la main. Des scènes du film *Dark Wind* de Tony Hillerman y furent tournées en 1990, et l'on ne vous demandera aucun supplément pour les vibrations berçantes des trains qui passent tout près la nuit.

Le **Rainbow Inn** *($; ℝ; 2211 East Navajo Boulevard, Holbrook, ☎ 602-524-2654 ou 800-551-1923)* est un petit établissement sans façon. Mais ses 40 chambres, modernes et bien tenues, n'en possèdent pas moins chacune un réfrigérateur, et leurs murs se parent de peintures du Sud-Ouest.

Toujours à Holbrook, on trouve un **Adobe Inn** *($-$$; ≈; 615 West Hopi Drive, Holbrook, ☎ 524-3948 ou 800-528-1234, ⇄ 524-3612)*, faisant partie de la chaîne Best Western et disposant de 54 chambres modernes.

L'**Arizonian Inn** *($-$$; ≈; 2508 East Navajo Boulevard, Holbrook, ☎ 524-2611 ou 800-528-1234, ⇄ 524-2611)*, un autre Best Western, propose 70 chambres modernes.

Les deux meilleurs hôtels de Winslow appartiennent à la chaîne Best Western. L'**Adobe Inn** *($$; ≈; 1701 North Park Drive, Winslow, ☎ 289-4638 ou 800-528-1234, ⇄ 289-5514)* compte 72 chambres réparties sur deux étages et décorées de façon contemporaine, de même qu'un café. Le **Town House Lodge** *($$; ≈, ℜ; 1914 West 3rd Street, Winslow, ☎ 602-289-4611 ou 800-528-1234)* propose quant à lui

68 chambres au mobilier moderne et un service de buanderie.

L'ouest du pays navajo

En pays navajo et hopi, l'hébergement est somme toute rare. On ne compte en effet, sur un territoire de la taille du Massachusetts, qu'à peine 720 chambres; il n'y a donc rien d'étonnant à ce que les motels des réserves affichent complet presque tous les soirs entre le Memorial Day et la fête du Travail (fin mai à début octobre). Si jamais vous êtes coincé, les villes limitrophes (Holbrook, Winslow et Flagstaff) disposent généralement de chambres libres; retenez toutefois qu'il leur arrive aussi d'afficher complet, surtout les fins de semaine et à l'occasion d'événements spéciaux.

Les étudiants de la Tuba City's Greyhills High School apprennent la gestion hôtelière en exploitant le **Greyhills Inn** *($$; bc; 160 Warrior Drive, Tuba City, au nord-est de Bashas sur la route 160, ☎ 283-6271, ⇄ 283-6604)*. Ouverte toute l'année aux gens de tous âges, l'auberge dispose de chambres confortables au sol recouvert de moquette. Les hôtes partagent une salle de télévision commune et, moyennant un coût minime, peuvent prendre part aux repas des étudiants navajos dans leur cafétéria.

Le **Cameron Trading Post and Motel** *($$; route 89, Cameron, à 64 km à l'est de l'entrée est du Grand Canyon et à 87 km au nord de Flagstaff, ☎ 679-2231 ou 800-338-7385, ⇄ 679-2350)* compte parmi les endroits les plus fréquentés en terre amérindienne. Ce petit poste isolé de 45 ha appartient à des intérêts privés et repose sur un promontoire dominant les premières formations orientales du Grand Canyon. De 6h à 22h, ce comptoir commercial accueille une foule de touristes et de Navajos qui s'y pressent pour faire des achats, dîner, prendre leur courrier ou s'y procurer de tout et de rien, des semences au foin en balle. Ce sont toutefois surtout les touristes qui passent la nuit dans l'une ou l'autre de ses 62 chambres, réparties sur deux étages dans un bâtiment construit en 1916 et arborant une architecture où se marient la pierre locale et le bois (style appelé tantôt *pueblo,* tantôt «victorien territorial»), comme d'ailleurs le reste du complexe. Les chambres se veulent un peu plus originales que dans les autres établissements de la réserve.

Têtes de lit rembourrées, couvre-lits et tentures marron de style Santa Fe agrémentent les 112 chambres du bâtiment en parpaing qu'est l'**Anasazi Inn** *($$; ≈; route 89, Gray Mountain, ☎ 679-2214 ou 800-678-2214, ⇄ 679-2234)*. Il se targue de posséder la seule piscine de toute la Western Navajo Reservation.

À côté de l'historique Tuba Trading Post, de forme octogonale, se dresse l'agréable **Quality Inn** *($$-$$$; Main Street, Tuba City, ☎ 283-4545 ou 800-644-8383, ⇄ 283-4144)*, entouré de pelouses et garni, à l'intérieur, de tapis sarcelle et de meubles sculptés à la main à la façon du Sud-Ouest. On y trouve 80 chambres.

Le pays hopi

Le **Keams Canyon Motel** *($; route 264, ☎ 738-2297)* se compose de 20 anciennes maisons mobiles quelque peu déprimantes (rideaux défraîchis, boiseries égratignées et tapis tachés), mais néanmoins propres. En raison de leur faible coût, elles sont souvent toutes occupées pendant l'été.

La deuxième mesa possède le seul complexe touristique appartenant à des intérêts hopis, conçu par l'architecte arizonien Benny Gonzales, d'ailleurs récipiendaire d'un prix pour son œuvre. On y trouve les 33 chambres du **Hopi Cultural Center Motel** *($$; tv; route 264, ☎ 734-2401, ⇄ 734-2435)*, dotées de murs blancs, de meubles en bois clair parmi lesquels un secrétaire et une table de toilette, d'une moquette vieux rose et de motifs amérindiens. Assurez-vous que votre porte de chambre ferme à clé, car la sécurité a parfois tendance à se relâcher.

Le centre du pays navajo

Le seul motel de propriété tribale en pays navajo, le **Navajo Nation Inn** *($$; 48 West Route 264, Window Rock, ☎ 871-4108 ou 800-662-6189, ⇄ 871-5466)* accueille une clientèle de politiciens et d'hommes d'affaires navajos en complet trois-pièces, mais aussi de cow-boys coiffés du chapeau noir caractéristique de la réserve. Ses 56 chambres sont joliment garnies de moquette turquoise, de meubles en bois façon Sud-Ouest ainsi que de tentures et de couvre-lits assortis à motifs ruraux traditionnels.

Une sorte de parc sert de décor à l'historique **Thunderbird Lodge** *($$; à 400 m au sud-est du centre d'accueil des visiteurs du Canyon de Chelly National Monument, Chinle, ☎ 674-5841 ou 800-679-2473, ⇄ 674-5844)*, bâti de pierres selon le style *pueblo*. Ses 72 chambres d'adobes harmonisent merveilleusement les traditions architecturales du Sud-Ouest et de la nation navajo, et chacune d'elles arbore des gravures amérindiennes. Situé à une courte distance de marche de l'entrée du Canyon de Chelly, cet établissement possède en outre une boutique de souvenirs et une cafétéria.

Le **Best Western Canyon de Chelly Motel** *($$$; ≈; à une rue à l'est de la route 191, sur la route 7, Chinle, ☎ 674-5875 ou 800-327-0354, ⇄ 674-3715)* fait oublier son architecture terne en offrant une des deux piscines de Chinle (intérieure et réservée aux clients du motel). On y trouve 100 chambres, dont certaines destinées aux non-fumeurs.

La seule entreprise de toute la réserve navajo qui vous permette de vivre une expérience de séjour en milieu rural au sein d'une grande famille autochtone se nomme **Coyote Pass Hospitality : Hogan Bed and Breakfast** *($$ pdj; près de Tsaile, ☎ 724-3383)*. Vous dormirez dans une authentique hutte de Peau-Rouge en rondins au sol de terre battue et utiliserez les cabinets extérieurs à l'ancienne. Plusieurs savants, artistes et autres curieux désirant échapper à la monotonie des lieux d'hébergement habituels ont trouvé ici un véritable refuge. Possibilités d'excursions spéciales *(☎ 674-9655)* vers des points retirés parmi les plus appréciés des visiteurs.

Le nord du pays navajo

Le **Wetherill Inn** *($$; route 163, à 1,6 km au nord de la route 160, Kayenta, ☎ 697-3231, ⇄ 697-3233)* propose 54 chambres spacieuses pourvues de meubles foncés, de fauteuils rembourrées, de couvre-lits marron et noir et de tentures assorties à la mode du Sud-Ouest.

L'**Anasazi Inn at Tsegi Canyon** *($$; à 16 km à l'ouest de Kayenta, sur la route 160, ☎ 697-3793, ⇄ 697-8249)* dispose de 57 chambres jouissant de la vue sur le canyon et représente le lieu d'hébergement le plus rapproché du Navajo National Monument.

Des autocars entiers de touristes français, allemands, italiens et japonais convergent vers le **Holiday Inn Kayenta** *($$$; bp, ≈; route 160, tout juste à l'ouest de la route 163, Kayenta, ☎ 697-3221 ou 800-465-4329, ⇄ 697-3349)*. Les 160 chambres de cet ensemble de bâtiments en adobe de deux étages renferment des meubles en cerisier, des fauteuils rembourrés et de spacieuses salles de bain; une moquette à motifs floraux recouvre le sol des couloirs.

Le **Gouldings Lodge** *($$$; ≈; à 10 km à l'est du parc tribal, Monument Valley, Utah, ☎ 801-727-3231 ou 800-874-0902, ⇄ 801-727-3344)*, qui constitue le seul lieu d'hébergement de la Monument Valley à proprement parler, tire pleinement parti du panorama qui l'entoure. Dans cet établissement ouvert depuis les années vingt, chacune des 62 chambres est équipée d'une porte-fenêtre donnant sur un balcon privé d'où vous pourrez contempler les Mitten Buttes. La piscine intérieure est réservée aux seuls clients de la maison.

RESTAURANTS

Notez que la prohibition a toujours cours en pays navajo et hopi, de sorte qu'il est strictement défendu d'y introduire ou d'y boire quelque boisson alcoolisée que ce soit.

Le sud du pays navajo

Vous ne trouverez guère de quoi vous émerveiller sur le plan gastronomique dans le sud de la réserve navajo.

Glorifié par tous les journaux de New York à San Francisco, le **Casa Blanca Café** *($; 1201 East 2nd Street, Winslow, ☎ 289-4191)* est surtout réputé pour ses *tacos*, ses *chimichangas*, ses *nachos* et ses hamburgers. Vous pourrez vous asseoir à une table conventionnelle ou sur une banquette dans un décor de céramique et de cactus en paniers. Des ventilateurs de plafond rafraîchissent quelque peu l'air.

Au **Falcon Restaurant** *($-$$; 1113 East 3rd Street, Winslow, ☎ 289-2342)*, vous pourrez prendre place sur les tabourets pivotants qui bordent le comptoir ou sur une des banquettes. Il s'agit d'un bâtiment de stuc brun dont la salle intérieure arbore la seule murale grecque de tout le pays navajo. Menu de steaks, de poulet, de dinde rôtie et de fruits de mer.

Au **Gabrielle Pancake and Steak House** *($; fermé dim-lun; 918 East 2nd Street, Winslow, ☎ 289-2508)*, les «peintures de sable» accrochées aux murs donnent le ton. Ce petit café au revêtement de bardeaux quelque peu délabré dispose lui aussi d'un choix de tables et de banquettes. Quant au menu, il affiche surtout des steaks, des mets chinois, des fruits de mer et des tartes maison.

À Holbrook, le meilleur endroit où déguster des mets mexicains est le **Romo's Café** *($; 121 West Hopi Drive, Holbrook, ☎ 524-2153)*, qui sert une savoureuse cuisine du Sud depuis les années soixante. Le décor de ce café en façade n'a sans doute rien d'élégant, quoique sa salle arrière, aux murs de brique usée rehaussés de plantes suspendues, offre un cadre plus intime et moins bruyant lorsque vient le temps de savourer des *chimichangas* au poivron vert, des *fajitas* ou de traditionnelles *enchiladas*. Et au cours de vos voyages à travers le monde, ne vous étonnez pas si vous apercevez au passage un survêtement marqué à l'enseigne du Romo, car on en a vu jusqu'à Munich, en Allemagne!

L'**Aguilera's Restaurant** *($-$$; 200 Navajo Boulevard, Holbrook, ☎ 524-3806)* sert des mets mexicains authentiques dans une salle de café décontractée et ornée d'images illustrant des histoires d'amour cocasses du sud de la frontière.

Pour une cuisine au goût de l'Ouest d'autrefois, enfourchez votre monture et foncez tout droit vers le **Butterfield Stage Company Restaurant** *($$; 609 West Hopi Drive, Holbrook, ☎ 524-3447)*. Les spécialités de la maison sont d'abord et avant tout le bifteck d'aloyau grésillé garni de ses accompagnements habituels, mais aussi le bœuf barbecue et la côte de bœuf. Outre les souvenirs accessoires de cow-boys qui tapissent les murs, vous pourrez admirer sur les lieux une authentique diligence.

The Plainsman *($$; 1001 West Hopi Drive, Holbrook, ☎ 524-3345)* revêt une apparence du terroir avec ses murs en pierre. Pour un repas sans façon, installez-vous sur une banquette dans le petit café, et dégustez du foie aux oignons, des côtelettes de veau ou des sandwichs à la dinde. La salle à manger à proprement parler se veut un peu plus sophistiquée, et la chambre de commerce locale s'y réunit une fois par mois. Parmi les plats les plus en demande, mentionnons le chateaubriand, la côte de bœuf, les cuisses de grenouille et la truite grillée.

Le **Roadrunner Café** *($; 1501 East Navajo Boulevard, Holbrook, ☎ 524-2787)* propose de tout, des sandwichs au fromage grillé au rôti braisé en passant par les incontournables biftecks. Tables et banquettes reposent sur une moquette, et des illustrations de plantes et de fleurs sauvages font revivre la nature du Sud-Ouest à l'intérieur des murs.

L'ouest du pays navajo

Supposé que vous ne suiviez pas un régime faible en cholestérol, vous vivrez ici une aventure gastronomique à la hauteur des paysages hauts en couleur du territoire amérindien. Le pain frit est servi au déjeuner comme au dîner, avec des garnitures qui en font une sorte de *taco* navajo, en sandwich ou même en dessert dégoulinant de miel. Parmi les autres spécialités de la région, retenons le ragoût de mouton, généralement proposé avec du maïs légèrement grillé, le bœuf haché aux haricots rouges et au piment, les mets mexicains, les hamburgers, les steaks et, au petit déjeuner, les croquettes arrosées de sauce brune.

L'**Anasazi Gray Mountain Restaurant** *($-$$; route 89, Gray Mountain, ☎ 679-2203)* arbore un décor kitsch du Sud-Ouest. Les plats principaux (hamburgers, filets de poulet frits, flétan, steak au poivre) s'accompagnent d'une soupe ou d'une salade, de petits pains chauds, d'une pomme de terre au four, de haricots ou de frites et de sauce piquante.

Le **Cameron Trading Post Restaurant** *($-$$; route 89, Cameron, ☎ 679-2231)* se présente comme une agréable surprise. Une fois à l'intérieur du comptoir commercial, dont le plafond bas strié de poutres apparentes est tout à fait caractéristique, vous pénétrerez dans une vaste salle entourée de fenêtres donnant sur la rivière Little Colorado. Les tables et les chaises sont de chêne sculpté, et les motifs du plafond couvert de carrés d'étain pressé produisent des reflets argentés. Parmi les 41 choix de petits déjeuners, il faut retenir le *taco* navajo servi avec des œufs, les *huevos rancheros* (œufs brouillés avec poivrons et tomates) et les brioches chaudes. Au dîner, essayez le poisson frit, le poulet ou les biftecks.

Le **Poncho's Family Restaurant** *($$; Main Street, Tuba City, ☎ 283-5260)* propose des dîners de bifteck et de crevettes, de filets de poulet frit, de *tacos* navajos et de mets mexicains dans un décor de boiseries et de poutres apparentes. Notez au passage les grandes photos historiques de Charles H. Algert, pionnier, commerçant et fondateur du Tuba Trading Post datant de 1898, et de Tuba, un chef hopi immortalisé les bras croisés, datant de 1872.

Le pays hopi

Le **Second Mesa Nova-Ki** *($-$$; 668 Second Mesa, ☎ 737-2525)*, voisin du supermarché Secakuku, prépare des hamburgers et des côtelettes de porc grillées, servis sur des tables de bois entre quatre murs mauves rehaussés de tableaux amérindiens. Essayez le sablé aux fraises.

Lieu de rendez-vous par excellence des Hopis, le **Hopi Cultural Center Restaurant** *($-$$; route 264, Second mesa, ☎ 734-2401, poste 300)* apprête des spécialités locales à tous les repas, dans un décor de robustes tables et chaises en bois sculpté sous un plafond aux poutres apparentes. Au petit déjeuner : choix de crêpes au maïs bleu, de flocons de maïs arrosés de lait, et de pains frits. Au déjeuner comme au dîner : Nok Qui Vi (ragoût traditionnel de maïs et d'agneau, accompagné de piments verts rôtis et de pain frit), biftecks, poulet et crevettes, sans oublier le gâteau sablé aux fraises.

Des murales illustrant la vie hopi sur les mesas ornent l'extérieur du **Keams Canyon Café** *($$; route 264, Keams Canyon, ☎ 738-2296)*. Ce petit restaurant tout simple propose néanmoins, au dîner, du bifteck avec un os en *T*, du rôti de bœuf, des «côtes levées» sauce barbecue et des *enchiladas*, le tout servi aux tables en stratifié.

Le centre du pays navajo

Le **Café Sage** *($; fermé sam-dim; à l'intérieur du Sage Memorial Hospital, Ganado, ☎ 755-3411, poste 292 ou 294; prenez à droite à 0,8 km à l'est de Hubbell's sur la route 264)*, qui occupe un bâtiment de deux étages en stuc marron ayant autrefois servi de campus universitaire au Presbyterian College, accueille les touristes dans la cafétéria de la Navajo Nation Health Foundation. Les spécialités proposées au dîner peuvent comprendre des tortellinis et du poulet accompagnés de légumes et de pain à l'ail.

Le **Tuller Café** *($; fermé dim; du côté sud de la route 264, St. Michaels, ☎ 871-4687)* se trouve dans une caravane tout juste assez large pour accueillir deux rangées de banquettes bleu ciel. Le menu affiche du pain de viande, des côtelettes de porc, des sandwichs navajos (*tortillas* ou pain frit avec rôti de bœuf), du ragoût navajo (mouton, ragoût aux légumes) et la goulache de Homer (macaroni, viande, poivrons verts et tomates), servis avec du pain à l'ail.

Le **Junction Restaurant** *($-$$; à côté du Canyon de Chelly Motel, à une rue à l'est de la route 191, sur la route navajo n° 7, Chinle, ☎ 674-8443)* est l'un des deux seuls restaurants de Chinle où l'on offre le service aux tables. Un mélange de banquettes pêche et bleues et de tables en bois clair forment le décor. Le menu affiche un peu de tout, des *huevos rancheros* aux croquettes en sauce au petit déjeuner, et du crabe Louis aux sandwichs chauds au déjeuner, sans oublier les spécialités mexicaines servies au dîner.

La **salle à manger du Navajo Nation Inn** *($$; 48 West Route 264, Window Rock, ☎ 871-4108)*, moderne et spacieuse, constitue le plus gros restaurant de la capitale navajo. Elle peut recevoir 250 personnes dans un décor rehaussé d'œuvres d'art navajos. Parmi les choix au menu, mentionnons le poulet, les biftecks, les sandwichs navajos, les *navajo burgers*, le ragoût de bœuf, la ratatouille de légumes et, à l'occasion, le buffet de mouton. Notez qu'à l'heure du déjeuner le restaurant est toujours bondé, car nombre de politiciens des administrations tribales voisines viennent y prendre leur repas.

Le **Thunderbird Restaurant** *($; Thunderbird Lodge, à 400 m au sud-est du centre d'accueil des visiteurs du Canyon de Chelly Monument, Chinle, ☎ 674-5841)*, qui occupe les locaux du comptoir commercial construit en 1902 par Samuel Day, propose une demi-douzaine de plats de style cafétéria à chaque repas. Le menu est assez varié et change quelque peu d'une journée à l'autre. Choix de tables conventionnelles et de banquettes entourées d'artisanat navajo de toute première qualité (les pièces sont à vendre).

Le nord du pays navajo

Le **Golden Sands Café** *($; à côté du Wetherill Inn sur la route 163, à 1,5 km au nord de la route 160, Kayenta, ☎697-3684)* se distingue par son architecture de saloon du Far West. À l'intérieur, des lampes en forme de roues de chariot, des diligences miniatures et d'autres souvenirs d'un passé mémorable composent le décor. Au petit déjeuner, on sert des omelettes et des crêpes aux bleuets, alors qu'au dîner bifteck de côte, poulet barbecue, filets de poulet frit et *tacos* navajos prennent la relève.

Une porte semblable à celle qu'on trouve devant les huttes de Peaux-Rouges donne d'emblée le ton au **Holiday Inn Restaurant** *($$; route 160, immédiatement à l'ouest de la route 163, Kayenta, ☎ 697-3221)*, à l'intérieur duquel on peut admirer des murs de style anasazi et des paravents ornés de «peintures de sable». Les tables pour quatre et les chaises assorties sont ouvragées à la façon du Sud-Ouest. Au petit déjeuner, les clients pressés peuvent se servir au buffet; au déjeuner, vous aurez le choix entre le comptoir à salades, les plats de bœuf haché, les sandwichs et les *tacos* navajos, auxquels s'ajoutent, pour le dîner, des plats de viande et de poisson.

Gai, animé et bondé, l'**Amigo** *($; fermé dim; du côté est de la route 163, à environ 1,5 km au nord de la route*

160, Kayenta, ☎ 697-8448) propose des mets mexicains, américains et navajos, tous plus frais les uns que les autres (rien de ce que vous mangerez ici ne provient d'une boîte de conserve). Très fréquenté par les gens du coin.

Au **Stage Coach Dining Room** *($$; Gouldings Lodge, près de la Monument Valley, ☎ 801-727-3231, poste 404)*, une salle à manger sur trois niveaux aménagée en bordure de la falaise permet de profiter pleinement des panoramas de la Monument Valley. Cette ancienne cafétéria entièrement rénovée et agrandie vers la fin des années quatre-vingt offre désormais le service aux tables. Les banquettes et les tables pêche et ambre brûlé s'harmonisent très bien à l'époustouflant décor de grès qui s'étend à l'extérieur. Le gigot d'agneau est particulièrement apprécié, et, au dessert, pourquoi ne pas vous laisser tenter par une tarte aux bleuets ou aux cerises, à moins que vous ne préfériez un gâteau fondant au chocolat accompagné de crème glacée? Il y a aussi un comptoir à salades, et l'on sert du vin et de la bière non alcoolisés.

Le menu typiquement américain de l'**Anasazi Inn Café** *($$; route 160, à 16 km à l'ouest de Kayenta, ☎ 697-3793)* comprend des plats de bœuf haché, des biftecks, du poulet et quelques spécialités navajos.

SORTIES

Le sud du pays navajo

Sachez qu'il ne se passe pas grand-chose ici et que les options d'activités nocturnes restent plutôt limitées.

Le **Tumbleweed Lounge** *(1500 East 3rd Street, Winslow, ☎ 289-5213)* est la plus nouvelle boîte de nuit de Winslow et attire d'ailleurs le plus grand nombre de gens. Poèmes westerns mis en musique et accompagnés à la guitare pour les âmes nostalgiques en mal d'amour et de réconfort. Des formations musicales s'y produisent les vendredis et samedis.

Au **Young's Corral Bar** *(865 East Navajo Boulevard, Holbrook, ☎ 524-1875)*, il y a toujours de l'action les fins de semaine, mais encore une fois sur des rythmes country-western.

MAGASINAGE

Le sud du pays navajo

Fondée en 1903, la **Bruchman's Gallery** *(113 West 2nd Street, Winslow, ☎289-3831)* expose des œuvres amérindiennes aussi bien artisanales qu'artistiques : fétiches, poupées hopis en bois sculpté *(kachinas)*, bijoux navajos, tambours, pièces murales, couvertures de selle, paniers et poteries rares.

La majorité des boutiques de souvenirs de Holbrook recèlent un mélange d'artisanat amérindien et de souvenirs de l'ancienne Route 66. Une des meilleures a nom **Julien's Roadrunner** *(109 West Hopi Drive, Holbrook, ☎ 524-2388)*, sur le tracé même de l'Old Route 66. Ce magasin bien garni vend de tout, des pierres précieuses aux bijoux hopis en argent gravé à la main en passant par les *kachinas* et les «peintures de sable». Son propriétaire, Ted Julien, habite Holbrook depuis fort longtemps et se révèle un grand spécialiste de l'histoire et des attraits de la région. N'hésitez pas à l'interroger (même sur ses concurrents), mais attendez-vous à des réponses élaborées et approfondies.

Linda's Indian Arts and Crafts *(405 Navajo Boulevard, Holbrook, ☎ 524-2500)* dispose, malgré la petite taille de ses locaux, d'un bon choix de bijoux et de produits artisanaux autochtones.

McGee's Beyond Native Tradition *(2114 East Navajo Boulevard, Holbrook, ☎ 524-1977)* possède le plus vaste choix d'œuvres amérindiennes artisanales et artistiques de qualité, et vend aussi bien des bijoux hopis que des couvertures et des tambours navajos.

Le **Nakai Indian Cultural Center** *(357 Navajo Boulevard, Holbrook, ☎ 524-2329)*, en affaires depuis plus de 27 ans, propose également des produits amérindiens de qualité supérieure, de même que des bijoux fabriqués sur place.

Vous trouverez d'autres bijoux, *kachinas*, paniers et pièces artisanales chez **Tribal Treasures** *(104 Crestview Drive, Holbrook, ☎ 524-2847)*.

Le **Painted Desert Visitor Center Gift Shop** *(route 40, à l'entrée du Petrified Forest National Park, ☎ 524-3756)* vend du bois pétrifié à l'état naturel ou poli, des plus petits spécimens aux plaques et blocs les plus gros, sans oublier d'autres joyaux, de l'artisanat et des curiosités amérindiennes.

Environ 3 km plus loin, au sous-sol d'un chalet rénové des années trente, le **Painted Desert Inn Shop** *(☎ 602-524-2550)* renferme une librairie et une boutique de souvenirs. Ouvrages sur le Sud-Ouest américain, artisanat et curiosités.

Des articles semblables vous attendent au **Fred Harvey Curios and Fountain** *(route 180, à l'entrée du Petrified Forest National Park, ☎ 602-524-6228)*, en plus des bijoux amérindiens, des livres et des cartes postales.

Au **R.B. Burnham & Co. Trading Post** *(route 191, à l'intersection de la route 40, Sanders, ☎ 688-2777)* se trouve une pièce remplie d'étoffes teintes avec des pigments naturels. Derrière cette pièce, il y a également un «sanctuaire» de l'artisanat hopi et navajo. On y vend des tapis navajos de la meilleure qualité, de superbes meubles en bois sculpté et revêtus de tissus navajos, de même qu'une foule d'objets d'art et d'artisanat amérindiens. La seule visite des lieux vaut le détour.

L'ouest du pays navajo

En affaires depuis plus d'un demi-siècle, le **Sacred Mountain Trading Post** *(route 89, à 37 km au nord de Flagstaff, ☎ 679-2255)* écoule souvent des poteries navajos émaillées dignes des meilleurs musées. On y trouve en outre des perles de verre et tout l'équipement nécessaire pour en faire des assemblages, ainsi que des poteries hopis, des *kachinas* et des paniers navajos et paiutes.

Le **Cameron Trading Post** *(route 89, Cameron, ☎ 679-2231)*, construit de pierre en 1916, est une sorte de grand magasin d'artisanat amérindien et renferme un bon choix de presque tout ce qu'on peut désirer se procurer, qu'il s'agisse de tapis navajos, de bijoux de toutes les tribus du Sud-Ouest, de *kachinas*, de «peintures de sable», de paniers ou de poteries. La **Cameron Gallery** *(adjacente au comptoir commercial)* dispose, quant à elle, des pièces

L'art de dénicher des objets d'art

La quête d'objets d'art et d'artisanat en territoire amérindien vous réserve sans doute d'agréables surprises. Ainsi, une famille hopi pourrait vous inviter à déguster du maïs frais de ses champs, des boutiquiers diplômés d'université risquent de vous entraîner dans un débat sur la politique tribale, et certains des vanniers que vous croiserez ne parleront pas un mot d'anglais. Mais, par-dessus tout, vous aurez l'occasion d'admirer avec avidité des bijoux contemporains qui éblouiraient sans mal les foules exigeantes de la célèbre Cinquième Avenue new-yorkaise.

Il faut ici être prêt à s'émerveiller à tout moment, les plus belles «peintures de sable» que vous ayez jamais vues pouvant très bien surgir, par exemple, du coffre de la voiture d'un artiste amérindien à proximité d'un terrain de camping des Chuskas. Cela dit, l'axe le plus propice au magasinage est incontestablement la route 264 entre Tuba City et Window Rock, où vous trouverez deux vieux comptoirs commerciaux aussi intéressants l'un que l'autre : le **Tuba Trading Post** *(angle Main Street et Moenave Avenue, Tuba City, ☎ 520-283-5441),* qui recèle un assortiment d'objets de fabrication amérindienne, et le **Hubbell Trading Post** *(route 264, Ganado, ☎ 520-755-3254),* semblable au premier mais en outre le dépositaire du plus beau choix de tapis navajos le long de cet axe routier.

Sur l'ensemble des terres hopis, le magasinage constitue le meilleur moyen d'entrer en contact avec la population. Des boutiques vous attendent d'ailleurs à l'entrée des trois mesas, et, dans la plupart des villages, au moins quelques enseignes accrochées aux fenêtres de certaines demeures invitent les visiteurs à entrer voir les créations artisanales de la maison. (Notez que les autorités tribales ne recommandent en aucun cas de laisser un dépôt sur un objet que vous êtes dans l'impossibilité d'emporter avec vous, à moins de bien connaître l'artisan ou d'avoir été personnellement référé à lui.)

Si vous ne savez trop quel genre d'article rechercher, sachez que les Hopis et les Navajos proposent les uns comme les autres des pièces artisanales exclusives à leur tribu respective.

L'artisanat hopi

Vannerie : les femmes hopis confectionnent encore à la main paniers de mariage et autres objets cérémoniels. Les villages de la troisième mesa sont en outre réputés pour leurs plaques en osier aux vives couleurs de sumac et de bigelovie, tandis que ceux de la deuxième mesa privilégient les plaques de yucca torsadé; ceux de la première et de la seconde mesas produisent également des plateaux de yucca tressé autour d'un anneau de saule, utilisés comme tamis.

Bijoux : la technique favorite des Hopis est celle de la superposition par incrustation, où un motif découpé dans une feuille d'argent se trouve soudé à une autre pièce d'argent, les sections découpées étant ensuite noircies par oxydation.

***Kachinas** :* selon les croyances hopis, les *kachinas* incarnent des esprits disparus qui visitent périodiquement le *pueblo*. Des danseurs aux costumes très recherchés revêtent d'ailleurs l'apparence de *kachinas* au cours d'importantes cérémonies, et les poupées vendues sont souvent sculptées à leur image, dans une posture dansante, puis peintes ou revêtues de tissus, de plumes et de brillants acryliques. Un nouveau courant se dessine toutefois, leur prêtant plutôt une forme stylisée taillée d'un seul tenant à même une racine de cotonnier pour ensuite être teinte. Mentionnons enfin que, au grand dam des sculpteurs hopis, les Navajos se sont eux-mêmes lancés depuis peu dans la fabrication des *kachinas.*

Poterie : Nampeyo, une femme de la première mesa inspirée par d'anciens fragments de poterie, a sonné, il y a un siècle, la renaissance de la tradition *sikyatki*, caractérisée par l'usage de couleurs passant du jaune à l'orangé. La première mesa demeure cependant un grand producteur de pièces ornées de fins motifs noirs et curvilignes.

Tissage : selon la tradition hopi, ce sont les hommes qui se livrent à cette activité, essentiellement vouée à la création de ceintures d'apparat, de vêtements de mariage et de quelques tapis.

L'artisanat navajo

Vannerie : les plus fameuses pièces navajos sont les paniers de mariage torsadés aux motifs en zigzag d'un rouge éclatant. Quant aux autres articles en osier que vous trouverez dans les comptoirs de la tribu, il y a fort à parier qu'ils ont été fabriqués par des Indiens paiutes vivant aussi dans la région. Au cours des années quatre-vingt, un renouveau de cet art a par ailleurs donné lieu à l'apparition de grands objets torsadés aux dessins complexes, en forme d'assiettes aussi bien que d'urnes évasées.

Bijoux : depuis les années 1860, les Navajos sont passés maîtres dans l'art de l'orfèvrerie, modelant entre autres l'argent autour de pierres de turquoise, mais aussi pour son propre mérite, que ce soit en bagues, en armes blanches, en boucles d'oreilles ou en colliers. La fleur de courge reste leur motif de prédilection, et ils optent tantôt pour le façonnage à la main tantôt pour le moulage au sable.

Poterie : les céramiques navajos se présentent comme de simples créations marron dépourvues d'ornements et glacées à chaud. Cela dit, si médiocres et fades qu'elles puissent être aux mains d'artisans amateurs, elles deviennent fascinantes sous les doigts de fée des grands maîtres.

«**Peintures de sable**» : les sorciers entonnent des chants cérémoniels tandis que leurs émules produisent sur le sol des images d'une grande complexité avec du sable et des minéraux broyés dans une étonnante variété de couleurs. Les œuvres ainsi créées sont toujours détruites au terme de la cérémonie, mais on produit des tableaux comparables sur fond de bois, vendus sous le nom de «peintures de sable». Même s'ils sont surtout réalisés dans la région de Shiprock (Nouveau-Mexique), vous en trouverez un peu partout.

Tissage : des milliers de femmes et quelques douzaines d'hommes navajos tissent aujourd'hui des tapis sur la réserve, mais fort peu d'entre eux sont considérés comme des maîtres tisserands, leurs chefs-d'œuvre atteignant des prix beaucoup plus élevés. Si ceux-là demeurent souvent hors de portée, une simple couverture de selle constitue toujours un souvenir très prisé.

les plus coûteuses, des produits de tissage amérindiens aux paniers apaches en passant par les assemblages de perles de verre, les armes et les vêtements de cérémonie.

Le **Tuba Trading Post** *(angle Main Street et Moenave Avenue, Tuba City, ☎ 283-5441)* met l'accent sur les tapis navajos, généralement à grands motifs illustrés. On y vend par ailleurs des *kachinas*, des bijoux et des couvertures Pendleton, celles-là même que les Amérindiens aiment s'offrir entre eux à l'occasion des naissances, des graduations et d'autres moments marquants de leur existence.

Le pays hopi

Le nombre de galeries et de boutiques hopis a littéralement doublé en bordure des routes depuis le début des années quatre-vingt-dix. Tenues par des familles, des groupes d'artistes ou des artisans réputés à l'échelle nationale, elles se trouvent toutes sur la route 264 ou à proximité de celle-ci.

Monongya Arts and Crafts *(Third Mesa, ☎ 734-2344)* possède de grandes salles remplies de bijoux, de poteries et de poupées sculptées *(kachinas)*.

Huit cents mètres plus à l'est, suivez les panneaux indicateurs pour Old Oraibi jusqu'à **Old Oraibi Crafts**, où l'on se spécialise dans les *dawas* hopis (pièces murales tissées). Cette petite boutique aux poutres apparentes vend également des clowns hopis en chiffon.

Sur la route 264 Sud, la **Calnimpetwa's Gallery** *(route 264 Sud, ☎ 734-2406)* ressemble à une simple maison, mais, à l'intérieur, les vastes pièces aux murs blancs regorgent de paniers, de poteries et de bijoux de très grande qualité essentiellement fabriqués par les Hopis, les Navajos et les Santo Domingos. Plusieurs œuvres revêtent un caractère contemporain.

Sur la deuxième mesa, à côté du Hopi Cultural Center, le **Hopi Arts and Crafts Cooperative Guild Shop** *(☎ 734-2463)*, qui occupe un bâtiment de style *pueblo*, vend les œuvres de plus de 350 artisans hopis et présente souvent de nouveaux artistes. Vous y verrez de très beaux exemples d'artisanat à des prix raisonnables, aussi bien traditionnels que contemporains : paniers, pièces murales en osier, *kachinas*, anciennes poupées plates, bijoux en argent, châles tissés et crécelles. Le personnel connaît les meilleurs artisans dans chaque spécialité et sait où les trouver. On peut également admirer le travail des orfèvres à l'intérieur de la boutique.

À environ 2,5 km à l'est du Hopi Cultural Center, sur la gauche, arrêtez-vous chez **Tsakurshovi** *(Second Mesa, ☎ 734-2478)*. L'endroit n'a l'air de rien, mais il s'agit de la boutique la plus originale de toutes, offrant des fines herbes en bouquets, des racines de cotonnier, des peaux de renard, des sabots d'élan, de la peinture de guerre, des éventails utilisés au cours des danses amérindiennes et des *kachinas* du modèle le plus ancien, le tout dans un délicieux fatras de pièces artisanales et d'articles fort prisés des danseurs hopis. Ce sont les propriétaires de ce commerce qui ont donné le jour à ces t-shirts sur lesquels vous pouvez lire «*Don't Worry, Be Hopi*».

Phil Poseyesva Art Limited *(à 10 km à l'est du Hopi Cultural Center, à côté du Secakuku Supermarket, Second Mesa, ☎ 737-9306)* vend des poupées *kachinas*, des poteries et des bijoux de grande qualité, ces derniers étant l'œuvre de Phil lui-même.

La **Honani Crafts Gallery** *(à 9 km à l'est du Hopi Cultural Center, ☎ 737-2238)*, dont les fenêtres sont ornées de vitraux représentant des danseurs hopis, vend les bijoux de 16 orfèvres venant des trois mesas, mais aussi des *kachinas*, des livres et des ceintures *conchos*.

Onze kilomètres plus loin, vous atteindrez la première mesa, où les résidants de Walpi vous accueilleront pour vous faire voir les *kachinas* et les poteries qu'ils fabriquent dans leur village, le plus pittoresque de toute la réserve hopi.

Vingt et un kilomètres plus à l'est, visitez la **McGee's Indian Art Gallery** *(route 24, Keams Canyon, ☎ 738-2295)*, notoire pour ses murales illustrant la vie de village des Hopis. Une sélection soignée d'œuvres artisanales hopis et navajos est proposée : ceintures *conchos*, bijoux en argent, pièces murales en osier, *kachinas*, «peintures de sable», mocassins et tapis. Assurez-vous de visiter la pièce où l'on expose les plus belles réalisations.

Le centre du pays navajo

Ne manquez pas de faire une halte au **Hubbell Trading Post** *(route 264, Ganado, ☎ 755-3254)*, dont les murs de pierre bas, conservés à peu près intacts depuis 90 ans, renferment le meilleur choix qui soit de tapis navajos. On y trouve aussi plusieurs pièces remplies à craquer de bijoux, de poupées, de livres, de paniers et de cartes postales historiques.

La **Navajo Arts and Crafts Enterprise** *(dans le même bâtiment que le Navajo Nation Museum, Window Rock, ☎ 871-4095)* vend les œuvres de quelque 500 artisans navajos. Le choix est excellent, et il y a de tout en quantité, aussi bien des tapis de tous les styles que des bijoux et des poupées en chiffon.

Le **Thunderbird Lodge Gift Shop** *(Thunderbird Lodge, à 400 m au sud-est du centre d'accueil des visiteurs de Canyon de Chelly, Chinle, ☎ 674-5841)* dispose non seulement d'une bonne sélection de tapis dont plusieurs sont réalisés dans la région de Chinle, mais aussi de *kachinas*, de bijoux, de paniers et de divers souvenirs. Certaines des magnifiques œuvres qui ornent les murs de la cafétéria sont également à vendre.

Le nord du pays navajo

Demandez à voir la salle d'artisanat de l'**Oljeto Trading Post** *(Oljeto, à 16 km au nord-ouest de Gouldings, près de la Monument Valley, ☎ 801-727-3210)*, qui date de 1921. On vous conduira dans une sorte de musée poussiéreux rempli d'œuvres récentes, dont certaines sont à vendre alors que d'autres ne peuvent qu'être admirées. Vos meilleurs achats pourraient être les paniers de mariage navajos, fort prisés des nouveaux mariés de la région, les poteries locales et les berceaux en cèdre, volontiers utilisés comme sièges d'appoint pour bébé dans les voitures de la réserve.

Le **Yellow Ribbon Gift Shop** *(dans l'enceinte du complexe Gouldings, Monument Valley, ☎ 801-727-3231)* présente des réalisations des tribus du Sud-Ouest et des souvenirs à la portée de toutes les bourses.

L'EST DE L'ARIZONA

Sans doute aucune autre région de l'État ne jouit-elle d'une aussi grande diversité géographique que l'est de l'Arizona. Les agglomérations urbaines apparemment sans fin de Phoenix, de Tempe et de Mesa cèdent ici rapidement le pas à des paysages à couper le souffle, qu'il s'agisse de jardins du désert, de canyons déchiquetés au fond desquels coulent des rivières, de vallons herbeux ou de denses forêts de pins. En explorant la région, vous découvrirez un large éventail d'activités récréatives, entre autres la pêche, la chasse, la randonnée pédestre et le ski. L'histoire n'y donne pas non plus sa place, visible dans les nombreuses ruines amérindiennes et les anciennes villes minières.

La voie terrestre de l'est de l'Arizona qui s'étend sur 327 km à l'est de Phoenix, le long des routes 89, 60 et 70 jusqu'à la frontière du Nouveau-Mexique, est connue sous le nom d'Old West Highway. Riche en histoire frontalière, elle retrace les pas de plusieurs personnages célèbres, de Coronado à Geronimo en passant par Billy le Kid.

Rattaché à l'ouest par Apache Junction, une banlieue grandissante de la région métropolitaine de Phoenix et une retraite hivernale pour des milliers de vacanciers cherchant à fuir les rigueurs de l'hiver, l'Old West Highway constitue par ailleurs le point de départ d'un détour panoramique le long de l'Apache Trail (Route 88). Les aventuriers modernes peuvent suivre cette piste à travers les Superstition Mountains jusqu'à la ville morte de Goldfield, entièrement reconstruite, et poursuivre leur route par une série de lacs alimentés par la rivière Salt avant d'atteindre le coloré Tortilla Flat, la Lost Dutchman's Mine (mine perdue du Hollandais) et, enfin, le barrage et le lac Theodore Roosevelt.

En continuant vers l'est sur l'Old West Highway, vous arriverez à Globe, une petite ville paisible qui a su conserver son cachet du XIXe siècle. L'Old West Highway s'aplanit à l'est de Globe, et la campagne devient plus aride au fur et à mesure que vous descendez vers les basses terres désertiques. Les monts Mescal, au sud, vous accompagnent jusqu'à la vallée de la rivière Gila, où les mesas et les buttes de la réserve apache de San Carlos se détachent sur fond d'azur.

La route 70 se sépare en effet de la route 60 à l'est de Globe pour traverser la pointe méridionale de la réserve apache, qui couvre une superficie de 728 400 ha et s'étend des White Mountains jusqu'à 3 km de Globe, puis, du nord au sud, du Mogollon Rim à la Coronado National Forest. On estime qu'environ 10 000 Apaches vivent sur la réserve, dont une grande partie est boisée et abrite des élans, des cerfs à queue noire, des dindons sauvages, des ours noirs et des pumas.

Au sud se dresse à l'horizon le mont Graham, un des plus hauts sommets arizoniens (3 267 m). Destination prisée des pêcheurs, des campeurs et des randonneurs, le mont Graham renferme également un observatoire international.

La route 70 déroule ensuite son ruban jusqu'à la petite ville de Safford, un important centre de commerce pour les nombreux cultivateurs de coton de la vallée de la rivière Gila. De Safford, l'Old West Highway coupe à travers la vallée pastorale de Duncan, ponctuée de champs de luzerne, de chevaux en train de paître et de petits ruisseaux à la limite orientale de l'Arizona. Duncan, la ville natale de la juge de la Cour suprême Sandra Day O'Connor, produit une abondance d'«agates de feu», une pierre semi-précieuse relativement rare qu'on peut ici cueillir à même le sol dans les zones désignées à cet effet par le Bureau of Land Management.

Au nord de Duncan, sur la route 191, apparaît la ville minière de Clifton, point d'ancrage méridional de la Coronado Trail, qui grimpe à travers l'Apache-Sitgreaves National Forest sur son parcours de 169 km jusqu'à Alpine, au cœur des «Alpes arizoniennes».

La Coronado Trail, ainsi nommée en l'honneur de l'explorateur espagnol parti à la recherche des sept cités d'or il y a de cela près de 500 ans, frise pratiquement la frontière de l'Arizona et du Nouveau-Mexique. La piste suit un tracé nord-sud qui se confond avec la route 191 entre St. Johns et Clifton, épousant les contours sinueux d'une route revêtue qui franchit des montagnes en dents de scie et de magnifiques forêts formant certains des paysages les plus spectaculaires du Sud-Ouest américain.

Les White Mountains révèlent, quant à elles, de hautes terres fraîches parsemées de lacs de pêche et tapissées de pins ponderosa, d'épinettes, de trembles et de sapins de Douglas. Au cœur de cette région nichent Pinetop-Lakeside, Show Low et Greer. On se rend surtout dans ce coin de pays pour profiter des grands espaces et se livrer à la pêche, au ski e
t à la randonnée pédestre, à moins que ce ne soit seulement pour pique-niquer sur un rocher, humer l'arôme des pins et admirer le chatoiement des eaux d'un lac sous l'effet de la brise. Ces localités regorgent toutes de chalets, de petits restaurants économiques et de paysages époustouflants.

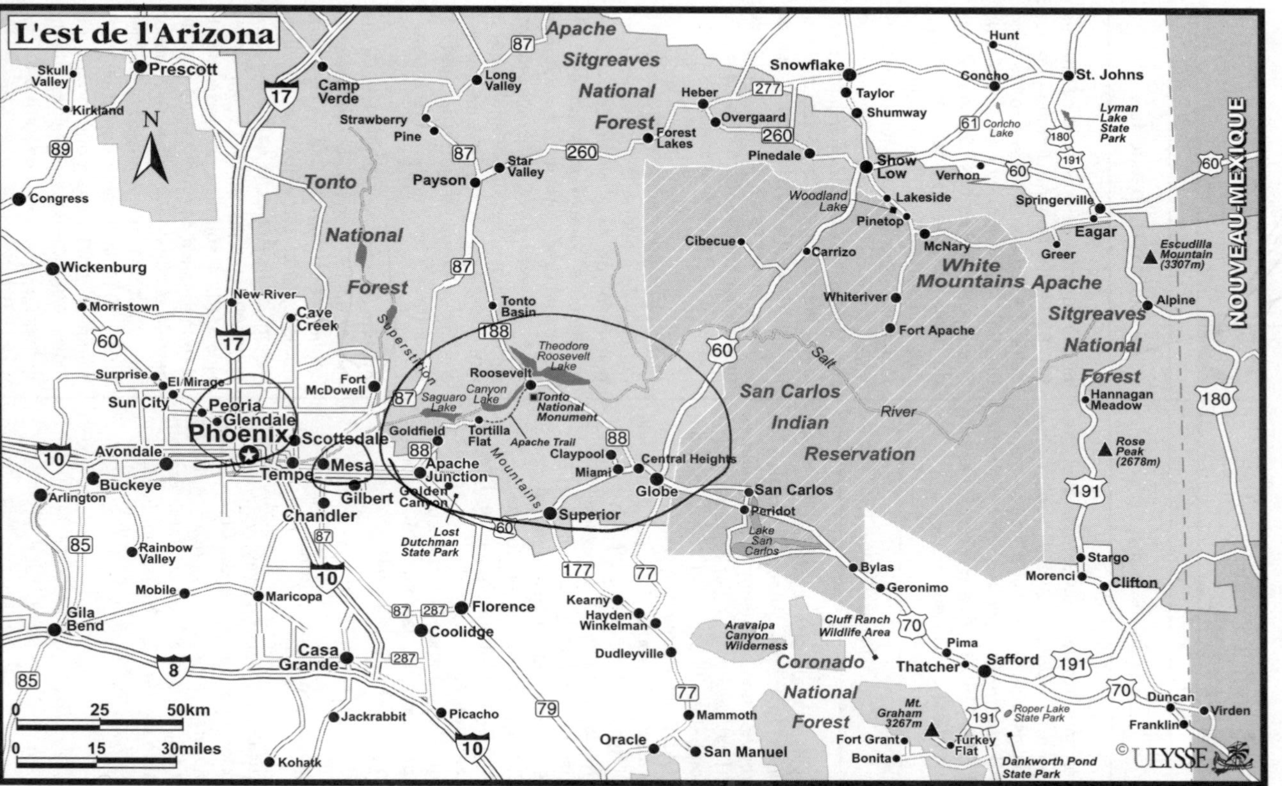
L'est de l'Arizona
NOUVEAU-MEXIQUE
Prescott
Skull Valley
Kirkland
Congress
Wickenburg
Morristown
Camp Verde
Cave Creek
New River
Surprise
El Mirage
Sun City
Peoria
Glendale
Phoenix
Avondale
Buckeye
Arlington
Rainbow Valley
Mobile
Gila Bend
Scottsdale
Tempe
Mesa
Gilbert
Chandler
Fort McDowell
Maricopa
Casa Grande
Jackrabbit
Kohatk
Picacho
Coolidge
Florence
Goldfield
Apache Junction
Golden Canyon
Lost Dutchman State Park
Superstition Mountains
Saguaro Lake
Canyon Lake
Tortilla Flat
Apache Trail
Roosevelt
Tonto National Monument
Theodore Roosevelt Lake
Tonto Basin
Claypool
Miami
Superior
Central Heights
Globe
Kearny
Hayden
Winkelman
Dudleyville
Mammoth
San Manuel
Oracle
Tonto National Forest
Strawberry
Pine
Payson
Star Valley
Long Valley
Apache Sitgreaves National Forest
Forest Lakes
Heber
Overgaard
Pinedale
Snowflake
Taylor
Shumway
Show Low
Lakeside
Pinetop
Woodland Lake
Carrizo
Cibecue
Whiteriver
Fort Apache
McNary
White Mountains Apache
Salt River
San Carlos Indian Reservation
San Carlos
Peridot
Lake San Carlos
Aravaipa Canyon Wilderness
Bylas
Geronimo
Cliff Ranch Wildlife Area
Coronado National Forest
Fort Grant
Bonita
Mt. Graham 3267m
Turkey Flat
Thatcher
Pima
Safford
Roper Lake State Park
Dankworth Pond State Park
Concho
Hunt
Concho Lake
Vernon
St. Johns
Lyman Lake State Park
Springerville
Eagar
Greer
Alpine
Escudilla Mountain (3307m)
Sitgreaves National Forest
Hannagan Meadow
Rose Peak (2678m)
Morenci
Stargo
Clifton
Duncan
Franklin
Virden
N
0 25 50km
0 15 30miles
© ULYSSE

POUR S'Y RETROUVER SANS MAL

En autocar

La gare routière de **Greyhound Bus Lines** *(☎ 800-231-2222)* la plus près des villes de la Coronado Trail se trouve à Safford *(404 5th Street, ☎ 520-428-2150)*, à environ 50 km au sud-ouest de Clifton.

En voiture

Point d'ancrage occidental de l'Old West Highway, **Apache Junction** se trouve à une cinquantaine de kilomètres à l'est de Phoenix par la route 60. À son extrémité est, vous pourrez prendre l'Old West Highway à **Safford** en empruntant la route 191 au départ de **Clifton**, ou encore la route 70, qui franchit la frontière du Nouveau-Mexique jusqu'à Lordsburg. La route 180/191 relie les villes de St. Johns, Alpine et Clifton, toutes sur la Coronado Trail. Pour atteindre la région de **Pinetop-Lakeside** en partant de l'ouest, via la route 60, prenez la route 260 à **Show Low**. De l'est, la route 260 rejoint la route 180 à **Springerville**.

La location d'une voiture

Sur l'Old West Highway, vous pouvez louer une voiture chez **Cobre Valley Motors** *(route 60, Globe, ☎ 520-425-4487)* ou au **Hatch Brothers Auto Center** *(1623 Thatcher Boulevard, Safford, ☎ 520-428-6000)*.

ATTRAITS TOURISTIQUES

La région d'Apache Junction

Située au point de rencontre des routes 60, 88 et 89, Apache Junction repose dans une région de basses terres accidentées, à environ 50 km à l'est de Phoenix. Autrefois un mélange confus de bars, de motels et de stations-service brûlés par le soleil, elle s'est épanouie pour devenir une rustique ville-dortoir de la «Vallée du Soleil» et une destination courue par les vacanciers des régions plus nordiques, attirant quelque 45 000 visiteurs chaque hiver et faisant dire à un propriétaire de ranch local qu'il ne reste plus de pistes isolées à parcourir à cheval.

Une plaque commémorative au centre de la ville honore la mémoire d'un homme qu'on dit avoir découvert une mystérieuse mine d'or, baptisée Lost Dutchman Gold Mine, mais qui est mort sans en avoir révélé l'emplacement. Apache Junction marque également le début de l'Apache Trail (Route 88), qui s'étire sur 77 km en se frayant un chemin à travers les monts Superstition.

Apache Junction ★ a officiellement été fondée en 1922, lorsqu'un voyageur de commerce du nom de George Cleveland Curtis y planta une tente et entreprit de vendre des sandwichs et de l'eau aux voyageurs qui passaient par là. Un an plus tard, il soumit une demande de reconnaissance de propriété au gouvernement et construisit l'Apache Junction Inn. D'autres l'imitèrent bientôt, si bien qu'en 1950 la localité comptait suffisamment d'habitants pour former une petite ville. Ceux-ci choisirent de lui donner le nom de Superstition City, mais comme il s'agissait d'un lieu historique, ils durent conserver celui d'Apache Junction.

Renseignez-vous sur l'histoire et les attraits de la région auprès de l'**Apache Junction Chamber of Commerce** *(P.O. Box 1747, Apache Junction, AZ 85219, ou 1001 North Idaho Road, ☎ 520-982-3141)*, à même de vous fournir plans et brochures.

Il ne se passe pas grand-chose en ville, si ce n'est à l'**Apacheland Western Town** *(Kings Ranch Road, tout juste en retrait de la route 60)*, une reconstitution de village ancien avec des constructions de l'Ouest d'antan, des promenades à cheval et en charrette, des mises en scène de cow-boys, des fusillades simulées, des chansons, des histoires, des légendes et des visites guidées. Si les structures en place vous semblent vaguement familières, c'est sans doute parce que vous les avez vues dans plusieurs films western et séries télévisées. Les lieux ont également été visités par des vedettes de cinéma et des personnalités politiques telles que Ronald Reagan, Glen Ford, Audie Murphy, Elvis Presley et James Stewart.

Pour une vue vraiment spectaculaire de la montagne, allez faire une balade en voiture du côté de l'**Apache Trail ★★★**, qui longe la route 88 entre Apache Junction et le lac Theodore Roosevelt. La piste couvre une distance d'environ 110 km (225 km aller-retour), et il vous faudra au moins trois heures pour en suivre le tracé sinueux d'un bout à l'autre; sachez par ailleurs qu'il n'est pas question de rebrousser chemin une fois que vous vous y êtes engagé. L'Apache Trail était à l'origine un chemin de chantier. C'était à l'époque de la construction du barrage Theodore Roosevelt, le premier projet de mise en valeur des ressources naturelles des États-Unis, lancé par le gouvernement fédéral et achevé en 1911. La piste fut ainsi nommée en raison de ceux qui y transportaient les matériaux nécessaires à l'érection du barrage. Elle part de Tortilla Flat, un ancien relais de diligence regroupant un café, un magasin général et un bureau de poste, puis emprunte un tracé étroit, sinueux et non revêtu à travers les montagnes, croisant les lacs Canyon et Apache avant d'atteindre le barrage. En cours de route, vous pourrez vous arrêter en différents endroits pour pique-niquer, faire de la randonnée ou simplement contempler le magnifique paysage.

Passé les limites de la ville, la piste s'enfonce entre les cônes dacitiques des **monts Superstition**, formés il y a 20 millions d'années, après que des tremblements de terre cataclysmiques et des éruptions volcaniques à grande échelle eurent soulevé la croûte terrestre de plusieurs milliers de mètres et créé une dépression d'une largeur de 32 km. Le magma s'y infiltra et donna naissance aux monts Superstition. La montagne triangulaire qui se dresse à l'est de cette chaîne est la Weaver's Needle (l'aiguille du tisserand), dont les chasseurs de trésors affirment qu'elle marque l'emplacement de la Lost Dutchman Mine.

Pour vous faire une idée de l'Ouest ancien, arrêtez-vous à **Goldfield Ghost Town** *(route 88, à 6,5 km au nord d'Apache Junction, ☎ 602-983-0333)*, une ville morte qui connut son heure de gloire dans les années 1890, à l'époque où l'on découvrit de l'or au pied des monts Superstition. Les bâtiments de bois ravagés par le temps qui abritent un restaurant, un musée et une boutique d'antiquités paraissent tout à fait authentiques, mais il s'agit en réalité de reconstitutions datant de 1988. L'équipement minier et ferroviaire d'autrefois qui parsème les lieux est par contre d'origine, tout comme les pièces des vitrines du musée géologique et minier, et la mine souterraine, que vous pouvez visiter. D'autres activités sont possibles sur place, telles que les randonnées en véhicule tout-terrain, les promenades en chariot et la recherche d'or au tamis.

En continuant vers le nord sur la route 88, vous découvrirez un chapelet de lacs prenant leur source dans la rivière Salt, dont le Saguaro Lake, le Canyon Lake et l'Apache Lake. Le plus accessible est le **Canyon Lake** ★ *(route 88, ☎ 602-944-6504)*, qui s'étend sur 10,5 km, en amont de la rivière, au fond d'un profond canyon d'un seul tenant. Vous y trouverez des installations pour bateaux, des plages, des aires de pique-nique, un casse-croûte et des emplacements de camping, sans parler des activités récréatives, comme la pêche (achigan et vairon) et le ski nautique. Une réplique de bateau à roue arrière à deux ponts sillonne également les eaux du lac, prenant à son bord touristes et photographes.

En remontant le courant de la rivière, vous croiserez des géodes incrustées dans des murailles de roc, déposées là par des éruptions volcaniques il y a des millions d'années, avant d'atteindre **Tortilla Flat** ★ *(à 29 km d'Apache Junction, ☎ 602-984-1776)*, qui compte en tout et pour tout six valeureux habitants. Ce village, qui compte parmi les derniers vestiges de l'Ouest d'antan, était jadis un point d'arrêt pour les diligences. On y trouvait alors une école, un magasin général, un restaurant-saloon, un hôtel et un bureau de poste pour une population totale d'environ 125 personnes. Aujourd'hui, seuls le magasin général, le bureau de poste et le restaurant subsistent. Le restaurant-saloon, qui ressemble à un décor de western en planches, compte parmi les plus populaires de la région, et a accueilli des voyageurs de tous les coins du pays. Des souvenirs datant de nombreuses années pendent aux murs et au plafond de bois naturel, mais votre curiosité sera également piquée par les milliers de billets d'un dollar, de devises étrangères et de cartes professionnelles du monde entier que les visiteurs ont accrochés aux murs.

À environ 8 km à l'est de Tortilla Flat, le revêtement de la route cède le pas à la terre et au gravier. Le chemin grimpe alors jusqu'au sommet de la Fish Creek Hill, qui offre une vue spectaculaire sur le canyon, tout en bas. En descendant la colline, il serpente à travers un gouffre étroit le long de l'Apache Lake et débouche enfin sur le **Theodore Roosevelt Dam** ★ *(à 72 km à l'est d'Apache Junction, ☎ 520-467-2236)*. Terminé en 1911, ce barrage demeure le plus grand barrage en maçonnerie du monde, puisqu'il est entièrement construit de pierres de carrière. Une section en béton fut ajoutée, lui donnant une hauteur de 109 m et augmentant ainsi la capacité de son réservoir de 250 millions de mètres cubes. À 400 m en amont du barrage, un pont d'acier en arc de 305 m enjambe une partie du réservoir, le lac Roosevelt, offrant aux touristes et aux photographes une meilleure vue sur le barrage.

Une fois au barrage Roosevelt, vous pouvez retourner à Apache Junction ou continuer sur la route 88 (qui retrouve son revêtement) jusqu'au **Tonto National Monument** ★ *(droit d'entrée; route 88, Roosevelt, ☎ 520-467-2241)*, qui renferme des ruines d'habitations de type appartement utilisées par le peuple des Salados et qui constitue un des sites préhistoriques amérindiens les mieux conservés de tout l'État. Au centre d'accueil des visiteurs, vous pourrez admirer des outils et des objets artisanaux de ce peuple ancien et assister à une présentation audiovisuelle. Un des points forts du parc lui-même est un sentier de randonnée «autoguidé» de 0,8 km qui grimpe abruptement de 107 m pour atteindre les **Lower Ruin**, où l'on dénombre 19 pièces jadis occupées par les Amérindiens. Les **Upper Ruin**, qui comptent 40 pièces, peuvent, quant à elles, être visitées de novembre à avril *(réservations préalables requises)*.

De retour sur la route 60, à environ 40 km à l'est d'Apache Junction et près du minuscule camp minier de Superior, s'étend le **Boyce Thompson Southwestern Arboretum** *(droit d'entrée; 37615 route 60, ☎ 520-689-2811)*. Cette réserve édénique abrite plus de 1 500 spécimens végétaux, parmi lesquelles des cactus, des plantes grasses ainsi que des arbres et des arbustes n'ayant besoin que de très peu d'eau pour vivre. Y vivent aussi 200 espèces d'oiseaux et 40 espèces d'animaux sauvages, et des sentiers parcourent les 14 ha du parc, révélant tantôt des expositions en plein air, tantôt des bâtiments historiques. Un habitant de longue date de ces lieux, un eucalyptus à sève rouge haut de plus de 30 m dont le tronc fait 2,5 m de diamètre, fut planté en 1929, alors qu'il ne mesurait pas encore 2 m. Outre un centre d'interprétation de la nature, qui occupe une maison en pierre taillée des années vingt figurant au registre des monuments historiques de la nation, vous trouverez à l'arboretum un complexe d'accueil pourvu d'un comptoir de renseignements et d'une boutique de souvenirs où l'on vend des livres, des cactus et diverses autres plantes grasses. Également à voir, la **Clevenger House**, une cabane en pierre bâtie à flanc de colline, et la **Picket Post House** voisine, un manoir de 26 pièces construit pour le magnat du cuivre William Boyce Thompson en 1927.

À l'est de l'arboretum, la route 60 grimpe graduellement à travers le col de Gonzales, jusqu'à ce que la Tonto National Forest remplace le désert. Cette route à deux voies serpente délicatement en épousant les contours du **Devils Canyon**, une région mystérieuse quoique pittoresque qui semble changer d'humeur au fur et à mesure que progresse le soleil dans sa course. À l'approche du crépuscule, au moment où les ombres s'étirent le plus, les formations granitiques revêtent l'aspect de trolls et de gnomes géants, et donnent l'impression de s'accroupir comme pour mieux bondir sur les automobilistes qui s'aventurent sur leur territoire. Le canyon et la route sont tous deux étroits, mais vous trouverez amplement d'endroits où vous arrêter pour photographier le paysage ou simplement vous imprégner de l'atmosphère des lieux.

Globe

À l'est du Devils Canyon, les monts Pinal dominent l'horizon jusqu'à ce que la silhouette de la vieille ville minière de Globe ne leur dispute la vedette. Cette paisible municipalité, jadis tout entière vouée à l'extraction du cuivre, voit ses collines émaillées de maisons victoriennes, et elle conserve un cachet de fin de XIXe siècle, entre autres grâce à sa rue principale à l'ancienne, où l'on trouve même un vieux magasin Woolworth. De plus, c'est ici que vous pourrez voir un des plus beaux sites archéologiques amérindiens de l'État.

Globe a vu le jour en tant que ville minière au cours des années 1860, lorsqu'on découvrit de l'argent sur la réserve apache. Située à l'extrémité est de l'Apache Trail, elle avait à l'origine été baptisée Besh-Ba-Gowah (lieu où l'on trouve du métal, ou campement des chercheurs de métal) par les Apaches. Elle tire son nom actuel d'une pépite d'argent sphérique portant des marques qui font songer au contour des continents sur un globe terrestre. Après l'épuisement des mines d'argent, on y a découvert du cuivre, mais les mines de cuivre furent à leur tour fermées à l'époque de la Grande Dépression. Depuis, la ville s'endort tranquillement au soleil.

En entrant dans Globe par l'ouest, vous remarquerez de massives collines de terre délavée, vestiges des exploitations minières de la région. Ces amoncellements décolorés, qui s'étendent sur quelques kilomètres, sont le résultat des opérations qui consistaient à blanchir, à broyer, puis à fondre le minerai pour en extraire le cuivre. Tous les efforts en vue de faire reverdir ce paysage lunaire ont été vains, de sorte que les montagnes de résidus miniers conservent leur aspect, du moins jusqu'à ce qu'on invente de nouvelles techniques qui permettraient d'en extraire davantage de cuivre.

Toujours du côté ouest de la ville, le long de la route 60, il y a cinq mines à visiter au passage. Parmi elles, la Pinto Valley Mine produit moins de 3 kg de cuivre par tonne de minerai, la Blue Bird Mine se targue d'avoir réussi la première extraction par solvant et électrolyse au monde, et la Sleeping Beauty Mine, qui a cessé de produire du cuivre en 1974, s'est convertie à l'extraction de la turquoise. Pour obtenir un plan de cette visite en voiture ou d'autres renseignements sur la région, arrêtez-vous à la **Greater Globe-Miami Chamber of Commerce** *(1360 North Broad Street, ☎ 520-425-4495)*. Informez-vous également de la visite du centre-ville et de l'emplacement exact des ruines archéologiques.

Entouré de maisons modernes et de rues revêtues, le **Besh-Ba-Gowah Archaeological Park** ★ *(droit d'entrée; Globe Community Center, Jess Hayes Road, à 1,6 km au sud-ouest de Globe, ☎ 602-425-0320)* est un village *pueblo* préhistorique, construit de galets polis de la rivière et de murs de glaise délimitant salles et places. Vous pouvez y gravir une échelle de bois grossier afin d'examiner à votre guise les salles garnies de poteries et d'ustensiles utilisés il y a 600 ans. Il y a en outre un atelier de tissage, une marmite suspendue au-dessus d'un foyer creusé, des manostats et des métates. Un musée voisin expose des créations artistiques et des ustensiles réalisés par les Salados, une tribu évoluée de chasseurs et de cueilleurs qui vécurent en ces lieux des années 1100 à 1400 ap. J.-C. Les Salados avait érigé un *pueblo* de plus de 200 salles (146 au rez-de-chaussée et 61 à l'étage) autour de trois places centrales, et quelque 300 à 400 personnes y vivaient à son apogée. Lors de leur passage ici, ils cultivèrent les berges du Pinal Creek et récoltèrent du maïs, des fèves, des courges et peut-être même du coton. La communauté exploitait en outre un centre de commerce, les archéologues ayant découvert des cloches en cuivre et des plumes provenant de la Méso-Amérique, des coquillages originaires de la côte de l'actuelle Californie ou du golfe du Mexique et des poteries de diverses régions. Un jardin botanique illustre par ailleurs la façon dont les Salados utilisaient la végétation environnante.

Les Salados réalisaient leurs propres poteries, caractérisées par des motifs noir et blanc sur fond d'argile rouge, et vous pourrez en voir des exemples sur place. Ils tressaient en outre des paniers, des sandales et des tapis nattés en fibres de sotol et de yucca, et tissaient même de fines toiles de coton. Leurs bracelets, bagues et colliers étaient faits de coquillages troqués à des marchands. On croit qu'ils ont été chassés de la région par une grande sécheresse survenue au XVe siècle. En plus du *pueblo* partiellement restauré, vous trouverez sur les lieux un musée doublé d'un centre d'accueil des visiteurs où sont exposés des objets mis au jour au moment des premières excavations.

En quittant le parc archéologique, vous découvrirez une vue à vol d'oiseau sur la région en tournant à droite sur la Jess Hayes Road jusqu'à l'Ice House Canyon Road et au Kellner Canyon, où vous pourrez longer les contours des magnifiques sommets des monts Pinal sur 24 km. À 2 393 m d'altitude, vous passerez par une zone couverte de pins ponderosa, de fougères et de dense feuillage. En vous arrêtant n'importe où, vous aurez une vue majestueuse sur Globe et sur Miami (Arizona), du haut des promontoires.

En ville, l'aventure exubérante des premiers mineurs revit au **Gila County Historical Museum** *(fermé sam-dim; route 60, ☎ 520-425-7385)*, où sont exposés divers objets fabriqués, de l'équipement minier et des vestiges salados. Le musée occupe l'ancienne Old Dominion Mine Rescue and First Aid Station (poste de sauvetage et de premiers soins de l'ancienne mine Dominion).

L'**Old Dominion Mine** *(en face du musée, sur Broad Street)* permet de voir ce qu'il reste de ce qui fut jadis la plus riche mine de cuivre au monde. Dans les années trente, la chute du prix du cuivre et les infiltrations d'eau de plus en plus abondantes dans les puits de mine en forcèrent la fermeture. Aujourd'hui, la mine appartient à la Magma Copper Company, et elle constitue une importante source d'eau, essentielle à la survie des autres opérations de la compagnie minière dans la région.

Le **Historic Gila County Courthouse** *(101 North Broad Street, ☎ 520-425-0884)* du centre-ville date de 1906. Cette imposante construction de grès et de brique, qui abritait jadis le Palais de justice du comté, accueille aujourd'hui le Cobre Valley Center for the Arts et un petit théâtre. Gravissez-en les 26 marches de pierre et passez les grandes portes de bois sculpté pour découvrir ses planchers de bois dur et verni, ses passages en arc, ses salles grandioses à haut plafond et à hautes fenêtres, de même que son escalier rehaussé de rampes en cuivre et surplombé d'une verrière. Notez qu'il y a un coffre-fort dans presque chaque pièce. C'est que, à l'époque où l'édifice abritait un Palais de justice, on y entreposait divers documents dont on désirait assurer la sauvegarde. Le rez-de-chaussée est présentement entièrement occupé par une galerie de l'Arts Guild, tandis que le premier étage accueille les locaux des Copper Cities Community Players, qui en ont reconverti les grandes salles en studios et en petit théâtre.

Prenez aussi la peine de visiter le **Globe Elks Lodge** *(155 West Mesquite Avenue, ☎ 520-425-2161)*, le plus haut bâtiment de trois étages du pays, construit en 1910, l'ancienne **Gila County Jail** *(derrière le Gila County Courthouse)*, bâtie de béton armé en 1909 et renfermant des cellules de la Yuma Territorial Prison transportées jusqu'ici, ainsi que le **Gila Valley Bank and Trust Building** *(angle Mesquite Avenue et Broad Street)*, un exemple peu commun de style Beaux-Arts néo-classique à façade ocre-brune qui date de 1909. Cet édifice a abrité la première succursale de ce qui est aujourd'hui devenu la Valley National Bank.

Le **Country Corner Antique Store** *(383 South Hill Street, ☎ 520-425-8208)* servait d'épicerie et de magasin général lorsqu'il ouvrit en 1920. Si l'allure du bâtiment vous semble curieuse, c'est qu'on a voulu lui donner la forme de l'État de l'Arizona. Le **F.W. Woolworth** *(151 North Broad Street, ☎ 520-425-7115)* fait partie du Sultan Building, un bâtiment en brique qui comptait deux étages au moment de sa construction en 1909. Tout à côté, le **Globe Theater** *(141 North Broad Street, ☎ 520-425-5581)*, de style Art déco, date de 1918, et les piliers qui soutiennent sa marquise sont revêtus de cuivre. À l'angle des rues Pine et Oak surgit l'***Engine No. 1774***, l'une des sept seules locomotives à vapeur de ce type qui existent encore, alors que 355 furent construites entre 1899 et 1901.

Si vous êtes encore avide d'histoire, sachez que la municipalité commandite chaque année, en février, le **Historic Home and Building Tour and Antique Show**. Beaucoup des maisons visitées dans le cadre de cet événement (on en choisit habituellement de six à huit) sont l'œuvre des maçons qui ont érigé le barrage Roosevelt. Ces dernières années, on a ainsi pu admirer une demeure de 1911 en dacite extraite du sol de la région, une église entièrement construite à la main par des prêtres épiscopaux entre 1900 et 1908, et un manoir à double véranda inspiré des maisons de plantation et bâti vers la fin du XIXe siècle. Pour de plus amples renseignements, téléphonez à la Globe City Chamber of Commerce *(☎ 520-425-4495)*.

Globe sert en outre de tremplin commercial vers la **San Carlos Apache Reservation**, un territoire de 730 000 ha où vivent près de 10 000 Apaches. Inégale et isolée, verdoyante et rustique, cette terre accueille également dans leur habitat naturel des *javelinas*, des élans, des ours, des pumas, des mouflons, des antilopes, du gibier d'eau, des grouses, des cailles, des lapins et divers poissons d'eau douce. En quittant la réserve apache San Carlos, remarquez au passage les poteaux de téléphone enfoncés dans le sol près de Calva Crossing; ils servent à retenir davantage les eaux de pluie, et furent plantés là à la suite de l'inondation de 1983. Camping, chasse et pêche y sont autorisés, à condition que vous déteniez un permis du Recreation and Wildlife Department *(☎ 520-475-2343)*.

La région de Safford

Nichée au fond de la fertile vallée de la rivière Gila, **Safford** est un centre de commerce pour les nombreux cultivateurs de coton de la région, de même qu'un tremplin vers les activités de plein air de la Coronado National Forest. Immédiatement à l'ouest de la ville s'étendent les communautés adjacentes de Thatcher et de Pima. Ainsi nommée pour commémorer la visite de l'apôtre mormon Moses Thatcher un certain Noël, Thatcher est le siège de l'Eastern Arizona College, tandis que Pima possède l'Eastern Arizona Museum.

L'artère principale de Safford est bordée de centres commerciaux modernes, mais son centre-ville, caractérisé par des constructions à charpente de bois et en maçonnerie, fait penser à un petit bled du Midwest. En dépit du climat aride, la vallée est constamment irriguée par la rivière Gila, et le coton y règne en maître. Les **Safford Valley Cotton Growers** *(120 East 9th Street, Safford, ☎ 520-428-0714)*, un regroupement local de fermiers, possèdent quelques exploitations qu'on peut visiter en saison, soit de septembre à janvier. Téléphonez à l'avance pour prévenir de votre arrivée.

Les sources chaudes souterraines constituent une autre ressource naturelle de Safford. Pour y faire trempette, arrêtez-vous au **Kachina Mineral Springs Spa** *(services payants; Cactus Road, immédiatement en retrait de la route 191, Safford, ☎ 520-428-7212)*, où vous pourrez prendre place dans des cuves carrelées de style romain vers lesquelles on achemine l'eau des sources. Parmi les autres services proposés, retenons les massages, les enveloppements sudatoires et la réflexologie (massage thérapeutique des pieds). Bien que l'endroit soit quelque peu vieillot, les bains demeurent on ne peut plus agréables, et les cuves sont propres.

Un bon endroit où faire une première halte est la **Safford-Graham County Chamber of Commerce** *(1111 Thatcher Boulevard, Safford, ☎ 520-428-2511)*, où vous pourrez faire le plein de brochures et de plans. Vous y verrez aussi des dioramas historiques et des expositions sur les pierres précieuses, les minéraux et l'agriculture régionale.

Un des principaux points de repère de la ville est le **Safford Courthouse** *(angle 8th Avenue et Main Street)*, un édifice néo-colonial en brique rehaussé de colonnes blanches et construit en 1916 pour loger le Palais de justice. De l'autre côté de l'intersection se dresse l'**hôtel de ville** *(717 Main Street)*, une construction de 1898 qui abrita la première école de la municipalité.

À la périphérie de la ville, les paisibles quartiers résidentiels sont émaillés d'élégantes demeures anciennes. L'une d'elles est la **Olney House** *(1104 Central Avenue, Safford)*, érigée en 1890 pour George Olney, un ancien shérif du comté de Graham. Cette résidence de deux étages arbore deux vérandas en façade, l'une supérieure et l'autre inférieure, dans le style des maisons de plantation. Elle abrite actuellement un *bed and breakfast* (pour plus de détails, consultez la section «Hébergement», p 343).

Pour vous familiariser avec le passé de la région, visitez le **Graham County Historical Society Museum** *(808 8th Avenue, Safford, ☎ 520-348-3212)*, qui possède une galerie de photos du comté de même que des objets fabriqués par les Amérindiens et les pionniers de l'Ouest.

The Eastern Arizona Museum *(à l'intersection de la route 70 et de Main Street, Pima, ☎ 520-485-9400)* est sans doute petit, mais il n'en renferme pas moins une intéressante collection de vestiges amérindiens et de souvenirs des premiers pionniers de la région, le tout dans un édifice du tournant du siècle.

Question d'élargir vos horizons lors de votre séjour à Safford, rendez-vous au **Discovery Park** *(droit d'entrée; fermé mar; 1651 Discovery Park Boulevard, Safford,* ☎ *520-428-6260)*, un complexe voué aux origines de l'univers ainsi qu'à l'histoire et à la pratique de l'astronomie et de la radioastronomie. Vous y trouverez en outre une salle multimédia à l'intérieur de laquelle on projette de véritables éclairs, un télescope de 20 po (51 cm) se prêtant à l'observation des étoiles de jour comme de nuit et, sans aucun doute le clou de la visite, un authentique simulateur de vol.

Le proche **mont Graham** (3 267 m) fournit l'occasion d'agréables balades panoramiques, et son écosphère unique présente une variété de zones climatiques possédant chacune leur écologie propre. La principale voie d'accès à la montagne est la Swift Trail, qui passe d'abord par les massifs de figuiers de Barbarie, de prosopis, de *creosotes* et d'*ocotillos* qui poussent sur ses contreforts. Au fur et à mesure que vous prenez de l'altitude, les arbres dominants deviennent plutôt des chênes d'essences variées, le genévrier «alligator» et le pin pignon, tandis qu'à l'approche du sommet, à 2 400 m environ, le pin ponderosa, le sapin de Douglas, le tremble et le pin blanc prennent la relève, certains spécimens datant des années 1200 ap. J.-C. Certains botanistes avancent que les sapins de Douglas ont pu survivre grâce à la protection que leur procurent les falaises rocheuses de la montagne contre les intempéries. Alors que vous gravirez la montagne, vous remarquerez une pommeraie maintenue grâce à un permis spécial du Service des forêts américain; à la fin de l'été et au début de l'automne, on vend les fruits de la récolte dans des kiosques aménagés au bord de la route. Bien que les vergers aient survécu aux incendies dévastateurs de mai 1996, 2 400 ha du mont Graham n'ont pas eu la même chance, de sorte que vous traverserez plusieurs zones ravagées par le feu lors de l'ascension de la Swift Trail, dont les 39 premiers kilomètres sont revêtus, tandis que les 21 derniers sont en gravier.

Le **Mount Graham International Observatory**, perché au sommet de l'Emerald Peak, possède un télescope Lennon de 1,8 m et un télescope Submillimeter, sans compter un télescope binoculaire de 12 m actuellement en construction et appelé à devenir le plus gros du genre au monde lorsqu'il sera achevé en 1998. On prévoit en outre ajouter quatre autres télescopes aux installations existantes, dont un de 8 m à infrarouge. Seuls les groupes organisés et accompagnés d'un guide ont accès à l'observatoire. Pour de plus amples renseignements, adressez-vous au Discovery Park *(☎ 520-428-6260)*.

La région de Clifton-Morenci

Pour amorcer le trajet de 71 km qui relie Safford à Clifton, quittez Safford par la route 70 en direction est. Vous longerez les limites du Roper Lake State Park et suivrez le tracé de la rivière Gila sur quelques kilomètres avant de vous en éloigner et de prendre à gauche sur la route 191 Nord, sans quoi vous aurez tôt fait de vous retrouver au Nouveau-Mexique. Ce tronçon panoramique s'inscrit entre les monts Gila au nord et les Whitlock au sud. En passant le tertre justement baptisé Thumb Butte (le pouce) sur votre droite, vous laisserez derrière vous le Graham County pour entrer dans le Greenlee County, après quoi la route rejoindra et franchira la rivière Gila avant de vous mener à Clifton.

La région de Clifton-Morenci est largement tributaire de son passé minier. La deuxième plus grande mine de cuivre en activité du continent se trouve d'ailleurs aujourd'hui à Morenci, tandis qu'on préserve la mémoire de l'âge d'or de l'industrie minière sur l'historique Chase Creek Street de Clifton.

La route 191 suit la rivière San Francisco un peu comme l'ont fait Francisco de Coronado et ses conquistadors, c'est-à-dire en épousant les contours de son coude jusqu'à la petite ville minière historique de **Clifton** ★, construite sur les rives du cours d'eau.

Tout autour de Clifton, les falaises de grès rouge contrastent vivement avec les gris et les ocres des constructions d'étain et de briques peu élevées qui rappellent les beaux jours de la ville, au début du siècle, alors que le cuivre était roi en cette contrée.

La ville fut fondée en 1865, mais elle ne connut la prospérité que lorsqu'on découvrit des gisements de cuivre dans ses environs en 1872. À l'origine, le minerai de cuivre devait être expédié à Swansea (pays de Galles) pour y être fondu. Puis, les mineurs construisirent leurs propres hauts fourneaux primitifs en adobe le long de la Chase Creek, après quoi ils aménagèrent un chemin de fer étroit destiné à transporter le minerai des collines avoisinantes aux fonderies.

Plusieurs vestiges de ces premières installations minières subsistent, de même que des douzaines d'anciens bâtiments d'une architecture caractéristique du tournant du siècle (dont 47 sont inscrits au registre des monuments nationaux). Vous trouverez la plupart d'entre eux sur la **Chase Creek Street**, jadis l'artère principale de la ville, flanquée de magasins, de saloons, de maisons closes, d'églises et même d'un opéra. Aujourd'hui, cette artère qui s'étend sur quatre rues, sans compter quelques ruelles étroites, suit un tracé parallèle au Coronado Boulevard (Route 191), dont elle n'est séparée que par un mur de briques rudimentaire. Vous pourrez toutefois vous promener entre les bâtiments, dont beaucoup ont souffert des intempéries et du passage du temps, mais sans rien perdre de leur beauté architecturale.

À titre d'exemple, l'**église catholique**, qui fut reconstruite en 1917 après avoir subi les affres d'une inondation et d'un incendie, arbore des vitraux et des fenêtres plombées, un autel de marbre et des statues en porcelaine importées d'Italie. Un peu plus loin, la **Town Jail** (prison municipale) est creusée à même une falaise granitique. Tout à côté apparaît la ***Copper Head***, une locomotive du XIXe siècle qui servait autrefois à transporter le minerai jusqu'aux fonderies. De l'autre côté de la rivière, la **Carmichael House** sert désormais de bureau central aux administrateurs miniers; elle a été construite en 1913 pour le président de mine, James Carmichael, qui dut un jour fuir par l'égout pluvial de sa maison pour échapper à des grévistes en colère.

La **Greenlee County Chamber of Commerce** *(100 North Coronado Boulevard, Clifton, ☎ 520-865-3313)*, dont les bureaux occupent l'ancien dépôt ferroviaire du Southern Pacific, est à même de vous fournir des plans et des renseignements sur les sites et l'histoire de la région. N'oubliez pas de demander le plan de la visite à pied de l'historique Chase Creek. Si vous avez des questions concernant l'histoire de la région, adressez-vous à Charles Spezia, l'instigateur de la visite.

Vous noterez la présence de quelques grottes dans la montagne au-dessus de la face sud de la Chase Creek. Elles furent aménagées par des marchands qui y stockaient des denrées précieuses telles que whisky, viande et légumes. Elles étaient souvent protégées par de lourdes portes en acier et parfois ventilées par un puits vertical.

Le **Greenlee County Historical Museum** *(mar, jeu et sam midi; 315 Chase Creek, Clifton, ☎ 520-865-3115)*, un musée rénové, situé à l'extrémité ouest de la Chase Creek, a réuni une impressionnante collection de vestiges des premiers jours de Clifton, y compris des souvenirs de la naissance de Geronimo près de la rivière Gila, à environ 6,5 km du centre-ville. On y trouve par ailleurs une galerie de photos retraçant l'histoire de la région et des tableaux de Ted De Grazia, un des artistes arizoniens les mieux connus, natif de Morenci. Le musée conserve enfin la chaise de bébé et la poupée d'enfance de Sandra Day O'Connor, juge de la Cour suprême née tout près, à Duncan.

La Phelps Dodge Corporation devint un intervenant majeur dans le développement de Clifton au cours des années 1880, époque à laquelle elle prit le contrôle de presque toutes les exploitations minières locales à environ 6,5 km au nord de la ville. Son camp minier portait alors le nom de Joy's Camp, mais il prit plus tard celui de **Morenci** en souvenir d'une petite ville du Michigan. Au cours des 50 années qui suivirent, la Phelps Dodge, ou «PD» comme l'appellent les gens d'ici, devint une des plus grandes productrices de cuivre au monde.

Le village de Morenci que nous connaissons aujourd'hui a été construit par la Phelps Dodge en 1969. Il regroupe un motel doublé d'un restaurant, une école, une bibliothèque, deux centres commerciaux, un bowling et le Phelps Dodge Mercantile, à la fois supermarché et magasin à rayons économique. La Phelps Dodge exploite la mine de cuivre à ciel ouvert d'ici, la seconde en importance en Amérique du Nord; on peut la visiter.

La **Morenci Open Pit Mine** ★ *(fermé sam-dim; 4521 route 191, Morenci, ☎ 520-865-4521)* offre une vision grandiose sur les promontoires de la route 191, mais vous pouvez vous approcher davantage de cette mine à ciel ouvert pour en scruter les profondeurs grâce aux visites organisées par la Phelps Dodge. Parmi ses attraits les plus impressionnants, il faut mentionner les immenses machines utilisées pour déplacer la terre, dont les pneus sont si énormes qu'on se sent tout petit à leur côté, les pelles mécaniques capables d'extraire 40 tonnes cubiques de minerai en une seule bouchée, et les camions futuristes dont les bennes à ouverture élargie peuvent transporter 172 t de terre et de roc. La visite permet également de voir les broyeurs, les concentrateurs et les opérations d'extraction électrochimiques, qui transforment le minerai en lames de 1 m^2 pesant chacune 90 kg. Les visites, qui durent environ 3 heures 30 min, sont dirigées par des mineurs à la retraite qui vous révéleront tous les secrets de l'extraction par électrolyse, le procédé à la fine pointe de la technologie qui a remplacé l'extraction par fusion et raffinage.

En poursuivant vers le nord, la route effectue une succession de montées et de descentes jusqu'à une haute zone de climat désertique où les genévriers semblent pousser à même les formations de roc rouge.

Environ à mi-chemin d'Alpine, vous pouvez vous arrêter au **Rose Peak**, qui offre des vues panoramiques sur les monts Escudilla. Pour en avoir une meilleure vue encore, marchez jusqu'à la tour d'observation en forêt, à environ 0,8 km de la route.

La région d'Alpine

Avant de quitter Clifton pour faire route vers le nord en direction d'Alpine, assurez-vous de faire le plein d'essence et de prendre des provisions, car ce tronçon de 169 km ne croise aucune ville ni station-service. En partant de Clifton, vous devrez d'abord faire une ascension de 400 m jusqu'à Morenci, puis faire vos adieux à la civilisation alors que vous continuerez à grimper à l'intérieur de l'Apache-Sitgreaves National Forest. Votre marche à travers le Blue Range en direction d'Alpine sera ponctuée de sommets de plus en plus élevés, dont le Mitchell Peak (plus de 2 400 m), le Rose Peak (plus de 2 700 m) et la Sawed Off Mountain (2 849 m).

Sachez par ailleurs que cette même route peut être fermée en hiver lorsqu'il y a tempête de neige. Si tel est le cas, que ce soit à cause de la neige ou d'un glissement de boue, vous pouvez vous rendre à Alpine par les routes 78 et 180 en passant par le Nouveau-Mexique; ce détour n'ajoute que 32 km au trajet.

Sur la route 191, 35 km avant Alpine, le **Hannagan Meadow** est une clairière herbeuse entourée de majestueuses forêts de pins ponderosa et d'épinettes bleues. Outre d'excellents sentiers de randonnée, vous y trouverez un chalet rustique de montagne et, en hiver, des pistes de ski de fond et de motoneige.

Le village de montagne d'**Alpine** se trouve au cœur de l'Apache-Sitgreaves National Forest, dans les «Alpes arizoniennes», comme on les appelle ici. Perché à 2 452 m d'altitude, il est d'ailleurs le plus élevé de toute l'Arizona. Il a été fondé en 1879 par des pionniers mormons qui lui donnèrent d'abord le nom de Frisco, en l'honneur de la rivière San Francisco. Mais ses résidants le rebaptisèrent plus tard Alpine, car la région leur rappelait les Alpes. Les Alpes arizoniennes n'attirent pas autant de touristes que le Grand Canyon, le fleuve Colorado ou d'autres attraits majeurs de l'État, mais les amants de la nature apprécieront au plus haut point la variété des activités de plein air qu'on peut y pratiquer, qu'il s'agisse de la randonnée pédestre, du camping, de la chasse, de la pêche ou du ski de fond.

Alpine ne possède aucun feu de circulation, ni boutique vidéo, ni enseignes au néon; vous n'y trouverez qu'une poignée de résidants sédentaires et encore moins d'attraits commerciaux. En fait, il ne s'agit guère plus que de l'intersection des routes 191 et 180, proposant néanmoins quelques services et lieux d'hébergement respectables. Ce qui importe davantage, ce sont les 300 km de cours d'eau remplis de truites, les 11 lacs, les nombreux terrains de camping, le club sportif et le terrain de golf qui l'entourent dans un rayon de 50 km.

En hiver, Alpine n'hiverne pas avec les ours, mais s'affaire plutôt à suggérer aux visiteurs du ski de fond, de la motoneige, de la luge et de la pêche sous la glace (pêche blanche).

La région est aussi grandement prisée des chasseurs, car elle sert d'habitat à 9 des 10 espèces de gros gibier de l'Arizona, dont le cerf à queue noire, l'élan, l'ours noir, le mouflon et le puma. Les amateurs de petit gibier chassent, pour leur part, la grouse bleue, la caille de Gambel et nombre d'oiseaux d'eau. La forêt abrite, en outre, un large éventail d'oiseaux rares ou en voie de disparition, comme la chouette tachetée du Mexique, l'aigle à tête blanche et le faucon pèlerin.

En partant d'Alpine, quelque direction que vous preniez, vous découvrirez des forêts vierges de grands pins, des trembles frissonnant au vent, des prairies tapissées de fleurs sauvages et des lacs d'un bleu cristallin. Pour vous procurer des cartes détaillées de la région et obtenir des descriptions des différents sites, rendez-vous au **U.S. Forest Service** *(42634 route 180, ☎ 520-339-4384)*, où les rangers pourront aussi vous renseigner sur l'état des routes. Le hall des bureaux du Service des forêts est désormais ouvert jour et nuit, et un écran vidéo interactif se charge d'informer les touristes en l'absence des rangers.

Un autre endroit pittoresque est la **Williams Valley**, une région sauvage virginale, située à 11 km au nord-ouest d'Alpine par la route 191 et le chemin forestier 249. Vous pourrez y explorer 24 km de sentiers en forêt ou jeter votre ligne à l'eau dans le minuscule Lake Sierra Blanca, truffé de truites arc-en-ciel et de truites brunes.

Pour une balade panoramique au départ d'Alpine, empruntez la **Blue River-Red Hill Loop**. Faites 5 km vers l'est sur la route 180 jusqu'au chemin forestier 281, qui marque l'embranchement avec la Blue Road. Au nord s'étend la pointe occidentale du **Luna Lake**, un lac parfaitement limpide de 32 ha entouré de prés verts et de forêts de pins. Un quai pour les bateaux et un petit magasin font partie des installations lacustres.

De la route 180, la Blue Road serpente vers le sud sur une quinzaine de kilomètres parmi des collines déchiquetées jusqu'à ce qu'elle descende dans le Box Canyon, passé quelques ranchs de chevaux, pour suivre la **Blue River**. Roulez dans le sens du courant jusqu'au pic escarpé qu'est le Maness Peak, puis jusqu'à la jonction avec le chemin forestier 567 (Red Hill Road), pour un total de 14,5 km. En cours de route, vous croiserez des affluents, comme le Centerfire Creek, où vivent de petits bancs de truites arc-en-ciel et de truites brunes. Dirigez-vous enfin vers le nord sur la Red Hill Road, qui sort de la vallée par un parcours sinueux, épousant souvent le contour des crêtes et offrant de belles vues, et retournez vers la route 191. Vous ne serez plus alors qu'à environ 23 km d'Alpine.

La région de Pinetop-Lakeside

À l'endroit où la route 60 rencontre la route 191 et la Coronado Trail, vous apercevrez **Springerville**, où vous pouvez faire un détour vers l'ouest et vous diriger vers la région récréative de Pinetop-Lakeside, une station de sports d'hiver populaire auprès des habitants de Phoenix.

Dans la région même de Springerville, il y a deux points d'intérêt. En bordure d'un rocher volcanique dominant la Little Colorado River's Round Valley s'étend le **Casa Malpais Pueblo** *(droit d'entrée; 318 Main Street, Springerville, ☎ 520-333-5375)*. La visite des lieux part du musée de Springerville. Vous y apprendrez que le peuple des Indiens mogollons a abandonné ce *pueblo* vers l'an 1400 ap. J.-C.; son emplacement, où l'on effectue présentement des fouilles archéologiques, est accessible au public. Pour avoir une meilleure vue sur le *pueblo*, joignez-vous à la visite guidée qui grimpe un escalier de basalte abrupt jusqu'au sommet du plateau. Un des points forts de la visite est le Great Kiva, fait d'une masse rocheuse volcanique.

En suivant un chemin poussiéreux et cahoteux sur plusieurs kilomètres, vous aurez le plaisir de découvrir le **Little House Museum** *(droit d'entrée; South Fork Road, Springerville, ☎ 520-333-2286)* du X Diamond Ranch. À l'intérieur de cette construction de deux étages, des vitrines d'exposition relatent l'histoire de la région et renferment des souvenirs de l'époque des grands ranchs et des spectacles équestres. Les deux cabanes voisines, entièrement restaurées, ont plus de 100 ans. L'une d'elles contient des instruments de musique anciens, parmi lesquels un piano mécanique et un orgue de cirque Wurlitzer. Et un autre édifice a récemment été construit pour abriter la collection croissante d'instruments de même qu'une nouvelle exposition sur John Wayne, qui avait un ranch tout à côté. Le musée se trouve à 5,2 km au sud de la route 260 par la South Fork Road. Il est conseillé de prévenir à l'avance de son arrivée.

Si vous gravissez la pente abrupte du Mogollon Rim, vous arriverez à **Show Low**, à **Pinetop** et à **Lakeside**, des hameaux forestiers dotés de motels, de petits chalets, de complexes hôteliers et de terrains de camping entourés de pinèdes. La majeure partie de l'activité commerciale se déroule à Show Low, le long de la route 60.

Une histoire fascinante se cache en fait derrière le nom de Show Low. L'ingénieur prospecteur gouvernemental Croydon E. Cooley et sa partenaire Marion Clark avaient ici un ranch dans les années 1870, mais ne le jugeant pas assez grand pour deux, ils décidèrent de laisser à une partie de Seven-Up (jeu de cartes) le soin de déterminer lequel d'entre eux devrait plier bagages. Venue la dernière donne, Cooley n'avait besoin que d'un point pour gagner. Clark lui dit alors : «*Si tu peux jouer une carte plus faible que moi* [show low]*, tu gagnes.*» Et Cooley d'abattre son jeu pour en sortir un imbattable deux de trèfle. Il prit ainsi possession du ranch, qui fut toujours appelé Show Low depuis, et l'artère principale du village porte même aujourd'hui le nom de «Deuce of Clubs» (deux de trèfle)!

La population permanente de ce village, qui oscille autour de 5 500 habitants, passe la marque des 13 000 lorsque vient l'été; la pêche à la truite y est en effet excellente, tout comme la chasse au gros gibier autour du Mogollon Rim et des White Mountains. On aime bien aussi y pratiquer la randonnée pédestre et équestre, de même que jouer au golf et faire des balades panoramiques. Beaucoup d'Arizoniens désireux d'échapper aux écrasantes chaleurs estivales de Phoenix et d'autres régions des basses terres possèdent d'ailleurs des résidences secondaires dans cette localité juchée à 1 950 m d'altitude. En hiver, d'autre part, la station de ski Sunrise de la réserve apache de White Mountain est réputée pour ses pistes de ski alpin et de ski de fond.

Au sud-est de Show Low reposent les centres jumeaux de vacances en montagne de Pinetop et Lakeside, puis, audelà, les villages amérindiens de Whiteriver et Fort Apache. De Lakeside, on pratique la randonnée pédestre, la pêche, le camping et l'exploration des environs à partir des trois centres de villégiature, reliés par une route bordée de motels, de restaurants, de stations-service et de petits commerces.

La région de St. Johns

Pour atteindre St. Johns depuis Show Low, prenez la route 60 vers l'est, puis la route 61 en direction nord-est. Bâtie sur les berges de la rivière Little Colorado, St. Johns, qui compte quelque 3 500 habitants, est le siège administratif de l'Apache County. La **Coronado Trail**(Route 180/191), ainsi nommée en l'honneur de l'explorateur espagnol qui le premier parcourut cette région, débute, somme toute, discrètement dans les hautes terres désertiques des environs de St. Johns.

La petite ville ne possède que peu d'attraits, dont le **St. Johns Equestrian Center** *(adjacent à l'aéroport de St. Johns)*, qui devient rapidement le plus important centre équestre du Sud-Ouest, attirant des montures et des cavaliers du Nouveau-Mexique, du Colorado et de l'Utah, de même que de l'ensemble du territoire arizonien. Entourées de collines ondulantes et de déserts parsemés de genévriers, ses installations comportent un circuit parcourant une zone sauvage de 32 ha, une arène de rodéo, des pistes de dressage et de démonstration, une piste de course de six *furlongs*, des écuries et un parc pour véhicules récréatifs. Au printemps et en été, on y organise des compétitions locales et régionales, aussi bien sur selle anglaise que sur selle western, des rodéos et d'autres concours hippiques. Pour plus de renseignements, contactez l'hôtel de ville au ☎ 520-337-4517.

Familiarisez-vous avec l'histoire de la région à l'**Apache County Historical Society Museum** *(fermé sam-dim; 180 West Cleveland Avenue, St. Johns, ☎ 520-337-4737)*, où l'on expose, entre autres, des souvenirs du temps des pionniers ainsi qu'une cabane en rondins, mais aussi une paire de défenses de mammouth préhistorique et un tibia de chameau vieux d'environ 24 000 ans.

La partie septentrionale de la **Coronado Trail** serpente à travers des collines parsemées de genévriers, des champs de luzerne, des pâturages à bétail et quelques tertres sablonneux à quelque 70 km au sud-est du Petrified Forest National Park. Le sentier pique ensuite vers le sud jusqu'à Clifton en passant par l'Apache-Sitgreaves National Forest.

Au fur et à mesure que la Coronado Trail prend de l'altitude en direction du sud, le *chaparral* (région de broussailles) cède le pas aux pins et aux trembles; on a alors l'occasion de croiser le **Nelson Reservoir**, un lac de 24 ha empoissonné de truites communes, de truites arc-en-ciel et d'ombles de fontaine. Si vous éprouvez le besoin de faire une halte, il y a des aires de pique-nique, des toilettes et une descente de bateaux, mais le camping est interdit après la tombée du jour.

Au sud du réservoir se dressent les ondulantes **Escudilla Mountains**, une région sauvage de 2 000 ha couverte de forêts d'épinettes, de sapins, de pins et de trembles, et sillonnée de sentiers où les randonneurs ont souvent le plaisir de découvrir des framboises, des baies de sureau et des groseilles ou d'apercevoir un élan ou un cerf dans leur habitat naturel.

PARCS ET PLAGES

La région d'Apache Junction

Usery Mountain Recreation Area

Cette zone récréative de 1 345 ha s'étend immédiatement au nord-ouest des monts Superstition, et elle dispose d'un important réseau de sentiers de randonnée pédestre, de vélo de montagne et de randonnée équestre.

Installations et services : toilettes, douches et aires de ravitaillement pour chevaux.

Camping : 73 emplacements avec raccordements *(12 $)*; pour information, ☎ 602-984-0032.

Comment s'y rendre : le parc se trouve à l'est de Phoenix par l'Apache Boulevard ou le Superstition Freeway (Route 360). Dirigez-vous vers l'est jusqu'à l'Ellsworth Road, puis dirigez-vous vers le nord. À la McKellips Road, l'Ellsworth Road devient l'Usery Pass Road, que vous devez emprunter jusqu'à l'entrée du parc.

Lost Dutchman State Park

Ce parc de 118 ha, aménagé dans les contreforts des monts Superstition, renferme 13 km de sentiers entourés de *saguaros*, de *palo verdes* et d'autres spécimens de végétation désertique. Les rangers du parc y organisent des randonnées d'interprétation d'octobre à avril.

Installations et services : centre d'accueil des visiteurs, toilettes sèches, tables à pique-nique, eau potable et grils au vent; pour de plus amples renseignements, composez le ☎ 602-982-4485.

Camping : 35 emplacements *(8 $)*; station de déversement des eaux usées, mais aucun raccordement.

Comment s'y rendre : situé au 6109 North Apache Trail, à environ 8 km au nord d'Apache Junction.

Tonto National Forest ★

Pour explorer la forêt nationale au nord-est d'Apache Junction, empruntez la célèbre Apache Trail (Route 88). Ce tracé panoramique suit la piste à l'origine utilisée par les Amérindiens en guise de raccourci à travers les monts Superstition, et débouche tôt ou tard sur la chaîne de lacs de la rivière Salt, à savoir le Saguaro, le Canyon, l'Apache et le Roosevelt. Ces lacs ont tous été développés pour la pêche, la navigation de plaisance, les pique-niques, la randonnée, le vélo et le camping, sans compter que la rivière Salt elle-même se prête merveilleusement aux descentes en chambre à air.

Plusieurs marinas privées proposent une variété de services en divers points de la forêt. Ainsi, la **Saguaro Lake Marina** *(route 88, ☎ 602-986-5546)* loue des embarcations, en fait l'entreposage, vend du carburant, organise des excursions et exploite un restaurant. Vous trouverez autour du lac des emplacements de camping pour tentes.

L'**Apache Lake Marina** *(route 88, ☎ 520-467-2511)* assure pour sa part la location, l'entreposage et l'approvisionnement en carburant. Des emplacements de camping pour véhicules récréatifs ont été aménagés, mais vous pouvez aussi planter gratuitement votre tente n'importe où autour du lac. Quant à la **Canyon Lake Marina** *(route 88, à 24 km au nord-est d'Apache Junction, ☎ 602-984-0032)*, qui dispense également des services complets, elle possède des installations de camping de même qu'un restaurant.

Installations et services : aires de pique-nique, toilettes et sentiers pédestres et équestres. Mesa Ranger District : ☎ 602-379-6446; Tonto Basin Ranger District : ☎ 520-467-3200.

Camping : il y a dans le parc 55 terrains de camping *(12 $ la nuitée)*. Le camping sauvage est en outre autorisé. Le Tortilla Campground se trouve sur la route 88 à environ 18 km d'Apache Junction; voisin du lac Canyon, il compte 70 emplacements pour tentes et véhicules récréatifs *(10 $ la nuitée; oct à mars)*. Le Cholla Campground est situé sur la route 188, à 13 km au nord du barrage Roosevelt, à Roosevelt même, en bordure du lac; il compte 200 emplacements pour tentes et véhicules récréatifs *(10 $-16 $ la nuitée)*. Les réservations ne sont nécessaires que pour les emplacements de groupe, et se font par l'entremise de USF Reservations *(☎ 800-280-2267)*.

Comment s'y rendre : la principale voie d'accès à la forêt en partant d'Apache Junction est la route 88 (Apache Trail).

Theodore Roosevelt Lake ★

Alimenté par le Tonto Creek au nord et par la rivière Salt à l'est, le lac Theodore Roosevelt voit ses berges s'étendre sur un contour linéaire de 142 km. Il recèle des centaines d'anses où la pêche à l'achigan et au crapet est excellente, mais où les campeurs et les pique-niqueurs trouvent également de nombreux refuges isolés.

Installations et services : rampes de mise à l'eau et location d'embarcations *(☎ 520-467-2245)*, épicerie, casse-croûte, toilettes et tables à pique-nique. Pour information, composez le ☎ 520-467-3200.

Camping : les possibilités sont nombreuses. Les deux terrains les plus développés sont ceux de Cholla et de Windy Hill. Le Cholla Campground propose 206 emplacements avec eau potable, douches et toilettes *(11 $-17 $ la nuitée)*, tandis que le Windy Hill Campground possède 347 emplacements avec eau potable, douches, toilettes et grils au vent *(9 $-17 $ la nuitée)*.

Comment s'y rendre : par la route 88, près du barrage Theodore Roosevelt.

La région de Globe

Tonto National Forest ★

Le secteur de Globe, situé dans l'angle sud-est de la Tonto National Forest, permet à de nombreux vacanciers d'échapper à la chaleur du désert. La rivière Upper Salt possède non seulement des rapides parmi les plus intéressants du pays, mais aussi des sections plus calmes où la pêche et la baignade se font excellentes. Les monts Pinal recèlent quant à eux d'innombrables occasions de randonnée pédestre, équestre et cycliste.

Installations et services : aires de pique-nique, toilettes et sentiers pédestres et équestres *(☎ 520-402-6200)*.

Camping : il y a dans le parc 55 terrains de camping *(12 $ la nuitée)*. Des emplacements de groupe sont également disponibles, et le camping sauvage est autorisé. Juchés à une altitude vivifiante de 2 300 m, l'Upper Pinal Campground *(8 emplacements pour tentes; aucuns frais)* et le Lower Pinal Campground *(12 emplacements pour tentes; aucuns frais)* sont très courus en été. À plus faible altitude, l'Oak Flat Campground *(12 emplacements pour tentes ou véhicules récréatifs; aucuns frais)* bénéficie d'une situation avantageuse à 6 km à l'est de Superior. Les réservations ne sont nécessaires que pour les emplacements de groupe, et se font par l'entremise de USF Reservations *(☎ 800-280-2267)*.

Comment s'y rendre : la principale voie d'accès au secteur de Globe est la route 60. Pour atteindre les terrains de camping Upper Pinal et Lower Pinal, prenez la route 60 en direction ouest au départ de la ville; empruntez ensuite Jess Hayes Road vers le sud et suivez les panneaux indicateurs. L'Oak Flat Campground se trouve pour sa part immédiatement en retrait de la route 60, à 6 km à l'est de Superior.

San Carlos Lake

Ce lac, créé lors de la construction du barrage Coolidge, compte 254 km de rives lorsqu'il est plein.

Installations et services : toilettes sèches, location d'embarcations, magasin général (permis de pêche et de randonnée disponibles sur place); pour de plus amples renseignements sur le camping ou la randonnée pédestre sur les terres tribales, de même que sur la pêche dans le lac, composez le ☎ 520-475-2756. *Pêche* : bonne pour le poisson-chat, l'achigan et le crapet commun.

Camping : 11 emplacements avec raccordements *(15 $)*; sinon, le coût de la nuitée est inclus dans le prix du permis de pêche.

Comment s'y rendre : situé à 48 km à l'est de Globe.

La région de Safford

Mount Graham

Le plus haut sommet des monts Pinaleño est le mont Graham (3 267 m). Parcourez les 56 km de la Swift Trail jusqu'au sommet, laissant les cactus et les prosopis des basses terres pour pénétrer dans une forêt de pins ponderosa, de trembles et de sapins blancs entrecoupés de zones calcinées par l'incendie de mai 1996. Tout en haut s'étend le lac Riggs (4,5 ha), empoissonné de truites arc-en-ciel et accessible aux embarcations (moteurs électriques seulement).

Installations et services : aires de pique-nique, toilettes, robinets et station aménagée à l'intention des visiteurs; pour de plus amples renseignements, composez le ☎ 520-428-4150. *Pêche* : permis et timbre à truite requis.

Camping : six terrains de camping complètement aménagés; *(5 $, 6 $ à Riggs*

Flat); camping sauvage autorisé à moins de 3 000 m d'altitude.

Comment s'y rendre : de Safford, faites 11 km vers le sud sur la route 191, puis tournez vers l'ouest au panneau pointant en direction du mont Graham; les 40 premiers kilomètres de la Swift Trail sont revêtus, les 20 derniers étant de terre nivelée.

Dankworth Pond State Park

Ce parc renferme deux zones développées de part et d'autre d'un petit lac artificiel. On y trouve également des sources d'eau minérale chaude.

Installations et services : abris de pique-nique et toilettes du côté ouest du lac, rampe de mise à l'eau, plage et sentiers pédestres *(☎ 520-348-9392)*.

Comment s'y rendre : à 10 km du Mount Graham Park sur la route 191.

Roper Lake State Park

En plus de vous baigner dans un lac de 12 ha bordé d'une plage, vous pourrez ici vous plonger dans un bassin rocheux, alimenté par une source chaude et bouillonnante. Ce parc de 97 ha protège également des poissons menacés d'extinction dans deux étangs. À l'heure du repas, prenez place sur l'aire de pique-nique gazonnée de la péninsule ou à l'ombre d'un bosquet d'arbres.

Installations et services : toilettes, douches, abris de pique-nique et rampe de mise à l'eau pour les bateaux; pour de plus amples renseignements, composez le ☎ 520-428-6760 ou 520-348-9392. *Pêche* : installez-vous sur le quai ombragé pour prendre des poisson-chats, des achigans, des crapets communs et des crapets arlequin.

Camping : 95 emplacements *(8 $)*, dont 20 avec raccordements *(13 $)*.

Comment s'y rendre : situé à 10 km au sud de Safford, en retrait de la route 191.

Aravaipa Canyon Wilderness

L'Aravaipa Creek coule au fond d'un canyon long de 18 km, encadré de falaises spectaculaires. De grands sycomores, des frênes, des cotonniers et des saules bordent le ruisseau, ce qui en fait un endroit particulièrement coloré en automne. Il se peut que vous aperceviez des *javelinas*, des coyotes, des pumas et des mouflons du désert, de même qu'à peu près toutes les espèces d'oiseaux chanteurs du désert et plus de 200 autres espèces ailées.

Installations et services : aucun.

Camping : camping sauvage autorisé. Séjour maximum de trois jours (deux nuitées). Vous aurez besoin d'un permis, que vous pouvez vous procurer au Bureau of Land Management's Safford District Office *(711 14th Avenue, Safford, ☎ 520-428-4040)*.

Comment s'y rendre : pour atteindre la West Trailhead, prenez la route 77 sur 19 km au sud de Winkleman, puis piquez vers l'est sur l'Aravaipa Road; vous n'êtes plus alors qu'à 19 km du point de départ de la piste. Pour atteindre l'East Trailhead, prenez la route 70 sur 24 km au nord-ouest de Safford, puis tournez sur la Klondike Road; vous pouvez également prendre la route 191 sur une trentaine de kilomètres au sud de Safford et ensuite vous engager sur la Fort Grant Road, d'où vous n'aurez qu'à suivre les panneaux indicateurs. Il vaut mieux vérifier l'état des routes auprès du Safford District Office avant de vous aventurer dans la région.

Cluff Ranch Wildlife Area

Cette aire sauvage couvre une superficie de 526 ha et renferme aussi bien une réserve faunique que des espaces récréatifs. Des cours d'eau prenant leur source sur le mont Graham y alimentent quatre étangs dans lesquels on peut pêcher à longueur d'année. L'endroit se prête également bien à l'observation des oiseaux. *Pêche* : truite, poisson-chat, achigan à grande bouche et crapet arlequin. Pour de plus amples renseignements, composez le ☎ 520-485-9430.

Comment s'y rendre : à environ 15 km au nord-ouest de Safford.

La région de Pinetop-Lakeside

Woodland Lake Park

Ce parc, petit quoique panoramique, se trouve entre Pinetop et Lakeside, et renferme des sentiers de randonnée pédestre, de randonnée équestre et de vélo de montagne, des terrains de volley-ball, des terrains de balle molle, des terrains de jeu et un plan d'eau pour la navigation de plaisance. De hauts pins effilés ceinturent le lac, et un chemin revêtu de 2 km en fait le tour. Le parc est aussi relié au réseau de sentiers des White Mountains (consultez la rubrique «Randonnée pédestre», p 341).

Installations et services : tables à pique-nique, toilettes, grils au vent et abris *(frais de réservation de 10 $)*; restaurants et épiceries à 1,6 km, à Pinetop; pour de plus amples renseignements, composez le ☎ 520-368-6700. *Pêche* : pêche à la truite à partir du rivage ou du quai; un second quai a même été aménagé pour accueillir les fauteuils roulants.

Comment s'y rendre : situé à 0,4 km au sud de la route 260, en retrait de la Woodland Lake Road.

La région de St. Johns

Concho Lake

Ce lac peuplé de truites brunes et de truites arc-en-ciel est un endroit paisible pour la pêche à la ligne.

Installations et services : toilettes; terrain de golf tout à côté; pour plus amples renseignements, composez le ☎ 520-337-4644. *Pêche* : excellente.

Camping : camping sauvage autorisé.

Comment s'y rendre : situé à 16 km à l'ouest de St. Johns, en bordure de la route 61.

Lyman Lake State Park

Un petit troupeau de bisons accueille les visiteurs à l'entrée du parc. Plus loin, un lac de 600 ha attire aussi bien les amateurs de pêche que les plaisanciers. De fait, il s'agit du seul lac des White Mountains où la navigation à moteur est autorisée, de sorte que les amateurs de ski nautique et de motonautisme s'y rendent en grand nombre. Ce lac a été formé par l'érection d'un barrage sur la rivière Little Colorado et est alimenté par les neiges fondantes des monts Baldy et Escudilla. Vous pourrez également parcourir trois sentiers de randonnée, longs de 0,8 km à 1,6 km et ponctués de pétroglyphes amérindiens. Ce parc de 478 ha fut le premier parc d'État à vocation récréative de l'Arizona, et il se trouve à 1 800 m d'altitude.

Installations et services : toilettes et douches à l'eau chaude; pour de plus amples renseignements, composez le ☎ 520-337-4441. *Pêche* : excellente dans le lac pour la truite, le poisson-chat, le crapet arlequin et l'achigan à grande bouche. *Baignade* : bonne, surtout dans l'anse désignée à cette fin.

Camping : 45 emplacements pour véhicules récréatifs avec raccordements à l'eau et à l'électricité *(11 $)* et 18 emplacements pour tentes *(8 $)*, avec tables à pique-nique et grils au vent. Le camping sauvage et le camping sur la plage sont autorisés.

Comment s'y rendre : situé à 16 km au sud de St. Johns par la route 191.

ACTIVITÉS DE PLEIN AIR

La pêche

L'est de l'Arizona est un véritable paradis pour les pêcheurs à la ligne, car de nombreux lacs émaillent la région autour de Pinetop-Lakeside et de Greer.

Les pêcheurs à la ligne trouveront amplement de défis à relever, et de poissons sportifs, le long de l'Old West Highway. Dans la région d'Apache Junction, les **lacs Saguaro, Canyon, Apache** et **Roosevelt** sont des rendez-vous populaires toute l'année, tout comme le **lac San Carlos**, près de Globe, et le **lac Roper**, à Safford, qui attire des amateurs de tous les coins de l'Arizona.

Dans la région d'Alpine, le **Bear Wallow Creek**, un affluent de la rivière Black, est réputé pour ses truites arizoniennes. Vous pouvez aussi pêcher la truite arc-en-ciel en différents points de la **rivière Black**, de même que la truite et le poisson-chat dans l'**Eagle Creek**. À l'est d'Alpine, en descendant dans la Blue Primitive Area, vous trouverez de la truite arc-en-ciel au **lac Luna** et dans la **Blue River**, accidentée et loin de tout. Au nord d'Alpine, pêchez la truite arc-en-ciel, la truite brune et l'omble de fontaine dans le **Nelson Reservoir**. Les pêcheurs moins exigeants trouveront par ailleurs du poisson-chat dans la **rivière San Francisco**, près de Clifton. Procurez-vous matériel, appâts et permis à l'**Alpine Tackle Shop** *(25373 route 191, Alpine, ☎ 520-339-4338)*.

Si vous désirez pêcher dans les lacs de la White Mountain Apache Reservation, empoissonnés de truites brunes et de truites arc-en-ciel, adressez-vous au **Game and Fish Department** *(route 73, Whiteriver, ☎ 602-338-4385)*. Pour tout renseignement d'ordre général sur les White Mountains, arrêtez-vous au bureau de l'**Arizona Game and Fish Department** *(2878 East White Mountain Boulevard, Pinetop-Lakeside, ☎ 602-367-4281)*.

Vous trouverez par ailleurs de bonnes eaux peuplées de truites brunes, de truites arc-en-ciel et de truites «apaches» au **lac Hawley** *(McNary, ☎ 602-335-7511)*. En ce qui concerne la pêche à la mouche sur domaine privé (vous devez remettre vos prises à l'eau), songez au **X Diamond Ranch** *(X Diamond Ranch, Springerville, ☎ 602-333-2286)*. Pour vous procurer de l'équipement de pêche ou un permis, rendez-vous chez **Western Drug** *(105 East Main Street, Springerville, ☎ 602-333-4321)*.

Dans la région de St. Johns, le **lac Concho** (24 ha) est tout indiqué pour la truite commune et la truite arc-en-ciel (pêche à partir du rivage seulement). Le **Lyman Lake State Park** *(route 191, St. Johns, ☎ 602-337-4441)* est quant à lui peuplé de truites, d'achigans, de poissons-chats et de crapets arlequin.

Les sports d'hiver

L'est de l'Arizona attire de plus en plus de touristes en quête d'activités de plein air, et non seulement en été. Les habitants de la région sont même étonnés de l'augmentation croissante du nombre des visiteurs hivernaux depuis quelques années.

Le ski de randonnée, la luge et la motoneige sont des activités populaires à **Hannagan Meadow**, à 35 km au sud d'Alpine sur la route 191, où sont aménagées 18 km de pistes entretenues mécaniquement après chaque chute de neige. Les motoneiges de la région doivent se tenir à l'écart des pistes réservées au ski.

Un autre bon endroit où faire du ski de randonnée est la **Williams Valley**, qui s'enorgueillit de 14,5 km de pistes entretenues et de neuf autres kilomètres de pistes balisées. Au départ d'Alpine, faites 2,4 km vers le nord sur la route 191, jusqu'à ce que vous atteigniez l'embranchement vers la Williams Valley; prenez alors le chemin forestier 249, et faites encore 8 km.

Le **Sunrise Park Resort** *(route 260, à 32 km à l'est de McNary, ☎ 520-735-7669)* propose 324 ha de pentes skiables réparties sur trois montagnes et desservies par 11 remonte-pentes.

La chasse

Les chasseurs adorent les environs boisés d'Alpine en raison de l'abondance du gros et du petit gibier qu'ils y trouvent, qu'il s'agisse du cerf à queue noire, du cerf de Virginie, de l'élan, du *javelina*, de l'ours noir, du puma, du dindon de Merriam, du mouflon, de l'antilocapre, de la grouse bleue, de l'écureuil d'Albert, du lapin de garenne, de la colombe pleureuse, de la caille de Gambel ou des innombrables oiseaux de lacs et de marais. Vous pouvez vous procurer un permis et tout l'équipement nécessaire à **The Tackle Shop** *(25373 route 191, Alpine, ☎ 520-339-4338)*. Pour obtenir des renseignements ou des plans de la région, adressez-vous au **U.S. Forest Service Office** *(42634 route 180, Alpine, ☎ 520-339-4732)*. Pour un guide de chasse, adressez-vous à **Frank Allison** *(☎ 520-339-4732)*.

L'équitation

Vous êtes ici dans l'Ouest sauvage, et le vrai, de sorte qu'il n'y a pas de meilleur endroit où enfourcher une monture et partir à l'assaut des collines. Avec un peu de chance, vous pourriez même découvrir la légendaire mine perdue du Hollandais, et vous enrichir instantanément! Mais même si tel n'est pas le cas, les randonnées équestres dans cette magnifique région d'arrière-pays vous réservent amplement de satisfaction.

Dans la région d'Apache Junction, rendez-vous aux **Don Donnelly Stables at Gold Canyon** *(6010 South Kings Ranch Road, Gold Canyon, ☎ 602-982-7822)*. **Trail Horse Adventures at Superstition Stables** *(2151 North Warner Road, Apache Junction, ☎ 602-982-6353)* organise des expéditions à dos de cheval. Pour partir à la découverte des monts Superstition, vous pouvez également vous adresser aux **O.K. Corral Stables** *(P.O. Box 528, Apache Junction, AZ 85217, ☎ 602-982-4040)*. À Greer, il y a aussi **Lee Valley Outfitters** *(☎ 520-735-7454)*.

Le golf

Si vous éprouvez le besoin de prendre le départ dans les montagnes, sachez que la région est constellée de verts. La plupart des terrains ne comptent cependant que neuf trous, et nombreux sont ceux qui ferment en hiver.

À Apache Junction, songez au **Gold Canyon Golf Club** *(6100 South Kings Ranch Road, ☎ 602-982-9090)*. Le **Cobre Valley Country Club** *(route 88, au nord de Globe, ☎ 520-473-9090)* possède pour sa part un terrain de neuf trous. Dans la région de Safford, le **Mount Graham Golf Course** *(Daley Estates, à 3 km au sud de Safford, ☎ 520-348-3140)* met à votre disposition, toute l'année, un parcours à 18 trous, une boutique de pro, un service de location de voiturettes et un bar. Vous pouvez aussi jouer à l'**Alpine Country Club** *(58 North County Road 2122, ☎ 520-339-4944)*, qui possède un parcours à 18 trous, un restaurant et un bar. Du côté de Pinetop-Lakeside, ce sera le **Silver Creek Golf Club** *(2051 Silver Lake Boulevard, ☎ 520-537-2744)*, le **Pinetop Lakes Golf & Country Club** *(4643 Bucksprings, ☎ 520-369-4184)* ou le **Show Low Country Club** *(860 North 36th Drive, Show Low, ☎ 520-537-4564)*.

La randonnée pédestre

La région d'Apache Junction

La **Usery Mountain Recreation Area** dispose de la **Wind Cave Trail** *(2,4 km)*, bien entretenue, de difficulté moyenne et populaire auprès des amateurs locaux d'escalade. La **Pass Mountain Trail** *(11,3 km)* peut être parcourue, quant à elle, en quatre heures environ.

La région de Safford

L'**Arcadia Trail** *(8,2 km)*, située dans les monts Pinaleño, traverse une forêt de sapins de Douglas, de trembles et de pins parsemée de framboisiers sauvages. Comme il s'agit de la plus haute chaîne de montagnes du sud de l'Arizona, les randonneurs pourront s'offrir une belle vue panoramique sur la région.

La région d'Alpine

L'Apache-Sitgreaves National Forest, qui couvre une superficie de 180 000 ha, est un paradis pour les randonneurs. Végétation passant des massifs de pins pignons et de genévriers aux hautes forêts d'épinettes et de sapins, le tout dans un décor de prairies et de lacs alpins.

À environ 23 km au sud d'Alpine, les randonneurs vaillants peuvent explorer la **Red Hill Trail No. 56** *(16 km)*, qui suit un chemin de terre et conduit à la Blue Range Primitive Area. De l'extrémité supérieure du sentier à la Right Fork du Foote Creek, tout juste en marge du chemin forestier 567, à 1,6 km à l'est de la route 191, le tracé épouse les contours des crêtes des monts Red Hill, puis descend le long du Bush Creek en direction de la Blue River. L'extrémité inférieure de la piste se trouve au Blue Camp, un ancien campement du Civilian Conservation Corp (CCC) aujourd'hui transformé en école, tout juste en retrait du chemin forestier 281. (Si vous préférez explorer les lieux à cheval, sachez qu'on a récemment aménagé des corrals à l'extrémité supérieure du sentier.)

À l'intérieur de la **Blue Range Primitive Area**, vous trouverez de spectaculaires formations rocheuses ponctuées d'escarpements abrupts, de même que d'épaisses forêts d'épinettes, de sapins et de pins ponderosa. Si vous êtes à l'affût, vous apercevrez peut-être un ours noir, un élan des Rocheuses, un *javelina*, un cerf à queue noire, un puma ou quelque autre animal sauvage. La région se prête également fort bien à l'observation des oiseaux, qu'il s'agisse de pics arizoniens, de chouettes tachetées, de faucons *aplomado*, de faucons pèlerins ou d'aigles à tête blanche.

À l'ouest de la Coronado Trail (Route 191), la région sauvage de **Bear Wallow** occupe une superficie de 4 450 ha et renferme un des plus importants massifs de pins ponderosa vierges du Sud-Ouest. La **Bear Wallow Trail No. 63** *(12,2 km)* descend le Bear Wallow Creek vers l'ouest du terrain de camping K.P. Cienega *(à 42 km d'Alpine)*, à la frontière orientale de la réserve apache de San Carlos en passant par des canyons déchiquetés où poussent des genévriers. Deux sentiers secondaires sont reliés à la piste principale et au ruisseau par le nord : la **Reno Trail No. 62** *(3,1 km)* et la **Gobbler Point Trail No. 59** *(4,4 km)*.

On fait d'excellentes randonnées à l'intérieur de l'**Escudilla Wilderness Area**, une forêt alpine où certains sommets atteignent plus de 3 000 m, à 16 km au nord d'Alpine. L'**Escudilla National Recreation Trail** *(4,8 km)* part de Terry Flat et vous entraîne vers le sommet du mont Escudilla à travers des bosquets de trembles, des pinèdes et des prairies herbeuses. Le point de départ du sentier se trouve sur la Forest Route 56, à 7,2 km à l'est de la route 191. Les rangers du **U.S. Forest Service** *(42634 route 180, ☎ 520-339-4384)* vous fourniront des cartes détaillées et divers conseils selon l'état du sentier au moment de votre passage.

Parmi les agences de guides et les excursionnistes de la région d'Alpine, retenons **Neal Richards Alpine Guide Service** *(P.O. Box 596, Alpine, AZ 85920)*, **Tackle Shop** *(P.O. Box 125, Alpine, AZ 85920, ☎520-339-4338)*, **Chris Isaacs Escudilla Outfitters** *(P.O. Box 945, Eager, AZ 85925)* et **Scott Haggit Primitive Outfitters** *(P.O. Box 324, Lakeside, AZ 85929)*.

La région de Pinetop-Lakeside

Le **White Mountains Trailsystem** réunit environ 290 km de boucles reliées les unes aux autres entre Vernon à l'est et Pinedale à l'ouest. Pour obtenir une carte du réseau, arrêtez-vous au **Lake-**

side Ranger District *(2202 South White Mountain Boulevard, route 260, Lakeside, ☎ 520-368-5111)*. Le réseau, récemment parachevé, compte une dizaine de boucles. Digne de mention, la **Blue Ridge Trail** *(15,3 km)* de Pinetop-Lakeside s'avère de difficulté moyennement faible; elle traverse le Billy Creek et grimpe à travers de hauts pins jusqu'au sommet du Blue Ridge, offrant de belles vues en cours de route. La **Ghost-of-the-Coyote Trail** *(boucle de 22,5 km)* part, quant à elle, de Pinedale; relativement plane, elle serpente dans des forêts de chênes et de pins.

Le circuit du **Mogollon Rim Overlook** *(1,6 km)* s'effectue facilement; des panneaux d'interprétation jalonnent le tracé, et l'on y a de magnifiques vues sur la vallée. Le promontoire se trouve à 3 km au nord de Pinetop-Lakeside, en bordure de la route 260.

La région de St. Johns

Quelques courts sentiers permettent de voir d'anciens pétroglyphes au **Lyman Lake State Park**. En cours de route, vous aurez également le loisir d'admirer le lac qui s'étend à vos pieds.

HÉBERGEMENT

La région d'Apache Junction

Le **Palm Springs Motel** *($; ℂ, ℝ; 950 South Royal Palm Road, Apache Junction, ☎ 602-982-7055)*, un petit établissement familial, propose des chambres propres et bien entretenues, dont toutes sont équipées d'un réfrigérateur et certaines d'une cuisinette.

Le **Superstition Grande Hotel** *($$; 201 West Apache Trail, Apache Junction, ☎ 602-982-7411)*, qui compte 130 chambres, se trouve au pied des monts Superstition. Le bâtiment principal est de brique rouge et de stuc blanc. Quant aux chambres, vivement colorées de rose et de vert, elles disposent d'un mobilier moderne. Le hall se veut contemporain, et le bar, western et garni d'accessoires en cuivre. Figurant parmi les établissements que les équipes de tournage de films western aiment bien fréquenter dans la région, l'hôtel a accueilli par le passé les John Wayne, Ronald Reagan, Richard Boone et d'autres grandes vedettes de Hollywood. Les chambres dans lesquelles ils ont dormi sont identifiées à leur nom.

Dans les contreforts des monts Superstition, le **Gold Canyon Resort** *($$$$; ≈, ⊛; 6100 South Kings Ranch Road, Apache Junction, ☎ 602-982-9090 ou 800-624-6445, ⇄ 602-830-5211)* propose des chambres du style de celles qu'on trouve dans les chalets. Mobilier de bois foncé, foyer en pierre, baignoire à remous, terrasse privée et vues impressionnantes sur les montagnes voisines. Il y a aussi une piscine chauffée.

Globe

Le **Copper Manor** *($; ≈; 637 East Ash Street, ☎ 520-425-7124)* se présente comme un établissement de 62 chambres réparties sur deux étages et meublées d'une manière moderne. Café ouvert jour et nuit.

Globe possède un nombre restreint quoique croissant de *bed and breakfasts*. Un des plus originaux est le **Nosfger Hill Inn** *($-$$ pdj; 425 North Street, ☎ 520-425-2260)*, aménagé dans une ancienne école datant de 1906. Deux de ses chambres occupent des salles de classe de l'époque, encore équipées de leur pupitre, de leur tableau noir et d'un âtre.

Le **Copper Hills Inn** *($$; ≈; Globe-Miami Highway, ☎ 520-425-7151 ou 800-825-7151)* fait partie de la chaîne Best Western et propose 70 chambres meublées sans grande originalité, une salle à manger, un café doublé d'un bar et une boutique de souvenirs.

Un des plus beaux motels de la ville est le **Cloud Nine Motel** *($$; ≈, ⊛, ℝ; 1699 East Ash Street, ☎ 520-425-5741 ou 800-256-8399)*, qui loue des chambres on ne peut plus propres, décorées dans les tons pastel dont certaines sont équipées d'un réfrigérateur de même que d'une baignoire à remous.

La région de Safford

La majorité des lieux d'hébergement de Safford sont des motels affiliés à de grandes chaînes. Mais vous ne serez pas déçu par le **Sandia Motel** *($; ≈, ⊛, ℜ, ℝ; 520 East Route 70, Safford, ☎ 520-428-5000 ou 800-578-2151, ⇄ 520-428-3779)*, qui comporte des chambres modernes équipées de réfrigérateur et de four à micro-ondes, un bassin à remous et un terrain de basket-ball. Vous trouverez également sur place un restaurant et une salle de bar dont la scène accueille des musiciens les fins de semaine.

Le **Olney House Bed and Breakfast** *($$ pdj; bc; 1104 Central Avenue, Safford, ☎ 520-428-5118 ou 800-814-5118, ⇄ 520-428-2299)*, une maison néo-coloniale de style western, dispose de trois chambres remplies d'antiquités. Il y a aussi un cottage d'une chambre à coucher sur la propriété. L'endroit est truffé de décorations asiatiques que les propriétaires ont ramenées de voyage, et la salle à manger arbore une murale peinte par un artiste apache. La journée débute par un petit déjeuner à la mode du Sud-Ouest. Ne partez surtout pas sans avoir vu le pacanier, qu'on prétend être le plus haut de toute l'Arizona.

Si vous désirez jouir d'un paysage splendide en pleine contrée sauvage, vous trouverez ce qu'il vous faut à la **Southwest Research Station** *($$$ pc; ≈; suivez la route 80 jusqu'à Portal, puis longez le Cave Creek Canyon sur 8 km, ☎ 520-558-2396)*, un véritable paradis aussi bien pour les scientifiques que pour le commun des mortels. Tenu par l'American Museum of Natural History, ce chalet est ouvert au public de la mi-mars à novembre. Les chambres révèlent un décor simple, et les hôtes ont accès à un terrain de volley-ball et à un jeu de fers à cheval. Le Cave Creek Canyon est en outre réputé comme un endroit fabuleux en ce qui a trait à l'observation des oiseaux.

La région de Clifton-Morenci

Le **Rode Inn Motel** *($; ℝ, tvc; 186 South Coronado Boulevard, Clifton, ☎ 520-865-4536, ⇄ 520-865-2654)* est un motel traditionnel dont les chambres bien tenues présentent un décor plus ou moins moderne à la mode du Sud-Ouest : murs blanc antique et accessoires dans les tons de vert et de bleu pastel. Toutes les chambres possèdent un four à micro-ondes, et le café est servi aux chambres.

Le **Morenci Motel** *($; route 191, Morenci, ☎ 520-865-4111, ⇄ 520-865-5525)*, plus moderne, est juché sur une colline surplombant Clifton. Il arbore un extérieur en pisé, un hall carrelé d'adobes et orné d'accessoires en fer forgé, de même qu'une boutique de souvenirs. Ses grandes chambres se parent de bois foncé et de meubles méditerranéens dans un cadre de teintes pastel.

La région d'Alpine

Si vous avez pris la direction des montagnes dans le but d'y trouver une retraite paisible, songez aux **Alpine Cabins** *($; ℂ; fermé en hiver; 42650 route 180, Alpine, ☎ 520-339-4440)*, qui proposent foyers, cuisinettes et lits à colonnes.

À environ 1,5 km au nord de la ville, le **Judd's Ranch** *($; ℂ; fermé nov à mi-avr; 42576 route 180, Alpine, ☎ 520-339-4326)* loue de petites cabanes pourvues d'une petite cuisine, de planchers de bois qui craquent et de murs de pin noueux. Possibilité de pêcher dans le lac ou de faire de l'équitation sur des sentiers boisés d'une longueur totale de 24 km.

Entourées de pinèdes, les **Coronado Trail Cabins** *($; ℂ; 25303 route 191, Alpine, ☎ 520-339-4772)* mettent à la disposition des voyageurs quelques cabanes d'une pièce de style maison de ferme avec cuisinette et couvre-lit. Grils au vent et tables à pique-nique.

Deux motels proposent également des chambres propres et bien entretenues, dont certaines avec cuisinette. Il s'agit du **Mountain Hi Lodge** *($; ℂ; 42698 route 180, Alpine, ☎ 520-339-4311)* et du **Sportsman Lodge** *($; ℂ; 42627 route 191, Alpine, ☎ 520-339-4576)*.

Le **Tal-wi-wi Lodge** *($-$$; ℜ, ®; route 191, à 6 km au nord d'Alpine, ☎ 520-339-4319)*, entièrement recouvert de panneaux de bois, propose des chambres propres et confortables au décor rustique, certaines possédant un foyer suédois et une baignoire à remous. Le restaurant sert les petits déjeuners et les dîners, et le bar présente souvent des formations musicales ou des soirées de karaoké les fins de semaine.

À environ 35 km d'Alpine, le **Hannagan Meadow Lodge** *($$; route 191, Hannagan Meadow, ☎ 520-339-4370)* loue des cabanes rustiques dotées de foyer et de meubles antiques. Sa salle à manger ferme en hiver. Cette auberge, une des plus vieilles de l'État, possède en outre un magasin général.

La région de Pinetop-Lakeside

Le **Molly Butler Lodge** *($; ℜ; route 373, Greer, ☎ 520-735-7226)*, qui date de 1910, est le plus vieux chalet de l'Arizona. Les chambres sont petites et quelque peu défraîchies, mais, détail intéressant, une plaque au nom d'un pionnier local orne chaque porte, donnant divers renseignements sur sa vie. Le restaurant ne sert que les dîners.

Le **Lakeview Lodge** *($$; 2251 route 260, Pinetop-Lakeside, ☎ 520-368-5253)*, construit en 1916, s'impose comme un des plus vieux chalets de l'Arizona. Son bar rustique comporte un foyer en pierre, un haut plafond aux poutres apparentes et des tapis amérindiens suspendus à la rampe de l'étage supérieur. Ses neuf chambres et cabanes arborent un décor simple. Une bouteille de vin vous attend dans la vôtre à votre arrivée, gracieuseté de la maison. Les amateurs de pêche peuvent pratiquer leur sport favori dans l'étang privé du chalet et faire griller leurs prises sur la propriété.

Hormis le camping, rien ne vous rapprochera davantage de la nature que le **Lake of the Woods Resort** *($$; tv, ℂ, ⊛; 2244 West White Mountain Boulevard, Pinetop-Lakeside, ☎ 520-368-5353)*, où l'on trouve 26 cabanes en rondins éparpillées parmi les pins en bordure d'un lac privé. Toutes les cabanes disposent d'un foyer, d'un four à micro-ondes, d'un coin salle à manger et d'un gril au vent. Bien que certaines d'entre elles soient destinées aux nouveaux mariés, la plupart conviennent très bien aux familles. Un jeu de palets, un jeu de fers à cheval, des bassins à remous, un terrain de jeu, des tables de ping-pong, des tables de billard et des embarcations à louer complètent les installations.

Au **Hawley Lake Resort** *($$; ℂ; mai à nov; route 473, à 26 km à l'est de McNary, ☎ 520-335-7511, ⇄ 520-735-7216)*, vous payerez davantage pour le magnifique décor naturel ponctué de pins que pour une chambre de luxe. Ce complexe est loin de tout, à 19 longs et sinueux kilomètres de la route 260, en bordure d'un lac trônant sur un des points les plus élevés des White Mountains. Douze chambres de motel et huit cabanes donnant sur le lac sont mises à votre disposition. Si la pêche est bonne, vous pourrez faire cuire vos prises sur des grils extérieurs, à moins que vous ne logiez dans une cabane et que vous préfériez en utiliser la cuisinette. L'établissement se trouve sur la réserve apache des White Mountains, et l'on y trouve un café, un service de location d'embarcations, de l'essence et un magasin.

Le **Sunrise Park Resort** *($$; ≈, ℜ, ⊛; route 273, McNary, ☎ 520-735-7676 ou 800-554-6835, ⇄ 520-735-7339)*, situé sur le lac Sunrise, à proximité de la station de ski et à 6 km au sud de la route 260, appartient aux Apaches des White Mountains, qui en assurent la gestion. On y vient pour pêcher en été et pour faire du ski en hiver. Vous aurez le choix entre 94 chambres d'hôtel modernes et joliment meublées. Une piscine intérieure, des cuves à remous intérieure et extérieure, un restaurant et un bar complètent les installations.

Le **Snowy Mountain Inn** *($$-$$$ pdj; ⊛, ℜ, bp, ℂ; 38721 route 373, Greer, ☎520-735-7576, ⇄ 520-735-7705)* est un *bed and breakfast* niché dans une forêt, près d'un étang ensemencé de truites. On y trouve quatre chambres en pin noueux avec salles de bain privées à l'intérieur de l'auberge même, et sept cabanes en rondins tout autour. Ces dernières disposent toutes d'un foyer en brique (bois-gaz), d'une cuisine équipée et d'une mezzanine comportant un espace de séjour et une chambre à grand lit. Il y a en outre un bassin à remous et une grande salle commune meublée de confortables canapés en cuir rouge et d'objets ramenés de voyage par le propriétaire des lieux. Le restaurant gastronomique est pour sa part aménagé autour d'une grande cheminée en pierre, et des sentiers de randonnée se dessinent non loin de la propriété, qui se trouve en bordure d'une forêt nationale.

Le mot «pastoral» est sans doute celui qui décrit le mieux l'environnement du **Greer Lodge** *($$$; route 373, Greer, ☎ 520-735-7216)*, situé sur la rivière Little Colorado et jouissant de la vue sur les prairies et les montagnes avoisinantes. D'aucuns vous diront qu'il n'y a pas mieux dans la région. Construit à la main en pin ponderosa et en tremble il y a 45 ans, pour servir de lieu de retraite à vocation religieuse, le chalet est aujourd'hui devenu un lieu d'évasion comptant neuf chambres, sans oublier les huit cabanes qui l'entourent. Le bar-restaurant comporte des fauteuils confortables, un immense foyer, un plafond voûté et des fenêtres qui s'étendent pratiquement du sol au plafond, à travers lesquelles on peut regarder tomber la neige en hiver. Des meubles campagnards, dont une berceuse invitante, réchauffent l'atmosphère des chambres, et chaque lit est garni d'un édredon. Vous recevrez à votre arrivée une bouteille de vin et un panier de fruits, et l'on vous offrira chaque soir des biscuits maison. Promenades en traîneau et patinage possibles en hiver; pêche à la mouche dans des étangs ensemencés durant l'été.

La région de St. Johns

Il n'y a pas de lieu d'hébergement extraordinaire dans cette région, mais vous trouverez tout de même des chambres bien entretenues au **Trail Riders Inn** *($; 125 East Commercial Street, St. Johns, ☎ 520-337-4422, ⇌ 520-337-2821)*, qui a des allures de parc de caravanes mais qui est tout de même pourvu de fenêtres à battants et de murs imitant l'adobe. Un restaurant et un bar jouxtent le motel.

Quant au **Whiting Brothers Motor Inn** *($; ☎, tvc; 75 East Commercial Avenue, ☎ 520-337-2990, ⇌ 520-337-4478)*, toujours fiable, on y sert le café aux chambres.

RESTAURANTS

La région d'Apache Junction

Le **Tortilla Flat Restaurant** *($; route 88, à 29 km au nord d'Apache Junction, ☎ 602-984-1776)*, dont l'extérieur de bois usé rappelle les saloons de l'Ouest sauvage, ne manque pas de charme. À l'intérieur, les murs de bois se couvrent d'objets autrefois utilisés par les mineurs et les cow-boys, mais aussi de cartes professionnelles et de devises de tous les coins du monde. Les spécialités de la maison comprennent les hamburgers géants, le chili épicé à souhait et quelques plats mexicains. Dans la partie saloon, vous pourrez vous installer au bar en bois massif, perché sur un tabouret surmonté d'une selle en cuir, et vous imaginer que vous êtes à Dodge City. Les mélodies de Harry Connick, Jr. que fait entendre le juke-box Wurlitzer auront cependant tôt fait de vous ramener à la réalité.

Le **Lakeside Restaurant and Cantina** *($-$$; route 88, Apache Junction, ☎ 602-380-1601)*, aménagé sur trois niveaux, est à la fois un restaurant et un bar doté d'une terrasse construite au-dessus du Canyon Lake. Le décor dans les tons de mauve et de sarcelle fait davantage songer à la Californie qu'à l'Arizona. Menu de hamburgers, de sandwichs, de poulet et de steak de faux-filet grillé aux champignons et aux oignons. Poisson frit à volonté les mercredis, jeudi et vendredis.

Le **Lake Shore Restaurant** *($$; 14011 North Bush Highway, Tonto National Forest, ☎ 602-984-5311)* est un établissement rustique et sans façon situé en bordure du lac Saguaro. Il possède une terrasse où vous pourrez dîner tout en admirant la vue sur le lac. Ombragé par un auvent géant, ce restaurant à ciel ouvert est rafraîchi par des ventilateurs de plafond et un diffuseur d'air chargé de particules d'eau, ou encore chauffé par des appareils extérieurs selon les saisons. Pourquoi ne pas en profiter pour commencer par un daïquiri aux fraises gelées avant de passer au menu de hamburgers, de salades, de sandwichs et de poisson frit (à volonté le mercredi et le vendredi)? Parmi les plats servis le soir seulement, retenons les «côtes levées» barbecue et les assiettes de pâtes.

Sur la route d'Apache Junction, le **Mining Camp Restaurant and Trading Post** *($$; route 88, Apache Junction, ☎ 602-982-3181)* est presque aussi célèbre que la «mine d'or perdue du Hollandais» (Lost Dutchman Gold Mine), et certes plus facile à trouver. Il mérite une visite pour ses longues tables en bois, ses planchers de bois, ses plateaux et tasses en cuivre, et son atmosphère familiale. Poulet, bœuf et «côtes levées» cuites sur le gril à volonté.

Le **Barleen Family Country Music Dinner Theater** *($$; 2275 Old West Highway 88, ☎ 602-982-7991)* présente un spectacle de musique country à la Grand Ole Opry, exécuté par trois générations de Barleen. Dîner copieux de rôti de bœuf cuit lentement, de purée de pommes de terre, de légumes et de gâteau au chocolat.

Pour une atmosphère typiquement western, conduisez votre monture au **Los Vaqueros** *($$; 285 North Apache Trail, Apache Junction, ☎ 602-982-3407)*, toujours bondé, et installez-vous devant un bifteck de faux-filet ou avec un os en *T*, des pommes de terre au four, des galettes et des fèves au lard. Musique rythmée et bagarres occasionnelles au bar. Los Vaqueros se traduit par «les cow-boys», et ils sont nombreux ici.

Globe

El Rey Café *($; fermé mar; route 60/70, ☎ 520-425-6601)* est un restaurant mexicain authentique, petit mais riche de saveurs : *enchiladas*, *chile rellenos*, *tacos* et *chimichangas*.

Ne vous laissez pas induire en erreur par le décor du **La Luz Del Día** *($; 304 North Broad Street, ☎ 520-425-8400)* car, en dépit de son comptoir à l'ancienne, de ses tabourets champignons et de ses banquettes en vinyle, il ne s'agit pas d'un restaurant de hamburgers des années cinquante, mais plutôt d'une boulangerie-café mexicaine offrant un savoureux assortiment de petits pains doux, de brioches et de *quesadillas*.

Le **Blue Ribbon Café** *($-$$; fermé sam-dim; 474 North Broad Street, ☎ 520-425-4423)*, situé en plein cœur du quartier historique, porte très bien son nom de «Cordon Bleu». Très fréquenté au petit déjeuner, il est également toujours affairé le midi, alors qu'il propose sandwichs, salades, hamburgers et pâtes.

Si vous préférez la cuisine chinoise, le **Jasmine Tea House** *($-$$; 1097 North Broad Street, ☎ 520-425-2503)* sert des mets mandarins et sichuanais de porc, de bœuf, de poulet et de fruits de mer.

La majorité des habitants de la région s'entendent pour dire qu'on mange au **Jerry's Restaurant** *($$; 699 East Ash*

Street, ☎ 520-425-5282) une des meilleures nourritures en ville. Il s'agit d'un petit endroit aux allures de café où tout bouge rapidement et où l'on sert de généreuses portions de steak, de côtelettes, de pain de viande, de poisson et d'autres classiques américains.

La région de Safford

Le meilleur restaurant en ville est **El Coronado** *($; fermé mar; 409 Main Street, Safford, ☎ 520-428-7755)*, un endroit amical doté d'une salle à manger profonde et étroite aux banquettes de vinyle bleu que rafraîchissent des ventilateurs de plafond. Parmi les savoureuses spécialités mexicaines qu'on y élabore, mentionnons les *chimichangas* au piment vert et les *quesadillas* farcis de viande, de poulet, de chorizo et de piment vert haché. On peut aussi s'y offrir des mets américains : filets de poulet frit, crevettes et sandwichs.

El Charro Restaurant *($; fermé dim; 601 Main Street, Safford, ☎ 520-428-4134)* est un rendez-vous local, agrémenté de tables en stratifié et de tableaux réalisés par des artistes de la région. Spécialités mexicaines de *chili con carne* accompagné de croustilles au fromage, de *burros* au piment vert ou rouge et d'*enchiladas* façon Sonora.

Situé en face du Ramada Spa and Resort, le **Country Manor Restaurant** *($; 420 East Route 70, Safford, ☎ 520-428-2451)* est ouvert 24 heures par jour. Du vieux matériel de ferme pend aux murs, et s'y rencontrent des gens discutant de tout et de rien, tout en dégustant leur repas maison de filet de poulet frit, de foie de veau aux oignons ou de pain de viande.

Le **Branding Iron Restaurant** *($$; fermé lun; 2346 North Branding Iron Lane, Safford, ☎ 520-428-6252)* occupe un bâtiment du genre de ceux qu'on trouve sur les ranchs, flanqué de gros arbres. On y sert des steaks grillés à la mode de l'Ouest, du poulet, des fruits de mer et des «côtes levées» dans une salle à manger qui surplombe la Gila Valley.

La région de Clifton-Morenci

Le **PJ's Restaurant** *($; 307 South Coronado Boulevard, Clifton, ☎520-865-3328)*, un tout petit établissement donnant directement sur le trottoir, se veut populaire auprès des résidants, qui s'y régalent de hamburgers, de biftecks ou de plats mexicains, comme le chili con carne au piment vert ou rouge et les croustilles au fromage piquant. Il n'y a qu'une rangée de tabourets devant le comptoir et quelques tables en stratifié, mais la nourriture est toujours bonne et les portions sont très généreuses.

Le meilleur endroit où manger à Morenci est le **Copperoom Restaurant and Lounge** *($-$$; Morenci Motel, route 191, Morenci, ☎ 520-865-4111)*, un endroit somme toute sans éclat et caverneux, au décor de ventilateurs de plafond, de tables de bois, de chaises capitaine et de foyer en brique utilisé en hiver. La maison se spécialise dans les biftecks, la côte de bœuf, le poulet, le foie de veau aux oignons, le flétan et plusieurs plats mexicains.

La région d'Alpine

Vous trouverez également de la cuisine familiale au **Bear Wallow Café** *($$;*

42650 route 180, Alpine, ☎ 520-339-4378), une ancienne maison reconvertie en un restaurant baigné d'une atmosphère chaleureuse et décontractée. Les grands favoris y sont le steak en forme de *T,* la poitrine de bœuf rôtie, le pain maison et les tartes.

La région de Pinetop-Lakeside

Pêchez votre propre truite arc-en-ciel dans le Fred's Lake, à l'extérieur du **Farmer Dunn's Vittles** *($; fermé lun-mar; 1543 East Fir Lane, Pinetop-Lakeside, ☎ 520-367-3866)*, où on la fera cuire pour vous. Un comptoir voisin loue de l'équipement de pêche. Soirée poisson frit le vendredi; hamburgers, sandwichs et poulet les autres jours. À l'intérieur du bâtiment aux allures de grange qu'occupe le restaurant, des instruments de ferme pendent aux murs. Une ancienne baignoire sur pieds, peinte aux couleurs d'une vache, supporte le comptoir à salades, tandis que la soupe mijote sur un poêle à bois.

Le **Lakeview Lodge Steakhouse** *($; fermé mar, matin et midi seulement dim-lun; Lakeview Lodge, 2251 route 260, Pinetop-Lakeside, ☎ 520-368-5253)* propose des salades, des sandwichs et des hamburgers.

Le **Charlie Clark's Steak House** *($$; 1701 East White Mountain Boulevard, Pinetop-Lakeside, ☎ 520-367-4900)* existe depuis 1938. Décor essentiellement western, avec un ours et un cerf empaillés, une table à café faite d'une roue de charrette recouverte de verre et des peintures d'animaux sauvages un peu partout sur les murs. On peut même y voir une selle en argent autrefois utilisée par des vedettes de cinéma et des hommes politiques. Côte de bœuf, steaks et fruits de mer composent l'essentiel du menu, quoique des plats végétariens puissent aussi être préparés sur demande. Et après vous être repu, vous pourrez faire des paris hors piste au comptoir du bar.

Pour un dîner gastronomique, songez au **Snowy Mountain Inn** *($$; 38721 route 373, Greer, ☎ 520-735-7576)*, où l'on prépare entre autres des flans aux épinards et au fromage ricotta, de l'agneau de la Nouvelle-Zélande et des cailles marinées. Ses murs de pin noueux garnis d'objets intéressants confèrent à ce chic restaurant une intimité chaleureuse.

La région de St. Johns

Si vous désirez un menu varié, songez au **Rhino's Horn** *($; 855 West Cleveland Street, St. Johns, ☎ 520-337-2223)*, qui élabore plusieurs plats italiens de façon réussie, dont la lasagne et les *calzone*. Vous pourrez vous y régaler de hamburgers gros comme des frisbees, d'une portion gargantuesque de «côtes levées» cuites sur le gril ou de poisson-chat.

Katy's Kountry Kitchen *($-$$; 106 West Cleveland Street, St. Johns, ☎ 520-337-2129)*, dont une diligence et des roues de charrette marquent l'entrée, est un rendez-vous local populaire et une véritable institution à St. Johns. À l'intérieur, des boiseries sombres et des ustensiles de fonte accrochées aux murs rehaussent l'atmosphère western des lieux, sans parler du cerf et du sanglier empaillés. Les tables et les chaises font un peu vieillottes, mais les portions de nourriture à l'américaine sont très généreuses. Spécialités de filet de poulet frit, de rôti de bœuf et de steak de faux-filet.

SORTIES

La région d'Apache Junction

Une formation musicale country bat la mesure du mercredi au dimanche au **Los Vaqueros** *(285 North Apache Trail, Apache Junction, ☎ 602-982-3407)*. Tout le monde y va.

De Noël à Pâques, le **Tortilla Flat Restaurant** *(route 88, à 29 km au nord d'Apache Junction, ☎ 602-984-1776)* présente des formations de *bluegrass* et de musique country.

Globe

Il ne se passe pas grand-chose ici après la tombée du jour, mais vous pourrez tout de même voir les films les plus récents au **Globe Theater** *(141 North Broad Street, ☎ 520-425-5581)* ou prendre un verre à l'**Under the Palms Cocktails** *(230 North Broad Street, ☎ 520-425-2823)*.

La région de Safford

Les gens du coin se retrouvent chez **Smokey Bob's** *(503 Main Street, Safford, ☎ 520-428-2727)*.

La région de Clifton-Morenci

Pour un environnement plus contemporain, faites un saut au **Copperoom Restaurant and Lounge** *(Morenci Motel, route 191, Morenci, ☎ 520-865-4111)*, un petit bar étonnamment fréquenté ne disposant que de quelques tables en bois. D'anciens objets en cuivre pendent du plafond.

La région de Pinetop-Lakeside

Allez voir des comédies classiques et des revues musicales au **Theatre Mountain** *(droit d'entrée; 537 Woodland Road, Pinetop-Lakeside, ☎ 520-368-8888)*. Dans ce cinéma d'autrefois où les productions s'adressent surtout à une clientèle familiale, on se divertit tout en dégustant une glace ou un casse-croûte.

MAGASINAGE

La région d'Apache Junction

Si vous projetez de partir à la découverte de la célèbre «mine d'or perdue du Hollandais», ou pour le simple plaisir, **Pro-Mack South** *(940 West Apache Trail, Apache Junction, ☎ 602-983-3484)* vend de l'équipement minier, des tamis à or, des lanternes, des pics, de la corde, des bottes et à peu près toutes les fournitures imaginables, sauf la carte au trésor.

Vous trouverez quelques souvenirs aux boutiques du **Tortilla Flat Restaurant** *(route 88, à 29 km au nord d'Apache Junction, ☎ 602-984-1776)*. Jetez aussi un coup d'œil au **Goldfield Ghost Town** *(route 88, à 6 km au nord d'Apache Junction, ☎ 602-983-0333)*.

Globe

Le **Cobre Valley Center for the Arts** *(101 North Broad Street, ☎ 520-425-0884)*, situé à l'intérieur du

Palais de justice historique du comté de Gila, recèle des œuvres d'art et des pièces artisanales réalisées par des membres locaux de la Cobre Valley Fine Arts Guild (*cobre* veut dire «cuivre» en espagnol). Les techniques représentées comprennent le verre teinté, la céramique, la peinture (huile, acrylique, aquarelle), la sculpture (pierre, métal, bois, plastique), la photographie, la bijouterie (argent, pierres, perles) et les techniques mixtes. Il y a aussi des gravures, des foulards de soie en batik et divers objets tels que du savon de conception régionale, du papier à lettres, des livres et des meubles peints. En gravissant l'escalier qui conduit à l'étage, vous découvrirez les studios des Copper Cities Community Players. L'immense salle qui s'ouvre sur votre droite sert aujourd'hui de théâtre à la troupe, mais il s'agissait jadis de la salle d'audience du comté. Avec un peu de chance, vous aurez peut-être l'occasion d'assister à une répétition ou à un récital de danse.

Bacon's Boots and Saddles *(fermé dim; 290 North Broad Street, ☎ 520-425-2681)* s'impose comme le dernier des grands selliers de l'Ouest. Le propriétaire, Ed Bacon, fabrique des selles à la main depuis plus de 50 ans. Son magasin renferme par ailleurs tout un assortiment de vêtements western.

F.W. Woolworth's *(151 North Broad Street, ☎ 520-425-7115)*, qui a ouvert ses portes en 1916 à l'intérieur du Sultan Building, est le Woolworth's en activité depuis le plus longtemps à l'ouest du Mississippi.

Pickle Barrel Antiques *(404 South Broad Street, ☎ 520-425-4028)* se spécialise dans le Fiestaware, les luminaires anciens, les meubles primitifs et les courtepointes.

À l'ouest de Globe sur la route 60, **Pastime Antiques** *(1068 Adonis Avenue, Miami, ☎ 520-473-3791)* regorge de meubles anciens, de peintures, de souvenirs de l'Ouest, de photos historiques, de vieux magazines, de cartes postales, d'affiches et d'autres vestiges et reliques du passé. L'édifice qu'il occupe est d'ailleurs en soi un trésor, puisqu'il abritait autrefois la bibliothèque municipale.

La région de Safford

Les amateurs de pierres trouveront leur bonheur chez **Arizona Gems & Crystals** *(1362 West Thatcher Boulevard, Safford, ☎ 520-428-1689)*, où l'on vend des bijoux faits sur mesure, le matériel nécessaire à la fabrication de vos propres bijoux, l'équipement nécessaire à la pratique de la lapidairerie et toutes sortes de pierres brutes, de minéraux et de cristaux. Il s'agit en outre d'un des plus grands détaillants de péridot vert, une pierre semi-précieuse dont 80 % proviennent de la réserve apache locale.

Brown's Turquoise Shop Inc. *(fermé dim; 2248 1st Street, Safford, ☎ 520-428-6433)* vend, pour sa part, de la turquoise brute et taillée de Morenci, ainsi que des bijoux amérindiens faits à la main, des *kachinas,* des poteries *manas* et de l'«or noir».

Vous ne pouvez manquer **Pollock's Western Outfitters** *(610 5th Street, Safford, ☎ 520-428-0093)*, avec son extérieur de bois usé et son toit orné d'une statue de cheval. À l'intérieur s'offrent à la vue la toute dernière mode western, divers accessoires et des articles de sellerie. Parmi les marques représentées, retenons Levi, Rocky Mountain, Justin, Tony Lama, Stetson et Resistol. Vous y trouverez également des articles en cuir signés Murphy et des cordes King.

Derrière Pollock's Western Outfitters, **Pollock's Outback Outlet** propose divers articles à prix réduit.

Les petits commerces de la Main Street, dans le centre-ville, sont agréables à explorer. En plus des traditionnelles boutiques de t-shirts, d'objets d'occasion, de bijoux et de vêtements western, vous découvrirez parmi eux **Toys 'n Tools** *(419 Main Street, Safford, ☎ 520-348-9490)*, une petite boutique originale où l'on peut aussi bien se procurer un animal empaillé qu'une poupée Barbie ou une clé dynamométrique.

Quant au **Trophies n'Tees/Safford Book and Framing** *(513 Main Street, Safford, ☎ 520-428-1529)*, il possède un choix intéressant de livres, de cartes géographiques et de cartes de vœux du Sud-Ouest ainsi que des souvenirs d'Arizona et des t-shirts.

La région de Clifton-Morenci

Il n'y a pas grand-chose ici, mais si vous venez à manquer de dentifrice, tentez votre chance chez **Phelps Dodge Mercantile** *(centre commercial du Morenci Plant Site, Morenci, ☎ 520-865-4121)*, une sorte d'épicerie doublée d'un magasin à rayons vendant des articles à rabais.

La région d'Alpine

The Tackle Shop *(25373 route 191, Alpine, ☎ 520-339-4338)* est un de ces commerces où l'on trouve de tout. Vous pourrez y faire le plein d'essence, acheter une nouvelle corde pour votre arbalète, faire l'acquisition d'un canot, prendre le déjeuner ou louer un vidéo.

Si vous avez besoin d'articles d'épicerie (autres que des chips «tortillas» et de la trempette), rendez-vous à l'**Alpine Market** *(42651 route 180, Alpine, ☎ 520-339-4914)*, qui propose l'assortiment habituel de viandes, de fruits et légumes et d'aliments en conserve, sans compter tous les potins qui circulent dans ce village de montagne.

La région de Pinetop-Lakeside

Les antiquités sont très à la mode dans cette région. Tentez votre chance chez **Orchard Antiques** *(1664 West White Mountain Boulevard, Pinetop-Lakeside, ☎ 520-368-6563)* pour des meubles de qualité, des porcelaines nipponnes, des vêtements d'autrefois et des objets primitifs, le tout présenté dans une vieille demeure.

Sherry's Jewelry & Antiques *(route 260, Ponderosa Plaza, Pinetop-Lakeside, ☎ 520-367-5184)* propose, pour sa part, des bijoux en or et en argent, des articles de l'époque de la Crise de 1929, des porcelaines et des meubles.

Enfin, le **Billings Country Pine Antiques and General Store** *(103 West Yaeger Street, Pinetop-Lakeside, ☎ 520-367-1709)* renferme des objets primitifs, des meubles en chêne et en pin, des édredons, des souvenirs et de rares cafés en grains.

LEXIQUE FRANÇAIS - ANGLAIS

PRÉSENTATIONS

Salut!	*Hi!*
Comment ça va?	*How are you?*
Ça va bien	*I'm fine*
Bonjour (la journée)	*Hello*
Bonsoir	*Good evening/night*
Bonjour, au revoir, à la prochaine	*Goodbye, See you later*
Oui	*Yes*
Non	*No*
Peut-être	*Maybe*
S'il vous plaît	*Please*
Merci	*Thank you*
De rien, bienvenue	*You're welcome*
Excusez-moi	*Excuse me*
Je suis touriste	*I am a tourist.*
Je suis américain(e)	*I am American*
Je suis canadien(ne)	*I am Canadian*
Je suis britannique	*I am British*
Je suis allemand(e)	*I am German*
Je suis italien(ne)	*I am Italian*
Je suis belge	*I am Belgian*
Je suis français(e)	*I am French*
Je suis suisse	*I am Swiss*
Je suis désolé(e), je ne parle pas anglais	*I am sorry, I don't speak English*
Parlez-vous français?	*Do you speak French?*
Plus lentement, s'il vous plaît	*Slower, please.*
Quel est votre nom?	*What is your name?*
Je m'appelle...	*My name is...*
époux(se)	*spouse*
frère, sœur	*brother, sister*
ami(e)	*friend*
garçon	*son, boy*
fille	*daughter, girl*
père	*father*
mère	*mother*
célibataire	*single*
marié(e)	*married*
divorcé(e)	*divorced*
veuf(ve)	*widower/widow*

DIRECTION

Est-ce qu'il y a un bureau de tourisme près d'ici?	*Is there a tourist office near here?*
Il n'y a pas de..., nous n'avons pas de...	*There is no..., we have no...*
Où est le/la ...?	*Where is...?*
tout droit	*straight ahead*
à droite	*to the right*
à gauche	*to the left*
à côté de	*beside*
près de	*near*
ici	*here*
là, là-bas	*there, over there*
à l'intérieur	*into, inside*
à l'extérieur	*outside*
loin de	*far from*
entre	*between*
devant	*in front of*
derrière	*behind*

POUR S'Y RETROUVER SANS MAL

aéroport	*airport*
à l'heure	*on time*
en retard	*late*
annulé	*cancelled*
l'avion	*plane*
la voiture	*car*
le train	*train*
le bateau	*boat*
la bicyclette, le vélo	*bicycle*
l'autobus	*bus*
la gare	*train station*
un arrêt d'autobus	*bus stop*
l'arrêt, s'il vous plaît	*The bus stop, please*
rue	*street*
avenue	*avenue*
route, chemin	*road*
autoroute	*highway*
rang	*rural route*
sentier	*path, trail*
coin	*corner*
quartier	*neighbourhood*
place	*square*
bureau de tourisme	*tourist office*
pont	*bridge*

immeuble	*building*
sécuritaire	*safe*
rapide	*fast*
bagages	*baggage*
horaire	*schedule*
aller simple	*one way ticket*
aller-retour	*return ticket*
arrivée	*arrival*
retour	*return*
départ	*departure*
nord	*north*
sud	*south*
est	*east*
ouest	*west*

LA VOITURE

à louer	*for rent*
un arrêt	*a stop*
autoroute	*highway*
attention	*danger, be careful*
défense de doubler	*no passing*
stationnement interdit	*no parking*
impasse	*no exit*
arrêtez!	*stop!*
stationnement	*parking*
piétons	*pedestrians*
essence	*gas*
ralentir	*slow down*
feu de circulation	*traffic light*
station-service	*service station*
limite de vitesse	*speed limit*

L'ARGENT

banque	*bank*
caisse populaire	*credit union*
change	*exchange*
argent	*money*
je n'ai pas d'argent	*I don't have any money*
carte de crédit	*credit card*
chèques de voyage	*traveller's cheques*
l'addition, s'il vous plaît	*The bill please*
reçu	*receipt*

L'HÉBERGEMENT

auberge	*inn*
auberge de jeunesse	*youth hostel*
chambre d'hôte, logement chez l'habitant	*bed and breakfast*
eau chaude	*hot water*
climatisation	*air conditioning*
logement, hébergement	*accommodation*
ascenseur	*elevator*
toilettes, salle de bain	*bathroom*
lit	*bed*
déjeuner	*breakfast*
gérant, propriétaire	*manager, owner*
chambre	*bedroom*
piscine	*pool*
étage	*floor (first, second...)*
rez-de-chaussée	*main floor*
haute saison	*high season*
basse saison	*off season*
ventilateur	*fan*

LE MAGASIN

ouvert(e)	*open*
fermé(e)	*closed*
C'est combien?	*How much is this?*
Je voudrais...	*I would like...*
J'ai besoin de...	*I need...*
un magasin	*a store*
un magasin à rayons	*a department store*
le marché	*the market*
vendeur(se)	*salesperson*
le/la client(e)	*the customer*
acheter	*to buy*
vendre	*to sell*
un t-shirt	*T-shirt*
une jupe	*skirt*
une chemise	*shirt*
un jeans	*jeans*
un pantalon	*pants*
un blouson	*jacket*
une blouse	*blouse*
des souliers	*shoes*
des sandales	*sandals*
un chapeau	*hat*
des lunettes	*eyeglasses*

un sac	*handbag*
cadeaux	*gifts*
artisanat local	*local crafts*
crèmes solaires	*sunscreen*
cosmétiques et parfums	*cosmetics and perfumes*
appareil photo	*camera*
pellicule	*film*
disques, cassettes	*records, cassettes*
journaux	*newspapers*
revues, magazines	*magazines*
piles	*batteries*
montres	*watches*
bijouterie	*jewellery*
or	*gold*
argent	*silver*
pierres précieuses	*precious stones*
tissu	*fabric*
laine	*wool*
coton	*cotton*
cuir	*leather*

DIVERS

nouveau	*new*
vieux	*old*
cher, dispendieux	*expensive*
pas cher	*inexpensive*
joli	*pretty*
beau	*beautiful*
laid(e)	*ugly*
grand(e)	*big, tall*
petit(e)	*small, short*
court(e)	*short*
bas(se)	*low*
large	*wide*
étroit(e)	*narrow*
foncé	*dark*
clair	*light*
gros(se)	*fat*
mince	*slim, skinny*
peu	*a little*
beaucoup	*a lot*
quelque chose	*something*
rien	*nothing*
bon	*good*
mauvais	*bad*
plus	*more*

moins	*less*
ne pas toucher	*do not touch*
vite	*quickly*
lentement	*slowly*
grand	*big*
petit	*small*
chaud	*hot*
froid	*cold*
je suis malade	*I am ill*
pharmacie	*pharmacy, drugstore*
j'ai faim	*I am hungry*
j'ai soif	*I am thirsty*
Qu'est-ce que c'est?	*What is this?*
Où?	*Where?*

LA TEMPÉRATURE

pluie	*rain*
nuages	*clouds*
soleil	*sun*
Il fait chaud	*It is hot out*
Il fait froid	*It is cold out*

LE TEMPS

Quand?	*When?*
Quelle heure est-il?	*What time is it?*
minute	*minute*
heure	*hour*
jour	*day*
semaine	*week*
mois	*month*
année	*year*
hier	*yesterday*
aujourd'hui	*today*
demain	*tomorrow*
le matin	*morning*
l'après-midi	*afternoon*
le soir	*evening*
la nuit	*night*
maintenant	*now*
jamais	*never*
dimanche	*Sunday*
lundi	*Monday*
mardi	*Tuesday*
mercredi	*Wednesday*
jeudi	*Thursday*

vendredi	*Friday*
samedi	*Saturday*
janvier	*January*
février	*February*
mars	*March*
avril	*April*
mai	*May*
juin	*June*
juillet	*July*
août	*August*
septembre	*September*
octobre	*October*
novembre	*November*
décembre	*December*

LES COMMUNICATIONS

bureau de poste	*post office*
par avion	*air mail*
timbres	*stamps*
enveloppe	*envelope*
bottin téléphonique	*telephone book*
appel outre-mer, interurbain	*long distance call*
appel à frais virés (PCV)	*collect call*
télécopieur, fax	*fax*
télégramme	*telegram*
tarif	*rate*
composer le l'indicatif régional	*dial the area code*
attendre la tonalité	*wait for the tone*

LES ACTIVITÉS

la baignade	*swimming*
plage	*beach*
la plongée sous-marine	*scuba diving*
la plongée-tuba	*snorkelling*
la pêche	*fishing*
navigation de plaisance	*sailing, pleasure-boating*
la planche à voile	*windsurfing*
faire du vélo	*bicycling*
vélo tout-terrain (VTT)	*mountain bike*
équitation	*horseback riding*
la randonnée pédestre	*hiking*
se promener	*to walk around*
musée	*museum, gallery*
centre culturel	*cultural centre*
cinéma	*cinema*

TOURISME

fleuve, rivière	*river*
chutes	*waterfalls*
belvédère	*lookout point*
colline	*hill*
jardin	*garden*
réserve faunique	*wildlife reserve*
péninsule, presqu'île	*peninsula*
côte sud/nord	*south/north shore*
hôtel de ville	*town or city hall*
palais de justice	*court house*
église	*church*
maison	*house*
manoir	*manor*
pont	*bridge*
bassin	*basin*
barrage	*dam*
atelier	*workshop*
lieu historique	*historic site*
gare	*train station*
écuries	*stables*
couvent	*convent*
porte	*door, archway, gate*
douane	*customs house*
écluses	*locks*
marché	*market*
canal	*canal*
chenal	*channel*
voie maritime	*seaway*
cimetière	*cemetery*
moulin	*mill*
moulin à vent	*windmill*
école secondaire	*high school*
phare	*lighthouse*
grange	*barn*
chute(s)	*waterfall(s)*
batture	*sandbank*
faubourg	*neighbourhood, region*

LES NOMBRES

1	*one*
2	*two*
3	*three*
4	*four*
5	*five*
6	*six*
7	*seven*
8	*eight*
9	*nine*
10	*ten*
11	*eleven*
12	*twelve*
13	*thirteen*
14	*fourteen*
15	*fifteen*
16	*sixteen*
17	*seveteen*
18	*eighteen*
19	*nineteen*
20	*twenty*
21	*twenty-one*
22	*twenty-two*
23	*twenty-three*
24	*twenty-four*
25	*twenty-five*
26	*twenty-six*
27	*twenty-seven*
28	*twenty-eight*
29	*twenty-nine*
30	*thirty*
31	*thirty-one*
32	*thiry-two*
40	*fourty*
50	*fifty*
60	*sixty*
70	*seventy*
80	*eighty*
90	*ninety*
100	*one hundred*
200	*two hundred*
500	*five hundred*
1 000	*one thousand*
10 000	*ten thousand*
1 000 000	*one million*

INDEX

LES GUIDES ULYSSE SUR LES ÉTATS-UNIS

Arizona et Grand Canyon, 2e édition
Seconde édition substantiellement augmentée de cet ouvrage qui vous livre les moindres secrets du célèbre Grand Canyon, mais aussi de tous les autres parcs à la nature sculpturale de cet État du sud-ouest américain, ainsi que des villes jeunes et bouillonnantes de Phoenix et de Tucson. Seul guide en français sur cette destination.
collectif
400 pages, 16 cartes
24,95 $ 145 F
2-89464-076-5

Boston
Seul guide en français consacré à la métropole de la Nouvelle-Angleterre. Revivez les exploits de Paul Revere dans le Boston historique. Découvrez les richesses intellectuelles et artistiques du Boston universitaire. Laissez-vous étonner par le Boston moderne.
collectif
208 pages, 9 cartes
17,95 $ 99 F
2-89464-103-6

Californie
Tous les recoins de cette région américaine culte au magnétisme irrésistible sont explorés dans cette bible : Los Angeles, la mégalopole tentaculaire, San Francisco, la belle cité vallonnée, San Diego, la ravissante voisine du Mexique, la Napa Valley et ses vignobles, les grands parcs nationaux du Nord, les spectaculaires falaises de la côte centrale, les plages infinies du Sud.
Ray Riegert
576 pages, 31 cartes
8 pages de photos en couleurs
29,95 $ 145 F
2-89464-046-3

Cape Cod-Nantucket, 2e édition
Des célèbres plages du Cape Cod aux secrets refuges de Nantucket en passant par les douces routes de campagne de Martha's Vineyard. Tout pour découvrir ce lieu de villégiature par excellence de la Côte Est américaine.
Collectif
208 pages, 6 cartes
17,95 $ 99 F
2-89464-115-X
édition courante 2-89464-104-4
avril 1998 (Québec); mai 1998 (Europe)

Chicago
Musée géant à ciel ouvert de l'architecture moderne, creuset où s'est développé le blues électrique qui a inspiré les plus grandes stars du rock, gardienne de collections d'œuvres d'art comptant parmi les plus importantes du globe, Chicago est la ville de la démesure. Ce guide vous conduit à travers ses rues à l'animation incessante, ses parcs qui s'étirent majestueusement le long du lac Michigan et ses quartiers ethniques.
Claude Morneau
432 pages, 20 cartes
8 pages de photos en couleurs
$19,95 $ 117 F
2-89464--052-8

Disney World, 3e édition
Nouvelle édition entièrement revue de ce guide unique en son genre. Tous les trucs pour tirer le meilleur parti de sa visite du célèbre parc thématique de la Floride. Toutes les attractions de Disney World et des autres parcs environnants sont décrites et classées de façon critique afin que chaque visiteur puisse profiter au maximum de son séjour.
Stacy Ritz
400 pages, 12 cartes
19,95 $ 135 F
2-89464-079-x

Floride, 3e édition
Le guide le plus complet jamais produit en français sur cet ensoleillé État américain. Tout sur les stations balnéaires, sur Miami et son extraordinaire quartier Art Déco, sur les parcs nationaux comme celui des Everglades. Des renseignements détaillés pour apprendre à connaître autrement ce paradis des vacanciers, dont la richesse historique et culturelle en étonne plus d'un.
collectif
500 pages, 32 cartes
8 pages de photos en couleurs
29,95 $ 145 F
2-89464-073-0

Louisiane, 2e édition
Seconde édition de ce guide unique sur cette ancienne terre de Nouvelle-France. Au menu, l'Acadie louisianaise, ses bayous et ses traditions francophones; La Nouvelle-Orléans, son Vieux-Carré Français, son passé colonial et sa gastronomie; le jazz, le blues et le zarico; les grandioses plantations de coton et les magnifiques parcs nationaux.
Richard Bizier, Roch Nadeau
450 pages, 25 cartes
8 pages de photos en couleurs
29,95 $ 145 F
2-89464-069-2

La Nouvelle-Orléans
Ce guide de poche dévoile tout sur cette ville de Louisiane dont l'histoire se fond avec celle de la Nouvelle-France : sa musique, car c'est la ville de Louis Armstrong, ses restaurants, car c'est aussi la capitale gastronomique des États-Unis, son Vieux Carré français, ses fêtes du Mardi gras, ses excursions sur le Mississippi en bateau à vapeur.
Richard Bizier
210 pages, 10 cartes
17,95 $ 99 F
2-89464-065-X

New York
Voici enfin un guide complet s'activant autant à décrire le New York culturel, qu'à repérer les adresses pratiques. De nombreux circuits vous font découvrir toutes les dimensions de cette mégalopole insaisissable. Les grandes attractions touristiques et les musées fabuleux de Manhatan, mais aussi les quartiers méconnus, les restos familiaux et les *boroughs* environnants... rien n'échappe à ce Guide Ulysse.
François Rémillard
400 pages, 20 cartes
8 pages de photos en couleurs
19,95 $ 99 F
2-89464-084-6

Nouvelle-Angleterre, 3e édition
Voici un ouvrage incontournable pour quiconque désire explorer les splendides routes de la Nouvelle-Angleterre. Il vous entraînera de Boston, la trépidante et historique métropole, aux plages et parcs nationaux longeant la côte, en passant par les montagnes majestueuses et les coquets villages avec leurs belles grandes demeures blanches.
collectif
600 pages, 30 cartes
8 pages de photos en couleurs
29,95 $ 145 F
2-89464-099-4

Les Plages du Maine
Chaque été, les vacanciers accourent vers les plages et les villages de la côte de l'État américain du Maine. Ogunquit, Wells, Old Orchard, Kennebunk, Portland et Freeport n'auront plus aucun secret pour quiconque se munira de ce guide de poche.
Joël Pomerleau
144 pages, 5 cartes
12,95 $ 70 F
2-89464-110-9

Randonnée pédestre Nord-Est des États-Unis, 3e édition
Grâce à cet ouvrage unique en son genre, le lecteur parcourra les montagnes du Maine, du New Hampshire, du Vermont et de l'État de New York à pied. Cent trente randonnées décrites. Classification selon les niveaux de difficulté.
Yves Séguin
272 pages, 14 cartes
19,95 $ 117 F
2-921444-72-0

San Francisco
Avec ses belles demeures accrochées à ses innombrables collines, ses vues saisissantes sur sa splendide baie et ses ponts grandioses qui l'enjambent, son grouillant quartier chinois, ses excellents restaurants, sa remuante vie nocturne, ses beaux parcs et ses grands musées, San Francisco est l'une des plus séduisantes villes du monde. Ce guide vous en révèle tous les secrets.
Ray Riegert
272 pages, 14 cartes
17,95 $ 99 F
2-89464-048-X

Washington D.C.
La capitale américaine méritait bien qu'un Guide Ulysse lui soit un jour consacré. Le voici donc ce guide qui vous révélera tous les secrets des riches musées et des édifices monumentaux de Washington. Bien au-delà de la Maison Blanche, cet ouvrage vous conduira dans les quartiers ethniques de la ville et dans ses coins branchés où la vie nocturne se fait trépidante.
Lorette Pierson
280 pages, 15 cartes
8 pages de photos en couleurs
19,95 $ 117 F
2-89464-169-9

BON DE COMMANDE

■ GUIDE DE VOYAGE ULYSSE

- ☐ Abitibi-Témiscamingue et Grand Nord 22,95 $
- ☐ Acapulco 14,95 $
- ☐ Arizona et Grand Canyon 24,95 $
- ☐ Bahamas 24,95 $
- ☐ Boston 17,95 $
- ☐ Calgary 16,95 $
- ☐ Californie 29,95 $
- ☐ Canada 29,95 $
- ☐ Charlevoix Saguenay – Lac-Saint-Jean 22,95 $
- ☐ Chicago 19,95 $
- ☐ Chili 27,95 $
- ☐ Costa Rica 27,95 $
- ☐ Côte-Nord – Duplessis – Manicouagan 22,95 $
- ☐ Cuba 24,95 $
- ☐ Disney World 19,95 $
- ☐ El Salvador 22,95 $
- ☐ Équateur – Îles Galápagos 24,95 $
- ☐ Floride 29,95 $
- ☐ Gaspésie – Bas-Saint-Laurent – Îles-de-la-Madeleine 22,95 $
- ☐ Gîtes du Passant au Québec 12,95 $
- ☐ Guadeloupe 24,95 $
- ☐ Guatemala – Belize 24,95 $
- ☐ Honduras 24,95 $
- ☐ Jamaïque 24,95 $
- ☐ La Nouvelle-Orléans 17,95 $
- ☐ Lisbonne 18,95 $
- ☐ Louisiane 29,95 $
- ☐ Martinique 24,95 $
- ☐ Montréal 19,95 $
- ☐ New York 19,95 $
- ☐ Nicaragua 24,95 $
- ☐ Nouvelle-Angleterre 29,95 $
- ☐ Ontario 24,95 $
- ☐ Ottawa 16,95 $
- ☐ Ouest canadien 29,95 $
- ☐ Panamá 24,95 $
- ☐ Plages du Maine 12,95 $
- ☐ Portugal 24,95 $
- ☐ Provence – Côte-d'Azur 29,95 $
- ☐ Provinces Atlantiques du Canada 24,95 $
- ☐ Le Québec 29,95 $
- ☐ Québec Gourmand 16,95 $
- ☐ Le Québec et l'Ontario de VIA 9,95 $
- ☐ République dominicaine 24,95 $
- ☐ San Francisco 17,95 $
- ☐ Toronto 18,95 $
- ☐ Vancouver 17,95 $
- ☐ Venezuela 29,95 $
- ☐ Ville de Québec 19,95 $
- ☐ Washington D.C. 18,95 $

■ ULYSSE PLEIN SUD

- ☐ Acapulco 14,95 $
- ☐ Cancún – Cozumel 17,95 $
- ☐ Cape Cod – Nantucket 17,95 $
- ☐ Carthagène (Colombie) 12,95 $
- ☐ Puerto Vallarta 14,95 $
- ☐ Saint-Martin – Saint-Barthélemy 16,95 $

■ ESPACES VERTS ULYSSE

- ☐ Cyclotourisme en France 22,95 $
- ☐ Motoneige au Québec 19,95 $
- ☐ Randonnée pédestre Montréal et environs 19,95 $
- ☐ Randonnée pédestre Nord-est des États-Unis 19,95 $
- ☐ Randonnée pédestre au Québec 19,95 $
- ☐ Ski de fond au Québec 19,95 $

■ GUIDE DE CONVERSATION

- ☐ Anglais pour mieux voyager en Amérique 9,95 $
- ☐ Espagnol pour mieux voyager en Amérique Latine 9,95 $

■ **JOURNAUX DE VOYAGE ULYSSE**

☐ Journal de voyage Ulysse (spirale) bleu – vert – rouge ou jaune 11,95 $
☐ Journal de voyage Ulysse (format de poche) bleu – vert – rouge – jaune ou sextant 9,95 $

■ **•zone petit budget**

☐ .zone Amérique centrale 14,95 $
☐ .zone le Québec 14,95 $

QUANTI-		PRIX	TOTAL

NOM	Total partiel	
ADRESSE: ______________	Poste-Canada*	4,00 $
______________	Total partiel	
______________	T.P.S. 7%	
______________	TOTAL	

Paiement : ☐ Comptant ☐ Visa ☐ MasterCard
Numéro de carte : ______________
Signature : ______________

ULYSSE L'ÉDITEUR DU VOYAGE
4176, rue Saint-Denis, Montréal (Québec)
☎ (514) 843-9447, fax (514) 843-9448
Pour l'Europe, s'adresser aux distributeurs, voir liste p 2.
* Pour l'étranger, compter 15 $ de frais d'envoi.